조문해설

도시 및
주거환경정비법

변호사 전재우

박영사

□ 머리말 □

　이 책은 솔직히 말하자면 저자 자신을 위한 책이다. 저자는 유수의 대형건설 회사인 대우건설 법무부서에서 10여 년 재직해 오면서 건설분쟁의 다양한 분야들인 일반시행사업, 도시개발사업, 민간투자사업, 민관공동사업, 공공발주사업, 계약 및 공사 관련 각종 소송 및 자문을 경험하고 있다. 건설분쟁의 정확한 해결과 자문은 언제나 쉽지 않다. 그 중에서도 어려운 분야 중 하나가 도시정비사업 분쟁이라고 생각한다. 도시정비사업은 도시정비법이라는 특별법의 이해가 필요하고, 정비사업실무에 대한 경험이 없으면 이해하기 쉽지 않은 경우가 많다.

　저자는 그 동안 도시정비사업 분쟁을 직간접적으로 경험하면서 많은 쟁점마다 해당 법령, 관련 판례 및 질의회신, 법조실무가들의 견해 등 상당한 자료를 접하고 확인하였는데, 평소 업무를 하면서 그러한 방대한 자료들을 찾아보기 쉽게 법조문별로 분류하고, 법조문의 이해에 필요한 가장 기본적인 내용(법조문의 취지, 주요 내용 및 관련 판례 등)만이라도 일목요연하게 정리할 필요성을 느꼈고, 그러한 저자의 필요성이 이 책의 출간에까지 이르게 하였다.

　그러나 도시정비법의 모든 쟁점을 망라하여 정리하는 것은 원시적 불능에 가깝고 책의 분량이라는 한계도 있는바, 이 책은 도시정비사업의 단계 중 기본계획부터 이전고시에 관한 법조문의 기본적인 내용을 다루었다.

　또한 이 책은 도시정비법에 이해가 깊은 법률전문가보다는 도시정비법을 처음 접하는 법률전문가, 행정청 담당자, 건설회사 사업부서, 정비사업전문관리업체 및 조합 관계자 등을 위한 측면이 있다. 이 책이 그러한 도시정비사업 관계자들의 도시정비법에 대한 이해와 판례 등 관련 자료를 찾는 수고를 덜어 주는데 조금이

나마 도움이 되었으면 한다. 다만, 저자의 부족한 역량과 업무 외에 틈틈이 자료를 검토하고 정리를 한 관계로 책의 서술이 매끄럽지 못하거나 오류가 있을 수 있는데, 그 부분은 독자들의 넓은 양해를 바란다.

시간이 참 빠른 것 같다. 어린 시절 친구들과 강가에서 놀던, 눈부신 가을 햇살과 밤하늘의 빛나는 별을 바라보던 시골 소년은 어느덧 중년의 사회인이 되었고, 사법연수원을 수료한 지도 거의 20년차가 되어 가는 중견 법조인이 되었다. 시간이 쌓인 만큼 그에 맞게 인격과 연륜이 쌓였는지 자신을 돌아보면 언제나 부족함을 느낀다. 인생은 흐르는 강물과 같고, 누군가를 완전히 이해할 수는 없어도 완전히 사랑할 수는 있다는 어느 영화의 대사처럼, 주변의 소중한 사람들과 그러한 삶을 살아갈 수 있기를 소망한다.

이 책의 출간과정에서 교정을 비롯하여 여러 가지로 신경써 주신 박영사 관계자들에게 감사를 드린다. 또한 회사에서 바쁜 업무를 담당하고 있는 법무부서 동료 팀원들과 도시정비사업에 매진하고 있는 사업부서의 노고에 감사드리고, 아울러 같은 고민을 나누고 있는 여러 건설회사의 사내변호사들과 출간의 작은 의미를 나누고 싶다. 마지막으로 이 책을 돌아가신 부모님께 바치며, 출간을 준비하는 동안 배려해 준 아내와 석준, 석현 가족들에게도 고마운 마음을 전한다.

2020년 2월
변호사 전재우

□ 차 례 □

제 1 장 총   칙

제 2 장 기본계획의 수립 및 정비구역의 지정

제 3 장 정비사업의 시행

제 1 장
총   칙

제1조(목적)

이 법은 도시기능의 회복이 필요하거나 주거환경이 불량한 지역을 계획적으로 정비하고 노후·불량건축물을 효율적으로 개량하기 위하여 필요한 사항을 규정함으로써 도시환경을 개선하고 주거생활의 질을 높이는 데 이바지함을 목적으로 한다.

Ⅰ. 도시정비법의 제정 목적

1970년대 이후 대량 공급된 주택의 노후화, 주거환경의 저하 등에 따른 주거환경정비의 필요성이 있던 상황에서 당시 도시재개발법(재개발사업), 주택건설촉진법(재건축사업), 도시저소득주민의 주거환경개선을 위한 임시조치법(주거환경개선사업) 등 개별법에서 규정된 정비사업 관련 법체계를 효율적으로 통합할 필요성이 제기됨에 따라, 2002. 12. 30. 도시 및 주거환경정비법[1]이 제정되었다.

Ⅱ. 정비사업 추진 절차도[2]

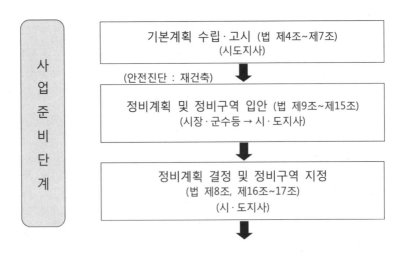

---

1) 이하, '도시정비법' 또는 '법'으로 약칭한다.
2) 부산광역시, 2018 부산광역시 도시 및 주거환경정비법의 이해, 4면 일부 참조.

사
업
시
행
단
계

추진위원회 구성 및 승인 (법 제31조)
(토지등소유자 → 시장·군수등)

조합설립인가 (법 제35조)
(추진위원회 → 시장·군수등)
• 제외 – 시장·군수등, 토지주택공사등, 지정개발자

시공자 선정 (법 제29조)
(사업시행자)

사업시행인가(법 제50조~제52조)
(사업시행자 → 시장·군수등)
• 시장·군수등(사업시행자) – 사업시행계획서 작성 고시

관
리
처
분
계
획
단
계

분양공고 및 분양신청 (법 제72조~제73조)
(사업시행자 / 토지등소유자)

관리처분계획인가 (법 제74~78조)
(사업시행자 → 시장·군수등)

이주 및 철거 (법 제81조)

착공 및 일반분양 (법 제79조, 제82조)

사
업
완
료
단
계

준공인가 및 입주 (법 제83조~제85조)
(사업시행자 → 시장·군수등)

이전고시 (법 제86조~제88조)

청산 (법 제89조~제90조)

제2조(정의)

이 법에서 사용하는 용어의 뜻은 다음과 같다.

1. "정비구역"이란 정비사업을 계획적으로 시행하기 위하여 제16조에 따라 지정·고시된 구역을 말한다.

2. "정비사업"이란 이 법에서 정한 절차에 따라 도시기능을 회복하기 위하여 정비구역에서 정비기반시설을 정비하거나 주택 등 건축물을 개량 또는 건설하는 다음 각 목의 사업을 말한다.

   가. 주거환경개선사업: 도시저소득 주민이 집단거주하는 지역으로서 정비기반시설이 극히 열악하고 노후·불량건축물이 과도하게 밀집한 지역의 주거환경을 개선하거나 단독주택 및 다세대주택이 밀집한 지역에서 정비기반시설과 공동이용시설 확충을 통하여 주거환경을 보전·정비·개량하기 위한 사업

   나. 재개발사업: 정비기반시설이 열악하고 노후·불량건축물이 밀집한 지역에서 주거환경을 개선하거나 상업지역·공업지역 등에서 도시기능의 회복 및 상권활성화 등을 위하여 도시환경을 개선하기 위한 사업

   다. 재건축사업: 정비기반시설은 양호하나 노후·불량건축물에 해당하는 공동주택이 밀집한 지역에서 주거환경을 개선하기 위한 사업

3. "노후·불량건축물"이란 다음 각 목의 어느 하나에 해당하는 건축물을 말한다.

   가. 건축물이 훼손되거나 일부가 멸실되어 붕괴, 그 밖의 안전사고의 우려가 있는 건축물

   나. 내진성능이 확보되지 아니한 건축물 중 중대한 기능적 결함 또는 부실 설계·시공으로 구조적 결함 등이 있는 건축물로서 대통령령으로 정하는 건축물

   다. 다음의 요건을 모두 충족하는 건축물로서 대통령령으로 정하는 바에 따라 특별시·광역시·특별자치시·도·특별자치도 또는 「지방자치법」 제175조에 따른 서울특별시·광역시 및 특별자치시를 제외한 인구 50만 이상 대도시(이하 "대도시"라 한다)의 조례(이하 "시·도조례"라 한다)로 정하는 건축물

     1) 주변 토지의 이용 상황 등에 비추어 주거환경이 불량한 곳에 위치할 것

     2) 건축물을 철거하고 새로운 건축물을 건설하는 경우 건설에 드는 비용과 비교하여 효용의 현저한 증가가 예상될 것

   라. 도시미관을 저해하거나 노후화된 건축물로서 대통령령으로 정하는 바에 따

라 시·도조례로 정하는 건축물

4. "정비기반시설"이란 도로·상하수도·공원·공용주차장·공동구(「국토의 계획 및 이용에 관한 법률」 제2조제9호에 따른 공동구를 말한다. 이하 같다), 그 밖에 주민의 생활에 필요한 열·가스 등의 공급시설로서 대통령령으로 정하는 시설을 말한다.

5. "공동이용시설"이란 주민이 공동으로 사용하는 놀이터·마을회관·공동작업장, 그 밖에 대통령령으로 정하는 시설을 말한다.

6. "대지"란 정비사업으로 조성된 토지를 말한다.

7. "주택단지"란 주택 및 부대시설·복리시설을 건설하거나 대지로 조성되는 일단의 토지로서 다음 각 목의 어느 하나에 해당하는 일단의 토지를 말한다.

   가. 「주택법」 제15조에 따른 사업계획승인을 받아 주택 및 부대시설·복리시설을 건설한 일단의 토지

   나. 가목에 따른 일단의 토지 중 「국토의 계획 및 이용에 관한 법률」 제2조제7호에 따른 도시·군계획시설(이하 "도시·군계획시설"이라 한다)인 도로나 그 밖에 이와 유사한 시설로 분리되어 따로 관리되고 있는 각각의 토지

   다. 가목에 따른 일단의 토지 둘 이상이 공동으로 관리되고 있는 경우 그 전체 토지

   라. 제67조에 따라 분할된 토지 또는 분할되어 나가는 토지

   마. 「건축법」 제11조에 따라 건축허가를 받아 아파트 또는 연립주택을 건설한 일단의 토지

8. "사업시행자"란 정비사업을 시행하는 자를 말한다.

9. "토지등소유자"란 다음 각 목의 어느 하나에 해당하는 자를 말한다. 다만, 제27조제1항에 따라 「자본시장과 금융투자업에 관한 법률」 제8조제7항에 따른 신탁업자(이하 "신탁업자"라 한다)가 사업시행자로 지정된 경우 토지등소유자가 정비사업을 목적으로 신탁업자에게 신탁한 토지 또는 건축물에 대하여는 위탁자를 토지등소유자로 본다.

   가. 주거환경개선사업 및 재개발사업의 경우에는 정비구역에 위치한 토지 또는 건축물의 소유자 또는 그 지상권자

   나. 재건축사업의 경우에는 정비구역에 위치한 건축물 및 그 부속토지의 소유자

10. "토지주택공사등"이란 「한국토지주택공사법」에 따라 설립된 한국토지주택공사 또는 「지방공기업법」에 따라 주택사업을 수행하기 위하여 설립된 지방공사를 말한다.

11. "정관등"이란 다음 각 목의 것을 말한다.

가. 제40조에 따른 조합의 정관

나. 사업시행자인 토지등소유자가 자치적으로 정한 규약

다. 특별자치시장, 특별자치도지사, 시장, 군수, 자치구의 구청장(이하 "시장·군수등"이라 한다), 토지주택공사등 또는 신탁업자가 제53조에 따라 작성한 시행규정

Ⅰ. 용어의 정의

1. 정비구역

가. 의의

정비구역은 정비사업을 시행하기 위한 확정된 대상구역을 말한다.

나. 관련 쟁점

(1) 정비구역지정 및 고시 없이 행하여진 추진위원회 구성승인처분의 효력 (당연무효)

정비구역이 지정되지 아니한 상태에서 일부 주민이 임의로 획정한 구역을 기준으로 구성된 조합설립추진위원회가 시장·군수의 승인을 얻어 설립될 수 있다고 한다면, 정비사업에 관한 제반 법률관계가 불명확·불안정하게 되어 정비사업의 추진이 전반적으로 혼란에 빠지고 그 구역 안에 토지 등을 소유하는 사람의 법적 지위가 부당한 영향을 받을 현저한 우려가 있다. 따라서 그와 같이 정비구역의 지정 및 고시 없이 행하여지는 시장·군수의 재개발조합설립추진위원회 설립승인은 도시정비법의 규정 및 조합설립추진위원회제도의 취지에 반하여 허용될 수 없고, 그와 같은 하자는 중대할 뿐만 아니라 객관적으로 명백하다.[1]

---

1) 대법원 2010. 9. 30. 선고 2010두9358 판결.

(2) 토지소유자등이 정비구역이 지정 전 임의로 그 구역을 예상하여 추진위원회 설립에 동의 후 확정된 실제 사업구역이 동의 당시 예정한 사업구역과 동일성을 인정할 수 없을 정도로 달라진 경우, 위 동의에 기초한 설립승인처분의 위법 여부(위법)

추진위원회는 일정한 구역에서 실시되는 특정한 정비사업을 전제로 사업대상·범위에 속하는 토지등소유자의 동의를 얻어 설립되므로, 토지소유자 등이 정비구역이 정해지기 전에 임의로 그 구역을 예상하여 추진위원회 설립에 동의하였다가 나중에 확정된 실제 사업구역이 동의 당시 예정한 사업구역과 동일성을 인정할 수 없을 정도로 달라진 때에는, 정비구역이 정해지기 전의 동의를 설립승인을 신청하는 추진위원회 구성에 관한 동의로 볼 수 없어 이에 기초한 설립승인처분은 위법하다.[2]

(3) 정비기본계획 수립지역에서 정비예정구역이 지정되고 추진위원회의 구성승인이 되었으나, 정비예정구역이 정비구역과 차이가 없는 경우

정비구역지정 전 추진위원회 구성승인처분이라도 정비기본계획이 수립된 지역에서 정비예정구역이 지정되고, 정비예정구역과 정비구역이 차이가 없을 경우에는 구성승인처분을 당연무효로 볼 수 없다.[3]

【판례연구】 정비예정구역과 달리 정비구역 지정된 경우, 정비예정구역을 전제로 한 추진위원회 구성승인처분의 당연무효 내지 실효 여부(소극) 및 판단 기준

❑ 판결요지

(1) 대법원 2013. 9. 12. 선고 2011두31284 판결[동의서제공신청반려처분취소]
정비사업을 원활하게 진행하기 위하여 추진위원회 제도를 도입하는 한편 1개의 정비구역 안에 복수의 추진위원회가 구성되는 것을 금지하는 등 그에 대하여 특별

---

2) 대법원 2011. 7. 28. 선고 2011두2842 판결.
3) 대법원 2010. 9. 30. 선고 2010두9358 판결.

한 법적 지위를 부여하고 있는 도시 및 주거환경정비법의 입법 취지와 추진위원회 구성승인처분이 다수의 이해관계인에게 미치는 파급효과 등에 비추어 보면, 일정한 정비예정구역을 전제로 추진위원회 구성승인처분이 이루어진 후 정비구역이 정비예정구역과 달리 지정되었다는 사정만으로 승인처분이 당연히 실효된다고 볼 수 없고, 정비예정구역과 정비구역의 각 위치, 면적, 토지등소유자 및 동의자 수의 비교, 정비사업계획이 변경되는 내용과 정도, 정비구역 지정 경위 등을 종합적으로 고려하여 당초 승인처분의 대상인 추진위원회가 새로운 정비구역에서 정비사업을 계속 추진하는 것이 도저히 어렵다고 보여 그 추진위원회의 목적 달성이 사실상 불가능하다고 인정되는 경우에 한하여 그 실효를 인정함이 타당하다(정비구역의 확대 사안).[4]

(2) 대법원 2013. 10. 24. 선고 2011두28455 판결[조합설립추진위원회승인무효확인등]

구 도시정비법 제13조 제1항, 제2항에 의한 추진위원회 구성승인처분이 정비구역이 지정·고시되기 전에 지정된 정비예정구역을 기준으로 한 토지등소유자의 과반수 동의를 얻어 구성된 추진위원회에 대하여 이루어진 것이라고 하더라도 그 하자가 중대하거나 명백하다고 할 수는 없다. 그리고 행정소송에서 행정처분의 위법 여부는 당해 처분이 행하여졌을 때의 법령과 사실 상태를 기준으로 판단해야 한다. 따라서 정비구역이 지정·고시되기 전의 정비예정구역을 기준으로 한 토지등소유자 과반수의 동의를 얻어 구성된 추진위원회에 대하여 그 구성에 관한 승인처분이 이루어졌는데, 그 후에 지정된 정비구역이 정비예정구역보다 면적이 축소되었다고 하더라도 이러한 사정만으로 그 추진위원회 구성에 관한 승인처분이 당연무효라고 할 수는 없다.

일정한 정비예정구역을 전제로 추진위원회 구성에 관한 승인처분이 이루어진 후 정비구역이 정비예정구역과 달리 지정·고시되었다는 사정만으로 그 승인처분이 당연히 실효된다고 볼 수는 없고, 정비예정구역과 정비구역의 각 위치, 면적, 토지 등 소유자 및 동의자 수의 비교, 정비사업계획이 변경되는 내용과 정도, 정비구역 지정 경위 등을 종합적으로 고려하여 볼 때 당초의 추진위원회가 새로운 정비구역

---

4) 당초 정비예정구역이 추후 재정비촉진구역으로 지정되면서 사업구역면적 약 89%, 토지등소유자 수 약 106% 증가되었으나, 이는 도시재정비 촉진을 위한 특별법에 따라 광역적이고 체계적·효율적인 주택재개발사업의 시행을 위하여 이 사건 정비예정구역을 중심으로 그 외연이 확대된 것에 불과하므로 그와 같은 사정만으로 이 사건 승인처분이 실효된다고 하기는 어렵고, 추진위원회는 변경승인 절차를 밟아 그 업무를 수행할 수 있다고 본 사례.

에서 정비사업을 계속 추진하는 것이 사실상 불가능하여 그 승인처분의 대상이 소멸하였다고 볼 수 있는 정도에 이른 경우에 한하여 그 실효를 인정함이 타당하다고 할 것이다(정비구역의 축소 사안).[5]

□ **판결의 검토**

판례는 정비구역지정 전 추진위원회 구성승인처분이라도 정비기본계획이 수립된 지역에서 '정비예정구역'이 지정되고, 정비예정구역과 정비구역이 차이가 없을 경우에는 구성승인처분은 당연무효로 볼 수 없다고 판단하고 있는데, 대상판결은 정비예정구역과 달리 정비구역이 확대 또는 축소된 경우에도 이러한 사정만으로 당연무효 내지 실효로 보지 않고, 일정한 경우, 당초의 추진위원회가 새로운 정비구역에서 정비사업을 계속 추진하는 것이 도저히 어렵다고 보여 그 추진위원회의 목적 달성이 사실상 불가능하다고 인정되는 경우에 한하여 당연무효 내지 실효로 판단하고 있다.

이와 같은 대상판결의 태도에 의하면 기존의 추진위원회는 '변경승인' 절차를 거쳐 적법하게 조합설립을 준비할 수 있는바, 추진위원회 승인처분은 정비사업에 있어 다수의 이해관계자들에 미치는 파급효과가 크고, 새로운 추진위원회 구성의 소요 시간 및 비용 등의 현실을 고려할 때, 합리적인 판단이라고 본다.

2. 정비사업

정비사업이란 도시정비법에서 정한 절차에 따라 도시기능을 회복하기 위하여 정비구역에서 정비기반시설을 정비하거나 주택 등 건축물을 개량 또는 건설하는 재건축사업, 재개발사업, 주거환경개선사업을 말하는데, 이들 정비사업을 간략히 비교하면 다음 표와 같다.

---

5) 정비구역이 정비예정구역에 비하여 약 39% 정도 면적이 축소되었으나, 이는 정비예정구역 단계에서도 사실상 존치구역으로 분류되어 있던 백화점 부지 등이 배제됨으로 인한 것이고, 면적 감소에도 불구하고 토지 등 소유자의 감소폭은 크지 아니한 경우 등의 사정에 비추어, 구성승인처분이 실효되었다고 할 수는 없고, 추진위원회는 변경승인 절차를 밟아 그 업무를 수행할 수 있다고 본 사례.

구 분	재건축사업	재개발사업	주거환경개선사업
목적	주거환경개선	주거환경개선 도시환경개선	주거환경보전·정비·개량 (정비기반시설등 확충)
기반시설	양호	열악	극히 열악
건축물	노후·불량 / 밀집	노후·불량 / 밀집	노후·불량 / 과도 밀집
지역특성	공동주택 위주	단독·다세대 위주 (주거환경개선) 상업·공업지역 등 (도시환경개선)	단독·다세대 밀집 저소득층 거주
토지등소유자	건축물 및 그 부속토지의 소유자	토지 또는 건축물의 소유자 또는 그 지상권자	

3. 노후·불량건축물

가. 의의

노후·불량건축물은 정비사업의 입안대상지역의 결정에 있어서 중요한 요건 중 하나이고,[6] 특히 재건축사업의 정비구역지정 및 안전진단의 대상기준이 되는 사항이다.

노후·불량건축물의 범위는 도시정비법 제2조 제3호 및 시행령 제2조에서 규정하고 있는데, 이 중 도시정비법 제2조 제3호 라목의 "도시미관을 저해하거나 노후화된 건축물로서 대통령령으로 정하는 바에 따라 시·도조례로 정하는 건축물"은 다음 각 호의 어느 하나에 해당하는 건축물을 말한다.

1. 준공된 후 20년 이상 30년 이하의 범위에서 시·도조례[7]로 정하는 기간이

---

6) 도시정비법 제8조제4항 및 제5항, 시행령 제7조, [별표1]

7) 서울특별시 도시 및 주거환경정비 조례(시행 2018. 10. 4. 제6916호, 이하 '서울시 조례'로 약칭)의 관련 규정은 아래와 같다.

　　제4조(노후·불량건축물)

　　① 영 제2조제3항제1호에 따라 노후·불량건축물로 보는 기준은 다음 각 호와 같다.

　　　1. 공동주택

　　　　가. 철근콘크리트·철골콘크리트·철골철근콘크리트 및 강구조인 공동주택: 별표 1에 따른 기간

　　　　나. 가목 이외의 공동주택: 20년

지난 건축물

2. 「국토의 계획 및 이용에 관한 법률」제19조 제1항 제8호에 따른 도시·군기
본계획의 경관에 관한 사항에 어긋나는 건축물

나. 관련 질의회신

□ **국토교통부(2010. 7. 12.)**

(질의) 노후·불량건축물을 판단할 때 반드시 현장조사를 한 후에 판단해야 하는지

(회신) 지방자치단체에서 어떤 건축물이 도시정비법 제2조 제3호 다목 및 영 제2
조 제2항 제1호에 따른 노후·불량건축물에 해당하는지를 판단하기 위해서
반드시 현장에 가서 그 건축물의 상태 등을 직접 조사해야 하는 것은 아님

□ **국토교통부(2003. 8. 14.)**

(질의) 노후·불량건축물은 준공 후 20년이 지난 건축물로 규정하고 있는바, 준공
시점의 적용 기준은

(회신) 준공시점의 적용기준은 준공검사를 하여 인가된 날로 보아야 할 것임

□ **서울시(주거정비과 2007. 02. 14.)**

(질의) 기존 공동주택을 재건축하려고 할 때, 건축물 동수를 어떻게 산정하는지와
주 건축물 공동주택 2동, 근생 상가 1동, 부속건축물 노인정 1동의 경우, 건
축물 동 수는 어떻게 처리하는지

(회신) 공동주택 재건축사업의 건축물에 있어 노후·불량건축물로 보는 기준은 주
택단지 내 각 건축물 동수를 기준으로 산정하지는 않고, 1개의 주택단지를
기준으로 하여 서울시 도시정비조례 제3조 제1항 제1호 별표에 따라 주택
단지의 준공년도를 적용하여 판단함

---

2. 공동주택 이외의 건축물

　　가. 철근콘크리트·철골콘크리트·철골철근콘크리트 및 강구조 건축물(「건축법 시행
　　　령」 별표 1 제1호에 따른 단독주택을 제외한다): 30년

　　나. 가목 이외의 건축물: 20년

② 영 제2조제2항제1호에 따른 노후·불량건축물은 건축대지로서 효용을 다할 수 없는 과소
필지 안의 건축물로서 2009년 8월 11일 전에 건축된 건축물을 말한다.

③ 미사용승인건축물의 용도별 분류 및 구조는 건축허가 내용에 따르며, 준공 연도는 재산
세 및 수도요금·전기요금 등의 부과가 개시된 날이 속하는 연도로 한다.

❏ **서울시(주거정비과 2006. 11. 13.)**

(질의) 철근·철골콘크리트 또는 강구조인 건축물이란 어떤 구조를 포함하는지

(회신) 서울시 도시정비조례 제3호 제2호 가목의 '철근·철골콘크리트 또는 강구조 건축물이란, 철근콘크리트구조, 철골콘크리트구조, 철골철근콘크리트구조 또는 철골구조의 건축물을 말함

【판례연구】 '준공된 후 20년 등' 일정기간 경과시 정비사업이 가능한 노후·불량 건축물 인지(대법원 2012. 6. 18. 선고 2010두16592 전원합의체 판결 주택재건축사업정비구역지정처분취소)

❏ **판결요지**

[도시정비법 시행령(2009. 8. 11. 대통령령 제21679호로 개정되기 전의 것) 제2조 제2항 제1호에 의하면, "준공된 후 20년 이상의 범위에서 조례로 정하는 기간이 지난 건축물"을 노후·불량건축물로 규정하고 있었는데, 준공된 후 20년이 지난 건축물이라는 이유로 재건축사업정비구역으로 지정된 '단독주택' 소유자들이 주택재건축사업정비구역지정처분의 취소를 구한 사안]

"준공된 후 20년 등"과 같은 일정기간의 경과는 철거가 불가피한 노후불량건축물에 해당하는지를 판단할 때, 노후·불량화의 징표가 되는 여러 기준의 하나로서 제시된 것이라고 봐야 하고, 이와 달리 준공된 후 20년 등의 기간이 경과하기만 하면 그로써 곧 도시정비법과 시행령이 정한 '노후화로 인하여 철거가 불가피한 건축물'에 해당하게 되는 것은 아니다.

❏ **판결의 검토**

위 대상판결 당시 도시정비법에 의하면, 노후·불량건축물에 해당하는 건축물로 '…노후화로 인한 구조적 결함 등으로 인하여 철거가 불가피한 건축물로서 대통령으로 정하는 바에 따라 시·도 조례로 정하는 건축물'을, 시행령 제2조 제2항 제1호는 '공된 후 20년 이상의 범위에서 조례로 정하는 기간이 지난 건축물'을 노후·불량건축물의 하나로 규정하고 있어서, 위 일정기간 경과시 노후·불량건축물에 해당하는지 해석상 논란이 있었다.

이에 대해 대상판결은 도시정비법령의 규정의 형식, 취지 등을 종합하여 위의

노후·불량건축물이란, '준공된 후 20년 등이 지난 건축물로서 그로 인하여 건축물이 노후화되고 구조적 결함 등이 발생하여 철거가 불가피한 건축물'을 말한다고 명확히 해석하였다.

생각건대, 도시정비법 제2조, 시행령 제2조 등의 규정의 형식을 보면, 일정기간의 경과된 건축물을 노후·불량건축물 중 하나의 예로 규정하고 있는 점, 도시정비법 제12조는 일정한 경우 '주택단지' 내의 건축물을 대상으로 안전진단을 실시한 다음 재건축사업의 정비계획 입안하도록 규정한 점, 정비사업의 경우 토지등소유자에게 수용이나 매도청구 등과 같은 재산권의 제한 절차가 있어 토지등소유자의 이해관계도 고려할 수밖에 없는 점, 무분별한 정비사업의 시행으로 인한 경제적 손실 등의 문제도 있는 점 등에 비추어 볼 때, 대상판결의 판단은 타당하다고 본다.

4. 정비기반시설

가. 의의

정비기반시설은 도로·상하수도·공원·공용주차장·공동구, 그 밖에 주민의 생활에 필요한 열·가스 등의 공급시설로서 대통령령[8]으로 정하는 시설을 말하는데, 정비기반시설은 국토계획법상 도시계획시설로 설치할 수 있는 도시 및 주민생활에 필수적인 시설이라 할 수 있다.

사업시행자가 정비사업의 시행으로 새로 설치한 정비기반시설은 그 시설을

---

[8] 제3조(정비기반시설) 법 제2조제4호에서 "대통령령으로 정하는 시설"이란 다음 각 호의 시설을 말한다.
  1. 녹지
  2. 하천
  3. 공공공지
  4. 광장
  5. 소방용수시설
  6. 비상대피시설
  7. 가스공급시설
  8. 지역난방시설
  9. 주거환경개선사업을 위하여 지정·고시된 정비구역에 설치하는 공동이용시설로서 법 제52조에 따른 사업시행계획서(이하 "사업시행계획서"라 한다)에 해당 특별자치시장·특별자치도지사·시장·군수 또는 자치구의 구청장(이하 "시장·군수등"이라 한다)이 관리하는 것으로 포함된 시설

관리할 국가 또는 지방자치단체에 무상으로 귀속되고, 정비사업의 시행으로 용도가 폐지되는 국가 또는 지방자치단체 소유의 정비기반시설은 사업시행자가 새로 설치한 정비기반시설의 설치비용에 상당하는 범위에서 그에게 무상으로 양도된다(법 제97조 제2항).

대법원은 사업시행자에게 무상으로 양도되는 국가 또는 지방자치단체 소유의 정비기반시설의 의미에 관하여, 도시정비법에서 정한 '사업시행자에게 무상으로 양도되는 국가 또는 지방자치단체 소유의 정비기반시설'은 정비사업시행인가 이전에 이미 국토의 계획 및 이용에 관한 법률에 의하여 도시관리계획으로 결정되어 설치된 국가 또는 지방자치단체 소유의 기반시설로서 도시정비법상의 정비기반시설에 해당하는 것을 의미한다고 판시하였다.[9]

나. 관련 질의회신

❑ **국토교통부(2012. 07. 16.)**

(질의) 도시정비법 제2조 제4호의 정비기반시설 중 '도로'의 범위

(회신) 도시정비법상 도로의 정의를 명문화하고 있지는 아니하나, 도로법에 의한 도로나 도시계획도로, 건축법령 및 관계법령에서 인정하는 도로를 말하는 것으로 보이며, 도시정비법 제5조 제2항의 정비기반시설에 해당하는 도로 여부에 대한 구체적인 사실판단은 현지현황, 관련서류, 관련법령 및 대법원 판례 등을 종합적으로 검토하여 판단할 사항임

❑ **법제처(10-0286, 2010. 11. 12.)**

도시 및 주거환경정비법 제65조제2항의 "정비사업의 시행으로 새로이 설치한 정비기반시설"의 범위

(질의) 시장·군수 또는 주택공사 등이 아닌 정비사업시행자가 정비구역 밖의 「국

---

9) 대법원 2015. 2. 26. 선고 2012두22690 판결('동사무소'는 정비기반시설에 해당하지 아니함이 도시정비법령의 해석상 분명하고, '재개발사업의 경우 공동이용구판장, 구립어린이집'은 시행령 제3조 제8호(현 제9호) 공동이용시설에 해당하지 않아, 사업시행자에게 무상양도되는 정비기반시설에 해당하지 않는다고 판단한 사례).
  대법원 2011. 2. 24. 선고 2010두22498 판결(도시관리계획으로 설치된 정비기반시설이 아닌 '현황도로'는 사업시행자에게 무상으로 양도되는 정비기반시설에 해당하지 않는다고 판단한 사례).

토의 계획 및 이용에 관한 법률」에 따른 도시계획시설인 진입도로에 대하여 도시계획 시설사업시행자 지정을 받아 개선공사에 착공한 후 해당 도로가 정비구역에 포함되는 내용의 정비사업시행계획 변경 및 인가를 받아 정비사업을 완료한 경우, 해당 도로가 「도시 및 주거환경정비법」 제65조제2항의 "정비사업의 시행으로 새로이 설치한 정비기반시설"에 해당되는지?

(회신) 시장·군수 또는 주택공사 등이 아닌 정비사업시행자가 정비구역 밖의 「국토의 계획 및 이용에 관한 법률」에 따른 도시계획시설인 진입도로에 대하여 도시계획시설사업시행자 지정을 받아 개선공사에 착공한 후 해당 도로가 정비구역에 포함되는 내용의 정비사업시행계획 변경 및 인가를 받아 정비사업을 완료한 경우, 해당 도로는 「도시 및 주거환경정비법」 제65조제2항의 "정비사업의 시행으로 새로이 설치한 정비기반시설"에 해당됨

(이유) 먼저 도시정비법 제65조제2항에 따른 무상귀속의 대상이 되는 정비기반시설은 정비사업의 시행으로 설치되는 시설인데, 정비사업의 시행으로 설치된다는 것은 해당 시설이 도시정비법에서 정한 절차에 따라 정비구역 안에 설치되는 것을 말한다고 할 것이고(도시정비법 제2조제2호·제4호), 이는 정비사업시행자가 해당 시설의 설치에 관한 사항이 포함된 정비사업시행계획에 대한 사업시행인가를 받고 그에 따라 해당 시설을 설치한다는 의미(도시정비법 제28조)라고 할 것임. 그렇다면 당초에는 정비구역 밖에 있던 진입도로에 대하여 국토계획법에 따라 개선사업(도시계획시설사업)이 시행되었다고 하더라도 그 시행 중 도시정비법에 따른 정비사업시행계획이 변경되어 해당 도로가 정비구역에 포함되고 변경된 정비사업시행계획 및 그 인가에 따라 나머지 개선사업이 완료되었다면, 결국 해당 도로는 도시정비법에 따른 정비사업시행계획 및 인가에 따라 설치된 것이라 볼 수 있으므로 이는 정비사업의 시행으로 설치된 정비기반시설이라고 보아야 할 것임

5. 공동이용시설

공동이용시설은 주민이 공동으로 사용하는 놀이터·마을회관·공동작업장, 그 밖에 대통령령[10]으로 정하는 시설을 말한다. 공동이용시설의 설치계획은 도시·주

---

10) 제4조(공동이용시설) 법 제2조제5호에서 "대통령령으로 정하는 시설"이란 다음 각 호의 시설을 말한다.
  1. 공동으로 사용하는 구판장·세탁장·화장실 및 수도

거환경정비기본계획, 정비계획의 내용 및 사업시행계획서에 포함된다.

6. 주택단지

가. 의미

도시정비법에서 정의하고 있는 주택단지는 주택법상 주택단지와는 구별되는 개념인데, 주택단지의 정의를 규정한 의미는 정비사업의 대상이 되는 단지를 확정하여 재건축사업의 범위를 결정하고, 조합설립의 동의의 대상, 동의율의 충족기준이 된다는 것에 있다.

나. 하나의 주택단지 여부 결정 기준

대법원은 구 도시정비법(2007. 12. 21. 법률 제8785호로 개정되기 전의 것) 제2조 제7호, 구 도시정비법 시행령(2008. 12. 17. 대통령령 제21171호로 개정되기 전의 것) 제5조 제1호 등 관련 규정을 종합하여 보면, 구 도시정비법상 하나의 주택단지에 해당하는지 여부는 당해 주택의 건설사업 또는 당해 주택이 건립된 부지의 대지조성사업을 할 당시 하나의 사업계획으로 승인받아 주택이 건설되거나 대지가 조성되었는지 여부에 의해 결정된다고 판시하였다.[11]

7. 토지등소유자

재개발사업의 경우 종래의 도시재개발법과 같이 정비구역 내 토지등소유자는 조합설립 동의여부와 무관하게 조합원으로 강제가입되는 결과 토지등소유자와 조합원의 범위가 일치하나, 재건축사업의 조합원 자격은 조합설립에 동의한 자에 한하므로, 토지등소유자와 조합원의 범위가 일치하지 않는다.

아울러 재건축사업은 정비구역에 위치한 '건축물 및 그 부속토지'의 소유자를

---

2. 탁아소·어린이집·경로당 등 노유자시설
3. 그 밖에 제1호 및 제2호의 시설과 유사한 용도의 시설로서 시·도조례로 정하는 시설
11) 대법원 2010. 4. 8. 선고 2009다10881 판결, 대법원 2005. 6. 24. 선고 2003다55455 판결(구 주택건설촉진법의 재건축사업 사례).

토지등소유자로 정의하고 있는바, 건축물만 소유하거나 토지만을 소유한 자는 토지등소유자에 해당되지 않는다.

【판례연구】 '무허가건축물'이 조합원 자격이 부여되는 건축물에 포함되는지 여부

❏ **판결요지**

(1) 대법원 2012. 12. 13. 선고 2011두21218 판결[조합설립무효확인등][12]

무허가건축물은 원칙적으로 관계 법령에 의해 철거되어야 할 것인데도 소유자에게 조합원 자격을 부여하여 결과적으로 재개발사업의 시행으로 인한 이익을 향유하게 하는 것은 위법행위를 한 자가 이익을 얻는 결과가 되어 허용될 수 없는 점, 재개발사업의 원활한 시행을 위하여 정비구역 안의 무분별한 무허가주택의 난립을 규제할 현실적 필요성이 적지 않은 점, 무허가건축물의 소유자를 당연히 구 도시정비법 제2조제9호(가)목에서 정하는 토지등소유자로 해석한다면, 다른 사람의 토지 위에 무단으로 무허가건축물을 축조한 다수의 소유자들이 조합설립추진위원회 및 재개발조합을 결성하여 토지소유자를 재개발 사업에 강제로 편입시킴으로써 적법한 토지소유자의 재산권을 침해할 우려가 있는 점 등 여러 사정을 고려하여 볼 때, 구 도시정비법 제2조제9호(가)목에 의하여 소유자에게 조합원의 자격이 부여되는 건축물이라 함은 원칙적으로 적법한 건축물을 의미하고 무허가건축물은 이에 포함되지 않는다고 보아야 할 것이다.

다만 이와 같은 법리에 의하여 토지등소유자의 적법한 동의 등을 거쳐 설립된 재개발조합이 각자의 사정 내지는 필요에 따라 일정한 범위 내에서 무허가건축물 소유자에게 조합원 자격을 부여하도록 '정관'으로 정하는 경우에 비로소 그 예외가 인정될 수 있을 뿐이다(대법원 2009. 10. 29. 선고 2009두12228 판결 등 참조).

(2) 서울행정법원 2008. 4. 4. 선고 2006구합27915 판결[재개발조합설립추진위원회승인처분취소]

무허가건축물의 소유자는 원칙적으로 구 도시정비법 제2조제9호(가)목에 의하여 조합원 자격이 인정되는 토지등소유자로 볼 수 없어 이들을 제외하면, 위 법 제13조제2항에 규정된 토지등소유자 과반수 동의라는 승인요건을 갖추지 못하였음에도, 이들이 주축이 되어 구성한 주택재개발정비사업 조합설립추진위원회를 승인

---

12) 같은 취지로 대법원 1999. 7. 27. 선고 97누4975 판결 등.

한 처분은 법규의 중요한 부분을 위반한 것으로서 그 하자가 중대하고 객관적으로 명백하여 당연무효이다.

❏ **판결의 검토**

　대상판결은 조합원 자격이 부여되는 도시정비법상 토지등소유자의 정의에서 규정된 건축물에 관하여 원칙적으로 적법한 건축물을 의미하고, 무허가건축물은 포함되지 않는다고 판시하고 있다. 다만, 예외적으로 조합 내부의 각자 사정 내지 필요에 따라 조합의 '정관'으로 무허가건축물 소유자에게 조합원 자격을 부여하는 것은 인정하고 있다. 이는 대상판결이 설시한 바와 같이 위법행위를 한 자의 이익을 허용할 수 없고, 재개발사업의 원활할 시행을 위해서도 무분별한 무허가주택의 난립을 규제할 현실적인 필요성 차원에서 원칙적으로 타당하다고 본다.

　한편, 대상판결이 예외적으로 인정한 것과 같이 주택재개발정비사업조합 표준정관 제9조 제2항은 [건축물이 무허가인 경우에는 법에 의하여 제정된 시·도조례에서 정하는 기존무허가 건축물로서 자기소유임을 입증하는 경우에 한하여 그 무허가건축물 소유자를 조합원으로 인정한다]고 정하고 있고, 실무상 상당수의 조합이 표준정관 규정을 원용하고 있는 것으로 보인다.

　그런데 유의할 점은 판례는 무허가건축물 소유자의 예외적인 조합원 인정은 '정관'에서 정해야 비로소 인정된다고 하고 있으므로, 조합설립 전 단계인 추진위원회 승인의 동의 요건이나 조합설립의 동의요건에서의 토지등소유자에는 무허가건축물 소유자는 포함되지 않는다고 봐야한다. 따라서 조합설립추진위원회 승인요건인 '토지등소유자 과반수 동의'를 판단할 때, 무허가건축물 소유자를 제외하고 판단해야 할 것이다(위 서울행정법원 판결 참조).

　아울러 대법원은 구 도시재개발법 사안에서, 재개발조합의 정관에서 무허가건축물의 소유자에게도 조합원자격을 부여하고 있는 경우, 무허가건축물의 소유자의 의미와 판단 기준에 관하여, 당해 정관은 무허가건축물의 사실상의 소유자에게 조합원의 자격을 부여한 것이라고 해석하여야 할 것이고, 무허가건축물이 전전양도되어 최종 양수인이 사실상 소유자로서 사용·수익하는 경우에는 그 최종 양수인만이 조합원의 자격을 취득한다고 할 것이고, 물권변동에 원칙적으로 등기를 요하도록 하고 있는 민법의 규정상 최초의 신축자에게 여전히 그 법률상의 소유권이 귀속된다고 하여 신축자가 조합원으로서의 자격을 취득한다고 해석할 것은 아니며, 사실상의 소유자인지 여부의 판단은 당해 무허가건축물의 양수 경위, 점유 및 사용관계, 재산세 등의 납세 여부 및 무허가건축물관리대장상의 등재 여부, 당해

무허가건축물이 주거용인 경우에는 그 소재지에 주민등록을 하였는지 여부 등을
종합적으로 고려하여 판단할 것이라고 판시하였다(대법원 1998. 3. 27. 선고 97누
17094 판결).

제3조(도시 · 주거환경정비 기본방침)

국토교통부장관은 도시 및 주거환경을 개선하기 위하여 10년마다 다음 각 호의 사항을 포함한 기본방침을 정하고, 5년마다 타당성을 검토하여 그 결과를 기본방침에 반영하여야 한다.

1. 도시 및 주거환경 정비를 위한 국가 정책 방향
2. 제4조제1항에 따른 도시 · 주거환경정비기본계획의 수립 방향
3. 노후 · 불량 주거지 조사 및 개선계획의 수립
4. 도시 및 주거환경 개선에 필요한 재정지원계획
5. 그 밖에 도시 및 주거환경 개선을 위하여 필요한 사항으로서 대통령령으로 정하는 사항

Ⅰ. 본조의 이해

본조는 국토교통부장관으로 하여금 10년마다 도시 · 주거환경정비 기본방침을 수립하고, 5년마다 그 타당성을 검토하여 기본방침에 반영토록 함으로써 도시 및 주거환경정비의 중장기 추진방향을 제시하게 한 것이다. 이에 지방자치단체는 위 기본방침을 바탕으로 기본계획[1]을 수립할 수 있다.

---

1) 법 제4조, 제5조 참조.

제2장
기본계획의 수립 및
정비구역의 지정

제4조(도시·주거환경정비기본계획의 수립)
① 특별시장·광역시장·특별자치시장·특별자치도지사 또는 시장은 관할 구역에 대하여 도시·주거환경정비기본계획(이하 "기본계획"이라 한다)을 10년 단위로 수립하여야 한다. 다만, 도지사가 대도시가 아닌 시로서 기본계획을 수립할 필요가 없다고 인정하는 시에 대하여는 기본계획을 수립하지 아니할 수 있다.
② 특별시장·광역시장·특별자치시장·특별자치도지사 또는 시장(이하 "기본계획의 수립권자"라 한다)은 기본계획에 대하여 5년마다 타당성 여부를 검토하여 그 결과를 기본계획에 반영하여야 한다.

I. 기본계획의 의미[1]

기본계획이 도시정비사업에서 가지는 의미는 아래와 같이 살펴볼 수 있다.

첫째, 기본계획은 국토의 계획 및 이용에 관한 법률[2] 제2호 제3호에 따른 도시·군기본계획 등 상위계획의 이념과 내용이 도시정비법의 정비사업을 통해 실현될 수 있도록 도시정비의 미래상과 목표를 명확히 설정하고 실천 전략을 구체적으로 제시한다.

둘째, 기본계획은 도시기능의 보존·회복·정비 차원에서 정비구역 별 정비사업의 방향과 지침을 정하여 무질서한 정비사업을 방지하고, 적정한 밀도로 주변지역과 조화되는 개발을 유도하여 합리적인 토지이용과 쾌적한 도시환경의 조성 및 도시기능의 효율화를 도모한다.

셋째, 기본계획은 도시의 경제·사회·문화활동, 물리적 환경의 현황, 장래 변화에 대한 과학적 분석과 정비사업 수요 예측에 따라 단계별로 사업이 이루어지도록 함으로써 장래의 개발수요에 효과적으로 대처하고 정비사업의 합리성·효율성

---

1) 도시·주거환경정비기본계획 수립 지침(국토교통부훈령 제977호, 시행 2018. 2. 9.) 제1장 제2절 참조.
2) 이하, '국토계획법'으로 약칭한다.

을 도모한다.

Ⅱ. 기본계획의 지위와 법적 성격

1. 지위[3]

기본계획은 도시·군기본계획의 하위계획으로 도시·군기본계획상 토지이용계획과 부문별 계획 중 도시·주거환경의 정비에 관한 내용을 반영하며, 기본계획의 내용은 정비계획 등 하위계획 및 관련 토지이용계획에 반영되어야 한다.

또한 기본계획은 정비사업에 관한 종합계획으로 특별시·광역시·특별자치시·특별자치도·시 단위로 수립한다.

아울러 기본계획은 정비계획의 상위계획으로 유형별 정비구역 지정대상과 정비방향을 설정하고, 정비기반시설 기준, 개발밀도 기준, 정비방법 등 정비사업의 기본원칙 및 개발지침을 제시한다.

2. 법적 성격

기본계획은 정비사업의 장기성과 종합적인 측면에서 기본방침을 정하는 것이므로 개념 본질적으로 일반 국민에 대해 구속력을 갖지 않음을 당연하다.[4] 따라서 도시기본계획과 마찬가지로 행정기관 내부적인 지침으로 행정기관만을 구속하는

---

3) 도시·주거환경정비기본계획 수립 지침 제1장 제3절 참조.

4) 참고로, 도시기본계획과 마찬가지로 '○○기본계획'은 처분성이 인정되지 않는바, 대법원은 도시기본계획 외에도, (구)농어촌도로정비법의 '농어촌도로기본계획'(대법원 2000. 9. 5. 선고 99두974 판결), 하수도법의 '하수도정비기본계획'(대법원 2002. 5. 17. 선고 2001두10578 판결), 토지구획정리사업법의 '환지계획'(대법원 1999. 8. 20. 선고 97누6889 판결), 4대강 살리기 마스트플랜은 행정기관 내부에 사업의 기본방향을 제시한 것일 뿐 국민의 권리·의무에 직접 영향을 미치는 것이 아니라고 하여 처분성을 부정하였다(대법원 2011. 4. 21. 선고 2010무111 전원합의체결정).

비구속적 행정계획으로 일반 국민을 구속하는 처분성은 인정되지 않는다.

대법원도 구 도시계획법 제10조의2 소정의 도시기본계획이 직접적 구속력이 있는지 여부에 관하여, 도시기본계획은 도시의 기본적인 공간구조와 장기발전방향을 제시하는 종합계획으로서 그 계획에는 토지이용계획, 환경계획, 공원녹지계획 등 장래의 도시개발의 일반적인 방향이 제시되지만, 그 계획은 도시계획입안의 지침이 되는 것에 불과하여 일반 국민에 대한 직접적인 구속력은 없는 것으로 판시하여 처분성을 부정하고 있다.5)

3. 관련 쟁점

가. 기본계획에 배치될 가능성이 높은 경우 건축허가신청을 반려할 중대한 공익상의 필요가 있는지 여부

대법원은 구 국토계획법(2009. 2. 6. 법률 제9442호로 개정되기 전의 것) 제63조가 도시기본계획 등을 수립하고 있는 지역으로 특히 필요하다고 인정되는 지역에 대하여 개발행위를 제한하고자 하는 때에는 제한지역·제한사유·제한대상 및 제한기간을 미리 고시하도록 규정한 취지를 고려할 때, 건축허가신청 당시 대상토지에 개발행위제한 고시가 없는 상황에서 건축허가신청이 시장이 수립하고 있는 도시·주거환경정비 기본계획에 배치될 가능성이 높다고 하여 바로 건축허가신청을 반려할 중대한 공익상의 필요가 있다고 보기 어렵다고 판단한 바 있다.6)

나. 10년 또는 5년 주기의 수립 또는 타당성 검토시기 외의 기간에 기본계획을 변경할 수 있는지 여부

국토교통부 질의회신에 의하면, 수립권자가 필요하다고 판단되는 경우에는 신규 정비사업예정지구를 포함하기 위하여 도시·주거환경정비기본계획의 수립 또는 타당성 검토시기 외의 기간이라도 동 기본계획을 변경할 수 있다.7)

---

5) 대법원 2002. 10. 11. 선고 2000두8226 판결, 대법원 2007. 4. 12. 선고 2005두1893 판결.
6) 대법원 2009. 9. 24. 선고 2009두8946 판결.
7) 국토교통부, 2005. 10. 19.

제5조(기본계획의 내용)

① 기본계획에는 다음 각 호의 사항이 포함되어야 한다.

1. 정비사업의 기본방향

2. 정비사업의 계획기간

3. 인구·건축물·토지이용·정비기반시설·지형 및 환경 등의 현황

4. 주거지 관리계획

5. 토지이용계획·정비기반시설계획·공동이용시설설치계획 및 교통계획

6. 녹지·조경·에너지공급·폐기물처리 등에 관한 환경계획

7. 사회복지시설 및 주민문화시설 등의 설치계획

8. 도시의 광역적 재정비를 위한 기본방향

9. 제16조에 따라 정비구역으로 지정할 예정인 구역(이하 "정비예정구역"이라 한다)의 개략적 범위

10. 단계별 정비사업 추진계획(정비예정구역별 정비계획의 수립시기가 포함되어야 한다)

11. 건폐율·용적률 등에 관한 건축물의 밀도계획

12. 세입자에 대한 주거안정대책

13. 그 밖에 주거환경 등을 개선하기 위하여 필요한 사항으로서 대통령령으로 정하는 사항

② 기본계획의 수립권자는 기본계획에 다음 각 호의 사항을 포함하는 경우에는 제1항 제9호 및 제10호의 사항을 생략할 수 있다.

1. 생활권의 설정, 생활권별 기반시설 설치계획 및 주택수급계획

2. 생활권별 주거지의 정비·보전·관리의 방향

③ 기본계획의 작성기준 및 작성방법은 국토교통부장관이 정하여 고시한다.

Ⅰ. 본조의 이해

기본계획은 상위계획인 도시·군기본계획의 이념과 내용을 실현시키고, 도시·군관리계획과 연계하여 기본방향을 정하고 수립하여야 하는데, 본조는 이러한 정비사업의 방향과 지침을 정하여 무질서한 정비사업을 방지하고, 합리적인 토지이용과 쾌적한 도시환경의 조성 및 도시기능의 효율화를 도모하기 위하여, 정비사업

의 기본방향·계획기간·정비예정구역의 개략적 범위·단계별 정비사업 추진계획
등 기본계획에 포함될 내용을 상세히 규정하고 있다.

Ⅱ. 기본계획의 작성기준 및 작성방법

1. 도시·주거환경정비기본계획 수립 지침

기본계획의 작성기준 및 작성방법에 관하여는 「도시·주거환경정비기본계획
수립 지침」(국토교통부훈령 제977호)에서 자세히 규정하고 있다.

2. 관련 쟁점

가. 기본계획에서 정한 정비예정구역의 범위 안에서 정비구역을 지정하는 경우, 정비구역의 지정을 위한 절차를 거치는 외에 따로 기본계획을 먼저 변경해야 한다거나 그 변경절차 를 거치지 않고 곧바로 정비구역 을 지정하는 것이 위법한지 여부(소극)

대법원은 "구 도시정비법(2009. 2. 6. 법률 제9444호로 개정되기 전의 것)은 정비
예정구역의 개략적 범위에 관한 사항을 포함하는 도시·주거환경정비기본계획을
수립 또는 변경하고자 하는 때 소정의 절차를 거치도록 하면서 대통령령이 정하는
경미한 사항을 변경하는 경우에는 그 예외를 인정하고 있는데(제3조 제1항, 제3항),
구 도시정비법 시행령(2009. 11. 28. 대통령령 제21856호로 개정되기 전의 것)은 정비예
정구역의 면적을 구체적으로 명시한 때 당해 구역 면적의 20% 미만 변경인 경우
를 경미한 사항을 변경하는 경우의 하나로 들고 있다(제9조 제3항 제5호). 한편 구
도시정비법은 정비구역의 지정 및 정비계획의 수립에 관하여 기본계획에 적합한
범위 안에서 소정의 요건 및 절차를 거치도록 정하고 있을 뿐 정비구역과 정비예
정구역의 관계에 관한 규정은 두고 있지 않다(제4조). 이러한 각 규정의 내용, 형식
및 취지를 종합하면, 기본계획 단계에서 그 내용 중 일부인 정비예정구역의 면적
을 20% 이상 변경하는 경우에는 기본계획 변경절차를 거쳐야 하나, 이미 수립된

기본계획에서 정한 정비예정구역의 범위 안에서 정비구역을 지정하는 경우에는 정비구역의 지정을 위한 절차를 거치는 외에 따로 기본계획을 먼저 변경하여야 한다거나 그 변경절차를 거치지 않고 곧바로 정비구역 지정행위에 나아간 것이 위법하다고 볼 수는 없다"고 판시하였다.[1]

나. 정비예정구역이 지정된 경우, 정비예정구역 전부가 아니라 그 중 일부 지역 토지등소유자 과반수의 동의를 얻어서 추진위원회를 구성할 수 있는지 여부(소극)

대법원은 "정비예정구역의 일부 주민이 임의로 획정한 구역을 기준으로 구성된 추진위원회가 시장·군수의 승인을 얻어 설립될 수 있다고 한다면, 정비사업에 관한 제반 법률관계가 불명확·불안정하게 되어 정비사업의 추진이 전반적으로 혼란에 빠지고 그 구역 안에 토지 등을 소유하는 사람의 법적 지위가 부당한 영향을 받을 현저한 우려가 있으므로, 정비예정구역이 지정된 경우에는 그에 의하여 확정된 토지등소유자의 과반수의 동의를 얻어야 하고, 그 정비예정구역 중 일부 지역의 토지등소유자의 과반수의 동의를 얻어서 추진위원회를 구성하여서는 안 된다"고 판시하였다.[2]

다. 관련 질의회신

❑ **국토교통부(2010. 03. 05.)**

(질의) 도시정비법 제3조에 따른 정비기본계획을 수립할 때 정비예정구역의 노후도(건축 준공 20년 이상)의 적용은 기준연도 시점인지, 목표연도 이내 인지

(회신) 도시정비법 제3조제1항제9호(현 제5조제1항제10호)에 따르면, 정비예정 구역별 정비계획의 수립시기를 포함한 단계별 정비사업 추진계획을 기본계획을 수립할 때에 포함하도록 하고 있고, 기본계획은 시장 등이 10년마다 수립하고 5년마다 타당성 여부를 검토하여 그 결과를 기본계획에 반영하도록 하고 있으며, 도시·주거환경정비기본계획 수립지침(국토해양부 훈령 제

---

[1] 대법원 2013. 10. 24. 선고 2011두28455 판결.
[2] 대법원 2012. 4. 26. 선고 2011두23108 판결.

2009－306호) 4－1－1에 따르면, 기초조사에 의한 현황을 분석하고 장래를 예측한 후 계획을 수립하되 목표연도에 유념하여 작성하도록 하고 있으므로, 기본계획을 기준연도 시점으로 작성하면서 목표연도 범위 안에서 예측되는 장래의 계획을 단계별로 반영할 수 있을 것으로 보임

❏ **서울시(2004. 05. 08.)**

(질의) 주택재개발 기본계획에 포함된 대상구역은 반드시 재개발사업만 시행하여야 하는지, 재건축 등 다른 사업으로 추진이 가능하다면 기본계획의 변경이 선행되어야 하는지 여부

(회신) 기본계획은 도시정비법에 따라 수립하는 법정계획으로서 정비사업에 대한 기본방향을 제시하고 정비예정구역의 개략적인 범위 선정 등을 포함하고 있어 기본계획에서 제시된 정비사업과 다른 정비사업으로 추진할 경우에는 기본계획이 변경이 필요함

제6조(기본계획 수립을 위한 주민의견청취 등)

① 기본계획의 수립권자는 기본계획을 수립하거나 변경하려는 경우에는 14일 이상 주민에게 공람하여 의견을 들어야 하며, 제시된 의견이 타당하다고 인정되면 이를 기본계획에 반영하여야 한다.

② 기본계획의 수립권자는 제1항에 따른 공람과 함께 지방의회의 의견을 들어야 한다. 이 경우 지방의회는 기본계획의 수립권자가 기본계획을 통지한 날부터 60일 이내에 의견을 제시하여야 하며, 의견제시 없이 60일이 지난 경우 이의가 없는 것으로 본다.

③ 제1항 및 제2항에도 불구하고 대통령령으로 정하는 경미한 사항을 변경하는 경우에는 주민공람과 지방의회의 의견청취 절차를 거치지 아니할 수 있다.

제7조(기본계획의 확정·고시 등)

① 기본계획의 수립권자(대도시의 시장이 아닌 시장은 제외한다)는 기본계획을 수립하거나 변경하려면 관계 행정기관의 장과 협의한 후 「국토의 계획 및 이용에 관한 법률」 제113조제1항 및 제2항에 따른 지방도시계획위원회(이하 "지방도시계획위원회"라 한다)의 심의를 거쳐야 한다. 다만, 대통령령으로 정하는 경미한 사항을 변경하는 경우에는 관계 행정기관의 장과의 협의 및 지방도시계획위원회의 심의를 거치지 아니한다.

② 대도시의 시장이 아닌 시장은 기본계획을 수립하거나 변경하려면 도지사의 승인을 받아야 하며, 도지사가 이를 승인하려면 관계 행정기관의 장과 협의한 후 지방도시계획위원회의 심의를 거쳐야 한다. 다만, 제1항 단서에 해당하는 변경의 경우에는 도지사의 승인을 받지 아니할 수 있다.

③ 기본계획의 수립권자는 기본계획을 수립하거나 변경한 때에는 지체 없이 이를 해당 지방자치단체의 공보에 고시하고 일반인이 열람할 수 있도록 하여야 한다.

④ 기본계획의 수립권자는 제3항에 따라 기본계획을 고시한 때에는 국토교통부령으로 정하는 방법 및 절차에 따라 국토교통부장관에게 보고하여야 한다.

Ⅰ. 서설

1. 기본계획의 수립절차

기본계획의 수립(변경)은 ① 기초조사 → ② 기본계획의 입안 → ③ 주민공람

(공청회[3])), → ④ 지방의회 의견청취 → ⑤ 관계 행정기관의 장과 협의 → ⑥ 지방도시계획위원회의 심의 → ⑦ 해당 지방자치단체 공보 고시 및 일반인 열람 → ⑧ 국토교통부장관에 보고하는 절차를 거친다. 다만, 대통령으로 정하는 경미한 사항의 변경[4])은 주민공람, 지방의회 의견청취, 관계 행정기관의 장과 협의 및 지방도시계획위원회의 심의를 거치지 아니할 수 있다.

2. 관련 쟁점

가. 공청회를 열지 아니한 도시계획수립행위의 위법 여부

대법원은 "도시계획의 수립에 있어서 도시계획법 제16조의2[5]) 소정의 공청회를 열지 아니하고 공공용지의취득및손실보상에관한특례법 제8조 소정의 이주대책을 수립하지 아니하였더라도 이는 절차상의 위법으로서 취소사유에 불과.고 그

---

3) 도시·주거환경정비기본계획 수립 지침상 공정회 개최는 의무사항은 아니다.
   '작성된 기본계획안에 대하여는 관련분야 전문가와 주민대표 및 관계기관이 참석하는 공청회를 개최할 수 있다'(도시·주거환경정비기본계획 수립 지침 제5장 제2절 참조).
4) 시행령 제4항
   제6조 제3항 및 제7조 제1항 단서에서 "대통령령으로 정하는 경미한 사항을 변경하는 경우"란 각각 다음 각 호의 경우를 말한다.
   1. 정비기반시설(제3조제9호에 해당하는 시설은 제외한다. 이하 제8조제3항·제13조제4항·제38조 및 제76조제3항에서 같다)의 규모를 확대하거나 그 면적을 10퍼센트 미만의 범위에서 축소하는 경우
   2. 정비사업의 계획기간을 단축하는 경우
   3. 공동이용시설에 대한 설치계획을 변경하는 경우
   4. 사회복지시설 및 주민문화시설 등에 대한 설치계획을 변경하는 경우
   5. 구체적으로 면적이 명시된 법 제5조제1항제9호에 따른 정비예정구역(이하 "정비예정구역"이라 한다)의 면적을 20퍼센트 미만의 범위에서 변경하는 경우
   6. 법 제5조제1항제10호에 따른 단계별 정비사업 추진계획(이하 "단계별 정비사업 추진계획"이라 한다)을 변경하는 경우
   7. 건폐율(「건축법」 제55조에 따른 건폐율을 말한다. 이하 같다) 및 용적률(「건축법」 제56조에 따른 용적률을 말한다. 이하 같다)을 각 20퍼센트 미만의 범위에서 변경하는 경우
   8. 정비사업의 시행을 위하여 필요한 재원조달에 관한 사항을 변경하는 경우
   9. 「국토의 계획 및 이용에 관한 법률」제2조제3호에 따른 도시·군기본계획의 변경에 따라 기본계획을 변경하는 경우
5) 도시정비법상 도시·주거환경정비기본계획 수립시 공청회 개최는 재량사항임에 반해, 구 도시계획법 제16조의2는 도시기본계획을 수립하고자 할 때에는 공청회를 열어 주민 및 관계 전문가 등으로부터의 의견 청취를 의무사항으로 하고 있었다.

하자가 도시계획 결정 또는 도시계획사업시행인가를 무효라고 할 수 있을 정도로 중대하고 명백하다고는 할 수 없으므로 이러한 위법을 선행처분인 도시계획 결정이나 사업시행인가 단계에서 다투지 아니하였다면 그 쟁소기간이 이미 도과한 후인 수용재결단계에 있어서는 도시계획수립 행위의 위와 같은 위법을 들어 재결처분의 취소를 구할 수는 없다"고 판시하였다.[6]

나. 관계 행정기관의 장과 협의, 지방도시계획위원회의 심의의 의미

도시정비법 사안은 아니나, 대법원은 구 택지개발촉진법상 택지개발 예정지구 지정처분에 앞서 거쳐야 하는 당해 지방자치단체장의 의견청취와 주택정책심의위원회의 심의의 의미에 관하여, 택지개발촉진법 제3조 제2항에서 건설교통부장관이 택지개발 예정지구를 지정하고자 하는 때에는 미리 당해 지방자치단체의 장의 의견을 들은 후 주택정책심의위원회의 심의를 거쳐야 한다고 규정한 것은, 행정의 법률적합성 및 합목적성을 보장하고 행정절차에 관계된 자들의 권리를 보장·실현하기 위하여 그 지정과 관련한 직접적 이해관계자인 당해 지방자치단체의 장의 의견 및 그 지정과 관련한 행정적·정책적인 이해관계자들로 구성된 주택정책심의위원회의 집단적 의견을 들어 이를 참고하라는 의미이지, 그 의견 또는 심의결과에 좇아서 처분을 하여야 한다는 의미는 아니라는 태도인바,[7] 본조의 기본계획 수립시 관계 행정기관의 장과 협의, 지방도시계획위원회의 심의 역시 그 의견을 참고하라는 취지이지, 반드시 그에 따라야 할 의무를 부담하는 것은 아니라고 보인다.

---

6) 대법원 1990. 1. 23. 선고 87누947 판결, 경건, 행정판례평선(개정판), 한국행정판례연구회, 박영사, 2016. 10. 1170~1178면 참조.
7) 대법원 1997. 9. 26. 선고 96누10096 판결, 대법원 2000. 10. 13. 선고 99두653 판결 등.

제8조(정비구역의 지정)

① 특별시장·광역시장·특별자치시장·특별자치도지사·시장 또는 군수(광역시의 군수는 제외하며, 이하 "정비구역의 지정권자"라 한다)는 기본계획에 적합한 범위에서 노후·불량건축물이 밀집하는 등 대통령령으로 정하는 요건에 해당하는 구역에 대하여 제16조에 따라 정비계획을 결정하여 정비구역을 지정(변경지정을 포함한다)할 수 있다.

② 제1항에도 불구하고 제26조제1항제1호 및 제27조제1항제1호에 따라 정비사업을 시행하려는 경우에는 기본계획을 수립하거나 변경하지 아니하고 정비구역을 지정할 수 있다.

③ 정비구역의 지정권자는 정비구역의 진입로 설치를 위하여 필요한 경우에는 진입로 지역과 그 인접지역을 포함하여 정비구역을 지정할 수 있다.

④ 정비구역의 지정권자는 정비구역 지정을 위하여 직접 제9조에 따른 정비계획을 입안할 수 있다.

⑤ 자치구의 구청장 또는 광역시의 군수(이하 제9조, 제11조 및 제20조에서 "구청장 등"이라 한다)는 제9조에 따른 정비계획을 입안하여 특별시장·광역시장에게 정비구역 지정을 신청하여야 한다. 이 경우 제15조제2항에 따른 지방의회의 의견을 첨부하여야 한다.

Ⅰ. 서설

1. 정비구역의 지정의 의의

정비구역은 정비사업을 계획적으로 시행하기 위하여 법 제16조에 따라 지정·고시된 구역을 말한다(법 제2조 제1항). 즉, 정비구역의 지정은 정비사업을 시행하기 위한 대상구역을 확정하는 행위를 말하는 것이다.[8]

그런데 정비구역 지정은 대상구역의 면적만을 확정하는 것인바, 정비사업의 구체적 내용인 정비계획(법 제9조)의 결정이 필요하다.

---

8) 이우재, 조해 도시 및 주거환경정비법(상), 진원사, 2009[이하, 이우재, 전게서(상)], 137면, 송현진·유동규, 재개발·재건축 이론과 실무, 법률출판사, 2010(이하, 송현진·유동규, 전게서), 89면.

이처럼 정비계획은 물리적 및 비물리적 현황을 분석하여 장래의 개발수요에 효과적으로 대응하고, 정비사업이 합리성과 효율성에 기반하여 구체적으로 집행될 수 있도록 물적으로 표현하는 구속적 행정계획이며, 정비구역 지정 및 정비계획 결정은 양자가 결합하여 하나의 구속적인 도시관리계획으로 효력을 발생하며, 정비계획의 내용 중 일부 지구단위계획의 내용이 포함되면 그 부분에 한하여 지구단위계획으로 의제된다.[9]

2. 기본계획과 정비계획의 관계

정비계획은 상위계획인 기본계획에 적합한 범위에서, 도시·군관리계획과 서로 연계되도록 수립되어야 한다. 다만, 기본계획은 법적 구속력은 없으므로 정비계획이 기본계획의 내용과 다르다고 하더라도 위법한 것은 아니라고 본다.[10]

Ⅱ. 정비구역의 지정의 법적 성격

정비구역 지정 및 정비계획이 결정되면, 관련 법령에 따라 행위제한(법 제19조) 등 재산권 행사에 관한 국민의 권리·의무를 제한하게 되고, 행정청 역시 정비계획에 위반하여 행정행위를 할 수 없으므로, 법적 성격은 '처분성'이 인정된다.

대법원도 ① 구 도시재개발법상 도시재개발구역 지정 변경처분의 법적 성질

---

9) 맹신균, 도시 및 주거환경정비법 해설(전부개정판), 법률&출판, 2018(이하, 맹신균, 전게서) 74면.

10) 대법원 1998. 11. 27. 선고 96누13927 판결(도시계획법 제11조 제1항에는, 시장 또는 군수는 그 관할 도시계획구역 안에서 시행할 도시계획을 도시기본계획의 내용에 적합하도록 입안하여야 한다고 규정하고 있으나, 도시기본계획이라는 것은 도시의 장기적 개발방향과 미래상을 제시하는 도시계획 입안의 지침이 되는 장기적·종합적인 개발계획으로서 직접적인 구속력은 없는 것이므로, 도시계획시설결정 대상면적이 도시기본계획에서 예정했던 것보다 증가하였다 하여 그것이 도시기본계획의 범위를 벗어나 위법한 것은 아니다).

대법원 2002. 10. 11. 선고 2000두8226 판결 등(도시기본계획제도의 입법 취지와 법적 성격, 내용, 입안 및 승인절차 등에 비추어 보면, 도시기본계획에서의 대상면적이 실제 면적보다 크다고 하더라도 그것만으로 도시기본계획의 효력이 좌우되는 것은 아니다).

에 관하여, "도시재개발법에 의한 도시재개발구역의 지정 및 변경은 관계 행정청이 법령의 범위 내에서 도시의 건전한 발전과 공공복리의 증진을 위한 도시정책상의 전문적, 기술적 판단을 기초로 하여 그 재량에 의하여 이루어지는 것이므로 재량권 일탈 또는 남용이 없는 한 그 처분을 위법하다고 할 수 없다"고 판단한 바 있고,[11] ② 도시정비법상 정비구역지정 및 정비계획의 처분성을 인정하는 전제하에, "정비구역지정 및 정비계획의 고시는 정비사업의 시행 여부 및 그 내용을 결정하는 행정계획으로서 여기에는 관할 행정청의 광범위한 형성의 자유가 인정된다 할 것이고, 다만 그 형성의 자유에는 그 행정계획에 관련되는 자들의 이익을 공익과 사익 사이에서는 물론이고 공익 상호간과 사익 상호간에도 정당하게 비교교량하여야 한다는 제한이 있으므로, 행정주체가 행정계획을 입안·결정함에 있어서 이익형량을 전혀 행하지 아니하거나 이익형량의 고려 대상에 마땅히 포함시켜야 할 사항을 누락한 경우 또는 이익형량을 하였으나 정당성과 객관성이 결여된 경우에는 그 행정계획 결정은 형량에 흠이 있어 위법하다"는 취지로 판시한 바 있다.[12]

Ⅲ. 정비계획의 입안대상지역

정비구역의 지정권자는 기본계획에 적합한 범위에서 '노후·불량건축물이 밀집하는 등 대통령령으로 정하는 요건에 해당하는 구역'에 대하여 법 제16조에 따라 정비계획을 결정하여 정비구역을 지정(변경지정을 포함)할 수 있다.

시행령 제7조 제1항은 정비계획의 입안대상지역으로 [별표 1]의 요건에 해당하는 지역을 규정하고 있고, 시행령 제7조 제2항은 입안의 요건 및 조사·확인사항과 관련하여 정비계획의 입안권자(특별시장·광역시장·특별자치시장·특별자치도지사·시장·군수 또는 자치구의 구청장)는 도시정비법 제8조 제4항 및 제5항에 따라 시행령

---

11) 대법원 1993. 10. 8. 선고 93누10569 판결.
12) 대법원 2010. 7. 15. 선고 2008두9270 판결, 대법원 2012. 6. 18. 선고 2010두16592 전원합의체 판결 등.

[별표 1]의 요건에 해당하는 지역에 대하여 정비계획을 입안할 수 있고, 정비계획
을 입안하는 경우에는 일정한 사항을 조사[13]하여 시행령 [별표 1]의 요건에 적합
한지 여부를 확인하여야 하며, 정비계획의 입안 내용을 변경하려는 경우에는 변경
내용에 해당하는 사항을 조사·확인하여야 함을 규정하고 있다.

위와 같이 도시정비법령은 정비계획 입안시 일정한 사항의 조사·확인의무를
규정하고 있는바, 조사·확인의무 위반시 정비구역지정처분은 위법한 처분이 될
수 있다. 대법원도 단순히 준공된 후 일정기간 경과만을 확인하여 정비구역지정처
분을 한다면 위법한 처분이 될 수 있다고 판시한 바 있다.[14]

---

13) 시행령 제7조 제2항
   1. 주민 또는 산업의 현황
   2. 토지 및 건축물의 이용과 소유현황
   3. 도시·군계획시설 및 정비기반시설의 설치현황
   4. 정비구역 및 주변지역의 교통상황
   5. 토지 및 건축물의 가격과 임대차 현황
   6. 정비사업의 시행계획 및 시행방법 등에 대한 주민의 의견
   7. 그 밖에 시·도조례로 정하는 사항

   ※ 서울시 조례
   제7조(정비계획 입안 시 조사·확인 내용) 영 제7조 제2항 제7호에서 "그 밖에 시·도조례로
   정하는 사항"이란 다음 각 호의 사항을 말한다.
   1. 거주가구 및 세입자 현황
   2. 도시관리계획상 토지이용계획 현황
   3. 토지의 용도 소유자·규모별 현황
   4. 건축물의 허가유무 및 노후·불량 현황
   5. 건축물의 용도, 구조, 규모 및 건축경과(준공) 연도별 현황
   6. 정비구역 내 유·무형의 문화유적, 보호수목 현황 및 지역유래
   7. 법 제2조제9호에 따른 토지등소유자(이하 "토지등소유자"라 한다)의 정비구역 지정에
      관한 동의현황(주민제안의 경우에만 해당한다)
   8. 기존 수목의 현황
   9. 구역 지정에 대한 주민(토지등소유자 및 세입자)의 의견
   10. 토지등소유자의 분양희망 주택규모 및 자금부담 의사
   11. 세입자의 임대주택 입주 여부와 입주희망 임대주택 규모
   12. 법 제31조제4항에 따른 조합설립추진위원회(이하 "추진위원회"라 한다) 구성 단계 생략
       에 대한 토지등소유자 의견
14) 대법원 2012. 6. 18. 선고 2010두16592 전원합의체 판결(구 도시정비법 시행령 제2조제2항
    제1호에 규정된 준공된 후 20년 등의 기간 경과 기준을 충족하더라도 현장조사 등을 통하여

※ 시행령 [별표 1] 정비계획의 입안대상지역

1. 주거환경개선사업을 위한 정비계획은 다음 각 목의 어느 하나에 해당하는 지역에 대하여 입안한다.

   가. 1985년 6월 30일 이전에 건축된 건축물로서 법률 제3533호 특정건축물정리에관한특별조치법 제2조에 따른 무허가건축물 또는 위법시공건축물과 노후·불량건축물이 밀집되어 있어 주거지로서의 기능을 다하지 못하거나 도시미관을 현저히 훼손하고 있는 지역

   나. 「개발제한구역의 지정 및 관리에 관한 특별조치법」에 따른 개발제한구역으로서 그 구역지정 이전에 건축된 노후·불량건축물의 수가 해당 정비구역의 건축물 수의 50퍼센트 이상인 지역

   다. 재개발사업을 위한 정비구역의 토지면적의 50퍼센트 이상의 소유자와 토지 또는 건축물을 소유하고 있는 자의 50퍼센트 이상이 각각 재개발사업의 시행을 원하지 않는 지역

   라. 철거민이 50세대 이상 규모로 정착한 지역이거나 인구가 과도하게 밀집되어 있고 기반시설의 정비가 불량하여 주거환경이 열악하고 그 개선이 시급한 지역

   마. 정비기반시설이 현저히 부족하여 재해발생 시 피난 및 구조 활동이 곤란한 지역

   바. 건축대지로서 효용을 다할 수 없는 과소필지 등이 과다하게 분포된 지역으로서 건축행위 제한 등으로 주거환경이 열악하여 그 개선이 시급한 지역

   사. 「국토의 계획 및 이용에 관한 법률」 제37조제1항제5호에 따른 방재지구로서 주거환경개선사업이 필요한 지역

   아. 단독주택 및 다세대주택 등이 밀집한 지역으로서 주거환경의 보전·정비·개량이 필요한 지역

   자. 법 제20조 및 제21조에 따라 해제된 정비구역 및 정비예정구역

   차. 기존 단독주택 재건축사업 또는 재개발사업을 위한 정비구역 및 정비예정구역의 토지등소유자의 50퍼센트 이상이 주거환경개선사업으로의 전

개개 건축물이 철거가 불가피한 건축물인지 여부에 대한 검토 등이 선행된 다음에야 도시정비법 제2조제3호 (다)목에 규정된 노후·불량 건축물에 해당하는지 여부를 가려볼 수가 있는데, 피고가 제출한 증거만으로는 이를 인정하기에 부족하다고 보아 피고의 이 사건 주택재건축사업 정비구역지정처분이 위법하다고 판단하였다. 원심의 이러한 판단은 위 법리에 따른 것으로서 정당하다)

환에 동의하는 지역

카. 「도시재정비 촉진을 위한 특별법」 제2조제6호에 따른 존치지역 및 같은 법 제7조제2항에 따라 재정비촉진지구가 해제된 지역

2. 재개발사업을 위한 정비계획은 노후·불량건축물의 수가 전체 건축물의 수의 3분의 2(시·도조례로 비율의 10퍼센트포인트 범위에서 증감할 수 있다) 이상인 지역으로서 다음 각 목의 어느 하나에 해당하는 지역에 대하여 입안한다. 이 경우 순환용주택을 건설하기 위하여 필요한 지역을 포함할 수 있다.

가. 정비기반시설의 정비에 따라 토지가 대지로서의 효용을 다할 수 없게 되거나 과소토지로 되어 도시의 환경이 현저히 불량하게 될 우려가 있는 지역

나. 노후·불량건축물의 연면적의 합계가 전체 건축물의 연면적의 합계의 3분의 2(시·도조례로 비율의 10퍼센트포인트 범위에서 증감할 수 있다) 이상이거나 건축물이 과도하게 밀집되어 있어 그 구역 안의 토지의 합리적인 이용과 가치의 증진을 도모하기 곤란한 지역

다. 인구·산업 등이 과도하게 집중되어 있어 도시기능의 회복을 위하여 토지의 합리적인 이용이 요청되는 지역

라. 해당 지역의 최저고도지구의 토지(정비기반시설용지를 제외한다)면적이 전체 토지면적의 50퍼센트를 초과하고, 그 최저고도에 미달하는 건축물이 해당 지역 건축물의 바닥면적합계의 3분의 2 이상인 지역

마. 공장의 매연·소음 등으로 인접지역에 보건위생상 위해를 초래할 우려가 있는 공업지역 또는 「산업집적활성화 및 공장설립에 관한 법률」에 따른 도시형공장이나 공해발생 정도가 낮은 업종으로 전환하려는 공업지역

바. 역세권 등 양호한 기반시설을 갖추고 있어 대중교통이용이 용이한 지역으로서 「주택법」 제20조에 따라 토지의 고도이용과 건축물의 복합개발을 통한 주택 건설·공급이 필요한 지역

사. 제1호라목 또는 마목에 해당하는 지역

3. 재건축사업을 위한 정비계획은 제1호 및 제2호에 해당하지 않는 지역으로서 다음 각 목의 어느 하나에 해당하는 지역에 대하여 입안한다.

가. 건축물의 일부가 멸실되어 붕괴나 그 밖의 안전사고의 우려가 있는 지역

나. 재해 등이 발생할 경우 위해의 우려가 있어 신속히 정비사업을 추진할 필

요가 있는 지역

　다. 노후·불량건축물로서 기존 세대수가 200세대 이상이거나 그 부지면적이 1만 제곱미터 이상인 지역

　라. 셋 이상의「건축법 시행령」별표 1 제2호가목에 따른 아파트 또는 같은 호 나목에 따른 연립주택이 밀집되어 있는 지역으로서 법 제12조에 따른 안전진단 실시 결과 전체 주택의 3분의 2 이상이 재건축이 필요하다는 판정을 받은 지역으로서 시·도조례로 정하는 면적 이상인 지역

4. 무허가건축물의 수, 노후·불량건축물의 수, 호수밀도, 토지의 형상 또는 주민의 소득 수준 등 정비계획의 입안대상지역 요건은 필요한 경우 제1호부터 제3호까지에서 규정한 범위에서 시·도조례로 이를 따로 정할 수 있으며, 부지의 정형화, 효율적인 기반시설의 확보 등을 위하여 필요하다고 인정되는 경우에는 지방도시계획위원회의 심의를 거쳐 제1호부터 제3호까지의 규정에 해당하는 정비구역의 입안대상지역 면적의 100분의 110 이하의 범위에서 시·도조례로 정하는 바에 따라 제1호부터 제3호까지의 규정에 해당하지 않는 지역을 포함하여 정비계획을 입안할 수 있다.

5. 건축물의 상당수가 붕괴나 그 밖의 안전사고의 우려가 있거나 상습 침수, 홍수, 산사태, 해일, 토사 또는 제방 붕괴 등으로 재해가 생길 우려가 있는 지역에 대해서는 정비계획을 입안할 수 있다.

제9조(정비계획의 내용)

① 정비계획에는 다음 각 호의 사항이 포함되어야 한다.

1. 정비사업의 명칭

2. 정비구역 및 그 면적

3. 도시·군계획시설의 설치에 관한 계획

4. 공동이용시설 설치계획

5. 건축물의 주용도·건폐율·용적률·높이에 관한 계획

6. 환경보전 및 재난방지에 관한 계획

7. 정비구역 주변의 교육환경 보호에 관한 계획

8. 세입자 주거대책

9. 정비사업시행 예정시기

10. 정비사업을 통하여 「민간임대주택에 관한 특별법」 제2조제4호에 따른 공공지원민간임대주택(이하 "공공지원민간임대주택"이라 한다)을 공급하거나 같은 조 제11호에 따른 주택임대관리업자(이하 "주택임대관리업자"라 한다)에게 임대할 목적으로 주택을 위탁하려는 경우에는 다음 각 목의 사항. 다만, 나목과 다목의 사항은 건설하는 주택 전체 세대수에서 공공지원민간임대주택 또는 임대할 목적으로 주택임대관리업자에게 위탁하려는 주택(이하 "임대관리 위탁주택"이라 한다)이 차지하는 비율이 100분의 20 이상, 임대기간이 8년 이상의 범위 등에서 대통령령으로 정하는 요건에 해당하는 경우로 한정한다.

    가. 공공지원민간임대주택 또는 임대관리 위탁주택에 관한 획지별 토지이용 계획

    나. 주거·상업·업무 등의 기능을 결합하는 등 복합적인 토지이용을 증진시키기 위하여 필요한 건축물의 용도에 관한 계획

    다. 「국토의 계획 및 이용에 관한 법률」 제36조제1항제1호가목에 따른 주거지역을 세분 또는 변경하는 계획과 용적률에 관한 사항

    라. 그 밖에 공공지원민간임대주택 또는 임대관리 위탁주택의 원활한 공급 등을 위하여 대통령령으로 정하는 사항

11. 「국토의 계획 및 이용에 관한 법률」 제52조제1항 각 호의 사항에 관한 계획(필요한 경우로 한정한다)

12. 그 밖에 정비사업의 시행을 위하여 필요한 사항으로서 대통령령으로 정하는 사항

② 제1항제10호다목을 포함하는 정비계획은 기본계획에서 정하는 제5조제1항제11호에

따른 건폐율·용적률 등에 관한 건축물의 밀도계획에도 불구하고 달리 입안할 수 있다.
③ 제8조제4항 및 제5항에 따라 정비계획을 입안하는 특별자치시장, 특별자치도지사,
시장, 군수 또는 구청장등(이하 "정비계획의 입안권자"라 한다)이 제5조제2항 각 호의
사항을 포함하여 기본계획을 수립한 지역에서 정비계획을 입안하는 경우에는 그 정비
구역을 포함한 해당 생활권에 대하여 같은 항 각 호의 사항에 대한 세부 계획을 입안
할 수 있다.
④ 정비계획의 작성기준 및 작성방법은 국토교통부장관이 정하여 고시한다.

Ⅰ. 정비계획 수립의 기본원칙

정비계획 수립에 관한 작성기준 및 작성방법은 「도시·주거환경 정비계획 수
립 지침」(국토교통부훈령 제977호)에서 정하고 있다.

기본적으로 정비계획은 도시·군기본계획과 기본계획의 범위 안에서 수립되
어야 하고, 국토계획법 제2조 제4호에 따른 도시·군관리계획과 서로 연계되도록
수립되어야 한다. 또한 정비계획은 정비사업을 시행하기 위한 법정계획으로 정비
사업 유형별 목적을 분명히 하여야 하며 종합적으로 수립되어야 한다.

Ⅱ. 정비계획의 주요 내용

정비계획은 정비계획서, 관련도면 및 부속서류 등으로 구성된다.

정비계획서는 도시정비법 제9조 제1항 각 호의 사항을 바탕으로 (1) 계획의
개요, (2) 현황 분석, (3) 계획의 기본구상, (4) 부문별 정비계획,[15] (5) 소요 사업

---

15) 가. 계획의 수립방향
    나. 정비사업의 시행에 관한 계획
      − 정비사업의 명칭, 정비구역 위치 및 면적, 정비사업의 사업시행 예정자(주거환경개선
        사업에 한한다) 및 시행방법, 정비사업시행 예정시기
    다. 토지이용에 관한 계획

비 추정(공공이 시행하는 경우에 한한다)을 바탕으로 작성한다.

라. 국토계획법 제2조제7호에 따른 도시·군계획시설(이하 "도시·군계획시설"이라 한다) 및 정비기반시설의 설치에 관한 계획

마. 공동이용시설 설치계획

바. 기존 건축물의 정비·개량에 관한 계획

사. 지구단위계획의 내용에 관한 계획(필요한 경우에 한한다)

아. 건축물에 관한 계획

　　– 주택의 규모 및 건설비율

　　– 건축물의 주용도·건폐율·용적률·높이에 관한 계획

　　– 건축선에 관한 계획

자. 교통 및 동선처리계획

차. 환경보전 및 재난방지에 관한 계획

　　– 홍수 등 재해에 대한 취약 요인에 관한 검토결과 포함

카. 정비구역 주변의 교육환경 보호에 관한 계획

타. 정비구역을 분할하거나 결합하여 시행하는 경우 분할 또는 결합에 관한 계획

파. 정비구역 및 주변지역의 주택수급에 관한 사항

하. 세입자 주거대책

거. 안전 및 범죄예방에 관한 사항

너. 영 제8조제3항제11호에 따른 시·도 조례로 정하는 사항

제10조(임대주택 및 주택규모별 건설비율)

① 정비계획의 입안권자는 주택수급의 안정과 저소득 주민의 입주기회 확대를 위하여 정비사업으로 건설하는 주택에 대하여 다음 각 호의 구분에 따른 범위에서 국토교통부장관이 정하여 고시하는 임대주택 및 주택규모별 건설비율 등을 정비계획에 반영하여야 한다.

    1. 「주택법」 제2조제6호에 따른 국민주택규모의 주택이 전체 세대수의 100분의 90 이하에서 대통령령으로 정하는 범위

    2. 임대주택(「민간임대주택에 관한 특별법」에 따른 민간임대주택 및 「공공주택 특별법」에 따른 공공임대주택을 말한다. 이하 같다)이 전체 세대수 또는 전체 연면적의 100분의 30 이하에서 대통령령으로 정하는 범위

② 사업시행자는 제1항에 따라 고시된 내용에 따라 주택을 건설하여야 한다.

Ⅰ. 서설

정비사업의 임대주택 및 주택규모별 건설비율은 본조 및 시행령 제9조로 정하는 범위에서 국토교통부장관이 고시한 「정비사업의 임대주택 및 주택규모별 건설비율」(국토교통부고시 제2018−102호)의 내용을 정비계획에 반영하여야 한다.

Ⅱ. 임대주택 및 주택규모별 건설비율의 주요 내용

「정비사업의 임대주택 및 주택규모별 건설비율」의 주요 내용은 아래와 같다.

제3조(주거환경개선사업의 임대주택 및 주택규모별 건설비율)

    ① 주거환경개선사업의 경우 건설하는 주택 전체 세대수(임대주택을 포함한다)의 90퍼센트 이상을 85제곱미터 이하 규모의 주택으로 건설하여야 한다.

    ② 주거환경개선사업의 경우 임대주택은 시·도지사가 전체 세대수의 30퍼센트 이하에서 정하여 고시하는 기준에 따라 건설하여야 한다.

    ③ 제2항에도 불구하고 특별시장·광역시장·특별자치시장·특별자치도지사·시

장 또는 군수(광역시의 군수는 제외한다)는 정비계획을 수립할 때 해당 정비구역 내 주민(세입자 포함한다)을 대상으로 임대주택 수요를 조사하고 그 결과에 따라 임대주택 건설비율을 별도로 정할 수 있다.

④ 주거환경개선사업의 경우 시·도지사가 전체 임대주택 세대수의 50퍼센트 이하에서 정하여 공보에 고시하는 기준에 따라 40제곱미터 이하 규모의 임대주택을 건설하여야 한다.

⑤ 시·도지사는 제2항 및 제4항의 기준을 고시함에 있어 다른 주거환경개선구역(주거환경개선사업을 시행하는 정비구역을 말한다. 이하 같다)과 연계하여 전체 구역에 대한 공급비율을 기준으로 사업구역별 차등 적용할 수 있으며, 주택건설을 위한 대지면적이 10,000제곱미터 이하인 경우 임대주택을 건설하지 않도록 할 수 있다.

제4조(재개발사업의 임대주택 및 주택규모별 건설비율)

① 재개발사업의 사업시행자는 건설하는 주택 전체 세대수의 80퍼센트 이상을 85제곱미터 이하 규모의 주택으로 건설하여야 한다. 다만, 주택단지 전체를 평균 5층 이하로 건설하는 경우에는 그러하지 아니하다.

② 제1항에도 불구하고 시·도지사는 필요한 경우 제1항에 따른 주택규모별 건설비율 이하의 건설비율을 별도로 정하여 공보에 고시할 수 있다.

③ 재개발사업의 사업시행자는 건설하는 주택 전체 세대수[「도시 및 주거환경정비법」(이하 "법"이라 한다) 제54조제1항에 따라 정비계획으로 정한 용적률을 초과하여 건축함으로써 증가된 세대수는 제외한다]의 15퍼센트(법 제54조제4항에 따라 공급되는 임대주택은 제외한다)를 임대주택으로 건설하여야 하며, 전체 임대주택 세대수(법 제54조제4항에 따라 공급되는 임대주택은 제외한다)의 30퍼센트 이상 또는 건설하는 주택 전체 세대수의 5퍼센트 이상을 주거전용면적 40제곱미터 이하 규모의 임대주택(법 제54조제4항에 따라 공급되는 임대주택은 제외한다)으로 건설하여야 한다.

④ 제3항에도 불구하고 다음 각 호의 어느 하나에 해당하는 경우 재개발사업의 사업시행자는 임대주택을 건설하지 아니할 수 있다.

1. 건설하는 주택 전체 세대수가 200세대 미만인 경우
2. 도시·군관리계획 상 자연경관지구 및 최고고도지구 내에서 7층 이하의 층수 제한을 받게 되는 경우
3. 일반주거지역 안에서 자연경관·역사문화경관 보호 및 한옥 보존 등을 위하여

7층 이하로 개발계획을 수립한 경우

4. 「항공법」 및 「군사기지 및 군사시설 보호법」의 고도제한에 따라 7층 이하의 층수제한을 받게 되는 경우

5. 제1종 일반주거지역에서 용도지역을 변경하지 않고 개발계획을 수립하는 경우

⑤ 제3항에도 불구하고 정비구역에서 학교용지를 확보하여야 하는 경우에는 시·도지사가 정하는 바에 따라 임대주택 세대수를 50퍼센트 범위 내에서 차감하여 조정할 수 있다.

⑥ 제3항에도 불구하고 시·도지사가 임대주택 건설비율을 다음 각 호의 범위에서 공보에 고시한 경우에는 고시된 기준에 따른다. 다만, 시장·군수가 정비계획을 수립할 때 관할 구역에서 시행된 재개발사업에서 건설하는 주택 전체 세대수에서 「도시 및 주거환경정비법 시행령」 별표 3 제2호가목(1)에 해당하는 세입자가 입주하는 임대주택 세대수가 차지하는 비율이 시·도지사가 정하여 고시한 임대주택 비율보다 높은 경우에는 다음 산식에 따라 산정한 임대주택 비율 이하의 범위에서 임대주택 비율을 높일 수 있다.

해당 시·도지사가 고시한 임대주택 비율 + (건설하는 주택 전체 세대수 $\times \frac{5}{100}$)

1. 「수도권정비계획법」 제2조제1호에 따른 수도권 중 서울특별시: 건설하는 주택 전체 세대수의 10퍼센트 이상 15퍼센트 이하

2. 「수도권정비계획법」 제2조제1호에 따른 수도권 중 인천광역시 및 경기도: 건설하는 주택 전체 세대수의 5퍼센트 이상 15퍼센트 이하

3. 제1호 및 제2호 외의 지역: 건설하는 주택 전체 세대수의 5퍼센트 이상 12퍼센트 이하

제5조(재건축사업의 임대주택 및 주택규모별 건설비율)
① 「수도권정비계획법」 제6조제1항제1호에 따른 과밀억제권역에서 시행하는 재건축사업의 사업시행자는 건설하는 주택 전체 세대수의 60퍼센트 이상을 85제곱미터 이하 규모의 주택으로 건설하여야 한다.

② 제1항에도 불구하고 다음 각 호를 충족하는 경우에는 제1항을 적용하지 아니한다.

1. 조합원에게 분양하는 주택의 주거전용면적의 합이 종전 주택(재건축하기 전의 주택을 말한다)의 주거전용면적의 합보다 작거나 30퍼센트의 범위에서 클 것

2. 조합원 이외의 자에게 분양하는 주택을 모두 85제곱미터 이하 규모로 건설할 것

한편, 재건축사업의 경우 2009. 4. 22. 법률 제9632호의 일부개정시, 임대주
택 건설의무가 폐지되었다. 개정이유에 의하면, 도심지 내 주택공급이라는 순기능
에도 불구하고 과거 주택가격 급등기에 마련된 과도한 규제로 더 이상 추진되지
못하고 있는바, 재건축사업에 대한 임대주택 건설의무를 폐지하고 용적률을 완화
함으로써 장기적인 주택 수급 안정을 통해 도심지 내 재건축 소형주택의 공급기반
을 구축하고 경기를 활성화하기 위해 주택재건축사업의 주택규모 및 건설비율을
합리적으로 개선·보완하려는 취지라고 한다. 따라서 재건축사업의 경우 정비계획
에서 정해진 용적률을 초과하여 법적상한용적률까지 건축할 경우에는 초과용적률
에 해당하는 면적에 일정 비율로 소형주택을 건설해야 하고, 시·도지사 등은 이를
인수하여 공공임대주택에 활용하고 있다(법 제54조, 제55조).

제11조(기본계획 및 정비계획 수립 시 용적률 완화)

① 기본계획의 수립권자 또는 정비계획의 입안권자는 정비사업의 원활한 시행을 위하여 기본계획을 수립하거나 정비계획을 입안하려는 경우에는(기본계획 또는 정비계획을 변경하려는 경우에도 또한 같다)「국토의 계획 및 이용에 관한 법률」제36조에 따른 주거지역에 대하여는 같은 법 제78조에 따라 조례로 정한 용적률에도 불구하고 같은 조 및 관계 법률에 따른 용적률의 상한까지 용적률을 정할 수 있다.

② 구청장등 또는 대도시의 시장이 아닌 시장은 제1항에 따라 정비계획을 입안하거나 변경입안하려는 경우 기본계획의 변경 또는 변경승인을 특별시장·광역시장·도지사에게 요청할 수 있다.

Ⅰ. 본조의 이해

본조는 2014. 1. 14. 법률 제12249호의 일부개정시 도입된 것인데, 기본계획의 수립권자 또는 정비계획의 입안권자가 기본계획을 수립하거나 정비계획을 입안할 경우에 정비사업의 원활한 수행을 위하여 국토계획법에 따른 주거지역의 용적률[16]을 법적상한까지 허용하고 있다.

본조는 위 개정 법률 부칙 제2조에 의하여 개정법률 시행일인 2014. 1. 14. 이후 최초로 사업시행인가를 신청하는 분부터 적용된다.

---

16) 국토의 계획 및 이용에 관한 법률 제78조(용도지역에서의 용적률)
　① 제36조에 따라 지정된 용도지역에서 용적률의 최대한도는 관할 구역의 면적과 인구 규모, 용도지역의 특성 등을 고려하여 다음 각 호의 범위에서 대통령령으로 정하는 기준에 따라 특별시·광역시·특별자치시·특별자치도·시 또는 군의 조례로 정한다. <개정 2013. 7. 16>
　1. 도시지역
　　가. 주거지역: 500퍼센트 이하
　　나. 상업지역: 1천500퍼센트 이하
　　다. 공업지역: 400퍼센트 이하
　　라. 녹지지역: 100퍼센트 이하

제12조(재건축사업 정비계획 입안을 위한 안전진단)

① 정비계획의 입안권자는 재건축사업 정비계획의 입안을 위하여 제5조제1항제10호에 따른 정비예정구역별 정비계획의 수립시기가 도래한 때에 안전진단을 실시하여야 한다.

② 정비계획의 입안권자는 제1항에도 불구하고 다음 각 호의 어느 하나에 해당하는 경우에는 안전진단을 실시하여야 한다. 이 경우 정비계획의 입안권자는 안전진단에 드는 비용을 해당 안전진단의 실시를 요청하는 자에게 부담하게 할 수 있다.

    1. 제14조에 따라 정비계획의 입안을 제안하려는 자가 입안을 제안하기 전에 해당 정비예정구역에 위치한 건축물 및 그 부속토지의 소유자 10분의 1 이상의 동의를 받아 안전진단의 실시를 요청하는 경우

    2. 제5조제2항에 따라 정비예정구역을 지정하지 아니한 지역에서 재건축사업을 하려는 자가 사업예정구역에 있는 건축물 및 그 부속토지의 소유자 10분의 1 이상의 동의를 받아 안전진단의 실시를 요청하는 경우

    3. 제2조제3호나목에 해당하는 건축물의 소유자로서 재건축사업을 시행하려는 자가 해당 사업예정구역에 위치한 건축물 및 그 부속토지의 소유자 10분의 1 이상의 동의를 받아 안전진단의 실시를 요청하는 경우

③ 제1항에 따른 재건축사업의 안전진단은 주택단지의 건축물을 대상으로 한다. 다만, 대통령령으로 정하는 주택단지의 건축물인 경우에는 안전진단 대상에서 제외할 수 있다.

④ 정비계획의 입안권자는 현지조사 등을 통하여 해당 건축물의 구조안전성, 건축마감, 설비노후도 및 주거환경 적합성 등을 심사하여 안전진단의 실시 여부를 결정하여야 하며, 안전진단의 실시가 필요하다고 결정한 경우에는 대통령령으로 정하는 안전진단기관에 안전진단을 의뢰하여야 한다.

⑤ 제4항에 따라 안전진단을 의뢰받은 안전진단기관은 국토교통부장관이 정하여 고시하는 기준(건축물의 내진성능 확보를 위한 비용을 포함한다)에 따라 안전진단을 실시하여야 하며, 국토교통부령으로 정하는 방법 및 절차에 따라 안전진단 결과보고서를 작성하여 정비계획의 입안권자 및 제2항에 따라 안전진단의 실시를 요청한 자에게 제출하여야 한다.

⑥ 정비계획의 입안권자는 제5항에 따른 안전진단의 결과와 도시계획 및 지역여건 등을 종합적으로 검토하여 정비계획의 입안 여부를 결정하여야 한다.

⑦ 제1항부터 제6항까지의 규정에 따른 안전진단의 대상·기준·실시기관·지정절차 및 수수료 등에 필요한 사항은 대통령령으로 정한다.

Ⅰ. 본조의 이해

안전진단은 재건축사업에서 주택의 노후·불량 정도에 따른 건축물의 구조안전성, 건축마감, 설비노후도 및 주거환경적합성 등을 조사하여 재건축사업의 가능여부를 판단하는 행정절차를 말하는데, 이는 무분별한 재건축사업의 남용을 방지하기 위한 최소한의 통제장치로서의 역할을 한다.

Ⅱ. 안전진단의 절차

안전진단의 시기는 정비예정구역별 정비계획의 수립시기가 도래한 때 실시하여야 하며, 요청권자는 본조 제2항 각호에서 정하고 있다. 재축건사업의 안전진단은 주택단지의 건축물을 대상으로 한다(법 제12조 제3항).

안전진단은 ① 현지조사 → ② 안전진단 실시 여부 결정 및 안전진단기관의 선정 → ③ 안전진단의 실시 및 결과보고서의 작성·제출 → ④ 정비계획의 입안 여부 결정의 절차로 진행된다.

안전진단기관의 구체적인 안전진단의 실시방법 및 절차 등에 관하여는 「주택재건축 판정을 위한 안전진단 기준」(국토교통부고시 제2018-141호)에서 규정하고 있으므로 위 국토교통부 고시를 통해 자세한 내용을 확인할 수 있다.

제13조(안전진단 결과의 적정성 검토)

① 정비계획의 입안권자(특별자치시장 및 특별자치도지사는 제외한다. 이하 이 조에서 같다)는 제12조제6항에 따라 정비계획의 입안 여부를 결정한 경우에는 지체 없이 특별시장·광역시장·도지사에게 결정내용과 해당 안전진단 결과보고서를 제출하여야 한다.

② 특별시장·광역시장·특별자치시장·도지사·특별자치도지사(이하 "시·도지사"라 한다)는 필요한 경우 「시설물의 안전 및 유지관리에 관한 특별법」에 따른 한국시설안전공단 또는 「과학기술분야 정부출연연구기관 등의 설립·운영 및 육성에 관한 법률」에 따른 한국건설기술연구원에 안전진단 결과의 적정성 여부에 대한 검토를 의뢰할 수 있다.

③ 국토교통부장관은 시·도지사에게 안전진단 결과보고서의 제출을 요청할 수 있으며, 필요한 경우 시·도지사에게 안전진단 결과의 적정성 여부에 대한 검토를 요청할 수 있다.

④ 시·도지사는 제2항 및 제3항에 따른 검토결과에 따라 정비계획의 입안권자에게 정비계획 입안결정의 취소 등 필요한 조치를 요청할 수 있으며, 정비계획의 입안권자는 특별한 사유가 없으면 그 요청에 따라야 한다. 다만, 특별자치시장 및 특별자치도지사는 직접 정비계획의 입안결정의 취소 등 필요한 조치를 할 수 있다.

⑤ 제1항부터 제4항까지의 규정에 따른 안전진단 결과의 평가 등에 필요한 사항은 대통령령으로 정한다.

Ⅰ. 본조의 이해

본조는 무분별한 재건축의 남용을 방지하고 적합한 도시환경개선을 위하여 입안권자는 안전진단 결과를 시·도지사에게 제출하도록 하고, 시·도지사는 「시설물의 안전 및 유지관리에 관한 특별법」에 따른 한국시설안전공단 또는 「과학기술분야 정부출연연구기관 등의 설립·운영 및 육성에 관한 법률」에 따른 한국건설기술연구원에 안전진단 결과의 적정성 여부에 대한 검토를 의뢰하여 안전진단 결과의 적정성을 검토받는 절차를 규정하고 있다.

제14조(정비계획의 입안 제안)

① 토지등소유자(제5호의 경우에는 제26조제1항제1호 및 제27조제1항제1호에 따라 사업시행자가 되려는 자를 말한다)는 다음 각 호의 어느 하나에 해당하는 경우에는 정비계획의 입안권자에게 정비계획의 입안을 제안할 수 있다.

　　1. 제5조제1항제10호에 따른 단계별 정비사업 추진계획상 정비예정구역별 정비계획의 입안시기가 지났음에도 불구하고 정비계획이 입안되지 아니하거나 같은 호에 따른 정비예정구역별 정비계획의 수립시기를 정하고 있지 아니한 경우

　　2. 토지등소유자가 제26조제1항제7호 및 제8호에 따라 토지주택공사등을 사업시행자로 지정 요청하려는 경우

　　3. 대도시가 아닌 시 또는 군으로서 시·도조례로 정하는 경우

　　4. 정비사업을 통하여 공공지원민간임대주택을 공급하거나 임대할 목적으로 주택을 주택임대관리업자에게 위탁하려는 경우로서 제9조제1항제10호 각 목을 포함하는 정비계획의 입안을 요청하려는 경우

　　5. 제26조제1항제1호 및 제27조제1항제1호에 따라 정비사업을 시행하려는 경우

　　6. 토지등소유자(조합이 설립된 경우에는 조합원을 말한다. 이하 이 호에서 같다)가 3분의 2 이상의 동의로 정비계획의 변경을 요청하는 경우. 다만, 제15조제3항에 따른 경미한 사항을 변경하는 경우에는 토지등소유자의 동의절차를 거치지 아니한다.

② 정비계획 입안의 제안을 위한 토지등소유자의 동의, 제안서의 처리 등에 필요한 사항은 대통령령으로 정한다.

Ⅰ. 본조의 이해

　　본조는 2009. 2. 6. 법률 제9444호의 일부개정시 도입되었는데, 그 도입취지는 정비계획결정 및 정비구역지정은 지정권자의 재량에 의하여 이루어짐에 따라 지정권자가 정비구역지정을 고려하지 않은 경우, 토지등소유자들이 정비사업 관련 제안을 하고자 하더라도 법령상 제도가 없었던 사정을 고려하여 토지등소유자의 정비계획의 입안 제안을 명문화함에 있다.

II. 관련 쟁점

1. 입안 제안의 법적 성격

도시정비법상 토지등소유자의 입안 제안은 문언 그대로 입안을 제안할 수 있을 뿐이고, 정비계획 및 정비구역지정을 요구할 신청권을 부여한 것이라 볼 수 없어 입안권자에 대하여 구속력을 가지는 것은 아니라고 볼 수 있는바,[1] 입안 제안은 정비계획 및 정비구역지정을 촉구하는 의미를 가짐에 불과하다고 할 것이다.

하급심도 재개발정비구역지정처분이 입안 제안에 관한 서울시 조례 제6조[2]를 위반하여 위법한지 여부에 관한 사안에서,

"서울시 조례 제6조의 문언상 토지등소유자의 3분의 2 이상의 동의는 정비구역지정의 입안을 위한 주민제안의 요건에 불과한 점, 도시정비법 제4조 제1항, 같은 법 시행령 제10조, [별표 1]에서는 정비계획의 수립 및 정비구역의 지정신청을 시장·군수의 권한에 속하는 것으로 규정하면서, 위 지정신청을 위하여 주민 공람, 지방의회의 의견청취 등의 절차를 거칠 것을 요건으로 규정하고 있을 뿐, 주민들에게 정비구역의 지정 신청권을 부여하거나 시장·군수가 정비구역 지정신청을 위

---

1) 대법원 1993. 10. 8. 선고 93누10569 판결 참조(도시재개발법에 의한 도시재개발구역의 지정 및 변경은 관계 행정청이 법령의 범위 내에서 도시의 건전한 발전과 공공복리의 증진을 위한 도시정책상의 전문적, 기술적 판단을 기초로 하여 그 재량에 의하여 이루어지는 것이므로 재량권 일탈 또는 남용이 없는 한 그 처분을 위법하다고 할 수 없다).

2) 서울시 조례(2007. 12. 26. 조례 제4601호로 개정되기 전의 것)
   제6조(정비구역지정의 입안을 위한 주민제안)
   ① 「도시 및 주거환경 정비법」 제13조의 규정에 의하여 승인받은 조합설립추진위원회는 관할 구청장에게 정비구역지정에 대한 입안을 제안할 수 있다.
   ② 제1항의 규정에 불구하고 토지등소유자의 경우에도 관할 구청장에게 정비구역지정에 대한 입안을 제안할 수 있다. 이 경우 당해지역 토지등소유자의 3분의 2 이상의 동의를 얻어야 한다.
   ③ 제2항의 규정에 의한 동의자수의 산정방법 및 절차 등에 관하여는 영 제28조의 규정을 준용하되, 법 제13조제2항의 규정에 의하여 조합설립추진위원회의 구성에 동의한 자는 정비구역지정의 입안제안에 동의한 것으로 본다.

하여 조합설립추진위원회 또는 토지등소유자들로부터 입안을 제안받을 것을 요건으로 규정하고 있지 않은 점 등을 종합하면, 서울시 조례 제6조에서 정한 주민제안은 정비구역 지정의 신청권자인 시장·군수에 대하여 정비구역의 지정신청을 촉구하는 의미가 있을 뿐 그 이상의 구속력이 인정되거나 지정신청을 위한 필수적인 요건은 아니므로, 이 사건처분을 신청함에 있어 주민제안을 위한 요건인 동의율이 충족되지 못하였다 하더라도 그로 인하여 이 사건 처분의 위법 여부에 영향을 미치지 못한다"는 취지로 판시한 바 있다.[3]

2. 입안 제안 신청 거부 또는 부작위 처분의 항고소송 대상 여부

대법원은 일관되게 행정청이 국민의 신청에 대하여 한 거부행위가 항고소송의 대상인 행정처분이 되기 위한 요건에 관하여, "행정청의 행위를 요구할 법규상 또는 조리상의 신청권이 국민에게 있어야 하고, 이러한 신청권의 근거 없이 한 국민의 신청을 행정청이 받아들이지 아니한 경우에는 그 거부로 인하여 신청인의 권리나 법적 이익에 어떤 영향을 주는 것이 아니므로 이를 항고소송의 대상이 되는 처분이라 할 수 없다"는 입장이다.[4]

따라서 도시정비법 해석상 토지등소유자에게 정비계획 및 정비구역의 지정을 요구할 수 있는 법규상 또는 조리상 신청권이 있다고 볼 수 없어 입안권자가 토지등소유자의 입안 제안을 거부하거나 받아들이지 않는다고 하여 이를 항고소송으로 다툴 수는 없다.

---

3) 서울행정법원 2008. 10. 16. 선고 2007구합40564 판결, 서울행정법원 2009. 4. 30. 선고 2007구합26278 판결 등.

4) 대법원 2007. 4. 26. 선고 2005두11104 판결, 대법원 2011. 9. 29. 선고 2010두26339 판결, 홍정선, 최신행정법판례특강, 박영사, 2011. 03. 264면~267면 참조.

제15조(정비계획 입안을 위한 주민의견청취 등)
① 정비계획의 입안권자는 정비계획을 입안하거나 변경하려면 주민에게 서면으로 통보한 후 주민설명회 및 30일 이상 주민에게 공람하여 의견을 들어야 하며, 제시된 의견이 타당하다고 인정되면 이를 정비계획에 반영하여야 한다.
② 정비계획의 입안권자는 제1항에 따른 주민공람과 함께 지방의회의 의견을 들어야 한다. 이 경우 지방의회는 정비계획의 입안권자가 정비계획을 통지한 날부터 60일 이내에 의견을 제시하여야 하며, 의견제시 없이 60일이 지난 경우 이의가 없는 것으로 본다.
③ 제1항 및 제2항에도 불구하고 대통령령으로 정하는 경미한 사항을 변경하는 경우에는 주민에 대한 서면통보, 주민설명회, 주민공람 및 지방의회의 의견청취 절차를 거치지 아니할 수 있다.
④ 정비계획의 입안권자는 제97조, 제98조, 제101조 등에 따라 정비기반시설 및 국유·공유재산의 귀속 및 처분에 관한 사항이 포함된 정비계획을 입안하려면 미리 해당 정비기반시설 및 국유·공유재산의 관리청의 의견을 들어야 한다.

Ⅰ. 본조의 이해

정비계획의 입안 및 정비구역 지정 절차를 개략적으로 살펴보면, ① 기초조사(시행령 제7조, 도시·주거환경 정비계획 수립 지침 제3장) → ② 안전진단(재건축)(법 제12조) → ③ 정비기반시설 및 국유·공유재산 관리청 의견 청취(법 제15조 제4항) → ④ 주민 서면통보, 주민설명회 및 주민공람(법 제15조 제1항) → ⑤ 지방의회 의견청취(법 제15조 제2항) → ⑥ 정비계획 입안 및 정비구역의 지정신청[1](자치구의 구청장 또는 광역시의 군수, 법 제8조 제5항) → ⑦ 지방도시계획위원회의 심의(법 제16조 제1항) → ⑧ 정비구역의 지정·고시 및 국토교통부장관에 대한 보고(법 제16조 제2항, 제3항)로 이루어진다.

본조는 이러한 입안 절차 중 주민 서면통보, 주민설명회 및 주민공람, 지방의

---

1) 자치구의 구청장 등이 정비구역지정 신청 시에는 (1) 정비계획 수립 및 정비구역지정 신청서(공문), (2) 정비구역 지정도서(2-2-1에 따른 정비계획서, 관련도면 및 부속서류), (3) 주민설명회 및 주민공람 의견청취 서류, (4) 지방의회 의견서, (5) 관련부서(기관) 협의내용 서류와 도면을 첨부한다(도시·주거환경 정비계획 수립 지침 제5장 제1절 참조).

회 의견청취 절차에 대하여 규정하고 있다.

Ⅱ. 주민의견 및 지방의회의 의견청취

1. 주민의견청취

정비계획의 입안권자는 정비계획을 입안하거나 변경하려면 주민에게 서면으로 통보한 후 주민설명회 및 30일 이상 주민에게 공람하여 의견을 들어야 한다. 이 경우 공람의 요지 및 장소를 해당 지방자치단체의 공보등에 공고하고, 공람장소에 관계 서류를 갖추어 두어야 한다(시행령 제6조 제1항). 주민은 위 공람기간 이내에 정비계획의 입안권자에게 서면으로 의견을 제출할 수 있고, 입안권자는 제출된 의견을 심사하여 채택할 필요가 있다고 인정하는 때에는 이를 채택하고, 채택하지 아니한 경우에는 의견을 제출한 주민에게 그 사유를 알려주어야 한다(시행령 제6조 제2항, 제3항). 다만, 대통령령으로 정하는 경미한 사항2)을 변경하는 경우는

---

2) 시행령 제13조(정비구역의 지정을 위한 주민공람 등) ④ 법 제15조제3항에서 "대통령령으로 정하는 경미한 사항을 변경하는 경우"란 다음 각 호의 어느 하나에 해당하는 경우를 말한다.
   1. 정비구역의 면적을 10퍼센트 미만의 범위에서 변경하는 경우(법 제18조에 따라 정비구역을 분할, 통합 또는 결합하는 경우를 제외한다)
   2. 정비기반시설의 위치를 변경하는 경우와 정비기반시설 규모를 10퍼센트 미만의 범위에서 변경하는 경우
   3. 공동이용시설 설치계획을 변경하는 경우
   4. 재난방지에 관한 계획을 변경하는 경우
   5. 정비사업시행 예정시기를 3년의 범위에서 조정하는 경우
   6. 「건축법 시행령」별표 1 각 호의 용도범위에서 건축물의 주용도(해당 건축물의 가장 넓은 바닥면적을 차지하는 용도를 말한다. 이하 같다)를 변경하는 경우
   7. 건축물의 건폐율 또는 용적률을 축소하거나 10퍼센트 미만의 범위에서 확대하는 경우
   8. 건축물의 최고 높이를 변경하는 경우
   9. 법 제66조에 따라 용적률을 완화하여 변경하는 경우
   10.「국토의 계획 및 이용에 관한 법률」제2조제3호에 따른 도시·군기본계획, 같은 조 제4호에 따른 도시·군관리계획 또는 기본계획의 변경에 따라 정비계획을 변경하는 경우
   11.「도시교통정비 촉진법」에 따른 교통영향평가 등 관계법령에 의한 심의결과에 따른 변경인 경우
   12. 그 밖에 제1호부터 제8호까지, 제10호 및 제11호와 유사한 사항으로서 시·도조례로 정하는 사항을 변경하는 경우

주민의견청취 절차를 생략할 수 있다.

2. 지방의회의 의견청취

정비계획의 입안권자는 지방의회의 의견을 들어야 하는데, 이 경우 지방의회는 정비계획의 입안권자가 정비계획을 통지한 날부터 60일 이내에 의견을 제시하여야 하며, 의견제시 없이 60일이 도과한 경우 이의가 없는 것으로 간주한다(법 제15조 제2항).

3. 관련 쟁점 - 주민의견청취절차 위반한 정비구역 지정처분의 위법 여부

도시정비법은 정비계획 입안시 주민의견청취를 의무절차로 규정하고 있고, 그 취지는 다수 이해관계자의 이익을 합리적으로 조정하여 국민의 권리에 대한 부당한 침해를 방지하고 행정의 민주화와 신뢰를 확보하기 위하여 국민의 의사를 그 과정에 반영시키는 데 있으므로,[3] 이러한 절차를 거치지 않은 정비계획 결정 및 정비구역 지정 처분은 위법하다고 본다.

대법원도 구 도시계획법상 주민의견청취 절차인 도시계획안의 내용의 공고 및 공람 절차에 하자가 있는 도시계획결정은 위법하다고 판시한 바 있고,[4] 구 국토계획법에 따라 주민의견청취 절차를 거친 뒤, 도지사가 관계 행정기관의 협의 등을 반영하여 신청받은 당초의 도시관리계획안을 변경하고자 하는 경우 그 내용이 해당 시 또는 군의 도시계획조례가 정하는 '중요한 사항'인 때에는 다른 특별한 사정이 없는 한, 그 내용을 시장 또는 군수에게 송부하여 다시 주민의 의견을 청취하는 절차를 거쳐야 하고, 이러한 절차를 거치지 않은 도시관리계획결정과 이에 기초한 지형도면 고시는 위법하다는 취지로 판단한 바 있다.[5]

---

3) 대법원 2000. 3. 23. 선고 98두2768 판결.
4) 대법원 2000. 3. 23. 선고 98두2768 판결.
5) 대법원 2015. 1. 29. 선고 2012두11164 판결.

제16조(정비계획의 결정 및 정비구역의 지정·고시)

① 정비구역의 지정권자는 정비구역을 지정하거나 변경지정하려면 지방도시계획위원회의 심의를 거쳐야 한다. 다만, 제15조제3항에 따른 경미한 사항을 변경하는 경우에는 지방도시계획위원회의 심의를 거치지 아니할 수 있다.

② 정비구역의 지정권자는 정비구역을 지정(변경지정을 포함한다. 이하 같다)하거나 정비계획을 결정(변경결정을 포함한다. 이하 같다)한 때에는 정비계획을 포함한 정비구역 지정의 내용을 해당 지방자치단체의 공보에 고시하여야 한다. 이 경우 지형도면 고시 등에 있어서는 「토지이용규제 기본법」 제8조에 따른다.

③ 정비구역의 지정권자는 제2항에 따라 정비계획을 포함한 정비구역을 지정·고시한 때에는 국토교통부령으로 정하는 방법 및 절차에 따라 국토교통부장관에게 그 지정의 내용을 보고하여야 하며, 관계 서류를 일반인이 열람할 수 있도록 하여야 한다.

I. 서설

정비구역의 지정권자가 정비구역을 지정한 경우 정비계획을 포함한 지정의 내용을 지방자치단체 공보에 '고시'하여야 하는데, 정비계획은 국토계획법상 도시관리계획의 일종이고, 국토계획법은 도시관리계획 결정의 효력은 고시한 날부터 발생한다고 규정하고 있는 바(제31조 제1항), 정비구역의 지정도 고시한 날부터 효력이 발생하게 된다.[1]

또한 지정권자는 지형도면도 고시하여야 하는데(법 제16조 제2항 후문), 대법원은 "구 도시계획법상 도시계획결정에 따르는 지적승인을 고시함에 있어서 승인된 도면을 누락한 위법은 절차상의 하자로서 그 고시의 취소사유가 되는 것은 별론으로 하고, 그와 같은 하자가 그 고시를 당연 무효라고 보아야 할 만큼 중대하고 명백한 하자라고 볼 수는 없다"고 판시한 바 있다.[2]

---

1) 대법원 1985. 12. 10 선고 85누186 판결(구 도시계획법상 도시계획결정 등 처분의 고시 관련 사례).
2) 대법원 1990. 1. 25. 선고 89누2936 판결, 대법원 1995. 12. 26. 선고 95누10587 판결.

참고로, 구 도시계획법상 도시계획안의 내용을 일간신문에 공고함에 있어서는 도시계획의 기본적인 사항만을 밝히고 구체적인 사항은 공람절차에서 이를 보충하면 족하다는 판례가 있다.[3]

Ⅱ. 보고 및 관계 서류의 일반인 열람

정비구역의 지정권자는 정비계획을 포함한 정비구역을 지정·고시한 때에는 국토교통부령으로 정하는 방법 및 절차에 따라 국토교통부장관에게 그 지정의 내용을 보고하여야 한다. 또한 관계 서류를 일반인이 열람할 수 있도록 하여야 한다. 다만, 지정권자는 정비구역의 지정·고시를 한 경우 토지등소유자에게 고시내용을 개별적으로 통보할 의무까지는 부담하지 않는다.[4]

---

3) 대법원 1996. 11. 29. 선고 96누8567 판결.
4) 대법원 1991. 1. 11. 선고 90누1717 판결 등(도시계획안을 입안함에 있어서 행정절차 운영지침에 따라 주민의 의견청취를 하여야 하고 그 도시계획변경결정을 관보에 게재하는 외에 이해관계인 등에게 개별적으로 서면통지를 하여 공람을 시켜야 한다는 주장은 독자적인 견해에 불과하다).

제17조(정비구역 지정·고시의 효력 등)

① 제16조제2항 전단에 따라 정비구역의 지정·고시가 있는 경우 해당 정비구역 및 정비계획 중 「국토의 계획 및 이용에 관한 법률」 제52조제1항 각 호의 어느 하나에 해당하는 사항은 같은 법 제50조에 따라 지구단위계획구역 및 지구단위계획으로 결정·고시된 것으로 본다.

② 「국토의 계획 및 이용에 관한 법률」에 따른 지구단위계획구역에 대하여 제9조제1항 각 호의 사항을 모두 포함한 지구단위계획을 결정·고시(변경 결정·고시하는 경우를 포함한다)하는 경우 해당 지구단위계획구역은 정비구역으로 지정·고시된 것으로 본다.

③ 정비계획을 통한 토지의 효율적 활용을 위하여 「국토의 계획 및 이용에 관한 법률」 제52조제3항에 따른 건폐율·용적률 등의 완화규정은 제9조제1항에 따른 정비계획에 준용한다. 이 경우 "지구단위계획구역"은 "정비구역"으로, "지구단위계획"은 "정비계획"으로 본다.

④ 제3항에도 불구하고 용적률이 완화되는 경우로서 사업시행자가 정비구역에 있는 대지의 가액 일부에 해당하는 금액을 현금으로 납부한 경우에는 대통령령으로 정하는 공공시설 또는 기반시설(이하 이 항에서 "공공시설등"이라 한다)의 부지를 제공하거나 공공시설등을 설치하여 제공한 것으로 본다.

⑤ 제4항에 따른 현금납부 및 부과 방법 등에 필요한 사항은 대통령령으로 정한다.

Ⅰ. 정비구역 지정·고시의 효력

1. 지구단위계획구역 및 지구단위계획 결정·고시 간주

정비구역의 지정·고시가 있는 경우 당해 정비구역 및 정비계획 중 국토계획법 제52조 제1항 각 호의 어느 하나에 해당하는 사항은 지구단위계획구역 및 지구단위계획으로 간주된다(법 제17조 제1항). 이는 정비계획은 일종의 도시관리계획이므로 정비계획과 지구단위계획의 중복 수립으로 인한 행정낭비를 방지함에 그 취지가 있다.[1]

---

1) 이우재, 전게서(상), 156면, 맹신균, 전게서, 109면.

2. 지구단위계획구역의 정비구역 지정·고시 간주

국토계획법의 지구단위계획구역에 법 제9조(정비계획의 내용) 제1항 각 호의 사항을 모두 포함한 지구단위계획을 결정·고시한 경우 해당 지구단위계획구역은 정비구역으로 지정·고시된 것으로 간주된다(법 제17조 제2항).

지구단위계획을 수립하면서 정비계획을 내용을 모두 포함하는 경우 정비계획 수립을 면제하여 정비계획과 지구단위계획의 절차중복을 방지하도록 한 취지이다.[2]

3. 건폐율·용적률 등의 완화규정의 정비계획에 준용

정비계획을 통한 토지의 효율적 활용을 위하여 국토계획법 제52조 제3항[3]에 따른 건폐율·용적률 등의 완화규정은 법 제9조 제1항에 따른 정비계획에 준용한다. 이 경우 "지구단위계획구역"은 "정비구역"으로, "지구단위계획"은 "정비계획"으로 본다(법 제17조 제3항).

이는 지구단위계획을 수립하면서 정비계획의 내용을 모두 포함하는 경우 지구단위계획안에서의 건폐율·용적률 등 건축기준의 완화적용을 준용하도록 한 규정인데, 지구단위계획구역 안에서의 건축기준을 다른 지역에 비하여 완화하는 이유는 지구단위계획에 부합하게 건축을 해야 하는 부담이 있으므로 지구단위계획의 활성화를 위해 일정범위 내에서 건축기준을 완화해 주고자 함에 있다.[4]

---

2) 이우재, 전게서(상), 156면.
3) 국토계획법 제52조(지구단위계획의 내용) ③ 지구단위계획구역에서는 제76조부터 제78조까지의 규정과 「건축법」 제42조·제43조·제44조·제60조 및 제61조, 「주차장법」 제19조 및 제19조의2를 대통령령으로 정하는 범위에서 지구단위계획으로 정하는 바에 따라 완화하여 적용할 수 있다.
4) 이우재, 전게서(상), 156면.

4. 사업시행자의 현금납부와 용적률 완화

사업시행자가 정비구역에 있는 대지의 가액 일부에 해당하는 금액을 현금으로 납부한 경우에는 국토계획법 시행령 제46조 제1항에 따른 공공시설 또는 기반시설의 부지를 제공하거나 공공시설등을 설치하여 제공한 것으로 보며(법 제17조 제4항), 이 경우 용적률이 완화하여 적용된다.

이와 관련하여, 사업시행자는 현금납부를 하려는 경우에는 토지등소유자(조합을 설립한 경우에는 조합원) 과반수의 동의를 받아야 하며, 이 경우 현금으로 납부하는 토지의 기부면적은 전체 기부면적의 2분의 1을 넘을 수 없다. 현금납부액은 시장·군수등이 지정한 둘 이상의 감정평가업자가 해당 기부토지에 대하여 평가한 금액을 산술평균하여 산정한다(법 제17조 제5항, 시행령 제14조 제2항, 제3항).

5. 정비구역에서의 행위제한

정비구역이 지정되면, 정비구역에서 건축물의 건축 등 일정한 행위를 하려는 자는 시장·군수등의 허가를 받아야 한다. 허가받은 사항을 변경하려는 때에도 또한 같다(법 제19조 제1항). 이와 관련하여서는 법 제19조의 설명 부분에서 살펴본다.

제18조(정비구역의 분할, 통합 및 결합)
① 정비구역의 지정권자는 정비사업의 효율적인 추진 또는 도시의 경관보호를 위하여 필요하다고 인정하는 경우에는 다음 각 호의 방법에 따라 정비구역을 지정할 수 있다.
  1. 하나의 정비구역을 둘 이상의 정비구역으로 분할
  2. 서로 연접한 정비구역을 하나의 정비구역으로 통합
  3. 서로 연접하지 아니한 둘 이상의 구역(제8조제1항에 따라 대통령령으로 정하는 요건에 해당하는 구역으로 한정한다) 또는 정비구역을 하나의 정비구역으로 결합
② 제1항에 따라 정비구역을 분할·통합하거나 서로 떨어진 구역을 하나의 정비구역으로 결합하여 지정하려는 경우 시행 방법과 절차에 관한 세부사항은 시·도조례로 정한다.

Ⅰ. 본조의 이해

정비구역의 분할, 통합 및 결합은 정비사업을 효율적·탄력적인 추진 또는 도시의 경관보호를 위하여 도입된 제도이다.

Ⅱ. 정비구역의 분할, 통합 및 결합의 내용

정비구역을 분할·통합하거나 서로 떨어진 구역을 하나의 정비구역으로 결합하여 지정하려는 경우 시행 방법과 절차에 관한 세부사항은 시·도조례로 정한다(법 제18조 제2항).

한편, 시행령 제8조 제3항 제2호는 법 제9조에 따라 결정하는 정비계획의 내용에 포함되어야 하는 대통령령으로 정하는 사항의 하나로, '법 제18조에 따라 정비구역을 분할, 통합 또는 결합하여 지정하려는 경우 그 계획'을 규정하고 있다.

제19조(행위제한 등)

① 정비구역에서 다음 각 호의 어느 하나에 해당하는 행위를 하려는 자는 시장·군수 등의 허가를 받아야 한다. 허가받은 사항을 변경하려는 때에도 또한 같다.

　1. 건축물의 건축

　2. 공작물의 설치

　3. 토지의 형질변경

　4. 토석의 채취

　5. 토지분할

　6. 물건을 쌓아 놓는 행위

　7. 그 밖에 대통령령으로 정하는 행위

② 다음 각 호의 어느 하나에 해당하는 행위는 제1항에도 불구하고 허가를 받지 아니하고 할 수 있다.

　1. 재해복구 또는 재난수습에 필요한 응급조치를 위한 행위

　2. 기존 건축물의 붕괴 등 안전사고의 우려가 있는 경우 해당 건축물에 대한 안전조치를 위한 행위

　3. 그 밖에 대통령령으로 정하는 행위

③ 제1항에 따라 허가를 받아야 하는 행위로서 정비구역의 지정 및 고시 당시 이미 관계 법령에 따라 행위허가를 받았거나 허가를 받을 필요가 없는 행위에 관하여 그 공사 또는 사업에 착수한 자는 대통령령으로 정하는 바에 따라 시장·군수등에게 신고한 후 이를 계속 시행할 수 있다.

④ 시장·군수등은 제1항을 위반한 자에게 원상회복을 명할 수 있다. 이 경우 명령을 받은 자가 그 의무를 이행하지 아니하는 때에는 시장·군수등은 「행정대집행법」에 따라 대집행할 수 있다.

⑤ 제1항에 따른 허가에 관하여 이 법에 규정된 사항을 제외하고는 「국토의 계획 및 이용에 관한 법률」 제57조부터 제60조까지 및 제62조를 준용한다.

⑥ 제1항에 따라 허가를 받은 경우에는 「국토의 계획 및 이용에 관한 법률」 제56조에 따라 허가를 받은 것으로 본다.

⑦ 국토교통부장관, 시·도지사, 시장, 군수 또는 구청장(자치구의 구청장을 말한다. 이하 같다)은 비경제적인 건축행위 및 투기 수요의 유입을 막기 위하여 제6조제1항에 따라 기본계획을 공람 중인 정비예정구역 또는 정비계획을 수립 중인 지역에 대하여 3년 이내의 기간(1년의 범위에서 한 차례만 연장할 수 있다)을 정하여 대통령령으로 정

하는 방법과 절차에 따라 다음 각 호의 행위를 제한할 수 있다.
1. 건축물의 건축
2. 토지의 분할

⑧ 정비예정구역 또는 정비구역(이하 "정비구역등"이라 한다)에서는 「주택법」 제2조제11호가목에 따른 지역주택조합의 조합원을 모집해서는 아니 된다.

Ⅰ. 본조의 이해

본조는 정비구역이 지정된 지역에서 정비계획에 부합하지 않는 건축물의 건축, 공작물의 설치 등의 행위를 제한하여 정비구역을 관리하고, 사업시행자의 사업시행시 건축물의 철거 등으로 인해 발생할 수 있는 분쟁의 발생을 예방하여 주민의 불이익을 미리 방지하고, 정비사업의 원활한 추진을 위한 규정이다.[5]

아울러 이러한 행위제한은 사업시행자가 사업시행인가를 받고 사업계획에 따라 사업을 시행함으로써 사업시행자의 경우에 한하여 해제되고, 행정청이 정비계획을 고시한 것만으로 위 행위제한이 해제되는 것이 아니라는 것이 대법원의 입장이다.[6]

Ⅱ. 정비구역의 지정과 행위제한

1. 정비구역 내 행위제한

정비구역 내에서 허가를 받아야 하는 행위는 본조 제1항 및 시행령 제15조

---

5) 이우재, 전게서(상), 172면.
6) 대법원 1992. 10. 27. 선고 91누11810 판결(구 도시재개발법 사안 – 도시계획으로 재개발구역이 지정고시되면, 재개발구역 안의 토지나 건물 소유자는 시장의 허가 없이 토지의 형질변경, 건축물의 신축, 개축, 증축 등 권리행사가 일정한 제한을 받게 되는데 위와 같은 행위제한은 시행자가 재개발사업시행인가를 받아 그 사업계획에 따라 사업을 시행함으로써 시행자의 경우에 한하여 해제되고 시장이 재개발사업계획을 결정고시한 것만으로 위 행위제한이 해제되는 것이 아니다).

제1항[7])에서 규정하고 있다. 시장·군수등은 본조 제1항에 따라 제한되는 행위에 대한 허가를 하려는 경우로서 사업시행자가 있는 경우에는 미리 그 사업시행자의 의견을 들어야 한다(시행령 제15조 제2항)

그러나 ① 재해복구 또는 재난수습에 필요한 응급조치를 위한 행위, ② 기존 건축물의 붕괴 등 안전사고의 우려가 있는 경우 해당 건축물에 대한 안전조치를 위한 행위, ③ 그 밖에 대통령령[8])으로 정하는 행위는 허가를 받지 않고 할 수 있다. 위 ②의 경우는 2019. 4. 23. 법률 제16383호의 일부개정시 신설되었는데, 개정이유에 의하면 그 취지는 국민의 안전을 위하여 정비구역에서 붕괴 우려가 있는 위험 건축물 등에 대한 안전조치는 허가를 받지 않고 할 수 있도록 함에 있다.

---

7) 1. 건축물의 건축 등: 「건축법」 제2조제1항제2호에 따른 건축물(가설건축물을 포함한다)의 건축, 용도변경
2. 공작물의 설치: 인공을 가하여 제작한 시설물(「건축법」 제2조제1항제2호에 따른 건축물을 제외한다)의 설치
3. 토지의 형질변경: 절토·성토·정지·포장 등의 방법으로 토지의 형상을 변경하는 행위, 토지의 굴착 또는 공유수면의 매립
4. 토석의 채취: 흙·모래·자갈·바위 등의 토석을 채취하는 행위. 다만, 토지의 형질변경을 목적으로 하는 것은 제3호에 따른다.
5. 토지분할
6. 물건을 쌓아놓는 행위 : 이동이 쉽지 아니한 물건을 1개월 이상 쌓아놓는 행위
7. 죽목의 벌채 및 식재
8) 시행령 제15조 제3항
법 제19조제2항제2호에서 "대통령령으로 정하는 행위"란 다음 각 호의 어느 하나에 해당하는 행위로서 「국토의 계획 및 이용에 관한 법률」 제56조에 따른 개발행위허가의 대상이 아닌 것을 말한다.
1. 농림수산물의 생산에 직접 이용되는 것으로서 국토교통부령으로 정하는 간이공작물의 설치
2. 경작을 위한 토지의 형질변경
3. 정비구역의 개발에 지장을 주지 아니하고 자연경관을 손상하지 아니하는 범위에서의 토석의 채취
4. 정비구역에 존치하기로 결정된 대지에 물건을 쌓아놓는 행위
5. 관상용 죽목의 임시식재(경작지에서의 임시식재는 제외한다)

2. 정비구역 내 행위제한 위반과 원상회복명령

가. 원상회복명령

시장·군수등은 행위제한 규정을 위반한 자에게 원상회복을 명할 수 있는데, 이 경우 명령을 받은 자가 그 의무를 이행하지 않을 경우 행정대집행법에 따라 대집행을 할 수 있다(법 제19조 제4항).

나. 행정대집행과 공무수탁사인의 지위

위와 같은 행정대집행을 함에 있어 시장·군수등으로부터 행정대집행 권한을 위탁받은 자(공무수탁사인)의 지위와 관련하여 실무상 논의가 있다.

종래 대법원은 행정사무를 위탁(강학상 협의의 위탁 – 행정기관의 권한 위탁에 의해 권한이 사인에게 법적으로 이전된 경우)받은 공무수탁사인의 지위에 관하여 공무를 수행하는 범위 내에서 '행정주체'의 지위에 있다고 판단하여 왔고,9) 공무수탁사인이 행정주체인 경우 공무수행으로 인한 손해에 대해 행정주체인 공무수탁사인이 배상책임을 지는 것으로 판시한 바 있다.10) 그런데 2009. 10. 21. 개정된 국가배상법 제2조는 공무수탁사인도 '공무원'으로 규정하여 종래 판례11)와 학설의 논의를 입법적으로 해결하였다.

그렇다면 공무수탁사인 중 '법인'도 공무원으로 볼 수 있을지는 여전히 논의될 수 있는데, 실제 공무를 수행하는 것은 그 공무수탁법인의 직원이지만, 직원은 자연인으로서가 아니라 그 법인의 기관으로서 공무를 수행하는 것이므로, 직원 개인의 행위는 곧 수탁법인의 행위가 된다고 볼 수 있는바, 법인도 공무원으로 보는

---

9) 대법원 2011. 9. 8. 선고 2010다48240판결, 대법원 2010. 1. 28. 선고 2007다82950 판결 등.
10) 대법원 2003. 11. 14. 선고 2002다55304 판결(구 수산청장으로부터 뱀장어에 대한 수출추천 업무를 위탁받은 수산업협동조합 관련, 민간위탁을 받은 위탁기관도 그 범위 내에서 공무원으로 볼 수 있고, 공무원이 그 직무를 집행함에 당하여 고의로 법령에 위반하여 타인에게 손해를 가한 때에 해당하여, 수산업협동조합은 불법행위자로서 민법 제750조의 손해배상책임을 부담한다고 판단한 사례) 등.
11) 공무수탁사인의 공무원 해당 여부 관련하여 종래 판례를 살펴보면, 위 2002다55304 판결은 긍정, 위 2007다82950 판결은 부정하는 입장이었다.

것이 타당하다고 본다.12)

하급심도 공무수탁사인의 지위에 있는 법인인 한국교육과정평가원은 공무를 수행하는 범위 내에서는 국가배상법 제2조 제1항의 공무원이고, 원고들이 입은 손해에 대한 전보책임은 대한민국에게 부담시키는 것이 상당하다고 판시한 바 있다.13)

Ⅲ. 정비구역 지정 전 행위제한

국토교통부장관 등은 비경제적인 건축행위 및 투기 수요의 유입을 방지하기 위해 기본계획을 공람 중인 정비예정구역 또는 정비계획을 수립 중인 지역에 대하여 3년 이내의 기간(1년의 범위에서 한 차례만 연장)을 정하여 건축물의 건축, 토지의 분할을 제한할 수 있고, 위 각 행위를 하려는 자는 시장 등의 허가를 받아야 한다 (시행령 제16조 제5항).

---

12) 박균성, 공무수탁자의 법적 지위와 손해배상책임, 행정판례연구 15-1, 한국행정판례연구회, 박영사, 2010. 6. 169~170면 참조.

13) 부산고등법원 2017. 5. 10. 선고 2016나55042 판결[위 판결은 고등교육법령 등에 의해 행정 업무를 위탁받은 평가원이 대학수학능력시험 실시 직후 오류 문제에 대한 이의신청이 제기 되었으나, 출제 및 정답결정에 오류가 없음을 전제로 응시자들의 과목 성적 및 등급을 결정 하여 원고들에 대한 위자료 배상책임을 인정한 사안이다. 한편, 공무원인 평가원의 책임에 관하여는 공무원 개인의 경과실에 대한 면책을 통해 공무집행의 안정성을 확보할 필요가 있 는 경우에 해당한다고 보기 어려우므로(대법원 2014. 4. 24. 선고 2012다36340, 36357 판결 등 참조), 그 소속 직원들 개개인과는 달리 피고 평가원은 '경과실' 있다는 이유로 그 업무집 행으로 인하여 원고들이 입은 손해에 대한 배상책임을 면할 수 없어 피고 평가원은 원고들에 게 민법 제750조의 불법행위책임을, 피고 대한민국은 국가배상법 제2조 제1항의 국가배상책 임을 지고, 피고들의 각 책임은 부진정연대관계에 있다고 판단하였다].

제20조(정비구역등의 해제)

① 정비구역의 지정권자는 다음 각 호의 어느 하나에 해당하는 경우에는 정비구역등을 해제하여야 한다.

　1. 정비예정구역에 대하여 기본계획에서 정한 정비구역 지정 예정일부터 3년이 되는 날까지 특별자치시장, 특별자치도지사, 시장 또는 군수가 정비구역을 지정하지 아니하거나 구청장등이 정비구역의 지정을 신청하지 아니하는 경우

　2. 재개발사업·재건축사업[제35조에 따른 조합(이하 "조합"이라 한다)이 시행하는 경우로 한정한다]이 다음 각 목의 어느 하나에 해당하는 경우

　　가. 토지등소유자가 정비구역으로 지정·고시된 날부터 2년이 되는 날까지 제31조에 따른 조합설립추진위원회(이하 "추진위원회"라 한다)의 승인을 신청하지 아니하는 경우

　　나. 토지등소유자가 정비구역으로 지정·고시된 날부터 3년이 되는 날까지 제35조에 따른 조합설립인가(이하 "조합설립인가"라 한다)를 신청하지 아니하는 경우(제31조제4항에 따라 추진위원회를 구성하지 아니하는 경우로 한정한다)

　　다. 추진위원회가 추진위원회 승인일부터 2년이 되는 날까지 조합설립인가를 신청하지 아니하는 경우

　　라. 조합이 조합설립인가를 받은 날부터 3년이 되는 날까지 제50조에 따른 사업시행계획인가(이하 "사업시행계획인가"라 한다)를 신청하지 아니하는 경우

　3. 토지등소유자가 시행하는 재개발사업으로서 토지등소유자가 정비구역으로 지정·고시된 날부터 5년이 되는 날까지 사업시행계획인가를 신청하지 아니하는 경우

② 구청장등은 제1항 각 호의 어느 하나에 해당하는 경우에는 특별시장·광역시장에게 정비구역등의 해제를 요청하여야 한다.

③ 특별자치시장, 특별자치도지사, 시장, 군수 또는 구청장등이 다음 각 호의 어느 하나에 해당하는 경우에는 30일 이상 주민에게 공람하여 의견을 들어야 한다.

　1. 제1항에 따라 정비구역등을 해제하는 경우

　2. 제2항에 따라 정비구역등의 해제를 요청하는 경우

④ 특별자치시장, 특별자치도지사, 시장, 군수 또는 구청장등은 제3항에 따른 주민공람을 하는 경우에는 지방의회의 의견을 들어야 한다. 이 경우 지방의회는 특별자치시장, 특별자치도지사, 시장, 군수 또는 구청장등이 정비구역등의 해제에 관한 계획을 통지

한 날부터 60일 이내에 의견을 제시하여야 하며, 의견제시 없이 60일이 지난 경우 이의가 없는 것으로 본다.

⑤ 정비구역의 지정권자는 제1항부터 제4항까지의 규정에 따라 정비구역등의 해제를 요청받거나 정비구역등을 해제하려면 지방도시계획위원회의 심의를 거쳐야 한다. 다만, 「도시재정비 촉진을 위한 특별법」 제5조에 따른 재정비촉진지구에서는 같은 법 제34조에 따른 도시재정비위원회의 심의를 거쳐 정비구역등을 해제하여야 한다.

⑥ 제1항에도 불구하고 정비구역의 지정권자는 다음 각 호의 어느 하나에 해당하는 경우에는 제1항제1호부터 제3호까지의 규정에 따른 해당 기간을 2년의 범위에서 연장하여 정비구역등을 해제하지 아니할 수 있다.

  1. 정비구역등의 토지등소유자(조합을 설립한 경우에는 조합원을 말한다)가 100분의 30 이상의 동의로 제1항제1호부터 제3호까지의 규정에 따른 해당 기간이 도래하기 전까지 연장을 요청하는 경우
  2. 정비사업의 추진 상황으로 보아 주거환경의 계획적 정비 등을 위하여 정비구역등의 존치가 필요하다고 인정하는 경우

⑦ 정비구역의 지정권자는 제5항에 따라 정비구역등을 해제하는 경우(제6항에 따라 해제하지 아니한 경우를 포함한다)에는 그 사실을 해당 지방자치단체의 공보에 고시하고 국토교통부장관에게 통보하여야 하며, 관계 서류를 일반인이 열람할 수 있도록 하여야 한다.

Ⅰ. 본조의 이해

본조는 2012. 2. 1. 법률 제11293호로 일부개정시 도입되었는데, 정비사업이 부동산 경기침체, 사업성 저하 및 주민 갈등 등으로 지연·중단됨에 따라 발생할 수 있는 폐해를 방지하기 위하여 사업추진이 어렵거나 일정기간 지연되는 경우 일정한 요건과 절차에 따라 정비예정구역 또는 정비구역을 해제하도록 함에 있다.[14] 본조의 해제는 법 제21조의 직권해제와 달리 재량이 인정되지 않는 기속적 해제 규정이다.

---

14) 2012. 2. 1. 법률 제11293호의 일부개정시 개정이유 참조.
   다만, 부칙 제3조(정비구역등 해제 신청 기산일에 관한 적용례)는 재개발·재건축사업의 경우 추진위원회 또는 조합이 설립된 경우에 적용되는 해제 요건에 관하여 위 개정법 시행(2012. 2. 1.) 후 최초로 정비계획을 수립(변경수립 제외)하는 분부터 적용하도록 규정하였다.

Ⅱ. 정비구역등의 해제 요건

본조의 해제 요건을 정비사업의 종류 및 2017. 2. 8. 법률 제14567호의 전부 개정법률의 부칙[15])에 따른 기산일에 관한 적용례에 따라 정리하면 아래 [표]와 같다.[16])

[표] 정비구역등의 해제

정비사업의 종류	해제 신청 기산일	정비구역등 해제 요건	기존 정비구역의 기산일 등
공통	정비구역 지정 예정일	3년간 정비구역 미지정 또는 정비구역 지정 미신청	
재개발/재건축사업 (제35조의 조합 시행 방식)	징비구역 지정·고시일	2년간 추진위원회승인 미신청	2012. 2. 1. (기존 정비구역의 기산일)
	정비구역 지정·고시일	3년간 조합설립인가 미신청[17])	
	추진위원회 승인일	2년간 조합설립인가 미신청	2012. 2. 1. 이후 최초 정비계획

---

15) 제4조(도시환경정비사업의 정비구역등 해제 요청 기산일에 관한 적용례) 이 법 시행 전의 도시환경정비사업의 정비구역 등 해제 요청을 위한 기산일의 산정에 관하여는 제20조제1항제2호다목 및 라목의 개정규정에도 불구하고 법률 제13508호 도시 및 주거환경정비법 일부개정법률의 시행일인 2016년 3월 2일 이후 최초로 정비계획(변경수립은 제외한다)을 수립한 경우부터 적용한다.

제5조(정비구역등 해제 신청 기산일에 관한 적용례)

① 법률 제11293호 도시 및 주거환경정비법 일부개정법률 시행 당시 정비구역이 지정된 경우에는 제20조제1항제3호의 개정규정에 따른 "정비구역으로 지정·고시된 날"을 "2012년 2월 1일"로 본다.

② 제20조제1항제2호다목 및 라목의 개정규정은 2012년 2월 1일 이후 최초로 정비계획을 수립(변경수립은 제외한다)하는 경우부터 적용한다.

③ 제1항에도 불구하고 제20조제1항제2호다목의 개정규정은 2012년 1월 31일 이전에 정비계획이 수립된 정비구역에서 승인된 추진위원회에도 적용한다. 이 경우 같은 목의 개정규정에 따른 "추진위원회 승인일부터 2년"은 "법률 제13508호 도시 및 주거환경정비법 일부개정법률의 시행일인 2016년 3월 2일부터 4년"으로 본다.

16) 남기룡, 재개발·재건축구역 일몰제의 요건과 효과, 하우징헤럴드, 2019. 10. 23. 자 게재 [표] 중 일부 인용.

		(2016. 3. 2.부터 4년간 조합설립인가 미신청 - 2012. 1. 31. 이전 기존 정비계획 수립된 경우)	수립 시부터 적용
	조합설립인가일	3년간 사업시행인가 미신청	2012. 2. 1. 이후 최초 정비계획 수립 시부터 적용
재개발사업 (토지등소유자 시행방식)	정비구역 지정·고시일	5년간 사업시행인가 미신청	2012. 2. 1. (기존 정비구역의 기산일)

Ⅲ. 정비구역등의 해제 절차

1. 해제 절차

정비구역등의 해제 절차는 ① 주민공람 및 지방의회 의견청취 → ② 구청장 등의 정비구역등 해제 요청 → ③ 지방도시계획위원회의 심의(재정비촉진지구-도시재정비위원회의 심의) → ④ 정비구역 지정권자의 정비구역등의 해제 → ⑤ 해당 지방자치단체 공보 고시 및 국토교통부장관에게 통보의 절차로 이루어진다.

2. 관련 쟁점 - 잔존채무(매몰비용) 부담 주체

가. 문제점

정비구역 등이 해제 등 원인으로 추진위원회 구성승인 또는 조합설립인가가 취소될 경우 추진위원회나 조합이 부담한 잔존채무(소위 매몰비용)의 부담 주체에 대하여 ① 정비사업에 동의한 토지등소유자가 부담한다는 견해, ② 해산에 동의한 토지등소유자가 부담한다는 견해, ③ 총회의 결의가 없는 한 토지등소유자는 부담하지 않는다는 견해, ④ 추진위원회나 조합의 연대보증인(임원)이 부담한다는 견해 등 실무상 논란이 있어 왔다.

---

17) 법 제31조제4항에 따라 추진위원회를 구성하지 아니하는 경우로 한정.

나. 판례의 태도

(1) 사안의 개요

조합원들의 동의로 조합해산신청에 의해 조합설립인가가 취소[18]된 조합은 ① 주위적으로 정관 제63조(채무변제 및 잔여재산의 분배) 및 정관 제10조(조합원의 권리·의무)의 조합원의 청산금 부담의무를 근거로, ② 예비적으로 조합이 청산종결단계에 이르지 못했더라도 정관 제34조(정비사업비의 부과 및 징수)를 근거로 조합원들을 상대로 잔여채무분담금을 청구하였다.

(2) 법원의 판단

1심 판결은 ① 주위적 청구에 대하여, (i) 조합은 조합설립인가가 취소됨으로써 민법 제77조 제1항에 의하여 해산하는 것이므로, 이러한 조합의 해산과정에는 '분양받은 토지 또는 건축물의 부담비용 등'을 종합적으로 고려하여 청산 종결 후 채무 및 잔여재산을 분배하도록 규정한 정관 제63조가 적용되지 않는 것이고, 정관 제63조는 준공인가 후 조합을 해산하는 경우에 적용되는 조항이지 조합설립인가가 취소됨으로써 해산되는 경우에는 채무 혹은 잔여재산의 분배 기준에 대하여 아무런 기준을 제시하지 못하고 있는 점, (ii) 정관 제10조에서 조합원의 청산금 부담의무를 규정하고 있으나, 정관 제59조에서 청산금을 '대지 또는 건축물을 분양받은 자가 종전에 소유하고 있던 토지 또는 건축물의 가격과 분양받은 대지 또는 건축물의 가격 사이에 차이가 있는 경우 그 차액을 의미'하는 것으로 규정하고 있고, 도시정비법 제57조(현 제89조)에서도 같은 의미로 정의되어 있으므로, 정관 제10조의 청산금 역시 정관 제59조와 같이 해석하여야 하므로 이를 근거로 잔존채무부담의무를 주장할 수 없는 점 등을 이유로, ② 예비적 청구에 대하여, (i) 적극재산 부족액은 '주택사업에 소요되는 비용'이라고 할 수 없어 정관 제34조의 정비사업비에 해당하지 아니는 점, (ii) 정관 제34조는 조합이 사업시행자로서 공법상 지위를 가지고 정비사업을 계속하는 것을 전제로 조합원에게 정비사업비를 부과할 수 있음을 정한 것으로 봄이 타당한데, 조합은 이미 설립인가가 취소됨으

---

18) 2012. 2. 1. 법률 제11293호 일부개정시 신설된 구 도시정비법 제16조의2제1항제2호.

로써 사업시행자 및 공법인으로서의 지위를 상실하고 잔존 사무의 처리만이 남게 되었으므로, 이러한 청산사무가 종료될 때까지 청산의 목적범위 내에서 권리·의무의 주체가 되고, 조합원 역시 청산의 목적범위 내에서 종전 지위를 유지하며, 조합정관도 그 범위 내에서 효력을 가진다고 할 것인데, 정비사업 계속을 전제로 한 조합원에 대한 정비사업비 부과는 청산사무 또는 청산의 목적범위 내의 행위에 해당한다고 볼 수 없는 점 등을 근거로 정관 제34조에 따른 정비사업비를 부과·징수할 수 없다는 이유로 주위적, 예비적 청구를 기각하였다.[19]

항소심 판결은 1심 법원의 판결을 동일하게 인용하면서 조합의 항소를 기각하였고, 다만 장래이행의 소는 미리 청구할 필요가 있는 경우에 제기할 수 있는데 조합이 청산절차를 거치지 아니한 상태에서 청산금을 미리 청구할 필요가 없다고 판단하여 예비적 청구를 각하하였다.[20]

대법원은 정관 제63조, 제10조는 조합설립인가가 취소된 경우 조합원들에게 조합의 잔존채무를 부담하게 하는 규정으로 볼 수 없고, 조합의 설립인가가 취소된 이상 정관 제34조에 기해 정비사업비를 부과·징수할 수도 없다는 이유로, 주위적 청구의 기각 및 예비적 청구를 각하한 항소심의 판단에 재개발조합에 대한 조합원의 책임, 정관의 해석에 관한 법리 등을 오해한 잘못이 없다고 판시하면서 조합의 상고를 기각한 바 있다.[21]

다. 검토

위 대법원 판결로 그 동안의 실무상 논란은 정리되었다고 할 수 있다. 대법원 판결에 의하면, 정비구역 등의 해제로 인한 조합설립인가취소의 경우 기존 조합이 부담한 잔존채무(매몰비용)는 총회에 의한 부과 결의나 정관에 명시적인 부담 규정이 없는 한, 조합원들에게 부담시킬 수는 없다고 할 것이다.

---

19) 인천지방법원 부천지원 2016. 8. 19. 선고 2015가단109685 판결.
20) 인천지방법원 2016. 12. 1. 선고 2016나59808 판결.
21) 대법원 2019. 8. 14. 선고 2017다201378 판결.

제21조(정비구역등의 직권해제)

① 정비구역의 지정권자는 다음 각 호의 어느 하나에 해당하는 경우 지방도시계획위원회의 심의를 거쳐 정비구역등을 해제할 수 있다. 이 경우 제1호 및 제2호에 따른 구체적인 기준 등에 필요한 사항은 시·도조례로 정한다.

1. 정비사업의 시행으로 토지등소유자에게 과도한 부담이 발생할 것으로 예상되는 경우

2. 정비구역등의 추진 상황으로 보아 지정 목적을 달성할 수 없다고 인정되는 경우

3. 토지등소유자의 100분의 30 이상이 정비구역등(추진위원회가 구성되지 아니한 구역으로 한정한다)의 해제를 요청하는 경우

4. 제23조제1항제1호에 따른 방법으로 시행 중인 주거환경개선사업의 정비구역이 지정·고시된 날부터 10년 이상 경과하고, 추진 상황으로 보아 지정 목적을 달성할 수 없다고 인정되는 경우로서 토지등소유자의 과반수가 정비구역의 해제에 동의하는 경우

5. 추진위원회 구성 또는 조합 설립에 동의한 토지등소유자의 2분의 1 이상 3분의 2 이하의 범위에서 시·도조례로 정하는 비율 이상의 동의로 정비구역의 해제를 요청하는 경우(사업시행계획인가를 신청하지 아니한 경우로 한정한다)

6. 추진위원회가 구성되거나 조합이 설립된 정비구역에서 토지등소유자 과반수의 동의로 정비구역의 해제를 요청하는 경우(사업시행계획인가를 신청하지 아니한 경우로 한정한다)

② 제1항에 따른 정비구역등의 해제의 절차에 관하여는 제20조제3항부터 제5항까지 및 제7항을 준용한다.

③ 제1항에 따라 정비구역등을 해제하여 추진위원회 구성승인 또는 조합설립인가가 취소되는 경우 정비구역의 지정권자는 해당 추진위원회 또는 조합이 사용한 비용의 일부를 대통령령으로 정하는 범위에서 시·도조례로 정하는 바에 따라 보조할 수 있다.

Ⅰ. 본조의 이해

본조는 법 제20조와 달리 정비구역의 지정권자가 토지등소유자에게 과도한 부담발생 등 일정한 경우 지방도시계획위원회의 심의를 거쳐 그 '재량'으로 정비구역등을 해제할 수 있도록 한 것이다.

Ⅱ. 직권해제 요건

정비구역이 지정권자의 직권해제의 해당 요건은 아래와 같다(법 제21조 제1항).

---

① 정비사업의 시행으로 토지등소유자에게 과도한 부담이 발생할 것으로 예상되는 경우

② 정비구역등의 추진 상황으로 보아 지정 목적을 달성할 수 없다고 인정되는 경우

③ 토지등소유자의 100분의 30 이상이 정비구역등(추진위원회가 구성되지 아니한 구역으로 한정한다)의 해제를 요청하는 경우

④ 법 제23조제1항제1호에 따른 방법으로 시행 중인 주거환경개선사업의 정비구역이 지정·고시된 날부터 10년 이상 경과하고, 추진 상황으로 보아 지정 목적을 달성할 수 없다고 인정되는 경우로서 토지등소유자의 과반수가 정비구역의 해제에 동의하는 경우

⑤ 추진위원회 구성 또는 조합 설립에 동의한 토지등소유자의 2분의 1 이상 3분의 2 이하의 범위에서 시·도조례로 정하는 비율 이상의 동의로 정비구역의 해제를 요청하는 경우(사업시행계획인가를 신청하지 아니한 경우로 한정한다)

⑥ 추진위원회가 구성되거나 조합이 설립된 정비구역에서 토지등소유자 과반수의 동의로 정비구역의 해제를 요청하는 경우(사업시행계획인가를 신청하지 아니한 경우로 한정한다)

위 직권해제 요건 관련하여 최근 2019. 4. 23. 법률 제16383호의 일부개정시, ① 주거환경개선사업(보전·정비·개량방법)의 토지등소유자의 동의요건을 3분의 2 이상에서 과반수로 완화하였고, ② 법 제21조 제1항 제5호 및 제6호를 신설하여 추진위원회 구성 또는 조합이 설립된 정비구역에서 추진위원회 구성 또는 조합 설립에 '동의한 토지등소유자'의 2분의 1 이상 또는 3분의 2 이하가 동의로 정비구역의 해제 요청하는 경우, '전체 토지등소유자'의 과반수가 동의로 정비구역의 해제를 요청하는 경우에도 직권해제를 가능하도록 함으로써 직권해제 요건을 완화하였다.

Ⅲ. 직권해제의 절차

직권해제의 절차는 법 제20조 제3항부터 제5항까지 및 제7항을 준용한다(법 제21조 제2항).

Ⅳ. 비용의 보조

정비구역등의 직권해제로 추진위원회 구성승인 또는 조합설립인가가 취소되는 경우 정비구역의 지정권자는 해당 추진위원회 또는 조합이 사용한 비용의 일부를 대통령령[22])이 정하는 범위에서 시·도조례로 정하는 바에 따라 보조할 수 있다(법 제21조 제3항).

---

22) 시행령 제17조(추진위원회 및 조합 비용의 보조)
　① 법 제21조제3항에서 "대통령령으로 정하는 범위"란 다음 각 호의 비용을 말한다.
　　1. 정비사업전문관리 용역비
　　2. 설계 용역비
　　3. 감정평가비용
　　4. 그 밖에 해당 법 제31조에 따른 조합설립추진위원회(이하 "추진위원회"라 한다) 및 조합이 법 제32조, 제44조 및 제45조에 따른 업무를 수행하기 위하여 사용한 비용으로서 시·도조례로 정하는 비용

제21조의2(도시재생선도지역 지정 요청)
　제20조 또는 제21조에 따라 정비구역등이 해제된 경우 정비구역의 지정권자는 해제된 정비구역등을 「도시재생 활성화 및 지원에 관한 특별법」에 따른 도시재생선도지역으로 지정하도록 국토교통부장관에게 요청할 수 있다.

I. 본조의 이해

　본조는 2019. 4. 23. 법률 제16383호의 일부개정시 신설되었는데, 제20조 또는 제21조에 따라 정비구역등이 해제된 경우 「도시재생 활성화 및 지원에 관한 특별법」에 따른 도시재생선도지역으로 지정하도록 국토교통부장관에게 요청할 수 있도록 규정하고 있다.

　도시재생선도지역이란, 도시재생을 긴급하고 효과적으로 실시하여야 할 필요가 있고 주변지역에 대한 파급효과가 큰 지역으로, 국가와 지방자치단체의 시책을 중점 시행함으로써 도시재생 활성화를 도모하는 지역을 말한다.[1]

　도시재생선도지역으로 지정될 경우의 실익은 도시재생선도지역은 도시재생전략계획의 수립 여부와 관계없이 도시재생활성화계획[2]을 수립할 수 있어 도시재생 관련 절차를 신속히 진행할 수 있다는 것에 있다.[3]

---

1) 도시재생 활성화 및 지원에 관한 특별법(이하, '도시재생법') 제2조 제1항 제8호
2) 도시재생법 제2조(정의)
　　6. "도시재생활성화계획"이란 도시재생전략계획에 부합하도록 도시재생활성화지역에 대하여 국가, 지방자치단체, 공공기관 및 지역주민 등이 지역발전과 도시재생을 위하여 추진하는 다양한 도시재생사업을 연계하여 종합적으로 수립하는 실행계획을 말하며, 주요 목적 및 성격에 따라 다음 각 목의 유형으로 구분한다.
　　가. 도시경제기반형 활성화계획: 산업단지, 항만, 공항, 철도, 일반국도, 하천 등 국가의 핵심적인 기능을 담당하는 도시·군계획시설의 정비 및 개발과 연계하여 도시에 새로운 기능을 부여하고 고용기반을 창출하기 위한 도시재생활성화계획
　　나. 근린재생형 활성화계획: 생활권 단위의 생활환경 개선, 기초생활인프라 확충, 공동체 활성화, 골목경제 살리기 등을 위한 도시재생활성화계획
3) 도시재생법 제12조(도시재생전략계획의 수립)

① 전략계획수립권자는 도시재생을 추진하려면 도시재생전략계획을 10년 단위로 수립하고, 필요한 경우 5년 단위로 정비하여야 한다.

도시재생법 제34조(도시재생선도지역에 있어서의 특별조치)

① 전략계획수립권자는 제33조에 따라 지정된 도시재생선도지역에 대하여 도시재생전략계획의 수립 여부와 관계없이 도시재생활성화계획을 수립할 수 있다. 다만, 도시재생전략계획이 수립된 지방자치단체의 경우에는 도시재생전략계획이 변경된 것으로 본다.

제22조(정비구역등 해제의 효력)

① 제20조 및 제21조에 따라 정비구역등이 해제된 경우에는 정비계획으로 변경된 용도지역, 정비기반시설 등은 정비구역 지정 이전의 상태로 환원된 것으로 본다. 다만, 제21조제1항제4호의 경우 정비구역의 지정권자는 정비기반시설의 설치 등 해당 정비사업의 추진 상황에 따라 환원되는 범위를 제한할 수 있다.

② 제20조 및 제21조에 따라 정비구역등(재개발사업 및 재건축사업을 시행하려는 경우로 한정한다. 이하 이 항에서 같다)이 해제된 경우 정비구역의 지정권자는 해제된 정비구역등을 제23조제1항제1호의 방법으로 시행하는 주거환경개선구역(주거환경개선사업을 시행하는 정비구역을 말한다. 이하 같다)으로 지정할 수 있다. 이 경우 주거환경개선구역으로 지정된 구역은 제7조에 따른 기본계획에 반영된 것으로 본다.

③ 제20조제7항 및 제21조제2항에 따라 정비구역등이 해제·고시된 경우 추진위원회 구성승인 또는 조합설립인가는 취소된 것으로 보고, 시장·군수등은 해당 지방자치단체의 공보에 그 내용을 고시하여야 한다.

Ⅰ. 정비구역등 해제의 효력

정비구역등이 해제되면, 정비계획으로 변경된 용도지역, 정비기반시설 등은 정비구역 지정 이전의 상태로 환원된 것으로 본다(법 제22조 제1항).

다만, 정비구역 지정권자의 정비구역등이 해제처분은 일종의 행정행위의 철회의 성격으로 볼 수 있는바, 그 해제의 효력은 정비구역등의 지정시까지 소급한다고 보기는 어렵다.

정비구역의 지정권자는 해제된 정비구역등을 제23조 제1항 제1호의 방법으로 시행하는 주거환경개선구역으로 지정할 수 있는데(법 제22조 제2항), 이는 전면철거형 사업방식에서 필요에 따라 정비·보존·개량하기 위한 사업방식으로 전환할 수 있다는 데 의미가 있다(법 제2조 제2호 가목).

  정비구역등이 해제·고시된 경우 추진위원회 구성승인 또는 조합설립인가는
취소된 것으로 보고,[1] 시장·군수등은 해당 지방자치단체의 공보에 그 내용을 고
시하여야 한다(법 제22조 3항).

---

  1) 2017. 2. 8. 법률 제14567호의 전부개정법률 전에는 정비구역등 해제시 추진위원회 승인 또는
    조합설립인가를 의무적으로 취소하도록 규정하고 있었다.

제 3 장
정비사업의 시행

제23조(정비사업의 시행방법)

① 주거환경개선사업은 다음 각 호의 어느 하나에 해당하는 방법 또는 이를 혼용하는 방법으로 한다.

　　1. 제24조에 따른 사업시행자가 정비구역에서 정비기반시설 및 공동이용시설을 새로 설치하거나 확대하고 토지등소유자가 스스로 주택을 보전·정비하거나 개량하는 방법

　　2. 제24조에 따른 사업시행자가 제63조에 따라 정비구역의 전부 또는 일부를 수용하여 주택을 건설한 후 토지등소유자에게 우선 공급하거나 대지를 토지등소유자 또는 토지등소유자 외의 자에게 공급하는 방법

　　3. 제24조에 따른 사업시행자가 제69조제2항에 따라 환지로 공급하는 방법

　　4. 제24조에 따른 사업시행자가 정비구역에서 제74조에 따라 인가받은 관리처분계획에 따라 주택 및 부대시설·복리시설을 건설하여 공급하는 방법

② 재개발사업은 정비구역에서 제74조에 따라 인가받은 관리처분계획에 따라 건축물을 건설하여 공급하거나 제69조제2항에 따라 환지로 공급하는 방법으로 한다.

③ 재건축사업은 정비구역에서 제74조에 따라 인가받은 관리처분계획에 따라 주택, 부대시설·복리시설 및 오피스텔(「건축법」 제2조제2항에 따른 오피스텔을 말한다. 이하 같다)을 건설하여 공급하는 방법으로 한다. 다만, 주택단지에 있지 아니하는 건축물의 경우에는 지형여건·주변의 환경으로 보아 사업 시행상 불가피한 경우로서 정비구역으로 보는 사업에 한정한다.

④ 제3항에 따라 오피스텔을 건설하여 공급하는 경우에는 「국토의 계획 및 이용에 관한 법률」에 따른 준주거지역 및 상업지역에서만 건설할 수 있다. 이 경우 오피스텔의 연면적은 전체 건축물 연면적의 100분의 30 이하이어야 한다.

Ⅰ. 본조의 이해

　　정비사업은 시행방법에 따라 주로 관리처분계획방법, 수용방법, 환지방법으로 분류될 수 있는데, 본조는 주거환경개선사업, 재개발사업, 재건축사업의 각 정비사업별 시행방법을 규정하고 있다.

Ⅱ. 정비사업의 시행방법

1. 각 정비사업의 시행방법

① 주거환경개선사업은 보전·정비·개량방법, 수용방법, 환지방법, 관리처분계획방법 또는 이들을 혼용하는 방법으로 시행하고, ② 재개발사업은 관리처분계획방법 또는 환지방법으로 시행하며, ③ 재건축사업은 관리처분계획방법으로 시행한다(법 제23조 제1항, 제2항, 제3항).

2. 관련 쟁점

가. 도시정비법 시행 전후 부칙 제7조의 적용범위

(1) 문제점

제정 도시정비법(2002. 12. 30.) 부칙 제7조(사업시행방식에 관한 경과조치) 제1항은 "종전법률2)에 의하여 사업계획의 승인이나 사업시행인가를 받아 시행중인 것은 종전의 규정에 의한다."고 규정하고 있는바, 위 부칙의 의미가 종전 법률에 의한 사업계획의 승인 등을 받은 경우 도시정비법 시행 이후에도 종전 법률이 적용되는지(구법 적용설), 도시정비법이 적용되는지(신법 적용설) 및 그 적용 범위는 어떠한지에 관해 실무상 쟁점이 있었다.

(2) 판례의 태도

(가) 구법 적용설

구 도시정비법 제6조는 '정비사업의 시행방법'이라는 표제로 그 제3항 본문에서 "주택재건축사업은 정비구역 안 또는 정비구역이 아닌 구역에서 제48조의 규정에 의하여 인가받은 관리처분계획에 따라 공동주택 및 부대·복리시설을 건설하여 공급하는 방법에 의한다."고 규정하고 있는바, 위 조항은 구 도시정비법 부칙

---

2) 도시재개발법·도시저소득주민의 주거환경개선을 위한 임시조치법 및 주택건설촉진법의 재건축 관련 규정

제7조 제1항에 의하여 구 도시정비법의 적용이 배제되는 '사업시행방식'에 관한 규정이라고 볼 수 있고, 위와 같이 구 도시정비법에 핵심적인 조항이라고 할 수 있는 관리처분계획의 인가와 이를 기초로 한 이전고시에 관한 조항 등이 위 부칙 조항에 의하여 배제된다면 그 밖의 세부적인 구 도시정비법의 절차나 방식에 관한 규정들 역시 배제된다고 보는 것이 자연스러운 해석이다. 따라서 재건축조합의 경우 구 도시정비법 부칙 제7조 제1항에서 종전의 규정에 의하도록 한 '사업시행방식'은 특별한 사정이 없는 한 구 도시정비법 제3장 '정비사업의 시행'에서 규정하고 있는 방식이나 절차를 모두 포함하므로 이러한 방식이나 절차에 관한 사항은 종전의 규정에 의하여 규율되어야 한다.[3]

(나) 신법 적용설

도시정비법에서 청산금의 산정·지급과 관련하여 구법인 도시재개발법의 관련 규정이 적용된다는 경과규정을 두고 있지 아니한 이상, 위 법리에 따라 청산금 산정·지급의 근거 법령은 도시정비법이 되어야 하는 것이다.[4]

(3) 검토

위와 같이 판례의 태도는 나뉘고 있으나, 다수의 판례는 구법 적용설을 취하는 것으로 보인다. 생각건대, 법문언적 해석상 부칙 제7조가 "사업시행방식"에 관한 경과조치라는 표제하에 종전 법률에 의한 사업계획승인 등의 경우 종전의 규정에 의한다고 규정하고 있으므로 도시정비법 제3장(정비사업의 시행) 관련 사업시행에 관한 방식이나 절차 관련 사항은 종전 법률이 적용된다고 해석하는 것이 문언에 부합하는 자연스러운 해석으로 판단된다.

【판례연구】도시정비법 시행 전 조합설립인가를 받았다가 도시정비법 시행 후 부
칙 제10조 제1항에 따라 '설립등기'를 마친 재건축조합의 조합규약에
서 조합장이 조합원의 부담이 될 계약을 체결하기 위하여는 총회의
결의를 거치도록 규정하고 있는 경우, 제3자에 대항하기 위한 요건

---

3) 대법원 2009. 6. 25. 선고 2006다64559 판결, 대법원 2010. 1. 28. 선고 2009다78368 판결, 대법원 2013. 7. 25. 선고 2011다19768 판결, 대법원 2014. 9. 4. 선고 2011다51540 판결 등.
4) 대법원 2008. 3. 13. 선고 2006두2954 판결.

(대법원 2014. 9. 4. 선고 2011다51540 판결 손해배상)

❑ 판결요지

(1) 도시정비법 부칙(2002. 12. 30.) 제7조제1항은 '사업시행방식에 관한 경과조치'라는 표제로 "종전 법률에 의하여 사업계획의 승인이나 사업시행인가를 받아 시행 중인 것은 종전의 규정에 의한다"고 규정하고 있는바, 여기서 규정한 '사업시행방식'에는 특별한 사정이 없는 한 도시정비법 제3장 '정비사업의 시행'에서 규정하고 있는 방식이나 절차를 모두 포함하므로 이러한 방식이나 절차에 관한 사항은 종전의 규정에 의하여 규율되어야 한다(대법원 2009. 6. 25. 선고 2006다64559 판결, 대법원 2012. 8. 30. 선고 2010다28925 판결 등 참조). 한편 도시정비법은 제3장 '정비사업의 시행' 밑에 제2절 '조합설립추진위원회 및 조합의 설립 등'을 두고 있으며 제3장에 속하는 구 도시정비법(2009. 2. 6. 법률 제9444호로 개정되기 전의 것) 제24조제3항제5호는 총회의 의결을 거쳐야 하는 사항 중의 하나로 '예산으로 정한 사항 외에 조합원의 부담이 될 계약'을 규정하고 있는바, 위 조항은 사업시행에 관한 방식이나 절차에 관한 것으로서 도시정비법 부칙 제7조제1항에서 종전의 규정에 의하도록 한 '사업시행방식'에 관한 규정이라고 할 것이다.

따라서 종전 법률인 구 주택건설촉진법(2003. 5. 29. 법률 제6916호 주택법으로 전부 개정되기 전의 것)에 따라 2003. 6. 30. 사업계획승인을 받은 원고 조합에 대하여는 구 도시정비법 제24조제3항제5호가 적용되지 않는다.

(2) 구 도시정비법 부칙(2002. 12. 30.) 제10조제1항 본문은 '조합의 설립에 관한 경과조치'라는 표제로 "종전 법률에 의하여 조합 설립의 인가를 받은 조합은 본칙 제18조제2항의 규정에 의하여 주된 사무소의 소재지에 등기함으로써 이 법에 의한 법인으로 설립된 것으로 본다."라고 규정하고 있는데, 위 규정의 내용과 취지에 비추어 보면 행정청이 종전 법률인 구 주택건설촉진법에 의하여 재건축조합에 대하여 조합설립인가처분을 하였더라도 도시정비법이 시행되고 해당 재건축조합이 도시정비법 부칙(2002. 12. 30.)제10조 제1항에 따라 설립등기를 마친 후에는 그 재건축조합을 공법인으로 보게 된다. 나아가 이러한 재건축조합에는 도시정비법 제27조에 의하여 민법 제60조가 준용되므로, 재건축조합의 조합장이 조합원의 부담이 될 계약을 체결하기 위하여는 총회의 결의를 거치도록 조합규약에 규정되어 있다 하더라도 이는 법인 대표권을 제한한 것으로서 그러한 제한은 '등기'하지 아니하면 제3자에게 그의 선의·악의에 관계없이 대항할 수 없다.

□ **판결의 검토**

(1) '도시정비법에 의해 설립된 정비사업조합'이 도시정비법 제45조 제1항 제4호의 '예산으로 정한 사항 외에 조합원에게 부담이 되는 계약'을 체결하기 위해서는 총회의 의결이 필요하고, 이는 계약체결의 요건을 규정하고 있는 강행법규이므로 이를 위반한 계약은 상대방이 선의·무과실이더라도 무효이다(대법원 2011. 4. 28. 선고 2010다105112 판결, 대법원 2016. 5. 12. 선고 2013다49381 판결 등).

(2) 한편, '구 주택건설촉진법상 재건축조합'의 법적 성격은 비법인사단이고, 비법인사단의 설계용역계약, 보증행위 등은 단순한 채무부담행위에 불과하여 이를 총유물의 관리·처분행위라고 볼 수 없어,5) 조합장이 채무보증계약을 체결하면서 조합규약에서 정한 조합 임원회의 결의나 조합원총회 결의 등 절차를 거치지 않은 경우에도 그 보증계약의 효력은 원칙적으로 유효하고, 거래 상대방이 그와 같은 대표권 제한 및 그 위반 사실을 알았거나 과실로 인하여 이를 알지 못한 때에는 그 거래행위가 무효로 된다(대법원 2007. 4. 19. 선고 2004다60072 전원합의체 판결, 대법원 2003. 7. 22. 선고 2002다64780 판결 등). (이른바 외관법리)

(3) 대상판결의 재건축조합은 '구 주택건설촉진법에 따라 조합설립인가 및 사업계획승인을 받은 후 도시정비법 시행 후 도시정비법에 따라 등기를 마친 재건축조합'이다.

대상판결은 기존 유사 판례들과 마찬가지로 도시정비법 부칙 제7조 제1항의 해석상 본 재건축조합에 대하여는 사업시행방식에 관한 도시정비법 제3장에 속하는 총회 의결 관련 규정은 적용되지 않는다고 판단한바, 총회의 결의를 거치지 않은 계약이라고 해도 무효로 볼 수는 없다.

그런데 대상판결은 구 주택건설촉진법에 따라 조합설립인가를 받았지만, 도시정비법 부칙 제10조에 따라 시행 후 '등기'함으로써 도시정비법에 의한 공법인으로 간주되는 본 재건축조합에 관하여는 도시정비법 제27조(현 제49조)에 의하여 민법 제60조가 준용되고, 조합장이 조합원의 부담이 될 계약을 체결하기 위해서 총회

---

5) 만일 비법인사단인 재건축조합이 총유물의 관리·처분행위를 하는 경우라면, 총유물의 관리 및 처분에 관하여 정관이나 규약에 정한 바가 있으면 이에 따라야 하고, 그에 관한 정관이나 규약이 없으면 조합원총회의 결의에 의하여야 할 것이며, 그와 같은 절차를 거치지 않은 행위는 무효라고 할 것이다(대법원 2001. 5. 29. 선고 2000다10246 판결, 대법원 2003. 7. 11. 선고 2001다73626 판결 등).

결의를 거치도록 한 조합규약은 대표권 제한에 관한 것으로서 그러한 제한은 등기
하지 아니하면 제3자의 선의·악의에 관계없이 대항할 수 없다고 판단하였다. 이처
럼 구 주택건설촉진법상 재건축조합에 적용되는 외관법리를 적용하지 않고, 다른
법리 판단을 하였다는 점에서 대상판결의 의미를 찾을 수 있다.

나. 주거환경개선사업 시행자의 공동사업시행과 시행방법 이행 여부

실무상 주거환경개선사업의 시행자(예: 토지주택공사)가 본조 제1항 제2호의
수용방식에 의하여 정비구역의 토지를 수용하고, 주택법 제5조[6])에 따라 토지소유
자로서 등록사업자와 공동사업협약을 체결하여 공동사업주체(민법상 조합)를 구성
한 후 위 공동사업주체에게 토지를 출자하여 공공주택을 건설, 분양하는 사업을
하는 경우가 다수 있다.

이와 같이 주거환경개선사업의 시행자가 공동사업주체에게 수용한 토지를 출
자할 경우, 이를 본조 제1항 제2호의 "대지를 토지등소유자 외의 자에게 공급하는
방법"의 절차를 이행한 것인지 문제될 수 있는데, 위 시행자도 정비구역의 토지를
수용하여 취득한 관계로 주택법 제5조의 '토지소유자'에 해당함은 문언상 분명한
점, '토지소유자'는 등록사업자와 공동사업시행이 가능한 점, 공동사업주체는 위
시행자 또는 등록사업자와 구분되는 민법상 조합으로써 출자된 토지는 공동사업
주체의 합유재산에 해당하는 점 등을 보면, 위와 같은 수용한 토지의 출자는 주거
환경개산사업의 시행방법 중 하나인 대지를 토지등소유자 외의 자에게 공급하는
절차를 이행한 것으로 평가될 수 있다고 생각된다.

---

6) 제5조(공동사업주체) ① 토지소유자가 주택을 건설하는 경우에는 제4조제1항에도 불구하고
대통령령으로 정하는 바에 따라 제4조에 따라 등록을 한 자(이하 "등록사업자"라 한다)와 공
동으로 사업을 시행할 수 있다. 이 경우 토지소유자와 등록사업자를 공동사업주체로 본다.

제24조(주거환경개선사업의 시행자)

① 제23조제1항제1호에 따른 방법으로 시행하는 주거환경개선사업은 시장·군수등이 직접 시행하되, 토지주택공사등을 사업시행자로 지정하여 시행하게 하려는 경우에는 제15조제1항에 따른 공람공고일 현재 토지등소유자의 과반수의 동의를 받아야 한다.

② 제23조제1항제2호부터 제4호까지의 규정에 따른 방법으로 시행하는 주거환경개선사업은 시장·군수등이 직접 시행하거나 다음 각 호에서 정한 자에게 시행하게 할 수 있다.

    1. 시장·군수등이 다음 각 목의 어느 하나에 해당하는 자를 사업시행자로 지정하는 경우

      가. 토지주택공사등

      나. 주거환경개선사업을 시행하기 위하여 국가, 지방자치단체, 토지주택공사등 또는 「공공기관의 운영에 관한 법률」 제4조에 따른 공공기관이 총지분의 100분의 50을 초과하는 출자로 설립한 법인

    2. 시장·군수등이 제1호에 해당하는 자와 다음 각 목의 어느 하나에 해당하는 자를 공동시행자로 지정하는 경우

      가. 「건설산업기본법」 제9조에 따른 건설업자(이하 "건설업자"라 한다)

      나. 「주택법」 제7조제1항에 따라 건설업자로 보는 등록사업자(이하 "등록사업자"라 한다)

③ 제2항에 따라 시행하려는 경우에는 제15조제1항에 따른 공람공고일 현재 해당 정비예정구역의 토지 또는 건축물의 소유자 또는 지상권자의 3분의 2 이상의 동의와 세입자(제15조제1항에 따른 공람공고일 3개월 전부터 해당 정비예정구역에 3개월 이상 거주하고 있는 자를 말한다) 세대수의 과반수의 동의를 각각 받아야 한다. 다만, 세입자의 세대수가 토지등소유자의 2분의 1 이하인 경우 등 대통령령으로 정하는 사유가 있는 경우에는 세입자의 동의절차를 거치지 아니할 수 있다.

④ 시장·군수등은 천재지변, 그 밖의 불가피한 사유로 건축물이 붕괴할 우려가 있어 긴급히 정비사업을 시행할 필요가 있다고 인정하는 경우에는 제1항 및 제3항에도 불구하고 토지등소유자 및 세입자의 동의 없이 자신이 직접 시행하거나 토지주택공사등을 사업시행자로 지정하여 시행하게 할 수 있다. 이 경우 시장·군수등은 지체 없이 토지등소유자에게 긴급한 정비사업의 시행 사유·방법 및 시기 등을 통보하여야 한다.

Ⅰ. 본조의 이해

본조는 주거환경개선사업의 사업시행자에 관하여, 법 제23조 제1항 제1호의 방법(보전·정비·개량방법)의 경우와 법 제23조 제1항 제2호부터 제4호까지의 방법(수용·환지·관리처분계획방법)의 경우로 구분하고, 시장·군수등이 보전·정비·개량방법으로 직접시행하는 경우에는 토지등소유자의 동의가 필요하지 않음을 규정하고 있다.

Ⅱ. 주거환경개선사업의 사업시행자

1. 법 제23조 제1항 제1호의 방법(보전·정비·개량방법)

원칙적으로 시장·군수등이 직접 시행하되, 법 제15조 제1항에 따른 공람공고일 현재 토지등소유자의 동의를 받아 토지주택공사등을 사업시행자로 지정할 수 있다(법 제24조 제1항).

2. 법 제23조 제1항 제2호부터 제4호까지의 방법(수용·환지·관리처분계획방법)

원칙적으로 시장·군수등이 직접 시행하되, 토지주택공사등을 사업시행자로 지정하거나 토지주택공사등과 건설업자, 등록사업자를 공동시행자로 지정할 수 있다(법 제24조 제2항). 이러한 방법의 경우 토지 또는 건축물의 소유자 또는 지상권자의 3분의 2 이상의 동의와 세입자 세대수의 과반수 동의[7]를 각각 받아야

---

7) 시행령 제18조(세입자 동의의 예외) 법 제24조제3항 단서에서 "세입자의 세대수가 토지등소유자의 2분의 1 이하인 경우 등 대통령령으로 정하는 사유"란 다음 각 호의 어느 하나에 해당하는 것을 말한다.
  1. 세입자의 세대수가 토지등소유자의 2분의 1 이하인 경우
  2. 법 제16조제2항에 따른 정비구역의 지정·고시일 현재 해당 지역이 속한 시·군·구에 공공

한다(법 제24조 제3항).

임대주택 등 세입자가 입주 가능한 임대주택이 충분하여 임대주택을 건설할 필요가 없다
고 시·도지사가 인정하는 경우
3. 법 제23조제1항 제1호, 제3호 또는 제4호에 따른 방법으로 사업을 시행하는 경우

제25조(재개발사업·재건축사업의 시행자)
① 재개발사업은 다음 각 호의 어느 하나에 해당하는 방법으로 시행할 수 있다.
　1. 조합이 시행하거나 조합이 조합원의 과반수의 동의를 받아 시장·군수등, 토지주택공사등, 건설업자, 등록사업자 또는 대통령령으로 정하는 요건을 갖춘 자와 공동으로 시행하는 방법
　2. 토지등소유자가 20인 미만인 경우에는 토지등소유자가 시행하거나 토지등소유자가 토지등소유자의 과반수의 동의를 받아 시장·군수등, 토지주택공사등, 건설업자, 등록사업자 또는 대통령령으로 정하는 요건을 갖춘 자와 공동으로 시행하는 방법
② 재건축사업은 조합이 시행하거나 조합이 조합원의 과반수의 동의를 받아 시장·군수등, 토지주택공사등, 건설업자 또는 등록사업자와 공동으로 시행할 수 있다.

I. 본조의 이해

본조는 재개발사업, 재건축사업의 시행에 있어 조합이 단독 시행하거나, 시장·군수등, 토지주택공사등, 건설업자, 등록사업자 등과 공동 시행하는 것을 규정하고 있다.

II. 재개발사업의 사업시행자

재개발사업의 시행은 조합의 직접 시행하거나, 조합이 조합원 과반수의 동의를 받아 시장·군수등, 토지주택공사등, 건설업자, 등록사업자, 대통령령[1]으로 정하는 요건을 갖춘 자(신탁업자, 한국감정원)과 공동으로 시행할 수 있다. 다만, 토지등소유자가 20인 미만의 경우 조합을 설립하지 않고 시행할 수 있다.

---

1) 제19조(재개발사업의 공동시행자 요건) 법 제25조제1항제1호 및 제2호에서 "대통령령으로 정하는 요건을 갖춘 자"란 각각 「자본시장과 금융투자업에 관한 법률」 제8조제7항에 따른 신탁업자(이하 "신탁업자"라 한다)와 「한국감정원법」에 따른 한국감정원(이하 "한국감정원"이라 한다)을 말한다.

Ⅲ. 재건축사업의 사업시행자

재건축사업은 조합이 직접 시행하거나 조합이 조합원 과반수의 동의를 받아 시장·군수등, 토지주택공사등, 건설업자, 등록사업자와 공동으로 시행할 수 있다.

제26조(재개발사업·재건축사업의 공공시행자)

① 시장·군수등은 재개발사업 및 재건축사업이 다음 각 호의 어느 하나에 해당하는 때에는 제25조에도 불구하고 직접 정비사업을 시행하거나 토지주택공사등(토지주택공사등이 건설업자 또는 등록사업자와 공동으로 시행하는 경우를 포함한다)을 사업시행자로 지정하여 정비사업을 시행하게 할 수 있다.

1. 천재지변, 「재난 및 안전관리 기본법」 제27조 또는 「시설물의 안전 및 유지관리에 관한 특별법」 제23조에 따른 사용제한·사용금지, 그 밖의 불가피한 사유로 긴급하게 정비사업을 시행할 필요가 있다고 인정하는 때

2. 제16조제2항 전단에 따라 고시된 정비계획에서 정한 정비사업시행 예정일부터 2년 이내에 사업시행계획인가를 신청하지 아니하거나 사업시행계획인가를 신청한 내용이 위법 또는 부당하다고 인정하는 때(재건축사업의 경우는 제외한다)

3. 추진위원회가 시장·군수등의 구성승인을 받은 날부터 3년 이내에 조합설립인가를 신청하지 아니하거나 조합이 조합설립인가를 받은 날부터 3년 이내에 사업시행계획인가를 신청하지 아니한 때

4. 지방자치단체의 장이 시행하는 「국토의 계획 및 이용에 관한 법률」 제2조제11호에 따른 도시·군계획사업과 병행하여 정비사업을 시행할 필요가 있다고 인정하는 때

5. 제59조제1항에 따른 순환정비방식으로 정비사업을 시행할 필요가 있다고 인정하는 때

6. 제113조에 따라 사업시행계획인가가 취소된 때

7. 해당 정비구역의 국·공유지 면적 또는 국·공유지와 토지주택공사등이 소유한 토지를 합한 면적이 전체 토지면적의 2분의 1 이상으로서 토지등소유자의 과반수가 시장·군수등 또는 토지주택공사등을 사업시행자로 지정하는 것에 동의하는 때

8. 해당 정비구역의 토지면적 2분의 1 이상의 토지소유자와 토지등소유자의 3분의 2 이상에 해당하는 자가 시장·군수등 또는 토지주택공사등을 사업시행자로 지정할 것을 요청하는 때. 이 경우 제14조제1항제2호에 따라 토지등소유자가 정비계획의 입안을 제안한 경우 입안제안에 동의한 토지등소유자는 토지주택공사등의 사업시행자 지정에 동의한 것으로 본다. 다만, 사업시행자의 지정 요청 전에 시장·군수등 및 제47조에 따른 주민대표회의에 사업시행자의 지정에 대한 반대의 의사표시를 한 토지등소유자의 경우에는 그러하지 아니하다.

② 시장·군수등은 제1항에 따라 직접 정비사업을 시행하거나 토지주택공사등을 사업시행자로 지정하는 때에는 정비사업 시행구역 등 토지등소유자에게 알릴 필요가 있는 사항으로서 대통령령으로 정하는 사항을 해당 지방자치단체의 공보에 고시하여야 한다. 다만, 제1항제1호의 경우에는 토지등소유자에게 지체 없이 정비사업의 시행 사유·시기 및 방법 등을 통보하여야 한다.

③ 제2항에 따라 시장·군수등이 직접 정비사업을 시행하거나 토지주택공사등을 사업시행자로 지정·고시한 때에는 그 고시일 다음 날에 추진위원회의 구성승인 또는 조합설립인가가 취소된 것으로 본다. 이 경우 시장·군수등은 해당 지방자치단체의 공보에 해당 내용을 고시하여야 한다.

Ⅰ. 본조의 이해

본조는 재개발사업·재건축사업에 있어 법 제25조에도 불구하고 일정한 요건에 해당될 경우 예외적으로 시장·군수등이 직접 또는 토지주택공사등을 사업시행자로 지정하여(즉, 공공시행자) 정비사업을 시행하게 할 수 있도록 한 규정이다.

Ⅱ. 공공시행의 요건 및 효과

본조는 공공시행의 요건에 관하여 긴급하게 정비사업을 시행할 필요가 있는 경우, 정비사업의 시행이 지연되는 경우, 다른 개발사업을 고려하여 시행할 필요가 있는 경우, 순환정비방식의 정비사업 시행이 필요한 경우,[1] 토지등소유자의 의사가 있는 경우 등을 규정하고 있다(법 제26조 제1항).

시장·군수등은 공공시행을 할 경우, 토지등소유자에게 알릴 필요가 있는 사항으로서 대통령령으로 정하는 사항[2]을 지방자치단체의 공보에 고시하여야 한다.

---

[1] 하급심 판결로 순환정비방식에 의하여 정비사업을 시행할 필요가 있다는 이유로 성남시가 대한주택공사를 사업시행자로 예정하고, 토지등소유자들의 재개발조합설립추진위원회 승인신청을 반려한 경우, 처분의 적법성을 인정한 사례가 있다(서울고등법원 2006. 12. 28. 선고 2005누13072 판결)(이우재, 전게서(상), 200면 인용 판결 재인용).

다만, 본조 제1항 제1호의 경우에는 토지등소유자에게 지체 없이 정비사업의 시행 사유·시기 및 방법 등을 통보하여야 한다(법 제26조 제2항).

기존의 사업시행자가 있음에도 불구하고 공공시행자가 사업을 시행하는 경우에는 기존의 추진위원회의 구성승인 또는 조합설립인가는 취소 간주되고, 이 경우 시장·군수등은 해당 지방자치단체의 공보에 해당 내용을 고시하여야 는데(법 제26조 제3항), 이는 기존 사업시행자가 있을 경우에 기존 사업시행자와의 지위의 충돌을 방지하는 의미가 있다.

---

2) 제20조(사업시행자 지정의 고시 등)
　① 법 제26조 제2항 본문 및 제27조 제2항 본문에서 "대통령령으로 정하는 사항"이란 각각 다음 각 호의 사항을 말한다.
　　1. 정비사업의 종류 및 명칭
　　2. 사업시행자의 성명 및 주소(법인인 경우에는 법인의 명칭 및 주된 사무소의 소재지와 대표자의 성명 및 주소를 말한다. 이하 같다)
　　3. 정비구역(법 제18조에 따라 정비구역을 둘 이상의 구역으로 분할하는 경우에는 분할된 각각의 구역을 말한다. 이하 같다)의 위치 및 면적
　　4. 정비사업의 착수예정일 및 준공예정일
　② 시장·군수등은 토지등소유자에게 법 제26조 제2항 본문 및 제27조 제2항 본문에 따라 고시한 제1항 각 호의 내용을 통지하여야 한다.

제27조(재개발사업·재건축사업의 지정개발자)

① 시장·군수등은 재개발사업 및 재건축사업이 다음 각 호의 어느 하나에 해당하는 때에는 토지등소유자, 「사회기반시설에 대한 민간투자법」 제2조제12호에 따른 민관합동법인 또는 신탁업자로서 대통령령으로 정하는 요건을 갖춘 자(이하 "지정개발자"라 한다)를 사업시행자로 지정하여 정비사업을 시행하게 할 수 있다.

    1. 천재지변, 「재난 및 안전관리 기본법」 제27조 또는 「시설물의 안전 및 유지관리에 관한 특별법」 제23조에 따른 사용제한·사용금지, 그 밖의 불가피한 사유로 긴급하게 정비사업을 시행할 필요가 있다고 인정하는 때

    2. 제16조제2항 전단에 따라 고시된 정비계획에서 정한 정비사업시행 예정일부터 2년 이내에 사업시행계획인가를 신청하지 아니하거나 사업시행계획인가를 신청한 내용이 위법 또는 부당하다고 인정하는 때(재건축사업의 경우는 제외한다)

    3. 제35조에 따른 재개발사업 및 재건축사업의 조합설립을 위한 동의요건 이상에 해당하는 자가 신탁업자를 사업시행자로 지정하는 것에 동의하는 때

② 시장·군수등은 제1항에 따라 지정개발자를 사업시행자로 지정하는 때에는 정비사업 시행구역 등 토지등소유자에게 알릴 필요가 있는 사항으로서 대통령령으로 정하는 사항을 해당 지방자치단체의 공보에 고시하여야 한다. 다만, 제1항제1호의 경우에는 토지등소유자에게 지체 없이 정비사업의 시행 사유·시기 및 방법 등을 통보하여야 한다.

③ 신탁업자는 제1항제3호에 따른 사업시행자 지정에 필요한 동의를 받기 전에 다음 각 호에 관한 사항을 토지등소유자에게 제공하여야 한다.

    1. 토지등소유자별 분담금 추산액 및 산출근거

    2. 그 밖에 추정분담금의 산출 등과 관련하여 시·도조례로 정하는 사항

④ 제1항제3호에 따른 토지등소유자의 동의는 국토교통부령으로 정하는 동의서에 동의를 받는 방법으로 한다. 이 경우 동의서에는 다음 각 호의 사항이 모두 포함되어야 한다.

    1. 건설되는 건축물의 설계의 개요

    2. 건축물의 철거 및 새 건축물의 건설에 드는 공사비 등 정비사업에 드는 비용(이하 "정비사업비"라 한다)

    3. 정비사업비의 분담기준(신탁업자에게 지급하는 신탁보수 등의 부담에 관한 사항을 포함한다)

    4. 사업 완료 후 소유권의 귀속

5. 정비사업의 시행방법 등에 필요한 시행규정
6. 신탁계약의 내용
⑤ 제2항에 따라 시장·군수등이 지정개발자를 사업시행자로 지정·고시한 때에는 그 고시일 다음 날에 추진위원회의 구성승인 또는 조합설립인가가 취소된 것으로 본다. 이 경우 시장·군수등은 해당 지방자치단체의 공보에 해당 내용을 고시하여야 한다.

I. 본조의 이해

본조는 시장·군수등이 일정한 사유가 있을 경우, 토지등소유자, 민관합동법인 또는 신탁업자를 지정개발자로 지정하여 정비사업을 시행할 수 있도록 한 규정이다. 정비사업 실무상 최근 신탁업자들이 정비사업의 지정개발자로 참여하는 경우가 늘어나고 있다.

II. 지정개발자의 지정 요건

본조 제1항은 긴급하게 정비사업을 시행할 필요가 있거나 정비사업의 시행이 지연되는 경우, 토지등소유자의 동의로 신탁업자를 사업시행자로 지정하는 경우를 지정개발자의 지정사유로 규정하고 있다.

아울러 지정개발자는 아래의 요건을 갖추어야 한다(시행령 제21조).

1. 정비구역의 토지 중 정비구역 전체 면적 대비 50퍼센트 이상의 토지를 소유한 자로서 토지등소유자의 50퍼센트 이상의 추천을 받은 자
2. 「사회기반시설에 대한 민간투자법」 제2조제12호에 따른 민관합동법인(민간투자사업의 부대사업으로 시행하는 경우에만 해당한다)으로서 토지등소유자의 50퍼센트 이상의 추천을 받은 자
3. 신탁업자로서 정비구역의 토지 중 정비구역 전체 면적 대비 3분의 1 이상의 토지를 신탁받은 자

지정개발자가 지정·고시되면 기존의 추진위원회의 구성승인 또는 조합설립 인가는 취소 간주된다(법 제27조 제5항).

Ⅲ. 신탁업자의 지정개발자 지정과 동의방법

신탁업자로서 정비구역의 토지 중 정비구역 전체 면적 대비 3분의 1 이상의 토지를 신탁받은 신탁업자는 법 제35조에 따른 재개발사업 및 재건축사업의 조합 설립을 위한 동의요건 이상에 해당하는 자가 신탁업자를 사업시행자로 지정하는 것에 동의할 경우 사업시행자가 될 수 있다(법 제27조 제1항 제3호).

이에 본조 제1항 제3호에 따라 사업시행자 지정과 관련하여, 신탁업자는 사업시행자 지정에 필요한 동의를 받기 전에 ① 토지등소유자별 분담금 추산액 및 산출근거, ② 그 밖에 추정분담금의 산출 등과 관련하여 시·도조례로 정하는 사항을 토지등소유자에게 제공하여야 한다(법 제27조 제3항).

또한 토지등소유자의 동의는 국토교통부령으로 정하는 동의서[1]에 동의를 받는 방법으로 하고, 이 경우 동의서에는 다음 각 호의 사항이 모두 포함되어야 한다(법 제27조 제4항).

---

1. 건설되는 건축물의 설계의 개요
2. 건축물의 철거 및 새 건축물의 건설에 드는 공사비 등 정비사업에 드는 비용 (이하 "정비사업비"라 한다)
3. 정비사업비의 분담기준(신탁업자에게 지급하는 신탁보수 등의 부담에 관한 사항을 포함한다)
4. 사업 완료 후 소유권의 귀속
5. 정비사업의 시행방법 등에 필요한 시행규정
6. 신탁계약의 내용

---

1) 시행규칙 [별지] 제2호 서식의 [신탁업자 지정 동의서]를 말한다(시행규칙 제6조).

> **제28조(재개발사업·재건축사업의 사업대행자)**
> ① 시장·군수등은 다음 각 호의 어느 하나에 해당하는 경우에는 해당 조합 또는 토지
> 등소유자를 대신하여 직접 정비사업을 시행하거나 토지주택공사등 또는 지정개발자에
> 게 해당 조합 또는 토지등소유자를 대신하여 정비사업을 시행하게 할 수 있다.
> 　1. 장기간 정비사업이 지연되거나 권리관계에 관한 분쟁 등으로 해당 조합 또는
> 　　토지등소유자가 시행하는 정비사업을 계속 추진하기 어렵다고 인정하는 경우
> 　2. 토지등소유자(조합을 설립한 경우에는 조합원을 말한다)의 과반수 동의로 요청
> 　　하는 경우
> ② 제1항에 따라 정비사업을 대행하는 시장·군수등, 토지주택공사등 또는 지정개발자
> (이하 "사업대행자"라 한다)는 사업시행자에게 청구할 수 있는 보수 또는 비용의 상환
> 에 대한 권리로써 사업시행자에게 귀속될 대지 또는 건축물을 압류할 수 있다.
> ③ 제1항에 따라 정비사업을 대행하는 경우 사업대행의 개시결정, 그 결정의 고시 및
> 효과, 사업대행자의 업무집행, 사업대행의 완료와 그 고시 등에 필요한 사항은 대통령
> 령으로 정한다.

Ⅰ. 본조의 이해

사업대행자제도는 사업시행자의 지위를 변경하지 아니한 채 정비사업의 실질
적인 시행을 사업시행자 아닌 다른 자에게 강제위임하는 제도로서, 정비사업의 시
행자인 조합 또는 토지등소유자가 정비사업을 추진하기 어려운 경우 시장·군수등
이 사업대행자를 지정하여 사업추진의 일관성을 유지하기 위한 것이다.[2]

Ⅱ. 사업대행자 지정요건

1. 지정요건

사업대행자가 정비사업을 대행할 수 있는 경우는 ① 장기간 정비사업이 지연

---

2) 이우재, 전게서(상), 206면.

되는 등 조합 또는 토지등소유자가 시행하는 정비사업을 계속 추진하기 어렵다고 인정하는 경우, ② 토지등소유자가 과반수 동의로 요청하는 경우이다(법 제28조 제1항).

2. 지정개발자의 사업대행자 지정시 지정개발자 지정 요건 요부

지정개발자(신탁업자 등)를 본조의 사업대행자로 지정함에 있어 법 제27조 제1항의 지정개발자 지정요건을 갖춘 경우에만 지정할 수 있는지 문제된다.

법제처는 법 제27조는 사업시행자 자체를 변경하여 지정함으로써 정비사업을 추진하려는 규정이고, 본조는 사업시행자는 그대로 두고 사업대행자를 지정하여 대신 사업을 추진하게 하려는 규정으로서 두 제도는 정비사업 추진에 관한 별개의 제도인 점, 사업대행자를 지정하여 정비사업을 신속히 추진하려는 본조의 취지, 법 제27조 제1항 각 호의 요건은 지정개발자를 사업시행자로 지정할 수 있는 "경우"를 의미하고, 신탁업자 등은 사업시행자로 지정될 수 있는 "주체"의 의미인 점 등에 비추어, 시장·군수등은 법 제27조 제1항 요건에 해당하는지 여부와 관계없이, 본조의 요건에 해당하면 지정개발자를 사업대행자로 지정할 수 있다고 회신한 바 있다.3)

Ⅲ. 사업대행개시결정의 효과

1. 사업대행개시결정

시장·군수등은 직접 시행할 경우 스스로 사업대행결정을 하여 사업대행자가 될 수 있고, 토지주택공사등 또는 지정개발자에게 정비사업을 대행하도록 하는 결정(사업대행개시결정)을 하여 사업을 대행하게 할 수 있다(법 제28조 제1항).

---

3) 법제처 14-0619, 2014. 10. 28.

2. 사업대행자의 업무집행 및 재산관리

사업대행자는 정비사업을 대행하는 경우 사업대행개시결정 고시를 한 날의 다음 날부터 사업대행완료를 고시하는 날까지 자기의 이름 및 사업시행자의 계산으로 사업시행자의 업무를 집행하고 재산을 관리한다. 이 경우 법 또는 법에 따른 명령이나 정관등으로 정하는 바에 따라 사업시행자가 행하거나 사업시행자에 대하여 행하여진 처분·절차 그 밖의 행위는 사업대행자가 행하거나 사업대행자에 대하여 행하여진 것으로 본다(시행령 제22조 제3항).

3. 재산처분행위 등 처분제한

시장·군수등이 아닌 사업대행자는 재산의 처분, 자금의 차입 그 밖에 사업시행자에게 재산상 부담을 주는 행위를 하려는 때에는 미리 시장·군수등의 승인을 받아야 한다(시행령 제22조 제4항).

4. 사업대행자의 선관주의의무

사업대행자는 대행업무를 하는 경우 선량한 관리자로서의 주의의무를 다하여야 하며, 필요한 때에는 사업시행자에게 협조를 요청할 수 있고, 사업시행자는 특별한 사유가 없는 한 이에 응하여야 한다(시행령 제22조 제5항).

제29조(계약의 방법 및 시공자 선정 등)

① 추진위원장 또는 사업시행자(청산인을 포함한다)는 이 법 또는 다른 법령에 특별한 규정이 있는 경우를 제외하고는 계약(공사, 용역, 물품구매 및 제조 등을 포함한다. 이하 같다)을 체결하려면 일반경쟁에 부쳐야 한다. 다만, 계약규모, 재난의 발생 등 대통령령으로 정하는 경우에는 입찰 참가자를 지명(指名)하여 경쟁에 부치거나 수의계약(隨意契約)으로 할 수 있다.

② 제1항 본문에 따라 일반경쟁의 방법으로 계약을 체결하는 경우로서 대통령령으로 정하는 규모를 초과하는 계약은 「전자조달의 이용 및 촉진에 관한 법률」 제2조제4호의 국가종합전자조달시스템(이하 "전자조달시스템"이라 한다)을 이용하여야 한다.

③ 제1항 및 제2항에 따라 계약을 체결하는 경우 계약의 방법 및 절차 등에 필요한 사항은 국토교통부장관이 정하여 고시한다.

④ 조합은 조합설립인가를 받은 후 조합총회에서 제1항에 따라 경쟁입찰 또는 수의계약(2회 이상 경쟁입찰이 유찰된 경우로 한정한다)의 방법으로 건설업자 또는 등록사업자를 시공자로 선정하여야 한다. 다만, 대통령령으로 정하는 규모 이하의 정비사업은 조합총회에서 정관으로 정하는 바에 따라 선정할 수 있다

⑤ 토지등소유자가 제25조제1항제2호에 따라 재개발사업을 시행하는 경우에는 제1항에도 불구하고 사업시행계획인가를 받은 후 제2조제11호나목에 따른 규약에 따라 건설업자 또는 등록사업자를 시공자로 선정하여야 한다.

⑥ 시장·군수등이 제26조제1항 및 제27조제1항에 따라 직접 정비사업을 시행하거나 토지주택공사등 또는 지정개발자를 사업시행자로 지정한 경우 사업시행자는 제26조제2항 및 제27조제2항에 따른 사업시행자 지정·고시 후 제1항에 따른 경쟁입찰 또는 수의계약의 방법으로 건설업자 또는 등록사업자를 시공자로 선정하여야 한다.

⑦ 제6항에 따라 시공자를 선정하거나 제23조제1항제4호의 방법으로 시행하는 주거환경개선사업의 사업시행자가 시공자를 선정하는 경우 제47조에 따른 주민대표회의 또는 제48조에 따른 토지등소유자 전체회의는 대통령령으로 정하는 경쟁입찰 또는 수의계약(2회 이상 경쟁입찰이 유찰된 경우로 한정한다)의 방법으로 시공자를 추천할 수 있다.

⑧ 제7항에 따라 주민대표회의 또는 토지등소유자 전체회의가 시공자를 추천한 경우 사업시행자는 추천받은 자를 시공자로 선정하여야 한다. 이 경우 시공자와의 계약에 관해서는 「지방자치단체를 당사자로 하는 계약에 관한 법률」 제9조 또는 「공공기관의 운영에 관한 법률」 제39조를 적용하지 아니한다.

⑨ 사업시행자(사업대행자를 포함한다)는 제4항부터 제8항까지의 규정에 따라 선정된 시공자와 공사에 관한 계약을 체결할 때에는 기존 건축물의 철거 공사(「석면안전관리법」에 따른 석면 조사·해체·제거를 포함한다)에 관한 사항을 포함시켜야 한다.

Ⅰ. 본조의 이해

정비사업에서 각종 계약을 체결할 경우 금품 등 비리행위가 발생하거나 제한경쟁입찰이나 수의계약으로 진행할 경우 불공정한 경쟁이 발생할 수 있다. 도시정비법은 이러한 문제점을 방지하고, 공정하고 투명한 일반경쟁입찰 등 계약체결을 위해 상세한 규정을 두고 있다. 계약의 유형 중 실무적으로 무엇보다 시공자 선정이 가장 중요하므로, 이를 중심으로 살펴보고자 한다.

Ⅱ. 시공자 선정 절차 개요

1. 계약의 방법

가. 일반경쟁입찰 원칙

본조는 계약의 방법으로 일반경쟁입찰이 원칙임을 규정하고 있다.

본조 제1항 본문에 따라 일반경쟁의 방법으로 계약을 체결하는 경우로서 대통령령으로 정하는 규모를 초과하는 계약은 「전자조달의 이용 및 촉진에 관한 법률」 제2조 제4호의 국가종합전자조달시스템을 이용해야 하는데, 이는 입찰절차를 더 투명하게 진행하도록 한 취지이다. 시행령 제24조 제2항은 다음의 경우를 들고 있다.

1. 「건설산업기본법」에 따른 건설공사로서 추정가격[1]이 6억원을 초과하는 공사의 계약
2. 「건설산업기본법」에 따른 전문공사로서 추정가격이 2억원을 초과하는 공사의 계약
3. 공사관련 법령(「건설산업기본법」은 제외한다)에 따른 공사로서 추정가격이 2억원을 초과하는 공사의 계약
4. 추정가격 2억원을 초과하는 물품 제조·구매, 용역, 그 밖의 계약

나. 지명경쟁입찰과 수의계약

다만, 계약규모, 재난의 발생 등 대통령령으로 정하는 경우에는 입찰 참가자를 지명(指名)하여 경쟁에 부치거나 수의계약을 예외적으로 인정하고 있다. 시행령 제24조 제1항은 지명경쟁입찰과 수의계약이 가능한 경우를 아래와 같이 들고 있다.

1. <u>입찰 참가자를 지명(指名)하여 경쟁에 부치려는 경우</u>: 다음 각 목의 어느 하나에 해당하여야 한다.
   가. 계약의 성질 또는 목적에 비추어 특수한 설비·기술·자재·물품 또는 실적이 있는 자가 아니면 계약의 목적을 달성하기 곤란한 경우로서 입찰대상자가 10인 이내인 경우
   나. 「건설산업기본법」에 따른 건설공사(전문공사를 제외한다. 이하 이 조에서 같다)로서 추정가격이 3억원 이하인 공사인 경우
   다. 「건설산업기본법」에 따른 전문공사로서 추정가격이 1억원 이하인 공사인 경우
   라. 공사관련 법령(「건설산업기본법」은 제외한다)에 따른 공사로서 추정가격이 1억원 이하인 공사인 경우
   마. 추정가격 1억원 이하의 물품 제조·구매, 용역, 그 밖의 계약인 경우

2. <u>수의계약을 하려는 경우</u>: 다음 각 목의 어느 하나에 해당하여야 한다.
   가. 「건설산업기본법」에 따른 건설공사로서 추정가격이 2억원 이하인 공사인 경우

---

[1] 국토교통부는 추정가격은 부가가치세를 제외한 실지급액이 계약규모 이상을 초과하여서는 안 되는 의미라고 질의회신한 바 있다(국토교통부 1AA-1804-067760, 2018. 04. 06.).

나. 「건설산업기본법」에 따른 전문공사로서 추정가격이 1억원 이하인 공사인 경우

다. 공사관련 법령(「건설산업기본법」은 제외한다)에 따른 공사로서 추정가격이 8천만원 이하인 공사인 경우

라. 추정가격 5천만원 이하인 물품의 제조·구매, 용역, 그 밖의 계약인 경우

마. 소송, 재난복구 등 예측하지 못한 긴급한 상황에 대응하기 위하여 경쟁에 부칠 여유가 없는 경우

바. 일반경쟁입찰이 입찰자가 없거나 단독 응찰의 사유로 2회 이상 유찰된 경우

2. 정비사업 사업시행자별 시공자 선정

가. 조합

과거 수 차례의 법 개정을 통해 시공자 선정시기의 변동이 있었는데[2], 현행 도시정비법은 재재발 및 재건축사업 모두 <u>조합설립인가</u> 이후 총회에서 시공자를 선정하도록 하고 있다.[3]

조합은 조합설립인가 후 총회에서 경쟁입찰 또는 수의계약(2회 이상 경쟁입찰이 유찰된 경우로 한정)의 방법으로 시공자를 선정해야 한다. 다만, 조합원이 100인 이하인 정비사업은 총회에서 정관으로 정하는 바에 따라 시공자를 선정할 수 있다(법 제29조 제4항 단서, 시행령 제24조 제3항).

---

2) 관련 법 개정에 따른 시공자 선정시기 변동
  – 2003. 7. 1. 이후 : 재개발·재건축조합은 사업시행인가 이후 선정
  – 2005. 3. 18. 이후 : 재개발조합의 시공자 선정시기 삭제(별도 규정 없음), 재건축조합은 사업시행인가 이후 선정
  – 2006. 8. 25. 이후 : 재개발조합은 조합설립인가 이후 선정, 재건축조합은 사업시행인가 이후 선정
  – 2009. 2. 6. 이후 : 재건축조합도 조합설립인가 이후 선정 (※ 개정이유 – 주택재건축사업에 있어서 사업시행인가 이후로 되어 있는 시공사 선정시기를 조합설립인가 이후로 조기화하여 사업 초기의 자금 확보를 원활하게 함으로써 사업활성화를 기하고 조합의 전문성 보완을 통한 사업추진 능력을 향상시킬 수 있도록 함)
3) 공공지원 시공자 선정기준(서울특별시 고시 제2019-159호, 2019. 05. 30.)에 의하면, 서울시의 공공지원 대상 정비사업의 시공자 선정은 사업시행계획인가 후 가능하도록 되어 있다(제2장 참조).

대법원은 "구 도시정비법 제11조 제1항 본문(현 제29조 제4항)의 내용과 입법취지, 이 규정을 위반한 행위를 유효로 한다면 정비사업의 핵심적 절차인 시공자 선정에 관한 조합원 간의 분쟁을 유발하고 그 선정 과정의 투명성·공정성이 침해됨으로써 조합원들의 이익을 심각하게 침해할 것으로 보이는 점, 구 도시정비법 제84조의3 제1호에서 위 규정을 위반한 경우에 형사처벌을 하고 있는 점 등을 종합하면, 구 도시정비법 제11조 제1항 본문은 '강행규정'으로서 이를 위반하여 경쟁입찰의 방법이 아닌 방법으로 이루어진 입찰과 시공자 선정결의는 당연히 무효"라고 판시하였다.[4]

즉, 대법원의 태도에 따르면 시공자 선정에 관한 본조의 법적성격은 강행규정인바, 조합설립인가 전에 선정하는 경우, 조합총회가 아닌 조합의 다른 기관에서 선정하는 경우, 조합설립 후 총회에서 선정하더라도 도시정비법령에서 정한 경쟁입찰 또는 수의계약 요건, 절차 등을 위반하여 선정하는 경우 등은 모두 무효라고 할 수 있다.

나. 20인 미만의 토지등소유자(재개발사업)

이 경우 조합을 설립하지 않고 재개발사업을 시행하는 경우이므로, 법 제29조 제5항은 사업시행계획인가를 받은 후 규약에 따라 시공자를 선정하도록 규정하고 있다.

다. 공공시행자 또는 지정개발자

사업시행자 지정·고시 후 법 제29조 제1항에 따른 경쟁입찰 또는 수의계약으로 시공자를 선정하여야 한다. 이 경우 또는 법 제23조 제1항 제4호의 방법(관리처분계획 방식)으로 시행하는 주거환경개선사업의 사업시행자의 시공자 선정의 경우에는 법 제47조의 주민대표회의(공공시행의 경우) 또는 법 제48조의 토지등소유자 전체회의(지정개발자인 신탁업자 시행의 경우)는 대통령령[5]으로 정하는 경쟁입찰

---

4) 대법원 2017. 5. 30. 선고 2014다61340 판결.
5) ④법 제29조제7항에서 "대통령령으로 정하는 경쟁입찰"이란 다음 각 호의 요건을 모두 갖춘 입찰방법을 말한다.
　1. 일반경쟁입찰·제한경쟁입찰 또는 지명경쟁입찰 중 하나일 것

또는 수의계약의 방법으로 시공자를 추천할 수 있고(법 제29조 제7항), 사업시행자
는 주민대표회의 또는 토지등소유자 전체회의가 추천한 자를 시공자로 선정하여
야 한다(법 제29조 제8항).

【판례연구】대법원 2017. 5. 30. 선고 2014다61340 판결 [조합총회결의무효확인]

　　[1] 구 도시정비법 제11조 제1항 본문의 법적 성격(＝강행규정) 및 위 조항을
　　　위반하여 경쟁입찰의 방법이 아닌 방법으로 이루어진 입찰과 시공자 선정
　　　결의의 효력(무효)

　　[2] 형식적인 경쟁입찰의 방법에 따라 조합총회에서 시공자 선정을 하였으나
　　　실질적으로 입찰 참가업체가 시공자 선정 과정에서 부정행위를 하여 총회
　　　결의에 영향을 미치는 등 위 조항에서 경쟁입찰에 의하여 시공자를 정하
　　　도록 한 취지를 잠탈하는 경우, 위 조항을 위반한 것인지 여부(적극)

❑ **판결요지**

　　[1] 구 도시 및 주거환경정비법(2013. 3. 23. 법률 제11690호로 개정되기 전의
것, 이하 '구 도시정비법'이라 한다) 제11조 제1항 본문(현 제29조 제4항)의 내용
과 입법 취지, 이 규정을 위반한 행위를 유효로 한다면 정비사업의 핵심적 절차인
시공자 선정에 관한 조합원 간의 분쟁을 유발하고 그 선정 과정의 투명성·공정성
이 침해됨으로써 조합원들의 이익을 심각하게 침해할 것으로 보이는 점, 구 도시
정비법 제84조의3 제1호에서 위 규정을 위반한 경우에 형사처벌을 하고 있는 점
등을 종합하면, 구 도시정비법 제11조 제1항 본문은 강행규정으로서 이를 위반하
여 경쟁입찰의 방법이 아닌 방법으로 이루어진 입찰과 시공자 선정결의는 당연히
무효라고 보아야 한다.

　　[2] 형식적으로는 경쟁입찰의 방법에 따라 조합총회에서 시공자 선정결의를 하
였다고 하더라도 실질적으로 구 도시정비법 제11조 제1항 본문에서 경쟁입찰에 의
하여 시공사를 정하도록 한 취지를 잠탈하는 경우에도 위 규정을 위반한 것으로

---

　　2. 해당 지역에서 발간되는 일간신문에 1회 이상 제1호의 입찰을 위한 공고를 하고, 입찰 참
　　　가자를 대상으로 현장설명회를 개최할 것
　　3. 해당 지역 주민을 대상으로 합동홍보설명회를 개최할 것
　　4. 토지등소유자를 대상으로 제출된 입찰서에 대한 투표를 실시하고 그 결과를 반영할 것

볼 수 있다. 가령 조합이나 입찰 참가업체가 시공자 선정과정에서 조합원들에게 금품을 제공하여 시공자 선정동의서를 매수하는 등 시공자 선정 기준, 조합의 정관, 입찰참여지침서나 홍보지침서 등에서 정한 절차나 금지사항을 위반하는 부정한 행위를 하였고, 이러한 부정행위가 시공자 선정에 관한 총회결의 결과에 영향을 미쳤다고 볼 수 있는 경우를 들 수 있다.

[3] <u>강행규정을 위반하여 무효인 행위는 그 무효사유가 제거되지 않는 한 추인을 하더라도 유효하게 되지 않으므로, 새로운 입찰절차를 밟아 다시 시공사를 선정하는 절차를 거치지 않은 채 단순히 무효인 시공자 선정결의를 추인하는 결의를 하는 것만으로 하자가 치유된다고 볼 경우 구 도시정비법 제11조 제1항 및 시공자 선정 기준의 입법 목적을 달성하기 어렵다.</u> 그러므로 이 사건 도급계약 결의 및 추인결의가 무효인 이 사건 시공자 선정결의를 적법하게 추인한 것으로 볼 수 없다.

❏ 판결의 검토

시공자 선정 관련 도시정비법 규정의 법적 성격에 관하여, 관련 규정은 시공자 선정과정의 투명성을 제고하고 조합원 간의 분쟁을 예방하기 위함에 입법 취지가 있는 점, 실제 실무에서도 시공자 선정은 조합원들의 이익에 밀접한 관계가 있는 등 정비사업에 있어 매우 중요한 사항인 점, 관련 규정 위반시 형사처벌되는 점 등을 고려하면, 대상판결과 같이 강행규정으로 보는 것이 타당하다.

아울러 대상판결은 형식적으로는 경쟁입찰이 있었으나, 입찰 참가업체의 금품·향응 제공 등 부정행위[6]가 있고, 그 부정행위가 시공자 선정에 관한 총회 결과에 영향을 미친 경우와 같이 실질적으로 경쟁입찰에 의한 시공자 선정취지를 잠탈하는 경우에도 시공자 선정 규정을 위반한 것으로 보아 시공자 선정결의를 무효로 판단하였다. 대상판결 이전에도 대법원은 동일한 판단을 하여 왔는데(대법원 2016. 8. 29. 선고 2013다50466 판결, 대법원 2016. 11. 24. 선고 2013다37494 판결), 대상판결을 통해 부정행위 등 경쟁입찰의 공정성을 해하는 방식으로 선정된 시공자 선정 결의 자체를 무효로 보는 대법원의 태도는 더 명확해진 것으로 평가될 수 있다.

---

6) 입찰 참가업체가 조합원들에게 현금, 특급호텔 식사와 숙박, 관광 등의 향응을 제공하였고, 해당 참가업체 일부 직원들이 입찰방해죄로 유죄판결을 받은 사례.

또한 대상판결은 강행규정을 위반한 시공자 선정결의가 무효인 경우 그 무효사유가 제거되지 않는 한 추인결의를 하는 것만으로 하자가 치유되지 않으므로, 무효인 시공자 선정결의에 따라 이루어진 도급계약에 대한 총회 결의 및 시공자 선정결의의 추인결의도 무효이고, 결국 새로운 입찰절차를 밟아 다시 시공자를 선정해야 하는 점도 명확히 판시하였다. 따라서 입찰 참가업체의 입장에서는 이러한 대법원의 태도를 유의할 필요가 있다.

Ⅲ. 정비사업 계약업무 처리기준

1. 연혁

2017. 2. 8. 법률 제14567호로 전부개정되기 전 도시정비법은 시공자 선정에 관한 필요한 사항을 국토교통부장관이 정하도록 위임함에 따라 '정비사업의 시공자 선정기준'(국토교통부 고시 제2016-187호)이 시행되고 있었는데, 법 제29조 제3항은 시공자 선정뿐만 아니라 계약체결 일반에 관해 국토교통부장관이 정하여 고시하도록 위임함에 따라 '정비사업 계약업무 처리기준'(국토교통부고시 제2018-101호, 2018. 2. 9. 제정)(이하, 계약업무 처리기준)이 제정, 시행되었고, 정비사업의 시공자 선정기준은 폐지되었다.[7]

2. 법적 성격

어떤 법령이 특정 행정기관에 그 법령내용의 구체적 사항을 정할 수 있는 권한을 부여하면서 그 권한행사의 구체적인 절차나 방법을 특정하고 있지 않은 관계로 수임 행정기관이 그 법령의 내용이 될 사항을 구체적으로 규정한 고시는 당해 법률 및 그 시행령의 위임한계를 벗어나지 아니하는 한 그와 결합하여 대외적으로

---

7) 계약업무 처리기준 부칙 제2조 따라 계약업무 처리기준은 시공자나 정비사업전문관리업자의 경우에는 이 법 시행 후 최초로 시공자나 정비사업전문관리업자를 선정하는 경우부터 적용하는데, 국토교통부는 "최초로 시공자나 정비사업전문관리업자를 선정하는 경우라 함은 선정을 위한 최초의 대외적 절차인 입찰공고 등의 절차를 이 법 시행 이후 추진하는 경우"라고 회신한 바 있다(국토교통부 2AA-1801-112430, 2018. 01. 11.).

구속력이 있는 법규명령으로서 효력을 가진다.[8] 따라서 국토교통부장관이 고시한 계약업무 처리기준도 법 제29조 제3항의 위임에 따라 구체적인 사항을 고시한 것이므로 법규명령의 성격을 가진다고 할 것이다.[9]

3. 시공자 선정 관련 주요 내용

제26조(입찰의 방법)
  ① 사업시행자등은 일반경쟁 또는 지명경쟁의 방법으로 건설업자등을 시공자로 선정하여야 한다.
  ② 제1항에도 불구하고 일반경쟁입찰이 미 응찰 또는 단독 응찰의 사유로 2회 이상 유찰된 경우에는 총회의 의결을 거쳐 수의계약의 방법으로 건설업자등을 시공자로 선정할 수 있다.

제27조(지명경쟁에 의한 입찰)
  ① 사업시행자등은 제26조제1항에 따라 지명경쟁에 의한 입찰에 부치고자 할 때에는 5인 이상의 입찰대상자를 지명하여 3인 이상의 입찰참가 신청이 있어야 한다.
  ② 제1항에 따라 지명경쟁에 의한 입찰을 하고자 하는 경우에는 대의원회의 의결을 거쳐야 한다.

제28조(입찰 공고 등)
  사업시행자등은 시공자 선정을 위하여 입찰에 부치고자 할 때에는 현장설명회 개최일로부터 7일 전까지 전자조달시스템 또는 1회 이상 일간신문에 공고하여야 한다. 다만, 지명경쟁에 의한 입찰의 경우에는 전자조달시스템과 일간신문에 공고하는 것 외에 현장설명회 개최일로부터 7일 전까지 내용증명우편으로 통지하여야 한다.

제29조(입찰 공고 등의 내용 및 준수사항)
  ① 제28조에 따른 공고 등에는 다음 각 호의 사항을 포함하여야 한다.
    1. 사업계획의 개요(공사규모, 면적 등)

---

8) 대법원 2003. 9. 26. 선고 2003두2274 판결, 대법원 2004. 4. 9. 선고 2003두1592 판결 등.
9) 이우재, 전게서(상), 220면, 맹신균, 전게서, 529면.

2. 입찰의 일시 및 방법

3. 현장설명회의 일시 및 장소(현장설명회를 개최하는 경우에 한한다)

4. 부정당업자의 입찰 참가자격 제한에 관한 사항

5. 입찰참가에 따른 준수사항 및 위반(제34조를 위반하는 경우를 포함한다) 시 자격 박탈에 관한 사항

6. 그 밖에 사업시행자등이 정하는 사항

② 사업시행자등은 건설업자등에게 이사비, 이주비, 이주촉진비, 「재건축초과이익 환수에 관한 법률」제2조제3호에 따른 재건축부담금, 그 밖에 시공과 관련이 없는 사항에 대한 금전이나 재산상 이익을 요청하여서는 아니 된다.

③ 사업시행자등은 건설업자등이 설계를 제안하는 경우 제출하는 입찰서에 포함된 설계도서, 공사비 명세서, 물량산출 근거, 시공방법, 자재사용서 등 시공 내역의 적정성을 검토해야 한다.

제30조(건설업자등의 금품 등 제공 금지 등)

① 건설업자등은 입찰서 작성시 이사비, 이주비, 이주촉진비, 「재건축초과이익 환수에 관한 법률」 제2조제3호에 따른 재건축부담금, 그 밖에 시공과 관련이 없는 사항에 대한 금전이나 재산상 이익을 제공하는 제안을 하여서는 아니 된다.

② 제1항에도 불구하고 건설업자등은 금융기관의 이주비 대출에 대한 이자를 사업시행자등에 대여하는 것을 제안할 수 있다.

③ 제1항에도 불구하고 건설업자등은 금융기관으로부터 조달하는 금리 수준으로 추가 이주비(종전 토지 또는 건축물을 담보로 한 금융기관의 이주비 대출 이외의 이주비를 말한다)를 사업시행자등에 대여하는 것을 제안할 수 있다 (재건축사업은 제외한다).

제31조(현장설명회)

① 사업시행자등은 입찰서 제출마감일 20일 전까지 현장설명회를 개최하여야 한다. 다만, 비용산출내역서 및 물량산출내역서 등을 제출해야 하는 내역입찰의 경우에는 입찰서 제출마감일 45일 전까지 현장설명회를 개최하여야 한다.

② 제1항에 따른 현장설명회에는 다음 각 호의 사항이 포함되어야 한다.

1. 설계도서(사업시행계획인가를 받은 경우 사업시행계획인가서를 포함하여

야 한다)
2. 입찰서 작성방법·제출서류·접수방법 및 입찰유의사항 등
3. 건설업자등의 공동홍보방법
4. 시공자 결정방법
5. 계약에 관한 사항
6. 기타 입찰에 관하여 필요한 사항

제32조(입찰서의 접수 및 개봉)

시공자 선정을 위한 입찰서의 접수 및 개봉에 관하여는 제22조를 준용한다.

제33조(대의원회의 의결)

① 사업시행자등은 제출된 입찰서를 모두 대의원회에 상정하여야 한다.

② 대의원회는 총회에 상정할 6인 이상의 건설업자등을 선정하여야 한다. 다만, 입찰에 참가한 건설업자등이 6인 미만인 때에는 모두 총회에 상정하여야 한다.

③ 제2항에 따른 건설업자등의 선정은 대의원회 재적의원 과반수가 직접 참여한 회의에서 비밀투표의 방법으로 의결하여야 한다. 이 경우 서면결의서 또는 대리인을 통한 투표는 인정하지 아니한다.

제34조(건설업자등의 홍보)

① 사업시행자등은 제33조에 따라 총회에 상정될 건설업자등이 결정된 때에는 토지등소유자에게 이를 통지하여야 하며, 건설업자등의 합동홍보설명회를 2회 이상 개최하여야 한다. 이 경우 사업시행자등은 총회에 상정하는 건설업자등이 제출한 입찰제안서에 대하여 시공능력, 공사비 등이 포함되는 객관적인 비교표를 작성하여 토지등소유자에게 제공하여야 한다.

② 사업시행자등은 제1항에 따라 합동홍보설명회를 개최할 때에는 개최일 7일 전까지 일시 및 장소를 정하여 토지등소유자에게 이를 통지하여야 한다.

③ 건설업자등의 임직원, 시공자 선정과 관련하여 홍보 등을 위해 계약한 용역업체의 임직원 등은 토지등소유자 등을 상대로 개별적인 홍보를 할 수 없으며, 홍보를 목적으로 토지등소유자 또는 정비사업전문관리업자 등에게 사은품 등 물품·금품·재산상의 이익을 제공하거나 제공을 약속하여서는 아니 된다.

④ 사업시행자등은 제1항에 따른 합동홍보설명회(최초 합동홍보설명회를 말한
다) 개최 이후 건설업자등의 신청을 받아 정비구역 내 또는 인근에 개방된
형태의 홍보공간을 1개소 제공할 수 있다. 이 경우 건설업자등은 제3항에도
불구하고 사업시행자등이 제공하는 홍보공간에서는 토지등소유자 등에게 홍
보할 수 있다.

⑤ 건설업자등은 제4항에 따라 홍보를 하려는 경우에는 미리 홍보를 수행할
직원(건설업자등의 직원을 포함한다. 이하 "홍보직원"이라 한다)의 명단을
사업시행자등에 등록하여야 하며, 홍보직원의 명단을 등록하기 이전에 홍
보를 하거나, 등록하지 않은 홍보직원이 홍보를 하여서는 아니 된다. 이 경
우 사업시행자등은 등록된 홍보직원의 명단을 토지등소유자에게 알릴 수
있다.

제35조(건설업자등의 선정을 위한 총회의 의결 등)

① 총회는 토지등소유자 과반수가 직접 출석하여 의결하여야 한다. 이 경우 법
제45조제5항에 따른 대리인이 참석한 때에는 직접 출석한 것으로 본다.

② 조합원은 제1항에 따른 총회 직접 참석이 어려운 경우 서면으로 의결권을 행
사할 수 있으나, 서면결의서를 철회하고 시공자선정 총회에 직접 출석하여
의결하지 않는 한 제1항의 직접 참석자에는 포함되지 않는다.

③ 제2항에 따른 서면의결권 행사는 조합에서 지정한 기간·시간 및 장소에서
서면결의서를 배부받아 제출하여야 한다.

④ 조합은 제3항에 따른 조합원의 서면의결권 행사를 위해 조합원 수 등을 고
려하여 서면결의서 제출기간·시간 및 장소를 정하여 운영하여야 하고, 시공
자 선정을 위한 총회 개최 안내시 서면결의서 제출요령을 충분히 고지하여
야 한다.

⑤ 조합은 총회에서 시공자 선정을 위한 투표 전에 각 건설업자등별로 조합원들
에게 설명할 수 있는 기회를 부여하여야 한다.

제36조(계약의 체결 및 계약사항의 관리)

① 사업시행자등은 제35조에 따라 선정된 시공자와 계약을 체결하는 경우 계약
의 목적, 이행기간, 지체상금, 실비정산방법, 기타 필요한 사유 등을 기재한
계약서를 작성하여 기명날인하여야 한다.

② 사업시행자등은 제35조에 따라 선정된 시공자가 정당한 이유 없이 3개월 이

내에 계약을 체결하지 아니하는 경우에는 총회의 의결을 거쳐 해당 선정을 무효로 할 수 있다.

③ 사업시행자등은 제1항의 계약 체결 후 다음 각 호에 해당하게 될 경우 검증기관(공사비 검증을 수행할 기관으로서 「한국감정원법」에 의한 한국감정원을 말한다. 이하 같다)으로부터 공사비 검증을 요청할 수 있다.

  1. 사업시행계획인가 전에 시공자를 선정한 경우에는 공사비의 10% 이상, 사업시행계획인가 이후에 시공자를 선정한 경우에는 공사비의 5% 이상이 증액되는 경우
  2. 제1호에 따라 공사비 검증이 완료된 이후 공사비가 추가로 증액되는 경우
  3. 토지등소유자 10분의 1 이상이 사업시행자등에 공사비 증액 검증을 요청하는 경우
  4. 그 밖에 사유로 사업시행자등이 공사비 검증을 요청하는 경우

④ 공사비 검증을 받고자 하는 사업시행자등은 검증비용을 예치하고, 설계도서, 공사비 명세서, 물량산출근거, 시공방법, 자재사용서 등 공사비 변동내역 등을 검증기관에 제출하여야 한다.

⑤ 검증기관은 접수일로부터 60일 이내에 그 결과를 신청자에게 통보하여야 한다. 다만, 부득이한 경우 10일의 범위 내에서 1회 연장할 수 있으며, 서류의 보완기간은 검증기간에서 제외한다.

⑥ 검증기관은 공사비 검증의 절차, 수수료 등을 정하기 위한 규정을 마련하여 운영할 수 있다.

⑦ 사업시행자등은 공사비 검증이 완료된 경우 검증보고서를 총회에서 공개하고 공사비 증액을 의결받아야 한다.

4. 시공자 선정 절차

재개발사업, 재건축사업의 사업시행자는 시공자 선정시 계약업무 처리기준에서 정한 절차를 따라야 하는데, 계약업무 처리기준에 따른 시공자 선정 절차를 정리하면 다음과 같다.

입찰 공고	○ 현장설명회 7일 전까지 공고(전자조달시스템 또는 1회 이상 일간신문) ○ 지명경쟁 - 공고 외 내용증명우편 통지

⬇

현장설명회	○ 입찰서 제출마감일 20일 전까지 현장설명회 개최 　(내역입찰 - 입찰서 제출마감일 45일 전까지)

⬇

입찰서 접수 및 개봉	○ 접수 - 입찰서(전자조달시스템), 부속서류(밀봉 상태) ○ 개봉 - 입찰참여자 대표, 사업시행자 임원 등 관련자, 이해관계자 　각 1인 참여한 공개된 장소에서 개봉

⬇

대의원회 의결	○ 6인 이상 건설업자등 선정 ○ 재적위원 과반수 참석, 비밀투표(서면결의서 및 대리인 투표 불인정)

⬇

토지등소유자 통지 및 건설업자등의 홍보	○ 총회 상정 건설업자등 토지등소유자에게 통지 ○ 2회 이상 합동홍보설명회 개최 ○ 홍보공간 1개소 제공 가능

⬇

총회의 의결	○ 투표 전 건설업자등에게 설명 기회 부여 ○ 의사정족수 - 조합원 과반수 직접 출석 (대리인 참석 인정) 　(서면결의서 직접 참석 미포함, 서면결의서 제출 철회 후 직접 출석 　시 포함) ○ 의결정족수 - 서면결의서 행사 가능

⬇

계약의 체결	○ 선정 후 3개월 이내 계약 미체결시 총회의결로 선정 무효 가능 ○ 계약체결 후 일정 사유 발생시 공사비 검증(한국감정원) 요청 가능

5. 관련 쟁점

가. 입찰의 방법

경쟁입찰은 '일반경쟁' 또는 '지명경쟁' 입찰의 방법이 있는데,[10] 지명경쟁입

---

10) 구 정비사업의 시공자 선정기준은 경쟁입찰의 방법으로 제한경쟁입찰을 인정하였으나, 계약
업무 처리기준에는 인정되지 않는데, 이는 조합이 제한경쟁입찰의 경우 참여조건을 자의적
으로 부여하여 조합 임원이 원하는 업체만 참여하게 되는 비리가 많았다는 점에 기인한 점이

찰은 계약의 성질 또는 목적에 비추어 특수한 설비·기술·자재·물품 또는 실적이
있는 자가 아니면 계약의 목적을 달성하기 곤란한 경우로서 입찰대상자가 10인
이내인 경우 등의 경우에 허용된다(법 제29조 제1항 단서, 시행령 제24조 제1항) 계약업
무 처리기준에 의하면, 시공자 선정을 위한 지명경쟁입찰은 대의원회 의결을 거쳐 5
인 이상의 입찰대상자를 지명하여 3인 이상 입찰참가 신청이 있어야 한다.

수의계약은 일반경쟁입찰이 미 응찰 또는 단독 응찰의 사유로 2회 이상 유찰
된 경우 등 시행령 제24조에 정한 사유에 해당되는 경우에 예외적으로 인정된다.

나. 금융기관 선정과 계약업무 처리기준 적용 여부

국토교통부는 "도시정비법 제29조 제1항에 따르면 추진위원장 또는 사업시행
자는 이 법 또는 다른 법령에 특별한 규정이 있는 경우를 제외하고는 계약을 체결
하려면 일반경쟁입찰에 부쳐야 한다고 규정하고 있으나, 조합의 금융기관 선정은
동 규정에 따른 계약을 체결하는 것으로 볼 수 없기 때문에 일반경쟁입찰 대상의
적용이 아닐 것으로 판단된다."라는 유권해석을 여러 차례 한 바 있다.[11]

다. 입찰 제안 금지사항, 개별홍보 금지 및 행위제한

건설업자등은 입찰서 작성시 이사비, 이주비, 이주촉진비, 재건축부담금, 그
밖에 시공과 관련이 없는 사항에 대한 금전이나 재산상이익의 제공을 제안하여서
는 아니된다. 다만, 금융기관의 '이주비' 대출에 대한 '이자'의 대여 제안은 가능하
고, 재개발사업은 '추가 이주비' 대여를 제안할 수 있다(계약업무 처리기준 제30조).

건설업자등의 임직원 등은 개별 홍보(홍보관·쉼터 설치, 홍보책자 배부, 세대별
방문, 인터넷 홍보 등)를 할 수 없고, 적발된 건수의 합이 3회 이상인 경우 해당 입
찰은 무효가 된다(계약업무 처리기준 제34조 제3항[12]), 제16조 제1항).

있다(강신은, 재개발·재건축 개정조문 해설, 도시개발신문, 2018, 209면).

11) 국토교통부 질의회신 – 접수일자 18. 04. 03. 등, 이에 관해 조합의 금융기관으로부터 사업비
대출을 받을 경우, 이는 도시정비법 제45조 제1항 제2호의 '자금의 차입과 방법·이자율 및
상환 방법'에 해당되어 총회의결 사항이므로, 총회에서 의결이 이뤄진다면 별도의 일반경쟁
입찰은 불필요한 측면이 있다는 견해가 있다(김래현, 아유경제, 2018. 10. 5.).

또한 홍보를 목적으로 조합원에게 사은품 등 물품·금품·재산상 이익을 제공하거나 제공약속을 할 수 없는데, 이를 위반할 경우 ① 도시정비법 제29조의 계약체결과 관련된 금지 사항 위반에 해당되어 형사처벌을 받을 수 있고(법 제132조, 제135조 제2호), ② 해당 시·도지사로부터 시공자 선정 취소 또는 공사비의 100분의 20 이하에 해당하는 과징금을 부과받을 수 있으며(법 제113조의2), ③ 해당 시·도에서 2년 이내의 범위에서 입찰참가가 제한될 수 있다(법 제113조의3).

위 ②, ③의 경우 건설업자는 시공자 선정과 관련하여 홍보 등을 위하여 계약한 용역업체의 임직원이 계약체결과 관련된 금품·향응·재산상 이익을 제공, 제공약속 금지(법 제132조)을 위반하지 아니하도록 교육, 용역비 집행 점검, 용역업체관리·감독 등 필요한 조치를 하여야 하는데(법 제132조의2), 건설업자가 이를 위반하여 관리·감독 등 필요한 조치를 하지 아니한 경우로서 용역업체의 임직원(건설업자가 고용한 개인을 포함)이 이를 위반한 경우도 포함된다(법 제113조의2 제1항 제2호, 법 제113조의3 제1항).

Ⅳ. 시공자 선정 관련 주요 쟁점

1. 추진위원회의 시공자 선정

가. 추진위원회의 시공자 선정 효력

대법원은 "조합의 경우 시공사 선정 등과 관련한 업무의 공정성이 어느 정도 담보되지만 추진위원회의 경우 그러한 장치가 없는 점, 추진위원회가 행한 업무와 관련된 권리와 의무는 향후 설립될 조합이 포괄승계하므로(구 도시정비법 제15조 제4항) 추진위원회의 권한범위는 가능한 한 명백하여야 하는 것이 향후의 분쟁예방을 위해 바람직한 점 등을 모두 종합하여 보면, 시공사의 선정은 추진위원회 또는

---

12) 국토교통부는 계약업무 처리기준 제34조 제3항의 규정은 정비사업 시행 기간에 모두 적용되는 규정이기 때문에 추진위원회에서도 개별홍보 등을 할 수 없다고 질의회신하였다(국토교통부 1AA-1807-269455, 2018. 07. 20.).

추진위원회가 개최한 토지등소유자 총회의 권한범위에 속하는 사항이 아니라 조합 총회의 고유권한이라고 봄이 상당하고, 구 도시정비법 제11조에서 주택재건축사업조합에 대해서만 사업시행인가를 받은 후 시공사를 선정하여야 한다고 규정하고 있다는 등의 사정만으로 달리 볼 것은 아니므로, 추진위원회 단계에서 개최한 토지등소유자 총회에서 시공사를 선정하기로 한 결의는 무효"라고 판단하고 있다.13)

나. 추진위원회의 시공자 선정 후 총회의 추인결의의 효력

(1) 문제점

추진위원회 단계에서 한 시공자 선정이 무효라면, 조합설립 후 조합총회에서 이를 추인하는 결의를 하는 경우, 여전히 무효인 결의인지, 총회의 고유권한으로 새로운 시공자 선정결의를 한 것으로 보아 유효한 결의로 볼 것인지 실무상 논란이 있다.

(2) 2005. 3. 18.부터 2006. 8. 25. 사이에 추진위원회에서 한 시공자 선정을 추인한 경우

대법원은 2004. 10. 17. 설립승인을 받은 추진위원회가 정관 제12조 제1항14)에 따라 시공자 선정을 위한 시공회사 입찰참여 공고를 하여 시공회사들로부터 참여제안서를 제출받은 다음 2005. 10. 8. 주민총회에서 시공자로 선정하는 결의, 2007. 2. 2. 조합설립인가를 받은 조합은 2008. 3. 27. 정기총회를 개최하여 추진위원회 주민총회에서 시공자로 선정된 시공자를 조합의 시공자로 승인하는 결의

---

13) 대법원 2008. 6. 12. 선고 2008다6298 판결, 대법원 2008. 11. 27. 선고 2007다83465 판결, 대법원 2012. 4. 12. 선고 2009다22419 판결 등(2006. 5. 24. 법률 제7960호 – 시행 2006. 8. 25. – 로 개정된 도시정비법에 따라 재개발조합은 조합설립인가를 받은 후, 재건축조합은 사업시행인가를 받은 후 시공자로 선정하고, 모든 정비사업은 경쟁입찰의 방법으로 시공자를 선정하게 되었는바, 위 사안은 위 개정 도시정비법 전 재개발조합에 대하여 시공자 선정시기 규정이 없던 사안).

14) 시공자의 선정은 일반경쟁입찰 또는 지명경쟁입찰 방법으로 하되, 1회 이상 일간신문에 입찰공고를 하고 현장설명회를 개최한 후 참여제안서를 제출받아 총회에서 선정한다. 단, 정비사업의 시공자 선정기준(건교부고시 제2006 – 331호)이 시행되기 이전에 주민총회에서 공개경쟁입찰의 방법으로 선정된 시공자의 경우 조합 총회의 의결을 거침으로써 본 정관에 의해 선정된 시공자로 본다.

를 한 사안에서, 구 도시정비법(2005. 3. 18. 법률 제7392호로 개정되어 2006. 5. 24. 법률 제7960호로 개정되기 전의 것) 제11조는 재개발사업조합의 경우에는 시공자 선정 방법에 관하여 아무런 제한을 두지 아니하고, 2006. 5. 24. 법률 제7960호로 개정된 도시정비법(이하 '개정 도시정비법') 제11조는 재개발사업조합 조합설립인가처분을 받은 후 시공자로 선정하여야 한다고 규정하고, 제2항에서 '제1항의 규정에 의한 조합은 제1항의 규정에 의한 시공자를 건설교통부장관이 정하는 경쟁입찰의 방법으로 선정하여야 한다.'고 규정하며, 그 부칙 제2항(시공자 선정에 관한 적용례)은 '제11조 제2항의 개정규정 중 주택재개발사업, 도시환경정비사업의 경우는 이 법 시행 후 최초로 추진위원회 승인을 얻은 분부터 적용한다.'고 규정하고 있는 점 등을 근거로, 조합 정관 제12조 제1항 단서가 유효함을 전제로 이 사건 승인결의는 개정 도시정비법 제24조 및 조합 정관 제12조 제1항 단서에 따른 것으로서 적법하다는 취지로 판시한 바 있다.[15]

　법제처도 2006. 5. 24. 법률 제7960호로 일부개정되어 2006. 8. 25. 시행된 도시정비법 시행 전에 주택재개발사업 추진위원회가 승인되었고, 그 추진위원회가 설립한 주택재개발사업조합이 설립인가를 받은 후 시공자를 선정하려는 경우, 반드시 경쟁입찰의 방법으로 시공사를 선정해야 하는 것은 아니라고 하여 추인을 긍정하는 취지로 해석한 바 있다.[16]

---

15) 대법원 2012. 4. 12. 선고 2009다26787 판결, 유사한 취지로 부산고등법원은 시공자 선정은 총회의 고유권한이므로, 추진위원회의 결의에 대한 추인결의가 될 수 없고, 조합설립인가 후 행한 추인결의는 추진위원회에서 행한 시공자 선정결의 등과는 별개의 시공자선정결의이고, 조합정관상 '2006. 8. 25. 이전에 주민총회에서 공개경쟁입찰로 선정된 참여시공자에 대해서는 조합설립인가 후 조합총회에서 추인결의를 받음으로써 본 정관에 의하여 선정된 시공자로 본다'는 규정이 있는바, 이 사건 총회결의는 정관에 따른 것으로 적법하다고 판시한바 있다[부산고등법원 2009. 5. 19. 선고 2008나13746 판결(대법원에서 심리불속행기각으로 확정, 2009. 7. 23. 선고 2009다40127, 2009다40134].
(※ 위 대법원 판결에도 불구하고 실무상 추인결의의 효력 관련된 논란이 여전히 있다 - 김은유, 추진위원회 선정 시공자 유효 여부, 한국경제, 2016. 12. 23. 참조)
16) 법제처 09-0208, 2009. 7. 27.

(3) 위 (2)의 경우에 해당되지 않는 시공자 선정 추인의 경우

위 (2)의 경우에 해당되지 않은 경우에 관하여 살펴보면, 추진위원회의 주민총회에서 시공자를 선정한 결의가 무효일 경우 무효인 결의를 조합설립 후 추인한다고 하여 유효가 될 수는 없는 점, 2006. 5. 24. 법률 제7960호(시행 2006. 8. 25.)로 개정된 도시정비법에 따라 모든 정비사업은 '경쟁입찰'의 방법으로 시공자를 선정해야 하는바, 추진위원회 단계에서 선정된 시공자를 단순히 추인하는 것은 유효하다고 보기 어려운 점, 도시정비법상 시공자의 선정이 추진위원회가 아닌 조합총회의 고유한 권한이라고 봄이 상당하다면, 조합총회의 추인결의를 얻는 것만으로 유효하다고 보는 것은 불법상태를 용인하는 결과가 되고 결국 기 선정된 시공자의 우월적 지위를 인정하게 되어 법의 취지에 반하여 조합의 시공자 선택권한을 침해한다고 볼 수 있는 점 등에 비추어 볼 때, 추인결의는 무효라고 생각된다.

2. 조합과 시공자의 법률관계 – 소위 도급제와 지분제

가. 도급제와 지분제의 의의

정비사업에서 조합과 시공자 사이에 공사도급계약을 체결함으로써 구체적인 법률관계가 확정되는데, 공사도급계약에 따라 조합이 시공자에게 공사대금을 지급하는 방법 여하에 따라 소위 실무상 도급제(현금지급방식)와 지분제(대물변제방식)로 나뉠 수 있다. 다만, 유의할 점은 도급제 또는 지분제는 조합의 시공자에게 공사대금을 지급하는 방법의 차이일 뿐, 지분제라고 하여 시공자가 수급인의 지위가 아닌 공동사업자로서의 지위를 가지게 되는 것은 아니다.[17]

도급제란, 일반적인 방식으로서 조합과 시공자간에 공사계약을 체결하고 시공자는 공사도급계약서에 부합하는 공사를 수행하고 조합은 그에 따른 공사대금(통상 평당 공사비로 책정)만을 지급하는 것으로서, 정비사업의 사업이익은 조합원에게 귀속된다.

---

17) 이우재, 전게서(상), 256~257면.

지분제란, 조합이 시공자에게 공사대금으로 일정금액을 지급하는 것이 아니라, 조합원이 제공하는 토지 면적에 대해 무상지분율만큼의 신축건물 면적을 조합원에게 무상으로 제공하고, 나머지 면적에 대해 조합원들이 납부하는 부담금과 잔여 일반분양분 분양을 통한 분양수입금으로 공사대금과 사업경비를 충당하는 방식으로, 구체적인 계약 내용에 따라 다르나 사업비용에 충당하고도 남은 사업이익이 있을 경우 시공자에게 귀속된다.

지분제도 실무상 조합원의 무상지분율을 고정시키는 확정지분제와 일반분양분의 분양가 변동, 물가변동, 설계변경 등 사유가 발생할 경우 무상지분율을 조정하는 변동지분제로 나뉜다.

나. 주요 비교사항[18]

구분	도급제	지분제
개념	공사비를 계약시점 기준으로 고정시켜 계약하는 방식	계약시 조합원의 무상지분을 확정하여 계약하는 방식
사업의 한도	• 시공자: 공사에 필요한 직접 비용 책임 • 조합: 공사에 필요한 간접비, 부대비용 및 제세공과금 등 책임	• 시공자: 공사에 필요한 경비조달 책임 • 조합: 토지 및 건축물 관련 제세공과금 납부책임
공사비 조정	공사 중 물가상승 및 설계변경 등	사업 중 공사비 조정 없음
시공자 관계	상호협조로 시공자와의 관계 원만	사업규모에 따른 시공자 부담가중으로 악화 소지 있음
조합원 지분변동	사업 변화에 따른 조합원 무상지분 증감 있음	초기 지분 확정으로 사업변화에 따른 조합원 무상지분 변동 없음
사업의 정산	사업이익 100% 조합귀속(추가 사업비: 각 조합원 부담)	계약시 확정된 지분 이외 이익금 100% 시공자 귀속(추가 사업비: 시공자부담)
사업이익 증감요인	• 토지 감정평가 증감 • 건물층고의 증감 • 표준건축비 상승 • 부대비용 증감 등	• 사업연면적 증감 • 물가변동 증감 • 일반분양가격 상승

---

18) 이에 관하여는 이우재, 전게서(상), 264~265면의 주요 내용을 정리, 인용함.

3. 기타 실무 쟁점

가. 「공동도급(컨소시엄) 불가」 입찰의 일반경쟁원칙 위반 여부

(1) 문제점

도시정비법은 시공자 선정시 일반경쟁입찰을 원칙으로 하고 있는데, 최근 실무상 다수의 조합들이 입찰공고를 함에 있어 공동도급(컨소시엄) 불가 조건을 부가하는 경우가 있는바, 이러한 조건이 도시정비법과 계약업무 처리기준에서 인정하지 않는 제한경쟁입찰에 해당하여 일방경쟁입찰에 관한 도시정비법을 위반한 것인지 문제된다.

(2) 실무 견해

① 최근 국토교통부는 '재개발 및 재건축 사업장에서 시공자 선정시, 공동도급 불가 문구를 기재하는 것이 일반경쟁 위반인지'의 질의에 관하여, '일반경쟁입찰시 공동도급의 제한 가능 여부에 관하여 도시정비법령상 별도로 규정하고 있지 아니한바, 사업시행자가 조합 정관, 총회 의결 내용 등을 검토하여 결정할 수 있을 것으로 판단됨'이라고 회신한 바 있고,[19] ② 하급심 판결 중 공동도급을 금지하는 것은 입찰참가주체를 제한하는 것에 해당하고, 단순히 입찰방법의 제한으로 볼 수 없다는 취지로 판시한 판결도 있다.[20]

(3) 검토

이와 관련하여 실무상 논의가 정립된 것은 아닌 것으로 보이는데, ① 폐지된 「구 정비사업의 시공자 선정기준」 제6조는 '제한경쟁입찰'을 건설업자의 '자격'을 시공능력평가액, 신용평가등급, 공사실적 등으로 제한하는 입찰방식으로 규정하고 있었던 점, ② 계약업무 처리기준 제10조는 일반계약 처리기준에 관한 것이기는 하나, 입찰 공고의 내용에 포함되어야 할 사항인 '입찰의 방법'에서 '공동참여 여

---

19) 국토교통부 민원(2019. 9. 5. 신청번호 1AA-1908-252039)회신)(다만, 국토교통부의 취지가 명확하지 않으나 컨소시엄 불가 조건 자체를 명확하게 도시정비법 위반이라고 보는 입장은 아닌 것으로 보인다)

20) 서울동부지방법원 2018. 1. 26. 자 2018카합10042 결정.

부'를 예시로 기재하고 있는 점, ③ 입찰에 관해 참고할 수 있는 「국가를 당사자로 하는 계약에 관한 법률」[21]의 경우에도 공동계약에 관하여 일반경쟁과 제한경쟁을 구분하지 않고 규정하고 있는 점, ④ 공동도급 불가 조건이 있더라도 '단독입찰'이 가능하므로 '입찰자격'의 제한이 아닌 '입찰방법'의 제한으로 볼 여지가 있는 점 등을 고려하면, 법원의 명확한 판단이 없는 현재의 시점에선 적어도 일반경쟁입찰 원칙에 위반된다고 단정할 수 없다고 본다.

나. 시공자 선정과 의사정족수

계약업무 처리기준에 의하면 시공자 선정을 위한 총회는 조합원 "과반수"가 "**직접**" 출석하여 의결하여야 한다(제35조 제1항). 조합원 과반수의 직접 출석을 규정한 취지는 시공자 선정은 조합원 모두에게 매우 중요한 일이므로 총회에서의 조합원 간의 토론, 참여 시공자의 설명 등을 듣는 과정이 필요하고, 시공자의 매표행위 방지 및 조합과 시공자의 유착관계 단절 등을 위함에 있다.[22] 서면결의서를 제출한 경우에는 서면결의서를 철회하고 시공자선정 총회에 직접 출석하여 의결하지 않는 한 직접 참석자에는 포함되지 않음을 유의해야 한다.[23]

아울러 이러한 조합원 과반수 직접 출석 요건은 그 취지상 경쟁입찰의 경우뿐만 아니라, "수의계약"으로 시공자를 선정하는 경우에도 적용된다고 할 것이다.[24]

---

21) 동법 제25조, 동법 시행령 제36조.
22) 대구고등법원 2019. 5. 2. 선고 2018나22405 판결, 서울남부지방법원 2018. 6. 28. 선고 2017가합108333 판결, 맹신균, 전게서, 563면.
23) 계약업무 처리기준 제35조 제2항, 참고로, 구 정비사업의 시공자 선정기준은 서면결의서 제출하고 총회에 직접 출석한 경우 직접 참석자에 포함되는지에 관한 명시적 규정은 없었으나, 하급심은 서면결의서를 철회하지 않고 출석한 경우에도 직접 참석자에 포함된다고 판단한 바 있다(서울고등법원 2019. 1. 17. 선고 2018나2049896 판결, 서울북부지방법원 2010. 10. 7. 자 2010카합978 결정 등).
24) 대구고등법원 2019. 5. 2. 선고 2018나22405 판결 등.

다. 시공자 선정 철회(도급계약 해제)와 의사정족수

(1) 문제점

앞서 본 바와 같이 시공자 선정의 경우 조합원 과반수 직접 출석의 의사정족수가 필요한데, 반대로 기존의 시공자의 선정을 철회하거나 계약을 해제하는 경우에도 동일하게 과반수 직접 출석의 의사정족수가 필요한 것인지 문제된다.

(2) 판결의 태도

이에 관한 아직 확립된 대법원 판결은 없으나, 하급심 판결은 과반수 직접 출석 필요 여부에 관하여 견해가 나뉘고 있다.

(가) 과반수 직접 출석 필요 판결

① 서울북부지방법원 2011. 8. 25. 선고 2011가합2207 판결은 조합이 일정한 경우 선정을 무효화하기 위해서는 선정과 동일한 방식의 총회 의결을 거치도록 정하고 있는 정비사업의 시공자 선정기준 제15조의 취지에 비춰 보면 조합의 일방적인 시공자 선정 철회를 위해서도 당연히 선정기준 제14조에 따른 총회의 의결이 필요한 것이고, 만약 시공자 선정의 철회를 일반 의사정족수에 의해 자유롭게 할 수 있다면 선정기준 제15조에 의한 제한을 잠탈하게 된다는 취지로 판단하였고, ② 서울남부지방법원 2018. 6. 28. 선고 2017가합108333 판결도 구 정비사업의 시공자 선정기준 제15조는 선정된 시공자가 정당한 이유 없이 3월 이내에 계약을 체결하지 아니하는 경우에는 위 선정을 무효화하기 위해서 선정과 동일한 방식의 총회 의결을 거치도록 요구하여 시공자 선정 철회에도 시공자 선정과 동일한 절차를 거치도록 요구하고 있고, 만일 주택재개발정비사업조합이 시공자 선정 철회를 총회 결의 없이 자유롭게 할 수 있다면 시공자 선정을 위한 엄격한 절차를 요구하는 취지(주민의사의 왜곡, 막대한 로비자금의 지출, 총회 의결기능 무력화 방지)를 잠탈할 우려가 있고 이를 방지하기 위해 제15조가 존재하는바, 이러한 우려는 시공자와 체결한 계약의 해제의 경우에도 동일하게 존재한다고 판단한 바 있다.[25]

---

25) 위 판결은 항소심인 서울고등법원 2019. 2. 12. 선고 2018나2038483 판결의 항소기각, 대법원 2019. 6. 13. 선고 2019다219120 심리불속행기각 판결로 확정됨.

(나) 과반수 직접 출석 불요 판결

① 서울동부지방법원 2015. 1. 21. 자 2014카합10149 결정은 채무를 불이행한 시공자에게 계약의 해지 의사표시를 할 수 있는 요건을 강화함에 따라 오히려 조합의 내부적인 의사결정의 자유를 제한하고 조합원의 이익에도 반하므로, 시공사 계약해지를 위한 총회시 조합원 과반수가 직접 참석하지 아니하여도 무방하다는 취지로 판단한 바 있고, ② 서울서부지방법원 2019. 11. 29. 자 2019카합50610 결정도 시공자 선정과 도급계약의 해지는 구별되는 개념인 점, 총회 결의 의사정족수 강화에 따른 조합의 내부적인 의사결정의 자유 제한을 이유로 동일하게 판단하였고, ③ 대구지방법원 2016. 10. 6. 선고 2016가합121 판결도 시공자의 변경의 의미에 기존 시공자의 공사계약 해지가 포함된다고 보기 어렵다는 취지의 판단을 한 바 있다.

(3) 검토

구 정비사업의 시공자 선정기준은 선정된 시공자가 정당한 이유 없이 3월 이내에 계약을 체결하지 아니하는 경우에는 선정과 동일한 총회의 의결을 거쳐 선정을 무효화하는 규정을 두고 있을 뿐, 그 외의 선정 철회의 경우에 명시적인 규정은 없고 계약업무 처리기준도 마찬가지인 점, 시공자 선정시 특별한 의사정족수를 요구하는 취지가 조합원의 의사 왜곡 방지 및 공정한 시공자 선정에 있다면 시공자 선정 철회나 도급계약 해제의 경우에도 조합원의 직접 형성된 총의는 필요한 점, 현재 명시적인 대법원의 판단이 없는 상황에서 의사정족수 미달의 분쟁이 발생할 수 있는 점 등을 고려하면, 과반수 직접 출석 총회에서 의결함이 필요하다고 생각된다.

라. 시공자 선정 이후 낙찰자 지위 박탈 절차

(1) 문제점

총회에서 시공자로 선정된 낙찰자[26)]가 계약을 체결하지 않는 경우 조합의 입

---

26) 공공지원 시공자선정기준 [별지 4호 서식] 시공자 선정 입찰참여규정 제2조(용어의 정의) 3. "낙찰자"라 함은 입찰자 중 발주자의 총회에서 선정되어 시공계약의 우선권이 부여된 자를 말한다.

찰참여규정에서 총회나 대의원회를 통해 낙찰자의 지위를 박탈하고, 차순위자와 계약협상을 진행하는 규정을 두는 경우가 있는바, 이와 같은 낙찰자 지위 박탈의 법적 절차와 차순위자와 계약협상을 진행하는 것이 유효한지 문제된다.

(2) 검토

생각건대, ① 도시정비법 제45조는 '시공자 선정'과 '조합원에게 부담이 되는 계약'의 체결을 분리하여 각 총회의 의결을 거치도록 하고 있는 점, ② 공사도급계약의 체결을 위한 협상은 '시공자 선정'을 전제로 하는 점, ③ 계약업무 처리기준은 일반 계약의 경우 계약을 체결하지 아니하는 경우에는 총회 또는 대의원회의 의결을 거쳐 해당 선정을 무효로 할 수 있음을 규정하고 있는 반면(제17조), 시공자 선정은 총회의 의결을 거쳐 선정을 무효로 할 수 있음을 규정한 점(제36조 제2항), ④ 공공지원 시공자 선정기준 시공자 선정 입찰참여규정 역시 총회의 의결을 거쳐 선정을 무효로 함을 규정하고 있는 점(제8조), ⑤ 기존 시공자 선정시 조합원의 의사는 입찰참여자 중 하나의 업체를 시공자로 선정하는 것이고, 차순위자의 예비적 낙찰자 선정을 하는 것으로 볼 수 없는 점 등을 살펴보면,

선정된 낙찰자의 지위를 박탈하는 법적 절차는 총회의 의결을 거쳐 선정을 무효로 해야 하고, 새로운 시공자는 경쟁입찰과 총회의 의결절차를 거쳐 다시 선정해야 하며, 기존의 차순위자와 계약협상을 하는 규정은 도시정비법과 계약업무 처리기준 등에 위반되어 무효라고 생각된다.

하급심 판결 중 총회에서 공동수급체를 시공자로 선정한 후 공동수급체의 일부 구성원을 제외한 나머지 구성원만을 시공자로 선정하는 총회 의결을 한 경우에 있어서도, 그 의결은 새로운 경쟁입찰을 거치지 아니한 사유로 무효라고 판시한 판결이 있다.[27]

---

27) 서울고등법원 2012. 5. 25. 선고 2011나33605 판결(대법원 2012. 10. 11. 선고 2012다49896 판결로 확정).

마. 민법 제673조의 임의해제권과 손해배상

(1) 총회 결의 요부

민법 제673조는 도급인은 수급인이 일을 완성하기 전에 손해를 배상하고 계약을 해제할 수 있음을 규정하고 있는데, 조합이 이러한 임의해제권의 행사를 할 경우에도 법 제45조에 따라 총회의 의결이 필요한지 문제된다.

이와 관련하여, 하급심 중에 ① 재건축조합이 기존 시공자의 착공 거부 등 채무불이행을 이유로 기존 도급계약 해제를 통보하고 신규 시공자를 선정하였음에도 기존 시공자가 해제사유를 다투면서 공사방해행위를 한 사안에서, 도급계약의 경우 도급인은 수급인이 일을 완성하기 전에는 손해를 배상하고 계약을 해제할 수 있으므로(민법 제673조), 향후 조합이 본안소송 등에서 계약의 해제사유에 대한 입증에 실패함으로써 피신청인(시공자)에 대하여 손해배상책임을 부담하게 되는 것은 별론으로 하고 피신청인의 주장하는 사정만으로 공사방해행위가 정당화 될 수 없다고 설시하여, 법정해제권 행사에 별도의 총회 결의가 필요함을 설시하지 않은 사례가 있고,[28] ② 비법인사단인 지역주택조합의 사례에서 총회 결의 없이 도급인은 법정해제권을 행사할 수 있다고 본 사례가 있다.[29]

다만, 위 ① 사례는 임의해제권의 행사가 가능하므로 시공자의 공사방해가 정당화될 수 없다는 취지이고, 임의해제권에 대한 총회 결의 요부를 명확히 설시하지 않은 점이 있고, 위 ② 사례는 도시정비법상 조합이 아닌 주택법상 지역주택조합에 관한 것이어서 조합의 임의해제권에 관한 총회 결의 요부에 대한 법원의 명확한 판단 사례로 보기는 어려운 면이 있다.

생각건대, 도급인이 민법 제673조의 임의해제권을 행사한 경우에는 수급인이 입게 될 손해(수급인이 이미 지출한 비용과 일을 완성하였더라면 얻었을 이익을 합한 금액)를 수급인에게 배상해야 하므로, 민법 제673조에 따라 도급계약을 해제하게 되

---

28) 부산지방법원 2012. 1. 3. 자 2011카합2255 결정.
29) 서울고등법원 2012. 4. 12. 선고 2011나25048 판결.

면 '정비사업비의 변경'(법 제45조 제1항 제13호, 시행령 제42조 제1항 제4호)이 발생한다. 따라서 조합이 민법 제673조의 임의해제권을 행사할 경우에는 도급계약의 해제 및 해제에 관한 손해배상에 대하여 총회의 결의가 있어야 한다고 본다.

하급심 판결도 민법 제673조에 따른 조합의 공사계약의 해제가 유효하기 위해서는 그 선행 절차로 그러한 해제 및 해제와 일체를 이루는 손해배상에 관하여 총회 의결이 있어야 한다고 판시한 바 있다.[30]

(2) 손해배상 범위

대법원은 민법 제673조의 임의해제권 행사시 손해배상에 관하여, ① 손해배상의 규정취지는 도급인의 일방적인 의사에 기한 도급계약 해제를 인정하는 대신 도급인의 일방적인 계약해제로 인하여 수급인이 입게 될 손해, 즉 수급인이 이미 지출한 비용과 일을 완성하였더라면 얻었을 이익(이행이익)을 합한 금액을 전부 배상하게 하는 것에 있고, ② 위 규정에 의하여 도급계약을 해제한 이상은 특별한 사정이 없는 한 도급인은 수급인에 대한 손해배상에 있어서 과실상계나 손해배상예정액 감액을 주장할 수는 없으며, ③ 손해배상의 범위에 관하여 <u>도급인이 부담하여야 할 손해배상의 산정방법으로 '도급계약의 공사가격내역서에 따라 미완성 부분의 공사대금에서 미완성 부분을 완공하는 데 소요되는 비용을 공제하는 방법으로 미완성 부분을 완성하였더라면 얻었을 이익'을 손해배상액으로 인정한 바 있다.</u>[31]

(3) 약정해제권 행사시 임의해제권 행사의사 포함 여부

이에 관한 명확한 대법원 판결은 없는 상황인데, 하급심 중 민법 제673조의 취지와 의사표시 해석의 일반원칙 등을 기초로 도급인이 수급인의 채무불이행을 주장하며 약정 해제권을 행사한 경우에도 도급인이 당해 약정 해제의 무효를 알았더라면 민법 제673조에 의한 해제권 행사를 의욕하였으리라고 인정할 수 있을 때에는 민법 제673조에 따른 해제권 행사로 그 효력을 인정받을 수 있다고 판단한

---

30) 서울고등법원 2018. 2. 1. 선고 2017나2024470 판결(대법원 2018. 5. 31. 선고 2018다214104 심리불속행기각 판결로 확정).
31) 대법원 2013. 5. 24. 선고 2012다39769 판결, 대법원 2002. 5. 10. 선고 2000다37296, 37302 판결.

사례가 있다.32)

바. 이사회의 입찰참가자격의 제한(박탈) 가부

공공지원 시공자 선정기준은 시공자 선정계획안을 이사회가 의결하도록 하고 있고(제7조), 표준정관상 이사회는 총회 및 대의원회의 상정안건의 심의·결정에 관한 사항을 의결할 수 있는바(제28조 제2호), 이사회에서 부정당업자 등의 입찰참가자격을 제한(박탈)할 수 있는지 문제된다.

그러나 계약업무 처리기준은 대의원회가 입찰참가자격의 제한을 의결할 수 있고(제12조), 총회에 상정할 6인 이상의 건설업자의 선정도 그 권한으로 하고 있는바(제33조), 입찰참가자격의 제한(박탈)은 대의원회의 의결사항이므로 이사회가 한 입찰참가자격 제한(박탈)의결은 권한 없이 행하여진 의결이므로 효력이 없다고 봐야 할 것이다.33)

사. 수의계약 관련 쟁점

(1) 각 입찰공고의 내용 변경과 수의계약 체결 요건 가부

조합이 시공자 선정을 위한 최초 입찰공고에 따른 입찰이 유찰된 후 입찰공고의 '입찰참가자격' 등 주요 내용을 변경된 조건으로 차회 입찰공고를 하여 유찰된 경우에도 수의계약 체결이 가능한지 문제된다.

법제처는 "원칙적으로 조합은 경쟁입찰 제도에 의하도록 규정하고 있는바, 경쟁입찰에 관하여 도시정비법,「정비사업의 시공자 선정기준」 등 관련 법령에 별도의 규정이 없는 경우에는 경쟁입찰에 관하여 일반적으로 규정하고 있는 국가계약법에 따른 경쟁입찰 제도의 취지를 고려하여 해석하는 것이 바람직하고, 국가계약법 시행령 제20조 제3항 및 제27조 제2항에서는 최초 입찰부터 재공고입찰과 수의계약에 이르는 일련의 과정을 동일하게 취급하려는 취지에서 최초 입찰시 정

---

32) 부산지방법원 2012. 1. 3. 자 2011카합2255 결정, 서울중앙지방법원 2014. 5. 9. 선고 2013가합 43494 판결.
33) 수원지방법원 안산지원 2012카합94 결정(대의원회에서 홍보지침 3회 위반시 입찰자격을 박탈하는 입찰지침을 의결한 후 이사회에서 위반업체의 입찰참가자격을 박탈한 사례).

한 조건을 변경하지 못하도록 규정함으로써 동일성의 유지를 기본으로 하고 있는 점, 도시정비법의 경쟁입찰의 원칙의 실효성을 확보할 수 있도록 한 입법취지가 몰각될 수 있는 점 등을 고려해 볼 때, 각 입찰공고에서의 '입찰참가자격'이 모두 다른 경우에는 수의계약으로 선정할 수 없다"고 해석한 바 있고,[34] 또한 계약업무 처리기준은 수의계약을 하는 경우 보증금과 기한을 제외하고는 최초 입찰에 부칠 때에 정한 가격 및 기타 조건을 변경할 수 없다고 명시하고 있는바(제8조), 각 입찰공고의 입찰참가자격, 가격 등 주요 내용(조건)이 상이하여 입찰의 동일성이 인정되지 않는다면 수의계약 체결 요건을 갖추지 못한 것으로 봐야 할 것이다.

(2) 당초 입찰참가자 외의 건설업자와 수의계약 체결 가부

조합이 수의계약 체결 요건에 해당하여 시공자와 수의계약을 체결함에 있어 당초 입찰에 참가하지 않은 업체와 계약 체결이 가능할지 문제된다.

도시정비법이나 계약업무 처리기준에는 이에 관한 명시적인 규정은 없고, 입찰에 관하여 일반법의 지위를 가지는 국가계약법 시행령 제27조 역시 수의계약의 체결 요건 외 수의계약의 상대방에 관한 규정이 없다.

생각건대, 입찰공고상 당초 입찰참가자에게 수의계약 체결시 우선권을 부여하는 등 특별한 규정이 없는 경우라면 현재 관련 법령상 명시적인 규정이 없는 상황에선 입찰참가자 외의 건설업자와도 수의계약을 체결하는 것은 가능하다고 해석해야 할 것이다.

참고로, 조달청은 국가계약의 수의계약과 관련하여 "국가계약법 시행령 제27조에 의거 수의계약을 할 때, 당초 입찰에 참가한 자와 반드시 수의계약을 체결하여야 하는 것은 아니며 당초 입찰에서 정한 입찰참가자격을 갖춘 자를 대상으로 하여 수의계약을 체결할 수 있는 것이므로 계약담당공무원이 수의계약이 가능한 대상자를 찾아 수의시담을 집행하면 되는 것이다"는 질의회신을 한 바 있다.[35]

---

34) 법제처 16-0305, 2016. 7. 11.
35) 조달청 계약법규 질의·사례, 공개번호 169327, 2017. 7. 7.

제29조의2(공사비 검증 요청 등)

① 재개발사업·재건축사업의 사업시행자(시장·군수등 또는 토지주택공사등이 단독 또는 공동으로 정비사업을 시행하는 경우는 제외한다)는 시공자와 계약 체결 후 다음 각 호의 어느 하나에 해당하는 때에는 제114조에 따른 정비사업 지원기구에 공사비 검증을 요청하여야 한다.

  1. 토지등소유자 또는 조합원 5분의 1 이상이 사업시행자에게 검증 의뢰를 요청하는 경우

  2. 공사비의 증액 비율(당초 계약금액 대비 누적 증액 규모의 비율로서 생산자물가 상승률은 제외한다)이 다음 각 목의 어느 하나에 해당하는 경우

    가. 사업시행계획인가 이전에 시공자를 선정한 경우: 100분의 10 이상

    나. 사업시행계획인가 이후에 시공자를 선정한 경우: 100분의 5 이상

  3. 제1호 또는 제2호에 따른 공사비 검증이 완료된 이후 공사비의 증액 비율(검증 당시 계약금액 대비 누적 증액 규모의 비율로서 생산자물가상승률은 제외한다)이 100분의 3 이상인 경우

② 제1항에 따른 공사비 검증의 방법 및 절차, 검증 수수료, 그 밖에 필요한 사항은 국토교통부장관이 정하여 고시한다.

I. 본조의 이해

본조는 2019. 4. 23. 법률 제16383호의 일부개정시 신설된 조항인데,[36] 일정수 이상의 토지등소유자나 조합원이 요청하거나 공사비의 증액비율이 일정 비율 이상인 경우 법 제114조의 한국감정원 등 정비사업 지원기구에 공사비 검증을 요청하도록 한 것이다. 특히 본조 제1항 제1호(토지등소유자 또는 조합원 5분의 1 이상이 사업시행자에게 검증 의뢰를 요청하는 경우)는 문언의 해석상 본조 제1항 제2호의 공사비의 증액 비율과 무관하게 검증을 요청할 수 있는 것으로 해석된다.

---

36) 부칙 제2조(공사비 검증에 대한 적용례) 제29조의2의 개정규정은 이 법 시행 후 공사비를 증액하거나 토지등소유자 또는 조합원의 검증 의뢰에 따라 사업시행자가 공사비 검증을 요청하는 경우부터 적용한다.

이와 관련하여 정비사업 공사비의 검증에 필요한 사항을 정함을 목적으로 제정된 「정비사업 공사비 검증 기준」(국토교통부고시 제2019－647호, 2019. 11. 18. 제정)이 2019. 11. 18.부터 시행되고 있다.

> ### 제30조(임대사업자의 선정)
> ① 사업시행자는 공공지원민간임대주택을 원활히 공급하기 위하여 국토교통부장관이 정하는 경쟁입찰의 방법 또는 수의계약(2회 이상 경쟁입찰이 유찰된 경우로 한정한다)의 방법으로 「민간임대주택에 관한 특별법」 제2조제7호에 따른 임대사업자(이하 "임대사업자"라 한다)를 선정할 수 있다.
> ② 제1항에 따른 임대사업자의 선정절차 등에 필요한 사항은 국토교통부장관이 정하여 고시할 수 있다.

Ⅰ. 본조의 이해

본조는 사업시행자의 공공지원민간임대주택[37]의 공급을 위한 임대사업자의 선정 방법을 규정한 것인데, 법 제29조는 계약 체결 및 시공자 선정 방법을 규정하고 있어 본조는 법 제29조의 특칙으로서의 성격을 가진다.

본조의 공공지원민간임대주택은 정비사업과 연계하여 정비사업에서 사업시행자가 공공지원을 받아 건설한 조합원 외 제3자에게 매각하는 일반분양분을 임대사업자에게 매각하여 공공지원민간임대주택으로 공급하는 방식인데, 사업시행자는 조합원에게 제공할 공동주택 외에 제3자에게 분양할 공동주택을 건설하고, 매

[37) 민간임대주택에 관한 특별법 제2조(정의)
   4. "공공지원민간임대주택"이란 임대사업자가 다음 각 목의 어느 하나에 해당하는 민간임대주택을 8년 이상 임대할 목적으로 취득하여 이 법에 따른 임대료 및 임차인의 자격 제한 등을 받아 임대하는 민간임대주택을 말한다.
   마. 그 밖에 국토교통부령으로 정하는 공공지원을 받아 건설 또는 매입하는 민간임대주택

민간임대주택에 관한 특별법 시행규칙
제1조의2(공공지원민간임대주택) 「민간임대주택에 관한 특별법」(이하 "법"이라 한다) 제2조제4호마목에서 "국토교통부령으로 정하는 공공지원"이란 다음 각 호의 어느 하나에 해당하는 지원을 말한다.
   1. 「도시 및 주거환경정비법」 제9조제1항제10호의 사항이 포함된 정비계획에 따라 민간임대주택을 공급하는 사업에 대하여 지원하는 「주택도시기금법」에 따른 주택도시기금(이하 "주택도시기금"이라 한다)의 출자·융자 또는 같은 법에 따른 주택도시보증공사의 보증으로서 국토교통부장관이 정하여 고시하는 출자·융자 또는 보증

각함으로써 미분양 우려를 해소하고 정비사업 시행에 필요한 사업비를 마련할 수 있도록 하고, 아울러 도심 내부에 양질의 임대주택을 공급하는 효과를 의도하는 제도이다.[38]

Ⅱ. 임대사업자의 선정

임대사업자의 선정절차 등에 필요한 사항은「정비사업 연계 기업형 임대사업자 선정기준」(국토교통부고시 제2018-77호)에서 입찰공고, 제안서 평가, 우선협상대상자 선정, 가격협상, 임대사업자의 선정 등을 규정하고 있다.

---

38) 국토교통부 보도자료 참조(2018. 9. 28. 공공지원 민간임대 연계형 정비사업 후보지 선정 '수시접수' 전환, 2018. 4. 3. 정비사업 연계 공적임대주택 후보지 선정, 일반분양분 전체를 공적 임대주택으로 공급).

제31조(조합설립추진위원회의 구성·승인)

① 조합을 설립하려는 경우에는 제16조에 따른 정비구역 지정·고시 후 다음 각 호의 사항에 대하여 토지등소유자 과반수의 동의를 받아 조합설립을 위한 추진위원회를 구성하여 국토교통부령으로 정하는 방법과 절차에 따라 시장·군수등의 승인을 받아야 한다.

    1. 추진위원회 위원장(이하 "추진위원장"이라 한다)을 포함한 5명 이상의 추진위원회 위원(이하 "추진위원"이라 한다)

    2. 제34조제1항에 따른 운영규정

② 제1항에 따라 추진위원회의 구성에 동의한 토지등소유자(이하 이 조에서 "추진위원회 동의자"라 한다)는 제35조제1항부터 제5항까지의 규정에 따른 조합의 설립에 동의한 것으로 본다. 다만, 조합설립인가를 신청하기 전에 시장·군수등 및 추진위원회에 조합설립에 대한 반대의 의사표시를 한 추진위원회 동의자의 경우에는 그러하지 아니하다.

③ 제1항에 따른 토지등소유자의 동의를 받으려는 자는 대통령령으로 정하는 방법 및 절차에 따라야 한다. 이 경우 동의를 받기 전에 제2항의 내용을 설명·고지하여야 한다.

④ 정비사업에 대하여 제118조에 따른 공공지원을 하려는 경우에는 추진위원회를 구성하지 아니할 수 있다. 이 경우 조합설립 방법 및 절차 등에 필요한 사항은 대통령령으로 정한다.

Ⅰ. 서설

1. 추진위원회의 의의

추진위원회는 정비사업을 위한 조합설립을 목적으로 추진위원들로 구성된 단체를 의미한다.

추진위원회는 조합설립을 위한 목적으로 구성되므로, 조합 설립시 해산하게 되는 한시적 기구로서,[1] 추진위원회 구성시 토지등소유자의 과반수의 동의를 얻어야 하므로 1개의 정비구역에 1개의 추진위원회를 구성하도록 되어 있는데, 이는

---

1) 조합이 설립되었는데도 불구하고 추진위원회를 계속 운영한 자는 형사처벌된다(법 제137조 제5호).

다수의 추진위원회 난립으로 인한 주민 피해를 방지하고 사업추진을 원활히 할 수 있도록 함에 있다.

2. 추진위원회의 법적 성격

가. 법적 성격

대법원은 토지등소유자 과반수의 동의와 시장·군수의 승인을 얻어 설립되는 정비사업을 위한 추진위원회는 '추진위원들로 구성되는 단체로서 <u>비법인사단</u>'[2]으로서의 실체를 가지고 있다고 판시하고 있다.[3] 법 제34조 제3항 후단은 "그 업무와 관련된 권리·의무는 조합이 포괄승계한다."고 규정되어 있는바, 추진위원회의 권리와 의무가 조합에게 포괄승계된다는 것은 추진위원회와 조합을 별개의 단체로 규정한 것이라고 할 수 있다.[4]

또한 추진위원회는 비법인사단으로 당연히 소송상 당사자능력이 있고,[5] 등기능력도 인정된다.[6]

---

2) 국토교통부 고시 제2018-102호[정비사업 조합설립추진위원회 운영규정](이하, '운영규정'으로 약칭)의 별표 운영규정안(이하, '운영규정안'으로 약칭) 제37조 제1항은 "추진위원회에 관하여는 법에 규정된 것을 제외하고는 민법의 규정 중 사단법인에 관한 규정을 준용한다."고 명시하고 있다.

3) 대법원 2009. 1. 30. 선고 2008두14869 판결, 대법원 2014. 4. 14. 선고 2012두1419 전원합의체 판결.

4) 이우재, 전게서(상), 322면.

5) 민사소송법 제52조(법인이 아닌 사단 등의 당사자능력) 법인이 아닌 사단이나 재단은 대표자 또는 관리인이 있는 경우에는 그 사단이나 재단의 이름으로 당사자가 될 수 있다. 위 대법원 2009. 1. 30. 선고 2008두14869 판결 등 참조.

6) 도시 및 주거환경정비법 제13조 제2항에 의한 조합설립추진위원회가 법인 아닌 사단으로서의 실체를 갖추었다면 부동산등기법시행규칙 제56조 각 호의 서면을 첨부하여 그 명의로 소유권이전등기를 신청할 수 있으며, 위 추진위원회가 취득하여 그 명의로 소유권이전등기를 경료한 부동산의 소유권을 그 후에 같은 법에 의하여 설립된 정비사업조합의 명의로 하기 위하여는 위 추진위원회로부터 위 조합에게로의 소유권이전등기를 신청하여야 한다(등기선례 제200504-6호, 2005. 4. 12. 부동산등기과-50 질의회답).

나. 승인 전 추진위원회(가칭 추진위원회)

(1) 법적 성격

추진위원회가 실체(위원장 및 감사 선출, 운영규정 작성 등)를 갖춰 사단으로서의 단체성을 갖추었다면(소위 가칭 추진위원회) 단지 시장·군수의 승인을 받지 못한 상태에 불과하므로 비법인사단의 성격을 갖고,[7] 아직 비법인 사단의 실체조차 갖추지 못한 경우(예컨대, 토지등소유자들이 추진위원회를 구성하기 위한 준비위원회 구성 등 준비단계에 불과한 경우)에는 민법상 조합의 성격을 가진다고 할 수 있다.

(2) 승인 전 추진위원회의 권리의무의 승계 여부

추진위원회 승인 전의 가칭 추진위원회가 비법인사단의로서의 실체를 갖춘 경우에는 그 권리의무도 추진위원회의 구성승인과 관련된 범위 내에서 승인된 추진위원회에게 승계된다고 보아야 할 것이다.[8] 만일 비법인사단으로서의 실체조차 갖추지 못한 경우에는 추진위원회에게 승계된다고 볼 수 없고, 승인받은 추진위원회에 대한 별도의 이전행위(계약당사자 지위의 인수 등)가 필요할 것으로 생각된다.

---

7) 대법원 1999. 4. 23. 선고 99다4504 판결, 대법원 2008. 5. 29. 선고 2007다63683 판결 등(단체가 고유의 목적을 가지고 사단적 성격을 가지는 규약을 만들어 이에 근거하여 의사결정기관 및 집행기관인 대표자를 두는 등의 조직을 갖추고 있고, 기관의 의결이나 업무집행방법이 다수결의 원칙에 의하여 행하여지며, 구성원의 가입, 탈퇴 등으로 인한 변경에 관계없이 단체 그 자체가 존속되고, 그 조직에 의하여 대표의 방법, 총회나 이사회 등의 운영, 자본의 구성, 재산의 관리 기타 단체로서의 주요 사항이 확정되어 있는 경우에는 비법인사단으로서의 실체를 가진다).

8) 참고로 대법원은 종중에 유사한 비법인사단에 관한 사안에서, "계속적으로 공동의 일을 수행하여 오던 일단의 사람들이 어느 시점에 이르러 비로소 창립총회를 열어 조직체로서의 실체를 갖추었다면, 그 실체로서의 조직을 갖추기 이전부터 행한 행위나 또는 그 때까지 형성한 재산은, 다른 특별한 사정이 없는 한, 모두 이 사회적 실체로서의 조직에게 귀속되는 것으로 봄이 타당하다"고 판시한바 있다(대법원 1996. 3. 12. 선고 94다56401 판결). 실무상으로는 승인된 추진위원회는 주민총회 의결이나 추진위원회의 의결을 통해 승인 전 추진위원회의 업무 관련 권리의무의 승계를 승인하고 있는 것으로 보인다.

Ⅱ. 추진위원회 구성과 승인 요건

1. 서설

가. 개요

정비사업을 위한 조합을 설립하려는 경우, 정비구역 지정·고시 후 추진위원장을 포함한 5인 이상의 추진위원 및 운영규정에 대하여 '토지등소유자의 과반수'의 동의를 얻어 추진위원회를 구성하여 시장·군수의 승인을 얻어야 한다.

나. 추진위원회의 구성시기

현재 도시정비법상 추진위원회의 구성시기는 정비구역 지정·고시 후에만 구성할 수 있다. 그런데 과거 2009. 2. 6. 법률 제9444호의 개정 도시정비법 시행 전 국토해양부의 「정비사업조합설립추진위원회 업무처리기준」(2003. 9. 2.)[9]에 의하면, 도시·주거환경정비기본계획이 수립되어 있는 경우에는 정비구역 지정 전에도 추진위원회가 설립될 수 있었다.

그러나 위 업무처리기준은 대외적 구속력을 가지는 법규명령으로 보기 어렵고, 당시 도시정비법의 내용을 살펴보더라도, 조합설립추진위원회가 구성되려면 그 전제로 '토지등소유자'의 범위가 확정될 필요가 있고, 토지등소유자의 범위를 확정하기 위하여는 정비구역의 지정 및 고시가 선행되어야 하므로,[10] 정비구역 지정 후 추진위원회를 설립할 수 있다고 봐야 할 것이다.

대법원도 도시·주거환경정비기본계획이 수립되지 않은 지역에 관한 사안에

---

9) 2. 추진위원회 구성시기

   2-1. 추진위원회는 다음에 해당하는 시기에 승인이 가능함.

   ① 도시·주거환경정비기본계획이 수립되어 있지 아니한 경우 및 도시·주거환경정비기본계획 수립대상이 아닌 시의 경우에는 정비구역지정 후

   ② 도시·주거환경정비기본계획이 수립되어 있는 경우에는 동 기본계획에 반영된 후

   ③ 정비구역 지정대상이 아닌 지역의 경우는 언제라도 가능

10) 대법원 2009. 10. 29. 선고 2009두12297 판결.

서, "정비구역이 지정되지 아니한 상태에서 일부 주민이 임의로 획정한 구역을 기준으로 구성된 조합설립추진위원회가 시장·군수의 승인을 얻어 설립될 수 있다고 한다면, 정비사업에 관한 제반 법률관계가 불명확·불안정하게 되어 정비사업의 추진이 전반적으로 혼란에 빠지고 그 구역 안에 토지 등을 소유하는 사람의 법적 지위가 부당한 영향을 받을 현저한 우려가 있어 정비구역의 지정 및 고시 없이 행하여지는 시장·군수의 조합설립추진위원회 설립승인은 도시 및 주거환경정비법의 규정 및 조합설립추진위원회제도의 취지에 반하여 허용될 수 없고, 그와 같은 하자는 중대할 뿐만 아니라 객관적으로 명백하여 무효"라고 판단하였다.[11]

다만, "도시·주거환경정비기본계획이 수립된 지역에서 '정비예정지역'에 의하여 확정된 토지등소유자의 과반수 동의를 얻어 구성된 추진위원회에 대한 승인처분은 정비구역의 지정·고시 전에 이루어진 것이라고 하더라도, 하자가 있으나 그 하자가 중대하거나 명백하다고 할 수 없다"는 취지로 판단하였다.[12]

다. 추진위원회의 구성

추진위원은 위원장 및 감사를 포함한 5명 이상이다(법 제31조 제1항 제1호, 법 제33조 제1항). 운영규정은 추진위원의 수는 토지등소유자의 10분의 1 이상으로 하되, 토지등소유자가 50인 이하인 경우에는 추진위원을 5인으로 하며 추진위원이 100인을 초과하는 경우에는 토지등소유자의 10분의 1 범위 안에서 100인 이상으로 할 수 있다고 규정하고 있다(운영규정 제3조 제2항 제3호).

그런데 운영규정은 도시정비법에 의해 추진위원회의 운영에 관한 수권을 받아 규정한 것일 뿐 추진위원회 '구성승인' 요건에 관련한 규정은 아니므로 추진위원의 수를 토지등소유자의 10분의 1 이상으로 한 운영규정 제3조 제2항 제3호 규정은 단지 추진위원회의 구성을 정하는 일응의 기준 규정에 불과하고,[13] 승인신청시 ① 토지등소유자의 명부, ② 토지등소유자의 동의서, ③ 추진위원회 위원장 및

---

11) 대법원 2009. 10. 29. 선고 2009두12297 판결, 대법원 2014. 6. 12. 선고 2012두12051 판결.
12) 대법원 2010. 9. 30. 선고 2010두9358 판결, 대법원 2013. 5. 24. 선고 2011두14937 판결 등.
13) 울산지방법원 2007. 6. 27. 선고 2006구합2897 판결.

위원의 주소 및 성명, ④ 추진위원회 위원 선정을 증명하는 서류를 첨부하여 승인 처분을 받을 수 있으므로(시행규칙 제7조 제1항), 추진위원 5인 이상 충족된 경우에 는, 토지등소유자의 10분의 1 이상에 미달한다고 하더라도 그것만으로 추진위원 회 구성승인이 위법하게 되는 것은 아니라고 생각된다.[14]

라. 운영규정 작성

추진위원회를 구성하고자 할 경우 법 제34조 제1항에 따른 운영규정을 작성 해야 하는데, 동 규정은 국토교통부장관이 추진위원회 운영규정을 고시하도록 되 어 있고, 이에 따라 고시된 「정비사업 조합설립추진위원회 운영규정」(국토교통부고 시 제2018-102호)은 추진위원회의 설립, 기능, 조직 및 운영 등에 관한 세부사항에 관하여 규정하고 있으며, 추진위원회는 운영규정에 따라 운영규정을 작성하여야 한다. 아울러 추진위원회는 별표 운영규정안을 기본으로 하여 운영규정을 작성하 도록 하고 있다.

마. 토지등소유자의 과반수 동의

추진위원회를 구성하기 위해서는 추진위원 및 운영규정에 대해 토지등소유자 과반수의 동의를 얻어야 한다.

참고로, 과반수 동의 충족기준은 현재의 정비구역을 기준으로 판단해야 한다. 예컨대 당초보다 정비구역의 확대된 경우, 확대된 부분의 토지등소유자 과반수가 추진위원회 구성에 동의하지 않는다고 하더라도 정비구역 전체를 기준으로 토지 등소유자의 과반수가 동의한다면 추진위원회 구성의 동의 정족수는 충족된다.[15]

토지등소유자의 동의자 수 산정방법 등 제반 쟁점에 관련하여서는 도시정비 법령의 내용을 중심으로 다음에서 차례로 살펴보기로 한다.

---

14) 대법원 2011. 7. 28. 선고 2011두2842 판결 등 참조.
15) 법제처 10-0266, 2010. 10. 1.

2. 토지등소유자의 동의자 수 산정방법 등

가. 무허가건축물의 소유자

대법원은 정관이 작성되기 전인 추진위원회 단계에서는 무허가건축물의 소유자는 토지등소유자에 포함되지 않는다고 판시하였다.[16]

나. 공유자의 경우

(1) 원칙 – 대표자 선정

주거환경개선사업·재개발사업의 경우 1필지의 토지 또는 하나의 건축물을 여럿이서 공유할 때에는 그 여럿을 대표하는 1인을 토지등소유자로 산정한다. 다만, 재개발구역의 「전통시장 및 상점가 육성을 위한 특별법」 제2조에 따른 전통시장 및 상점가로서 1필지의 토지 또는 하나의 건축물을 여럿이서 공유하는 경우에는 해당 토지 또는 건축물의 토지등소유자의 4분의 3 이상의 동의를 받아 이를 대표하는 1인을 토지등소유자로 산정할 수 있다(시행령 제33조 제1항 제1호 가목). 재건축사업의 경우 소유권 또는 구분소유권을 여럿이서 공유하는 경우에는 그 여럿을 대표하는 1인을 토지등소유자로 산정한다(시행령 제33조 제1항 제2호 가목).

(2) 대표자 미선정의 경우

만약 공유자들을 대표하는 1인을 선정하지 못하고, 공유자가 개별적으로 추진위원회 구성에 대한 동의의 의사표시를 한 경우 적어도 추진위원회 구성에 동의한 공유자의 그 지분에 해당하는 만큼 동의한 것으로 보아야 하는지가 문제된다.

이에 대해 하급심 판결은 토지의 공유자들의 대표자 선임없이 공유자 1인이 단독으로 동의한 경우 공유자 1인 명의의 동의서는 무효라고 판단한 바 있고,[17]

---

16) 대법원 2012. 12. 13. 선고 2011두21218 판결(구 도시정비법 제2조 제9호 (가)목에 의하여 소유자에게 조합원의 자격이 부여되는 건축물이라 함은 원칙적으로 적법한 건축물을 의미하고 무허가건축물은 이에 포함되지 않는다고 보아야 할 것이다. 다만 이와 같은 법리에 의하여 토지등소유자의 적법한 동의 등을 거쳐 설립된 재개발조합이 각자의 사정 내지는 필요에 따라 일정한 범위 내에서 무허가건축물 소유자에게 조합원 자격을 부여하도록 '정관'으로 정하는 경우에 비로소 그 예외가 인정될 수 있을 뿐이다).

법제처 역시 정비사업구역 내에 1개 필지의 토지를 공유하고 있는 수인 간 조합설립에 대한 동의 여부에 대하여 의견이 일치하지 않아 수인을 대표하는 1인을 정하지 못한 경우, 조합설립에 동의한 자의 지분에 해당하는 면적만큼 동의한 것으로 산정할 수 없다고 유권해석하였는데,[18] 시행령 제33조 제1항의 문언에 비추어 타당하다고 본다.

(3) 동일한 공유자가 다수의 토지 또는 건물을 공유하는 경우

주거환경개선사업 · 재개발사업에서 둘 이상의 토지 또는 건축물을 소유한 공유자가 동일한 경우에는 그 공유자 여럿을 대표하는 1인을, 재건축사업에서 둘 이상의 소유권 또는 구분소유권을 소유한 공유자가 동일한 경우에는 그 공유자 여럿을 대표하는 1인을 토지등소유자로 산정한다(시행령 제33조 제1항 제1호 라목, 동항 제2호 다목). 과거 대법원도 동일한 공유자가 서로 다른 필지의 토지 또는 토지 · 건물을 공동소유하고 있을 때에는 부동산의 수와 관계없이 그 공유자들 중 1인만이 토지등소유자로 산정된다고 판단하였다.[19]

(4) 다수의 토지 또는 건물의 각 공유자가 다를 경우

대법원은 토지의 필지별 또는 토지 · 건물의 소유자, 공유자가 서로 다를 경우에는 각 부동산별로 1인이 토지등소유자로 산정된다고 판단하였다.[20]

(5) 토지의 공유자 중 일부가 지상 건축물을 단독 소유하는 경우

대법원은 정비구역 내 토지의 필지별 또는 토지 · 건축물의 소유자, 공유자가 서로 다를 경우에는 원칙적으로 각 부동산별로 1인이 토지등소유자로 산정되어야 하므로, 토지의 공유자 중 일부가 지상 건축물을 단독 소유하는 경우 토지와 건축물은 각각 1인을 토지등소유자로 산정하였다.[21]

---

17) 서울고등법원 2011. 1. 12. 선고 2010누9442 판결(대법원에서 심리불속행기각으로 확정).
18) 법제처 11－0666, 2011. 12. 8.
19) 대법원 2010. 1. 14. 선고 2009두15852 판결, 대법원 2013. 11. 28. 선고 2012두15777 판결 등.
20) 대법원 2010. 1. 14. 선고 2009두15852 판결, 대법원 2013. 11. 28. 선고 2012두15777 판결 등.
21) 대법원 2015. 3. 20. 선고 2012두23242 판결.

다. 지상권이 설정된 경우

주거환경개선사업·재개발사업에서 토지에 지상권이 설정되어 있는 경우 토지의 소유자와 해당 토지의 지상권자를 대표하는 1인을 토지등소유자로 산정한다 (시행령 제33조 제1항 제1호 나목).

라. 1인이 다수의 토지 또는 건축물을 소유한 경우

주거환경개선사업·재개발사업에서 1인이 다수 필지의 토지 또는 다수의 건축물을 소유하고 있는 경우에는 필지나 건축물의 수에 관계없이 토지등소유자를 1인으로 산정한다. 다만, 재개발사업으로서 법 제25조 제1항 제2호에 따라 토지등소유자가 재개발사업을 시행하는 경우 토지등소유자가 정비구역 지정 후에 정비사업을 목적으로 취득한 토지 또는 건축물에 대해서는 정비구역 지정 당시의 토지 또는 건축물의 소유자를 토지등소유자의 수에 포함하여 산정하되, 이 경우 동의 여부는 이를 취득한 토지등소유자에 따른다[22](시행령 제33조 제1항 제1호 다목).

재건축사업에서 1인이 둘 이상의 소유권 또는 구분소유권을 소유하고 있는 경우에는 소유권 또는 구분소유권의 수에 관계없이 토지등소유자를 1인으로 산정한다(시행령 제33조 제1항 제2호 나목).

마. 추진위원회 구성에 동의한 자로부터 토지 또는 건축물을 취득한 경우

추진위원회의 동의한 자로부터 토지 또는 건축물을 취득한 자는 추진위원회의 구성에 동의한 것으로 본다(시행령 제33조 제1항 제3호).

---

22) 토지등소유자가 시행하는 재개발사업의 경우 대부분 소수의 대토지 소유자들이 소규모 필지를 매입하여 사업을 추진하는 것이 일반적인데, 정비사업을 위해 소규모 필지를 매입하더라도 1인의 토지등소유자로 산정될 경우 정비사업의 추진을 위한 동의율을 충족할 수 없어 사업추진이 불가능해지는 문제를 해소하기 위하여 도입된 것이라 할 수 있다[유삼술·이종만, 재개발 재건축의 입문, 하우징헤럴드, 2011(이하, '유삼술·이종만, 전게서'), 260면].

바. 토지등소유자의 소재가 확인되지 아니한 경우

(1) 토지등소유자의 수 산정 제외

토지등기부등본·건물등기부등본·토지대장 및 건축물관리대장에 소유자로 등재될 당시 주민등록번호의 기재가 없고 기재된 주소가 현재 주소와 상이한 경우로서 소재가 확인되지 아니한 자는 토지등소유자의 수에서 제외하여야 한다(시행령 제33조 제1항 제4호).

대법원은 위와 관련하여 "① 위 시행령 조항의 취지는 조합설립추진위원회 내지 조합설립인가 등의 동의 여부에 관한 의사 확인이 어려운 토지 또는 건축물 소유자를 배제하여 사업 진행을 원활하게 하려는 취지에 있고, ② 아울러 조합설립인가처분 이전에 사망한 토지 또는 건축물 소유자를 소재가 확인되지 않는다는 이유로 토지등소유자의 수에서 제외하기 위한 요건과 관련하여, 소재가 확인되지 아니한다는 이유만으로 토지등소유자의 수에서 제외되는 토지 또는 건축물 소유자는 자신의 의사가 전혀 반영되지 아니한 채 소유물이 처분되는 결과에 이를 수 있다는 점을 고려할 때 적용에 신중을 기해야 하므로, 조합설립인가처분 이전에 이미 사망한 토지 또는 건축물 소유자를 소재가 확인되지 않는다는 이유로 토지등소유자의 수에서 제외하기 위해서는 위 토지 또는 건축물 소유자의 상속인의 존재 및 소재를 확인하기 위한 가능하고도 충분한 노력을 다하였음에도 그러한 사실을 확인할 수 없음이 분명한 경우이어야 하고, 위 시행령 조항에서 정한 관련 공부에 이미 사망한 토지 또는 건축물 소유자의 주민등록번호가 기재되어 있더라도 달리 볼 이유가 없다"고 판단한 바 있다.[23)]

(2) 공유자 중 1인의 소재가 확인되지 아니한 경우

대법원은 조합설립 동의자 수의 산정방법에 관한 사안에서, "공유자 중 일부가 소재불명자이면 유효한 조합설립 동의를 할 수 없다는 점에서 토지의 단독소유자가 소재불명자인 경우와 다르지 아니하므로, 공유자 중 일부가 소재불명자인 경

---

23) 대법원 2014. 5. 29. 선고 2012두11041 판결.

우도 단독소유자가 소재불명인 경우와 마찬가지로 조합설립 동의 대상이 되는 토지 또는 건축물 소유자의 수에서 제외하여야 한다"고 판단한 바 있다.[24]

사. 국·공유지의 경우

국·공유지에 대해서는 그 재산관리청 각각을 토지등소유자로 산정한다(시행령 제33조 제1항 제5호). 따라서 등기부등본상 소유자가 국가라고 하더라도 만일 재산관리청이 다를 경우에는 각각을 별개의 토지등소유자로 봐야 할 것이다.

대법원은 "국가와 지방자치단체가 정비사업 시행과 관련하여 여러 공적 권한과 역할을 부여받고 있음과 아울러 공공복리 실현을 위하여 정비사업을 지원하고 사업의 추진에 협조할 의무를 지고 있는 점 등에 비추어 보면, 해당 정비사업조합에 대한 설립을 인가하는 관할관청이 대표하는 지방자치단체가 정비구역 내에 토지를 소유하는 경우에 지방자치단체는 조합설립인가처분을 통하여 해당 정비사업조합의 설립에 동의한 것으로 볼 수 있고, 또한 국가 또는 정비구역 지정권자가 대표자로 있는 지방자치단체가 정비구역 내에 국·공유지를 소유하는 경우에 정비기본계획의 수립 및 정비구역의 지정으로부터 관할관청의 구체적인 조합설립인가처분에 이르기까지의 과정에서 협의절차 등을 통하여 정비사업 자체나 해당 정비사업조합에 의한 사업추진에 대하여 명시적으로 반대의 의사를 표시하거나 반대하였다고 볼 수 있는 행위를 하지 않았다면, 국가 또는 지방자치단체는 관할관청의 인가에 의하여 이루어지는 해당 정비사업조합의 설립에 동의한 것으로 볼 수 있다"고 판시하였다.[25]

아. 존치지역의 경우

대법원은 정비구역 내의 토지이나 정비사업의 직접 대상에서 제외하는 존치지역의 경우에도 존치지역의 면적을 제외하여야 할 만한 아무런 근거가 없어 그 토지등소유자도 동의권자에 해당된다고 본다.[26]

---

24) 대법원 2017. 2. 3. 선고 2015두50283 판결.
25) 대법원 2014. 4. 14. 선고 2012두1419 전원합의체 판결.
26) 대법원 2014. 5. 16. 선고 2011두27094 판결.

자. 정비사업의 내용 변경과 기존 동의서의 효력

토지등소유자가 추진위원회 구성에 대한 동의를 한 후에 정비구역이 변경되는 등 '당해 사업의 내용이 동일성을 인정할 수 없을 정도로 변경'된 경우에도 기존 동의서의 효력을 유효한 것으로 볼 수 있을지 문제된다.

대법원은 "토지소유자 등이 정비구역이 정해지기 전에 임의로 그 구역을 예상하여 추진위원회 구성에 동의하였는데 나중에 확정된 실제 사업구역이 동의 당시 예정한 사업구역과 동일성을 인정할 수 없을 정도로 달라진 경우, 위 동의에 기초한 승인처분은 위법하다"고 판단하였고,[27] 하급심 판결도 "주택재개발사업을 위한 추진위원회를 구성함에 있어서는 사업시행범위 즉 사업구역에 관하여도 토지등소유자 과반수의 동의가 필요하므로, 당초 사업시행을 위한 동의서를 받을 때 표시된 사업시행범위가 확대 또는 축소될 경우에는 다시 그러한 내용이 표시된 동의서를 새로 받아야 하는 것이지, 동의서를 제출한 토지등소유자의 명시적인 동의가 없는 한, 기존의 동의서를 사업시행범위가 변경된 후의 동의서에 갈음할 수 없다"고 판시한 바 있다.[28]

따라서 토지등소유자가 추진위원회 구성에 동의할 당시 예정된 해당 정비구역이 동일성을 인정할 수 없을 정도로 변경되는 등 동의의 전제가 된 정비사업의 내용이 변경된 경우에는 기존 동의서의 효력이 유지될 수 없다고 본다.

【판례연구】 공유자 중 '일부'가 소재불명인 경우 토지등소유자의 동의자 수 산정 방법(대법원 2017. 2. 3. 선고 2015두50283 판결 주택재건축정비사업조합설립인가처분취소)

❑ **판결요지**

도시정비법 시행령 제28조 제1항 제4호(현 시행령 제33조 제1항 제4호)는, 토지

---

27) 대법원 2011. 7. 28. 선고 2011두2842 판결, 대법원 2014. 2. 13. 선고 2011두11495 판결.
28) 서울고등법원 2008. 5. 23. 선고 2007나4174 판결.

등기사항증명서·건물등기사항증명서·토지대장 및 건축물관리대장에 소유자로 등
재될 당시 주민등록번호의 기재가 없고 기재된 주소가 현재 주소와 상이한 경우로
서 소재가 확인되지 아니한 자(이하 '소재불명자'라 한다)는 토지 등 소유자의 수
에서 제외하여야 한다고 규정하고 있는데, 이는 의사확인이 어려운 토지 등 소유
자를 조합설립 동의 등의 절차에서 동의 대상자에서 제외함으로써 사업진행을 원
활하게 하려는 것이다. 그런데 여러 명의 공유에 속하는 토지의 공유자 중 일부가
소재불명자이면 앞서 본 바와 같이 유효한 조합설립 동의를 할 수 없다는 점에서
토지의 단독소유자가 소재불명자인 경우와 다르지 아니하므로, 공유자 중 일부가
소재불명자인 경우도 단독소유자가 소재불명인 경우와 마찬가지로 조합설립 동의
대상이 되는 토지 또는 건축물 소유자의 수에서 제외하여야 한다.

❑ **판결의 검토**

공유자 중 일부가 소재불명인 경우에는 도시정비법 시행령 제33조 제1항 제4호
의 취지가 의사확인이 어려운 토지등소유자를 조합설립 동의 등 절차에서 동의 대
상자에서 제외함으로써 사업진행을 원활하게 하려는 것에 있는 점, 1필지의 토지
또는 하나의 건축물의 공유의 경우 대표하는 1인을 토지등소유자로 산정하는 것이
원칙인 점, 그런데 공유자 중 1인이 소재불명인 경우 그러한 대표자를 선정하기 위
한 공유자 전원의 의사확인이 불가능하고, 그렇다고 나머지 공유자들의 의사를 공
유자 전원의 의사로 볼 수도 없는 점 등을 고려해야 할 것이다.

따라서, 공유자 중 일부가 소재불명인 경우도 단독소유자가 소재불명인 경우와
마찬가지로 동의 대상이 되는 토지 또는 건축물 소유자의 수에서 제외하여야 한다
는 대상판결의 태도는 타당하다고 본다.

3. 동의방법 및 동의요건의 구비시기 등

가. 동의방법

추진위원회 구성에 관한 동의서는 토지등소유자의 지장(指章)을 날인하고 자
필로 성명을 적고(서명)하되, 주민등록증, 여권 등 신원을 확인할 수 있는 신분증
명서의 사본을 첨부하여야 한다(법 제36조 제1항 제6호). 다만 토지등소유자가 해외
에 장기체류하거나 법인인 경우 등 불가피한 사유가 있다고 시장·군수가 인정하

는 경우에는 토지등소유자의 인감도장을 날인한 서면동의서에 해당 인감증명서를
첨부하는 방법으로 할 수 있다(법 제36조 제2항).

추진위원회 설립에 대한 동의서는 시행규칙[별지 제4호 서식] '정비사업 조합
설립추진위원회 구성동의서'에 위원장, 위원, 추진위원회의 업무 및 운영규정을 미
리 쓴 후 토지등소유자로부터 동의를 받아야 한다(시행령 제25조 제1항).

위 동의서에는 연번이 부여되어 있고, '토지등소유자의 인적사항 및 소유권
현황, 추진위원회 명칭, 추진위원회 구성(위원장, 감사, 부위원장, 위원), 추진위원회
의 업무, 운영규정 등 동의할 사항, 추진위원회 구성에 대한 동의가 조합설립에 대
한 동의로 의제된다는 내용 및 조합설립인가 신청 전에 반대의사를 표시할 수 있
다는 내용을 고지받았다는 내용' 등이 기재되어 있다.

토지등소유자의 동의를 받으려는 자는 동의를 받으려는 사항 및 목적, 동의로
인하여 의제되는 사항, 법 제33조 제2항에 따른 반대의사 표시의 절차 및 방법을
설명·고지하여야 한다(시행령 제25조 제2항).

■ **도시 및 주거환경정비법 시행규칙[별지 제4호 서식]**

정비사업 조합설립추진위원회 구성동의서

※ 색상이 어두운 란은 동의자가 적지 않습니다.　　　　　　　　　　　　　　　(앞 쪽)

행정기관에서 부여한 연번범위		연 번	/

Ⅰ. 소유자 인적사항

인 적 사 항	성　　　명		생년월일	
	주민등록상 주　　　소		전화번호	
소유권 현 황	※ **재건축사업의 경우**			
	소유권 위치(주소)			

등기상 건축물지분(면적)	㎡	등기상 대지지분(면적)	㎡

※ 재개발사업의 경우

권리 내역	토지	소재지 (공유여부)		면적(㎡)
		(계 필지)		
		( )		
		( )		
	건축물	소재지 (허가유무)		동 수
		( )		
		( )		
	지상권 (건축물 외 수목 또는 공작물의 소유목적)	설정 토지		지상권의 내용

II. 동의사항

1. 추진위원회 명칭	

	직 책	성 명	생년월일	주 소
	위원장			
	감 사			
2. 추진위원회 구성 ※ 공란으로 두고 동의를 얻을 수 없습니다.	부위원장			
	추진위원			

(뒤 쪽)

3. 추진위원회 업무	(1) 정비사업전문관리업자, 설계자 선정(필요시) (2) 개략적인 사업시행계획서의 작성 (3) 조합설립 인가를 받기 위한 준비업무 (4) 조합정관 초안 작성 (5) 조합설립을 위한 토지등소유자의 동의서 받기 (6) 조합설립을 위한 창립총회의 개최
4. 운영규정	※ 별첨

III. 동의내용

가. 본인은 동의서에 자필서명 및 지장날인하기 전에 동의서를 얻으려는 자로부터 다음 각 호의 사항을 사전에 충분히 설명·고지받았습니다.

　(1) 본 동의서의 제출 시 「도시 및 주거환경정비법」 제31조제2항에 따라 조합설립에 동의한 것으로 의제된다는 사항

　(2) 본 동의서를 제출한 경우에도 조합설립에 반대하고자 할 경우 「도시 및 주거환경정비법 시행령」 제33조제2항에 따라 조합설립인가 신청 전에 반대의 의사표시를 함으로써 조합설립에 동의한 것으로 의제되지 않도록 할 수 있음과 반대의 의사표시의 절차에 관한 사항

나. 본인은 II. 동의 사항(추진위원회 명칭, 구성, 업무, 운영규정)이 빠짐없이 기재되어 있음을 확인하고 충분히 숙지하였으며, 기재된 바와 같이 추진위원장, (부위원장), 감사 및 추진위원으로 하여 OOO 재건축/재개발사업 조합설립추진위원회를 구성하고 같은 추진위원회가 II. 동의 사항 중 3. 추진위원회 업무를 추진하는데 동의합니다.

년　　월　　일

위 동의자 : 　(자필로 이름을 써넣음) 지장날인

(　　　　　　　　　)사업 조합설립추진위원회 귀중

신청인 제출서류	1. 토지등소유자 신분증명서 사본 1부.	수수료 없음

나. 동의방법 위반 동의서의 효력

(1) 문제점

위와 같이 도시정비법령은 추진위원회 구성에 대한 동의방법, 동의서의 기재 내용 등을 구체적이고 상세하게 규정하고 있는데, 이러한 법정사항인 동의방법을 위반하여 징구한 동의서의 효력 여하가 문제된다.

(2) 검토

생각건대, 도시정비법령은 일정한 서식에 따른 동의서에 지장을 날인 및 신분 증명서 사본을 첨부하도록 규정하고 있는 점, 이러한 일정한 서식 및 신분증명서 사본을 첨부하도록 규정한 취지는 동의서에 관련된 부정행위 등 토지등소유자들 사이의 분쟁을 미연에 방지할 필요에 있는 점, 토지등소유자들의 진의를 확인하기 위해서는 일정한 심사 기준이 필요한 점 등을 고려하면, 추진위원회 구성에 대한 동의는 '요식행위'라고 판단된다. 그렇다면, 시행규칙[별지 제4호 서식]이 아닌 다른 양식을 사용하거나 신분증명서 사본이 첨부되지 않은 동의서는 무효라고 볼 가능성이 높다.

대법원도 조합설립인가신청시 토지등소유자의 동의 여부에 관한 사안에서, "① 재개발조합의 설립에 토지등소유자의 서면에 의한 동의를 요구하고 그 동의 서를 재개발조합설립인가신청시 행정청에 제출하도록 하는 취지는, 서면에 의하여 토지등소유자의 동의 여부를 명확하게 함으로써 동의 여부에 관하여 발생할 수 있는 관련자들 사이의 분쟁을 미연에 방지하고 나아가 행정청으로 하여금 조합설립 인가신청시에 제출된 동의서에 의하여서만 동의요건의 충족 여부를 심사하도록 함으로써 동의 여부의 확인에 불필요하게 행정력이 소모되는 것을 막기 위한 데 있고,[29] ② 동의 여부를 심사할 때 동의의 내용과 진정성에 관한 심사의 기준 관 련하여, 무엇보다도 동의의 내용에 관하여는 동의서에 '법정사항'이 모두 포함되어 있는지를 기준으로, 동의의 진정성에 관하여는 그 동의서에 날인된 인영과 인감증

---

29) 대법원 2013. 1. 10. 선고 2010두16394 판결.

명서의 인영이 동일한 것인지를 기준으로 각 심사하여야 하고, 위 기준 중 어느 하나라도 충족하지 못하는 동의서에 대하여는 이를 무효로 처리하여야 하고, 임의로 이를 유효한 동의로 처리할 수는 없다"고 판시하였는바,[30] 추진위원회의 동의서의 효력에 관련해서도 참조할 수 있을 것이다.

다. 동의의 구비시기

동의는 추진위원회의 구성승인 신청 전까지 철회를 할 수 있으므로(시행령 제33조 제2항 제1호), 추진위원회의 구성승인 신청시까지 동의요건을 구비하면 된다고 본다. 그러나 대법원은 사인의 공법상 행위는 명문으로 금지되거나 성질상 불가능한 경우가 아닌 한 그에 의거한 행정행위가 행하여질 때까지는 자유로이 철회나 보정이 가능하다는 입장이므로,[31] 구성승인 신청시에는 미달하더라도 그 후에 승인처분 전까지 추가로 동의서를 제출하여 하자를 보완(보정)하는 것은 가능하다고 본다.[32]

라. 동의의 철회

(1) 철회의 시기

토지등소유자는 추진위원회 구성승인 신청 전까지 동의를 철회할 수 있다(시행령 제33조 제2항 제1호).

(2) 철회의 방법 및 효력발생시기

동의를 철회하려는 토지등소유자는 철회서에 토지등소유자가 성명을 적고 지장(指章)을 날인한 후 주민등록증 및 여권 등 신원을 확인할 수 있는 신분증명서 사본을 첨부하여 동의의 상대방 및 시장·군수등에게 내용증명의 방법으로 발송하여야 한다. 이 경우 시장·군수등이 철회서를 받은 때에는 지체 없이 동의의 상대방에게 철회서가 접수된 사실을 통지하여야 한다(시행령 제33조 제3항). 이 경우 동의의 철회서가 동의의 상대방에게 도달한 때 또는 시장·군수가 동의의 상대방에

---

30) 대법원 2010. 1. 28. 선고 2009두4845 판결.
31) 대법원 2001. 6. 15. 선고 99두5566 판결 참조.
32) 이우재, 전게서(상), 373면.

게 철회서가 접수된 사실을 통지한 때 중 **빠른** 때에 효력이 발생한다(시행령 제33조 제4항).

그런데 위와 같이 시행령에서 동의 철회의 방법에 관하여 명시하고 있으므로, 추진위원회 구성과 마찬가지로 추진위원회 구성에 대한 동의철회 역시 요식행위로 볼 수 있다. 따라서 예를 들어 ① 지장을 날인하였으나 자필을 서명하지 않은 경우, ② 신분증명서 사본을 첨부하지 않은 경우,33) ③ 내용증명이 아닌 방법으로 발송한 경우 등의 철회의 효력이 없다고 할 것이다.

(3) 조합설립 동의의 의제와 철회

추진위원회 구성에 동의한 토지등소유자는 조합설립에 동의한 것으로 본다(법 제31조 제2항). 추진위원회는 궁극적으로 조합설립을 위한 목적으로 구성되는 조직이고, 추진위원회 구성에 동의한 토지등소유자는 추진위원회의 추진하는 주된 기능인 조합설립에도 동의할 가능성이 높다는 점에서 조합설립 동의를 의제하는 것이라고 해석된다.

그런데 조합설립에 대한 동의는 토지등소유자의 권리·의무에 관하여 중대한 내용을 많이 포함하고 있는데, 추진위원회 설립 당시 이러한 내용이 확정되지 않았기 때문에 추진위원회 설립에 동의하였다고 하더라도 무조건 조합실립에 내한 동의로 의제하는 것은 토지등소유자의 권리를 과도하게 침해할 수 있으므로,34) 추진위원회 구성에 동의한 토지등소유자는 조합설립 인가신청 전에 시장·군수 및 추진위원회에 조합설립에 대한 반대의 의사표시를 할 수 있도록 규정하고 있다(법 제31조 제2항).

---

33) 하급심 판결은 당시 시행령상 동의철회시 인감증명서 첨부 규정이 있던 사안에서, 인감증명서 미첨부시 철회의 효력이 없음을 판시한 바 있다(서울고등법원 2010. 12. 16. 선고 2010누 18378 판결).
34) 유삼술·이종만, 전게서, 270면~271면.

Ⅲ. 추진위원회 승인처분

1. 추진위원회 승인신청

가. 승인신청서 및 첨부서류

추진위원회의 구성에 대한 승인을 얻으려는 자는 시행규칙[별지 제3호 서식] 조합설립추진위원회 승인신청서에 ① 토지등소유자의 명부, ② 토지등소유자의 동의서, ③ 위원장 및 위원의 주소 및 성명, ④ 위원선정을 증명하는 서류를 첨부하여 시장·군수로부터 조합설립추진위원회 승인처분을 받아야 한다(시행규칙 제7조 제1항).

추진위원회 구성승인과 관련된 토지등소유자의 동의서 구비 여부는 승인신청 당시를 기준으로 적법성을 판단한다고 할 것이다.

나. 복수의 추진위원회 승인신청의 처리

복수의 추진위원회 승인신청의 문제는 토지등소유자가 복수의 (가칭) 추진위원회에 중복동의를 한 경우 발생할 수 있는데, 중복동의자의 기본적인 의사는 자신들의 중복동의를 각각 유효한 것으로 처리하여 복수의 추진위원회 중 어느 것이라도 승인을 받아도 무방하다는 것이라고 해석함이 상당하고, 다만, 일방의 추진위원회 구성이 적법하게 승인된 경우에는 아직 승인을 받지 못한 다른 추진위원회에 대한 동의는 무효로 처리하는 것이 타당하다 할 것이다.[35]

따라서 이 경우 시장·군수는 신청 접수 순서에 따라 먼저 접수된 승인신청을 심사하면서 위와 같이 중복동의자들의 동의 의사표시를 유효한 것으로 산정하면 될 것이다.[36]

---

35) 서울고등법원 2008. 1. 8. 선고 2007누15904 판결.
36) 서울고등법원 2008. 1. 8. 선고 2007누15904 판결.

2. 추진위원회 승인처분의 법적 성격

가. 기속행위

대법원은 "조합설립추진위원회 승인신청을 받은 시장·군수가 승인신청서에 첨부된 서류를 통해 추진위원회 구성에 관하여 토지등소유자 2분의 1 이상의 동의가 있고 추진위원회가 위원장을 포함한 5인 이상의 위원으로 구성된 것을 확인한 경우, 추진위원회 설립을 승인해야 한다"고 판시하였고,[37] 정비사업 실무에서도 이를 기속행위로 보고 있다.[38]

나. 보충행위

대법원은 조합설립추진위원회의 구성을 승인하는 처분은 조합의 설립을 위한 주체에 해당하는 비법인사단인 추진위원회를 구성하는 행위를 보충하여 그 효력을 부여하는 처분인 데 반하여, 조합설립인가처분은 법령상 요건을 갖출 경우 주택재건축사업을 시행할 수 있는 권한을 가지는 행정주체(공법인)로서의 지위를 부여하는 일종의 설권적 처분이라고 판시하여 추진위원회 구성을 승인처분은 조합설립인가처분과 달리 보충행위(강학상 인가)로 판단하고 있다.[39]

3. 추진위원회 변경승인

가. 변경승인 가부

도시정비법상 추진위원회 변경승인에 관한 직접 근거규정은 없으나, 종전의 구성승인 이후 재정비촉진지구 지정으로 정비예정구역이 확대될 경우 등 변경사항이 발생할 경우 승인권자인 시장·군수의 변경승인이 가능하다고 볼 것이다.[40]

---

37) 대법원 2008. 7. 24. 선고 2007두12996 판결, 대법원 2011. 7. 28. 선고 2011두2842 판결.
38) 이우재, 전게서(상), 378면.
39) 대법원 2014. 2. 27. 선고 2011두2248 판결, 대법원 2014. 4. 14 선고 2012두1419 전원합의체 판결.
40) 대법원 2013. 9. 12. 선고 2011두31284 판결, 같은 취지로 대법원 2014. 2. 27. 선고 2011두2248 판결은 추진위원회가 구성승인을 받을 당시의 정비예정구역보다 정비구역이 확대되어 지정된 경우 당초의 추진위원회 구성승인이 당연 실효되었다고 볼 수 있는 등의 특별한 사정

나. 정비구역 변경과 기존 추진위원회 승인의 효력

대법원은 당초 정비예정구역이 추후 재정비촉진구역으로 지정되면서 사업구역면적 약 89%, 확대되고, 토지등소유자의 수 역시 약 106% 증가된 사안에서, "① 일정한 정비예정구역을 전제로 추진위원회 구성 승인처분이 이루어진 후 정비구역이 정비예정구역과 달리 지정되었다는 사정만으로 승인처분이 당연히 실효된다고 볼 수 없고, ② 정비예정구역과 정비구역의 각 위치, 면적, 토지등소유자및 동의자 수의 비교, 정비사업계획이 변경되는 내용과 정도, 정비구역 지정 경위등을 종합적으로 고려하여 당초 승인처분의 대상인 추진위원회가 새로운 정비구역에서 정비사업을 계속 추진하는 것이 도저히 어렵다고 보여 그 추진위원회의 목적달성이 사실상 불가능하다고 인정되는 경우에 한하여 그 실효를 인정함이 타당하다"고 판단하였다.[41]

이에 위 대법원 판결은 재정비촉진지구역 지정은 도시재정비 촉진을 위한 특별법에 따라 광역적이고 체계적·효율적인 주택재개발사업의 시행을 위하여 정비예정구역을 중심으로 그 외연이 확대된 것에 불과하므로 그와 같은 사정만으로 이사건 승인처분이 실효된다고 하기는 어렵고, 추진위원회는 '변경승인' 절차를 밟아그 업무를 수행할 수 있다고 판단하였다.

Ⅳ. 추진위원회 승인처분과 쟁송방법

1. 추진위원회 승인처분의 쟁송방법

가. 개요

앞서 본 바와 같이 대법원은 추진위원회의 구성승인은 조합의 설립을 위한

이 없는 한 추진위원회는 토지등소유자의 동의 등 일정한 요건을 갖추어 시장·군수에 추진위원회 구성 변경승인을 신청할 수 있고, 추진위원회 구성에 관한 승인권한을 가지는 시장·군수는 변경승인의 권한이 있다고 판시하였다.
41) 대법원 2013. 9. 12. 선고 2011두31284 판결.

주체인 추진위원회의 구성행위를 보충하여 효력을 부여하는 행정처분으로 판단하고 있는바, 추진위원회 승인처분에 대한 쟁송은 항고소송에 의하여야 한다.

다만, 추진위원회의 구성행위에 관한 하자(예컨대, 토지등소유자의 과반수의 동의)에 해당될 경우에는 그 기본행위인 구성행위 자체의 하자를 다툴 수 있다고 할 것이다. 그런데 대법원은 '토지등소유자의 동의'에 관한 하자의 주장은 추진위원회의 설립 자체에 관한 하자의 주장임과 동시에 추진위원회 승인처분에 관한 하자의 주장이기도 하다고 보고, 기본행위인 추진위원회의 설립 자체에 관한 하자의 주장이라고만 보아 승인처분의 취소에 대한 소의 이익이 없어 부적법하다고 판단한 것은 잘못이라고 판시한 바 있다.[42]

나. 원고적격

대법원은 하나의 정비구역 안에서 복수의 조합설립추진위원회에 대한 승인은 허용되지 않는 점, 추진위원회가 행한 업무와 관련된 권리와 의무는 조합이 포괄승계하는 점 등에 비추어 보면, 추진위원회의 구성에 동의하지 아니한 정비구역 내의 토지등소유자도 추진위원회 설립승인처분에 대하여 도시정비법에 의하여 보호되는 직접적이고 구체적인 이익을 향유하므로 그 승인처분의 취소소송을 제기할 원고적격이 있다고 판시한 바 있다.[43]

다. 조합설립인가와 소의 이익

대법원은 "추진위원회 구성승인처분은 조합설립이라는 종국적 목적을 달성하기 위한 중간단계의 처분에 해당하지만 그 법률요건이나 효과가 조합설립인가처분의 그것과는 다른 독립적인 처분이기 때문에 추진위원회 구성승인처분에 대한 취소 또는 무효확인 판결의 확정만으로는 이미 조합설립인가를 받은 조합에 의한 정비사업의 진행을 저지할 수 없다 할 것이므로, 추진위원회 구성승인처분을 다투는 소송 계속 중에 조합설립인가처분이 이루어진 경우에는, 추진위원회 구성승인처분에 위법이 존재하여 조합설립인가 신청 행위가 무효라는 점 등을 들어 직접 조합설립인가처분을 다툼으로써 정비사업의 진행을 저지하여야 할 것이고, 이와는 별도로 추진위원회 구성승인처분에 대하여 취소 또는 무효확인을 구할 법률상의 이익은 없다"고 판시하였다.[44]

한편, 대법원은 조합설립추진위원회 구성승인처분의 하자를 들어 조합설립인가처분을 위법하다고 할 수 있는지 여부 및 예외적으로 조합설립추진위원회의 구성승인처분의 위법사유를 이유로 조합설립인가처분의 효력을 다툴 수 있는 경우에 관하여,

"추진위원회의 구성을 승인하는 처분은 조합의 설립을 위한 주체에 해당하는 비법인 사단인 추진위원회를 구성하는 행위를 보충하여 그 효력을 부여하는 처분인 데 반하여, 조합설립인가처분은 법령상요건을 갖출 경우 도시정비법상 주택재개발사업을 시행할 수 있는 권한을 가지는 행정주체(공법인)로서의 지위를 부여하는 일종의 설권적 처분이므로, 양자는 그 목적과 성격을 달리한다. 추진위원회의 권한은 조합설립을 추진하기 위한 업무를 수행하는데 그치므로 일단 조합설립인가처분을 받아 추진위원회의 업무와 관련된 권리와 의무가 조합에 포괄적으로 승계되면, 추진위원회는 그 목적을 달성하여 소멸한다. 조합설립인가처분은 추진위원회 구성의 동의요건보다 더 엄격한 동의요건을 갖추어야 할 뿐만 아니라 창립총회의 결의를 통하여 정관을 확정하고 임원을 선출하는 등의 단체결성행위를 거쳐 성립하는 조합에 관하여 하는 것이므로, 추진위원회 구성의 동의요건흠결 등 추진위원회구성승인처분상의 위법만을 들어 조합설립인가처분의 위법을 인정하는 것은 조합설립의 요건이나 절차, 그 인가처분의 성격, 추진위원회 구성의 요건이나 절차, 그 구성승인처분의 성격 등에 비추어 타당하다고 할 수 없다. 따라서 조합설립인가처분은 추진위원회구성승인처분이 적법·유효할 것을 전제로 한다고 볼 것은 아니므로, 구 도시정비법령이 정한 동의요건을 갖추고 창립총회를 거쳐 주택재개발조합이 성립한 이상, 이미 소멸한 추진위원회구성승인처분의 하자를 들어 조합설립인가처분이 위법하다고 볼 수 없다. 다만 추진위원회구성승인처분의 위법으

---

44) 대법원 2013. 1. 31. 선고 2011두11112, 2011두11129 판결, 대법원 2013. 6. 13. 선고 2010두10488, 2010두10495 판결.

로 그 추진위원회의 조합설립인가 신청행위가 무효라고 평가될 수 있는 특별한 사정이 있는 경우라면, 그 신청행위에 기초한 조합설립인가처분이 위법하다고 볼 수 있다. 그 위법사유가 도시정비법상 하나의 정비구역 내에 하나의 추진위원회로 하여금 조합설립의 추진을 위한 업무를 수행하도록 한 추진위원회 제도의 입법취지를 형해화할 정도에 이르는 경우에 한하여 그 추진위원회의 조합설립인가 신청행위가 위법·무효이고, 나아가 이에 기초한 조합설립인가처분의 효력을 다툴 수 있게 된다"고 판시한 바 있다.[45]

라. 조합설립인가처분 취소와 추진위원회의 지위 회복

대법원은 조합설립인가처분이 취소되더라도 추진위원회가 지위를 회복할 수 없다고 본다면, 당해 정비구역 내에서 정비사업을 계속 추진할 아무런 주체가 없게 되어 조합설립인가처분의 하자가 아무리 경미한 것이라 하더라도, 당해 정비구역 내에서 정비사업을 추진하기 위하여는 추진위원회 구성 및 동의서 징구 등 최초부터 모든 절차를 새롭게 진행해야 하는 사회·경제적 낭비가 있는 점, 추진위원회가 그 지위를 회복한다고 보더라도, 정비사업의 계속 추진에 반대하는 토지 등소유자로서는 추진위원회가 다시 조합설립인가신청을 하기 이전까지 법령이 정한 바에 따라 동의를 철회할 수 있다는 점을 근거로, 조합설립인가처분이 법원의 판결에 의하여 취소된 경우에는 추진위원회가 지위를 회복하여 다시 조합설립인가 신청을 하는 등 조합설립추진 업무를 계속 수행할 수 있다고 판시하였다.[46]

2. 추진위원회 승인처분의 취소와 법률관계

추진위원회 승인처분이 취소되거나 무효확인판결을 받은 경우, 그 추진위원회는 구성승인을 얻지 못한 것으로 되고, 조합설립행위를 할 수 있는 지위를 상실한다.

그러나 추진위원회 승인처분이 취소되더라도 추진위원회는 내부적으로 비법

---

45) 대법원 2013. 12. 26. 선고 2011두8291 판결, 대법원 2014. 4. 24. 선고 2012두29004 판결 등.
46) 대법원 2016. 12. 15. 선고 2013두17473 판결.

인 사단으로서 존속하고, 승인처분이 취소된 추진위원회는 별도의 청산절차를 거쳐서 청산을 하거나 승인처분 취소의 원인이 된 하자를 보완하여 다시 승인신청을 할 수 있다.[47]

---

47) 이우재, 전게서(상), 393면.

제32조(추진위원회의 기능)

① 추진위원회는 다음 각 호의 업무를 수행할 수 있다.

　　1. 제102조에 따른 정비사업전문관리업자(이하 "정비사업전문관리업자"라 한다)의 선정 및 변경

　　2. 설계자의 선정 및 변경

　　3. 개략적인 정비사업 시행계획서의 작성

　　4. 조합설립인가를 받기 위한 준비업무

　　5. 그 밖에 조합설립을 추진하기 위하여 대통령령으로 정하는 업무

② 추진위원회가 정비사업전문관리업자를 선정하려는 경우에는 제31조에 따라 추진위원회 승인을 받은 후 제29조제1항에 따른 경쟁입찰 또는 수의계약(2회 이상 경쟁입찰이 유찰된 경우로 한정한다)의 방법으로 선정하여야 한다.

③ 추진위원회는 제35조제2항, 제3항 및 제5항에 따른 조합설립인가를 신청하기 전에 대통령령으로 정하는 방법 및 절차에 따라 조합설립을 위한 창립총회를 개최하여야 한다.

④ 추진위원회가 제1항에 따라 수행하는 업무의 내용이 토지등소유자의 비용부담을 수반하거나 권리·의무에 변동을 발생시키는 경우로서 대통령령으로 정하는 사항에 대하여는 그 업무를 수행하기 전에 대통령령으로 정하는 비율 이상의 토지등소유자의 동의를 받아야 한다.

Ⅰ. 서설

1. 추진위원회의 업무범위

　　추진위원회는 토지등소유자들이 조합설립을 추진하기 위하여 구성승인을 받아 활동하는 한시적 성격의 기구이므로, 도시정비법령은 추진위원회가 수행할 업무에 관하여 조합설립을 위해 필요한 업무로 한정적으로 규정하고 있다(법 제32조제1항, 시행령 제26조).

> 1. 제102조에 따른 정비사업전문관리업자의 선정 및 변경
> 2. 설계자의 선정 및 변경
> 3. 개략적인 정비사업 시행계획서의 작성
> 4. 조합설립인가를 받기 위한 준비업무
> 5. 법 제31조 제1항 제2호에 따른 추진위원회 운영규정의 작성
> 6. 토지등소유자의 동의서의 접수
> 7. 조합의 설립을 위한 창립총회의 개최
> 8. 조합 정관의 초안 작성
> 9. 그 밖에 추진위원회 운영규정으로 정하는 업무

2. 업무범위 위반 행위의 효력

추진위원회는 조합설립을 목적으로 구성승인을 받은 단체인 점, 도시정비법령은 추진위원회의 업무범위를 한정적으로 규정하고 있는 점, 운영규정 제6조는 운영규정이 정하는 추진위원회 업무범위를 초과하는 업무나 계약, 용역업체의 선정 등은 조합에 승계되지 아니한다고 규정하고 있는 점 등을 고려하면, 추진위원회의 업무범위를 위반한 행위는 위법하다고 판단된다.

실무상 가장 논란이 많은 쟁점이 추진위원회의 시공자 선정문제인데, 이에 관하여는 제29조(계약의 방법 및 시공자 선정 등)의 해당 부분에서 살펴본 바 있다.

Ⅱ. 추진위원회의 주요 업무

1. 정비사업전문관리업자의 선정

가. 의의

정비사업전문관리업자는 정비사업의 관련 업무대행 등 정비사업의 시행을 위한 필요한 사항을 추진위원회 또는 사업시행자로부터 위탁받거나 이와 관련한 자

문을 하는 자를 말한다(법 제102조 제1항).

나. 선정시기

(1) 입법취지

추진위원회는 추진위원회 승인을 받은 후 정비사업전문관리업자를 선정하여
야 한다(법 제32조 제2항).[1] 이는 추진위원회가 구성되기 전부터 위법한 자금지원
등을 하면서 사전에 추진위원회로부터 선정을 약속 받는 경우가 있었으므로 이를
방지하기 위하여 선정시기를 추진위원회 승인 이후로 규정한 것이라 할 수 있다.[2]

(2) 추진위원회 승인 전 선정의 효력

법 제32조 제2항의 입법취지, 해당 사항 위반시 처벌규정이 있는 점을 고려
하면, 정비사업전문관리업자의 선정시기 관련 법 제32조 제2항은 강행규정의 성
격으로 볼 수 있는바, 추진위원회 승인 전에 이루어진 정비사업전문관리업자의 선
정 및 정비사업전문관리업자와 법률행위는 모두 무효라고 볼 수 있다.[3]

(3) 선정방법

추진위원회 승인을 받은 후 법 제29조 제1항에 따른 경쟁입찰 또는 수의계약
(2회 이상 경쟁입찰이 유찰된 경우로 한정한다)의 방법으로 선정하여야 한다(법 제32조
제2항). 법 제29조 제1항은 추진위원장이 계약을 체결하려면 일반경쟁에 부쳐야
하며, 계약규모, 재난의 발생 등 대통령령으로 정하는 경우에는 입찰 참가자를 지
명하여 경쟁에 부치거나 수의계약으로 할 수 있다고 규정하고 있다. 이러한 계약
체결방법에 관한 구체적인 내용은 계약업무 처리기준이 적용된다.

(4) 추진위원회와의 법률관계

추진위원회와 정비사업전문관리업자의 관계에 관하여 도시정비법에 규정된

---

1) 이를 위반하여 승인 전에 정비사업전문관리업자를 선정한 경우에는 3년 이하의 징역 또는 3
   천만 원 이하의 벌금에 처한다(법 제136조 제3호).
2) 유삼술·이종만, 전계서, 282면.
3) 선병욱, 추진위원회에서의 용역업체선정에 관하여, 도시재생신문, 2009. 11. 19. 참조.

사항을 제외하고는 민법 중 위임에 관한 규정을 준용한다(법 제104조).

(5) 추진위원회의 정비사업전문관리업자의 선정과 조합의 승계 가부

최근 법제처는 추진위원회의 업무범위에 속하는 정비사업전문관리업자 선정의 의미에 관하여, "법률의 입법취지와 목적, 관련 규정과의 관계 등을 체계적으로 고려해 추진위원회가 정비사업전문관리업자를 선정하는 경우 정비사업전문관리업자의 업무범위는 추진위원회의 업무에 관한 것으로 한정되고, 추진위원회의 업무범위에 '조합의 업무범위에 속하는 업무를 정비사업전문관리업자에게 위탁하거나 그에 관하여 자문을 받기로 하는 것'은 포함되지 않는다"고 해석하여 조합의 승계를 부정한 바 있다.[4]

2. 설계자의 선정 및 변경

설계자의 선정 및 변경은 2010. 4. 15. 법률 제10268호로 도시정비법이 개정되면서 추진위원회의 업무범위로 추가되었는데, 이는 추진위원회 단계에서 개략적인 정비사업의 시행계획서를 작성하기 위해 설계자를 선정할 필요가 있는 점을 감안한 것이다. 설계자의 선정 및 계약체결에 대해서도 계약업무 처리기준이 적용된다.

한편 최근 국토교통부는 추진위원회가 선정한 정비사업전문관리업자의 경우에는 운영규정안에 따르면 추진위원회의 업무를 수행할 수 있다고 규정하고 있으므로(운영규정안 제5조 제3항) 위 법제처 해석과 동일하게 조합에 승계되지 않는 반면, 설계자의 경우에는 그러한 업무범위에 관한 명시적인 규정이 없어 조합에 승계된다는 취지로 질의회신을 한 바 있다.[5]

---

4) 법제처 19-0206, 2019. 9. 6., 현재 정비사업 실무 관행상 추진위원회의 정비사업전문관리업자의 선정은 조합설립 이후에도 조합이 승계할 수 있는 것으로 보고 사업을 진행하는 경우가 많은데, 이러한 법제처의 해석에 따르면 조합들이 정비사업전문관리업자를 다시 선정해야 하는 결론에 이르게 된다.
5) 한국주택경제, 2019. 11. 7. 자 기사 참조.

3. 개략적인 정비사업의 시행계획서 작성

운영규정안에 의하면 추진위원회는 용적률·건폐율 등 건축계획, 건설예정 세대수 등 주택건설계획, 철거 및 신축비 등 공사비와 부대경비, 사업비의 분담에 관한 사항, 사업완료 후 소유권의 귀속에 관한 사항을 포함하여 개략적인 정비사업 시행계획서를 작성해야 한다(운영규정안 제30조).

다만, 개략적인 시행계획서는 추진위원회에서 작성하지만, 시행계획서를 변경할 경우에는 주민총회의 결의를 거쳐야 한다(운영규정안 제21조 제5호). 또한 추진위원회는 개략적인 시행계획서를 토지등소유자가 쉽게 접할 수 있는 장소에 게시하거나 인터넷 등을 통하여 공개하고, 필요한 경우에는 토지등소유자에게 서면통지를 하는 등 토지등소유자가 그 내용을 충분히 알 수 있도록 하여야 한다(운영규정안 제9조 제1항 제3호).

4. 조합설립인가를 받기 위한 제반 준비업무

추진위원회는 조합설립인가를 받기 위한 준비업무, 추진위원회 운영규정의 작성, 토지등소유자의 동의서 징구, 조합의 설립을 위한 창립총회의 개최, 조합정관의 초안 작성, 그 밖에 추진위원회 운영규정이 정하는 사항을 수행할 수 있다(법 제32조 제1항, 시행령 제26조).

Ⅲ. 창립총회

1. 서설

가. 법적 근거

창립총회는 조합설립인가를 위해 정관 확정, 조합임원 및 대의원을 선임하는 총회를 말한다(법 제32조 제3항, 시행령 제27조). 조합설립인가 신청시 창립총회 회의록 및 창립총회 참석자 연명부, 창립총회에서 임원·대의원을 선임한 때에는 선임된 자의 자격을 증명하는 서류를 첨부하여야 한다(시행규칙 제8조 제2항 제1호 다목, 마목).

나. 법적 성격 - 조합 총회 여부

창립총회가 조합의 총회에 해당하는지 문제되는데, 창립총회는 추진위원회가 조합설립을 위한 목적으로 개최하는 총회의 성격을 가지고 있는 점, 조합설립인가처분은 조합에 정비사업을 시행할 수 있는 권한을 갖는 행정주체(공법인)의 지위를 부여하는 설권적 처분의 성격을 갖는 점을 고려하면, 조합설립인가 전의 창립총회는 조합설립인가 후의 일반적인 조합 총회에 해당된다고 보기는 어렵다. 대법원의 태도도 동일하다.[6] 따라서 창립총회는 조합 총회에서 처리해야 할 업무를 처리할 수 없다고 본다.[7]

2. 창립총회의 개최시기

도시정비법 시행령은 창립총회는 조합설립에 대한 토지등소유자의 동의를 받은 후, 조합설립인가의 신청 전에 개최하여야 함을 명시하고 있다(시행령 제27조 제1항).

따라서 조합설립에 필요한 동의요건을 갖추지 못한 상태에서 창립총회를 개최할 경우, 이는 조합설립인가처분의 하자사유가 될 수 있다.[8]

【질의회신】

❑ **국토교통부(2010. 09. 15.)**

창립총회는 도시정비법 제16조 제1항부터 제3항까지의 동의를 받는 규정에 적합한 상태에서 조합설립인가 신청 전에 개최할 수 있는 것으로 보며, 동의는 창립

---

6) 대법원 2012. 4. 12. 선고 2010다10986 판결(조합설립추진위원회가 조합설립인가처분을 받아 설립등기를 마치기 전에 창립총회에서 한 결의의 법적 성격을 주민총회 또는 토지등소유자 총회의 결의에 불과하다).
7) 유삼술·이종만, 전게서, 290면~291면.
8) 맹신균, 전게서, 250면.

총회 소집요구 이전에 받아야 할 것임.

□ **법제처(11-0587. 2011. 11. 24.)**

주택재개발추진위원회가 조합설립에 대한 토지등소유자의 4분의 3 이상 및 토지면적의 2분의 1 이상의 토지소유자의 동의를 받았다고 판단하여 창립총회를 개최한 후 조합설립인가를 신청하였으나, 위 동의요건에 미달된 것으로 판명된 경우, 조합설립에 대한 토지등소유자의 동의요건에 미달한 수가 극히 소수에 불과하고, 추진위원회가 통상적인 방법에 따라 토지등소유자를 산정하여 동의요건을 충족하였다는 판단하에 창립총회를 개최한 경우로서 다시 창립총회를 개최하는 것이 지극히 불합리하다고 판단되는 등의 특별한 사정이 있는 경우는 별론으로 하고, 추가로 조합설립에 대한 동의를 받아 토지등소유자의 4분의 3 이상 및 토지면적의 2분의 1 이상의 토지소유자의 동의요건을 충족하였더라도 원칙적으로 다시 창립총회를 개최하여야 할 것임.

3. 창립총회의 소집

가. 소집권자

창립총회는 추진위원장의 직권 또는 토지등소유자 5분의 1 이상의 요구로 추진위원장이 소집한다. 다만, 토지등소유자 5분의 1 이상의 소집요구에도 불구하고 추진위원장이 2주 이상 소집요구에 응하지 아니하는 경우 소집요구한 자의 대표가 소집할 수 있다(시행령 제27조 제3항).

추진위원장의 임기가 만료되고 연임결의가 없더라도 추진위원장의 자격이 당연히 상실되는 것은 아니며, 임기만료된 추진위원장은 후임자가 선임될 때까지 직무를 수행할 수 있으므로(운영규정안 제15조 제4항), 임기만료된 추진위원장이 소집한 창립총회도 적법하다고 본다.[9]

---

9) 수원지방법원 2013. 6. 13. 선고 2011구합12192 판결도, "창립총회 소집 당시 위 추진위원회 위원장의 임기가 만료되었음은 역수상 명백하나, 추진위원회 운영규정(건설교통부 고시 제2006호)에서 임기가 만료된 위원은 후임자가 선임될 때까지 직무수행권을 가진다고 명시적으로 규정하고 있고, 임기만료된 위원장으로 하여금 추진위원회 업무를 수행케 함이 부적당하다고 인정할 만한 특단의 사정도 보이지 아니한다. 따라서 이 사건 창립총회 소집은 적법하다"고 판시한 바 있다.

나. 창립총회의 통지

추진위원회는 창립총회 14일전까지 회의목적·안건·일시·장소·참석자격 및 구비사항 등을 인터넷 홈페이지를 통해 공개하고, 토지등소유자에게 등기우편으로 발송·통지하여야 한다(시행령 제27조 제2항).

4. 창립총회의 의결

가. 의결사항

창립총회는 ① 조합 정관의 확정, ② 조합의 임원의 선임, ③ 대의원의 선임, ④ 그 밖에 필요한 사항으로서 사전에 통지한 사항에 한하여 처리할 수 있다(시행령 제27조 제4항).

대법원은 "구 도시정비법 시행규칙(2012. 4. 13. 국토해양부령 제456호로 개정되기 전의 것)제7조 제1항(현 시행규칙 제8조 제2항) 제7호에서 창립총회에서 임원·대의원을 선임한 때에는 임원·대의원으로 선임된 자의 자격을 증명하는 서류를 첨부하도록 정하고 있고, 이에 비추어 보면 조합의 임원이나 대의원을 반드시 창립총회에서 선임할 필요는 없으므로 창립총회에서 조합장 등 조합 임원 선임의 결의가 부결되었다고 하더라도 이 때문에 창립총회가 무효라고 볼 수는 없다"고 판시하였다.[10]

나. 의결방법

창립총회의 의사결정은 토지등소유자(재건축사업의 경우 조합설립에 동의한 토지등소유자로 한정)의 과반수 출석과 출석한 토지등소유자 과반수 찬성으로 결의한다. 다만, 조합임원 및 대의원의 선임은 창립총회에서 확정된 정관에서 정하는 바에 따라 선출한다(시행령 제27조 제5항).

---

10) 대법원 2014. 10. 30. 선고 2012두25125 판결.

Ⅳ. 추진위원회의 수행업무와 토지등소유자의 동의

추진위원회가 수행하는 업무의 내용이 토지등소유자의 비용부담을 수반하는 것이거나 권리와 의무에 변동을 발생시키는 경우로서 대통령령으로 정하는 사항에 대해서는 그 업무를 수행하기 전에 대통령령이 정하는 비율 이상의 토지등소유자의 동의를 얻어야 한다(법 제32조 제4항).[11]

하급심 판결 중 추진위원회의 수행업무 내용이 토지등소유자의 비용부담을 수반하거나 권리·의무에 변동을 발생시키는 경우에 대한 토지등소유자의 동의 규정의 성격에 대하여, 추진위원회의 업무와 관련된 권리·의무는 조합이 포괄승계하는 점, 향후 설립될 조합의 조합원들로 하여금 그들의 직접적 의사와 관여 없이 비용부담을 하게 되는 점, 따라서 도시정비법령은 추진위원회의 행위에 제한을 두고 있는 점 등을 근거로 강행규정에 해당하고, 그에 반하여 이루어진 추진위원회의 행위는 효력이 없다고 판단한 판결이 있다.[12]

---

11) 현재 이에 대한 명시적인 대통령령이 규정되어 있지는 않은 상태이다.
12) 서울고등법원 2017. 1. 25. 선고 2015나2044340 판결.

제33조(추진위원회의 조직)

① 추진위원회는 추진위원회를 대표하는 추진위원장 1명과 감사를 두어야 한다.

② 추진위원의 선출에 관한 선거관리는 제41조제3항을 준용한다. 이 경우 "조합"은 "추진위원회"로, "조합임원"은 "추진위원"으로 본다.

③ 토지등소유자는 제34조에 따른 추진위원회의 운영규정에 따라 추진위원회에 추진위원의 교체 및 해임을 요구할 수 있으며, 추진위원장이 사임, 해임, 임기만료, 그 밖에 불가피한 사유 등으로 직무를 수행할 수 없는 때부터 6개월 이상 선임되지 아니한 경우 그 업무의 대행에 관하여는 제41조제5항 단서를 준용한다. 이 경우 "조합임원"은 "추진위원장"으로 본다.

④ 제3항에 따른 추진위원의 교체·해임 절차 등에 필요한 사항은 제34조제1항에 따른 운영규정에 따른다.

⑤ 추진위원의 결격사유는 제43조제1항부터 제3항까지를 준용한다. 이 경우 "조합"은 "추진위원회"로, "조합임원"은 "추진위원"으로 본다.

Ⅰ. 추진위원회의 조직

1. 추진위원회의 구성

추진위원회는 추진위원장 1인, 부위원장(임의기관), 감사, 추진위원으로 구성된다. 추진위원의 수는 토지등소유자의 10분의 1 이상으로 하되, 5인 이하인 경우에는 5인으로 하며 100인을 초과하는 경우에는 토지등소유자의 10분의 1범위 안에서 100인 이상으로 할 수 있다(법 제33조 제1항, 운영규정 제2조 제2항).

2. 추진위원장 및 감사 등의 직무

가. 추진위원장

추진위원장은 추진위원회를 대표하고 사무를 총괄하며 주민총회 및 추진위원회 의장이 된다(운영규정안 제17조 제1항). 다만 일정한 안건에 관하여는 부위원장, 추진위원 중 연장자 순으로 추진위원회를 대표한다(운영규정안 제17조 제6항[1]).

추진위원장은 벌칙(형법 제129조 내지 제132조) 적용에서 공무원으로 의제되나 (법 제134조), 나머지 추진위원들은 공무원으로 의제되지 않는다.

나. 감사

감사는 추진위원회의 사무 및 재산상태와 회계에 관하여 감사하며, 주민총회 및 추진위원회에 감사결과보고서를 제출하여야 하고 토지등소유자 5분의 1 이상 의 요청이 있을 때에는 공인회계사에게 회계감사를 의뢰하여야 한다. 또한 감사는 추진위원회의 재산관리 또는 업무집행이 공정하지 못하거나 부정이 있음을 발견 하였을 때에는 추진위원회에 보고하기 위하여 위원장에게 추진위원회 소집을 요 구하여야 한다. 이 경우 감사의 요구에도 불구하고 위원장이 회의를 소집하지 아 니하는 경우에는 감사가 직접 추진위원회를 소집할 수 있으며, 필요한 경우 추진 위원 또는 외부전문가로 구성된 감사위원회를 구성할 수 있다(운영규정안 제17조 제 2항, 제3항, 제4항).

다. 부위원장 및 추진위원

부위원장, 추진위원은 위원장을 보좌하고, 추진위원회에 부의된 사항을 심의, 의결한다(운영규정안 제17조 제5항).

3. 추진위원의 자격 및 결격사유

가. 추진위원의 자격

추진위원은 추진위원회 설립에 동의한 자 중에서 선출될 수 있는데, 위원장, 부위원장, 감사는 당해 사업시행구역 내 일정기간의 거주 또는 소유의 요건이 필 요하다(운영규정안 제15조 제2항).[2]

---

1) 1. 위원장이 자기를 위한 추진위원회와의 계약이나 소송에 관련되었을 경우
   2. 위원장의 유고로 인하여 그 직무를 수행할 수 없을 경우
   3. 위원장의 해임에 관한 사항
2) 이는 외부 투기세력을 차단하고, 사업시행구역 내 주민들이 주체가 되어 사업을 추진할 수 있 게 하기 위한 것이다.

□ **추진위원장(부위원장, 감사)의 피선출 자격 규정의 의미**

(1) 운영규정안의 규정(제15조 제2항)

위원은 추진위원회 설립에 동의한 자 중에서 선출하되, 위원장·부위원장 및 감사는 다음 '각 호의 어느 하나'에 해당하는 자이어야 한다.

1. 피선출일 현재 사업시행구역 안에서 3년 이내에 1년 이상 거주하고 있는 자 (다만, 거주의 목적이 아닌 상가 등의 건축물에서 영업 등을 하고 있는 경우 영업 등은 거주로 본다)
2. 피선출일 현재 사업시행구역 안에서 5년 이상 토지 또는 건축물(주택재건축사업의 경우 토지 및 건축물을 말한다)을 소유한 자

(2) 운영규정안의 의미

추진위원은 우선 추진위원회 설립에 동의한 자 중에서 선출하는데, 추진위원회 설립에 동의한 자는 토지등소유자를 의미한다(법 제31조 제1항). 그러므로 토지등소유자 중 추진위원회 설립에 동의한 자만이 추진위원장(부위원장, 감사)의 피선출권이 있다.

따라서 <u>추진위원장은 '추진위원회 설립에 동의한 토지등소유자이면서, 일정한 거주 요건 또는 소유 요건을 갖춘 자'여야 하는데, 이러한 거주 또는 소유 요건은 모두 갖출 필요는 없고 '어느 하나'만 갖추면 된다. 위 1호의 거주 요건의 '1년 이상'은 '계속 거주가 아닌 거주기간의 합(合)이 1년 이상'이라는 의미이고, 위 2호는 5년 이상 토지 또는 건축물을 소유하고 있으면 거주 요건은 필요하지 않다는 의미이다.</u>

(3) 질의회신

① 국토교통부(2010. 1. 20.)

추진위원회 위원은 추진위원회 설립에 동의한 자 중에서 선출하되, 위원장·부위원장 및 감사는 운영규정 별표 제15조 제2항 각호의 1에 해당하는 자이며 되는 것이고, 동 운영규정 별표 제1조 제2항 제1호의 의미는 사업시행구역 안에서 3년 이내에 거주한 기간의 합이 1년 이상으로서 피선출일 현재 사업시행구역 안에서 거주하고 있어야 한다는 것임

② 국토교통부(2005. 11. 01.)

도시정비법 제13조 제2항 및 추진위원회 운영규정 제15조 제2항의 규정에 의하여 추진위원회 위원(위원장, 부위원장 및 감사)은 토지등소유자가 토지등소유자 중에서 선출하는 것임

나. 추진위원의 결격사유

추진위원의 결격사유는 아래와 같다(법 제33조 제5항, 법 제43조 제1항).

1. 미성년자·피성년후견인 또는 피한정후견인
2. 파산선고를 받고 복권되지 아니한 자
3. 금고 이상의 실형을 선고받고 그 집행이 종료(종료된 것으로 보는 경우를 포함한다)되거나 집행이 면제된 날부터 2년이 경과되지 아니한 자
4. 금고 이상의 형의 집행유예를 받고 그 유예기간 중에 있는 자
5. 법을 위반하여 벌금 100만 원 이상의 형을 선고받고 10년이 지나지 아니한 자

운영규정안 제16조 제1항 제5호는 '법 또는 관련 법률에 의한 징계에 의하여 면직의 처분을 받은 날부터 2년이 경과되지 아니한 자'도 결격사유로 규정하고 있다. 위원으로 선임된 후 그 직무와 관련한 형사사건으로 기소된 경우에는 기소내용에 따라 확정판결이 있을 때까지 운영규정안 제18조(위원의 해임 등)의 절차에 따라 그 자격을 정지할 수 있다(운영규정안 제16조 제4항).

추진위원이 위 사유 중 어느 하나에 해당하게 되거나 선임 당시 그에 해당하는 자이었음이 판명된 때에는 당연 퇴임하게 되고(법 제33조 제5항, 법 제43조 제2항), 다만 퇴임된 추진위원이 퇴임 전에 관여한 행위는 그 효력을 잃지 아니한다(법 제33조 제5항, 법 제43조 제3항).

4. 추진위원의 선임 및 해임 등

가. 추진위원의 선임방법

최초의 위원장, 감사, 위원에 대한 선임은 추진위원회 구성에 대한 동의서를 통해 이루어지기 때문에 별도의 선거 없이 추진위원회 구성에 대한 동의서를 통한 동의로 선출될 수밖에 없다.

추진위원회 승인 이후 위원장·감사의 선임, 변경, 보궐선임, 연임은 주민총회에서 의결하고(운영규정안 제21조 제1호), 나머지 추진위원의 선임, 연임, 보궐선임은 추진위원회에서 할 수 있다(운영규정안 제15조 제3항, 제4항, 제5항).

추진위원의 선임방법은 추진위원회에서 정하되, 동별·가구별 세대수 및 시설의 종류를 고려하여야 한다(운영규정안 제15조 제6항).[3] 참고로, 추진위원의 선출방법 및 절차 관련하여 서울특별시의 경우에는 「서울특별시 정비사업 표준선거관리규정」(서울특별시 고시 제2017-243호, 개정 2017. 7. 6.)이 있다.

대법원은 추진위원회가 주민총회에 임기가 만료된 위원장이나 감사를 연임하는 안건을 상정하면서 입후보자등록공고 등의 절차를 거치지 않은 경우 그 결의의 효력에 관하여, "운영규정의 해석상 토지등소유자들의 위원장이나 감사에 대한 선출권 내지 피선출권은 주민총회에서 임기가 만료된 위원장이나 감사를 연임하는 안건에 관하여 이를 부결하는 내용의 반대 결의가 이루어진 다음에 새로운 추진위원으로서 위원장이나 감사를 선임하는 결의를 하는 경우에 보장하면 충분하고, 추진위원회가 주민총회에 임기가 만료된 위원장이나 감사를 연임하는 안건을 상정하는 때에는 새로운 입후보자가 등록하는 것이 아니므로 입후보자등록공고 등의 절차를 거치지 않았다고 하더라도 토지등소유자들의 위원장이나 감사에 대한 선

---

3) 울산지방법원 2007. 6. 27. 선고 2006구합2897 판결은 재개발조합설립추진위원회가 집합건물 소유자들을 위주로 구성동의서를 받아 구성된 사안에서, 관계 법령상 단독주택, 집합건물 소유자를 구분하여 동의를 얻어야 한다는 규정도 존재하지 않으므로 집합건물 소유자들 위주의 추진위원회 구성은 위법하지 않다고 판단하였다.

출권 내지 피선출권을 침해하였다고 볼 수 없다"고 판시하였다.[4]

나. 추진위원의 임기

위원장, 감사, 위원의 임기는 선임된 날부터 2년까지인데(운영규정안 제15조 제3항), 추진위원회 승인 당시의 위원의 임기개시시점은 추진위원회 승인시점이라 할 수 있다.

임기가 만료된 위원도 그 후임자가 선임될 때까지 그 직무를 수행할 수 있으므로(운영규정안 제15조 제4항), 임기만료된 위원장, 위원은 후임자가 선임될 때까지 기존의 직무를 동일하게 수행할 수 있다.[5]

다. 추진위원의 해임

(1) 개요

위원이 직무유기 및 태만 또는 관계 법령 및 운영규정에 위반하여 토지등소유자에게 부당한 손실을 초래한 경우에는 해임될 수 있고(운영규정안 제18조 제1항), 해임기관은 추진위원회 또는 주민총회가 된다(운영규정안 제18조 제4항). 운영규정 위반의 예로, 위원은 동일한 목적의 사업을 시행하는 다른 조합·추진위원회 또는 정비사업전문관리업자 등 관련 단체의 임원·위원 또는 직원을 겸할 수 없음에도(운영규정안 제17조 제8항) 이를 위반한 경우를 들 수 있다.

위원의 해임, 교체는 ① 토지등소유자의 해임요구가 있는 경우에 재적위원 3분의 1 이상의 동의로 소집된 추진위원회에서 위원정수의 과반수 출석과 출석위원 3분의 2 이상의 찬성으로 해임하거나, ② 토지등소유자 10분의 1 이상의 발의로 소집된 주민총회에서 토지등소유자의 과반수 출석과 출석 토지등소유자의 과반수 찬성으로 해임할 수 있다. 다만, 위원 전원을 해임할 경우 토지등소유자의 과반수의 찬성으로 해임할 수 있다(운영규정안 제18조 제4항). 해임대상인 해당 위원은 해임을 위한 추진위원회 결의의 정족수를 산정함에 있어서 제외하여야 한다(운영

---

4) 대법원 2010. 11. 11. 선고 2009다89337 판결.

5) 예를 들면, 임기만료된 위원장은 주민총회소집권한을 행사할 수 있다.

규정안 제18조 제5항).

(2) 추진위원회에 의한 추진위원장 해임 가부

추진위원장 및 감사에 대한 선임·변경·보궐선임·연임은 주민총회에서 할 수 있는데(운영규정안 제21조 제1호), 위 '변경'에 '해임'도 포함되는지, 추진위원장도 추진위원회에서 해임할 수 있는지 실무상 논란이 있어 왔다.

대법원은 운영규정안 제15조 제3항 및 제5항에서 위원장 및 감사의 '연임'과 '보궐선임'은 주민총회의 의결에 의한다고 규정하고 있으나, '해임'에 대하여는 주민총회의 의결에 의한다는 명시적 규정을 두고 있지 않은 점, 운영규정안 제21조 (주민총회의 의결사항) 제1호에서 규정한 '위원장 및 감사의 변경'은 그 문언상 위원장 및 감사의 '해임과 선임을 함께 하는 경우'를 지칭하는 것으로 해석함이 타당한 점 등을 근거로 위원장 및 감사의 해임이 추진위원회의 의결사항에 해당한다고 판단하였다.[6]

(3) 해임사유 제한 여부

만일, 위원장 등에게 위와 같은 해임사유가 없음에도 해임된 경우에 그 해임사유 제한 관련 해임결의의 효력에 대해 실무상 논의가 있다.

생각건대, 추진위원회와 위원장의 관계는 민법상 위임관계의 성격이 있는 점[7], 위 운영규정안 제18조 제1항이 해임사유의 제한 취지인지 불명확하고, 제18조는 주된 내용이 해임, 교체의 절차, 요건을 주된 내용으로 하고 있는 점에서 반드시 제18조 제1항의 해임사유에 국한되지 않더라도 해임할 사유가 있다면 해임결의는 가능하다고 본다.[8] 다만, 실제 분쟁에서 제18조 제1항의 해임사유의 존부 여부는 여전히 판단기준으로서 의미가 있을 것이다.

---

6) 대법원 2016. 8. 29. 선고 2016다221030 판결.
7) 부산지방법원 2008. 5. 13. 선고 2007가단145895 판결.
8) 최근 법원 경향은 추진위원회나 조합과 그 임원의 관계를 민법상 위임관계로 보고 법령이나 정관 등의 해임사유에 국한하지 않고 해임 결의가 가능하다는 태도인 듯하다. 맹신균, 전게서, 160면은 해임결의는 유효하고, 다만 잔임기간의 임금 상당의 손해배상은 인정된다고 한다.

5. 추진위원의 직무수행정지 및 직무대행자 선임 결의

가. 직무수행정지 등

추진위원으로 선임된 후 그 직무와 관련한 형사사건으로 기소된 경우에는 기소내용에 따라 확정판결이 있을 때까지 제18조(위원의 해임 등)의 절차에 따라 그 자격을 정지할 수 있고, 위원이 그 사건으로 받은 확정판결내용이 법 제135조부터 제138조까지의 벌칙규정에 따른 벌금형에 해당하는 경우에는 추진위원회에서 신임 여부를 의결하여 자격상실 여부를 결정한다(운영규정안 제16조 제4항).

또한 사임 또는 해임절차가 진행중인 위원이 새로운 위원이 선출되어 취임할 때까지 직무를 수행하는 것이 적합하지 아니하다고 인정될 때에는 추진위원회 의결에 따라 그의 직무수행을 정지할 수 있다(운영규정안 제18조 제6항).

나. 직무대행자 선임

사임 또는 해임절차가 진행중인 위원에 대하여 추진위원회 의결에 따라 추진위원의 직무수행이 정지된 경우, 위원장은 위원의 직무를 수행할 자를 임시로 선임할 수 있다. 다만, 위원장이 사임하거나 해임된 경우에는 부위원장, 추진위원 중 연장자 순으로 위원장의 직무를 수행한다(운영규정안 제18조 제6항).

다. 직무대행자의 권한 범위

(1) 법원의 의해 선임된 직무대행자

직무집행정지 가처분에 의해 선임된 직무대행자의 권한은 통상의 사무로 제한됨에 의문이 없다.

대법원도 조합 임원에 관하여, "구 도시정비법 제27조(현 제49조)는 조합에 관하여는 위 법에 규정된 것을 제외하고는 민법 중 사단법인에 관한 규정을 준용하도록 하고 있으므로, 민법 제52조의2가 준용되어 법원은 가처분명령에 의하여 조합 임원의 직무대행자를 선임할 수 있다. 그런데 민법 제60조의2 제1항은 제52조의2의 직무대행자는 가처분명령에 다른 정함이 있는 경우 외에는 법인의 통상사무에 속하지 아니한 행위를 하지 못한다. 다만, 법원의 허가를 얻은 경우에는 그러하지 아니하다고 규정하고 있으므로, 법원의 가처분명령에 의하여 선임된 조합 임원 직무대행자는 조합을 종전과 같이 그대로 유지하면서 관리하는 것과 같은 조합의 통상사무에 속하는 행위를 할 수 있다"고 판시하였는바,9) 추진위원회 임원의 경우에도 동일하다고 할 수 있다.

(2) 운영규정에 의해 선임된 직무대행자

(가) 임기만료의 경우

추진위원회 운영규정에 따라 임기만료된 추진위원은 후임자가 선임될 때까지 직무를 수행하는데(운영규정안 제15조 제4항), 이 경우 법원에 의하여 선임된 직무대행자가 아니므로, 통상사무뿐만 아니라 기존 위원의 모든 직무권한을 행사할 수 있다고 볼 수 있으나, 아래 대법원의 태도에 의하면 원칙적으로 업무수행권이 인정되나, 그 업무수행의 필요성은 개별적·구체적으로 가려 인정할 수 있다는 것이므로 이를 유의할 필요가 있다.

즉, 대법원은 임기만료 된 권리능력 없는 사단(재건축주택조합)의 대표자의 업무수행권의 범위에 관한 사안에서, "권리능력 없는 사단인 재건축주택조합과 그 대표기관과의 관계는 위임인과 수임인의 법률관계와 같은 것으로서 민법 제691조의 규정을 유추하여 구 대표자로 하여금 조합의 업무를 수행케 함이 부적당하다고 인정할 만한 특별한 사정이 없고 종전의 직무를 구 대표자로 하여금 처리하게 할 필요가 있는 경우에 한하여 후임 대표자가 선임될 때까지 임기만료된 구 대표자에게 대표자의 직무를 수행할 수 있는 업무수행권이 인정되고, 임기만료 된 대표자의 업무수행권은 급박한 사정을 해소하기 위하여 그로 하여금 업무를 수행하게 할 필요가 있는지를 개별적·구체적으로 가려 인정할 수 있는 것이지 임기만료 후 후임자가 아직 선출되지 않았다는 사정만으로 당연히 포괄적으로 부여되는 것이 아니다"고 판시한 바 있다.10)

---

9) 대법원 2005. 1. 29. 자 2004그113 결정, 대법원 2017. 6. 15. 선고 2017도2532 판결 등.
10) 대법원 2003. 7. 8. 선고 2002다74817 판결.

(나) 사임 또는 해임의 경우

이 경우 운영규정안에 직무권한을 제한하는 명시적 규정은 없는 점, 법원에 의하여 선임된 직무대행자와도 구별되는 점 등에 비추어, 모든 직무권한을 행사할 수 있다고 본다.

하급심 중 추진위원장이 사임한 이후 후임자를 선임하지 않았다고 하더라도 추진위원회 운영규정 제18조 제6항, 제17조 제6항에 따라 추진위원장의 직무를 대행한 연장자인 추진위원의 직무대행권한에 어떠한 하자가 있다고 볼 수 없고, 직무대행자에 의해 소집되어 개최된 창립총회에 대하여 소집 및 개최 절차상 위법이 없다고 판시한 판결이 있다.[11]

II. 추진위원회 운영

1. 의의 및 성격

추진위원회의 구성에 동의한 토지등소유자는 조합설립을 목적으로 하는 비법인 사단인 추진위원회를 구성하게 되고, 추진위원회는 기관으로서 주민총회 외에 위원장, 감사, 위원들로 구성된 '업무집행기관'인 추진위원회가 있다. 업무집행기관이 추진위원회의 기관으로서 한 행위의 효력은 추진위원회에 미친다.[12]

2. 구성

추진위원회는 위원(위원장, 부위원장, 감사 포함)들로 구성되며, 위원의 수는 추진위원의 수는 토지등소유자의 10분의 1 이상으로 하되, 토지등소유자가 50인 이하인 경우에는 추진위원을 5인으로 하며 추진위원이 100인을 초과하는 경우에는 토지등소유자의 10분의 1 범위 안에서 100인 이상으로 할 수 있다(운영규정 제2조

---

11) 서울행정법원 2018. 2. 2. 선고 2017구합6808 판결.
12) 이우재, 전게서(상), 402면.

제2항).

3. 추진위원회 개최 및 의결

가. 추진위원회의 개최

추진위원회는 위원장이 필요하다고 인정하는 때에 소집한다. 다만, 토지등소유자의 10분의 1 이상이 추진위원회의 목적사항을 제시하여 소집을 청구하는 때, 재적추진위원 3분의 1 이상이 회의의 목적사항을 제시하여 청구하는 때에는 위원장이 의무적으로 추진위원회를 소집하여야 한다(운영규정안 제24조 제1항).

만약 위원장이 소집의무가 있음에도 불구하고 14일 이내에 정당한 이유 없이 추진위원회를 소집하지 아니한 때에는 감사가 지체 없이 이를 소집하여야 하고, 감사가 소집하지 아니하는 때에는 소집을 청구한 자의 공동명의로 소집하며 이 경우 의장은 발의자 대표의 임시사회로 선출된 자가 그 의장이 된다(운영규정안 제24조 제2항).

추진위원회의 소집은 회의개최 7일 전까지 회의 목적, 안건, 일시 및 장소를 기재한 통지서를 추진위원에게 송부하고, 게시판에 게시하여야 한다. 다만, 사업추진상 시급히 추진위원회의 의결을 요하는 사안이 발생하는 경우에는 회의 개최 3일 전에 이를 통지하고 추진위원회 회의에서 안건상정 여부를 묻고 의결할 수 있다. 이 경우 출석위원 3분의 2 이상의 찬성으로 의결할 수 있다(운영규정안 제24조 제3항).

나. 추진위원회의 의결사항

추진위원회는 운영규정에서 따로 정하는 사항과 다음 각 호의 사항을 의결하되(운영규정안 제25조 제1항), 통지한 사항에 관하여만 의결할 수 있다(운영규정안 제25조 제2항).

> 1. 위원(위원장, 감사를 제외한다)의 보궐선임
> 2. 예산 및 결산의 승인에 관한 방법
> 3. 주민총회 부의안건의 사전심의 및 주민총회로부터 위임받은 사항
> 4. 주민총회 의결로 정한 예산의 범위 내에서의 용역계약 등
> 5. 그 밖에 추진위원회 운영을 위하여 필요한 사항

다. 추진위원회의 의결방법

추진위원회는 운영규정에서 특별히 정한 경우를 제외하고는 재적위원 과반수 출석으로 개의하고 출석위원 과반수의 찬성으로 의결한다. 다만, 운영규정안 제22조 제5항의 규정에 의하여 주민총회의 의결을 대신하는 의결사항은 재적위원 3분의 2 이상의 출석과 출석위원 3분의 2 이상의 찬성으로 의결한다(운영규정안 제26조 제1항).

위원은 서면결의를 통하여 의결권을 행사할 수 있으나 대리인을 통한 출석을 할 수 없다(운영규정안 제26조 제2항). 위원은 자신과 관련된 해임·계약 및 소송 등에 대하여 의결권을 행사할 수 없고(운영규정안 제25조 제3항), 감사는 재적위원에는 포함하되 의결권을 행사할 수 없다(운영규정안 제26조 제3항).

4. 추진위원회 운영의 공개 및 통지

추진위원회는 법 제34조 제5항에 따라 다음 각 호의 사항을 토지등소유자가 쉽게 접할 수 있는 일정한 장소에 게시하거나 인터넷 등을 통하여 공개하고, 필요한 경우에는 토지등소유자에게 서면통지를 하는 등 토지등소유자가 그 내용을 충분히 알 수 있도록 하여야 한다. 다만, 제8호 및 제9호의 사항은 법 제35조에 따른 조합설립인가 신청일 60일 전까지 추진위원회 구성에 동의한 토지등소유자에게 등기우편으로 통지하여야 한다(법 제34조 제5항, 시행령 제29조).

---

1. 법 제12조에 따른 안전진단의 결과
2. 정비사업전문관리업자의 선정에 관한 사항
3. 토지등소유자의 부담액 범위를 포함한 개략적인 사업시행계획서
4. 추진위원회 위원의 선정에 관한 사항
5. 토지등소유자의 비용부담을 수반하거나 권리·의무에 변동을 일으킬 수 있는 사항
6. 법 제32조제1항에 따른 추진위원회의 업무에 관한 사항
7. 창립총회 개최의 방법 및 절차
8. 조합설립에 대한 동의철회(법 제31조제2항 단서에 따른 반대의 의사표시를 포함한다) 및 방법
9. 제30조제2항에 따른 조합설립 동의서에 포함되는 사항

Ⅲ. 주민총회

1. 주민총회의 구성 및 지위

추진위원회는 토지등소유자 '전원'으로 구성된 주민총회를 둔다(운영규정안 제20조 제1항). 주민총회는 추진위원회 최고 의사결정기구로서 조합의 총회와 유사한 기관이라 할 수 있다. 토지등소유자이면 추진위원회 구성에 동의하지 않더라도 주민총회의 의결권이 보장된다(운영규정안 제13조 제1항).

2. 주민총회의 개최 및 의결

가. 주민총회의 개최

주민총회는 위원장이 필요하다고 인정하는 경우에 개최한다. 다만, 토지등소유자 5분의 1 이상이 주민총회의 목적사항을 제시하여 청구하는 때, 추진위원 3분의 2 이상으로부터 개최요구가 있는 때 위원장은 해당 일로부터 2월 이내에 주민총회를 개최하여야 한다(운영규정안 제20조 제2항). 만약 위원장이 2개월 이내에 정당한 이유 없이 주민총회를 소집하지 아니하는 때에는 감사가 지체 없이 주민총회

를 소집하여야 하며, 감사가 소집하지 아니하는 때에는 소집을 청구한 자의 대표가 시장·군수의 승인을 얻어 이를 소집할 수 있다(운영규정안 제20조 제3항).

토지등소유자 5분의 1(소집요구권자)의 산정 관련 추진위원회 구성에 동의하지 않은 토지등소유자도 포함되는지 관련하여, ① 명백히 추진위원회 구성에 동의하지 않는 토지등소유자를 포함한다는 규정이 없는 한 소집요구권을 가진 토지등소유자 5분의 1 이상이란 추진위원회 구성에 동의한 토지등소유자만을 의미한다는 견해(비포함설),[13] ② 운영규정안 제13조 제1항에서 추진위원회 구성에 동의하지 않은 자에게도 의결권을 부여하고 있는 점에 비추어 추진위원회 구성에 동의하지 않는 토지등소유자도 포함된다는 견해(포함설)의 논의가 있는 것으로 보인다.

생각건대, 운영규정안은 추진위원회 구성에 동의하지 않은 토지등소유자의 의결권을 인정하고 있고, 특별히 소집요구권자에서 이들을 배제하는 규정은 없는 점을 고려하면, 포함설이 타당하다고 생각된다.

주민총회를 개최하거나 일시를 변경하는 경우에는 주민총회의 목적·안건·일시·장소·변경사유 등에 관하여 미리 추진위원회의 의결을 거쳐야 하고(운영규정안 제20조 제4항), 회의개최 14일 전부터 목적·안건·일시·장소 등을 게시판에 게시하여야 하며, 토지등소유자에게는 회의개최 10일 전까지 등기우편으로 이를 발송·통지하여야 한다. 이 경우 등기우편이 반송된 경우에는 지체없이 1회에 한하여 추가 발송하여야 한다(운영규정안 제20조 제5항).

나. 주민총회의 의결사항

주민총회의 의결사항은 다음 각 호와 같다(운영규정안 제21조).

---

1. 추진위원회 승인 이후 위원장·감사의 선임, 변경, 보궐선임, 연임
2. 운영규정의 변경
3. 정비사업전문관리업자 및 설계자의 선정 및 변경

---

13) 이우재, 전게서(상), 399면.

> 4. 개략적인 사업시행계획서의 변경
> 5. 감사인의 선정
> 6. 조합설립추진과 관련하여 추진위원회에서 주민총회의 의결이 필요하다고 결정하는 사항

주민총회는 미리 통지한 안건에 대하여만 의결할 수 있음을 유의를 요한다(운영규정안 제20조 제6항).

다. 주민총회의 의결방법

(1) 의사정족수 및 의결정족수

주민총회는 도시정비법 및 운영규정이 특별히 정한 경우를 제외하고, <u>추진위원회 구성에 동의한 토지등소유자 과반수 출석으로 개의하고(의사정족수),[14] 출석한 토지등소유자(동의하지 않은 토지등소유자를 포함한다)의 과반수 찬성으로 의결한다(의결정족수)</u>(운영규정안 제22조 제1항).

(2) 서면 또는 대리인에 의한 의결권 행사

서면[15] 또는 대리인에 의한 의사표시가 가능하다(운영규정안 제22조 제2항). 다만 대리인의 자격은 ① 토지등소유자가 권한을 행사할 수 없어 배우자, 직계존비속, 형제자매 중에서 성년자를 대리인으로 정하여 위임장을 제출하는 경우, ② 해외거주자가 대리인을 지정한 경우, ③ 법인인 토지등소유자가 대리인을 지정한 경

---

14) 광주고등법원 2008. 10. 29. 선고 2008나5317 판결[주민총회결의무효확인]도, "운영규정 제22조제1항은 주민총회는 도시정비법 및 운영규정이 특별히 정한 경우를 제외하고 추진위원회 구성에 찬성한 토지등소유자 과반수의 출석으로 개의하도록 규정하고 있으므로, 주민총회의 개의를 위한 의사정족수를 계산함에 있어서 추진위원회 구성에 찬성하지 아니한 토지등소유자는 서면결의서를 제출하였더라도 그들을 주민총회의 출석자로 볼 수 없고, 운영규정 제13조 제1항 제1호에서 추진위원회 구성에 찬성하지 아니한 토지등소유자에게도 주민총회의 출석권, 발언권 및 의결권을 보장하고 있다 하더라도 달리 볼 것은 아니다"고 판시하였다.

15) 광주고등법원 2008. 10. 29. 선고 2008나5317 판결은, 운영규정 제22조제2항은 토지등소유자는 서면 또는 대리인을 통하여 의결권을 행사할 수 있다고 규정하고 있을 뿐이고, 서면결의서를 제출할 경우 반드시 인감증명서를 첨부할 것을 요구하고 있는 것은 아니므로, 주민총회의 개의를 위한 의사정족수를 계산함에 있어서 인감증명서를 첨부하지 아니한 서면결의서를 제출한 자도 주민총회에 출석한 것으로 인정한 바 있다.

우로 제한된다(운영규정안 제13조 제2항).

　　주민총회 소집결과 정족수에 미달되는 때에는 재소집하여야 하며, 재소집의 경우에도 정족수에 미달되는 때에는 추진위원회 회의로 주민총회를 갈음할 수 있다(운영규정안 제22조 제5항).

제34조(추진위원회의 운영)

① 국토교통부장관은 추진위원회의 공정한 운영을 위하여 다음 각 호의 사항을 포함한 추진위원회의 운영규정을 정하여 고시하여야 한다.

　1. 추진위원의 선임방법 및 변경

　2. 추진위원의 권리·의무

　3. 추진위원회의 업무범위

　4. 추진위원회의 운영방법

　5. 토지등소유자의 운영경비 납부

　6. 추진위원회 운영자금의 차입

　7. 그 밖에 추진위원회의 운영에 필요한 사항으로서 대통령령으로 정하는 사항

② 추진위원회는 운영규정에 따라 운영하여야 하며, 토지등소유자는 운영에 필요한 경비를 운영규정에 따라 납부하여야 한다.

③ 추진위원회는 수행한 업무를 제44조에 따른 총회(이하 "총회"라 한다)에 보고하여야 하며, 그 업무와 관련된 권리·의무는 조합이 포괄승계한다.

④ 추진위원회는 사용경비를 기재한 회계장부 및 관계 서류를 조합설립인가일부터 30일 이내에 조합에 인계하여야 한다.

⑤ 추진위원회의 운영에 필요한 사항은 대통령령으로 정한다.

Ⅰ. 서설

1. 운영규정의 의의

　운영규정은 추진위원회 운영의 기본이 되는 제반사항을 정한 것으로서 구체적인 사항에 대하여 국토교통부장관이 정하도록 하여 주민분쟁으로 인한 잦은 변경을 지양하고, 추진위원회 운영 관련 감시장치를 마련하고 있다.[1] 운영규정은 비법인 사단인 추진위원회의 정관과 같은 역할을 하고 있다.

　국토교통부장관은 다음 각 호의 사항을 포함한 추진위원회의 운영규정을 정

---

1) 이우재, 전게서(상), 334면.

하여 고시하여야 한다(법 제34조 제1항, 시행령 제28조).

---

1. 추진위원의 선임방법 및 변경
2. 추진위원의 권리·의무
3. 추진위원회의 업무범위
4. 추진위원회의 운영방법
5. 토지등소유자의 운영경비 납부
6. 추진위원회 운영자금의 차입
7. 추진위원회 운영경비의 회계에 관한 사항
8. 법 제102조에 따른 정비사업전문관리업자의 선정에 관한 사항
9. 그 밖에 국토교통부장관이 정비사업의 원활한 추진을 위하여 필요하다고 인정하는 사항

이에 따라 「정비사업 조합설립추진위원회 운영규정」(국토교통 고시 제2018-102호, 2018. 2. 9.)은 추진위원회의 구성, 기능, 조직 및 운영에 관한 세부사항을 정하고 있으며, 추진위원회는 위 운영규정에 따라 운영규정을 작성하여야 한다(운영규정 제3조).

2. 운영규정의 법적 성격

가. 법적 성격

운영규정(고시)의 법적 성격에 관하여 비구속적 행정규칙으로 보아야 한다는 견해도 있으나,[2] 운영규정은 법 제34조 제1항에 근거를 둔 것으로 추진위원회의 공정한 운영을 위하여 국토부장관이 운영규정에 포함될 사항 등을 정하여 고시한 것이라는 점, 이는 행정청 내부의 사무처리준칙을 정한 것이 아니라, 추진위원회나 토지등소유자들의 권리의무를 직접 규율하는 성격을 갖는다는 점에서 법규명령에 해당된다고 본다.[3]

---

[2] 장찬익·송현진, 전게서, 312면
[3] 이우재, 전게서, 339면, 맹신균, 전게서, 144면, 유삼술·이종만, 전게서, 276면 등 다수의 실무 견해는 법규명령으로 보고 있다.

하급심 판결도 운영규정은 국토교통부장관의 고시의 형태로 발령되었으나 도시정비법에서 위임받은 사항, 즉 추진위원회의 공정한 운영을 위하여 추진위원회의 구성, 업무범위, 운영방법, 위원의 권리·의무 등에 관한 사항을 구체적으로 규정한 것으로서 법규명령으로 볼 수 있다고 판시한 바 있다.4)

이에 반해 운영규정에 첨부된 '[별표] 정비사업조합설립추진위원회 운영규정'(운영규정안)이 법규명령에 해당하는지 여부에 관하여 견해가 나뉘나, 하급심 판결과 다수의 실무 견해는 법규명령에 해당되지 않는 것으로 보고 있다.5) 운영규정 제3조 제1항은 추진위원회의 승인 신청 전에 운영규정을 작성하여 토지등소유자의 과반수의 동의를 얻어야 함을, 제2항은 운영규정은 별표의 운영규정안을 기본으로 하여 작성한다고 규정한 점, 운영규정안은 운영규정에서 예시 형식으로 별표의 규정 형식으로 첨부된 점 등에 비추어, 운영규정안은 각 추진위원회가 운영규정을 작성함에 있어 표준정관처럼 참고할 하나의 표준안에 성격을 가지고 있을 뿐, 법규명령으로 보기는 어렵다고 생각된다.

나. 효력 범위

운영규정이 법규명령으로서의 효력을 가지는 것은 상위법인 도시정비법이 위임한 사항의 범위 내로 한정된다고 할 것인바, 앞서 본 바와 같이 운영규정안은 일종의 표준정관과 같은 하나의 예시에 불과하고, [별지 : 대표소유자 선임동의서] 양식도 하나의 예시로서 들고 있는 것에 불과할 뿐이므로 이는 법규명령의 효력을 가진다고 볼 수 없다.6)

---

4) 부산고등법원 2009. 4. 16. 선고 2008나16905 판결.
5) 서울중앙지방법원 2010. 10. 14. 선고 2010가합26238 판결, 부산고등법원 2009. 4. 16. 선고 2008나16905 판결; 이우재, 전게서, 342면, 맹신균, 전게서, 144면, 진상욱, 국토해양부 고시 정비사업조합설립추진위원회 운영규정의 붙임 운영규정안에 대한 법규적 효력 인정 여부, 주거환경신문, 2009. 11. 17. 자 참조.
6) 부산고등법원 2009. 4. 16. 선고 2008나16905 판결[위 판결은 대법원 2008. 7. 24. 선고 2007두12996 판결이 추진위원회의 설립과 직접 관계되는 과거 운영규정[별지 1]의 '정비사업조합설립추진위원회설립동의서'(2009. 8. 13. 개정시 삭제)에도 법규명령의 효력을 인정하지 않고 있다고 인용한 바 있다].

3. 운영규정의 작성과 운영규정안의 내용 변경 가부

운영규정(고시) 제2조 제4항은 추진위원회 구성에 대한 토지등소유자의 동의
는 [별표] 운영규정안이 첨부된 시행규칙[별지 제4호 서식]「정비사업 조합설립추
진위원회 구성동의서」에 동의를 받는 방법에 의한다고 규정하고 있고, 운영규정
제3조는 ① 별표 운영규정안을 기본으로 하되, 제1조, 제3조, 제4조, 제15조 제1
항을 확정하고, 제17조 제7항, 제19조 제2항, 제29조, 제33조, 제35조 제2항 및 제
3항의 규정을 사업특성 지역상황을 고려하여 법에 위배되지 아니하는 범위 안에
서 수정 및 보완할 수 있으며, 또한 사업의 추진상 필요한 경우에는 운영규정안에
조·항·호·목 등을 추가할 수 있고(제3조 제2항), ② 제2항 각 호에 따라 확정·수
정·보완 또는 추가하는 사항이 법·관계법령, 운영규정 및 관련 행정기관의 처분
에 위배되는 경우에는 효력을 갖지 아니한다고 규정하고 있다(제3조 제3항).

따라서 위와 같은 운영규정의 각 규정에 비추어 보면, 추진위원회가 운영규정
을 작성함에 있어, 운영규정(고시)에서 [별표] 운영규정안의 수정, 보완 등을 허용
한 부분 외에 나머지 부분은 변경할 수 없다고 해석될 수 있다.

Ⅱ. 토지등소유자 관련 주요 내용

1. 토지등소유자의 권리·의무

가. 개요

토지등소유자는 다음 각 호의 권리의무를 가지는데, 제3호부터 제5호까지의
규정은 추진위원회 구성에 동의한 자에 한한다(운영규정안 제13조 제1항).

1. 주민총회의 출석권, 발언권 및 의결권
2. 추진위원회 위원의 선임, 선출권
3. 추진위원회 위원의 피선임, 피선출권

4. 추진위원회 운영경비 및 그 연체료의 납부의무
5. 그 밖에 관계법령 및 운영규정, 주민총회 등의 의결사항 준수의무

토지등소유자의 권한은 평등하며, 권한의 대리행사는 원칙적으로 인정하지 아니하되, 다만 ① 토지등소유자가 권한을 행사할 수 없어 배우자, 직계존비속, 형제자매 중에서 성년자를 대리인으로 정하여 위임장을 제출하는 경우, ② 해외거주자가 대리인을 지정한 경우, ③ 법인인 토지등소유자가 대리인을 지정한 경우는 대리행사가 허용된다(운영규정안 제13조 제2항).

나. 권리·의무의 승계

양도·상속·증여 및 판결 등으로 토지등소유자가 된 자는 종전의 토지등소유자가 행하였거나 추진위원회가 종전의 권리자에게 행한 처분 및 권리·의무 등을 포괄 승계한다(운영규정안 제11조).

2. 토지등소유자의 주요 의무

가. 운영경비 납부의무

(1) 의의

토지등소유자는 운영에 필요한 경비를 운영규정이 정하는 바에 따라 납부하여야 한다(법 제34조 제2항). 추진위원회 구성원으로서 당연한 의무임에도 이를 법에 규정한 이유는 각 토지등소유자들 사이의 재산적 가치가 달라서 경비산정에 있어서 여러 기준이 가능하므로 이를 둘러싸고 분쟁이 있을 수 있기 때문이다.[7]

운영경비는 '추진위원회의 의결'을 거쳐 부과할 수 있고, 납부기한 내 운영경비를 납부하지 아니한 토지등소유자(추진위원회 구성에 찬성한 자에 한한다)에 대하여는 금융기관에서 적용하는 연체금리의 범위에서 연체료를 부과할 수 있다(운영규정안 제33조 제2항, 제3항).

---

7) 이우재, 전게서(상), 418~419면.

(2) 납부대상자

추진위원회 구성에 동의한 자가 아닌 조합설립에 동의한 토지등소유자도 비용부담의무를 부담하는지 견해의 대립이 있는데, 추진위원회와 조합은 별개의 단체이고, 추진위원회 구성동의와 조합설립 동의는 절차와 내용이 구체적인 면에서 다르며, 근거 규정도 없기 때문에 추진위원회 구성승인 이후에 비로서 조합설립에 동의한 토지등소유자는 추진위원회에 관한 비용부담의무를 지지 않는다고 봐야 할 것이다.[8]

(3) 운영경비 납부의무 발생 여부

(가) 운영규정상 운영경비의 부과 및 산정에 관한 구체적인 기준이 있는 경우

추진위원회의 결의가 없더라도 각 토지등소유자가 납부할 구체적인 금액산정이 가능하다면, 추진위원회에서 비용부담에 관한 별도의 의결을 하지 않더라도 구체적인 운영경비 납부의무가 발생한다고 볼 수 있다.[9]

(나) 운영규정상 운영경비의 부과 및 산정에 관한 구체적인 기준이 없는 경우

이러한 경우에 추진위원회의 채권자가 추진위원회의 결의를 대위행사하여 납부할 운영경비를 확정, 통지할 수 있는지 견해가 나뉘는 것으로 보인다.

참고로, 대법원은 비법인 사단인 주택조합에 관한 사례에서, "비법인 사단의 성질을 가지고 있는 주택건설촉진법에 의한 주택조합에게 부과된 개발부담금을 조합원들에게 어떻게 분담하게 하는가는 전적으로 조합의 조합원총회 등의 결의나 조합규약에 정하는 절차를 거쳐야만 확정할 수 있는데, 그러한 절차를 거쳐 조합원의 분담금채무가 확정되지 않은 이상 국가 및 지방자치단체가 조합원의 지분에 따라 분담금채무를 임의로 확정하여 이에 대하여 국세징수법상의 채권압류 및 통지를 하였다 하여도 조합원에게 곧바로 그 효력이 미친다고 볼 수 없다"고 판시한 바 있다.[10]

---

8) 이우재, 전게서(상), 421면.
9) 이우재, 전게서(상), 422~423면.
10) 대법원 1997. 11. 14. 선고 95다28991 판결, 대법원 1998. 10. 27. 선고 98다18414 판결.

이러한 대법원의 태도를 원용하면, 운영경비의 부과 및 산정에 관한 구체적인 기준이 없는 경우에는 추진위원회의 의결을 있어야만 토지등소유자의 운영경비 납부의무가 발생한다고 볼 수 있다.

나. 필요서류 제출의무

토지등소유자로서 추진위원회 구성에 동의한 자는 추진위원회가 사업시행에 필요한 서류를 요구하는 경우 이를 제출할 의무가 있으며 추진위원회의 승낙이 없는 한 이를 회수할 수 없다(운영규정안 제13조 제4항).

Ⅲ. 추진위원회의 해산

1. 조합설립인가 전 추진위원회의 해산

가. 운영규정의 내용

조합설립인가 전에 추진위원회를 해산하고자 하는 경우 추진위원회 설립에 동의한 토지등소유자의 3분의 2 이상 또는 토지등소유자 과반수의 동의를 얻어 시장·군수에게 신고함으로써 해산할 수 있다(운영규정 제5조 제3항).

나. 해산신고

(1) 해산신고의 주체

추진위원회 외에 토지등소유자 과반수의 대표자도 해산신고를 할 수 있는지 문제되는데, 대법원은 가능하다는 입장이다

즉, 대법원은 "운영규정 제5조 제3항은 토지등소유자의 동의에 의한 추진위원회 해산규정을 둠으로써 파행적으로 운영되는 추진위원회를 해산시키고 토지등소유자의 대표성을 가지는 추진위원회를 구성할 수 있도록 하기 위하여 신설된 조항으로서, 그 전체적인 문맥상 그 해산신고의 주체를 추진위원회로 제한하고 있다

고 보이지 않으며, 토지등소유자의 과반수가 적법하게 설립된 추진위원회의 해산에 동의하였음에도 추진위원회 스스로 해산신고를 하지 아니하는 경우 그 해산에 동의한 토지등소유자들 스스로 해산신고를 할 수 있다고 해석하는 것이 위 조항의 취지에 부합한다고 보이는 점 등을 종합하여 보면, 위 운영규정 제5조 제3항은 조합설립인가 전에 추진위원회를 해산하고자 하는 자는 추진위원회의 설립에 동의한 토지등소유자의 3분의 2 이상 또는 토지등소유자 과반수의 동의를 얻어 시장·군수에게 신고함으로써 추진위원회를 해산할 수 있다는 취지로 해석함이 상당하고, 따라서 추진위원회의 해산에 동의한 토지등소유자 과반수의 대표자도 추진위원회 해산신고를 할 수 있다"고 판시한 바 있다.[11]

(2) 해산신고 수리의 법적 성격

운영규정 제5조 제3항의 해산신고를 수리하는 행위 또는 거부하는 행위는 항고소송의 대상인 행정처분에 해당한다(위 대법원 2008두14869 판결 등 참조). 즉, 대법원은 추진위원회의 해산신고의 법적 성격은 소위 '자기완결적 신고'가 아니라 행정청이 규정에서 정한 요건을 구비한 것인지를 심사한 후 수리하여야 하는 이른바 '수리를 요하는 신고'로 보고 있다.

2. 조합설립인가로 인한 추진위원회의 해산

가. 해산

추진위원회는 조합설립인가일까지 업무를 수행할 수 있고, 조합이 설립되면 모든 업무와 자산을 조합에 인계하고 추진위원회는 해산한다(운영규정 제5조 제1항).

나. 포괄승계

(1) 포괄승계의 원칙 및 제한

추진위원회는 자신이 행한 업무를 총회에 보고하여야 하며, 추진위원회가 행한 업무와 관련된 권리와 의무는 조합이 포괄승계한다(법 제34조 제3항, 운영규정 제

---

11) 대법원 2009. 1. 30. 선고 2008두14869 판결[해산신고수리처분취소등].

5조 제2항).[12] 또한 추진위원회는 사용경비를 기재한 회계장부 및 관련 서류를 조합 설립의 인가일부터 30일 이내에 조합에 인계하여야 한다(법 제34조 제4항).

추진위원회가 취득하여 그 명의로 소유권이전등기를 경료한 부동산의 소유권을 그 후 설립된 정비사업조합의 명의로 하기 위하여는 위 추진위원회로부터 위 조합에게로의 소유권이전등기를 신청하여야 한다.[13]

다만, 추진위원회가 행한 업무라고 하더라도 모두 조합에 승계되는 것은 아니고, 업무범위를 초과한 업무나 계약, 용역업체의 선정 등은 조합에 승계되지 않는다(운영규정 제6조). 예를 들어, 시공자·감정평가업자의 선정[14] 등 조합의 업무에 속하는 부분은 추진위원회의 업무범위에 포함되지 아니하므로 승계되지 않는다(운영규정안 제5조 제4항).

한편, 대법원은 비록 추진위원회가 행한 업무가 사후에 관계 법령의 해석상 추진위원회의 업무범위에 속하지 아니하여 효력이 없다고 하더라도 구 도시정비법 제16조에 의한 조합설립인가처분을 받아 법인으로 설립된 조합에 모두 포괄승계되고, 추진위원회를 상대로 추진위원회가 개최한 주민총회에서 한 시공자 선정 결의의 무효확인을 구하는 소의 계속 중 조합이 설립되었다면, 조합은 특별한 사유가 없는 한 계속 중인 소송에서 추진위원회의 법률상 지위도 승계한다고 판시한 바 있다.[15]

아울러 추진위원회가 시공자를 선정하고 공사도급계약을 체결한 경우, 사후의 관계 법령의 해석상 추진위원회의 시공자 선정은 무효라고 하더라도 그 관계

---

12) 이우재, 전게서(상), 434면은 승계는 서로 다른 권리주체 사이에서 발생하는 법률관계로서, 이러한 승계규정의 취지를 추진위원회와 조합이 완전히 다른 권리주체임을 선언한 것이라고 한다.

13) 등기선례 제200504-6호.

14) 다만, 추진위원회가 조합설립 동의를 위하여 법 제35조 제8항에 따른 추정분담금을 산정하기 위해 필요한 경우 감정평가업자를 선정할 수 있다(운영규정안 제5조 제4항 단서).

15) 대법원 2012. 4. 12. 선고 2009다22419 판결.

법령이 조합설립 이전에 추진위원회가 체결한 사법상 계약의 효력까지 규율하고 있지 않다면, 공사도급계약서 중 시공자 선정을 제외한 나머지 부분(예: 금전소비대차계약)이 당연히 무효가 되는 것은 아니고, 일부무효 법리(민법 제137조)의 적용에 따라 유효한 것으로 판단될 수 있다.[16)]

(2) 승계되지 않는 업무에 관한 추진위원의 책임 여부

하급심 중 추진위원회가 정비조합의 설립에 실패한 민법상의 조합의 단계에 불과하면 추진위원회 및 추진위원들의 재산으로 책임져야 할 것이나, 비법인사단의 실체까지 갖추었다면 추진위원회 외에 추진위원 개인에게 책임을 묻기는 어렵다고 판시한 판결이 있다.[17)]

(3) 추진위원회 의결 내지 주민총회 의결 없는 대외적 거래행위의 효력

대법원은 "추진위원회는 비법인 사단이고, 비법인 사단의 경우 대표자의 대표권 제한에 관하여 등기할 방법이 없어 민법 제60조의 규정을 준용할 수 없고, 비법인 사단의 대표자인 추진위원장이 운영규정에서 주민총회의 결의를 거쳐야 하도록 규정한 대외적 거래행위에 관하여 이를 거치지 아니한 경우라도, 이와 같은 주민총회 결의사항은 비법인사단의 내부적 의사결정에 불과하다 할 것이므로, 그 거래 상대방이 그와 같은 대표권 제한 사실을 알았거나 알 수 있었을 경우가 아니라면 그 거래행위는 유효하고, 이 경우 기래의 상대방이 대표권 제한 사실을 알았거나 알 수 있었음은 이를 주장하는 추진위원회가 주장·입증하여야 한다"고 판시하였다(소위 외관법리).[18)]

3. 조합설립인가처분 취소와 추진위원회의 존속 여부

조합이 설립된 이후 조합설립인가처분이 취소된 경우에도 기존의 추진위원회의 존속 여부가 문제된다.

---

16) 서울중앙지방법원 2018. 10. 17. 선고 2016가합513628 판결.
17) 인천지방법원 2008. 4. 25. 선고 2007가합12926 판결.
18) 대법원 2003. 7. 22. 선고 2002다64780 판결 등.

대법원은 "추진위원회는 조합의 설립을 목적으로 하는 비법인 사단으로서 추진위원회가 행한 업무와 관련된 권리와 의무는 조합설립인가처분을 받아 법인으로 설립된 조합에 모두 포괄승계되므로, 원칙적으로 조합설립인가처분을 받은 조합이 설립등기를 마쳐 법인으로 성립하게 되면 추진위원회는 목적을 달성하여 소멸하지만, 조합설립인가처분이 법원의 판결에 의하여 취소된 경우에는 추진위원회가 지위를 회복하여 다시 조합설립인가신청을 하는 등 조합설립추진 업무를 계속 수행할 수 있다"고 판시하였다.[19]

그 이유로, ① 조합설립인가처분이 법원의 판결에 의하여 취소된 경우에는 조합설립인가처분이 소급하여 효력을 상실하고, 그 조합은 청산사무가 종료될 때까지 청산의 목적범위 내에서 권리·의무의 주체로서 잔존할 뿐이므로(대법원 2012. 11. 9. 선고 2011두518 판결 등 참조), 이러한 경우까지 추진위원회가 그 존립목적을 달성했다고 보기 어렵다는 점, ② 일단 조합이 설립된 이상 추진위원회는 그 목적을 달성하여 확정적으로 소멸하고 그 후에 조합설립인가처분이 취소되더라도 그 지위를 회복할 수 없다고 본다면, 조합은 이미 청산목적의 범위 내에서만 존속할 뿐이어서 정비사업을 추진할 수 없으므로, 당해 정비구역 내에서 정비사업을 계속 추진할 아무런 주체가 없게 되어, 법원의 판결에서 들었던 조합설립인가처분의 하자가 아무리 경미한 것이라 하더라도, 당해 정비구역 내에서 정비사업을 추진하기 위하여는 추진위원회 구성 및 동의서 징구 등 최초부터 모든 절차를 새롭게 진행해야 하는 사회·경제적 낭비가 따를 수밖에 없는 점, ③ 조합설립인가처분이 취소된 경우 추진위원회가 그 지위를 회복한다고 보더라도, 정비사업의 계속 추진에 반대하는 토지등소유자로서는 추진위원회가 다시 조합설립인가신청을 하기 이전까지 법령이 정한 바에 따라 동의를 철회할 수 있다고 할 것이므로, 토지등소유자의 권익보호에 중대한 지장을 초래한다고 보기 어렵다는 점을 들고 있다.

---

19) 대법원 2016. 12. 15. 선고 2013두17473 판결.

제35조(조합설립인가 등)

① 시장·군수등, 토지주택공사등 또는 지정개발자가 아닌 자가 정비사업을 시행하려는 경우에는 토지등소유자로 구성된 조합을 설립하여야 한다. 다만, 제25조제1항제2호에 따라 토지등소유자가 재개발사업을 시행하려는 경우에는 그러하지 아니하다.

② 재개발사업의 추진위원회(제31조제4항에 따라 추진위원회를 구성하지 아니하는 경우에는 토지등소유자를 말한다)가 조합을 설립하려면 토지등소유자의 4분의 3 이상 및 토지면적의 2분의 1 이상의 토지소유자의 동의를 받아 다음 각 호의 사항을 첨부하여 시장·군수등의 인가를 받아야 한다.

   1. 정관

   2. 정비사업비와 관련된 자료 등 국토교통부령으로 정하는 서류

   3. 그 밖에 시·도조례로 정하는 서류

③ 재건축사업의 추진위원회(제31조제4항에 따라 추진위원회를 구성하지 아니하는 경우에는 토지등소유자를 말한다)가 조합을 설립하려는 때에는 주택단지의 공동주택의 각 동(복리시설의 경우에는 주택단지의 복리시설 전체를 하나의 동으로 본다)별 구분소유자의 과반수 동의(공동주택의 각 동별 구분소유자가 5 이하인 경우는 제외한다)와 주택단지의 전체 구분소유자의 4분의 3 이상 및 토지면적의 4분의 3 이상의 토지소유자의 동의를 받아 제2항 각 호의 사항을 첨부하여 시장·군수등의 인가를 받아야 한다.

④ 제3항에도 불구하고 주택단지가 아닌 지역이 정비구역에 포함된 때에는 주택단지가 아닌 지역의 토지 또는 건축물 소유자의 4분의 3 이상 및 토지면적의 3분의 2 이상의 토지소유자의 동의를 받아야 한다.

⑤ 제2항 및 제3항에 따라 설립된 조합이 인가받은 사항을 변경하고자 하는 때에는 총회에서 조합원의 3분의 2 이상의 찬성으로 의결하고, 제2항 각 호의 사항을 첨부하여 시장·군수등의 인가를 받아야 한다. 다만, 대통령령으로 정하는 경미한 사항을 변경하려는 때에는 총회의 의결 없이 시장·군수등에게 신고하고 변경할 수 있다.

⑥ 조합이 정비사업을 시행하는 경우 「주택법」 제54조를 적용할 때에는 조합을 같은 법 제2조제10호에 따른 사업주체로 보며, 조합설립인가일부터 같은 법 제4조에 따른 주택건설사업 등의 등록을 한 것으로 본다.

⑦ 제2항부터 제5항까지의 규정에 따른 토지등소유자에 대한 동의의 대상 및 절차, 조

합설립 신청 및 인가 절차, 인가받은 사항의 변경 등에 필요한 사항은 대통령령으로 정한다.

⑧ 추진위원회는 조합설립에 필요한 동의를 받기 전에 추정분담금 등 대통령령으로 정하는 정보를 토지등소유자에게 제공하여야 한다.

Ⅰ. 서설

1. 정비사업조합의 의의

정비사업조합이란 정비사업의 시행을 목적으로 토지등소유자들로 구성된 단체를 말한다(법 제35조 제1항, 제38조 제3항).

2. 정비사업조합의 법적 지위

가. 권리능력, 행위능력 및 불법행위능력

조합은 법인으로 하고(법 제38조 제1항), 조합은 법률의 규정에 좇아 정관으로 정한 목적의 범위 내에서 권리와 의무의 주체가 되며(민법 제34조), 권리능력의 범위 내에서 행위능력을 가진다. 또한 조합은 대표기관(조합장)이 그 직무에 관하여 타인에게 가한 불법행위에 대하여 손해를 배상할 책임이 있다(민법 제35조).[1]

나. 사업시행자로서의 지위

재개발 및 재건축사업을 시행하는 자는 공공시행자 또는 지정개발자가 시행하는 예외적인 경우를 제외하고는 원칙적으로 정비사업조합이므로(법 제25조), 정

---

[1] 대법원 2014. 7. 10. 선고 2013다65710 판결(재건축조합이 조합원에게 위법한 동·호수 배정을 하여 조합원이 불법행위로 인한 손해배상을 청구한 사안에서, 조합원의 재산상 손해는 대다수 조합원들이 소유권보존등기를 마쳐 동·호수 재추첨의 이행이 사회통념상 불가능하게 된 때를 기준으로 해당 조합원이 배정받을 수 있었던 아파트의 시가와 분양가를 고려하여 산정한 평균 기대수익에서 조합원이 취득한 각 아파트의 시가와 분양가를 고려하여 산정한 실제 수익을 뺀 차액이라고 본 사례), 대법원 2004. 2. 27. 2003다15280 판결 등.

비사업조합은 정비사업의 사업시행자라는 매우 중요한 지위를 가진다.

다. 행정주체(공법인)의 지위

조합은 조합설립인가를 받은 후 등기함으로써 법인으로 설립된다(법 제38조). 조합은 관할 행정청의 감독 아래 정비사업이라는 공공적 성격의 사업을 수행하고, 사업시행계획 작성, 관리처분계획 수립, 청산금 부과 등 그 목적 범위 내에서 도시정비법령이 정하는 바에 따라 일정한 행정행위를 행한다. 대법원도 정비사업조합이 행정주체(공법인)의 지위가 있음을 명확히 판시하고 있다.[2]

Ⅱ. 조합설립인가 절차 및 요건

1. 개요

조합설립인가 신청은 인가신청서에 정관, 조합원 명부, 토지등소유자의 조합설립동의서 등의 서류를 첨부하여 시장·군수에게 신청하는 절차로 이루어지는바, 이하에서는 조합설립인가 신청 관련 제반 절차를 중심으로 살펴보고, 가장 중요한 토지등소유자의 동의 관련 사항은 별도로 살펴보기로 한다.

---

2) 대법원 2009. 10. 29. 선고 2008다97737 판결(도시정비법에 따른 재건축조합은 관할 행정청의 감독 아래 도시정비법상의 주택재건축사업을 시행하는 공법인(도시정비법 제18조)으로서, 그 목적 범위 내에서 법령이 정하는 바에 따라 일정한 행정작용을 행하는 행정주체의 지위를 갖는다. 그리고 재건축조합이 행정주체의 지위에서 도시정비법 제48조에 따라 수립하는 관리처분계획은 정비사업의 시행결과 조성되는 대지 또는 건축물의 권리귀속에 관한 사항과 조합원의 비용 분담에 관한 사항 등을 정함으로써 조합원의 재산상 권리·의무 등에 구체적이고 직접적인 영향을 미치게 되므로, 이는 구속적 행정계획으로서 재건축조합이 행하는 독립된 행정처분에 해당하고, 재건축조합을 상대로 관리처분계획안에 대한 조합 총회결의의 효력 등을 다투는 소송은 행정처분에 이르는 절차적 요건의 존부나 효력 유무에 관한 소송으로서 그 소송 결과에 따라 행정처분의 위법 여부에 직접 영향을 미치는 공법상 법률관계에 관한 것이므로, 이는 행정소송법상의 당사자소송에 해당한다).

2. 신청권자

조합설립인가 신청은 추진위원회가 한다. 다만 법 제31조 제4항에 따라 추진위원회를 구성하지 않는 경우(공공지원 정비사업)에는 토지등소유자가 신청한다(법 제35조 제2항, 제3항).

3. 신청의 시기

추진위원회는 토지등소유자로부터 조합설립을 위한 동의를 받은 후 인가신청 전에 조합설립을 위한 창립총회를 개최하여야 하므로(법 제32조 제3항), 인가신청은 조합설립을 위한 동의율을 충족한 후 창립총회를 개최한 다음 할 수 있다.

4. 신청서 및 첨부서류

인가신청은 시행규칙[별지 제5호 서식]에 따른 신청서(전자문서로 된 신청서를 포함)에 의한다(시행규칙 제8조 제1항). 인가신청시 첨부하여야 할 서류는 아래와 같다(법 제35조 제2항, 제3항, 시행규칙 제8조 제2항 제1호).

---

1. 조합정관
2. 조합원 명부 및 해당 조합원의 자격을 증명하는 서류
3. 공사비 등 정비사업에 드는 비용을 기재한 토지등소유자의 조합설립 동의서 및 동의 사항을 증명하는 서류
4. 창립총회 회의록 및 창립총회 참석자 연명부
5. 토지·건축물 또는 지상권을 여럿이서 공유하는 경우에는 그 대표자의 선임 동의서
6. 창립총회에서 임원·대의원을 선임한 때에는 선임된 자의 자격을 증명하는 서류[3]

---

3) 대법원 2014. 10. 30. 선고 2012두25125 판결[구 도시정비법 시행규칙(2012. 4. 13. 국토해양부령 제456호로 개정되기 전의 것) 제7조 제1항 제7호에서 '창립총회에서 임원·대의원을 선임한 때에는' 임원·대의원으로 선임된 자의 자격을 증명하는 서류를 첨부하도록 정하고 있다.

> 7. 건축계획(주택을 건축하는 경우에는 주택건설예정대수를 포함한다), 건축예
>   정지의 지번·지목 및 등기명의자, 도시·군관리계획상의 용도지역, 대지 및
>   주변현황을 기재한 사업계획서
> 8. 그 밖에 시·도조례가 정하는 서류

위의 "그 밖에 시·도조례가 정하는 서류"에 관하여 서울시의 경우 아래와 같
다(서울시 조례 제19조).

> 1. 정비구역의 위치도 및 현황사진
> 2. 정비구역의 토지 및 건축물의 지형이 표시된 지적현황도
> 3. 법 제64조 제1항 제1호에 해당하는 매도청구대상자명부 및 매도청구계획서
>   (재건축사업으로 한정한다)

5. 조합설립인가 내용의 통지 등

조합은 조합설립인가를 받은 때에는 정관이 정하는 바에 따라 토지등소유자
에게 그 내용을 통지하고 이해관계인이 열람할 수 있도록 하여야 한다(시행령 제30
조 제3항). 다만, 이러한 통지 등을 해태하였다고 하더라도 조합설립인가처분 자체
에는 영향이 없다고 할 것이다.

Ⅲ. 토지등소유자의 동의

1. 동의주체

가. 재개발사업

재개발사업의 토지등소유자는 정비구역에 위치한 토지 또는 건축물의 소유자

이에 비추어 보면 조합의 임원이나 대의원을 반드시 창립총회에서 선임할 필요는 없으므로,
창립총회에서 조합장 등 조합 임원 선임의 결의가 부결되었다고 하더라도 이 때문에 창립총
회가 무효라고 볼 수는 없다].

또는 그 지상권자이므로(법 제2조 제9호 가목), 동의주체는 토지 및 그 지상 건축물의 소유자, 토지나 건축물만의 소유자, 지상권자이다.

나. 재건축사업

재건축사업의 경우에는 법 제35조 제3항, 제4항에 따라 '주택단지 안'과 '주택단지가 아닌 지역'으로 구분하여 동의주체를 판단해야 한다.

① 주택단지 안의 경우, 재건축사업의 토지등소유자는 '건축물 및 그 부속토지'의 소유자이므로(법 제2조 제9호 나목), 건축물의 구분소유자이나 그 부지를 소유하고 있지 않거나 주택단지의 토지만을 소유하고 있는 자는 동의주체가 될 수 없다.[4]

② 주택단지가 아닌 지역의 경우, 주택단지가 아닌 지역이 정비구역에 포함될 경우에는 토지 또는 건축물의 소유자가 동의주체가 된다(법 제35조 제4항).[5] 즉 토지 및 그 지상 건축물 소유자, 토지나 건축물만을 소유한 자도 동의주체가 된다.

2. 조합설립을 위한 동의율

가. 재개발사업

재개발사업에서 조합설립을 위한 동의율은 토지등소유자 4분의 3 이상 및 토지면적의 2분의 1 이상이다(법 제35조 제2항). 토지면적의 2분의 1 이상의 토지소유

---

4) 대법원 2008. 2. 29. 선고 2006다56572 판결.

5) 대법원 2012. 10. 25. 선고 2010두25107 판결은 '토지만을 소유한 자 또는 건축물만을 소유한 자'는 비록 주택재건축사업에서 조합원이 될 수 없다고 하더라도[개정 전 도시정비법 제2조 제9호 (나)목, 제19조 제1항] 그 소유의 토지 또는 건축물은 매도청구의 대상이 될 수 있으므로(개정 전 도시정비법 제39조) 재건축조합의 설립에 중대한 이해관계가 있는 점 등 여러 사정을 종합하면, 개정 전 도시정비법 제16조 제3항에서 정한 '토지 또는 건축물 소유자'는 정비구역 안의 토지 및 건축물의 소유자뿐만 아니라 토지만을 소유한 자, 건축물만을 소유한 자 모두를 포함하는 의미라고 판단한 바 있다.

자 동의를 필요로 한 입법취지는 건축물만 소유하거나 다수의 과소 토지소유자들이 정비사업의 주된 의사결정을 할 경우에는 상대적으로 더 많은 면적을 가진 토지소유자가 그 의견을 반영할 권리를 사실상 상실하게 되어 실질적 평등 및 재산권의 침해가 있을 수 있기 때문이다.

나. 재건축사업

(1) 주택단지 안의 동의율

① 주택단지 전체 동의율

주택단지 안의 전체 구분소유자 중 4분의 3 이상 및 전체 토지면적 4분의 3 이상의 토지소유자 동의가 필요하다.

② 각 동(棟)별 동의율

재건축사업은 공동주택의 '각 동별'로 구분소유자 과반수 동의가 필요하다.[6] 이처럼 각 동별 동의를 규정한 것은 하나의 주택단지 안의 공동주택(아파트) 및 복리시설(상가건물)이라도 그 위치 등에 따라 동별로 이해관계가 달라질 수 있기 때문이다. 다만, 각 동별 구분소유자 수가 5 이하인 동에 대해서는 동별 동의를 필요하지 않다(법 제35조 제3항). 복리시설[7](상가건물)은 주택단지 안의 복리시설 전체를 하나의 동으로 본다(법 제35조 제3항).

대법원은 상가소유자들이 구분소유적 공유관계[8]에 있을 때, 각자를 별도의 구분소유권자로 볼 것인지, 전체를 하나의 공유관계로 볼 것인지에 관해, 상가건

---

6) 실무상 재건축사업에서의 각 동별 동의율 관련, 주로 상가 구분소유자들의 사업반대로 상가건물에 대해 동의정족수를 충족하지 못하는 경우가 많다. 도시정비법은 이러한 점을 감안하여 재건축사업의 동별 동의요건을 완화하는 방향으로 개정이 되어 왔고, 2016. 1. 27. 개정시 동별 동의요건 중 토지면적 2분의 1 이상 토지소유자의 동의 요건은 삭제되었다.

7) 주택법 제2조 제14호
"복리시설"이란 주택단지의 입주자 등의 생활복리를 위한 다음 각 목의 공동시설을 말한다.
가. 어린이놀이터, 근린생활시설, 유치원, 주민운동시설 및 경로당
나. 그 밖에 입주자 등의 생활복리를 위하여 대통령령으로 정하는 공동시설

8) 토지의 위치와 면적을 특정하여 2인 이상이 구분소유하기로 하는 약정을 하고, 그 구분소유자의 공유로 등기하는 경우 이들 사이에는 구분소유적 공유관계가 성립한다[주석 민법(민법총칙), 한국사법행정학회, 2010. 08. 279면].

물의 공유자들이 구분소유적 공유관계에 있을 때에는 동별 동의요건 충족과 관련하여 각자를 별도의 구분소유자로 보아야 하고, 그 상가건물의 공유자들로부터 과반수 동의를 받지 않은 것은 동의율을 충족하지 못한 것으로서 조합설립인가처분이 위법하다고 판단한 바 있다.[9]

(2) 주택단지가 아닌 지역의 동의율

<u>주택단지가 아닌 지역이 정비구역에 포함된 때에는 주택단지 안의 동의요건 외에 추가로 주택단지가 아닌 지역의 토지 또는 건축물 소유자 4분의 3 이상 및 토지면적의 3분의 2 이상의 토지소유자 동의를 얻어야 한다</u>(법 제35조 제4항).

그런데 재건축사업의 조합원은 건축물 및 그 부속토지를 모두 소유한 자만이 될 수 있으므로 주택단지 밖의 토지 또는 건축물 소유자는 동의권자로서 조합설립에 동의한다 하더라도, 조합원이 될 수 없어 결국 매도청구의 상대방이 될 수밖에 없다.[10]

만일 재건축사업의 정비구역이 '주택단지가 아닌 지역'으로만 구성된 경우, 토지 또는 건축물 소유자 4분의 3 이상 및 토지면적 3분의 2 이상의 토지소유자 동의를 얻어야 한다.[11]

다. 동의율 충족 기준 시점

대법원은 조합설립인가를 위한 동의 정족수는 '조합설립인가신청 시'를 기준으로 판단하고 있는데, 그 이유로 구 도시정비법 시행령(2012. 7. 31. 대통령령

---

9) 대법원 2019. 11. 15. 선고 2019두46763 판결.

10) 대법원 2012. 10. 25. 선고 2010두25107 판결.

11) 대법원 2013. 7. 11. 선고 2011두27544 판결도 도시정비법 제16조 제2항, 제3항의 내용·형식 및 체제에 비추어 보면, 주택재건축사업의 추진위원회가 조합을 설립함에 있어 ① 정비구역이 주택단지로만 구성된 경우에는 도시정비법 제16조 제2항에 의한 동의만 얻으면 되고, ② 정비구역에 주택단지가 아닌 지역이 포함되어 있을 경우에는 주택단지에 대하여는 도시정비법 제16조 제2항에 의한 동의, 주택단지가 아닌 지역에 대하여는 이와 별도로 같은 조 제3항에 의한 동의를 얻어야 하며, ③ 정비구역에 주택단지가 전혀 포함되지 아니한 경우에는 같은 조 제3항에 의한 동의를 얻어야 한다고 보는 것이 합당하다고 판시하였다.

제24007호로 개정되기 전의 것) 제28조 제4항(현 제33조 제2항 제1호)에서 토지등소유자는 '인가신청 전'에 동의를 철회하거나 반대의 의사표시를 할 수 있도록 규정한 점, 인가신청 후 처분 사이의 기간에도 토지등소유자는 언제든지 자신의 토지 및 건축물 등을 처분하거나 분할, 합병하는 것이 가능한데, 대규모 지역의 주택재개발사업에 대한 조합설립인가신청의 경우 행정청이 처분일을 기준으로 다시 일일이 소유관계를 확인하여 정족수를 판단하기는 현실적으로 어려울 뿐만 아니라 처분시점이 언제이냐에 따라 동의율이 달라질 수 있는 점 등을 들고 있다.12)

【판례연구】조합설립인가를 위한 동의 정족수는 '조합설립인가신청 시'가 기준인지 여부(대법원 2014. 4. 24. 선고 2012두21437 판결 조합설립인가 처분무효확인등)

❑ 판결요지

구 도시정비법(2012. 2. 1. 법률 제11293호로 개정되기 전의 것)상의 재개발조합설립에 토지등소유자의 서면에 의한 동의를 요구하고 동의서를 재개발조합설립인가신청 시 행정청에 제출하도록 하는 취지는 서면에 의하여 토지등소유자의 동의 여부를 명확하게 함으로써 동의 여부에 관하여 발생할 수 있는 관련자들 사이의 분쟁을 사전에 방지하고 나아가 행정청으로 하여금 재개발조합설립인가신청 시에 제출된 동의서에 의하여서만 동의요건의 충족 여부를 심사하도록 함으로써 동의 여부의 확인에 행정력이 소모되는 것을 막기 위한 데 있는 점, 구 도시정비법 시행령(2012. 7. 31. 대통령령 제24007호로 개정되기 전의 것) 제28조 제4항(현 시행령 제33조 제2항 제1호)에서 토지등소유자는 '인가신청 전'에 동의를 철회하거나 반대의 의사표시를 할 수 있도록 규정하는 한편, 조합설립의 인가에 대한 동의 후에는 위 시행령 제26조 제2항 각 호의 사항이 변경되지 않으면 조합설립의 '인가신청 전'이라고 하더라도 동의를 철회할 수 없도록 규정하여 '인가신청 시'를 기준으로 동의 여부를 결정하도록 하고 있는 점, 인가신청 후 처분 사이의 기간에도 토지등소유자는 언제든지 자신의 토지 및 건축물 등을 처분하거나 분할, 합병하는 것이 가능한데, 대규모 지역의 주택재개발사업에 대한 조합설립인가신청의 경우

---

12) 대법원 2014. 4. 24. 선고 2012두21437 판결.

행정청이 처분일을 기준으로 다시 일일이 소유관계를 확인하여 정족수를 판단하기는 현실적으로 어려울 뿐만 아니라 처분시점이 언제이냐에 따라 동의율이 달라질 수 있는 점, 만일 처분일을 기준으로 동의율을 산정하면 인가신청 후에도 소유권 변동을 통하여 의도적으로 동의율을 조작하는 것이 가능하게 되어 재개발사업과 관련한 비리나 분쟁이 양산될 우려가 있는 점 등을 종합적으로 고려하면, 조합설립인가를 위한 동의 정족수는 재개발조합설립인가신청 시를 기준으로 판단해야 한다.

❑ 판결의 검토

대상판결은 재개발조합설립인가를 위한 동의율의 충족 여부를 판단하는 기준시점은 '조합설립인가신청 시'로 보고, 인가신청일 이후 인가처분일까지 사이에 토지등소유자들의 소유관계 변동을 동의 정족수 판단에 반영할 수 없는 것으로 보았다.

행정처분의 적법 여부는 특별한 사정이 없는 한 그 처분시를 기준으로 하여 판단해야 함이 대법원 판결의 일관된 태도이다(대법원 1995. 11. 10. 선고 95누8461 판결, 대법원 1995. 6. 16. 선고 94누7133 판결, 대법원 2012. 12. 13. 선고 2011두21218 판결 등).

그러나 일반적인 행정처분과 달리 도시정비법상 조합설립인가처분의 경우 정비사업의 특별한 사정을 고려해야 한다. 즉, 대상판결에서도 설시한 바와 같이 ① 조합설립에 있어 토지등소유자의 동의는 가장 중요한 인가 요건인데, 행정청이 인가신청 시에 제출된 동의서 외에 실제 동의 여부를 확인하는 것은 가능한지도 의문이고 확인이 가능하다고 하더라도 행정력의 막대한 소모가 된다는 점, ② 인가신청 이후 인가처분 사이의 기간에도 토지등소유자는 변동이 빈번한데 행정청이 처분일을 기준으로 다시 일일이 소유관계를 확인하여 정족수를 판단하는 것 역시 현실적으로도 어렵고, 가능하다고 하더라도 처분시점에 따라 동의율이 달라질 수 있는 문제가 있는 점, ③ 만일 처분일을 기준으로 동의율을 산정하면 인가신청 이후에도 소유권 변동을 통하여 의도적으로 동의율을 조작하는 것도 가능하게 되어 정비사업과 관련한 비리나 분쟁이 양산될 우려가 있는 문제점이 있는 등 여러 사정을 종합적으로 고려하면, 조합설립인가를 위한 동의 정족수는 인가신청시를 기준으로 판단해야 한다는 대상판결은 타당하다고 본다.

3. 동의의 방법

가. 조합설립 동의서(법정동의서)의 징구

토지등소유자의 동의는 국토교통부령으로 정하는 동의서에 동의를 받는 방법에 따른다(시행령 제30조 제1항). 위 동의서는 시행규칙[별지 제6호 서식] 조합설립 동의서(법정동의서13))를 말한다(시행규칙 제8조 제3항). 이러한 조합설립 동의서를 징구하는 것은 토지등소유자들이 동의를 함에 있어 신중을 기하도록 하고, 서면에 의하여 동의 여부를 명확하게 함으로써 동의 여부에 관하여 발생할 수 있는 관련자들 사이의 분쟁을 미연에 방지하고 나아가 행정청으로 하여금 조합설립인가신청시에 제출된 동의서에 의하여서만 동의요건의 충족 여부를 심사하도록 함으로써 동의 여부의 확인에 불필요하게 행정력이 소모되는 것을 막기 위한 데 있다.14)

나. 조합설립 동의서의 내용

조합설립에 관한 동의서에는 ① 건설되는 건축물의 설계의 개요, ② 공사비 등 정비사업에 드는 비용(이하, '정비사업비'),15) ③ 정비사업비의 분담기준, ④ 사업 완료 후 소유권의 귀속에 관한 사항, ⑤ 조합정관 등이 포함되어야 한다(시행령 제30조 제2항).

대법원은 조합설립에 대한 토지등소유자의 동의가 구 도시정비법 제15조 제2항(현 제34조 제1항)에 근거하여 건설교통부장관이 고시한「정비사업 조합설

---

13) 편의상 구 국토교통부 고시(제2006－330호) 정비사업 조합설립추진위원회 운영규정의 [별지 3의1], [별지 3의 2] 서식의 동의서는 '표준동의서'로, 시행규칙[별지 6호 서식]의 동의서는 '법정동의서'로 칭한다.

14) 대법원 2010. 1. 28. 선고 2009두4845 판결.

15) 하급심은, 조합설립 단계에서 철거비용이나 신축비용을 구체적이고 상세하게 산정하는 것이 현실적으로 어려운 점에 비추어 보면, 설령 추진위원회가 개략적인 금액을 산정함에 있어서 구체적인 비용 항목이 일부 누락되었다고 하더라도 그와 같은 사정만으로 개략적인 금액의 산정이 잘못되었다고 볼 수 없을 뿐만 아니라 행정청에게 조합설립인가 여부를 심사하는 과정에서 동의서에 기재된 사업비용의 적정성 여부까지 구체적으로 심사할 의무가 있다고도 할 수 없다고 판단한 바 있다(서울고등법원 2011. 7. 22. 선고 2010누30231 판결).

립추진위원회 운영규정」(건설교통부 고시 제165호)의 붙임 운영규정안 제34조 및 [별지 3의1] 주택재건축정비사업조합설립동의서(표준동의서)에 의해 이루어진 사안에서, 위 표준동의서상의 기재 내용이 조합원이 부담하게 될 사업비용의 분담기준이나 사업완료 후 소유권 귀속에 관한 사항 등에 관하여 구체적으로 정하지 않은 위법이 있다고 볼 수 없다고 판시하여, 표준동의서의 적법성을 인정한 바 있다.16)

한편 추진위원회는 조합설립에 필요한 동의를 받기 전에 토지등소유자별 분담금 추산액 및 산출근거, 그 밖에 추정분담금의 산출 등과 관련하여 시·도조례로 정하는 정보를 제공하여야 하는바17)(법 제35조 제8항, 시행령 제32조), 이러한 절차를 위반하여 징구한 동의서는 효력이 없다고 볼 것이다.

다. 조합설립 동의서의 동의방법

조합설립 동의서에는 토지등소유자의 성명을 적고(자필 서명)과 지장(指章)을 날인하여야 하며, 주민등록증, 여권 등 신원을 확인할 수 있는 신분증명서의 사본을 첨부하여야 한다(법 제36조 제1항). 다만 토지등소유자가 해외에 장기체류하거나 법인인 경우 등 불가피한 사유가 있을 때에는 인감도장을 찍은 서면동의서에 해당 인감증명서를 첨부하는 방법으로 할 수 있다(법 제36조 제2항). 또한 이러한 동의서는 시장·군수등이 검인(檢印)한 서면동의서를 사용해야 하며, 검인을 받지 않은 서면동의서는 효력이 없음을 유의해야 한다(법 제36조 제3항).

---

16) 대법원 2010. 4. 8. 선고 2009다10881 판결.
17) 추정분담금의 제공취지는 토지등소유자가 조합설립 동의서에 기재된 내용만으로는 본인의 개략적인 정비사업비의 분담액을 예측하기 곤란하여 정비사업비의 분담액을 보다 정확하게 예측할 수 있도록 함에 있다(맹신균, 전게서, 243면).

■ 도시 및 주거환경정비법 시행규칙 [별지 제6호 서식]

조합설립 동의서
[□재개발사업, □재건축사업]

※ 색상이 어두운 란은 동의자가 적지 않습니다.　　　　　　　　　(3쪽 중 제1쪽)

행정기관에서 부여한 연번범위		연 번	/

I. 동의자 현황

인 적 사 항	성　　명		생년월일	
	주민등록상 주　　소		전화번호	

소유권 현 황 ※ 재개발 사업인 경우	토　지 (총　필지)	소 재 지 (공유 여부)	면적(㎡)
		(　　　　　)	
		(　　　　　)	
		(　　　　　)	
	건 축 물	소 재 지 (허가 유무)	동 수
		(　　　　　)	
		(　　　　　)	
		(　　　　　)	
	지 상 권 (건축물 외의 수목 또는 공작물의 소유 목적으로 설정한 권리를 말합니다)	설 정 토 지	지상권의 내용

소유권 현 황 ※ 재건축 사업인 경우	소유권 위치 (주소)	(단독주택)		
		(아파트 · 연립주택)		
		(상가)		
	등기상 건축물지분 (면적, ㎡)		등기상 대지지분 (면적, ㎡)	

II. 동의 내용

1. 조합설립 및 정비사업 내용

가. 신축건축물의 설계개요	대지 면적 (공부상 면적)	건축 연면적	규 모	비 고
	m²	m²		

나. 공사비 등 정비사업에 드는 비용	철거비	신축비	그 밖의 비용	합 계

다. 나목에 따른 비용의 분담

1) 조합정관에 따라 경비를 부과·징수하고, 관리처분 시 임시청산하며, 조합청산 시 청산금을 최종 확정합니다.
2) 조합원 소유 자산의 가치를 조합정관이 정하는 바에 따라 산정하여 그 비율에 따라 비용을 부담합니다.
3) 분양대상자별 분담금 추산방법(예시)
   분양대상자별 분담금 추산액 = 분양예정인 대지 및 건축물의 추산액 - (분양대상자별 종전의 토지 및 건축물의 가격 × 비례율*)
   * 비례율 = (사업완료 후의 대지 및 건축물의 총 수입 - 총사업비) / 종전의 토지 및 건축물의 총 가액

라. 신축건축물 구분소유권의 귀속에 관한 사항

※ 개별 정비사업의 특성에 맞게 정합니다. 다만, 신축 건축물의 배정은 토지소유자의 의사가 최대한 반영되도록 하되, 같은 면적의 주택 분양에 경합이 있는 경우에는 종전 토지 및 건축물의 가격 등을 고려하여 우선 순위를 정하거나 추첨에 따르는 등 구체적인 배정방법을 정하여 향후 관리처분계획을 수립할 때 분양면적별 배분의 기준이 되도록 합니다.

(예시)
1) 사업시행 후 분양받을 주택 등의 면적은 분양면적(전용면적+공용면적)을 기준으로 하고, 대지는 분양받은 주택 등의 면적 비례에 따라 공유지분으로 분양합니다.
2) 조합정관에서 정하는 관리처분계획에 관한 기준에 따라 주택을 소유한 조합원의 신축 건축물에 대한 분양면적 결정은 조합원의 신청규모를 우선적으로 고려하되, 같은 규모에서 경합이 있는 경우에는 종전 토지 및 건축물의 가격이 높은 순서에 따르고, 동·호수는 전산추첨으로 결정합니다.
3) 조합원에게 우선분양하고 남는 잔여주택 및 상가 등 복리시설은 관계법령과 조합정관이 정하는 바에 따라 일반분양합니다.
4) 토지는 사업완료 후 지분등기하며 건축물은 입주조합원 각자 보존등기합니다.

2. 조합장 선정동의

조합의 대표자(조합장)는 조합원총회에서 조합정관에 따라 선출된 자로 합니다.

3. 조합정관 승인

「도시 및 주거환경정비법」 제35조에 따라 정비사업 조합을 설립할 때 그 조합정관을 신의성실의 원칙에 따라 준수하며, 조합정관이 정하는 바에 따라 조합정관이 변경되는 경우 이의 없이 따릅니다.

* 조합정관 간인은 임원 및 감사 날인으로 대체합니다.

4. 정비사업 시행계획서

(   )재개발사업 · 재건축사업 조합설립추진위원회에서 작성한 정비사업 시행계획서와 같이 재개발사업 · 재건축사업을 합니다.

※ 본 동의서를 제출한 경우에도 조합설립에 반대하고자 할 경우 「도시 및 주거환경정비법 시행령」 제33조제2항에 따라 조합설립인가를 신청하기 전까지 동의를 철회할 수 있습니다. 다만, 동의 후 「도시 및 주거환경정비법 시행령」 제30조제2항 각 호의 사항이 변경되지 아니한 경우에는 최초로 동의한 날부터 30일까지만 철회할 수 있으며, 30일이 지나지 아니한 경우에도 조합설립을 위한 창립총회 후에는 철회할 수 없습니다.

위와 같이 본인은 (   )재개발사업 · 재건축사업 시행구역의 토지등소유자로서 위의 동의 내용을 숙지하고 동의하며, 「도시 및 주거환경정비법」 제35조에 따른 조합의 설립에 동의합니다. 또한, 위의 조합 설립 및 정비사업 내용은 사업시행계획인가내용, 시공자 등과의 계약내용 및 제반 사업비의 지출내용에 따라 변경될 수 있으며, 그 내용이 변경됨에 따라 조합원 청산금 등의 조정이 필요할 경우 「도시 및 주거환경정비법」 및 같은 법 시행령에서 정하는 변경절차를 거쳐 사업을 계속 추진하는 것에 동의합니다.

년   월   일

위 동의자 :   (자필로 이름을 써넣음) 지장날인

(   ) 재개발사업

(   ) 재건축사업
           조합설립추진위원회 귀중

신청인 제출서류	1. 토지등소유자 신분증명서 사본 1부.	수수료 없음

라. 조합설립 동의서 관련 쟁점

(1) 조합설립 동의서의 적법성 판단 기준

동의서는 도시정비법령이 정한 기재사항이 모두 기재된 시행규칙[별지 제6호 서식]의 법정동의서 양식을 따라야 하고, 성명을 기재 및 신분증명서 사본 첨부 등 도시정비법령에서 정한 절차를 모두 준수하여야만 적법한 동의서라고 할 수 있고, 이에 위반한 동의서는 위법하여 효력이 없다고 본다.

대법원은 조합정관이 첨부되지 않은 동의서의 적법 여부에 관하여, ① 구 도시정비법 시행규칙이 정한 법정동의서는 상위 법령의 위임에 따른 것으로서 법적 구속력이 있고, 구 도시정비법령이 이처럼 법정동의서를 규정한 취지는 종래 건설교통부 고시로 제공하던 표준동의서를 대신할 동의서 양식을 법령에서 정하여 그 사용을 강제함으로써 동의서의 양식이나 내용을 둘러싼 분쟁을 미연에 방지하려는 취지라고 할 것인 점, ② 법정동의서의 정관에 관한 사항 부분은 정관에 포함될 구체적 내용에 대한 동의를 얻기 위한 취지라기보다는 조합의 운영과 활동에 관한 자치규범으로서 정관을 마련하고 그 규율에 따르겠다는 데에 대한 동의를 얻기 위한 취지로 해석되는 점, ③ 조합정관에 관한 의견의 수렴은 창립총회에서 충분히 이루어질 수 있으므로 굳이 조합설립에 관한 동의를 받을 때 동의서에 정관 초안을 첨부하여 그 내용에 관한 동의까지 받도록 요구할 필요가 없을 뿐만 아니라 이를 요구하는 것은 절차상 무리인 측면도 있는 점 등을 종합적으로 고려하면, 추진위원회가 조합의 정관 또는 정관 초안을 첨부하지 아니한 채 법정동의서와 같은 서식에 따른 동의서에 의하여 조합설립에 관한 동의를 받는 것은 적법하고, 그 동의서에 비용분담의 기준이나 소유권의 귀속에 관한 사항이 더 구체적이지 아니하다는 이유로 이를 무효라고 할 수 없다고 판시하였다.[18]

한편, 동의서의 작성일자,[19] 간인(間印)[20]등과 같이 도시정비법령에서 정하

---

18) 대법원 2013. 12. 26. 선고 2011두8291 판결, 대법원 2014. 1. 16. 선고 2011두12801 판결.
19) 서울고등법원 2011. 1. 12. 선고 2010누9442 판결(대법원 2011. 6. 10. 선고 2011두5179 심리불속행기각 판결로 확정)(토지등소유자가 본인의 의사로 조합설립동의서에 인감증명서의

지 않은 사항이나 기타 동의서의 효력을 부정할 만한 사항이 아닌 부수적인 사항에 대해서는 그 부분이 누락되었다 하더라도 동의서가 위법하다고 볼 수는 없을 것이다.

대법원은 토지등소유자가 조합설립 동의를 할 당시 동의서에는 '건축물철거 및 신축비용 개산액'란이 공란이었으나, 행정청에 조합설립인가를 신청하기 위하여 제출된 조합설립동의서에는 위 공란이 모두 기재되어 있었던 경우, 조합설립인가 신청시에 행정청에 제출된 조합설립동의서에 '건축물철거 및 신축비용 개산액'이 기재되어 있었던 이상 비록 조합설립 동의 당시에 이 부분이 공란이었다고 하더라도 이를 인가한 행정청의 조합설립인가처분이 당연무효라고 할 수는 없다고 판시한 바 있다.[21]

(2) 동의서의 징구시기와 효력

도시정비법상 추진위원회는 정비구역 지정 후 구성승인이 되고, 추진위원회는 구성 후 조합설립 동의서를 징구하게 된다(법 제35조).

만일 정비구역 지정 전에 받은 동의서의 효력이 문제될 수 있는데, 하급심은 '정비예정구역'이 정해진 경우에는 유효하다는 입장이다. 즉 정비구역으로 지정할 예정인 구역(정비예정구역)의 개략적인 범위를 포함한 기본계획의 수립 및 공고가 먼저 이루어진 경우에는, 정비구역의 지정 및 고시 전이라도 토지등소유자의 범위를 어느 정도 확정할 수 있어 조합의 설립과 관련하여 받은 동의서가 유효하고,

인영과 일치하는 인감도장을 날인한 것이 인정되는 이상 동의서 '작성일자'가 누락되거나 첨부된 인감증명서가 정비구역의 지정·고시 이전에 발급되었다는 사정만으로는 해당 동의서를 무효라고 할 수는 없다).

20) 서울고등법원 2011. 9. 9. 선고 2010누41286 판결(조합설립동의서상의 '날짜'가 기재되어 있지 않더라도 첨부된 인감증명서에 의해 동의서의 제출일시를 쉽게 추정할 수 있는 점, '간인'은 동의서의 교체, 위조 등을 방지하기 위한 것으로서 동의서가 교체 또는 위조되지 않는 한 간인이 되어 있지 않다는 것만으로는 동의서의 효력을 부정하기 어려운 점 등을 종합해보면, 위와 같은 사유만으로는 동의서가 효력이 없다고 할 수 없다).

21) 대법원 2010. 10. 28. 선고 2009다29380 판결, 위 판결은 조합설립인가 신청시에 공란이 기재된 경우에는 행정청의 입장에서 보면 그러한 하자가 중대명백하다고 볼 수 없다는 취지이다.

이에 따른 조합의 설립인가 역시 유효하다고 판단한 바 있다.[22]

(3) 정비구역 변경과 조합설립동의서의 효력

정비구역 지정 후 추진위원회가 조합설립동의서를 징구하던 중 정비구역이 변경된 경우 새로운 조합설립동의서를 징구하여야 하는지 문제된다.

생각건대, ① 경미한 변경[23]의 경우라면 새로운 조합설립동의서를 징구할 필요는 없을 것으로 보이나, ② 정비구역의 확대, 축소로 기존 정비구역과 동일성을 인정할 수 없는 경우라면 추진위원회는 변경된 정비구역을 기준으로, 건설되는 건축물의 설계의 개요, 개략적인 정비사업비 등을 기재한 새로운 조합설립동의서를 징구하여야 할 것이다.

(4) 토지분할로 인한 정비구역 변경과 조합설립동의서의 재징구 요부

대법원은 "구 도시정비법 제41조(현 제67조 재건축사업의 범위에 관한 특례)는, 주택단지 안의 일부 토지 및 그 위의 건축물과 관련된 토지등소유자의 반대 등으로 조합설립인가나 사업시행인가를 받지 못하여 그 밖에 다수의 토지등소유자들에게 피해가 발생하는 것을 방지하고 재건축사업을 원활하게 시행할 수 있도록 하기 위하여 마련된 특별규정이므로, 이러한 입법 취지나 법원에 토지분할을 청구한 상태에서 바로 조합설립인가가 가능하도록 한 점 등에 비추어 보면, 법 제41조에 따라 조합설립인가를 하는 경우에는 그 제3항에 의한 토지분할이 청구되고, 분할되어 나갈 토지 및 건축물과 관련된 토지등소유자의 수가 전체의 10분의 1 이하일 것 등 제4항이 정한 요건이 갖추어지면 되는 것이고, 특별한 사정이 없는 한 토지분할을 전제로 한 새로운 조합설립동의서나 특별결의, 정관변경 등이 요구되는 것은 아니다"라고 판시하였다.[24]

---

22) 부산고등법원 2011. 5. 25. 선고 2010누5448 판결(대법원 2011. 9. 29. 선고 2011두13095 심리불속행기각 판결로 확정).

23) 시행령 제13조 제4항 제1호는 '정비구역의 면적을 10퍼센트 미만의 범위에서 변경하는 경우(법 제18조에 따라 정비구역을 분할, 통합 또는 결합하는 경우를 제외한다)'를 경미한 사항의 변경으로 규정하고 있다.

24) 대법원 2013. 12. 12. 선고 2011두12900 판결.

Ⅳ. 조합설립인가

1. 법적 성격

가. 설권행위

종래 조합설립인가처분의 법적 성격에 관하여는 보충행위(종래 강학상 인가[25])로 보는 견해와 설권행위(강학상 특허[26])로 보는 견해가 대립하였는데, 대법원은 종래 구 주택건설촉진법의 재건축조합설립인가의 법적 성격에 대하여 보충행위로 보았으나,[27] 도시정비법상 조합설립인가에 관하여는 대법원 2009. 9. 24. 선고 2008다60568 판결 이후 일관되게 '설권행위'로 판단하고 있는바, 이러한 논의는 정리된 것으로 볼 수 있다.[28]

즉, 대법원은 "행정청이 도시정비법 등 관련 법령에 근거하여 행하는 조합설립인가처분은 단순히 사인들의 조합설립행위에 대한 보충행위로서의 성질을 갖는 것에 그치는 것이 아니라 법령상 요건을 갖출 경우 도시정비법상 주택재건축사업을 시행할 수 있는 권한을 갖는 행정주체(공법인)로서의 지위를 부여하는 일종의 설권적 처분의 성격을 갖는다"고 판단하고 있다.[29]

나. 기속행위

조합설립인가처분이 기속행위인지 재량행위인지 견해가 나뉘나, 대법원은 '조합설립추진위원회 구성승인'과 관련하여, 구성승인신청을 받은 시장·군수가 승인신청서에 첨부된 서류를 통해 추진위원회 구성에 관하여 토지등소유자 2분의 1 이상의 동의가 있고 추진위원회가 위원장을 포함한 5인 이상의 위원으로 구성된

---

25) 타인의 법률적 행위(기본행위)를 보충하여 그 법률적 효력을 완성해 주는 보충행위.
26) 상대방에게 직접 권리나 능력, 법적 지위 등을 설정해 주는 행정행위.
27) 대법원 2000. 9. 5. 선고 99두1854 판결, 대법원 1995. 12. 12. 선고 95누7338 판결 등.
28) 이우재, 전게서(상), 620면.
29) 대법원 2009. 9. 24. 선고 2008다60568 판결, 대법원 2009. 10. 15. 선고 2009다10638 판결, 대법원 2010. 1. 28. 선고 2009두4845 판결 대법원 2010. 4. 8. 선고 2009다27636 판결 등.

것을 확인한 경우, 추진위원회 설립을 승인해야 한다고 판시하여 기속행위로 판단하고 있는바,30) 이러한 대법원의 태도를 고려할 때, 조합설립인가 역시 기속행위로 볼 수 있을 것이다.31)

다. 조건부 설립인가의 가부

조건부 설립인가에 관하여 조합설립인가를 기속행위로 보는 이상 조건부 설립인가는 불가하다는 견해32)가 논리적으로는 일관성이 있다. 대법원도 기속행위인 행정처분에 부담인 부관을 붙인 경우 일반적으로 그 부관은 무효라고 판시하고 있다.33)

다만, 만일 조합설립인가 당시 일부 경미한 사항이 미비하고, 그것이 충분히 보완될 수 있는 사항이면, 경미한 미비 사항의 보완을 조건(정지조건)으로 하여 조합설립인가처분을 하는 것은 토지등소유자의 이해관계를 침해할 소지가 적고, 사업진행상 중복된 비용절감 등의 차원에서 가능하다고 생각된다.34)

2. 조합설립인가의 효력

가. 사업시행자(행정주체) 지위 부여

조합설립인가처분이 있으면 설립등기를 함으로써 정비사업조합이 성립하게 되며(법 제38조), 조합은 정비구역에서 정비사업을 시행하는 사업시행자(공법인으로서의 행정주체)의 지위를 부여받는다.

조합은 토지등소유자로 구성되는데, 재개발조합은 토지 또는 건축물의 소유

---

30) 대법원 2008. 7. 24. 선고 2007두12996 판결, 대법원 2011. 7. 28. 선고 2011두2842 판결.
31) 이우재, 전게서(상), 621~623면.
32) 이우재, 전게서(상), 623면.
33) 대법원 1998. 12. 22. 선고 98다51305 판결 등.
34) 서울행정법원 2010. 8. 12. 선고 2010구합13838 판결(추진위원회가 조합설립인가신청 시 도시정비법상 100명 이상의 대의원으로 구성된 대의원회를 두고 있지 아니한 사실이 인정되나 조합설립인가 처분을 하면서 위 도정법 규정을 근거로 조합으로 하여금 100명 이상의 대의원으로 구성된 대의원회를 두도록 '조건'을 부가한 처분에 대의원회 구성 관련 하자가 없다고 판단한 사례).

자 또는 그 지상권자가 토지등소유자이고, 조합이 설립되면 토지등소유자는 가입 의사와 무관하게 모두 조합원으로 가입된다(강제가입). 이와 달리 재건축조합은 건축물 및 부속토지의 소유자만이 토지등소유자가 되고, 조합설립에 동의한 자만이 조합원이 된다(임의가입)(법 제39조 제1항).

나. 주택법상 사업주체 및 주택건설사업 등의 등록 의제

조합이 정비사업을 시행하는 경우 주택법 제54조(주택의 공급)의 규정을 적용할 때에는 조합을 주택법 제2조 제10호의 규정에 의한 사업주체로 본다(법 제35조 제6항 전단). 이는 조합이 공동주택 중 일반분양분을 분양하는 경우 주택법상 사업주체로 본다는 의미이다.

조합은 조합설립인가일부터 주택법 제4조(주택건설사업 등의 등록)에 따른 주택건설사업 등의 등록을 한 것으로 본다(법 제35조 제6항 후단).

다. 추진위원회의 권리의무의 포괄승계

조합이 설립되면 추진위원회가 행한 업무와 관련된 권리와 의무는 조합이 포괄승계한다(법 제34조 제3항). 또한 더 이상 추진위원회의 운영은 금지된다.[35]

V. 조합설립변경인가

1. 의의

조합설립변경인가처분은 당초 조합설립인가처분에서 이미 인가받은 사항의 일부를 수정 또는 취소·철회하거나 새로운 사항을 추가하는 것으로서 유효한 당초 조합설립인가처분에 근거하여 설권적 효력의 내용이나 범위를 변경하는 성질을 가진다.[36]

---

[35] 조합이 설립되었는데도 불구하고 추진위원회를 계속 운영한 자는 2년 이하의 징역 또는 2천만 원 이하의 벌금에 처한다(법 제137조 제5호).

[36] 대법원 2014. 5. 29. 선고 2011다46128 판결.

2. 법적 성격

이에 관하여 대법원이 정관변경인가에 관하여 기본행위인 총회의 정관변경 결의행위를 보충하여 법률상 효력을 완성시키는 행위로 판시한 점[37]을 고려하여 강학상 인가로 보는 견해가 있다.[38]

생각건대, 앞서 본 바와 같이 대법원은 위 2009. 9. 24. 선고 2008다60568 판결 이후 조합설립인가를 일관되게 설권행위(강학상 특허)로 판단하고 있는 점, 또한 대법원은 조합설립변경인가 역시 당초 조합설립인가처분에 근거하여 그 설권적 효력의 내용이나 범위를 변경하는 성질(變權行爲)을 가진다고 태도인 점[39] 등을 고려할 때, 기본적으로 당초 조합설립인가와 조합설립변경인가는 동일하게 설권행위의 성격을 가진다고 할 것이다.

3. 경미한 사항의 변경

가. 경미한 사항

조합설립인가 사항을 변경하고자 하는 때에는 총회에서 조합원 3분의 2 이상의 찬성으로 의결하고,[40] 시장·군수등의 인가를 받아야 하는데, 인가를 받은 사항 중 대통령령이 정하는 경미한 사항을 변경하고자 하는 때에는 총회 의결 없이 시

---

37) 대법원 2007. 7. 24. 자 2006마635 결정, 대법원 2018. 3. 13. 선고 2016두35281 판결.

38) 맹신균, 전게서, 260면.

39) 대법원 2014. 5. 29. 선고 2011다46128 판결, 대법원 2013. 2. 28. 선고 2012다74816 판결(위 판결은 조합설립변경인가처분도 조합에게 정비사업을 시행할 수 있는 권한을 설정하여 주는 처분인 점에서는 당초 조합설립인가처분과 다를 바 없다고 판시한 바 있다), 도시 및 주거환경정비법상 각종 인가에 관한 법적 성질에 관한 소고, 김중권·최종권, 2013, 중앙대학교 법학연구원 법학논문집 제37집 제1호, 271~299면.

40) 2019. 4. 23. 법률 제16383호의 일부개정시, 주택단지가 아닌 지역이 정비구역에 포함되어 조합설립인가를 받은 경우 인가받은 사항을 '변경'하려는 때에는 종전에는 주택단지가 아닌 지역의 토지 또는 건축물 소유자의 4분의 3 이상 및 토지면적의 3분의 2 이상의 토지소유자의 동의를 받도록 하였으나, 조합원 3분의 2 이상의 찬성으로 의결하도록 하여 조합설립인가 변경요건을 완화하였다(기존 제35조제4항 후단 — '이 경우 인가받은 사항을 변경하려는 때에도 또한 같다' 부분 삭제).

장·군수에게 신고하고 변경할 수 있다(법 제35조 제5항). 시행령 제31조는 경미한
사항을 다음과 같이 규정하고 있다.

---

1. 착오·오기 또는 누락임이 명백한 사항
2. 조합의 명칭 및 주된 사무소의 소재지와 조합장의 성명 및 주소(조합장의 변
   경이 없는 경우로 한정한다)
3. 토지 또는 건축물의 매매 등으로 조합원의 권리가 이전된 경우의 조합원의
   교체 또는 신규가입
4. 조합임원 또는 대의원의 변경(법 제45조에 따른 총회의 의결 또는 법 제46조
   에 따른 대의원회의 의결을 거친 경우로 한정한다)
5. 건설되는 건축물의 설계 개요의 변경
6. 정비사업비의 변경
7. 현금청산으로 인하여 정관에서 정하는 바에 따라 조합원이 변경되는 경우
8. 법 제16조에 따른 정비구역 또는 정비계획의 변경에 따라 변경되어야 하는
   사항. 다만, 정비구역 면적이 10퍼센트 이상의 범위에서 변경되는 경우는 제
   외한다.
9. 그 밖에 시·도조례로 정하는 사항

※ 서울시 조례 제21조 및 시행규칙 제10조의 '경미한 사항'
   1. 법령 또는 조례 등의 개정에 따라 단순한 정리를 요하는 사항
   2. 사업시행계획인가 또는 관리처분계획인가의 변경에 따라 변경되어야 하는 사항
   3. 매도청구대상자가 추가로 조합에 가입함에 따라 변경되어야 하는 사항
   4. 사업시행계획인가 신청예정시기의 변경

나. 관련 판례

(1) 대법원은 "① 사업구역의 위치 변경 및 면적 확대가 구 도시정비법 제4조
(현 제16조)의 규정에 의한 정비구역 또는 정비계획의 변경에 따라 이루어지는 경
우에, 구 도시정비법 시행령 제27조 제3호(현 시행령 제31조 제8호)에 의하면 이는
'경미한 사항'에 해당하므로, 달리 특별한 사정이 없는 이상 기존의 조합설립에 동
의한 조합원들에 대하여는 새로이 동의를 받을 필요가 없고 종전 사업구역에 대한
동의는 변경된 사업구역에 대한 동의로도 유효하다고 봄이 상당하고, ② 구분소유

자가 조합에 추가로 가입한 경우에, 이는 구 도시정비법 시행령 제27조 제2호(현 시행령 제31조 제3호)에 규정된 '경미한 사항'인 '토지 또는 건축물의 매매 등으로 인하여 조합원의 권리가 이전된 경우의 조합원의 교체 또는 신규가입'에 해당하므로 그들의 추가 동의 내역도 조합설립변경인가의 법정 동의율 충족 여부를 판단할 때에 반영함이 타당하며, 또한 위에서 본 사업구역 변경 시의 동의의 효력에 관한 법리는 추가 동의의 효력을 판단할 때에도 그대로 적용된다"고 판시한 바 있다.[41]

　　(2) 대법원은 구 주택건설촉진법상 재건축조합 관련 사안에서, "규약이나 정관에 따라 조합원의 자격을 취득한 조합원으로서는 인가 여부와는 관계없이 조합에 대하여 조합원의 권리를 행사할 수 있는 것이고, 마찬가지로 조합의 설립행위에 대하여는 인가를 받았으나 조합원의 변동에 대하여는 인가를 받지 못한 경우에도 변동된 새 조합원은 인가 여부와 관계없이 조합에 대하여 조합원으로서 권리를 행사할 수 있다"고 판시한바, 이에 의하면 조합원 신규가입 신고 이전이라도 조합원으로서의 권리를 행사할 수 있다고 볼 것이다.[42]

　　(3) 대법원은 "구 도시정비법 제16조 제1항 및 동법 시행령(2010. 7. 15. 대통령령 제22277호로 개정되기 전의 것) 제27조 각 호에서 정하는 사항의 변경은 신고절차, 그 외 사항의 변경은 변경인가절차를 거치도록 함으로써 조합설립인가의 변경에 있어서 '신고사항'과 '변경인가사항'을 구분하고 있으므로, 행정청이 위 신고사항을 변경하면서 신고절차가 아닌 변경인가 형식으로 처분을 한 경우, 그 성질은 위 신고사항을 변경하는 내용의 신고를 수리하는 의미에 불과한 것이고, 그 적법 여부 역시 변경인가의 절차 및 요건의 구비 여부가 아니라 신고수리에 필요한 절차 및 요건을 구비하였는지 여부에 따라 판단한다"고 판시하였다.[43]

---

41) 대법원 2014. 5. 29. 선고 2011다46128 판결.
42) 대법원 2002. 3. 11. 자 2002그12 결정.
43) 대법원 2013. 10. 24. 선고 2012두12853 판결.

4. 조합설립인가와 조합설립변경인가의 관계

가. 기본적 관계

대법원은 변경인가처분은 당초 조합설립인가처분에서 이미 인가받은 사항의 일부를 수정 또는 취소·철회하거나 새로운 사항을 추가하는 것으로서 유효한 당초 조합설립인가처분에 근거하여 설권적 효력의 내용이나 범위를 변경하는 성질을 가진다고 하고 있으므로,[44] 변경처분이 있더라도 당초의 설립인가처분의 효력이 소멸하는 것은 아님은 당연하다.

대법원은 조합설립인가처분의 경미한 사항의 변경에 대하여 행정청이 변경인가처분을 한 경우에 당초의 조합설립인가처분이 변경인가처분에 흡수되는지 여부에 관하여, 경미한 사항의 변경에 대하여 변경인가라는 형식으로 처분을 하였다고 하더라도, 그 성질은 당초의 조합설립인가처분과는 별개로 경미한 사항의 변경에 대한 신고를 수리하는 의미에 불과하고, 변경인가처분에 설권적 처분인 조합설립인가처분이 흡수된다고 볼 것은 아니다고 판시하였다.[45]

그러나 만일 변경처분이 종전처분 전체를 대체하거나 주요 부분을 실질적으로 변경하는 것이라면, 특별한 사정이 없는 한 종전처분은 효력을 상실한다고 볼 것이다.[46]

나. 조합설립인가의 효력 상실시 조합설립변경인가의 효력

대법원은 ① 당초 조합설립인가처분이 쟁송에 의하여 취소되거나 무효로 확정된 경우에는 이에 기초하여 이루어진 조합설립변경인가처분도 원칙적으로 그 효력을 상실하거나 무효라고 해석함이 타당하고, ② 마찬가지로 당초 조합설립인가처분 이후 여러 차례 조합설립변경인가처분이 있었다가 중간에 행하여진 선행 조합설립변경인가처분이 쟁송에 의하여 취소되거나 무효로 확정된 경우에 후행

---

44) 대법원 2014. 5. 29. 선고 2011다46128 판결.
45) 대법원 2010. 12. 9. 선고 2009두4555 판결.
46) 대법원 2015. 11. 19. 선고 2015두295 전원합의체 판결.

조합설립변경인가처분도 그 효력을 상실하거나 무효라는 태도이다.

다만, ③ 조합설립변경인가처분도 조합에 정비사업 시행에 관한 권한을 설정하여 주는 처분인 점에서는 당초 조합설립인가처분과 다를 바 없으므로, 선행 조합설립변경인가처분이 쟁송에 의하여 취소되거나 무효로 확정된 경우라도 후행 조합설립변경인가처분이 선행 조합설립변경인가처분에 의해 변경된 사항을 포함하여 새로운 조합설립변경인가처분의 요건을 갖춘 경우에는 그에 따른 효력이 인정될 수 있고, 이러한 경우 조합은 당초 조합설립인가처분과 새로운 조합설립변경인가처분의 요건을 갖춘 후행 조합설립변경인가처분의 효력에 의하여 정비사업을 계속 진행할 수 있으므로 그 후행 조합설립변경인가처분을 무효라고 할 수는 없다고 판시하였다.[47]

다. 조합설립변경인가가 새로운 조합설립인가로서의 효력이 있는 경우

조합설립인가가 동의정족수를 충족하지 못한 이유로 조합설립인가에 대해 다툼이 있을 때, 조합이 새로이 동의서를 징구하는 방법으로 실질적으로는 다시 조합설립인가의 절차를 거치되, 형식적으로는 조합설립변경인가처분을 받는 경우 새로운 조합설립인가로서 유효한 것인지 실무상 빈번하게 문제된다.

대법원은 "조합설립변경인가처분도 조합에게 정비사업을 시행할 수 있는 권한을 설정하여 주는 처분인 점에서는 당초 조합설립인가처분과 다를 바 없으므로 조합설립인가처분의 위법 여부 또는 효력 유무에 관한 다툼이 있어 조합이 처음부터 다시 조합설립인가에 관한 절차를 밟아 조합설립변경인가를 받았고, 그 **조합설립변경인가처분이 새로운 조합설립인가처분으로서의 요건을 갖춘 경우**에는 그에 따른 효과가 있고, 새로운 조합설립인가처분의 요건을 갖춘 경우에 해당하려면 그와 같은 조합설립인가에 필요한 실체적·절차적 요건을 모두 갖추어야 한다"고 판단함으로써 그 유효성을 인정하고 있다.[48]

---

47) 대법원 2014. 5. 29. 선고 2011두25876 판결.
48) 대법원 2012. 12. 26. 선고 2012다90047 판결, 대법원 2013. 2. 28. 선고 2012다74816 판결 등.

또한, "새로 법정사항이 포함된 동의서에 의한 동의를 받는 등 처음부터 다시 조합설립인가에 관한 절차를 밟아 조합설립변경인가처분을 받은 경우에 그 조합설립변경인가처분이 새로운 조합설립인가처분의 요건을 갖추었다고 보기 위하여는, 다른 특별한 사정이 없는 한 조합설립변경인가의 신청 전에 총회를 새로 개최하여 조합정관의 확정·조합 임원의 선임 등에 관한 결의를 하는 등의 절차적 요건을 구비하여야 하는데, 다만 새로 개최된 총회의 의사결정은 종전의 조합설립인가의 신청 전에 이루어진 창립총회의 결의를 추인하는 결의를 하거나 총회의 진행경과 등에 비추어 그러한 추인의 취지가 포함된 것으로 볼 수 있는 사정이 있으면 충분하다"고 판시하였다.[49]

위와 같이 조합설립변경인가가 새로운 조합설립인가로서 유효한 경우 종전의 조합설립인가는 효력을 상실한다고 볼 것이다.

【판례연구】 조합설립인가처분 또는 선행 조합설립변경인가 처분이 무효로 확정된 경우, 이에 기초하여 이루어진 조합설립변경인가처분 또는 후행 조합설립변경인가처분의 효력(대법원 2014. 5. 29. 선고 2011다46128 판결 매도·매도청구)

❑ **판결요지**

(1) 조합에 관한 조합설립변경인가처분은 당초 조합설립인가처분에서 이미 인가받은 사항의 일부를 수정 또는 취소·철회하거나 새로운 사항을 추가하는 것으로서 유효한 당초 조합설립인가처분에 근거하여 설권적 효력의 내용이나 범위를 변경하는 성질을 가지므로, 당초 조합설립인가처분이 쟁송에 의하여 취소되었거나 무효인 경우에는 이에 터잡아 이루어진 조합설립변경인가처분도 원칙적으로 효력을 상실하거나 무효라고 해석함이 타당하다. 그리고 이러한 법리는 <u>당초 '조합설립인가처분' 이후 여러 차례 조합설립변경인가처분이 있었다가 중간에 행하여진 '선행 조합설립변경인가처분'</u>(※ 이 사건 제1, 4, 5, 6차 변경인가처분)<u>이 쟁송에 의하여 취소되었거나 무효인 경우에 '후행 조합설립변경인가처분'</u>(※ 이 사건 제8차 변

---

49) 대법원 2014. 5. 29. 선고 2013두18773 판결.

경인가처분)의 효력에 대해서도 마찬가지로 적용된다고 새겨야 한다.

(2) 다만, 조합설립변경인가처분도 조합에 정비사업을 시행할 수 있는 권한을 설정하여 주는 처분인 점에서는 당초 조합설립인가처분과 다르지 아니하므로, '선행 조합설립변경인가처분'이 쟁송에 의하여 취소되었거나 무효인 경우라도 '후행 조합설립변경인가처분'이 '선행 조합설립변경인가처분'에 의해 변경된 사항을 포함하여 '새로운 조합설립변경인가처분의 요건'을 갖추고 있는 경우에는 그에 따른 효과가 인정될 수 있다. 이러한 경우에 조합은 당초 조합설립인가처분과 새로운 조합설립변경인가처분의 요건을 갖춘 후행 조합설립변경인가처분의 효력에 의하여 정비사업을 계속 진행할 수 있으므로, 그 후행 조합설립변경인가처분을 무효라고 할 수는 없다.

(3) 사업구역의 위치를 변경하고 면적을 확대하는 조합설립변경인가의 경우에도, 원칙적으로 종전 구역과 추가된 구역을 합한 '전체 구역'을 대상으로 하여 법정 동의 요건을 갖추어야 한다. 그런데 위와 같은 사업구역의 위치 변경 및 면적 확대가 구 도시정비법 제4조의 규정에 의한 정비구역 또는 정비계획의 변경에 따라 이루어지는 경우에, 구 도시정비법 시행령 제27조 제3호에 의하면 이는 경미한 사항에 해당하므로, 달리 특별한 사정이 없는 이상 기존의 조합설립에 동의한 조합원들에 대하여는 새로이 동의를 받을 필요가 없고 종전 사업구역에 대한 동의는 변경된 사업구역에 대한 동의로도 유효하다고 봄이 상당하다. 그리고 어느 구분소유자 등이 처음에는 조합설립에 동의하지 아니하였다가 설립인가 후에 의사를 바꾸어 조합설립에 동의함으로써 조합에 추가로 가입한 경우에, 이는 구 도시정비법 시행령 제27조 제2호에 규정된 경미한 사항인 '토지 또는 건축물의 매매 등으로 인하여 조합원의 권리가 이전된 경우의 조합원의 교체 또는 신규가입'에 해당하므로 그들의 추가 동의 내역도 조합설립변경인가의 법정 동의율 충족 여부를 판단할 때에 반영함이 타당하며, 또한 위에서 본 사업구역 변경시의 동의의 효력에 관한 법리는 추가 동의의 효력을 판단할 때에도 그대로 적용된다고 보아야 한다.

(4) 이 사건 제8차 변경인가처분은 조합설립인가에서 정한 제3주구 사업구역을 선행 변경인가처분에 의하여 편입된 지역과 이 사건 편입지역이 모두 추가된 제3주구 사업구역(변경 후 제3주구)으로 확대하는 새로운 조합설립변경인가로서의 요건을 갖추고 있어 그에 따른 효과가 인정되고, 조합은 당초 조합설립인가처분과

새로운 조합설립변경인가처분의 요건을 갖춘 이 사건 제8차 변경인가처분의 효력에 의하여 정비사업을 계속 진행할 수 있으므로, 이 사건 제8차 변경인가처분을 무효라고 할 수는 없다.

❑ **판결의 검토**

(1) 사안의 개요

대상판결의 조합의 설립인가 당시 ○○아파트지구개발기본계획에서 정한 제3주구의 면적은 139,753.9㎡이고, 조합 정관 역시 사업시행구역을 동일하게 정하면서 제3주구 면적 내에서 사업시행구역을 확대할 수 있음을 규정하고 있었다.

그 후 조합은 사업시행을 위하여 여러 차례 조합원을 추가하거나 기존 제3주구 안에 있는 다른 지역을 사업시행구역에 편입하여 조합원을 확대하는 취지의 선행 조합설립변경인가처분을 받았는데(1, 4, 5, 6차 변경인가처분), 조합은 제7차변경인가처분까지도 구 도시정비법 제16조 제3항에 규정된 주택단지가 아닌 지역의 토지등소유자의 동의요건을 갖추지 못한 상태였다.

그런데 위 제3주구의 면적을 139,753.9㎡에서 154,096.0㎡로 확장하는 정비계획의 변경이 있었고, 그에 따라 조합은 추가된 편입구역을 기존 사업구역에 추가하고, 조합원을 변경하는 제8차 변경인가처분을 받았고, 제8차 변경인가처분 당시 조합이 선행 조합설립변경인가처분에 앞서 각각 받은 동의서를 모두 포함하면, 제8차 변경인가처분에 의하여 변경된 전체 사업구역 내에서의 주택단지 지역의 구분소유자들에 대하여는 구 도시정비법 제16조 제2항에 규정된 주택단지에 관한 법정 동의율을 충족하였고, 아울러 구 도시정비법 제16조 제3항에 규정된 주택단지가 아닌 지역에 관한 법정 동의율도 충족한 상황이었다.

그러던 중 조합원 중 일부가 선행 조합설립변경인가처분에 관한 무효확인청구소송을 제기하여 위 무효확인판결이 확정되었는바, 조합의 제기한 매도청구소송에서 구 도시정비법상 토지등소유자의 동의요건 관련된 후행 변경인가처분의 유효 여부가 다투어졌다.

(2) 대상판결의 의미

대상판결은 조합설립인가처분과 조합설립변경인가처분의 관계 등에 관하여 몇 가지 의미있는 판단을 하였다.

① 먼저, 대상판결은 조합설립변경인가처분도 당초 조합설립인가처분에 근거하여 설권적 효력의 내용이나 범위를 변경하는 성질을 가지므로 조합설립인가처분 또는 선행 조합설립변경인가처분이 쟁송에 의하여 취소되거나 무효인 경우, 이에 터잡아 이루어진 조합설립변경인가처분 또는 후행 조합설립변경인가처분 역시 원칙적으로 무효라는 점을 분명히 설시하였다.

② 또한 사업구역의 위치 변경 및 면적 확대의 조합설립변경인가의 경우에도, 원칙적으로 종전 구역과 추가된 구역을 합한 '전체 구역'을 대상으로 하여 법정 동의요건을 갖추어야 하나, 사업구역의 위치 변경 및 면적 확대가 구 도시정비법 제4조(현 제16조)에 의한 정비구역 또는 정비계획의 변경에 따라 이루어지는 경우 구 도시정비법 시행령 제27조 제3호(현 시행령 제31조 제8호)의 '경미한 사항'에 해당되므로, 특별한 사정이 없는 한 종전 사업구역에 대한 동의는 변경된 사업구역에 대한 동의로도 유효하다는 점을 확인하였다.

③ 마지막으로 대상판결은 가장 의미있는 쟁점인 선행 조합설립변경인가처분이 쟁송에 의하여 취소되거나 무효인 경우라도 후행 조합설립변경인가처분의 효력이 인정될 수 있는 예외적인 경우의 판단기준을 제시하였다.

<u>즉, 대상판결은 '후행 조합설립변경인가처분'이 '선행 조합설립변경인가처분'에 의해 변경된 사항을 포함하여 '새로운 조합설립변경인가처분의 요건'을 갖추고 있는 경우에는 조합은 당초 조합설립인가처분과 새로운 조합설립변경인가처분의 요건을 갖춘 후행 조합설립변경인가처분의 효력에 의하여 정비사업을 계속 진행할 수 있으므로 선행 조합설립변경인가처분이 쟁송에 의해 취소되거나 무효인 경우라도 후행 조합설립변경인가처분의 효력이 인정될 수 있다고 판단하여 그 판단기준을 명확하게 제시하였다.</u> 이러한 대상판결에 따라 유사한 상황에 처해 있는 조합들은 계속하여 정비사업을 진행할 수 있을 것이다.

Ⅵ. 조합설립인가와 쟁송방법

1. 항고소송

행정청의 조합설립인가신청에 대한 거부처분이나 인가처분은 설권적 처분이므로 이에 대한 쟁송방법은 행정소송(항고소송)으로 하여야 한다.

대법원도 "조합설립인가처분은 행정주체(공법인)의 지위를 부여하는 일종의 설권적 처분의 성질을 가지므로, 조합설립인가신청에 대하여 행정청의 조합설립인가처분이 있은 이후에는, 조합설립의 동의(조합설립의 결의)는 위 인가처분이라는 행정처분을 하는 데 필요한 요건 중 하나에 불과한 것이어서, 조합설립의 동의에 하자가 있음을 이유로 조합설립의 효력을 부정하려면 조합설립인가처분의 취소 또는 무효확인을 구하는 항고소송의 방법으로 조합설립인가처분의 효력을 다투어야 하고, 별도로 조합설립결의만을 대상으로 그 효력 유무를 다투는 확인의 소[50)를 제기하는 것은 확인의 이익이 없어 허용되지 아니한다"는 입장이다.[51)

아울러 대법원은 구 주택건설촉진법에 의하여 조합설립인가처분을 받은 재건축조합도 도시정비법 부칙 제10조 제1항에 따라 설립등기를 마친 후에는 재건축조합을 행정주체(공법인)로 보게 되고, 조합설립인가처분도 도시정비법 부칙 제3조에 의하여 일종의 설권적 처분으로 의제되어 그 처분의 당부를 항고소송으로 다툴 수 있다고 판시한 바 있다.[52)

2. 원고적격

조합설립인가 관련 항고소송에서 원고적격 인정 여부가 문제될 수 있는데, 원

---

50) 예컨대, 조합설립부존재확인청구의 소.

51) 대법원 2009. 9. 24. 자 2009마168 결정, 대법원 2009. 11. 26. 선고 2008다50172 판결, 대법원 2010. 1. 28. 선고 2009두4845 판결, 대법원 2010. 4. 8. 선고 2009다27636 판결 등.

52) 대법원 2014. 2. 27. 선고 2011두11570 판결.

고적격은 처분의 근거법규 등에 의하여 보호되는 이익(법률상 이익)이 있는지 여부의 문제인데,53) 실무 사례를 중심으로 살펴본다.

먼저 ① 행정청의 인가거부처분은 인가신청을 한 추진위원회 외에 조합설립에 동의한 토지등소유자도 거부처분을 다툴 법률상 이익이 인정된다고 볼 수 있고, ② 행정청의 인가처분은 조합설립에 동의하지 않은 토지등소유자,54) 임차인,55) 조합설립에 동의한 토지등소유자56)와 분양신청을 하지 않아 조합원 지위를 상실한 현금청산대상자57)도 인가처분을 다툴 법률상 이익이 인정된다.

---

53) 대법원 2001. 9. 28. 선고 99두8565 판결(행정처분에 대한 취소소송에서의 원고적격이 있는지 여부는 당해 처분의 상대방인지 여부에 따라 결정되는 것이 아니라 그 취소를 구할 법률상의 이익이 있는지 여부에 따라 결정되는 것이고, 여기서 말하는 법률상 이익이라 함은 당해 처분의 근거 법률에 의하여 보호되는 직접적이고 구체적인 이익이 있는 경우를 가리키며, 간접적이거나 사실적·경제적 이해관계를 가지는 데 불과한 경우는 포함되지 아니한다).

54) 대법원 2007. 1. 25. 선고 2006두12289 판결은 주택재개발사업의 경우 정비구역 내의 토지등소유자는 당연히 조합원으로 되는 점 등에 비추어 추진위원회 구성에 동의하지 않은 토지등소유자의 추진위원회 승인처분취소의 원고적격을 인정하고 있는바, 조합설립에 동의하지 않은 토지등소유자도 마찬가지라고 볼 것이다.

55) 서울고등법원 2010. 11. 25. 선고 2010누7989 판결(행정처분의 직접 상대방이 아닌 제3자라도 당해 행정처분의 취소 또는 무효확인을 구할 직접적·구체적인 법률상의 이익이 있는 경우에는 원고적격이 인정된다. 구청장의 조합설립인가에 따라 설립된 조합은 사업시행자로서 사업시행인가를 받게 됨으로써 그 사업구역에 편입된 원고(상가 임차인)들의 권리를 수용할 수 있게 된 것이고, 따라서 이 사건 조합설립인가의 무효가 확정될 경우에는 원고들에 대한 이 사건 수용재결 역시 위법하게 되므로, 원고들은 위 조합설립인가의 무효확인을 구할 법률상 이해관계가 있다).

56) 서울고등법원 2011. 5. 18. 선고 2010누20654 판결(조합원은 적법한 재건축조합에 의해 정비사업이 적법하고 원활하게 수행되는 데 도시정비법이 보호하는 직접적이고 구체적인 법률상 이익이 있어 조합설립인가처분등의 무효확인 또는 취소를 소로써 구할 이익이 있고, 이는 위 원고들이 당초부터 조합설립동의서를 제출하고 조합원으로서 분양신청까지 하였더라도 마찬가지라고 봄이 타당하다).

57) 서울고등법원 2010. 12. 15. 선고 2010누19456 판결(재개발사업의 경우 사업구역 내 토지등소유자는 조합설립인가처분에 따라 동의를 하지 않더라도 당연히 조합원이 된다. 이 사건 처분이 중대·명백한 하자로 인하여 무효가 되면 원고는 재개발사업 시행에 따라 상실하게 될 토지·건축물 또는 그 밖의 권리를 상실하지 않게 되므로, 원고에게 이 사건 처분에 대한 무효 확인을 구할 법률상 이익이 있다).

3. (협의의) 소의 이익

가. 의의

소의 이익에 있어 권리보호의 필요를 협의의 소의 이익이라고 할 수 있는데, 이는 소송을 통하여 분쟁을 해결할 만한 현실적인 필요성을 의미하고, 소의 이익이 인정되기 위해서는 처분의 효력이 존재하여 권리침해의 상태가 계속되거나 취소 등을 통해 원상회복이 가능하여야 한다.[58]

나. 구체적 사례

(1) 조합설립인가처분의 효력이 상실된 경우

조합설립인가처분이 취소 등으로 이미 처분의 효력이 소멸하였다면 그 처분의 취소를 구하는 소의 이익은 원칙적으로 인정되지 않는다.[59]

(2) 조합설립인가처분 후 조합설립변경인가처분이 있는 경우

이는 앞서 본 바와 같이 변경인가가 조합설립인가처분을 완전히 대체하거나 주요 부분을 실질적으로 변경한 것인지 여부에 따라 구별하여야 하는데, 만일 변경인가가 설립인가처분을 완전히 대체하거나 주요 부분을 실질적으로 변경하는 것이라면 조합설립인가는 효력을 상실하여 더 이상 존재하지 않은 처분이거나 과거의 법률관계가 되므로 특별한 사정이 없는 한 취소 등을 구할 소의 이익이 없다.[60] 다만, 조합이 조합설립인가처분에 기초하여 사업시행계획의 수립 등의 후속

---

58) 대법원 1995. 10. 17. 선고 94누14148 전원합의체 판결(행정소송법 제12조는 취소소송은 처분 등의 취소를 구할 법률상 이익이 있는 자가 제기할 수 있다. 처분 등의 효과가 기간의 경과, 처분 등의 집행 그 밖의 사유로 인하여 소멸된 뒤에도 그 처분 등의 취소로 인하여 회복되는 법률상 이익이 있는 자의 경우에는 또한 같다고 규정하고 있으므로, 항고소송에 있어서 소의 이익이 인정되기 위하여는 위 규정상의 법률상 이익이 있어야 하는 것인바, 당해 처분의 근거법률에 의하여 보호되는 직접적이고 구체적인 이익이 있는 경우를 말하고 간접적이거나 사실적, 경제적 이해관계를 가지는 데 불과한 경우는 여기에 해당하지 아니한다).
59) 대법원 2006. 9. 28. 선고 2004두5317 판결(행정처분이 취소되면 그 처분은 취소로 인하여 그 효력이 상실되어 더 이상 존재하지 않는 것이고, 존재하지 않는 행정처분을 대상으로 한 취소소송은 소의 이익이 없어 부적법하다).
60) 대법원 2015. 11. 19. 선고 2015두295 전원합의체 판결.

행위를 하였다면, 당초 조합설립인가가 무효로 확인되거나 취소될 경우 그 유효를 전제로 이루어진 후속행위 역시 소급하여 효력을 상실하게 되므로, 이러한 경우에는 조합설립인가의 취소나 무효확인을 구할 소의 이익은 소멸되지 않는다.[61]

(3) 조합설립인가처분 쟁송 중 이전고시의 효력이 발생한 경우

대법원은 "정비사업의 공익적·단체법적 성격과 이전고시에 따라 이미 형성된 법률관계를 유지하여 법적 안정성을 보호할 필요성이 현저한 점 등을 고려할 때, 조합설립인가처분의 취소나 무효확인 판결이 확정되기 전에 이전고시의 효력이 발생하였다면 더 이상 정비사업 결과를 원상으로 되돌리는 것은 허용될 수 없으므로 이전고시의 효력이 발생한 후에는 원칙적으로 조합설립인가처분의 취소 또는 무효확인을 구할 법률상 이익이 없다"고 판시하였다.[62]

(4) 조합설립인가처분 쟁송 중 새로운 조합설립인가처분이 있는 경우

대법원은 "조합이 받은 당초의 조합설립인가처분이 무효이고 새로이 조합설립인가처분을 받는 것과 동일한 요건과 절차를 거친 조합설립변경인가처분이 새로운 조합설립인가처분의 요건을 갖춤에 따라 새로운 조합설립의 효과가 발생하는 경우에, 당초의 조합설립인가처분의 유효를 전제로 하여 이루어진 매도청구권 행사, 시공자 선정 등의 총회 결의, 사업시행계획의 수립, 관리처분계획의 수립 등 조합 또는 조합원의 권리의무와 관련된 후속 행위는 원칙적으로 소급하여 효력을 상실하게 되고, 따라서 당초 조합설립인가처분에 대한 무효확인소송이 적법하게 계속되던 도중에 새로운 조합설립인가처분이 이루어졌다고 하더라도, 당초 조합설립인가처분이 취소 또는 철회되지 않은 채 조합이 여전히 당초 조합설립인가처분의 유효를 주장하고 있어 '당초 조합설립인가처분의 효력이 소멸되었음이 객관적으로 확정되지 않은 경우'에는, 특별한 사정이 없는 한 조합원으로서 조합설립 시기 및 새로운 조합설립인가처분 전에 이루어진 후속 행위의 효력 등에 영향을 미치는 당초 조합설립인가처분에 관한 무효확인을 구할 소의 이익이 당연히 소멸된다고 볼 수는 없다"고 판시하였다.[63]

---

61) 대법원 2013. 10. 24. 선고 2012두12853 판결.
62) 대법원 2014. 9. 25. 선고 2011두20680 판결.

4. 조합설립인가의 하자의 치유

가. 문제의 소재

예를 들어, 동의 정족수가 충족되지 않은 상태에서 조합설립인가처분이 있은 이후 조합이 추가로 동의서를 징구하여 후발적으로 정족수를 충족한 경우 하자있는 조합설립인가처분의 하자가 치유되는지 문제된다.

나. 하자의 치유 인정 여부

(1) 의의

행정행위가 발령 당시에는 적법요건을 완전히 구비한 것이 아니어서 위법한 것이라도 사후 하자를 보완하면, 발령 당시의 하자에도 불구하고 그 행위의 효과를 다툴 수 없도록 유지하는 것을 말하고, 이러한 하자의 치유는 무효인 행정행위에는 적용될 수 없고, 취소할 수 있는 행정행위에만 인정된다.[64]

(2) 판례의 태도

하자 있는 행정행위의 치유는 행정행위의 성질이나 법치주의의 관점에서 볼 때 원칙적으로 허용될 수 없는 것이고, 예외적으로 행정행위의 무용한 반복을 피하고 당사자의 법적 안정성을 위해 이를 허용하는 때에도 국민의 권리나 이익을 침해하지 않는 범위에서 구체적 사정에 따라 합목적적으로 인정하여야 한다는 것이 대법원의 태도이다.[65]

(3) 조합설립인가 하자의 치유 관련 판례

이와 관련된 대법원 판결을 보면, ① 조합설립추진위원회가 주택재개발정비사업조합설립인가처분의 취소소송에 대한 1심 판결 이후 정비구역 내 토지 등 소유자의 4분의 3을 초과하는 조합설립동의서를 새로 받았다고 하더라도, 조합설립인가처분은 설권적 처분의 성질을 갖고 있고, 하자의 치유를 인정하더라도 토지등

---

63) 대법원 2012. 12. 13. 선고 2011두21010 판결.
64) 대법원 1988. 3. 22. 선고 87누986 판결, 대법원 1997. 5. 28. 선고 96누5308 판결.
65) 대법원 2002. 7. 9. 선고 2001두10684 판결 등.

소유자들에게 아무런 손해가 발생하지 않는다고 단정할 수 없다는 점 등을 이유로 위 설립인가처분의 하자가 치유된다고 볼 수 없다고 판단하였고,[66] ② 조합설립인가처분 이후 정비구역 내 토지등소유자들로부터 추가로 조합설립동의서가 제출되었고, 기존 조합원의 지분매매 등으로 조합원 수가 일부 변경되어 그 동의율이 78.61%에 달하여 행정청이 조합설립변경인가처분을 한 경우, 조합설립인가처분은 설권적 처분의 성질을 가지고 있고, 하자의 치유를 인정하더라도 토지등소유자들에게 아무런 손해가 발생하지 않는다고 단정할 수 없다는 점 등을 이유로 하자의 치유를 부정한 바 있으며,[67] ③ 반면, 조합설립을 위한 정족수를 충족시키지 못한 상태에서 설립인가(변경인가)를 받은 하자가 있더라도, 부족한 정족수가 근소하고, 상당한 기간 내에 추가동의를 받아 정족수를 충족한 경우에는 그 하자가 그때에 치유된 것으로 봄이 상당하다고 전제한 다음, 조합이 변경인가를 받을 당시 단독주택지역의 토지소유자를 기준으로 한 정족수가 극히 일부 충족되지 못하였으나 (1.25%), 변경인가일로부터 20일 이내인 추가동의를 받아 정족수를 충족시키고 이 사건 소 제기 전에 변경인가신청을 하여 추가변경인가를 받은 점, 그 기간 내에 이 사건 주택재건축사업의 개요가 변동될 여지가 없었던 점 등을 종합하여 하자의 치유를 인정한 경우가 있다.[68]

5. 조합설립인가처분의 취소의 효과

가. 사업시행자 지위의 소급적 상실

대법원은 "조합설립인가처분이 법원의 재판에 의하여 취소 확정된 경우 조합설립인가처분은 소급하여 효력을 상실하고, 당해 조합 역시 조합설립인가처분 당시로 소급하여 행정주체인 공법인으로서의 지위를 상실하므로, 당해 조합이 조합설립인가처분 취소 전에 도시정비법상 적법한 행정주체 또는 사업시행자로서 한 결의 등 처분은 달리 특별한 사정이 없는 한 소급하여 효력을 상실한다"고 한다.[69]

---

66) 대법원 2010. 8. 26. 선고 2010두2579 판결.
67) 대법원 2012. 12. 13. 선고 2011두21218 판결.
68) 대법원 2010. 7. 15. 선고 2009다63380 판결.

다만, 행정주체인 공법인으로서의 지위는 상실하더라도, 효력 상실로 인한 잔존사무의 처리와 같은 업무는 여전히 수행되어야 하므로 종전에 결의 등 처분의 법률효과를 다투는 소송에서의 당사자지위까지 함께 소멸한다고 할 수는 없다. 즉 조합은 청산사무가 종료될 때까지 청산의 목적범위 내에서 권리·의무의 주체가 된다.[70]

한편, 조합원이 조합설립인가 신청 후에 한 조합설립 동의의 철회는 효력이 없고, 조합설립인가처분이 판결에 의하여 취소되거나 무효로 확인되더라도 조합원 역시 청산의 목적범위 내에서 종전 지위를 유지하며, 정관 등도 그 범위 내에서 효력을 가지므로, 조합설립인가처분이 판결에 의하여 취소되거나 무효로 확인되었다는 사정만으로는 인가신청 후에 한 조합설립 동의의 철회가 유효하다고 할 수는 없다.[71]

나. 추진위원회의 지위 회복

대법원은 추진위원회는 조합설립을 목적으로 하는 비법인사단이고, 추진위원회가 행한 업무와 관련된 권리와 의무는 조합설립인가처분을 받아 법인으로 설립된 조합에 모두 포괄승계되므로 원칙적으로 조합설립인가처분을 받은 조합이 설립등기를 마쳐 법인으로 성립하면 추진위원회는 목적을 달성하여 소멸하나, 그 후 조합설립인가처분이 법원의 판결 등에 의하여 취소된 경우에는 추진위원회가 지위를 회복하여 다시 조합설립인가신청을 하는 등 조합설립 추진업무를 계속 수행할 수 있다는 태도이다.[72]

---

69) 대법원 2012. 3. 29. 선고 2008다95885 판결, 대법원 2012. 11. 29. 선고 2011두518 판결.
70) 대법원 2012. 11. 29. 선고 2011두518 판결.
71) 대법원 2012. 11. 29. 선고 2011두518 판결.
72) 대법원 2016. 12. 15. 선고 2013두17473 판결.

제36조(토지등소유자의 동의방법 등)

① 다음 각 호에 대한 동의(동의한 사항의 철회 또는 제26조제1항제8호 단서, 제31조제2항 단서 및 제47조제4항 단서에 따른 반대의 의사표시를 포함한다)는 서면동의서에 토지등소유자가 성명을 적고 지장(指章)을 날인하는 방법으로 하며, 주민등록증, 여권 등 신원을 확인할 수 있는 신분증명서의 사본을 첨부하여야 한다.

1. 제20조제6항제1호에 따라 정비구역등 해제의 연장을 요청하는 경우
2. 제21조제1항제4호에 따라 정비구역의 해제에 동의하는 경우
3. 제24조제1항에 따라 주거환경개선사업의 시행자를 토지주택공사등으로 지정하는 경우
4. 제25조제1항제2호에 따라 토지등소유자가 재개발사업을 시행하려는 경우
5. 제26조 또는 제27조에 따라 재개발사업·재건축사업의 공공시행자 또는 지정개발자를 지정하는 경우
6. 제31조제1항에 따라 조합설립을 위한 추진위원회를 구성하는 경우
7. 제32조제4항에 따라 추진위원회의 업무가 토지등소유자의 비용부담을 수반하거나 권리·의무에 변동을 가져오는 경우
8. 제35조제2항부터 제5항까지의 규정에 따라 조합을 설립하는 경우
9. 제47조제3항에 따라 주민대표회의를 구성하는 경우
10. 제50조제4항에 따라 사업시행계획인가를 신청하는 경우
11. 제58조제3항에 따라 사업시행자가 사업시행계획서를 작성하려는 경우

② 제1항에도 불구하고 토지등소유자가 해외에 장기체류하거나 법인인 경우 등 불가피한 사유가 있다고 시장·군수등이 인정하는 경우에는 토지등소유자의 인감도장을 찍은 서면동의서에 해당 인감증명서를 첨부하는 방법으로 할 수 있다.

③ 제1항 및 제2항에 따라 서면동의서를 작성하는 경우 제31조제1항 및 제35조제2항부터 제4항까지의 규정에 해당하는 때에는 시장·군수등이 대통령령으로 정하는 방법에 따라 검인(檢印)한 서면동의서를 사용하여야 하며, 검인을 받지 아니한 서면동의서는 그 효력이 발생하지 아니한다.

④ 제1항, 제2항 및 제12조에 따른 토지등소유자의 동의자 수 산정 방법 및 절차 등에 필요한 사항은 대통령령으로 정한다.

본조는 11개 항목에 관한 토지등소유자의 서면동의서의 동의방법에 관한 규정인데, 이에 관한 자세한 내용은 법 제31조, 법 제35조의 토지등소유자의 동의방법 관련 부분에서 살펴본 바 있으므로 본조에서는 설명을 생략한다.

제37조(토지등소유자의 동의서 재사용의 특례)

① 조합설립인가(변경인가를 포함한다. 이하 이 조에서 같다)를 받은 후에 동의서 위조, 동의 철회, 동의율 미달 또는 동의자 수 산정방법에 관한 하자 등으로 다툼이 있는 경우로서 다음 각 호의 어느 하나에 해당하는 때에는 동의서의 유효성에 다툼이 없는 토지등소유자의 동의서를 다시 사용할 수 있다.

    1. 조합설립인가의 무효 또는 취소소송 중에 일부 동의서를 추가 또는 보완하여 조합설립변경인가를 신청하는 때

    2. 법원의 판결로 조합설립인가의 무효 또는 취소가 확정되어 조합설립인가를 다시 신청하는 때

② 조합(제1항제2호의 경우에는 추진위원회를 말한다)이 제1항에 따른 토지등소유자의 동의서를 다시 사용하려면 다음 각 호의 요건을 충족하여야 한다.

    1. 토지등소유자에게 기존 동의서를 다시 사용할 수 있다는 취지와 반대 의사표시의 절차 및 방법을 설명·고지할 것

    2. 제1항제2호의 경우에는 다음 각 목의 요건

        가. 조합설립인가의 무효 또는 취소가 확정된 조합과 새롭게 설립하려는 조합이 추진하려는 정비사업의 목적과 방식이 동일할 것

        나. 조합설립인가의 무효 또는 취소가 확정된 날부터 3년의 범위에서 대통령령으로 정하는 기간 내에 새로운 조합을 설립하기 위한 창립총회를 개최할 것

③ 제1항에 따른 토지등소유자의 동의서 재사용의 요건(정비사업의 내용 및 정비계획의 변경범위 등을 포함한다), 방법 및 절차 등에 필요한 사항은 대통령령으로 정한다.

Ⅰ. 본조의 이해

토지등소유자의 동의서 재사용은 2015. 9. 1. 법률 제13508호의 일부개정시 도입되었고, 2016. 3. 2.부터 시행되었다.

조합설립인가(변경인가 포함)를 받은 후 동의서 위조, 동의 철회, 동의율 계산 하자 등으로 동의율이 일부 부족하게 되는 경우가 많은데, 이러한 일부 동의서의 문제 등으로 인한 동의율 미달로 조합설립인가가 취소되고 다시 처음부터 전체 토

지등소유자를 상대로 동의서를 징구하는 등 조합설립인가절차를 진행해야 된다면 조합으로선 비용과 시간 등의 측면에서 사업진행상 상당한 어려움이 발생하게 되는데, 이러한 점을 고려하여 동의서의 유효성에 다툼이 없는 토지등소유자의 조합설립동의서의 재사용 특례를 도입하게 된 것이다.[1]

Ⅱ. 동의서 재사용의 요건

1. 조합설립인가의 무효 또는 취소소송 중 재사용 – 조합설립변경 인가 신청

조합설립인가의 무효 또는 취소소송 중에 일부 동의서를 추가 또는 보완하여 조합설립변경인가를 신청하는 때에는 아래와 같은 요건을 충족해야 한다(법 제37조 제1항 제1호, 제2항 제1호, 시행령 제35조 제1호).

> 가. 토지등소유자에게 기존 동의서를 다시 사용할 수 있다는 취지와 반대 의사표시의 절차 및 방법을 서면으로 설명·고지할 것
> 나. 60일 이상의 반대의사 표시기간을 가목의 서면에 명백히 적어 부여할 것

토지등소유자에게 기존 동의서를 다시 사용할 수 있다는 취지와 반대 의사표시의 절차 및 방법을 서면으로 설명·고지할 것을 요구하는 것은, 무분별한 동의서의 재사용을 방지하고, 동의서 재사용에 대하여 토지등소유자에게 반대의사를 표시할 기회를 부여함으로써 동의의사의 철회를 실질적으로 보장하고, 이를 통해 궁극적으로 토지등소유자의 조합설립에 관한 자유로운 의사표시를 보장하기 위한 것에 그 취지가 있다.[2]

법문언상 토지등소유자에게 동의서 재사용의 취지를 '서면'으로 설명·고지해야 하므로, 총회에서 설명하거나 단순히 절차와 방법을 공고하는 것으로 갈음할

---

1) 대법원 2016. 12. 15. 선고 2013두17473 판결의 취지 참조.
2) 서울행정법원 2018. 11. 23. 선고 2018구합64610 판결 등 참조.

수 없다고 할 것이다.

2. 조합설립인가의 무효 또는 취소 확정판결 후 재사용 – 조합설립 인가 재신청

법원의 판결로 조합설립인가의 무효 또는 취소가 확정되어 조합설립인가를 다시 신청하는 때에는 아래와 같은 요건을 모두 충족해야 한다(법 제37조 제1항 제2 호, 제2항 제2호, 시행령 제35조 제2호).

가. 토지등소유자에게 기존 동의서를 다시 사용할 수 있다는 취지와 반대의사 표시의 절차 및 방법을 서면으로 설명·고지할 것

나. 90일 이상의 반대의사 표시기간을 가목의 서면에 명백히 적어 부여할 것

다. 정비구역, 조합정관, 정비사업비, 개인별 추정분담금, 신축되는 건축물의 연 면적 등 정비사업의 변경내용을 가목의 서면에 포함할 것

라. 다음의 변경의 범위가 모두 100분의 10 미만일 것

　　1) 정비구역 면적의 변경

　　2) 정비사업비의 증가(생산자물가상승률분 및 법 제73조에 따른 현금청산 금액은 제외한다)

　　3) 신축되는 건축물의 연면적 변경

마. 조합설립인가의 무효 또는 취소가 확정된 조합과 새롭게 설립하려는 조합이 추진하려는 정비사업의 목적과 방식이 동일할 것

바. 조합설립의 무효 또는 취소가 확정된 날부터 3년 내에 새로운 조합을 설립 하기 위한 창립총회를 개최할 것

> **제38조(조합의 법인격 등)**
> ① 조합은 법인으로 한다.
> ② 조합은 조합설립인가를 받은 날부터 30일 이내에 주된 사무소의 소재지에서 대통령령으로 정하는 사항을 등기하는 때에 성립한다.
> ③ 조합은 명칭에 "정비사업조합"이라는 문자를 사용하여야 한다.

Ⅰ. 서설

1. 조합의 법인격

조합은 법인으로 하므로 조합은 법인성이 인정된다. 따라서 조합은 법률의 규정에 좇아 정관으로 정한 목적의 범위 내에서 권리와 의무의 주체가 되고(민법 제34조), 조합과 조합원은 별개의 권리주체로서 조합의 채무에 대하여 조합원은 특별한 사정이 없는 한 직접 의무를 부담하지 않는다.

2. 등기사항

조합은 조합설립인가를 받은 날부터 30일 이내에 주된 사무소의 소재지에서 아래 사항을 등기함으로써 성립한다(시행령 제36조).

> 1. 설립목적
> 2. 조합의 명칭
> 3. 주된 사무소의 소재지
> 4. 설립인가일
> 5. 임원의 성명 및 주소
> 6. 임원의 대표권을 제한하는 경우에는 그 내용

II. 조합의 법적 지위

1. 사업시행자의 지위

조합은 재개발사업과 재건축사업을 시행하는 사업시행자의 지위를 가지므로 정비사업과 관련된 일체의 권리, 의무의 주체가 된다.

2. 행정주체(공법인)의 지위

도시정비법에 따른 조합은 관할 행정청의 감독 아래 정비사업을 시행하는 공법인으로서, 그 목적 범위 내에서 법령이 정하는 바에 따라 일정한 행정작용을 행하는 행정주체의 지위를 갖는다.[1]

이러한 점에서 조합원의 자격 인정 여부에 관하여 다툼이 있는 경우에는 민사소송이 아닌 공법상의 당사자소송에 의하여 그 조합원 자격의 확인을 구할 수 있다.[2]

한편, 조합이 공법인이라는 사정만으로 조합과 조합장 또는 조합임원 사이의 선임·해임 등을 둘러싼 법률관계가 공법상의 법률관계에 해당한다거나 그 조합장 또는 조합임원의 지위를 다투는 소송이 당연히 공법상 당사자소송에 해당한다고 볼 수는 없으므로, 조합과 조합장 또는 조합임원 사이의 선임·해임 등을 둘러싼 법률관계는 사법상의 법률관계로서 그 조합장 또는 조합임원의 지위를 다투는 소송은 민사소송에 의하여야 할 것이다.[3]

---

1) 대법원 2009. 10. 15. 선고 2008다93001 판결, 대법원 2012. 3. 29. 선고 2008다95885 판결 등.
2) 대법원 1996. 2. 15. 선고 94다31235 전원합의체 판결.
3) 대법원 2009. 9. 24. 자 2009마168 결정.

제39조(조합원의 자격 등)

① 제25조에 따른 정비사업의 조합원(사업시행자가 신탁업자인 경우에는 위탁자를 말한다. 이하 이 조에서 같다)은 토지등소유자(재건축사업의 경우에는 재건축사업에 동의한 자만 해당한다)로 하되, 다음 각 호의 어느 하나에 해당하는 때에는 그 여러 명을 대표하는 1명을 조합원으로 본다. 다만, 「국가균형발전 특별법」 제18조에 따른 공공기관지방이전 및 혁신도시 활성화를 위한 시책 등에 따라 이전하는 공공기관이 소유한 토지 또는 건축물을 양수한 경우 양수한 자(공유의 경우 대표자 1명을 말한다)를 조합원으로 본다.

  1. 토지 또는 건축물의 소유권과 지상권이 여러 명의 공유에 속하는 때

  2. 여러 명의 토지등소유자가 1세대에 속하는 때. 이 경우 동일한 세대별 주민등록표 상에 등재되어 있지 아니한 배우자 및 미혼인 19세 미만의 직계비속은 1세대로 보며, 1세대로 구성된 여러 명의 토지등소유자가 조합설립인가 후 세대를 분리하여 동일한 세대에 속하지 아니하는 때에도 이혼 및 19세 이상 자녀의 분가(세대별 주민등록을 달리하고, 실거주지를 분가한 경우로 한정한다)를 제외하고는 1세대로 본다.

  3. 조합설립인가(조합설립인가 전에 제27조제1항제3호에 따라 신탁업자를 사업시행자로 지정한 경우에는 사업시행자의 지정을 말한다. 이하 이 조에서 같다) 후 1명의 토지등소유자로부터 토지 또는 건축물의 소유권이나 지상권을 양수하여 여러 명이 소유하게 된 때

② 「주택법」 제63조제1항에 따른 투기과열지구(이하 "투기과열지구"라 한다)로 지정된 지역에서 재건축사업을 시행하는 경우에는 조합설립인가 후, 재개발사업을 시행하는 경우에는 제74조에 따른 관리처분계획의 인가 후 해당 정비사업의 건축물 또는 토지를 양수(매매·증여, 그 밖의 권리의 변동을 수반하는 일체의 행위를 포함하되, 상속·이혼으로 인한 양도·양수의 경우는 제외한다. 이하 이 조에서 같다)한 자는 제1항에도 불구하고 조합원이 될 수 없다. 다만, 양도인이 다음 각 호의 어느 하나에 해당하는 경우 그 양도인으로부터 그 건축물 또는 토지를 양수한 자는 그러하지 아니하다.

  1. 세대원(세대주가 포함된 세대의 구성원을 말한다. 이하 이 조에서 같다)의 근무상 또는 생업상의 사정이나 질병치료(「의료법」 제3조에 따른 의료기관의 장이 1년 이상의 치료나 요양이 필요하다고 인정하는 경우로 한정한다)·취학·결혼으로 세대원이 모두 해당 사업구역에 위치하지 아니한 특별시·광역시·특별자치시·특별자치도·시 또는 군으로 이전하는 경우

2. 상속으로 취득한 주택으로 세대원 모두 이전하는 경우

3. 세대원 모두 해외로 이주하거나 세대원 모두 2년 이상 해외에 체류하려는 경우

4. 1세대(제1항제2호에 따라 1세대에 속하는 때를 말한다) 1주택자로서 양도하는 주택에 대한 소유기간 및 거주기간이 대통령령으로 정하는 기간 이상인 경우

5. 그 밖에 불가피한 사정으로 양도하는 경우로서 대통령령으로 정하는 경우

③ 사업시행자는 제2항 각 호 외의 부분 본문에 따라 조합원의 자격을 취득할 수 없는 경우 정비사업의 토지, 건축물 또는 그 밖의 권리를 취득한 자에게 제73조를 준용하여 손실보상을 하여야 한다.

[법률 제14567호(2017. 2. 8.) 부칙 제2조의 규정에 의하여 이 조 제1항 각 호 외의 부분 단서는 2018년 1월 26일까지 유효함]

I. 서설

1. 조합원의 개념

조합원은 정비사업조합의 구성원으로 인정되는 자를 말하는데, 정비구역 안의 토지등소유자(재건축사업의 경우에는 재건축사업에 동의한 자만 해당)를 말한다. 조합원 지위가 중요한 것은 조합의 구성원으로서 조합업무에 관여할 권한이 있고, 신축건물을 분양받을 지위를 가진다는 점에서 주된 이유를 찾을 수 있다.[1]

2. 토지등소유자와 조합원의 구별

도시정비법상 토지등소유자와 조합원의 개념은 구별된다. 즉, 조합원이 되기 위해서는 기본적으로 토지등소유자에 해당되어야 하나, 토지등소유자에 해당된다고 반드시 조합원이 되는 것은 아니다. 예를 들어 재건축사업의 경우 토지등소유자 중 재건축사업에 동의한 자만 조합원이 되고, 여러 명의 토지등소유자라도 1세대에 속하는 때는 그 여러 명을 대표하는 1명을 조합원으로 보는 것 등이 있다. 아울러 조합원 중 지상권자, 과소 필지 등을 취득한 자는 분양대상에서 제외되므

---

1) 이우재, 전게서(상), 666면.

로 조합원과 분양대상자도 반드시 일치하지 않는다.

토지등소유자의 동의자 수 산정방법은 법 제36조, 시행령 제33조 제1항에서 규정하고 있고, 조합원의 자격은 본조에서 분리하여 규정하고 있다.

Ⅱ. 조합원의 자격

1. 서설

조합원의 자격은 토지등소유자와도 연관되어 있는데, 토지등소유자에 관하여는 앞서 여러 부분에서 살펴본 바 있으므로 토지등소유자에 관한 부분은 본조에 관련된 사항 위주로 간략히 언급하기로 한다.

2. 재개발조합의 조합원

재개발조합의 토지등소유자는 정비구역 내 '토지 또는 건축물의 소유자 또는 그 지상권자'이고, 이들은 강제가입제이므로 모두 조합원이 된다.

다만, 조합원 중 관리처분계획에 의해 '너무 좁은 토지 또는 건축물이나 정비구역 지정 후 분할된 토지를 취득한 자'에게는 분양대상이 아닌 현금으로 청산할 수 있고(법 제76조 제1항 제3호), 공동주택을 분양하는 경우 시·도조례로 정하는 금액·규모·취득 시기 또는 유형에 대한 기준에 부합하지 아니하는 토지등소유자는 시·도조례로 정하는 바에 따라 분양대상에서 제외할 수 있다(시행령 제63조 제1항 제3호 단서).

지상권자의 경우 조합원에는 해당되나 분양대상에서는 제외되어 있음을 유의해야 한다(시행령 제63조 제1항 제3호).

3. 재건축조합의 조합원

재건축조합은 정비구역 내 건축물 및 부속토지의 소유자 중 조합설립에 동의한 자가 조합원이 된다. 다만, 표준정관은 조합설립에 동의하지 아니한 자는 분양신청기한까지 조합가입동의서를 제출하여 조합원이 될 수 있음을 규정하고 있다(표준정관 제9조 제1항 단서).

무허가건축물 관련하여 살펴보면, 조합원의 자격이 부여되는 건축물이라 함은 원칙적으로 적법한 건축물을 의미하고 무허가건축물은 이에 포함되지 않으나, 조합이 각자의 사정 내지는 필요에 따라 일정한 범위 내에서 무허가건축물 소유자에게 조합원 자격을 부여하도록 '정관'으로 정하는 경우에는 조합원 자격이 인정될 수 있다.[2]

한편, 건축물 중 건축허가를 받았으나, 미등기건축물인 경우에는 무허가건축물과 달리 건축허가를 받았으므로 관계 법령에 의해 철거될 대상이 아닌 점, 다른 적법한 토지등소유자의 재산권을 침해한다고 보기 어려운 점 등을 고려할 때, 미등기건축물의 소유자에 대해 조합원자격을 인정하는 것이 타당하다고 본다.[3]

4. 조합원 자격 판단 기준

가. 동일인이 다수의 토지 또는 건축물을 소유한 경우

동일인 소유 토지 또는 건축물의 수에 관계없이 1인의 조합원으로 본다(시행령 제33조 제1항 제1호 다목, 제2호 나목, 표준정관[4] 제9조 제2항).

나. 공유자의 경우

토지 또는 건축물의 소유권과 지상권이 여러 명의 공유에 속하는 때에는 여

---

2) 대법원 2009. 10. 29. 선고 2009두12228 판결 등.
3) 같은 견해로 맹신균, 전게서, 280면.
4) 재개발표준정관의 내용도 동일하므로, 편의상 재개발표준정관도 '표준정관'으로 약칭한다.

러 명을 대표하는 1명을 조합원(대표조합원)으로 본다(법 제39조 제1항 제1호). 재개발조합의 경우 토지 또는 건축물의 소유권과 지상권이 여러 명의 공유에 속하는 때, 재건축조합의 경우 건축물 및 부속토지의 (구분)소유권이 여러 명이 공유에 속하는 때에는 그 여러 명을 대표하는 1인을 조합원으로 본다는 의미이다.

대법원은 위 규정의 취지에 관하여, "공유자 중 대표조합원 1인 이외의 나머지 공유자를 조합과의 사단적 법률관계에서 완전히 탈퇴시켜 비조합원으로 취급하겠다는 취지로 해석할 수는 없고, 공유자 전원을 1인의 조합원으로 보되 공유자 전원을 대리할 대표조합원 1인을 선출하여 그 1인을 조합에 등록하도록 함으로써 조합운영의 절차적 편의를 도모함과 아울러 조합규약이나 조합원총회 결의 등에서 달리 정함이 없는 한 공유자 전원을 1인의 조합원으로 취급하여 그에 따른 권리분배 등의 범위를 정하겠다는 의미"라고 해석하고 있다.[5]

다. 여러 명의 토지등소유자가 1세대에 속하는 경우

여러 명을 대표하는 1명을 조합원으로 보며(법 제39조 제1항 제2호), 이 경우 그 수인은 대표자 1인을 대표조합원으로 지정하고 대표조합원선임동의서를 작성하여 조합에 신고하여야 하며, 조합원으로서의 법률행위는 그 대표조합원이 행한다(표준정관 제9조 제3항).

이 경우 동일한 세대별 주민등록표 상에 등재되어 있지 아니한 배우자 및 미혼인 19세 미만의 직계비속은 1세대로 보며, 1세대로 구성된 여러 명의 토지등소유자가 조합설립인가 후 세대를 분리하여 동일한 세대에 속하지 아니하는 때에도 이혼 및 19세 이상 자녀의 분가(세대별 주민등록을 달리하고, 실거주지를 분가한 경우로 한정한다)를 제외하고는 1세대로 본다(법 제39조 제1항 제2호).

라. 조합설립인가 후 토지 등을 여러 명이 소유하게 된 경우

이 경우 여러 명을 대표하는 1명을 조합원(대표조합원)으로 본다(법 제39조 제1항 제3호). 법제처는 위 규정의 입법취지는 조합설립인가 이후 토지 등의 양도로

---

5) 대법원 2009. 2. 12. 선고 2006다53245 판결.

인한 조합원의 증가를 방지 등 지분쪼개지를 통한 투기세력의 유입을 차단하여 사업성 저하를 방지하고 기존 조합원의 재산권을 보호하기 위함에 있고, 위 규정에 따라 조합원이 되지 못한 토지등소유자는 정비사업에 따른 분양권을 받을 수 없다고 해석한 바 있다.6)

5. 조합원 자격 취득 제한

투기과열지구 지역에서 재건축사업을 시행하는 경우에는 조합설립인가 후, 재개발사업을 시행하는 경우에는 관리처분계획의 인가 후 해당 정비사업의 건축물 또는 토지를 양수(매매·증여, 그 밖의 권리의 변동을 수반하는 일체의 행위를 포함하되, 상속·이혼으로 인한 양도·양수의 경우는 제외)한 자는 조합원이 될 수 없으므로(법 제39조 제2항 본문), 양수인은 현금청산대상자가 된다.

다만, 양도인이 다음의 어느 하나에 해당하는 경우 그 양도인으로부터 그 건축물 또는 토지를 양수한 자는 조합원 자격을 취득할 수 있다(법 제39조 제2항 단서).

① 세대원(세대주가 포함된 세대의 구성원을 말한다)의 근무상 또는 생업상의 사정이나 질병치료(「의료법」제3조에 따른 의료기관의 장이 1년 이상의 치료나 요양이 필요하다고 인정하는 경우로 한정)·취학·결혼으로 세대원이 모두 해당 사업구역에 위치하지 아니한 특별시·광역시·특별자치시·특별자치도·시 또는 군으로 이전하는 경우

② 상속으로 취득한 주택으로 세대원 모두 이전하는 경우

③ 세대원 모두 해외로 이주하거나 세대원 모두 2년 이상 해외에 체류하려는 경우

④ 1세대 1주택자로서 양도하는 주택에 대한 소유기간 10년 및 거주기간 5년 이상인 경우

⑤ 그 밖에 불가피한 사정으로 양도하는 경우로서 대통령령7)으로 정하는 경우

---

6) 법제처 10-0010, 2010. 2. 22. 따라서, 예컨대, 갑이 2필지의 토지를 소유하던 중 조합설립인가 후 그 중 1필지를 을에게 양도한 경우, 갑과 을을 대표하는 1명만이 조합원이 되고 분양대상자가 된다.

7) 시행령 제37조 제2항

Ⅲ. 조합과 조합원의 법률관계

1. 법률관계

가. 의의

조합은 정비사업을 시행하는 특수한 존립목적을 부여받은 행정주체로서 존립목적인 특정한 공공사무를 행하는 범위 내에서는 조합원에 대한 법률관계에서 공법상 권리의무관계에 있다.

다만, 조합과 조합원의 모든 법률관계가 공법상 권리의무관계는 아니다. 도시정비법도 조합에 관하여는 도시정비법에 규정된 사항을 제외하고는 민법 중 사단법인에 관한 규정을 준용하고 있으므로(법 제49조), 조합과 조합원은 기본적으로 사단과 사원과의 관계에 있다.

나. 조합원의 지위 상실과 이익의 반환의무 여부

대법원은 "조합과 조합원 사이의 법률관계는 그 근거 법령이나 정관의 규정,

---

1. 조합설립인가일부터 3년 이상 사업시행인가 신청이 없는 재건축사업의 건축물을 3년 이상 계속하여 소유하고 있는 자(소유기간을 산정할 때 소유자가 피상속인으로부터 상속받아 소유권을 취득한 경우에는 피상속인의 소유기간을 합산한다. 이하 제2호 및 제3호에서 같다)가 사업시행인가 신청 전에 양도하는 경우
2. 사업시행계획인가일부터 3년 이내에 착공하지 못한 재건축사업의 토지 또는 건축물을 3년 이상 계속하여 소유하고 있는 자가 착공 전에 양도하는 경우
3. 착공일부터 3년 이상 준공되지 아니한 재건축사업의 토지를 3년 이상 계속하여 소유하고 있는 경우
4. 법률 제7056호 도시및주거환경정비법 일부개정법률 부칙 제2항에 따른 토지등소유자로부터 상속·이혼으로 인하여 토지 또는 건축물을 소유한 자
5. 국가·지방자치단체 및 금융기관(「주택법 시행령」 제71조제1호 각 목의 금융기관을 말한다)에 대한 채무를 이행하지 못하여 재건축사업의 토지 또는 건축물이 경매 또는 공매되는 경우
6. 「주택법」 제63조제1항에 따른 투기과열지구(이하 "투기과열지구"라 한다)로 지정되기 전에 건축물 또는 토지를 양도하기 위한 계약(계약금 지급 내역 등으로 계약일을 확인할 수 있는 경우로 한정한다)을 체결하고, 투기과열지구로 지정된 날부터 60일 이내에 「부동산 거래신고 등에 관한 법률」 제3조에 따라 부동산 거래의 신고를 한 경우

총회의 결의 또는 조합과 조합원 사이의 약정에 따라 규율되는 것으로서 그 규정이나 결의 또는 약정으로 특별히 정한 바가 없는 이상, 조합원이 조합원의 지위를 상실하였다고 하더라도 그 조합원이 조합원의 지위에서 얻은 이익을 당연히 소급하여 반환할 의무가 있는 것은 아니므로, 조합원의 지위에서 시공사가 조합과의 약정에 따라 제공하는 이주비 대출금의 이자 상당의 이익을 취득한 후 조합원 지위를 상실한 경우라도, 조합과 조합원 사이에 조합원의 지위를 상실하게 되면 대출금의 이자를 소급하여 반환하여야 한다는 내용의 규정이나 결의 또는 약정 등이 없는 이상 조합원의 지위에서 이미 취득한 이주비 대출금의 이자 상당의 이익을 조합에게 당연히 반환하여야 할 의무가 없고, 조합원은 조합의 사업시행을 위하여 그 소유 부동산을 제공하고 이주하는 등 조합원으로서의 의무를 이행한 반면 조합원의 지위를 상실함으로써 조합의 사업에 따른 이익을 얻을 수는 없게 된 점에 비추어 조합원의 지위에서 얻은 이주비 대출금의 이자 상당의 이익을 그대로 보유한다고 하여 형평의 원칙에 반한다거나 나머지 조합원들에게 그 대출금 이자 상당의 손실을 전가하는 것이라고 할 수 없다"고 판시한 바 있다.[8]

2. 조합원의 지위 관련 쟁송방법

가. 존부(存否)형

존부형 쟁송이란, 조합원지위(분양받을 자격) 여부, 관리처분계획의 내용(분양받을 권리의 내용) 등에 대하여 다툼이 있는 경우를 말한다.[9]

존부형의 경우, 조합과 조합원의 관계는 공법상 권리의무관계에 관한 것이므로 ① 조합원 지위에 다툼이 있을 경우 공법상 당사자소송으로, 조합을 상대로 조합원지위확인소송을,[10] ② 관리처분계획의 내용에 다툼이 있을 경우 항고소송으로, 조합을 상대로 관리처분계획의 무효확인 또는 취소소송 등을 제기해야 할 것

---

8) 대법원 2009. 9. 10. 선고 2009다32850, 32867 판결.

9) 이우재, 전게서(상), 697면.

10) 관리처분계획은 이전고시 전까지는 변경가능하므로, 관리처분계획이 확정되더라도 소의 이익이 소멸하는 것은 아니라고 할 것이다.

이고, 대법원의 태도도 동일하다.[11]

나. 귀속(歸屬)형

귀속형 쟁송이란, 조합원 지위 및 관리처분계획상 권리 등에 관한 귀속 주체에 대하여 개인 간에 다툼이 있는 경우를 말하는데,[12] 이에 관한 다툼은 원칙적으로 다툼의 상대방을 상대로 민사소송을 제기해야 할 것이고, 대법원의 태도도 동일하다.[13]

구체적으로는, ① 관리처분계획인가 이전 단계에서는 종전 토지나 건축물에 대한 소유권확인청구, 이전등기청구, 말소등기청구, 무허가건물대장상 명의변경청구 등의 형태로, ② 관리처분계획인가 후 이전고시 이전 단계에서는 분양받을 지위로서의 조합원지위확인청구, 조합원명부의 조합원명의변경청구[14] 등의 형태로,

---

11) 대법원 1996. 2. 15. 선고 94다31235 전원합의체 판결, 대법원 2002. 12. 10. 선고 2001두6333 판결(재개발조합은 조합원에 대한 법률관계에서 적어도 특수한 존립목적을 부여받은 특수한 행정주체로서 국가의 감독하에 그 존립 목적인 특정한 공공사무를 행하고 있다고 볼 수 있는 범위 내에서는 공법상의 권리의무 관계에 서 있다. 따라서 조합을 상대로 한 쟁송에 있어서 강제가입제를 특색으로 한 조합의 자격 인정 여부에 관하여 다툼이 있는 경우에는 그 단계에서는 아직 조합의 어떠한 처분 등이 개입될 여지는 없으므로 '공법상의 당사자소송'에 의하여 그 조합원 자격의 확인을 구할 수 있고, 한편 분양신청 후에 정하여진 관리처분계획의 내용에 관하여 다툼이 있는 경우에는 그 관리처분계획은 토지등소유자에게 구체적이고 결정적인 영향을 미치는 것으로서 조합이 행한 처분에 해당하므로 '항고소송'에 의하여 관리처분계획 또는 그 내용인 분양거부처분 등의 취소를 구할 수 있다).

12) 이우재, 전게서(상), 698면.

13) 대법원 2003. 2. 14. 선고 2002다23451 판결[소유권확인](재개발조합이 무허가건물대장에 등재된 무허가건물의 사실상 소유자에게 조합원 자격을 부여함에 있어서, 무허가건물에 관한 사실상 소유권의 귀속에 관하여 다툼이 있는 경우에 재개발조합으로서는 일단 무허가건물대장상의 소유명의자에게 무허가건물에 대한 사실상 소유권 또는 조합원의 지위가 귀속되는 것으로 처리하고 후에 판결 등에 의하여 권리귀속관계가 확정되면 그에 따라 시정할 수밖에 없는 것이므로, 그와 같은 권리 내지 지위의 귀속에 관하여 개인 간에 다툼이 있는 경우에 권리자가 채택할 수 있는 가장 유효하고도 적절한 분쟁해결 수단은, 재개발조합이 아닌 분쟁의 직접 당사자를 상대로 하여 무허가건물에 대한 사실상 소유권의 확인을 구하거나, 관리처분계획의 인가·고시에 의하여 무허가건물의 사실상 소유권이 ○○아파트 등을 분양받을 조합원의 지위로 잠정적으로 바뀐 후에는 그 아파트 등을 분양받을 권리로서의 조합원지위의 확인을 구하거나, 또는 그러한 권리나 지위에 기하여 조합원명부상의 명의변경을 구하는 등의 민사소송을 제기하는 것이라고 할 것이다).

14) 대법원 1994. 1. 25. 선고 93다32316 판결(부동산의 매도인이 도시재개발법에 의한 재개발조

③ 이전고시 이후의 단계에서는 분양받은 부동산에 대하여 소유권확인청구, 이전 등기청구, 말소등기청구[15] 등의 형태로 다투어야 할 것이다.[16]

합의 조합원이 된 후 매수인이 소유권이전등기를 마친 경우 조합원으로서의 권리가 매수인에게 이전되었다고 하겠으므로 이를 확인하는 의미에서 매도인은 매수인에게 그 조합원명의 변경절차를 이행할 의무가 있다).

15) 대법원 1994. 1. 25. 선고 93다32316 판결(분양처분의 고시가 있은 후에는, 종전의 건물에 대한 사실상의 소유권은 소멸하고 ○○아파트에 대한 소유권만이 남게 되는 분양처분의 법적 성격에 비추어, 권리자로서는 바로 ○○아파트에 대한 권리관계의 확인이나 등기의 말소 또는 이전등기에 관한 소송을 제기하여야 할 것이므로, 이 단계에서는 위와 같은 종전 건물의 소유권 확인, 조합원지위의 확인 또는 조합원명부의 명의변경의 소는 부적법한 것으로 될 것이다).

16) 이우재, 전게서(상), 702면.

제40조(정관의 기재사항 등)
① 조합의 정관에는 다음 각 호의 사항이 포함되어야 한다.
　1. 조합의 명칭 및 사무소의 소재지
　2. 조합원의 자격
　3. 조합원의 제명·탈퇴 및 교체
　4. 정비구역의 위치 및 면적
　5. 제41조에 따른 조합의 임원(이하 "조합임원"이라 한다)의 수 및 업무의 범위
　6. 조합임원의 권리·의무·보수·선임방법·변경 및 해임
　7. 대의원의 수, 선임방법, 선임절차 및 대의원회의 의결방법
　8. 조합의 비용부담 및 조합의 회계
　9. 정비사업의 시행연도 및 시행방법
　10. 총회의 소집 절차·시기 및 의결방법
　11. 총회의 개최 및 조합원의 총회소집 요구
　12. 제73조제3항에 따른 이자 지급
　13. 정비사업비의 부담 시기 및 절차
　14. 정비사업이 종결된 때의 청산절차
　15. 청산금의 징수·지급의 방법 및 절차
　16. 시공자·설계자의 선정 및 계약서에 포함될 내용
　17. 정관의 변경절차
　18. 그 밖에 정비사업의 추진 및 조합의 운영을 위하여 필요한 사항으로서 대통령
　　령으로 정하는 사항
② 시·도지사는 제1항 각 호의 사항이 포함된 표준정관을 작성하여 보급할 수 있다.
③ 조합이 정관을 변경하려는 경우에는 제35조제2항부터 제5항까지의 규정에도 불구
하고 총회를 개최하여 조합원 과반수의 찬성으로 시장·군수등의 인가를 받아야 한다.
다만, 제1항제2호·제3호·제4호·제8호·제13호 또는 제16호의 경우에는 조합원 3분의
2 이상의 찬성으로 한다.
④ 제3항에도 불구하고 대통령령으로 정하는 경미한 사항을 변경하려는 때에는 이 법
또는 정관으로 정하는 방법에 따라 변경하고 시장·군수등에게 신고하여야 한다.

I. 서설

1. 정관의 의의

조합이 정비사업을 추진하기 위해서 조합의 운영, 결의방법, 조합원의 권리·의무 등의 근본규칙을 규정한 것을 정관이라고 한다.

2. 정관의 확정

추진위원회는 조합설립동의서를 징구할 경우 토지등소유자에게 정관을 제공해야 하고(시행령 제30조 제2항), 조합설립인가를 신청하기 전에 조합설립을 위한 창립총회를 개최하여야 하는데(법 제32조 제3항), 창립총회에서 조합정관을 확정한다(시행령 제27조 제4항).

조합정관을 확정하기 위한 의사결정은 토지등소유자(재건축사업의 경우 조합설립에 동의한 토지등소유자로 한정)의 과반수 출석과 출석한 토지등소유자 과반수 찬성으로 결의한다(시행령 제27조 제5항).

대법원은 "① 조합설립동의서의 정관에 관한 사항 부분은 정관에 포함될 구체적 내용에 대한 동의를 얻기 위한 취지보다는 조합의 운영과 활동에 관한 자치규범으로서 정관을 마련하고 그 규율에 따르겠다는 데에 대한 동의를 얻기 위한 취지로 해석되는 점, ② 조합정관에 관한 의견의 수렴은 창립총회에서 충분히 이루어질 수 있으므로 굳이 조합설립에 관한 동의를 받을 때 동의서에 정관 초안을 첨부하여 그 내용에 관한 동의까지 받도록 요구할 필요가 없을 뿐만 아니라 이를 요구하는 것은 무리인 측면도 있는 점 등을 종합적으로 고려하면, 추진위원회가 조합의 정관 또는 정관 초안을 첨부하지 아니한 채 표준동의서와 같은 서식에 따른 동의서에 의하여 조합설립에 관한 동의를 받는 것은 적법하다"고 판시한 바 있다.[1]

---

[1] 대법원 2014. 2. 13. 선고 2011두21652 판결.

3. 표준정관의 보급

2019. 4. 23. 법률 제16383호의 일부개정 전에는 국토교통부장관이 법 제40 조 제1항 각 호의 사항이 포함된 표준정관을 작성하여 보급할 수 있도록 규정되었으나, 위 일부개정시 시·도지사가 표준정관을 작성하여 보급할 수 있도록 개정되었다.[2]

표준정관은 하나의 예시적인 정관(안)에 불과하고 법적 구속력이 없으므로 반드시 따라야 하는 사항은 아니고, 각 조합의 특성과 여건에 따라 관련 사항을 추가, 삭제, 수정하여 달리 규정할 수 있다.[3]

II. 정관의 기재사항

1. 필요적 기재사항과 임의적 기재사항

정관은 반드시 포함되어야 할 필요적 기재사항과 조합의 상황에 따라 기재하는 임의적 기재사항이 있다.

필요적 기재사항은 법 제40조 제1항 및 시행령 제38조에서 규정하고 있는데, 이러한 기재사항 중 어느 한 사항이라도 빠진 경우에는 그 정관은 무효로 된다.[4] 시행령 제38조에서 규정한 필요적 기재사항은 아래와 같다.

> 1. 정비사업의 종류 및 명칭
> 2. 임원의 임기, 업무의 분담 및 대행 등에 관한 사항
> 3. 대의원회의 구성, 개회와 기능, 의결권의 행사방법 및 그 밖에 회의의 운영에

---

2) 이는 시·도지사가 각 지역의 상황에 부합하는 표준정관을 작성할 수 있다는 장점이 있으나, 반대로 해당 시·도지사의 지나친 자의가 개입될 수 있는 문제점도 발생할 수 있다.
3) 이우재, 전게서(상), 712면.
4) 맹신균, 전게서, 235면.

관한 사항

4. 법 제24조 및 제25조에 따른 정비사업의 공동시행에 관한 사항

5. 정비사업전문관리업자에 관한 사항

6. 정비사업의 시행에 따른 회계 및 계약에 관한 사항

7. 정비기반시설 및 공동이용시설의 부담에 관한 개략적인 사항

8. 공고·공람 및 통지의 방법

9. 토지 및 건축물 등에 관한 권리의 평가방법에 관한 사항

10. 법 제74조제1항에 따른 관리처분계획(이하 "관리처분계획"이라 한다) 및 청산(분할 징수 또는 납입에 관한 사항을 포함한다)에 관한 사항

11. 사업시행계획서의 변경에 관한 사항

12. 조합의 합병 또는 해산에 관한 사항

13. 임대주택의 건설 및 처분에 관한 사항

14. 총회의 의결을 거쳐야 할 사항의 범위

15. 조합원의 권리·의무에 관한 사항

16. 조합직원의 채용 및 임원 중 상근(常勤)임원의 지정에 관한 사항과 직원 및 상근임원의 보수에 관한 사항

17. 그 밖에 시·도조례로 정하는 사항

2. 정관의 변경

가. 정관의 변경절차

조합이 정관을 변경하려는 경우에는 법 제35조 제2항부터 제5항까지의 규정에도 불구하고 총회를 개최하여 "조합원 과반수"의 찬성으로 시장·군수등의 인가를 받아야 한다. 다만, 법제40조 제1항 제2호·제3호·제4호·제8호·제13호 또는 제16호의 경우에는 "조합원 3분의 2 이상"의 찬성으로 한다(법 제40조 제3항).

한편, 대법원은 "조합 정관의 필요적 기재사항이자 엄격한 정관 변경 절차를 거쳐야 하는 '시공자와의 계약서에 포함될 내용'이 당초의 재건축결의시 채택한 조합원의 비용분담 조건을 변경하는 것인 때, '조합원의 자격에 관한 사항'이나 '조합의 비용부담'이 당초 재건축결의 당시와 비교하여 볼 때 조합원들의 이해관계에

중대한 영향을 미칠 정도로 실질적으로 변경된 경우에는, <u>비록 그것이 정관 변경</u> <u>에 대한 절차가 아니라 할지라도 특별다수의 동의요건을 규정하여 조합원들의 이</u> <u>익을 보호하려는 구 도시정비법 제20조 제3항, 제1항 제15호의 규정을 유추적용</u> <u>하여 조합원의 3분의 2 이상의 동의를 요한다</u>"고 판시하였다.[5]

한편, 시행령 제39조에서 정하는 "경미한 사항"을 변경하려는 때에는 도시정비법 또는 정관으로 정하는 방법에 따라 변경하고 시장·군수등에게 신고하여야 하는데, 경미한 사항은 아래와 같다(법 제40조 제4항).

---

1. 조합의 명칭 및 사무소의 소재지에 관한 사항
2. 조합임원의 수 및 업무의 범위에 관한 사항
3. 총회의 소집 절차·시기 및 의결방법에 관한 사항
4. 임원의 임기, 업무의 분담 및 대행 등에 관한 사항
5. 대의원회의 구성, 개회와 기능, 의결권의 행사방법, 그 밖에 회의의 운영에 관한 사항
6. 정비사업전문관리업자에 관한 사항
7. 공고·공람 및 통지의 방법에 관한 사항
8. 임대주택의 건설 및 처분에 관한 사항
9. 총회의 의결을 거쳐야 할 사항의 범위에 관한 사항
10. 조합직원의 채용 및 임원 중 상근임원의 지정에 관한 사항과 직원 및 상근임원의 보수에 관한 사항
11. 착오·오기 또는 누락임이 명백한 사항
12. 정비구역 또는 정비계획의 변경에 따라 변경되어야 하는 사항
13. 그 밖에 시·도조례로 정하는 사항

한편, 표준정관은 시행령 제39조에서 정하는 경미한 사항을 변경하고자 하는 때에는 조합원의 동의에 갈음하여 총회의 의결을 얻어야 함을 규정하고 있다(표준정관 제8조 제2항).

---

5) 대법원 2009. 1. 30. 선고 2007다31884 판결, 대법원 2014. 8. 20. 선고 2012두5572 판결.

나. 정관변경의 효력발생시기

대법원은 조합이 정관을 변경하고자 하는 경우에는 총회를 개최하여 조합원 과반수 또는 3분의 2 이상의 동의를 얻어 시장 등의 인가를 받도록 규정하고 있는데, 시장 등의 인가는 그 대상이 되는 기본행위를 보충하여 법률상 효력을 완성시키는 행위로서 이러한 인가를 받지 못한 경우 변경된 정관은 효력이 없고, 시장 등이 변경된 정관을 인가하더라도 정관변경의 효력은 <u>인가시</u>부터 발생하며, 총회의 의결이 있었던 때로 소급하지 않는다고 판시하였다.[6]

3. 관련 쟁점 – 상가 독립정산제 약정의 정관 기재사항 여부

실무상 재건축조합의 조합원들 중 상가의 구분소유자(상가조합원)와 아파트의 구분소유자(아파트조합원) 사이의 이해관계 및 주된 관심사항이 크게 다른 상황에서, ① 아파트와 상가를 분리하여 개발이익과 비용을 별도로 정산하고, ② 상가조합원들로 구성된 별도의 기구(상가협의회)가 상가에 관한 관리처분계획안의 내용을 자율적으로 마련하는 것을 보장한다는 내용으로 조합과 상가협의회 사이에서 소위 '상가 독립정산제 약정'을 합의하는 경우가 있다.

대법원은 상가 독립정산제 약정 중 ① 부분은 조합원별 부담액에 영향을 미칠 수 있으므로 '조합의 비용부담' 및 '조합원의 권리·의무'에 관한 사항에 해당하고, ② 부분은 조합 총회에 상정하여 승인받아야 하는 관리처분계획안 중 상가 부분의 작성을 조합의 이사회가 아니라 상가협의회에게 일임한다는 내용이므로 '조합임원의 권리·의무', '임원의 업무의 분담 및 대행 등' 및 '관리처분계획'에 관한 사항에 해당하므로, <u>이러한 내용은 원칙적으로 조합의 '정관'에 규정하여야 하는 사항이라고 판단하였다.</u>[7]

---

6) 대법원 2014. 7. 10. 선고 2013도11532 판결.

7) 대법원 2018. 3. 13. 선고 2016두35281 판결[상가 독립정산제 내용의 조합과 상가협의회의 업무협약에 대하여 총회에서 조합원 80.87%의 동의로 추인하는 결의를 하였고, 상가협의회는 임시총회를 개최하여 상가조합원 동의율 54.03%로 상가관리처분계획안을 의결하였으나, 그 후 조합은 총회에서 상가협의회의 상가관리처분계획안을 반영하지 않은 채 조합의 이사회가

다만, 위 대법원 판결은 이러한 내용을 조합이 채택하기로 결정하는 조합 총회의 결의가 정관 변경의 요건을 완전히 갖추지는 못했다면 형식적으로 정관이 변경된 것은 아니지만, 총회결의로서 유효하게 성립하였고 정관 변경을 위한 실질적인 의결정족수를 갖췄다면 적어도 조합 내부적으로 업무집행기관을 구속하는 규범으로서의 효력은 가진다고 판단하였다. 그 이유는 조합의 총회가 조합의 최고의 사결정기관이고, 정관 변경은 조합의 총회결의를 통해서 결정된 후 감독청의 인가를 받아야 하는데, 감독청의 인가는 기본행위인 총회결의의 효력을 완성시키는 보충행위일 뿐, 정관의 내용 형성은 기본행위인 총회결의에서 이루어지기 때문이라고 보았다.

Ⅲ. 정관의 효력과 쟁송방법

1. 정관의 효력

대법원은 정관을 조합의 내부법률관계를 규율하는 '자치법규'로 보고 있는바,[8] 사업시행자인 조합 및 그 구성원인 조합원을 구속한다. 따라서 조합과 조합원의 관계, 조합원 상호간의 관계를 비롯한 조합원의 권리·의무는 강행규정에 규정된 것이 아닌 사항은 정관이 우선적인 판단기준이 된다.[9]

다만, 법인의 정관이나 그에 따른 세부사업을 위한 규정 등 단체내부의 규정은 특별한 사정이 없는 한 그것이 선량한 풍속 기타 사회질서에 위반되는 등 사회관념상 현저히 타당성을 잃은 것이거나 결정절차가 현저히 정의에 어긋난 것으로 인정되는 경우 등을 제외하고는 이를 유효한 것으로 시인하여야 하나,[10] 정관 규

별도로 마련한 관리처분계획안(아파트 및 상가에 관한 관리처분계획 포함)을 승인하는 결의를 한 사례].

8) 대법원 2000. 11. 24. 선고 99다12437 판결(사단법인의 정관은 이를 작성한 사원뿐만 아니라 그 후에 가입한 사원이나 사단법인의 기관 등도 구속하는 점에 비추어 보면 그 법적 성질은 계약이 아니라 자치법규로 보는 것이 타당하다).

9) 이우재, 전게서(상), 715면.

10) 대법원 1992. 11. 24. 선고 91다29026 판결, 대법원 2009. 10. 15. 선고 2008다85345 판결 등.

정 중 도시정비법령의 강행규정을 위반한 규정일 있을 경우에는 그 정관 규정은 무효라고 봐야 한다.[11)]

2. 쟁송방법

정관의 무효확인청구 등 정관 자체의 효력을 다투는 쟁송은 당사자 사이의 구체적인 법률관계에 관한 것이 아니므로 쟁송의 대상이 될 수 없고, 정관의 내용에 따라 구체적인 권리의무에 대한 처분이나 불이익을 받을 경우 그 처분 등을 다투면서 그 전제로 정관 내용의 무효를 주장할 수 있을 것이다.

아울러 정관 변경에 대한 인가는 기본행위를 보충하여 법률상 효력을 완성시키는 행위이므로,[12)] 정관 변경의 절차 자체에 하자가 있는 경우에는 정관 변경의 절차인 총회결의를 다투어야 하고, 정관 변경에 대한 인가처분을 다툴 수 없다.[13)]

---

11) 대법원 2007. 7. 24. 자 2006마635 결정, 대법원 2009. 1. 30. 선고 2007다31884 판결.
12) 대법원 2014. 7. 10. 선고 2013도11532 판결.
13) 이우재, 전계서(상), 713면.

제41조(조합의 임원)

① 조합은 다음 각 호의 어느 하나의 요건을 갖춘 조합장 1명과 이사, 감사를 임원으로 둔다. 이 경우 조합장은 선임일부터 제74조제1항에 따른 관리처분계획인가를 받을 때까지는 해당 정비구역에서 거주(영업을 하는 자의 경우 영업을 말한다. 이하 이 조 및 제43조에서 같다)하여야 한다.

    1. 정비구역에서 거주하고 있는 자로서 선임일 직전 3년 동안 정비구역 내 거주 기간이 1년 이상일 것

    2. 정비구역에 위치한 건축물 또는 토지(재건축사업의 경우에는 건축물과 그 부속 토지를 말한다)를 5년 이상 소유하고 있을 것

    3. 삭제

② 조합의 이사와 감사의 수는 대통령령으로 정하는 범위에서 정관으로 정한다.

③ 조합은 총회 의결을 거쳐 조합임원의 선출에 관한 선거관리를 「선거관리위원회법」 제3조에 따라 선거관리위원회에 위탁할 수 있다.

④ 조합임원의 임기는 3년 이하의 범위에서 정관으로 정하되, 연임할 수 있다.

⑤ 조합임원의 선출방법 등은 정관으로 정한다. 다만, 시장·군수등은 다음 각 호의 어느 하나에 해당하는 경우 시·도조례로 정하는 바에 따라 변호사·회계사·기술사 등으로서 대통령령으로 정하는 요건을 갖춘 자를 전문조합관리인으로 선정하여 조합임원의 업무를 대행하게 할 수 있다.

    1. 조합임원이 사임, 해임, 임기만료, 그 밖에 불가피한 사유 등으로 직무를 수행할 수 없는 때부터 6개월 이상 선임되지 아니한 경우

    2. 총회에서 조합원 과반수의 출석과 출석 조합원 과반수의 동의로 전문조합관리인의 선정을 요청하는 경우

⑥ 제5항에 따른 전문조합관리인의 선정절차, 업무집행 등에 필요한 사항은 대통령령으로 정한다.

Ⅰ. 서설

조합에 관하여는 도시정비법에 규정된 것을 제외하고는 민법 중 사단법인에 관한 규정을 준용하고 있으므로(법 제49조) 민법상 사단법인의 기관과 같이 의사결정기관, 업무집행기관, 감독기관이 필요한바, 의사결정기관으로서 총회, 업무집행

기관으로서 조합장 및 이사, 그리고 감독기관으로 감사가 존재한다. 법 제41조 역시 조합의 임원은 업무집행기관으로서 조합장 1명과 이사, 감독기관으로 감사로 구성된다고 규정하고 있다.

한편, 실무상 조합은 정관의 규정에 따라 조합의 사무를 집행하기 위하여 조합장과 이사로 구성되는 이사회를 두고 있는데,[1] 이는 도시정비법이 아닌 정관에 의해 설치된 임의기관이라 할 것이다.

Ⅱ. 조합임원의 수와 자격 및 임기

1. 임원의 수

조합임원의 수는 조합장은 1명이고, 이사의 수는 3명 이상으로 하며, 감사의 수는 1명 이상 3명 이하로 한다. 다만, 토지등소유자의 수가 100인을 초과하는 경우에는 이사의 수를 5명 이상으로 한다. 이사 및 감사의 구체적인 수는 위 범위 내에서 정관으로 정한다(법 제41조 제1항, 시행령 제40조).

2. 임원의 자격

가. 개요

조합임원의 자격과 관련하여 대부분의 조합은 국토교통부의 표준정관상 피선임자격의 제한을 두고 있었는데,[2] 2019. 4. 23. 법률 제16383호의 일부개정시 이러한 피선임자격이 도시정비법으로 규정되었다. 이는 정비사업 관련 비리를 근절하기 위하여 조합임원의 자격요건을 강화하기 위함에 그 취지가 있다.

즉, 조합임원은 다음 각 호의 어느 하나의 요건을 갖추어야 하고, 특히 조합

---

1) 표준정관 제27조 참조.
2) 표준정관 제15조 제2항.

장은 선임일부터 법 제74조 제1항에 따른 관리처분계획인가를 받을 때까지는 해당 정비구역에서 거주(영업을 하는 자의 경우 영업을 말한다)하여야 한다.3)

> 1. 정비구역에서 거주하고 있는 자로서 선임일 직전 3년 동안 정비구역 내 거주기간이 1년 이상일 것
> 2. 정비구역에 위치한 건축물 또는 토지(재건축사업의 경우에는 건축물과 그 부속토지를 말한다)를 5년 이상 소유하고 있을 것

위의 "3년 동안 거주기간 1년 이상"의 의미는 문언상 선임일 직전 3년 동안 정비구역 내 거주기간 1년 이상을 계속하여 거주하고 있을 것을 요건으로 하고 있다고 볼 수 없고, 거주기간의 합이 1년 이상이면 임원 자격을 갖춘 것으로 해석된다.4)

조합임원은 조합원으로서 총회에서 선출된 자임을 요함은 물론이다(법 제45조 제1항 제7호).

나. 법정사항 외 자격요건 추가 가부

법제처는 도시정비법 제40조 제1항 제6호는 조합은 조합임원의 선임방법 및 해임에 관한 사항이 포함된 정관을 작성하여야 한다고 규정하고 있고, 제41조 제5항에서는 조합임원의 선출방법 등은 정관으로 정한다고 규정하고 있는데, 이 때

---

3) 법 제81조 제2항은 관리처분계획인가을 받은 이후에 기존의 건축물을 철거할 수 있도록 규정하고 있다.

　이와 관련하여 서울고등법원 1990. 9. 21. 선고 89나48309 판결은 "<u>사업구역 내의 거주를 조합장 피선의 자격요건으로 규정한 취지는 재개발사업의 목적이 주거환경의 개선에 있으니만큼 재개발의 이익을 향유하여야 할 사업구역 내의 거주자로 하여금 재개발사업을 수행하게 하는 것이 합리적일 뿐 아니라 재개발사업구역 내의 현황을 누구보다도 잘 아는 거주자에게 사업을 전담시키는 것이 효율적이라는 데에 있다</u> 할 것이고, 사업구역 내의 거주를 피선의 자격요건으로 한 조합의 정관규정은 사업시행일 이전에 선출될 조합장의 선출에 한하여 필요한 자격요건을 규정한 것으로 보여지며, 사업시행인가 고시 이후 사업수행을 위하여 조합원들이 소유하고 있던 건축물 등을 철거하기 시작한 이후에 실시될 조합장의 선거에까지 위와 같은 거주요건을 조합자의 피선자격으로 규정하고 있는 것으로 해석되지는 아니한다."고 판시한바 있다.

4) 서울중앙지방법원 2012. 1. 12. 선고 2011가합72436 판결, 국토교통부 질의회신(2010. 1. 20.)

조합임원의 '선임방법'이란 조합임원의 선임에 필요한 기준과 방식 등을 의미하는 것으로, 선임방법에는 선임을 위한 기준이나 요건으로서의 '자격요건'도 포함되며, 조합 임원이 될 수 없는 결격사유는 조합임원의 자격요건에 해당하므로, 조합의 정관으로 정할 수 있는 조합임원의 선임방법에 결격사유에 관한 사항도 포함된다고 할 것인바, 조합은 도시정비법의 위임에 따라 법률에서 규정하고 있는 조합임원의 결격사유 외의 결격사유를 정관에서 추가로 규정할 수 있다고 해석한 바 있다.[5]

3. 임원의 임기

가. 개요

임원의 임기는 3년 이하의 범위에서 정관으로 정하되 연임할 수 있는데(법 제41조 제4항), 표준정관 제15조 제3항은 임원의 임기는 선임된 날부터 2년까지로 하되, 총회의 의결을 거쳐 연임할 수 있음을 규정하고 있고, 동조 제4항은 보궐선임된 임원은 전임자의 잔임기간으로 규정하고 있다.

나. 임기 기산점

조합임원의 임기 기산점을 살펴보면, ① 창립총회에서 선임된 임원은 조합이 법인격을 부여받고 성립하는 조합설립등기시점부터,[6] ② 임기만료 전 새로 선임된 임원은 전임 임원의 임기만료시부터, ③ 전임 임원의 임기만료 후 선임된 임원은 총회에서 선임된 날부터, ④ 전임 임원의 사임이나 해임 등으로 선임된 임원은 총회에서 선임된 날부터 각 임기가 기산된다고 볼 수 있다.[7]

대법원은 단체의 임원 선출을 위한 투표에 있어서 개표 후 당선공고나 발표가 있어야 비로소 당선의 효력이 생긴다는 명문의 규정이 없는 한, 개표가 완료되어 정관 등에서 정하고 있는 이상의 득표를 하였으면 당연히 그 후보가 임원으로

---

5) 법제처 2016. 11. 7. 16-0394, 대의원 선임방법 관련 해석(법제처 2013. 2. 28. 13-0023) 참조.
6) 서울동부지방법원 2011. 8. 26. 선고 2010가합4910 판결.
7) 맹신균, 전게서, 326면.

선출되는 것이라고 판시한 바 있다.[8]

다. 보권선임된 임원의 임기

통상 실무상 조합에서는 보궐선임된 임원의 임기를 결정함에 있어 정관상 보궐선임된 임원의 임기는 전임자의 잔임기간으로 한다는 규정에 근거하여 전임자의 잔임기간만으로 보고 임원 선임을 하고 있는 경우가 많다.

이에 관해 실무상 논란이 있으나, 하급심 중 ① 조합장의 경우 도시정비법 제25조 제2항, 동법 시행령 제35조 제2호에 의하여 대의원회에서의 보궐선임은 불가능하고 총회에서만 선임할 수 있도록 되어 있는 한편, 업무집행의 공백을 방지하기 위하여 정관에서 직무대행자에 관한 규정을 두고 있는 점, ② 조합장이 아닌 나머지 임원들의 경우에는 정관에서 대의원회로 하여금 보궐선임을 할 수 있도록 규정하고 있으나, 이는 조합이 신속하고 효율적인 의사결정 및 비용절감 등을 위하여 원칙적으로 총회의 결의사항에 해당하는 것을 편의상 대의원회에 그 권한을 부여한 것에 불과하고, 조합은 정관 제15조 제2항에 따라 상위기관인 총회에서 임원을 선임할 권한을 여전히 보유하는 점, 정관으로 보장된 조합 임원들의 임기를 근거 없이 축소시키는 것으로서 위법하다는 점 등에 비추어보면, 정관 제15조 제4항은 대의원회에서 보궐선임된 임원의 임기에 대해서만 적용되고, 총회에서 선임된 임원의 경우에는 그 선임의 원인이 전임자의 임기만료인지 궐위인지 등에 관계없이 그 임기는 정관 제15조 제3항에 따라 선임된 때로부터 2년이라고 봄이 상당하다고 판단한 판결이 있다.[9]

라. 임기만료 임원의 업무수행권의 범위

한편, 임기가 만료된 임원은 그 후임자가 선임될 때까지 그 직무를 수행하는데(표준정관 제15조 제5항), 대법원은 임기만료된 권리능력 없는 사단(재건축주택조합)의 대표자의 업무수행권의 범위에 관한 사안에서, 권리능력 없는 사단인 재건

---

8) 대법원 1995. 4. 14. 선고 94다52225 판결, 한편 서울특별시 정비사업 표준선거관리규정(서울특별시 고시 제2017-243호) 제47조 제2항에 의하면, 당선자는 조합 선관위가 당선자를 조합 홈페이지 및 클린업시스템의 공고로서 그 지위를 득한다고 규정하고 있다.
9) 서울동부지방법원 2015. 9. 18. 자 2015카합625 결정(정기총회결의금지가처분).

축주택조합과 그 대표기관과의 관계는 위임인과 수임인의 법률관계와 같은 것으로서 민법 제691조의 규정을 유추하여 구 대표자로 하여금 조합의 업무를 수행케 함이 부적당하다고 인정할 만한 특별한 사정이 없고 종전의 직무를 구 대표자로 하여금 처리하게 할 필요가 있는 경우에 한하여 후임 대표자가 선임될 때까지 임기만료된 구 대표자에게 대표자의 직무를 수행할 수 있는 업무수행권이 인정되고, 임기만료된 대표자의 업무수행권은 급박한 사정을 해소하기 위하여 그로 하여금 업무를 수행하게 할 필요가 있는지를 개별적·구체적으로 가려 인정할 수 있는 것이지 임기만료 후 후임자가 아직 선출되지 않았다는 사정만으로 당연히 포괄적으로 부여되는 것이 아니라고 판시한 바 있다.[10]

Ⅲ. 조합임원의 선임 및 해임

1. 선임 및 해임 기관

도시정비법은 조합임원의 선임방법, 변경 및 해임에 관한 사항을 정관의 필요적 기재사항으로 규정하고 있고(법 제40조 제1항 제6호), 조합임원의 선임 및 해임을 '총회'의 의결사항으로 규정하고 있다(법 제45조 제1항 제7호).[11]

한편, 법 제46조 제4항은 대의원회가 총회의 의결사항 중 대통령령이 정하는 사항을 제외하고는 총회의 권한을 대행할 수 있다고 규정하고 있고, 시행령 제43조(대의원회가 총회의 권한을 대행할 수 없는 사항) 제6호는 "법 제45조 제1항 제7호에 따른 조합임원의 선임 및 해임과 시행령 제42조 제1항 제2호에 따른 대의원의 선임 및 해임에 관한 사항"을 규정하면서도 "다만, 정관으로 정하는 바에 따라 임기 중 궐위된 자(조합장은 제외한다)를 보궐선임하는 경우를 제외한다."고 규정하고 있다.

따라서 조합임원 중 조합장을 제외한 이사, 감사의 보궐선임의 경우는 정관에

---

10) 대법원 2003. 7. 8. 선고 2002다74817 판결.

11) 대법원 2009. 3. 12. 선고 2008도10826 판결(조합임원의 선임 및 해임은 총회의 고유권한이므로, 조합임원의 선임을 조합장에게 위임하는 내용의 총회의 결의는 도시정비법 관련 규정에 반하여 무효이다).

서 정하는 바에 따라 대의원회가 대행할 수 있는 것으로 규정할 수 있다.

2. 총회의 선임 및 해임의 의결방법

임원 선임의 총회는 정기총회(통상총회)와 조합장의 직권으로 소집하거나 조합원 5분의 1 이상 또는 대의원 3분의 2 이상의 요구로 조합장이 소집하는 임시총회가 있다. 한편, 조합임원의 사임, 해임 또는 임기만료 후 6개월 이상 조합임원이 선임되지 아니한 경우에는 시장·군수등이 조합임원 선출을 위한 총회를 소집할 수 있다(법 제44조).

총회는 도시정비법 또는 정관에 다른 규정이 없으면 조합원 과반수의 출석과 출석 조합원의 과반수 찬성으로 의결하되(법 제45조 제3항), 조합원의 100분의 10 이상이 직접 출석하여야 한다(법 제45조 제6항 본문).

한편 조합임원의 해임과 관련하여, 법 제43조 제4항은 "법 제44조 제2항에도 불구하고 조합원 10분의 1 이상의 요구로 소집된 총회에서 조합원 과반수의 출석과 출석 조합원 과반수의 동의를 받아 해임할 수 있다. 이 경우 요구자 대표로 선출된 자가 해임 총회의 소집 및 진행을 할 때에는 조합장의 권한을 대행한다."고 규정하고 있는데, 이는 법 제44조 제2항의 임시총회 소집 요건 및 조합원의 10% 이상 직접 출석 요건(의사정족수)(법 제45조 제6항)을 완화하기 위한 특칙이라고 해석되고 있다.

3. 선거관리규정

가. 개요

실무상 대부분의 조합은 조합임원 및 대의원의 공정한 선임을 위한 선거관리규정을 제정하여 두고 있다. 대법원은 법령에 근거하여 설립된 여러 조합들에 관한 사례에서, 조합원들이 자체적으로 마련한 선거규정은 일종의 자치적 법규범으로서 관련 법 및 조합 정관과 더불어 국가 법질서 내에서 법적 효력을 가진다고 일관되게 판시하고 있다.[12]

다만, 대법원은 선거관리규정 위반과 선임결의의 무효 여부에 관하여, "임원 선출에 관한 선거관리 절차상에 일부 잘못이 있는 경우에, 그 잘못으로 인하여 자유로운 판단에 의한 투표를 방해하여 자유와 공정을 현저히 침해하고 그로 인하여 선출결의의 결과에 영향을 미쳤다고 인정되는지 여부 등을 참작하여 선출결의의 무효 여부를 판단하여야 한다"는 태도이다.[13]

한편, 서울특별시는 조합 정관 또는 조합설립추진위원회 운영규정에 따라 정비사업 조합 또는 조합설립추진위원회의 조합임원·대의원 또는 추진위원장·감사·추진위원의 민주적인 선출 방법 및 절차에 관한 사항을 정하여 부정선거를 방지하고 공정하고 투명한 정비사업 추진을 목적으로 「서울특별시 정비사업 표준선거관리규정」(서울특별시 고시 제2017-243호)을 제정하여 운영하고 있다.

나. 선거 관련 사례

(1) 대법원은 조합이 선거관리규정을 위반하여 임기가 만료된 선거관리위원들로 구성된 선거관리위원회로 하여금 담당하게 하고, 적법한 선거관리위원회가 구성되지 아니한 채 무효인 정관에 기하여 입후보자의 자격을 제한하면서 입후보자의 수를 선착순으로 제한하였고, 이로 인하여 투표의 자유와 공정을 현저히 침해하고 선출결의의 결과에 영향을 미쳤다고 보아 선임결의가 무효라고 판단하였다.[14]

(2) 선거관리위원은 대의원회가 선임하도록 하고, 선거관리위원의 임기는 당해 선거업무가 끝남과 동시에 종료하는 것으로 되어 있는데, 임원 2. 당시 기존의 선거관리위원회에 표결업무를 담당하여 줄 것을 요청하였으나 아무런 응답이 없

---

12) 대법원 1999. 10. 22. 선고 99다35225 판결, 대법원 2015. 12. 23. 선고 2014다14320 판결 등.
13) 대법원 2010. 7. 15. 선고 2009다100258 판결, 대법원 2012. 10. 25. 선고 2010다102533 판결.
14) 대법원 2014. 12. 11. 선고 2013다204690 판결.

어 위 2. 당시 임시로 선거관리위원을 선출하였고, 이렇게 선출된 선거관리위원들로 하여금 임원 선임 임시총회에서도 임무를 수행하도록 의결하였으며, 기존의 임원들이 임시총회의 개최에 반대하고 있어 적법한 선거관리위원회의 구성이 곤란한 상황인 경우 정관과 선거관리규정에 정한 선거관리위원들이 선임되지 아니하였다 하더라도 임원 선임결의가 취소되어야 하거나 또는 무효라고 할 수 없다.[15]

(3) 대법원은 ① 감사 선출은 각 후보자별로 개별적으로 찬반투표를 실시하여 선출되는 방식이며, 원고 갑이 감사 후보자에서 배제되어 그에 대한 찬반투표를 실시하지 못하였다고 하더라도 정원 내인 나머지 감사 후보자들 2인에 대하여 후보자별로 찬반투표를 실시한 이상 그들에 대한 토지등소유자들의 임원선출권과 그 선출절차의 공정이 현저히 침해되었다고 볼 수 없어 원고 갑이 감사 후보자에서 배제된 절차상 하자는 그것이 나머지 감사 후보자들을 선출한 감사 선출결의의 내용에 영향을 미쳤다고 볼 수 없고 ② 도시정비법 등 관련 규정 및 정관이나 선거관리규정에서 창립총회 개최일 전에 제출받은 서면결의서를 창립총회 회의장에서 공개하여 개표하도록 정하고 있지 아니한 사안에서, 조합의 용역직원들이 토지등소유자들로 하여금 자신들의 면전에서 서면결의서를 작성하게 하고 개봉된 상태에서 서면결의서를 교부받아 서면결의서의 비밀성이 보장되지 않았다고 하더라도, 그 사정만으로 토지등소유자들의 자유로운 의사결정이 방해되었다고 보기는 어려울 것이라고 판단하였다.[16]

Ⅳ. 임원 선임 하자와 쟁송방법

대법원은 조합이 공법인이라는 사정만으로 조합과 조합장 또는 조합임원 사이의 선임·해임 등을 둘러싼 법률관계가 공법상의 법률관계에 해당한다거나 그 조합장 또는 조합임원의 지위를 다투는 소송이 당연히 공법상 당사자소송에 해당한다고 볼 수는 없고, 조합과 조합장 또는 조합임원 사이의 선임·해임 등을 둘러

---

15) 부산지방법원 2007. 7. 26. 자 2007카합491 결정.
16) 대법원 2012. 10. 25. 선고 2010다102533 판결.

싼 법률관계는 사법상의 법률관계로서 그 조합장 또는 조합임원의 지위를 다투는 소송은 민사소송에 의하여야 한다고 판단하고 있다.[17]

　한편, 총회에서 위 종전 결의를 그대로 인준하는 결의를 한 경우에는 설사 당초의 임원 선임결의가 무효라고 할지라도 새로운 총회결의가 하자로 인하여 부존재 또는 무효임이 인정되거나 그 결의가 취소되는 등의 특별한 사정이 없는 한 종전 총회결의의 무효에 대한 확인을 구하는 것은 과거의 법률관계 내지 권리관계의 확인을 구하는 것에 불과하여 권리보호의 요건을 결여한 것이다.[18]

17) 대법원 2009. 9. 24. 자 2009마168 결정 등.
18) 대법원 2003. 9. 26. 선고 2001다64479 판결, 대법원 2007. 3. 30. 선고 2005다45698 판결.

제42조(조합임원의 직무 등)

① 조합장은 조합을 대표하고, 그 사무를 총괄하며, 총회 또는 제46조에 따른 대의원회의 의장이 된다.

② 제1항에 따라 조합장이 대의원회의 의장이 되는 경우에는 대의원으로 본다.

③ 조합장 또는 이사가 자기를 위하여 조합과 계약이나 소송을 할 때에는 감사가 조합을 대표한다.

④ 조합임원은 같은 목적의 정비사업을 하는 다른 조합의 임원 또는 직원을 겸할 수 없다.

Ⅰ. 조합장의 직무

1. 조합장의 직무범위

가. 의의

조합장은 대외적으로 조합을 대표하고, 대내외적으로 사무를 총괄하는 조합의 필요적 상설기관이다(법 제42조 제1항). 따라서 조합장은 정비사업의 시행에 필요한 각종 계약체결 권한을 부여받고 있는 등 조합의 업무에 관하여 재판상, 재판외의 모든 행위를 할 수 있고, 조합장의 대표권은 조합의 권리능력의 범위와 일치한다고 할 수 있다.[1] 또한 조합장은 총회 또는 대의원회의 의장이 되며(법 제42조 제1항), 이사회의 의장이 된다.[2]

다만, 조합장을 포함한 조합임원은 같은 목적의 정비사업을 하는 다른 조합의 임원 또는 직원을 겸할 수 없다(법 제42조 제4항)[3]

---

1) 이우재, 전게서(상), 724면, 맹신균, 전게서, 366면.
2) 표준정관 제16조제1항.
3) 표준정관 제16조제8항은 조합 임원은 같은 목적의 사업을 시행하는 다른 조합·추진위원회 또는 당해 사업과 관련된 시공자·설계자·정비사업전문관리업자 등 관련 단체의 임원·위원 또는 직원을 겸할 수 없다고 규정하고 있다.

나. 조합장의 직무대행

(1) 직무대행

조합장이 유고 등으로 직무를 수행할 수 없을 경우에는 (상근)이사 중에서 연장자 순으로 조합장의 직무를 대행한다(표준정관 제16조 제6항).

'유고'란 조합장의 임기가 만료하기 전에 사망, 질병 등 기타 부득이한 사정으로 그 직무를 집행할 수 없는 경우를 말하는데,[4] 조합장이 조합과 이해상반되는 지위에 있다고 하더라도 법원의 직무집행정지 가처분결정이 확정되는 등의 사정이 없는 이상, 그러한 사유만으로 위 유고시에 해당한다고 볼 수는 없고,[5] 반면 조합장이 적법한 소집통지를 받고도 이사회에 출석하지 아니한 이상 이사회의 의장으로서 이사회를 진행할 수 없으므로 정관상 유고시에 해당한다.[6]

한편, 조합장이 사임하거나 퇴임, 해임된 경우에도 (상근)이사 중에서 연장자 순으로 조합장의 직무를 대행한다(표준정관 제18조 제4항).

(2) 정관상 직무대행자의 직무권한

(가) 조합장의 임기만료의 경우

임기만료된 임원은 후임자가 선임될 때까지 그 직무를 수행할 수 있으므로(표준정관 제15조 제5항), 임기만료된 조합장은 후임자가 선임될 때까지 조합장으로서 통상사무뿐만 아니라 기존 조합장의 모든 직무권한을 행사할 수 있다고 볼 수 있으나, 아래 대법원의 태도에 의하면 원칙적으로 업무수행권이 인정된다고 하더라도 그 업무수행의 필요성은 개별적·구체적으로 가려 인정할 수 있다는 것이므로 이를 유의할 필요가 있다.

즉, 대법원은 "임기만료된 권리능력 없는 사단(재건축주택조합)의 대표자의 업

---

4) 대법원 2008. 12. 11. 선고 2006다57131 판결, 대법원 2010. 5. 13. 선고 2010다3384 판결.
5) 대법원 2010. 5. 13. 선고 2010다3384 판결.
6) 대법원 1984. 2. 28. 선고 83다651 판결.

무수행권의 범위에 관한 사안에서, 권리능력 없는 사단인 재건축주택조합과 그 대표기관과의 관계는 위임인과 수임인의 법률관계와 같은 것으로서 민법 제691조의 규정을 유추하여 구 대표자로 하여금 조합의 업무를 수행케 함이 부적당하다고 인정할 만한 특별한 사정이 없고 종전의 직무를 구 대표자로 하여금 처리하게 할 필요가 있는 경우에 한하여 후임 대표자가 선임될 때까지 임기만료된 구 대표자에게 대표자의 직무를 수행할 수 있는 업무수행권이 인정되고, 임기만료된 대표자의 업무수행권은 급박한 사정을 해소하기 위하여 그로 하여금 업무를 수행하게 할 필요가 있는지를 개별적·구체적으로 가려 인정할 수 있는 것이지 임기만료 후 후임자가 아직 선출되지 않았다는 사정만으로 당연히 포괄적으로 부여되는 것이 아니다"고 판시한 바 있다.[7]

(나) 조합장의 유고, 사임, 퇴임 및 해임의 경우

조합장의 유고, 사임, 퇴임 및 해임의 경우에 직무대행자의 직무권한의 범위가 통상사무에 한정되는지 실무상 견해의 대립이 있다.

이에 관한 하급심 중 ① 조합장이 사임하는 경우 정관에 따라 이사 중에서 조합장 직무대행자를 선임하고, 직무대행자가 정관 개정안 승인, 조합장 등 임원 선임 등의 안건을 상정한 임시총회를 개최한 사안에서, ⅰ) 가처분에 의한 직무집행정지시의 직무대행자는 가처분의 잠정성으로 인하여 상무에 속한 행위 밖에 할 수 없지만 정관에 의한 직무대행자는 원칙적으로 해당 임원의 모든 권한을 행사할 수 있는 점, ⅱ) 도시정비법과 이 사건 정관에는 조합장 직무대행자가 임시총회를 개최하는 것을 금지하는 규정이 없는 점 등에 비추어 보면 이 사건 정관에 의하여 조합장 직무대행자로 선임된 자의 총회를 소집한 것은 그 권한 내의 행위라고 봄이 상당하고, 이 사건 총회 소집절차에 하자가 있다고 볼 수 없다고 판시한 사례,[8] ② 조합장이 해임 후 정관에 따라 조합장 직무대행자가 된 자가 직무대행자로서 직무대행자가 할 수 있는 통상사무가 아니다는 이유로 총회의 소집을 위한 법원의 허가를 신청한 사안에서, 법원의 가처분명령에 의하여 선임된 직무대행자

---

7) 대법원 2003. 7. 8. 선고 2002다74817 판결.

8) 서울고등법원 2015. 10. 23. 선고 2015나17274 판결, 같은 견해로 서울고등법원 2006. 6. 20. 자 2006222 결정, 서울행정법원 2008. 8. 21. 선고 2007구합6830 판결.

가 통상사무에 속하지 아니한 행위를 하고자 하는 경우 법원에 허가를 얻어야 하는 것과는 달리(민법 제60조의2), 법원에 의하여 선임되지 아니하고 법인 내부의 규약에 의하여 직무대행자가 된 자는 법원의 허가 없이 대표자로서의 직무를 수행할 수 있다고 보일 뿐, 그에 대한 법원의 허가를 구할 법률상 근거가 없다고 판단한 사례가 있다.9)

생각건대, 명확한 대법원 판결이 없는 상황이어서 논란은 있을 것으로 보이나, 도시정비법이나 정관상 정관에 의한 직무대행자의 직무권한을 제한하는 명시적인 규정은 없는 점, 가처분절차에서 법원에 의해 선임된 직무대행자는 확정판결의 집행보전을 위하여 다툼이 있는 법률관계를 잠정적으로 규율하는 가처분절차의 특성을 고려해야 함에 비해 정관에 의한 직무대행자는 그러하지 아니한 점 등에 비추어, 정관에 의한 직무대행자는 기존 조합장의 모든 권한을 행사할 수 있다고 생각된다.

다. 직무상 선관주의의무

조합장은 조합에 대하여 수임인의 지위에 있으므로, 선량한 관리자의 주의로 조합사무를 집행하여야 한다(법 제49조, 민법 제61조, 제681조). 조합장이 선관주의의무를 해태하여 조합에 손해가 발생하는 경우 조합장은 조합에 손해를 배상하여야 하고, 이러한 행위는 조합장으로서의 의무위반행위에 해당되어 해임의 성당한 사유가 될 수 있다.10)

라. 조합의 불법행위책임

조합장이 직무에 관하여 타인에게 손해를 가한 경우 조합은 민법 제35조 제1항에 의하여 손해를 배상할 책임이 있으며, 조합장의 행위가 조합장 개인의 사리를 도모하기 위한 것이었거나 혹은 법령의 규정에 위배된 것이었다 하더라도 외관상, 객관적으로 직무에 관한 행위라고 인정할 수 있는 것이라면 민법 제35조 제1항의 직무에 관한 행위에 해당한다. 다만, 조합장의 행위가 직무에 관한 행위에 해

---

9) 서울남부지방법원 2010. 7. 23. 자 2010비합73 결정(상무외행위허가).

10) 이우재, 전게서(상), 724면.

당하지 아니함을 피해자 자신이 알았거나 또는 중대한 과실로 인하여 알지 못한 경우에는 조합에게 손해배상책임을 물을 수 없다.[11]

2. 대표권의 제한

가. 대표권 제한의 유형

(1) 개요

조합장은 대외적으로 조합을 대표하나 조합장의 대표권은 민법상 사단법인의 대표권 제한과 마찬가지로 도시정비법령이나 정관 또는 총회의 의결에 의하여 대표권이 제한될 수 있다(민법 제59조 제1항).

(2) 법령에 의한 제한

법 제45조 제1항에서는 총회의 의결 사항을 규정하고 있는바, 이는 조합장의 대표권을 제한하는 대표적인 규정이다. 또한 조합장 또는 이사가 자기를 위하여 조합과 계약이나 소송을 할 때에는 감사가 조합을 대표한다(법 제42조 제3항).

(3) 정관 또는 총회의 의결에 의한 제한

조합장의 대표권은 정관으로 제한될 수 있고, 이러한 정관에 의한 제한은 정관에 기재하여야 효력이 있다(민법 제41조). 또한 총회의 의결로도 대표권을 제한할 수 있는데, 이러한 정관 또는 총회의 의결에 의한 대표권 제한은 등기하여야 제3자에게 대항할 수 있다(시행령 제36조 제6호, 민법 제60조).

나. 대표권 제한과 제3자의 보호

(1) 판례의 외관법리

위와 같이 조합장의 대표권이 제한되는 경우 그 대표권 제한을 위반한 조합장의 대외적 거래행위는 원칙적으로 무효라고 보아야 할 것인데, 조합장의 대외적 거래행위를 무효로 할 경우, 대표권 제한에 대해 선의·무과실인 제3자는 불측의

---

11) 대법원 2003. 7. 25. 선고 2002다27088 판결, 대법원 2008. 1. 18. 선고 2005다34711 판결.

손해를 입을 가능성이 있다.

따라서 거래 상대방이 그와 같은 대표권 제한 및 그 위반 사실을 알았거나 과실로 인하여 이를 알지 못한 경우가 아니라면 그 거래행위는 효력이 있고, 그 거래 상대방이 대표권 제한 및 그 위반 사실을 알았거나 알지 못한 데에 과실이 있다는 사정은 그 거래의 무효를 주장하는 측에서 이를 입증하여야 한다는 판례가 있어 왔고, 이를 소위 외관법리라고 말한다.[12]

그런데 도시정비법에 의해 설립등기[13]를 마친 조합에 관하여는 민법 중 사단법인에 관한 규정이 준용되는데(법 제49조), 민법 제60조는 이사의 대표권에 대한 제한은 '등기'하지 아니하면 제3자에게 대항하지 못한다고 규정하고 있는바, 이러한 외관법리가 그대로 적용될지 여부가 문제될 수 있는데, 아래와 같은 경우를 나누어 살펴볼 필요가 있다.

(2) 비법인사단의 경우

대법원은 구 주택건설촉진법에 의하여 설립된 재건축조합은 민법상의 비법인사단에 해당하고, 비법인사단의 경우에는 대표자의 대표권 제한에 관하여 등기할 방법이 없어 민법 제60조의 규정을 준용할 수 없고, 비법인사단의 대표자가 정관에서 사원총회의 결의를 거쳐야 하도록 규정한 대외직 거래행위에 관하여 이를 거치지 아니한 경우라도, 이와 같은 사원총회 결의사항은 비법인사단의 내부적 의사결정에 불과하다 할 것이므로, 그 거래 상대방이 그와 같은 대표권 제한 사실을

---

12) 대법원 2007. 4. 19. 선고 2004다60072 전원합의체 판결, 대법원 2008. 5. 15. 선고 2007다23807 판결 등.
13) 시행령 제36조(조합의 등기사항) 법 제38조제2항에서 "대통령령으로 정하는 사항"이란 다음 각 호의 사항을 말한다.
 1. 설립목적
 2. 조합의 명칭
 3. 주된 사무소의 소재지
 4. 설립인가일
 5. 임원의 성명 및 주소
 6. 임원의 대표권을 제한하는 경우에는 그 내용
 7. 법 제41조제5항 단서에 따른 전문조합관리인을 선정한 경우에는 그 성명 및 주소

알았거나 알 수 있었을 경우가 아니라면 그 거래행위는 유효하다고 봄이 상당하고, 거래의 상대방이 대표권 제한 사실을 알았거나 알 수 있었음은 이를 주장하는 비법인사단측이 주장·입증하여야 한다고 판시하여 외관법리를 적용하고 있다.[14]

(3) 도시정비법에 의해 설립등기를 마친 조합의 경우

도시정비법에 의해 설립등기를 마친 조합은 민법 제60조가 준용되므로, 대표권 제한에 관한 사항은 등기하지 아니하면, 거래 상대방의 선의·악의를 불문하고 그에게 대항하지 못한다고 봐야 하는바,[15] 외관법리의 적용이 제한된다.

(4) 도시정비법 시행 전 조합설립인가 받은 조합이 도시정비법에 따라 설립등기를 마친 경우

대법원은 "종전 법률인 구 주택건설촉진법(2003. 5. 29. 법률 제6916호 주택법으로 전부 개정되기 전의 것)에 의하여 재건축조합에 대하여 조합설립인가처분을 하였더라도 도시정비법이 시행되고 해당 재건축조합이 도시정비법 부칙(2002. 12. 30.) 제10조 제1항에 따라 설립등기를 마친 후에는 그 재건축조합을 공법인으로 보게 되고, 이러한 재건축조합에는 도시정비법 제27조에 의하여 민법 제60조가 준용되므로, 재건축조합의 조합장이 조합원의 부담이 될 계약을 체결하기 위하여는 총회의 결의를 거치도록 '조합규약'에 규정되어 있다 하더라도 이는 법인대표권을 제한한 것으로서 그러한 제한은 등기하지 아니하면 제3자에게 그의 선의·악의에 관계없이 대항할 수 없다"고 판시하여 외관법리를 제한하는 해석을 한 바 있다.[16]

3. 대표권의 남용

대표권의 남용은 외관상 조합장의 권한 범위 내의 적법한 대표행위로 보이나, 주관적으로는 자기 또는 제3자의 이익을 도모하는 행위로서 조합에 손실을 끼치는 행위를 말한다.[17]

---

14) 대법원 2003. 7. 22. 선고 2002다64780 판결.
15) 대법원 1975. 4. 22. 선고 74다410 판결, 대법원 1992. 2. 14. 선고 91다24564 판결, 대법원 2002. 6. 14. 선고 2001다75677 판결, 대법원 2014. 9. 4. 선고 2011다51540 판결 등.
16) 대법원 2014. 9. 4. 선고 2011다51540 판결.

이러한 대표권 남용의 효력에 관하여 다수의 대법원 판결은 조합장이 그 권한을 남용한 경우 민법 제107조 제1항 단서를 유추적용하여 원칙적으로 일단 조합의 행위로서 유효하고, 다만, 상대방이 조합장의 진의를 알았거나 알 수 있었을 때에는 조합에 대하여 무효가 된다는 심리유보설(비진의의사표시설)의 태도인 것으로 보인다.[18]

Ⅱ. 이사, 이사회 및 감사

1. 이사 및 이사회

이사는 조합장을 보좌하고, 이사회에 부의된 사항을 심의·의결하며 정관이 정하는 바에 의하여 조합의 사무를 분장한다. 이사의 수를 3인 이상으로 하되, 토지등소유자의 수가 100인을 초과하는 경우에는 5인 이상으로 한다(시행령 제40조). 최소 인원을 3인으로 한 이유는 이사회 결의에서 가부동수를 피하기 위함이다.[19]

이사회는 도시정비법상 기관은 아니나, 표준정관은 조합사무[20]를 집행하기 위하여 조합장과 이사들로 구성된 회의기관인 이사회를 두도록 하고 있다. 표준정관은 이사회는 조합장이 소집하며 조합장이 그 의장이 되고,[21] 이사회에 대리인 참석이 불가하며, 구성원 과반수 출석으로 개의하고 출석 구성원 과반수 찬성으로 의결하되, 구성원 자신과 관련된 사항에 대하여는 그 구성원은 의결권을 행사할

---

17) 대법원 2016. 8. 24. 선고 2016다222453 판결, 이철송, 회사법강의(제25판), 박영사, 2017. 705면.

18) 대법원 2005. 7. 28. 2005다3649 판결, 대법원 2008. 5. 15. 선고 2007다23807 판결, 대법원 2017. 7. 20. 선고 2014도1104 전원합의체 판결 등.

19) 이우재, 전게서(상), 725면.

20) 표준정관 제28조(이사회의 사무) 이사회는 다음 각호의 사무를 집행한다.
   1. 조합의 예산 및 통상업무의 집행에 관한 사항
   2. 총회 및 대의원회의 상정안건의 심의·결정에 관한 사항
   3. 업무규정 등 조합 내부규정의 제정 및 개정안 작성에 관한 사항
   4. 그 밖에 조합의 운영 및 사업시행에 관하여 필요한 사항

21) 표준정관 제27조

수 없다고 규정하고 있다.[22]

2. 감사

감사는 조합의 사무 및 재산상태와 회계에 관한 사항을 감사하는 역할을 수행하는 조합의 필요적 상설기관인데, 표준정관 제16조[23]는 감사의 직무를 자세히 규정하고 있다.

감사의 수는 1명 이상 3명 이하인데(시행령 제40조), 설령 감사를 복수로 선임하더라도 감사는 각자 단독으로 직무집행하는 것을 원칙으로 한다고 볼 수 있다.[24]

한편, 조합장 또는 이사가 자기를 위하여 조합과 계약이나 소송을 할 때에는 감사가 조합을 대표한다(법 제42조 제3항).

---

22) 표준정관 제29조.
23) 표준정관 제16조(임원의 직무 등)
    ③ 감사는 조합의 사무 및 재산상태와 회계에 관하여 감사하며 정기 총회에 감사결과보고서를 제출하여야 하며, 조합원 5분의 1 이상의 요청이 있을 때에는 공인회계사에게 회계감사를 의뢰하여 공인회계사가 작성한 감사보고서를 총회 또는 대의원회에 제출하여야 한다.
    ④ 감사는 조합의 재산관리 또는 조합의 업무집행이 공정하지 못하거나 부정이 있음을 발견하였을 때에는 대의원회 또는 총회에 보고하여야 하며, 조합장은 보고를 위한 대의원회 또는 총회를 소집하여야 한다. 이 경우 감사의 요구에도 조합장이 소집하지 아니하는 경우에는 감사가 직접 대의원회를 소집할 수 있으며 대의원회 의결에 의하여 총회를 소집할 수 있다. 회의소집 절차와 의결방법 등은 제22조, 제24조제7항 및 제26조의 규정을 준용한다.
    ⑤ 감사는 제4항 직무위배행위로 인해 감사가 필요한 경우 조합임원 또는 외부전문가로 구성된 감사위원회를 구성할 수 있다. 이 경우 감사는 감사위원회의 의장이 된다.
24) 이우재, 전게서(상), 726면.

제43조(조합임원 등의 결격사유 및 해임)

① 다음 각 호의 어느 하나에 해당하는 자는 조합임원 또는 전문조합관리인이 될 수 없다.

1. 미성년자·피성년후견인 또는 피한정후견인

2. 파산선고를 받고 복권되지 아니한 자

3. 금고 이상의 실형을 선고받고 그 집행이 종료(종료된 것으로 보는 경우를 포함한다)되거나 집행이 면제된 날부터 2년이 경과되지 아니한 자

4. 금고 이상의 형의 집행유예를 받고 그 유예기간 중에 있는 자

5. 이 법을 위반하여 벌금 100만원 이상의 형을 선고받고 10년이 지나지 아니한 자

② 조합임원이 다음 각 호의 어느 하나에 해당하는 경우에는 당연 퇴임한다.

1. 제1항 각 호의 어느 하나에 해당하게 되거나 선임 당시 그에 해당하는 자이었음이 판명된 경우

2. 조합임원이 제41조제1항에 따른 자격요건을 갖추지 못한 경우

③ 제2항에 따라 퇴임된 임원이 퇴임 전에 관여한 행위는 그 효력을 잃지 아니한다.

④ 조합임원은 제44조제2항에도 불구하고 조합원 10분의 1 이상의 요구로 소집된 총회에서 조합원 과반수의 출석과 출석 조합원 과반수의 동의를 받아 해임할 수 있다. 이 경우 요구자 대표로 선출된 자가 해임 총회의 소집 및 진행을 할 때에는 조합장의 권한을 대행한다.

⑤ 제41조제5항제2호에 따라 시장·군수등이 전문조합관리인을 선정한 경우 전문조합관리인이 업무를 대행할 임원은 당연 퇴임한다.

Ⅰ. 서설

1. 본조의 이해

조합은 공익성을 가진 공법인이므로 조합임원의 공정성, 청렴성 등이 필요하다. 조합임원은 막대한 사업자금의 운영 및 조합원들의 부담이 되는 계약을 체결하는 등의 중요한 권한을 보유하게 되므로, 조합의 운영과 조합원들의 권익을 보호하기 위하여 임원 자격을 제한할 필요가 있다.[1] 법 제43조 제1항은 조합임원

---

1) 맹신균, 전게서, 335면.

등의 다섯 가지의 결격사유를 규정하고 있다. 그런데 조합이 정관으로 법에서 규정한 결격사유 외에 다른 결격사유를 추가할 수 있음은 앞서 살펴본 바와 같다.[2]

표준정관 제17조 제4항은 "임원으로 선임된 후 직무위배행위로 인한 형사사건으로 기소된 경우에는 그 내용에 따라 확정판결이 있을 때까지 제18조 제4항의 절차에 따라 그 자격을 정지할 수 있다."라고 규정하고 있다. 여기서 '직무위배행위로 인한 형사사건'의 범위에 관하여, 하급심은 "직무수행과정에서 발생한 모든 형사사건을 의미하는 것으로 넓게 해석할 것이 아니라 조속히 재건축사업을 추진하여 사업을 종결할 필요성과 비교형량하여 직무집행정지가 정당화될 수 있을 정도로 조합에 미치는 위해가 현저하고 급한 경우만을 의미하는 것으로 엄격하게 해석하는 것이 타당하다"고 판단한 바 있다.[3]

한편, 본조 제1항 제3호의 "금고 이상의 실형"은 직무위배로 인한 형사사건뿐만 아니라 모든 형사사건이 해당된다고 해석되며, "실형의 선고"는 형사사건의 확정판결을 의미한다고 봐야 한다.[4]

2. 조합설립 미동의자의 결격사유 추가 가부

가. 문제점

먼저 임의가입제인 재건축사업은 미동의자는 조합원이 아니므로 임원의 자격을 조합설립 동의자로 제한함은 당연하다고 할 것이다. 그런데 재개발사업은 강제가입제를 채택하고 있으므로, 정관이나 선거관리규정에서 조합설립에 미동의한 자의 임원자격을 제한할 수 있는지 문제된다.

---

2) 법제처 2016. 11. 7. 16-0394.
3) 서울고등법원 2005. 7. 7. 선고 2004나86373 판결, 서울중앙지방법원 2006. 9. 7. 선고 2006카합2450 판결(이우재, 전게서(상), 737~738면에서 재인용).
4) 대법원 2007. 6. 14. 선고 2005다57684 판결(주식회사의 임원보수규정에서 퇴직금의 감액 사유로 정한 '금고 이상의 형을 선고받은 경우'는 퇴직자에게 금고 이상의 형을 선고한 판결이 확정된 경우로 보아야 한다).

나. 검토

이에 관련된 하급심 판결을 살펴보면, ① 일반적으로 재개발조합 설립에 동의하지 아니한 조합원들은 재개발에 대하여 반대하거나 조합의 운영에 관하여 무관심한 경우가 대부분이므로 원활한 사업추진을 위해 제한이 가능하다는 판결[5]과 ② 조합설립 미동의자들을 합리적 사유 없이 차별하는 것이므로 조합원들에게 평등하게 부여된 임원 피선임권을 제한할 수 없다는 판결[6]이 있다.

대법원은 임원 추천권과 관련된 사례에서, "재개발조합의 선거관리규정 중 임원 후보자에 대한 추천권을 조합설립에 동의한 토지등소유자에게만 부여한 조항은 도시정비법상 재개발조합설립인가 전의 토지등소유자는 조합설립의 동의 여부에 따라 그 법적 지위에 차이가 있다고 볼 수 없음에도 조합설립에 동의하지 않고 있는 토지등소유자들의 임원 선출에 관한 추천권을 원천적으로 봉쇄하고 있어 토지등소유자들에게 평등하게 부여되어야 할 조합임원 추천권을 합리적 사유 없이 제한하는 규정이어서 무효"라고 판단한 바 있다.[7]

생각건대, 재개발조합은 조합설립동의 여부에 상관없이 모두 조합원의 지위를 취득하게 되는 점, 도시정비법은 동의 여부에 따른 임원 자격제한의 규정이 없는 점, 미동의자의 피선임권을 차별할 합리적인 사유가 부족한 점, 임원으로서의 적임 여부는 총회의 선임결의를 통해 판단을 받는 점 등을 고려할 때, 미동의자의 임원자격을 제한하는 정관이나 선거관리규정은 무효로 볼 수 있다.

3. 결격사유의 판단 시기

조합임원의 선임은 보궐선임을 제외하고는 총회의 의결사항인바, 선임총회의

---

5) 서울고등법원 2011. 3. 29. 선고 2010누38105 판결, 서울행정법원 2010. 6. 10. 선고 2009구합 45433 판결.

6) 수원지방법원 안산지원 2010. 6. 21. 자 2010카합72 결정, 서울고등법원 2018. 1. 19. 선고 2017나22255 판결.

7) 대법원 2011. 4. 28. 선고 2010다106269 판결.

의결당시에 자격이 있어야 한다는 견해, 조합설립인가 처분은 설권적 처분이므로 조합설립인가 처분당시에 자격조건을 갖추어야 한다는 견해가 있는 것으로 보이는데, 조합임원의 선임은 총회의 의결사항인바, 총회 의결당시 자격요건의 구비여부를 판단함이 자연스럽고 논리적인 점, 선출당시에는 자격이 없었으나 우연히 조합설립인가가 지연된 사정으로 인하여 자격요건을 갖추게 된 경우 이를 인정하는 것은 정의 관념에도 반한다고 볼 수 있는 점[8]등에 비추어, 총회 의결당시를 기준으로 판단하는 것이 타당하다고 생각된다.

Ⅱ. 조합임원의 당연 퇴임

조합임원이 법 또는 정관상 결격사유에 해당하게 되거나 선임 당시 그에 해당하는 자이었음이 판명된 경우, 법 제41조 제1항에 따른 자격요건을 갖추지 못한 경우에는 당연 퇴임한다. 다만, 퇴임된 임원이 퇴임 전에 관여한 행위는 그 효력을 잃지 아니하는데(법 제43조 제3항), 이는 조합업무의 영속성과 법적 안정성을 고려한 것이라 볼 수 있다.

Ⅲ. 조합임원의 해임

1. 표준정관상 임원 해임사유

가. 정관의 내용

조합임원에 해임사유에 관하여 도시정비법은 명시적으로 규정하고 있지 않고, 다만, 조합임원의 해임사항을 정관의 기재사항으로 규정하고 있다(법 제40조 제1항 제6호). 이에 표준정관은 "직무유기 및 태만 또는 관계법령 및 이 정관에 위반하여 조합에 부당한 손해를 초래한 경우"를 해임사유로 규정하고 있다(표준정관 제

---

8) 김은유, 정비사업조합의 임원 선임 및 해임에 따른 법률문제, 사법 23호, 2013. 3. 사법발전재단, 47면,

18조 제1항).

나. 임원 해임사유의 제한 여부

도시정비법은 조합임원은 법 제44조 제2항에도 불구하고 조합원 10분의 1 이 상의 요구로 소집된 총회에서 조합원 과반수의 출석과 출석 조합원 과반수의 동의 를 받아 해임할 수 있는데(법 제43조 제4항), 이 경우 위 정관상 해임사유가 있는 경우에만 해임을 할 수 있는지 문제된다.

이에 관련하여, 하급심은 ① 도시정비법 제23조 제4항(현 제43조 제4항)이 '제 24조(현 제44조)에도 불구하고'라는 문언을 추가하면서 해임사유에 관하여 아무런 제한을 두지 않은 것은 종전에 정관으로 조합임원의 해임사유를 제한함으로써 조 합임원과 조합 사이의 신뢰관계가 파탄되어 조합원 다수가 새로운 임원을 선출하 기를 원하고 있음에도 조합임원의 해임이 곤란한 경우가 있었던 폐단을 없애고자 정관으로 조합임원의 해임사유를 제한하지 못하도록 명문화한 것으로 보아야 하 고, 이는 강행규정이므로, 조합임원의 해임사유를 제한하고 있는 정관 제17조 제1 항은 도시정비법 제23조 제4항에 반하여 무효라고 할 것이며, 조합은 그 사유의 여하를 불문하고 조합원 10분의 1 이상의 발의로 소집된 총회에서 조합원 과반수 의 출석과 출석 조합원 과반수의 동의로 임원들을 해임할 수 있다는 판결,[9] ② 조 합의 정관 제15조 제1항에는 조합임원의 임기를 2년으로 정하고 있고, 제18조 제 1항에는 임원의 해임사유에 관하여 임원이 직무유기 및 태만 또는 관계법령 및 이 정관에 위반하여 조합에 부당한 손실을 초래한 경우로 한정하여 규정하고 있는바, 조합의 임원이 조합업무에 전념할 수 있도록 하기 위해서 위 정관에 규정된 해임 사유가 있는 경우에만 조합임원에 대한 해임이 가능한 것이라고 판결로 나뉘어져 있다.[10]

한편, 대법원은 도시정비법의 사안은 아니나 사단법인에 관한 사안에서, "법

---

9) 서울고등법원 2010. 7. 14. 자 2009라2485 결정, 서울북부지방법원 2010. 12. 17. 선고 2010가 합4435 판결, 서울고등법원 2014. 6. 20. 선고 2013나79797 판결.

10) 서울서부지방법원 2009. 5. 25. 자 2009카합1020 결정, 인천지방법원 2009. 5. 27. 자 2009카 합464 결정.

인과 이사의 법률관계는 신뢰를 기초로 한 위임 유사의 관계로 볼 수 있는데, 민법 제689조 제1항에서는 위임계약은 각 당사자가 언제든지 해지할 수 있다고 규정하고 있으므로, 법인은 원칙적으로 이사의 임기만료 전에도 이사를 해임할 수 있지만, 이러한 민법의 규정은 <u>임의규정</u>에 불과하므로 법인이 자치법규인 정관으로 이사의 해임사유 및 절차 등에 관하여 별도의 규정을 두는 것도 가능하다. 그리고 이와 같이 <u>법인이 정관에 이사의 해임사유 및 절차 등을 따로 정한 경우 그 규정은 법인과 이사와의 관계를 명확히 함은 물론 이사의 신분을 보장하는 의미도 아울러 가지고 있어 이를 단순히 주의적 규정으로 볼 수는 없다. 따라서 법인의 정관에 이사의 해임사유에 관한 규정이 있는 경우 법인으로서는 이사의 중대한 의무위반 또는 정상적인 사무집행 불능 등의 특별한 사정이 없는 이상, 정관에서 정하지 아니한 사유로 이사를 해임할 수 없다</u>"고 판시한 바 있다.[11]

생각건대, 도시정비법 제43조 제4항은 법 제44조 제2항의 총회 소집절차의 발의정족수에도 불구하고, 임원의 해임 관련 발의의 정족수를 완화하여 조합원의 권리를 보장하는 취지로 보이는 점, 해임사유의 제한이 없다면 임원 간의 반목이 있을 경우 해임 총회가 남용될 우려가 있는 점, 사단법인에 관한 위 대법원 판결의 태도 등에 비추어 볼 때, 정관에서 정한 해임사유가 있는 경우에만 해임이 가능하다고 생각된다.

다만, 조합임원은 선관주의위무를 부담하는바(민법 제61조, 제681조), 직무수행 과정에서 선관주의의무를 위반하여 조합에 손해를 발생시키거나 조합원들의 신뢰를 잃게 된 경우도 해임사유에 포함된다고 볼 수 있다.

2. 해임의 절차

가. 통상의 방법에 의한 해임

조합임원의 해임은 총회의 의결사항이므로(법 제45조 제1항 제7호), 정기적으로

---

11) 대법원 2013. 11. 28. 선고 2011다41741 판결(사단법인 서울특별시개인택시운송사업조합 사례).

개최되는 정기총회와 임시총회(법 제44조 제2항)에서 통상적인 의결방법에 의하여 해임이 이루어질 수 있다.

나. 소수조합원의 발의 총회에 의한 해임

(1) 특별규정의 취지

도시정비법은 임원의 해임 총회에 관하여, "조합임원은 법 제44조 제2항에도 불구하고 조합원 10분의 1 이상의 요구로 소집된 총회에서 조합원 과반수의 출석과 출석 조합원 과반수의 동의를 받아 해임할 수 있다. 이 경우 요구자 대표로 선출된 자가 해임 총회의 소집 및 진행을 할 때에는 조합장의 권한을 대행한다."라는 특별규정을 두고 있다(법 제43조 제4항).

이러한 소수조합원(10분의 1 이상)에 의한 해임절차의 규정취지는 현실적으로 해임사유가 있더라도 조합임원의 해임이 쉽지 않은 점, 조합임원의 활동에 대한 조합원의 견제를 실효성 있게 하고 조합운영의 투명성과 공정성을 확보할 필요가 있는 점 등을 고려하여 소집요건 등을 완화한 것이라고 볼 수 있다.

(2) 해임 총회 요구서 철회 가부

조합원의 임시총회 소집요구의 철회에 관하여는 도시정법상 규정은 없는바, 소수조합원의 발의에 의해 총회가 소집된 경우에도 소집요구서를 철회할 수 있는지 논의가 있다.

생각건대, 일반적으로 의사표시는 (하자있는 의사표시의 취소는 별론으로 하고) 그 효력이 발생한 이후에는 임의로 철회할 수 없는 점, 소집요구서는 조합원이 임원 해임을 위한 총회의 소집에 동의의 의사표시를 한 것인데, 요구자 대표가 총회를 소집하면 소집요구서의 제출로 인한 법률 효과인 총회 소집은 이미 그 효력이 발생한 것으로 볼 수 있는 점 등에 볼 때, 총회가 소집된 이후에는 소집요구서의 철회를 할 수 없다고 보인다.

(2) 조합장에 대한 총회 소집요구 요부

소수조합원의 대표로 선출된 자가 총회 소집권자인 조합장에게 총회 소집요구를 해야 하는지 문제될 수 있다.

위 조항은 2009. 2. 6. 법률 제9444호 일부개정시 구 도시정비법 제23조 제4항이 개정되면서 "이 경우 발의자 대표로 선출된 자가 해임 총회의 소집 및 진행에 있어 조합장의 권한을 대행한다."로 개정되었다. 하급심 판결은 "조합원 10분의 1 이상의 발의로 소집된 총회에서 발의자 대표로 선출된 자가 해임 총회의 소집 및 진행에 있어 조합장의 권한을 대행한다고 규정하므로, 조합장에게 총회 소집요구를 할 필요가 없다"고 판단한 바 있다.[12] 법 제43조 제4항은 소수조합원 대표자가 총회의 '소집'을 할 경우 조합장을 대행한다고 규정하고 있는 점, 위 특별규정의 규정취지 등을 고려할 때 조합장에게 총회 소집을 요구할 필요는 없다고 볼 것이다.[13]

(3) 법원의 소집허가 필요 여부

민법 제70조 제3항은 임시총회 소집청구 후 2주간 내에 이사가 총회 소집의 절차를 밟지 아니한 때에는 청구한 사원은 법원의 허가를 얻어 이를 소집할 수 있다고 규정하고 있는바, 소수조합원의 임원 해임을 위한 총회 소집절차에도 법원의 소집허가가 필요할 것인지 실무상 견해가 나뉘나,[14] 하급심은 법원의 소집허가는

---

12) 구 도시정비법(2009. 4. 22. 법률 제9632호로 개정되기 전의 것) 제23조 제4항이 적용된 하급심인 서울서부지방법원 2009. 5. 25. 자 2009카합1020 결정(총회의 소집권은 일반적으로 조합장에게 귀속되되, 예외적으로 조합장 이외의 자도 명시적인 규정에 따라 일정한 절차를 거치는 경우에는 총회를 소집할 수 있는데, 개정 도시정비법 제23조 제4항에서는 명시적으로 발의자 대표로 선출된 자에게 해임 총회의 소집 및 진행에 있어 조합장의 권한을 대행할 권한을 부여하고 있으므로, 조합원 10분의 1 이상의 발의가 있고 그 발의자의 대표로 선출된 채무자에게 조합장을 대행하여 이 사건 총회를 소집할 권한이 있으므로 채무자가 비록 채무자가 개정 도정법 이전에 만들어진 채권자의 정판 규정에 정해진 절차를 거치지 않았다고 하더라도 여기에 어떠한 절차상 위법이 있다고 보기는 어렵다).
13) 이우재, 전게서(상), 742면.
14) 법원의 소집허가가 필요하다는 견해는, 임원 해임 외의 사유로 임시총회를 소집하는 경우 민법 제70조를 준용하여 법원의 허가가 필요하고, 임원 해임의 경우에만 법원의 소집허가가 필

필요없는 것으로 판단하는 경향으로 보인다.[15] 법 제43조 제4항은 소수조합원 대표자의 총회 소집대행권을 부여하면서 민법 제70조와 달리 조합장의 총회 소집 해태를 소집의 요건으로 규정하지 않은 점, 위 특별규정의 규정취지 등을 고려할 때, 법원의 소집허가 없이도 총회 소집을 할 수 있다고 볼 것이다.

(4) 조합원 100분의 10 이상 직접 출석규정 적용 여부

대법원은 "구 도시정비법(2010. 4. 15. 법률 제10268호로 개정되기 전의 것) 제23조 제4항, 제24조의 규정 내용과 각 규정의 개정 내역 등을 종합하여 보면, 구 도시정비법 제23조 제4항은 조합원 10분의 1 이상의 발의로 조합 임원을 해임하는 경우에 관한 특별규정으로서 위 규정에 따라 조합임원의 해임을 위하여 소집된 조합총회의 경우에는 해임결의를 위하여 조합원 과반수의 출석과 출석 조합원 과반수의 동의만 있으면 되는 것이지 여기에 구 <u>도시정비법 제24조 제5항 단서에 따라 조합원의 100분의 10 이상이 직접 출석하는 것까지 요구되는 것은 아니다</u>"고 판시하여 조합원 100분의 10 이상 직접 출석규정은 적용되지 않는다는 판시하였다.[16]

(5) 정관에 의한 소집요건의 완화 가부

소수조합원의 소집에 의한 해임 총회는 통상의 총회절차의 요건을 완화하기 위한 것에 취지가 있으므로 정관에 의한 소집요건 완화는 사적차지의 원칙상 유효라고 봐야 한다는 견해가 있다.[17]

요없다는 것은 분쟁의 파급적 효과를 고려할 때, 균형을 가진 해석이 아니라는 점을 근거로 한다(이우재, 전게서(상), 742~744면 참조).

15) 서울고등법원 2011. 12. 14. 선고 2011라856 결정(대법원 2012. 4. 10. 2012마16 심리불속행 기각으로 확정), 서울북부지방법원 2017. 3. 3. 자 2017카합20040 결정(조합임원 해임의 경우에는 도시정비법 제23조 제4항에서 조합원 10분의 1 이상의 발의로 소집된 총회에서 조합원 과반수의 출석과 출석 조합원 과반수의 동의를 얻어 이를 의결할 수 있고, 이 경우 발의자 대표로 선출된 자가 해임 총회의 소집 및 진행에 있어 조합장의 권한을 대행한다고 그 절차와 소집권자 등에 대하여 구체적으로 규정하고 있어 사단법인에 관한 민법 규정을 준용할 필요가 없다. 따라서 도시정비법 제23조 제4항은 발의자 대표에게 법원의 허가 등 추가적인 요건 없이 조합임원 해임을 위한 총회의 소집 권한을 부여하는 규정으로 보아야 한다).

16) 대법원 2014. 9. 4. 선고 2012다4145 판결.

17) 이우재, 전게서(상), 740면~741면.

Ⅳ. 조합임원의 직무집행정지 및 직무대행자선임 가처분

1. 개요

조합임원에게 도시정비법이나 정관상 당연퇴임사유가 발생하거나 해당 임원의 선임결의가 무효인 경우, 총회에서 적법한 절차에 따라 해임된 경우 등에 있어서 해당 임원이 여전히 퇴임 또는 해임결의를 다투면서 여전히 직무를 수행하는 경우에는 본안소송 전이라도 임시의 지위를 정하기 위한 가처분(민사집행법 제300조 제2항)인 직무집행정지가처분 및 직무대행자선임 가처분을 신청할 수 있다.

2. 가처분의 방법

가. 당사자

대법원은 직무집행정지가처분의 상대방(피신청인)은 그 성질상 주장 자체에 의하여 다툼이 있는 권리관계에 관한 정당한 이익이 있는 자가 가처분신청을 할 수 있고, 그 경우 주장 자체에 의하여 신청인과 저촉되는 지위에 있는 자를 피신청인으로 하여야 한다고 한다.[18]

따라서 예컨대, 조합의 임원 선임결의의 하자를 원인으로 한 직무집행정지가처분은 조합이 아닌 해당 임원을 피신청인으로 삼아야 한다.

나. 해임청구권 보전을 위한 직무집행정지가처분 가부

해임청구는 기존 법률관계의 변경, 형성을 목적으로 하는 형성의 소로써 법률에 명문의 규정이 있는 경우에 한하여 제기할 수 있다.[19] 따라서 해임청구의 소를 규정하는 규정이 없는 이상 해임청구권을 보전하기 위한 직무집행정지가처분은 허용될 수 없고, 총회에서 적법한 절차에 따라 해임결의되어 해임되었음에도 임원

---

18) 대법원 1997. 7. 25. 선고 96다15916 판결, 대법원 2011. 4. 18. 자 2010마1576 결정 등.
19) 대법원 1993. 9. 14. 선고 92다35462 판결 등.

의 직무를 계속하는 경우에 임원해임결의존재확인청구에 앞서 직무집행정지가처분을 신청할 수 있을 것이다.[20]

대법원도 "기존 법률관계의 변경·형성을 목적으로 하는 형성의 소는 법률에 명문의 규정이 있는 경우에 한하여 제기할 수 있는바, 조합의 이사장 및 이사가 조합업무에 관하여 위법행위 및 정관위배행위 등을 하였다는 이유로 그 해임을 청구하는 소송은 형성의 소에 해당하는데, 이를 제기할 수 있는 법적 근거가 없으므로, 조합의 이사장 및 이사 직무집행정지 가처분은 허용될 수 없다"고 판시하였다.[21]

3. 보전의 필요성

가. 의의

임시의 지위를 정하는 가처분은 "계속하는 권리관계에 끼칠 현저한 손해를 피하거나 급박한 위험을 막기 위하여, 또는 그 밖의 필요한 이유가 있을 경우"에 하여야 한다(민사집행법 제300조 제2항 후문). "현저한 손해를 피하거나 급박한 위험을 막기 위하여"는 단순한 예시규정에 지나지 않으며, 그러한 예시적 사유 외에는 "그 밖의 필요한 이유가 있을 경우"라고 하는 일반조항만을 두고 있어 보전의 필요성은 결국 법원의 재량 판단에 맡기고 있다.[22]

현저한 손해는 본안판결의 확정까지 기다리게 하는 것이 가혹하다고 생각될 정도의 불이익 또는 고통을 말하고,[23] 이는 직접 및 간접의 재산적 손해뿐만 아니라 명예, 신용 그 밖의 정신적인 손해와 공익적인 손해[24]를 포함한다. 또한 급박한 위험은 현재의 권리관계를 곤란하게 하거나 무익하게 할 정도의 강박·폭행을

---

20) 이우재, 전게서(상), 761면.
21) 대법원 1997. 10. 27. 자 97마2269 결정, 대법원 2001. 1. 16. 선고 2000다45020 판결.
22) 보전소송, 사법연수원, 2018. 41면~42면.
23) 대법원 2003. 5. 17. 자 2003마543 결정.
24) 대법원 1967. 7. 4. 자 67마424 결정.

말한다.[25)

나. 판단 기준

대법원은 "임시의 지위를 정하는 가처분을 필요로 하는지의 여부는 당해 가처분신청의 인용 여부에 따른 당사자 쌍방의 이해득실관계, 본안소송에 있어서의 장래의 승패의 예상, 기타의 제반 사정을 고려하여 법원의 재량에 따라 합목적적으로 결정하여야 할 것이며, 단체의 대표자 선임결의의 하자를 원인으로 하는 가처분신청에 있어서는 장차 신청인이 본안에 승소하여 적법한 선임결의가 있을 경우, 피신청인이 다시 대표자로 선임될 개연성이 있는지의 여부도 가처분의 필요성 여부 판단에 참작하여야 한다"고 판시하였다.[26)

4. 가처분결정의 대세적 효력과 조합장의 법률행위의 효력

상법[27)과 같은 법률에서 본안소송의 대세적 효력을 인정하는 명문 규정이 있는 경우가 아닌 도시정비법상 조합의 경우에도 직무집행정지가처분에 대세적 효력을 인정할지 있을지 논의가 있는 것으로 보인다.[28) 생각건대, 조합임원에 대한 직무집행정지가처분 결정의 실효성 내지 특유한 성격과 실무에서 가처분결정을 사실상 대세적 효력으로 받아들이고 있는 현실적 상황 등을 감안할 때, 대세적 효력을 인정할 필요성이 있지 않을까 생각된다.

대법원은 주식회사에 관한 사안에서, ① 대표이사의 직무집행정지 및 직무대행자선임의 가처분이 이루어진 이상, 그 후 대표이사가 해임되고 새로운 대표이사가 선임되었다 하더라도 가처분결정이 취소되지 아니하는 한 위 가처분은 그 성질상 당사자 사이에서 뿐만 아니라 제3자에게도 효력이 미치므로, 새로이 선임된 대표이사가 위 가처분에 위반하여 회사 대표자의 자격에서 한 법률행위는 결국 제3

---

25) 주석 민사집행법, 한국사법행정학회, 2018. 10. 673면.

26) 대법원 1997. 10. 14. 자 97마1473 결정, 대법원 2007. 1. 25. 선고 2005다11626 판결.

27) 상법 제190조, 제376조, 제380조, 제381조.

28) 민법상 사단법인이나 도시정비법상 조합의 경우 가처분결정의 대세효를 인정할 명문의 규정이 없어 부정하는 견해로, 이우재, 전게서(상), 770면 참조.

자에 대한 관계에서도 무효이고 이때 위 가처분에 위반하여 대표권 없는 대표이사
와 법률행위를 한 거래 상대방은 자신이 선의였음을 들어 위 법률행위의 유효를
주장할 수는 없고,29) ② 법원의 직무집행정지 가처분결정에 의해 회사를 대표할
권한이 정지된 대표이사가 그 정지기간 중에 체결한 계약은 절대적으로 무효이고,
그 후 가처분신청의 취하에 의하여 보전집행이 취소되었다 하더라도 집행의 효력
은 장래를 향하여 소멸할 뿐 소급적으로 소멸하는 것은 아니라 할 것이므로, 가처
분신청이 취하되었다 하여 무효인 계약이 유효하게 되지는 않는다고30) 판시한 바
있다.

5. 선임된 직무대행자의 직무권한

가. 통상사무

선임된 직무대행자는 가처분결정에 다른 정함이 있는 경우 외에는 법원의 허
가가 없는 한 조합의 통상사무에 속하는 행위만을 할 수 있다(민법 제60조의 2 제1
항).

대법원도 "구 도시정비법 제27조(현 제49조)는 조합에 관하여는 위 법에 규정
된 것을 제외하고는 민법 중 사단법인에 관한 규정을 준용하도록 하고 있으므로,
민법 제52조의2가 준용되어 법원은 가처분명령에 의하여 조합임원의 직무대행자
를 선임할 수 있는데, 민법 제60조의2 제1항은 제52조의2의 직무대행자는 가처분
명령에 다른 정함이 있는 경우 외에는 법인의 통상사무에 속하지 아니한 행위를
하지 못한다. 다만, 법원의 허가를 얻은 경우에는 그러하지 아니하다고 규정하고
있으므로, 법원의 가처분명령에 의하여 선임된 조합임원 직무대행자는 조합을 종
전과 같이 그대로 유지하면서 관리하는 것과 같은 조합의 통상사무에 속하는 행위
를 할 수 있다"고 판시하였다.31)

---

29) 대법원 1992. 5. 12. 선고 92다5638 판결, 대법원 2014. 3. 27. 선고 2013다39551 판결.
30) 대법원 2008. 5. 29. 선고 2008다4537 판결.
31) 대법원 2005. 1. 29. 자 2004그113 결정, 대법원 2017. 6. 15. 선고 2017도2532 판결 등.

여기서 통상사무란 조합을 종전과 같이 그대로 유지하면서 관리하는 것을 말하는데, 관련 판례를 살펴보면, ① 재단법인에서 재단법인의 근간인 이사회의 구성 자체를 변경하는 것은 통상사무에 속하지 않고,[32] ② 상법상 회사의 상무라 함은 일반적으로 회사에서 일상 행해져야 하는 사무, 회사가 영업을 계속함에 있어서 통상 행하는 영업범위 내의 사무 또는 회사경영에 중요한 영향을 주지 않는 통상의 업무 등을 의미하고, 어느 행위가 구체적으로 이 상무에 속하는가 하는 것은 당해 회사의 기구, 업무의 종류·성질, 기타 제반 사정을 고려하여 객관적으로 판단되어야 할 것인바, 직무대행자가 정기주주총회를 소집함에 있어서도 그 안건에 이사회의 구성 자체를 변경하는 행위나 상법 제374조의 특별결의사항에 해당하는 행위 등 회사의 경영 및 지배에 영향을 미칠 수 있는 것은 회사의 통상업무에 속하지 아니한 행위이며,[33] ③ 재건축조합이 이주를 거부하는 사업구역 아파트 소유자 등과 사이에 아파트를 감정가에 의하여 매수하기로 한 합의는 조합장 직무대행자가 할 수 있는 통상사무라고 본 바 있다.[34]

만일 직무대행자가 법원의 허가 없이 통상사무 외의 행위를 한 경우에도 조합은 선의의 제3자에 대하여 책임을 진다(민법 제60조의2 제2항).

아울러 대법원은 "직무대행자를 선임한 가처분이 있는 경우, 그 직무대행자의 권한은 특별한 사정이 없는 한 통상의 사무로 제한되더라도 그 재건축조합의 총회 자체의 권한마저 통상의 사무로 제한되는 것은 아니므로 가처분에 의하여 직무집행이 정지된 조합장을 선출한 종전의 조합총회 결의에 대하여 소집절차상의 하자를 이유로 그 무효확인을 구하는 본안소송이 진행중이더라도 이후의 총회에서 종전과 같은 내용의 결의를 하여 사실상 종전의 결의를 추인하는 것이 금지되는 것은 아니라 할 것인바, 직무대행자가 정관에서 정한 요건인 전체 조합원의 1/3 이상 조합원들로부터 직무집행이 정지된 조합장을 선출한 종전 총회의 결의를 추인할 것을 안건으로 하는 임시조합총회의 소집을 요구받고 임시조합총회의

---

32) 대법원 2000. 2. 11. 선고 99두2949 판결, 대법원 2006. 1. 26. 선고 2003다36225 판결 등.
33) 대법원 2007. 6. 28. 선고 2006다62362 판결.
34) 대법원 2000. 2. 22. 선고 99다62890 판결.

소집허가신청을 한 것에 대해 소집허가결정을 한 것은 정당하다"고 판시하였다.[35]

나. 직무대행자 선임 후 재선임된 종전 임원의 권한 유무

대법원은 조합장에 대하여 직무집행을 정지하고 직무대행자를 선임하는 가처분결정이 있은 후 그 직무대행자에 의하여 소집된 임시총회에서 직무집행이 정지된 종전 조합장이 다시 조합장으로 선임되었다 하더라도, 위 가처분결정이 취소되지 아니한 이상 직무대행자만이 적법하게 조합을 대표할 수 있고, 다시 조합장으로 선임된 종전 조합장은 그 선임결의의 적법 여부에 관계없이 대표권을 가지지 못한다는 태도인바,[36] 이러한 점을 유의해야 한다.

다만, 이 경우에는 가처분에 의하여 직무집행이 정지되었던 종전 대표자는 사정변경을 이유로 가처분의 취소신청을 할 수 있고, 이에 의하여 직무대행자의 권한을 소멸시킬 수 있다.[37]

---

35) 대법원 2005. 1. 29. 자 2004그113 결정.
36) 대법원 2000. 2. 22. 선고 99다62890 판결.
37) 대법원 1995. 3. 10. 선고 94다56708 판결, 대법원 1997. 9. 9. 선고 97다12167 판결.

제44조(총회의 소집)

① 조합에는 조합원으로 구성되는 총회를 둔다.

② 총회는 조합장이 직권으로 소집하거나 조합원 5분의 1 이상(정관의 기재사항 중 제40조제1항제6호에 따른 조합임원의 권리·의무·보수·선임방법·변경 및 해임에 관한 사항을 변경하기 위한 총회의 경우는 10분의 1 이상으로 한다) 또는 대의원 3분의 2 이상의 요구로 조합장이 소집한다.

③ 제2항에도 불구하고 조합임원의 사임, 해임 또는 임기만료 후 6개월 이상 조합임원이 선임되지 아니한 경우에는 시장·군수등이 조합임원 선출을 위한 총회를 소집할 수 있다.

④ 제2항 및 제3항에 따라 총회를 소집하려는 자는 총회가 개최되기 7일 전까지 회의목적·안건·일시 및 장소를 정하여 조합원에게 통지하여야 한다.

⑤ 총회의 소집 절차·시기 등에 필요한 사항은 정관으로 정한다.

Ⅰ. 서설

1. 총회의 의의

총회는 전 조합원으로 구성되는 조합의 의사결정기관으로(법 제44조 제1항), 정관의 변경, 자금의 차입, 시공자의 선정, 임원의 선임 및 해임 등 조합에 관한 중요한 사항을 결정하는 최고 의결기관이며, 반드시 설치되어야 하는 필수기관이다.

2. 총회의 권한

총회는 법률 또는 정관으로 총회의 의결사항으로 정한 것은 반드시 총회에서 의결을 하여야 한다. 아울러 총회는 정관으로 조합장 기타 임원에게 위임한 사항 외에는 조합의 업무에 관한 사항을 결의할 수 있다(민법 제68조). 이렇게 총회에서 의결을 하도록 한 이유는 조합임원의 전횡을 방지하고 조합이 전체 조합원의 의사에 따라 합리적으로 운영될 수 있도록 하고, 조합원 간의 불신 및 분쟁 등 문제점을 해소하기 위함이다.[1] 다만, 강행규정에 위반하는 사항,[2] 사회질서에 반하는 사항, 기타 조합의 본질에 반하는 사항을 결의할 권한은 없다고 할 것이다.[3]

3. 총회의 분류

가. 정기총회와 임시총회

도시정비법은 총회의 종류를 명시하고 있지 않으나, 통상 총회는 매년 1회 이상 일정한 시기에 개최되는 정기총회와 필요가 있을 경우 수시로 개최되는 임시총회가 있다. 표준정관 제20조 제2항도 위와 같이 정기총회와 임시총회로 구분하고 있다.

나. 창립총회의 성격

창립총회도 총회의 종류로 볼 수 있는지에 관해 실무 견해는 대체로 창립총회 역시 총회의 종류로 구분하고 있는 것으로 보인다.[4]

그러나 대법원은 조합설립인가처분은 단순히 사인들의 조합설립행위에 대한 보충행위의 성질을 갖는 것이 아니라, 구 도시정비법상 정비사업을 시행할 수 있는 권한을 갖는 행정주체(공법인)의 지위를 부여하는 일종의 설권적 처분의 성격을 가지므로, 조합설립인가처분을 받아 설립등기를 마치기 전에 개최된 창립총회에서 이루어진 결의는 주택재개발사업조합의 결의가 아니라 주민총회 또는 토지등소유자 총회의 결의에 불과하다는 취지로 판단한바 있다.[5]

---

1) 이우재, 전게서(상), 783면.
2) 대법원 1999. 3. 9. 선고 98다60118 판결(총회에서 재건축사업에 반대한 조합원들에게 아파트 추첨권을 주지 않기로 하는 결의와 아파트 배정에 있어 위 조합원들을 제외한 나머지 조합원들에 대하여 공개추첨에 의하지 않고 동, 층, 호수를 임의 선택하여 지정하도록 하는 결의는 강행법규인 주택건설촉진법과 주택공급에관한규칙 및 조합 정관에 위배하여 무효라고 본 사례).
3) 맹신균, 전게서, 392면.
4) 총회를 창립총회, 정기총회, 임시총회로 구분하는 견해로, 이우재, 전게서(상), 775면, 송현진·유동규, 전게서, 396면 등이 있다.
5) 대법원 2012. 4. 12. 선고 2010다10986 판결.

따라서 위 대법원의 태도에 따른다면 도시정비법이나 정관으로 정한 총회의 의결사항은 창립총회가 아닌 조합설립 후 정기총회나 임시총회에서만 처리해야 한다.

Ⅱ. 총회의 소집

1. 소집권자

가. 조합장

법 제44조 제2항은 총회는 조합장이 직권으로 소집할 수 있음을 규정하고 있는바, 총회는 정기총회, 임시총회를 불문하고 원칙적으로 조합장이 소집권자이다.[6] 표준정관 제20조 제2항 역시 조합장이 소집권자임을 규정하고 있다.

또한 조합장은 조합원 5분의 1 이상(정관의 기재사항 중 법 제40조 제1항 제6호에 따른 조합임원의 권리·의무·보수·선임방법·변경 및 해임에 관한 사항을 변경하기 위한 총회의 경우는 10분의 1 이상[7]) 또는 대의원 3분의 2 이상의 요구가 있을 경우 임시총회를 소집해야 한다.

나. 조합장의 소집 관련 쟁점

(1) 이사회 사전 의결 여부

조합장이 이사회 사전 의결 없이 총회를 소집할 경우의 절차상 중대한 하자인지 여부에 관하여 하급심 판결은 나뉘고 있으나,[8] ① 법 제44조 제5항은 총회

---

6) 이우재, 전게서(상), 776면(조합장은 조합의 사무집행시 선관주의의무가 있으므로 총회의 소집이 필요한 경우 그 의무의 이행으로서 당연히 총회를 소집할 의무를 진다).

7) 2019. 4. 23. 법률 제16383호의 일부개정시, 조합임원의 권리·의무·보수·선임방법·변경 및 해임에 관한 정관의 기재사항을 변경하기 위한 총회는 조합원의 권익을 보호하기 위하여 조합 10분의 1 이상의 요구로 소집할 수 있도록 소집요건을 완화되었다.

8) 이에 관한 하급심 판결을 보면, ① 이사회 결의가 없었거나 이사회 결의에 하자가 있을 경우 총회 결의에 중대한 하자 혹은 총회 결의가 무효라는 하급심 판결로, 서울고등법원 2013. 5.

의 소집 절차·시기 등에 필요한 사항은 정관으로 정하도록 되어 있고, 표준정관 제20조 제6항은 총회를 개최하거나 일시를 변경하는 경우에는 총회의 목적·안건· 일시·장소·변경사유 등에 관하여 미리 이사회의 의결을 거쳐야 한다고 규정하고 있는 점, ② 총회 개최 관련하여 조합장을 견제, 감독하는 이사회의 권한이 부당 하게 박탈될 수 있는 점, ③ 법률 및 정관에 규정된 절차를 충실히 준수하도록 함 으로써 내부의 분쟁을 미연에 방지할 필요성이 있는 점 등을 고려하면, 조합장이 이사회 의결 없이 독단적으로 총회를 소집할 경우에는 총회결의의 절차상 하자로 결의무효의 원인이 될 수 있다고 생각된다.

(2) 대의원회 사전 심의 여부

표준정관 제25조 제1항 제3호는 '총회 부의안건의 사전심의'를 대의원회 의 결사항으로 규정하고 있으므로 조합장이 대의원회 사전심의 없이 이사회 의결만 으로 총회를 소집할 경우 위 총회결의는 효력(결의무효의 원인) 여부가 문제될 수 있다.

이에 관하여 하급심 판결은 ① 대의원회의 심의가 없음을 이유로 총회결의의 하자를 인정하거나 총회개최금지가처분신청을 인용한 사례가 있는 반면,[9] ② 표 준정관 규정이 총회 상정 안건에 대하여 대의원회 사전 심의를 의무적으로 받아야 한다고 해석하기 어렵고, 총회 상정 안건은 결국 총회에서 조합원들의 의사에 따 라 가부가 결정될 것이므로 안건에 관하여 대의원회 사전 심의를 거치지 않은 사 유가 총회 개최 자체를 금지할 중대한 절차 위반에 해당한다고 보기 어려워 총회

---

9. 자 2012라749 결정, 서울북부지방법원 2011. 12. 22. 선고 2011가합6643 판결, 서울북부지 방법원 2013. 4. 1. 자 2013카합217 결정, 서울북부지방법원 2013. 9. 26. 자 2013카합723 결 정, 수원지방법원 안양지원 2017. 3. 24. 자 2017카합10031 결정 등과 참고로 구 도시재개발 법 사례에서 적법한 이사회의 결의 없이 소집된 총회는 정관의 규정에 위배된 중대한 하자가 있으므로 총회 결의는 무효라고 판단한 대법원 판결(대법원 2004. 7. 22. 선고 2004다13694 판결)이 있고, ② 반면에 총회 결의의 중대한 하자가 아니라는 하급심 판결로, 서울고등법원 2007. 6. 7. 선고 2006나38842 판결, 수원지방법원 2006. 3. 31. 선고 2005가합9596 판결 등이 있다.

9) 인천지방법원 부천지원 2011. 12. 1. 자 2011카합1009 결정, 서울남부지방법원 2015. 8. 17. 자 2015카합20269 결정 등.

개최금지가처분신청을 기각한 사례[10]가 있다.

생각건대, 우선 표준정관 제20조 제6항은 총회의 안건에 대한 이사회의 사전 의결 의무를 규정하고 있는 반면, 제25조 제1항 제3호의 총회 부의 안건 사전 심의는 문언규정상 대의원회가 안건의 적정성을 심사할 수 있는 권한을 규정한 것으로 해석될 수 있는 점, 대의원회 심의는 단체 내부의 의사결정과정에 불과한 점, 최고의사결정기관인 총회의 성격상 총회의 결의는 모든 조합원을 구속하는데, 총회가 대의원회가 사전심의한 안건에 대해서만 의결할 수 있다고 보기도 어려운 점 등에 비추어, 조합장이 대의원회의 사전심의 없이 총회를 소집할 경우에도 절차상 하자로 볼 수는 있으나 그 하자가 총회결의무효의 원인이 되는 중대한 하자에 해당한다고 보기는 어려울 것으로 판단된다.

(3) 공동대표 조합장의 단독 소집 총회의 효력

도시정비법상 소집권자인 조합장은 1명이므로 공동 조합장은 상정하기 어려우나, 대법원은 구 주택건설촉진법상 재건축주택조합 사안에서, 총회의 소집권자인 공동대표 중의 1인이 나머지 공동대표자와 공동하지 않은 채 단독으로 총회를 소집하였다 하더라도 특단의 사정이 없는 한 그 총회의 결의가 부존재라거나 무효라고 할 정도의 중대한 하자라고 볼 수는 없다고 한다.[11]

(4) 무권한자가 적법한 소집권자의 동의를 받아 소집한 총회의 효력

대법원은 비법인사단(종중)에 관한 사례에서, 적법한 총회 소집권한이 없는 자라고 하더라도 적법한 소집권자의 동의를 받아 총회를 소집하였다면 소집권한 없는 자가 소집한 총회로 볼 수 없다고 일관되게 판단하고 있다.[12]

---

10) 서울북부지방법원 2012. 5. 18. 자 2012카합359 결정, 수원지방법원 안양지원 2013. 5. 23. 자 2013카합55 결정, 서울서부지방법원 2015. 8. 28. 자 2015카합50399 등.

11) 대법원 1999. 6. 25. 선고 99다10363 판결(2개의 재건축추진위원회가 통합되면서 그의 대표자도 각 추진위원회의 위원장이 공동대표자로 있던 중 조합설립인가에서의 명의상 조합장이던 1인에 의하여 임시총회가 단독소집된 사례).

12) 대법원 2002. 5. 14. 선고 2000다42908 판결, 대법원 2005. 7. 15. 선고 2003다61689 판결 등.

다. 소수조합원 또는 대의원의 소집

(1) 제도의 취지

소수조합원 또는 대의원에게 총회 소집요구권을 인정한 취지는 조합장이 총회를 소집해야 함에도 임의로 소집하지 아니하는 경우에 일정 비율 이상의 조합원, 대의원에게 총회 소집청구권을 부여함으로써 조합의 손해를 방지하고 다수결의 남용을 방지하여 소수조합원의 권익을 보호하고자 함에 있다.[13] 유의할 점은 이는 총회 소집을 '요구(청구)'할 권리이고, 총회를 '소집'할 권리는 아니라는 점이다.

(2) 소집요구의 방식

소수조합원(조합원 5분의 1 이상)의 또는 대의원(3분의 2 이상)이 조합장에게 총회의 목적사항을 기재하여 소집을 요구해야 한다고 본다. 이는 민법의 관련 규정[14] 및 표준정관 제20조 제4항 제1호 역시 소수조합원은 회의의 목적사항을 기재하여 총회 소집을 청구하도록 하고 있기 때문이다.

이 경우 조합장은 소수조합원의 소집요구에 대하여 요구 이유의 실질적인 정당성을 이유로 소집을 거절할 수 있는 것은 아니라고 본다.[15]

(3) 법원의 임시총회 소집허가 절차

(가) 문제점

만일 소수조합원 등의 정당한 총회 소집의 요구에 대하여 조합장이 총회를 소집하지 아니할 경우 소수조합원이 그에 대한 향후 절차를 진행할 수 없다면 소

---

13) 이우재, 전게서(상), 777면.
14) 제70조(임시총회)
　② 총사원의 5분의 1 이상으로부터 회의의 목적사항을 제시하여 청구한 때에는 이사는 임시총회를 소집하여야 한다. 이 정수는 정관으로 증감할 수 있다.
　③ 전항의 청구있는 후 2주간내에 이사가 총회 소집의 절차를 밟지 아니한 때에는 청구한 사원은 법원의 허가를 얻어 이를 소집할 수 있다
15) 이우재, 전게서(상), 779면, 주석 민법 총칙(1), 714면.

수조합원 등에게 총회 소집청구권을 부여할 실익이 없다. 이 경우 민법 제70조 제3항에 의한 임시총회 소집허가 절차를 적용할 수 있을지 문제된다.

(나) 임시총회 소집허가 신청

도시정비법은 도시정비법에 규정된 사항을 제외하고는 민법 중 사단법인에 관한 규정을 준용하므로 이에 의하면 조합도 소수조합원이 조합장에게 총회의 소집을 요구하였음에도 조합장이 그 요구가 있은 후 '2주간 이내'에 총회 소집절차를 밟지 아니한 경우에 소수조합원이 직접 법원에 총회 소집허가를 신청할 수 있다.

(다) 소집허가 신청의 심리

임시총회 소집허가신청에 대한 재판절차는 비송사건절차법 제34조에 의하게 되고, 소수조합원의 소집허가신청시 선정당사자가 아닌 소수조합원 전원이 신청해야 한다. 그 이유는 대법원은 비송사건의 경우에는 선정당사자에 관한 민사소송법 제53조의 규정이 준용되거나 유추적용되지 않는다고 보기 때문이다.[16] 또한 총회 소집을 허가한 결정에 대해서는 불복의 신청을 할 수 없다(비송사건절차법 제34조 제2항, 제81조 제2항[17]).

(4) 표준정관에 의한 총회 소집절차

(가) 문제점

표준정관 제20조 제5항에 따르면 소수조합원 또는 대의원의 총회 소집청구가 있음에도 불구하고 조합장이 정당한 이유없이 '2개월 이내'에 총회를 소집하지 아니한 경우 감사가 지체 없이 총회를 소집하여야 하고, 감사가 소집하지 아니한다

---

16) 대법원 1990. 12. 7. 자 90마674, 90마카11 결정(비송사건절차법 제5조, 제8조, 제10조, 제24조, 제30조 등 관계법령들의 규정 내용에 비추어 보면, 선정당사자에 관한 민사소송법 제49조의 규정은 비송사건절차법이 적용되는 비송사건에는 준용되거나 유추적용되지 않는다. 따라서 조합 임시총회 소집허가신청을 위하여 선정당사자를 선정하였다고 하여도 동 선정당사자는 동 신청을 할 수 있는 선정당사자가 아니다).

17) 비송사건절차법
   제34조(임시총회 소집 사건에 관한 관할)
      ② 민법 제70조 제3항에 따른 임시총회 소집의 허가신청과 그 사건의 재판에 관하여는 제80조 및 제81조를 각각 준용한다.
   제81조(업무·재산상태의 검사 등의 신청에 대한 재판)
      ② 신청을 인용한 재판에 대하여는 불복신청을 할 수 없다.

면 총회 소집을 청구한 자의 공동명의로 총회를 소집할 수 있다. 그런데 위 표준정관 규정이 법원의 허가를 얻지 아니하고 소집을 청구한 자가 직접 소집을 할 수 있는 조항인지 해석상 논의가 있다.

(나) 법원의 소집허가 요부

실무 해석상 대체로 위 표준정관 규정의 유효성을 긍정하고 있는 점, 위 표준정관은 민법 제70조 제3항의 문언과 달리 소수조합원 등의 소집 청구가 있음에도 조합장, 감사가 총회를 소집하지 않은 경우 소수조합원 등이 직접 소집할 수 있음을 규정하고 있는 점, 법원의 허가에 의한 소집절차와 표준정관에 의한 소집절차는 요건과 절차가 다른 점 등에 비추어 보면, 표준정관에 의한 총회 소집절차에서는 법원의 허가를 요하지 아니하고, 두 제도는 각 절차가 중복하여 별개로 적용되는 것으로 판단된다.

따라서 소수조합원은 ① 총회 소집청구일로부터 조합장이 2주간 이내에 총회를 소집하지 않는다면 법원의 허가를 받아 총회를 소집할 수 있고, ② 만일 총회 소집청구일로부터 2개월이 경과하였고 감사도 지체없이 총회를 소집하지 아니한 경우에는 법원의 허가 없이 소수조합원 공동명의로 직접 총회를 소집할 수 있다고 할 것이다. 이 경우 이사회 의결은 필요 없고(표준정관 제20조 제6항 단서), 대의원회 심의 역시 필요없다고 본다.

라. 감사 및 시장·군수등의 소집

표준정관 제20조 제4항, 제5항에 따르면 소수조합원 등이 총회 소집청구가 있음에도 불구하고 조합장이 정당한 이유 없이 2개월 간 총회를 소집하지 않는 경우에는 감사가 지체 없이 총회를 소집하여야 한다.

아울러 표준정관 제16조 제4항에 따르면, 감사는 조합의 재산관리 또는 조합의 업무집행이 공정하지 못하거나 부정이 있음을 발견하였을 때에는 대의원회 또는 총회에 보고하여야 하며, 조합장은 보고를 위한 대의원회 또는 총회를 소집하여야 한다. 이 경우 감사의 요구에도 불구하고 조합장이 대의원회 또는 총회를 소집하지 아니하는 경우에는 감사가 직접 대의원회를 소집할 수 있으며 대의원회 의결로 총회를 소집할 수 있다.

조합임원의 사임, 해임 또는 임기만료 후 6개월 이상 조합임원이 선임되지 아니한 경우 시장·군수등이 조합임원의 선출을 위한 총회를 소집할 수 있다(법 제44조 제3항). 시장·군수등은 임원의 선출에 관한 총회 소집권이 있고, 해임 혹은 일반 안건들에 대한 총회 소집권은 없다.

2. 소집절차

가. 소집절차 관련 쟁점

(1) 총회소집의 게시, 통지기간 및 형식

법 제44조 제4항은 총회를 소집하려는 자는 총회가 개최되기 '7일 전'까지 회의 목적·안건·일시 및 장소를 정하여 조합원에게 통지하여야 함을, 제5항은 총회의 소집 절차·시기 등에 필요한 사항은 정관으로 정하도록 규정하고 있다. 표준정관은 총회를 소집하는 경우 회의개최 14일 전부터 회의 목적·안건·일시 및 장소 등을 게시판에 게시하여야 하며 각 조합원에게는 회의개최 7일 전까지 등기우편으로 이를 발송, 통지하여야 함을 규정하고 있다(표준정관 제20조 제7항).

한편 민법 제71조도 총회 소집은 1주간 전에 그 회의의 목적사항을 기재한 통지를 발하고 기타 정관에 정한 방법에 의하여야 한다고 유사하게 규정하고 있다.

여기서 총회 소집통지는 '서면'에 의하여야 함을 알 수 있고, '개최되기 7일 전(前)'이란 그 문언상 '총회 개최일을 포함하여 그 날로부터 역산하여 7일이 되는 날의 전날'에 발송되어야 함을 의미한다고 해석되고 있다.[18]

아울러 위 7일의 통지기간은 조합원의 안건에 대한 충분한 검토, 총회 참석

---

18) 대법원 1995. 11. 7. 선고 94다24794 판결, 이우재, 전게서(상), 782면.

여부 및 찬반에 관한 의견결정을 위한 의결권 행사를 보장하기 위한 것이므로, 정관으로 늘릴 수는 있으나 단축할 수는 없다고 해석된다.

(2) 소집통지의 방법(발신주의)

도시정비법, 민법 및 표준정관의 규정상 소집통지는 발신주의가 적용된다. 따라서 조합원 중 일부가 주소불명, 이사 등 그의 귀책사유로 소집통지를 받지 못하였더라도 소집권자가 총회 개최 7일 전까지 발송하면 소집통지절차를 준수한 것이 된다고 본다.

(3) 소집통지의 내용

(가) 의미

소집의 통지에는 회의 목적·안건·일시 및 장소가 기재되어 있어야 한다. 회의의 목적사항은 안건(의안), 보고사항 등이 포함되므로 안건보다 넓은 의미라고 볼 수 있는데, 그 중 가장 중요한 것은 무엇보다 의결사항인 안건이라고 할 수 있다.

(나) 기재의 정도

소집통지에 회의의 목적과 안건을 기재하도록 규정한 취지는 조합원으로 하여금 총회의 의결사항을 파악하여 총회 참석 여부 및 찬반에 관한 의견결정을 위한 의결권 행사를 미리 준비하게 하는데 있다.[19]

따라서 소집통지시 회의의 목적사항, 안건의 기재가 중요한데, 다만 이러한 회의의 안건은 당해 총회의 의안이 무엇인지 조합원이 알기에 족한 정도로 구체적으로 기재하면 된다는 것이 대법원의 태도이다.[20] 예를 들어, '임원 해임의 건'이라고만 기재할 경우에는 조합원들이 안건이 무엇인지 알기에 불충분하므로, '임원 ○○○ 해임의 건'으로 구체적으로 기재해야 한다.

(다) '기타 사항'에 대한 의결

총회 소집통지를 할 때 소집통지서에 회의의 목적사항 또는 안건을 열거한

---

19) 대법원 1993. 10. 12. 선고 92다50799 판결.
20) 대법원 1993. 10. 12. 선고 92다50799 판결, 대법원 2013. 2. 14. 선고 2010다102403 판결.

다음 '기타 사항'이라고 기재하는 경우가 있는데, 이러한 경우 총회에서 과연 어느 안건까지 처리할 수 있을지 실무상 문제된다.

대법원은 재건축조합이 총회 소집통지를 함에 있어서 회의의 목적사항을 열거한 다음 '기타 사항'이라고 기재한 경우, 총회 소집통지에는 회의의 목적사항을 기재토록 한 민법 제71조 등 법규정의 입법취지에 비추어 볼 때, '기타 사항'이란 회의의 기본적인 목적사항과 관계가 되는 사항과 일상적인 운영을 위하여 필요한 사항에 국한되고,21) 만일 소집통지에 목적 사항으로 기재하지 않은 사항에 관하여 결의한 때에는 구성원 전원이 회의에 참석하여 그 사항에 관하여 의결한 경우가 아닌 한 그 결의는 무효라고 보고 있다.22)

(라) 소집통지서 기재 외 안건의 의결

민법 제72조 및 표준정관 제20조 제8항에 의하면 소집통지서에 기재된 안건에 대해서만 총회에서 의결할 수 있음을 알 수 있다. 만약 소집통지서에 기재된 안건 외의 안건을 의결하게 되면 그 총회는 하자 있는 총회라고 할 것이다.23)

(4) 소집의 철회·연기 등

대법원은 "총회의 소집통지 후 소집된 총회가 개최되기 전에 당초 그 총회의 소집이 필요하거나 가능하였던 기초 사정에 변경이 생겼을 경우에는, 특별한 사정이 없는 한 그 소집권자는 소집된 총회의 개최를 연기하거나 소집을 철회·취소할 수 있고, 총회의 소집을 철회·취소하는 경우에는 반드시 총회의 소집과 동일한 방식으로 그 철회·취소를 총회 구성원들에게 통지하여야 할 필요는 없고, 총회 구성원들에게 소집의 철회·취소결정이 있었음이 알려질 수 있는 적절한 조치가 취하여지는 것으로써 충분히 그 소집 철회·취소의 효력이 발생한다"고 보고 있다.24)

21) 대법원 1996. 10. 25. 선고 95다56866 판결.
22) 대법원 2013. 2. 14. 선고 2010다102403 판결.
23) 대법원 2006. 7. 4. 선고 2004다7408 판결, 대법원 2013. 2. 14. 선고 2010다102403 판결.
24) 대법원 2007. 4. 12. 선고 2006다77593 판결, 대법원 2011. 6. 24. 선고 2009다35033 판결(대표이사가 이사회결의를 거쳐 주주들에게 임시주주총회 소집통지서를 발송하였다가 다시 이를 철회하기로 하는 이사회결의를 거친 후 총회 개최장소 출입문에 총회 소집이 철회되었다는 취지의 공고문을 부착하고, 이사회에 참석하지 않은 주주들에게는 퀵서비스를 이용하여

나. 소집절차 하자와 총회의 효력

위와 같은 총회 소집함에 있어 그 소집절차를 준수하지 않은 경우 그 총회는 하자 있는 총회가 되는 것은 당연하다.

다만, 대법원은 소집절차의 하자가 있다고 일률적으로 총회의 효력을 부정하고 있는 것은 아니며, 조합원의 토의권 및 의결권의 적정한 행사가 방해되었는지 여부를 기준으로 판단하고 있는 것으로 보인다.

즉, 대법원은 "비법인사단의 총회의 소집통지가 정관에서 정한 유예기간보다 1, 2일 지연된 경우, 비법인사단의 총회개최에 일정의 유예기간을 두고 소집통지를 하도록 규정한 취지는 그 구성원의 토의권과 의결권의 행사를 보장하기 위한 것이므로 회원에 대한 소집통지가 단순히 법정기한을 1일이나 2일 지연하였을 뿐이고 회원들이 사전에 회의의 목적사항을 알고 있는 등의 사정이 있었다면 회원의 토의권 및 결의권의 적정한 행사는 방해되지 아니한 것이므로 이러한 경우에는 그 총회 결의는 유효하다"고 판시한 바 있다.[25] 여기서 사전에 총회의 목적사항을 알고 있는 등의 사정이란 소집통지 전부터 그 안건이 총회에서 논의될 것이라는 것을 미리 숙지하고 있었다는 것을 의미한다.[26]

총회 소집이 철회되었다는 내용의 소집철회통지서를 보내는 한편, 전보와 휴대전화로도 같은 취지의 통지를 한 경우 소집이 적법하게 철회되었다는 사례).
25) 대법원 1995. 11. 7. 선고 94다24794 판결, 대법원 1999. 6. 25. 선고 99다10363 판결.
26) 이우재, 전게서(상), 783면.

제45조(총회의 의결)

① 다음 각 호의 사항은 총회의 의결을 거쳐야 한다.

1. 정관의 변경(제40조제4항에 따른 경미한 사항의 변경은 이 법 또는 정관에서 총회의결사항으로 정한 경우로 한정한다)
2. 자금의 차입과 그 방법·이자율 및 상환방법
3. 정비사업비의 세부 항목별 사용계획이 포함된 예산안 및 예산의 사용내역
4. 예산으로 정한 사항 외에 조합원에게 부담이 되는 계약
5. 시공자·설계자 또는 감정평가업자(제74조제2항에 따라 시장·군수등이 선정·계약하는 감정평가업자는 제외한다)의 선정 및 변경. 다만, 감정평가업자 선정 및 변경은 총회의 의결을 거쳐 시장·군수등에게 위탁할 수 있다.
6. 정비사업전문관리업자의 선정 및 변경
7. 조합임원의 선임 및 해임
8. 정비사업비의 조합원별 분담내역
9. 제52조에 따른 사업시행계획서의 작성 및 변경(제50조제1항 본문에 따른 정비사업의 중지 또는 폐지에 관한 사항을 포함하며, 같은 항 단서에 따른 경미한 변경은 제외한다)
10. 제74조에 따른 관리처분계획의 수립 및 변경(제74조제1항 각 호 외의 부분 단서에 따른 경미한 변경은 제외한다)
11. 제89조에 따른 청산금의 징수·지급(분할징수·분할지급을 포함한다)과 조합 해산 시의 회계보고
12. 제93조에 따른 비용의 금액 및 징수방법
13. 그 밖에 조합원에게 경제적 부담을 주는 사항 등 주요한 사항을 결정하기 위하여 대통령령 또는 정관으로 정하는 사항

② 제1항 각 호의 사항 중 이 법 또는 정관에 따라 조합원의 동의가 필요한 사항은 총회에 상정하여야 한다.

③ 총회의 의결은 이 법 또는 정관에 다른 규정이 없으면 조합원 과반수의 출석과 출석 조합원의 과반수 찬성으로 한다.

④ 제1항제9호 및 제10호의 경우에는 조합원 과반수의 찬성으로 의결한다. 다만, 정비사업비가 100분의 10(생산자물가상승률분, 제73조에 따른 손실보상 금액은 제외한다) 이상 늘어나는 경우에는 조합원 3분의 2 이상의 찬성으로 의결하여야 한다.

⑤ 조합원은 서면으로 의결권을 행사하거나 다음 각 호의 어느 하나에 해당하는 경우

에는 대리인을 통하여 의결권을 행사할 수 있다. 서면으로 의결권을 행사하는 경우에는 정족수를 산정할 때에 출석한 것으로 본다.

    1. 조합원이 권한을 행사할 수 없어 배우자, 직계존비속 또는 형제자매 중에서 성년자를 대리인으로 정하여 위임장을 제출하는 경우

    2. 해외에 거주하는 조합원이 대리인을 지정하는 경우

    3. 법인인 토지등소유자가 대리인을 지정하는 경우. 이 경우 법인의 대리인은 조합임원 또는 대의원으로 선임될 수 있다.

⑥ 총회의 의결은 조합원의 100분의 10 이상이 직접 출석하여야 한다. 다만, 창립총회, 사업시행계획서의 작성 및 변경, 관리처분계획의 수립 및 변경을 의결하는 총회 등 대통령령으로 정하는 총회의 경우에는 조합원의 100분의 20 이상이 직접 출석하여야 한다.

⑦ 총회의 의결방법 등에 필요한 사항은 정관으로 정한다.

Ⅰ. 서설

1. 본조의 이해

도시정비법 및 정관에서 총회의 의결사항으로 정한 것은 반드시 총회의 의결을 거쳐야 한다. 이와 같이 조합의 최고의결기관인 총회의 의결사항을 규정한 취지에 관하여 대법원은 도시정비법이 일정한 사항에 관하여 총회의 의결을 거치도록 하고 이를 위반한 조합임원을 처벌하는 벌칙규정까지 둔 취지는 조합원들의 권리·의무에 직접적인 영향을 미치는 사항에 대하여 조합원들의 의사가 반영될 수 있도록 절차적 참여 기회를 보장하고 조합임원에 의한 전횡을 방지하기 위한 것이라고 판시한 바 있다.[1]

2. 총회 의결사항의 법적 성격

법 제45조 제1항 각 호의 총회 의결사항 중 이 법 또는 정관에 따라 조합원

---

[1] 대법원 2016. 10. 27. 선고 2016도138 판결, 대법원 2010. 6. 24. 선고 2009도14296 판결.

의 동의가 필요한 사항은 총회에 상정하여야 한다(법 제45조 제2항).

위 규정은 강행규정이므로 그에 관한 총회 결의가 없는 경우 무효라고 할 것이다. 대법원도 "계약체결의 요건을 규정하고 있는 강행법규에 위반한 계약은 무효이므로 그 경우에 계약상대방이 선의·무과실이더라도 민법 제107조의 비진의 표시의 법리 또는 표현대리 법리가 적용될 여지는 없으므로, 주택재건축조합의 대표자가 도시정비법에 정한 강행규정에 위반하여 적법한 총회의 결의 없이 계약을 체결한 경우에는 상대방이 그러한 법적 제한이 있다는 사실을 몰랐다거나 총회 결의가 유효하기 위한 정족수 또는 유효한 총회 결의가 있었는지에 관하여 잘못 알았더라도 계약이 무효임에는 변함이 없다"고 판시하였다.[2]

다만, 부득이한 사유로 총회의 (사전)의결이 이루어지지 못한 경우에 이를 보완하는 의미의 사후 추인 자체가 금지되는지 문제된다. 이에 대한 판단은 무효인 법률행위의 추인에 관한 판례를 통해 가부를 생각해 볼 수 있다. 즉 대법원은 무효인 법률행위의 추인은 묵시적으로 가능하나, 묵시적 추인은 조합원들이 추인결의에 따라 유효하게 되는 법률행위로 처하게 되는 법적 지위를 충분히 이해하고 그럼에도 진의에 기하여 그 행위의 결과가 자신들에게 귀속된다는 것을 승인했다고 볼 만한 사정이 있는 경우에 한하여 인정된다고 할 것이다.[3]

【판례연구】 도시 및 주거환경정비법의 적법한 총회의 결의를 거치지 아니한 계약의 효력(대법원 2016. 5. 12. 선고 2013다49381 판결 약정금등)

□ 판결요지

(1) 도시정비법에 의한 재건축조합의 정관은 재건축조합의 조직, 활동, 조합원의 권리의무관계 등 단체법적 법률관계를 규율하는 것으로서 공법인인 재건축조합과 조합원에 대하여 구속력을 가지는 자치법규이므로 이에 위반하는 활동은 원칙적으

---

2) 대법원 2013. 5. 23. 선고 2010다64112 판결, 대법원 2016. 5. 12. 선고 2013다49381 판결, 대법원 2008. 6. 12. 선고 2008다6298 판결.

3) 대법원 2014. 3. 27. 선고 2012다106607 판결, 진상욱, 강행법규 위반 재건축 용역계약에 대한 추인의 효력, 하우징헤럴드, 2019. 1. 16.

로 허용되지 않는다. 구 도시정비법은 '시공자 계약서에 포함될 내용'이 조합원의 비용분담 등에 큰 영향을 미치는 점을 고려하여 이를 정관에 포함시켜야 할 사항으로 규정하고 있고(제20조제1항제15호), 정관 기재사항의 변경을 위해서는 조합원의 3분의 2 이상의 동의를 받도록 규정하고 있다(제20조 제3항). 그러므로 '시공자와의 계약서에 포함될 내용'에 관한 안건을 총회에 상정하여 의결하는 경우 내용이 당초의 재건축결의시 채택한 조합원의 비용분담조건을 변경하는 것인 때에는 비록 직접적으로 정관 변경을 하는 결의가 아니더라도 실질적으로는 정관을 변경하는 결의이므로 의결 정족수는 정관 변경에 관한 규정인 구 도시정비법 제20조 제3항, 제1항 제15호의 규정을 유추적용하여 조합원의 3분의 2 이상의 동의를 요한다.

나아가 조합원의 비용분담 조건을 변경하는 안건에 대하여 특별다수의 동의요건을 요구함으로써 조합원의 이익을 보호하고 권리관계의 안정과 재건축사업의 원활한 진행을 도모하고자 하는 도시정비법 관련 규정의 취지에 비추어 보면, <u>재건축조합이 구 도시정비법의 유추적용에 따라 요구되는 조합원 3분의 2 이상의 동의를 거치지 아니하고 당초의 재건축결의시 채택한 조합원의 비용분담 조건을 변경하는 취지로 시공자와 계약을 체결한 경우 계약은 효력이 없다.</u>

(2) <u>계약체결의 요건을 규정하고 있는 강행법규에 위반한 계약은 무효이므로 그 경우에 계약상대방이 선의·무과실이더라도 민법 제107조의 비진의표시의 법리 또는 표현대리 법리가 적용될 여지는 없다.</u> 따라서 도시정비법에 의한 주택재건축조합의 대표자가 그 법에 정한 강행규정에 위반하여 적법한 총회의 결의 없이 계약을 체결한 경우에는 상대방이 그러한 법적 제한이 있다는 사실을 몰랐다거나 총회 결의가 유효하기 위한 정족수 또는 유효한 총회 결의가 있었는지에 관하여 잘못 알았더라도 계약이 무효임에는 변함이 없다. 또한 <u>총회 결의의 정족수에 관하여 강행규정에서 직접 규정하고 있지 않지만 강행규정이 유추적용되어 과반수보다 가중된 정족수에 의한 결의가 필요하다고 인정되는 경우에도 그 결의 없이 체결된 계약에 대하여 비진의표시 또는 표현대리의 법리가 유추적용될 수 없는 것은 마찬가지이다.</u>

□ **판결의 검토**

(1) 대상판결은 대법원 2009. 1. 30. 선고 2007다31884 판결이 판시한 내용인,

정관의 필요적 기재사항이자 엄격한 정관 변경 절차를 거쳐야 하는 '시공자와의 계약서에 포함될 내용'에 관한 안건을 총회에 상정하여 의결하는 경우, 그 계약서에 포함될 내용이 당초의 재건축결의시 채택한 조합원의 비용분담 조건을 변경하는 것인 때에는, 비록 그것이 정관 변경에 대한 절차가 아니라 할지라도 특별다수의 동의요건을 규정하여 조합원들의 이익을 보호하려는 구 도시정비법 규정을 유추적용하여 조합원의 3분의 2 이상의 동의를 요한다는 점을 다시 확인하고 있다.

(2) 또한 계약체결의 요건을 규정하고 있는 강행법규에 위반한 계약은 무효이므로 그 경우에 계약상대방이 선의·무과실이라 하더라도 민법 제107조의 비진의표시의 법리 또는 표현대리 법리가 적용될 여지는 없다고 하여 도시정비법 중 강행규정에 해당하는 규정 위반의 효력에 관하여 명확히 판시하였다.

(3) 아울러, 도시정비법이 총회 의결을 거치도록 한 사항은 조합원들의 권리·의무에 직접적인 영향을 미치는 사항에 대하여 조합원들의 의사가 반영될 수 있도록 절차적 보장을 하기 위한 것이므로 총회 의결사항에 대해 총회를 거치지 않을 경우 무효라고 할 것인데(대법원 2013. 5. 23. 선고 2010다64112 판결 등), 대상판결은 총회의 결의를 거쳤으나 '강행규정이 유추적용되어 가중된 정족수'에 의한 총회가 필요한 경우, 그 결의 없이 체결된 계약에도 총회 결의 없는 체결된 계약과 마찬가지로 계약상대방의 선의·무과실과 관계없이 무효라고 본 점에서도 의미가 있다.

3. 사전 의결 여부

총회 의결사항은 조합원들의 권리·의무에 직접적인 영향을 미치는 사항이어서 조합원들의 의사가 반영될 수 있도록 절차적 보장을 하기 위한 것이므로, 총회의 의결이란 사전 의결을 의미하는 것으로 보는 것이 원칙이라고 판단된다.

대법원도 사전 의결을 얻지 아니하여 도시정비법위반의 형사처벌이 문제된 사안에서, "총회 의결사항을 규정한 취지, 총회의 사전 의결 없이 계약이 체결되어 이행된 경우 원상회복이 어려울 뿐만 아니라 법률관계의 혼란을 초래하고 이러한 상황이 조합원들의 자유로운 의사결정에 방해가 될 수 있는 점 등에 비추어, 총회의 의결은 원칙적으로 사전 의결을 의미한다"고 판단하였다.[4] 다만, 대법원은 "도시정비사업의 성격상 조합이 추진하는 모든 업무의 구체적 내용을 총회에서 사전에 의결하기는 어려우므로, 도시정비법 규정 취지에 비추어 사전에 총회에서 추진하려는 계약의 목적과 내용, 그로 인하여 조합원들이 부담하게 될 부담의 정도를 개략적으로 밝히고 그에 관하여 총회의 의결을 거쳤다면 사전 의결을 거친 것으로 볼 수 있다"고 판단하고 있다.[5]

Ⅱ. 총회 의결사항

1. 정관의 변경(제1호)

정관의 변경은 조합원 과반수의 찬성으로 시장·군수의 인가를 받아야 하나, 정관 내용 중 법 제40조 제1항 제2호·제3호·제4호·제8호·제13호 또는 제16호의 경우에는 조합원 3분의 2 이상의 찬성이 필요하다(법 제40조 제3항) 다만, 대통령령이 정하는 경미한 사항의 변경은 이 법 또는 정관에서 총회 의결사항으로 정한 경우에 한하여 총회의 의결을 거친다(법 제45조 제1항 제1호).

2. 자금의 차입과 그 방법·이자율 및 상환방법(제2호)

조합은 정비사업을 위해 다액의 사업비가 필요한데, 이를 금융기관으로부터 자금을 차입하는 경우가 많다. 조합이 자금을 차입하면 결과적으로 조합원들이 그 금융비용 등을 부담하게 되므로 도시정비법은 자금의 차입과 그 방법, 이자율과 상환방법에 대해 총회의 의결을 거치도록 하고 있다.

---

4) 대법원 2010. 6. 24. 선고 2009도14296 판결, 대법원 2015. 9. 10. 선고 2015도9533 판결 등.
5) 대법원 2015. 9. 10. 선고 2015도9533 판결, 대법원 2018. 6. 15. 선고 2018도1202 판결 등.

3. 정비사업비의 세부 항목별 사용계획이 포함된 예산안 및 예산의 사용내역(제3호)6)

정비사업비는 공사비, 금융비용, 조합운영비, 각종 인허가비용, 제세공과금 등의 항목으로 구성되는데, 정비사업비의 올바른 집행을 위해서 조합에서 예산안을 작성하여 총회의 의결을 거친 뒤 확정된 예산안대로 실제 사용하고, 그 사용내역(결산보고서)을 작성하여 총회 보고안건으로 보고하도록 한 것이다.

4. 예산으로 정한 사항 외에 조합원에게 부담이 되는 계약(제4호)

가. 예산의 의의

본호의 규정취지는 예산으로 정한 사항 외에 조합원에게 부담이 되는 계약은 조합원들의 권리의무에 직접적인 영향을 미치는 사항이므로 조합원들의 의사가 반영될 수 있도록 절차적 보장을 하기 위함에 있다.

대법원은 "예산의 사전적 의미는 '국가나 단체에서 한 회계연도의 수입과 지출을 미리 셈하여 정한 계획'을 의미하고, 도시정비법에서 규정하는 예산이란 "조합의 정관에서 정한 1 회계연도의 수입·지출 계획"을 의미하며, 조합이 정비사업을 추진하는 과정에서 공사비 등 정비사업에 드는 비용인 정비사업비의 지출예정액에 관하여 사업비 예산이라는 명목으로 총회의 의결을 거친 적이 있다고 하더라도, 이러한 예산의 요건을 충족하지 아니하는 경우 이를 예산이라고 볼 수는 없다"는 태도이다.7)

나. 예산으로 정한 사항 외에 조합원에게 부담이 되는 계약의 의미

대법원은 "예산으로 정한 사항 외에 조합원의 부담이 될 계약이란 조합의 예산으로 정해진 항목과 범위를 벗어나서 돈을 지출을 하거나 채무를 짐으로써 조합원에게 비용에 대한 부담이 되는 계약을 의미하고,8) 조합이 당해 회계연도 이내에

---

6) 2019. 4. 23. 법률 제16383호로 개정되면서 '정비사업비의 사용'의 내용이 구체화되었다.
7) 대법원 2013. 5. 23. 선고 2010다64112 판결.

채무변제가 완료되는 지출항목이 예산에 책정되어 있지 않다면 비록 1 회계연도 이내에 채무의 효력이 발생하고 그 회계연도 내에 채무의 변제가 완료되는 것이라 하더라도 제4호에 따라 총회의 의결을 거쳐야 한다"고 판시한 바 있다.9)

또한 대법원은 "정비사업의 성격상 조합이 추진하는 모든 업무의 구체적 내용을 총회에서 사전에 의결하기 어렵다하더라도 위 법 규정 취지에 비추어 보면, 예산으로 정한 사항 외에 조합원의 부담이 될 계약을 체결하는 경우에는 사전에 총회에서 추진하려는 계약의 목적과 내용, 그로 인하여 조합원들이 부담하게 될 부담의 정도를 개략적으로 밝히고 그에 관하여 총회의 의결을 거쳐야 한다"고 판시하였다.10)

특히 대법원은 실무상 통상 자주 문제되는 "예비비" 지출과 관련하여, "① 2.의 의결을 거친 예산상 정해진 항목이 아닌 것을 위하여 조합예산을 지출하는 것은 그것이 정당한 예비비의 지출로 인정되지 않는 한 '예산으로 정한 사항 이외에 조합원의 부담이 될 계약'에 해당하므로 원칙적으로 2.의 의결을 거쳐야 할 것이고, ② 같은 취지에서 예비비 항목의 금원 지출의 경우에도 예산으로 정해진 범위를 벗어나는 지출이나 채무 부담 역시 '예산으로 정한 사항 이외에 조합원의 부담이 될 계약'에 해당하여 2.의 의결을 거쳐야 하는 것으로 해석하고, ③ 통상 예비비 항목의 예산으로 지출되어 온 업무에 대한 지출 내지 계약 체결이라고 하더라도 총회 의결 없이 예산으로 정해진 예비비의 범위를 벗어나서 집행할 수 있는 것은 아니므로, 조합의 예산으로 정해진 예비비 항목이 이미 모두 지출되어 소진된 상태에서 용역계약이 체결된 것이라면 이는 '예산으로 정한 사항 이외에 조합원의 부담이 될 계약'에 해당하여 2.를 거치지 아니한 이상 무효로 보아야 할 것"이라고 판단한 바 있다.11)

---

8) 대법원 2011. 4. 28. 선고 2010다105112 판결, 대법원 2013. 5. 23. 선고 2010다64112 판결.
9) 대법원 2008. 1. 10. 선고 2005도8426 판결.
10) 대법원 2010. 6. 24. 선고 2009도14296 판결.
11) 대법원 2011. 4. 28. 선고 2010다105112 판결.

5. 시공자·설계자 또는 감정평가업자의 선정 및 변경(제5호)

이에 관하여는 주로 시공사 선정 및 변경에 관한 법 제29조의 설명부분을 참조하기 바란다.

6. 정비사업전문관리업자의 선정 및 변경(제6호)

실무상 조합이 정비사업을 시행함에 있어서 경험이나 전문성이 부족한 경우가 많고, 이러한 경우를 대비하여 정비사업을 자문해 줄 업체가 필요하다. 이에 따라 도시정비법은 추진위원회가 정비사업전문관리업자를 선정할 수 있도록 규정하고 있다(법 제32조 제1항 제1호).

그런데 도시정비법은 정비사업전문관리업자의 선정이나 변경을 총회의 의결사항으로 하고 있는바, 이들의 관계 및 본호의 의미에 대하여 실무상 견해가 나뉘어져 있다.12)

생각건대, 논란의 여지는 많으나 도시정비법이 총회의 의결사항을 규정한 취지는 조합원들의 권리·의무에 직접적인 영향을 미치는 사항은 최고의결기관인 총회에서 조합원들의 의사가 반영될 수 있도록 절차적 보장을 하기 위한 것에 있는 점, 본호의 문언의 내용 등을 고려하면, 본호의 규정 취지는 비록 추진위원회가 정비사업전문관리업자를 선정하였다고 하더라도, 조합설립 이후에는 신규 선정 내지 기 선정된 정비사업전문관리업자를 변경하는 경우뿐만 아니라 기 선정된 정비사업전문관리업자를 유지하려는 경우에도 총회에서 다시 선정(재확인)해야 한다는 의미로 해석될 수 있다. 다만, 이에 관한 사항은 결국 법원의 명확한 판단이 있어야 할 것으로 보인다.

---

12) 실무상 정비사업전문관리업자의 선정이 추진위원회의 권한이므로 본호의 삭제를 주장하는 견해(법무법인 강산, 재개발·재건축 법률실무, 매일경제신문사, 2009, 356면), 추진위원회가 행한 업무와 관련된 법률관계를 재확인하는 의미로 보아야 한다는 견해(송현진·유동규, 전게서, 420면) 등이 있는 것으로 보인다.

한편 최근 법제처는 "추진위원회의 업무범위에 속하는 정비사업전문관리업자 선정의 의미"에 관하여, 법률의 입법 취지와 목적, 관련 규정과의 관계 등을 체계적으로 고려해 추진위원회가 정비사업전문관리업자를 선정하는 경우 정비사업전문관리업자의 업무범위는 추진위원회의 업무에 관한 것으로 한정되고, 추진위원회의 업무범위에 "조합의 업무범위에 속하는 업무를 정비사업전문관리업자에게 위탁하거나 그에 관하여 자문을 받기로 하는 것"은 포함되지 않는다고 해석한 바 있다.[13)

7. 조합임원의 선임 및 해임(제7호)

조합임원의 선임 및 해임은 조합업무를 집행하는 집행부에 관한 중요한 사항이므로, 조합원 전체의 의사 반영을 위해 총회의 의결사항으로 하고 있다.

8. 정비사업비의 조합원별 분담내역(제8호)

정비사업비의 조합원별 분담은 조합원들의 이해관계에 직접 영향을 미치는 사항이므로 총회의 의결사항으로 하고 있다.

9. 법 제52조에 따른 사업시행계획서의 작성 및 변경(제9호)

사업시행계획서의 작성 및 변경을 위한 총회는 조합원의 100분의 20 이상이 직접 출석해야 의사정족수가 충족되고, 의결정족수는 조합원 총수의 과반수의 찬성으로 의결하되, 정비사업비가 100분의 10 이상 늘어나는 경우에는 조합원 3분의 2 이상의 찬성으로 의결하여야 한다(법 제45조 제4항, 제6항).

---

13) 법제처 19-0206, 2019. 9. 6. 현재 정비사업 실무 관행상으로는 추진위원회의 정비사업전문관리업자의 선정은 조합설립 이후에도 조합이 승계할 수 있는 것으로 보고 사업을 진행하는 경우가 많은데, 이러한 법제처의 해석에 따르면 조합들이 정비사업전문관리업자를 다시 선정해야 하는 결론에 이르게 된다는 점에서 실무를 도외시한 것이라는 비판이 있다.

10. 법 제74조에 따른 관리처분계획의 수립 및 변경(제10호)

관리처분계획은 종전 토지와 건축물의 소유권과 그 외의 권리를 정비사업 시행으로 조성된 토지와 건축물에 대한 권리로 변환하여 배분하는 계획으로서 이전고시 내용의 기준이 되므로 총회의 의결을 거치도록 하되, 의사정족수 및 의결정족수는 제9호의 사업시행계획서의 작성 및 변경의 경우와 같다.

11. 법 제89조에 따른 청산금의 징수·지급(분할징수·분할지급을 포함한다)과 조합 해산 시의 회계보고(제11호)

종전에 소유하고 있던 토지 또는 건축물의 가격과 분양 받은 대지 또는 건축물의 가격 사이에 존재하는 차액을 청산금이라 한다. 청산금은 조합원의 권리·의무와 관련이 있는 사항이므로 총회의 의결사항으로 하고 있다.

12. 법 제93조에 따른 비용의 금액 및 징수방법(제12호)

사업시행자는 정비사업비와 정비사업의 시행과정에서 발생한 수입의 차액을 부과금으로 토지등소유자에게 부과·징수할 수 있는데, 이는 조합원에게 경제적 부담이 되므로 총회의 의결사항으로 하고 있다.

13. 그 밖에 조합원에게 경제적 부담을 주는 사항 등 주요한 사항을 결정하기 위하여 대통령령 또는 정관으로 정하는 사항(제12호)

시행령 제42조 제1항은 아래와 같은 사항을 총회의 의결사항으로 하고 있다.

1. 조합의 합병 또는 해산에 관한 사항
2. 대의원의 선임 및 해임에 관한 사항
3. 건설되는 건축물의 설계 개요의 변경
4. 정비사업비의 변경

Ⅲ. 총회의 운영

1. 정관에 의한 자율적 운영

총회의 의결방법 등 운영에 관한 필요한 사항은 정관으로 정하므로(법 제45조 제7항), 도시정비법에 정한 사항 외에는 조합이 정관이 정하는 바에 따라서 자율적으로 운영할 수 있다.

2. 총회 결의의 법적 성격

대법원은 조합 총회의 결의의 법적 성격에 대하여 총회의 결의는 의사결정기관인 총회의 의사를 결정하는 법률행위로서, 소정의 절차에 따라 결의의 성립이 선언됨으로써 관계자에 대하여 구속력을 가지는 것이라고 하여 단체법상의 '특수한 법률행위'로 보고 있다.[14]

따라서 총회가 비록 조합원들의 의결권의 행사를 통한 다수결의 원칙에 따른 집단적 의사를 도출하는 조합의 최고의사결정기관이라 하더라도, 총회 결의도 법률행위이므로 총회 결의가 선량한 풍속 기타 사회질서에 위반되거나 강행법규에 위반되는 경우에는 무효가 되는 등 일정한 제한이 있을 수 있다.[15]

3. 의사정족수와 의결정족수

가. 의사정족수

(1) 의의

총회의 결의가 성립되려면 먼저 일정한 수의 조합원이 총회에 출석하여 회의

---

14) 대법원 2008. 2. 14. 선고 2007다62437 판결.
15) 대법원 2017. 10. 26. 선고 2017다231249 판결(종중총회의 결의 내용이 현저하게 불공정하거나 선량한 풍속 기타 사회질서에 반하여 무효로 본 사례).

자체가 성립되어야 하는데 이를 의사정족수라고 한다. 총회의 의사정족수는 도시정비법 또는 정관에 다른 규정이 없으면 조합원 과반수의 출석으로 한다(법 제45조 제3항). 여기서 '과반수'(過半數)란 절반인 2분의 1을 '초과'하는 것을 의미함을 유의해야 한다.16)

의사정족수는 총회의 성립요건이고, 총회 개회시부터 종료시까지 계속하여 유지해야 하므로 계속요건이라고도 한다.17)

(2) 직접 출석 요건

총회의 의결은 조합원의 100분의 10 이상이 직접 출석하여야 한다. 다만, 창립총회, 사업시행계획서의 작성 및 변경, 관리처분계획의 수립 및 변경을 의결하는 총회, 정비사업비의 사용 및 변경을 위하여 개최하는 총회는 조합원의 100분의 20 이상이 직접 출석하여야만 의사정족수가 충족된다(법 제45조 제6항, 시행령 제42조 제2항).

조합원 직접 출석을 규정한 이유는 표준정관상 서면결의서를 제출하는 경우에도 출석한 것으로 보는데, 이러한 점을 이용하여 소수의 조합원만 총회일에 출석하고 나머지 대다수는 서면결의서를 제출하는 형태로 형식적으로 총회가 진행되는 폐해를 방지하여 실질적인 총회를 유도하기 위함이다. 이 조항은 강행규정으로 본다.18)

한편, 시공자 선정을 위한 총회는 조합원 과반수가 직접 출석해야 한다(계약업무 처리기준 제35조 제1항).

조합원이 직접 출석 여부가 문제되는 경우가 있을 수 있는데, ① 서면결의서

---

16) 대법원 1994. 11. 22. 선고 93다40089 판결(종중총회의 결의시 과반수라 함은 1/2을 넘어서는 것을 의미한다).
17) 맹신균, 전게서, 425면.
18) 이우재, 전게서(상), 790면.

만 제출하고 총회 현장에 출석하지 않은 경우에는 직접 출석 요건을 규정한 취지를 고려할 때 직접 출석한 조합원으로 볼 수 없고, ② 서면결의서를 제출하고 총회 현장에도 출석하였는데, 서면결의서를 철회하지 않고, 총회 현장에서 별도로 의결권을 행사하지 않은 조합원의 경우에도 직접 출석한 것으로 볼 수 있는지에 관하여, 하급심은 "서면결의서를 제출하였으나 이를 철회하지 않은 채 총회에 출석한 조합원들도 직접 총회에 참석함으로써 총회 참석권 및 발언권 등을 실질적으로 보장받은 것이므로 직접 참석자의 수에 포함되고, 서면결의서를 제출하지 않거나 이미 제출한 서면결의서를 철회하여 서면결의서로 의사를 표시하지 않은 조합원만이 직접 참석자에 해당한다고 볼 수는 없다"고 판결한 바 있다.[19]

나. 의결정족수

(1) 의의

총회 안건의 가결을 위해 총회에 출석한 조합원의 의결권 중 일정 수 이상의 찬성이 필요한데, 이를 의결정족수라고 한다. 총회의 의결정족수는 도시정비법 또는 정관에 다른 규정이 없으면 출석한 조합원 과반수의 찬성으로 한다(법 제45조 제3항). 사업시행계획서 작성 및 변경, 관리처분계획서의 수립 및 변경은 조합원 과반수의 찬성으로 의결하되, 정비사업비가 100분의 10(생산자물가상승률분, 제73조에 따른 손실보상 금액은 제외) 이상 늘어나는 경우에는 조합원 3분의 2 이상의 찬성으로 의결하여야 한다.

의결정족수와 관련하여 표결결과 가부동수일 경우에는 조합원의 의사를 고려할 때 당연히 부결로 처리해야 할 것이고, 만약 정관에서 가부동수일 경우 의장이 결정한다는 정관규정이 있다면 이는 무효라고 판단된다.

(2) 의결정족수 판단 기준

의결정족수를 정하는 기준이 되는 출석 조합원이라 함은 당초 총회에 참석한 모든 조합원을 의미하는 것이 아니라 문제가 된 결의 당시 회의장에 남아 있던 조합원만을 의미한다고 할 것이므로 회의 도중 스스로 회의장에서 퇴장한 조합원들은 이에 포함되지 않는다.[20]

또한 출석 조합원 중 과반수 찬성은 기권표나 무효투표를 포함한 모든 투표수의 과반수를 의미하고, 유표투표의 과반수를 의미하지 않는다고 본다.

아울러 2.의 결의방법은 조합원들이 결의사항에 대하여 찬부를 표명함으로써 행하여지는 것으로 정관에 별다른 규정이 없는 한 거수, 기립, 투표, 박수, 기타 적절한 방법 등 어느 방법을 택하여도 무방하다 할 것이다.[21]

투표용지에 의한 표결의 경우에 있어 사전에 정해진 방법과 다른 방법으로 기표한 경우 투표행위의 유효 여부가 문제될 수 있는데, 그에 관한 판단 기준에 관하여 하급심은 "서면결의서 자체의 하자가 중대하지 않고 서면결의서에 표시된 조합원의 의사가 명확히 드러나는 경우에는 이를 무효로 볼 수 없다"고 판단한 바 있다.[22]

다. 서면에 의한 의결권 행사

(1) 서면결의서에 의한 의결권 행사

조합원은 직접 출석 외에 서면을 통하여 의결권을 행사할 수 있고, 의결권을 서면행사하는 경우에는 총회에 출석한 것으로 보며, 출석을 서면으로 하는 때에는 안건내용에 대한 의사를 표시하여 총회 전일까지 조합에 도착되도록 하여야 한다 (표준정관 제22조 제3항, 제4항).

대법원은 "도착(도달)"의 의미와 관련하여 사회통념상 상대방이 통지의 내용

---

20) 대법원 2001. 7. 27. 선고 2000다56037 판결, 대법원 2010. 4. 29. 선고 2008두5568 판결 등.
21) 대법원 2006. 2. 23. 선고 2005다19552 판결, 대법원 2011. 10. 27. 선고 2010다88682 판결.
22) 서울고등법원 2018. 4. 6. 선고 2017나2044269 판결[서면결의서에 기표방법으로 세 가지 방법(본인자필 서명, 지장 날인, 도장 날인) 중 하나를 선택하고, 다른 경우(□, v)는 무효처리될 수 있음이 기재된 경우 도장 날인과 함께 'v' 또는 '○' 표시를 한 사례이다](대법원 2019. 1. 31. 선고 2018다227520 판결로 확정).

을 알 수 있는 객관적 상태에 놓여 있는 경우를 가리키는 것으로서, 상대방이 통지를 현실적으로 수령하거나 통지의 내용을 알 것까지는 필요로 하지 않는 것이므로 상대방이 정당한 사유 없이 통지의 수령을 거절한 경우에는 상대방이 그 통지의 내용을 알 수 있는 객관적 상태에 놓여 있는 때에 의사표시의 효력이 생기는 것이라고 한다.[23]

하급심도 "서면철회서를 조합의 사무실로 발송하였으나, 수취인 부재로 송달되지 못한 사실, 이에 서면철회서를 이메일과 카카오톡 메신저 및 사무실 팩스를 이용하여 조합에게 보내고, 조합 사무실을 방문하여 이를 제출하고자 하였으나 조합측에서 수령을 거절한 경우에 서면철회서를 가지고 조합 사무실을 방문한 때에는 조합은 그 통지의 내용을 알 수 있는 객관적 상태에 있었을 뿐만 아니라 정당한 사유 없이 그 수령을 의도적으로 거절한 사정까지 있으므로, 서면철회서는 유효하게 철회되었다"고 판단한 바 있다.[24]

한편 도시정비법상 서면결의서의 징구 시기에 관한 명시적 규정은 없으나, 적어도 총회의 안건에 대한 설명 내지 확인이 없는 상황에서 징구한 경우에는 서면결의서에 하자가 있는 것으로 볼 수 있다.

(2) 서면결의서 내지 철회서의 제출방식

그런데 표준정관은 서면에 의한 의결권 행사를 제출기한을 제한하고 있을 뿐, 서면결의서 내지 철회서의 제출방식에 대하여는 다른 제한을 두고 있지 않고 있다. 대법원은 "서면결의의 방법에 의한 재건축결의에 있어서 재건축결의가 유효하게 성립하기 전까지는 재건축결의에 대한 동의를 철회할 수 있고, 그 철회의 의사표시는 재건축결의에 대한 동의의 의사표시와 마찬가지로 조합규약이나 정관에 다른 정함이 없는 이상 반드시 일정한 절차와 방식에 따라서만 하여야 하는 것은 아니며, 그 철회의 의사를 분명히 추단할 수 있는 행위나 외관이 있는 것으로 충분하다"고 판시하고 있는바,[25] 이러한 대법원의 판결 취지나 정비사업 실무를 참

---

23) 대법원 2008. 6. 12. 선고 2008다19973 판결, 대법원 2016. 3. 24 선고 2015다71795 판결.
24) 광주지방법원 2017. 9. 14. 자 2017카합50283 결정.

조하면 총회의 서면결의서 내지 철회서의 제출방식도 본인이 직접 제출하는 방식 외 대리인을 통한 제출 등의 방법도 가능하고, 하급심도 동일한 취지로 판단한 바 있다.[26]

한편 대리인을 통한 서면결의서 제출을 위임한 후 조합원 본인이 서면결의서를 다시 제출한 경우 기존 서면결의의 제출의 위임은 철회된 것으로 볼 수 있는지에 관하여, 하급심은 집합건물법상 관리단 집회의 서면결의서에 관한 사안에서, 추후에 제출된 서면결의서에 의하여 기존 서면결의서 제출에 대한 위임의 철회가 있었고, 추후 제출된 서면결의서에 의한 의결권만이 유효하다고 판시한 바 있다.[27]

(3) 서면결의서 재사용 가부

도시정비법은 제37조는 조합설립동의서의 재사용에 관한 내용을 규정하고 있으나, 총회에 제출된 서면결의서의 재사용에 관한 규정은 없다. 이러한 서면결의서 재사용이 가능한지 여부에 관하여 실무상 견해의 대립이 있다.

하급심 판결을 살펴보면, ① 당초 예정된 총회가 연기되면서 총회의 목적사항이 변경되지 아니하였고, 조합원들이 제출한 서면결의서에는 '법원의 가처분 결정 등이 있거나 기타 부득이한 사유로 기일을 변경하거나 장소를 변경하는 경우에도 이 총회의 목적사항에 대한 본인의 의사표시 내용에는 변경이 없으므로 이 결의서를 재사용하여 주시기 바랍니다'라는 내용이 기재되어 있었던 사실이 인정되는바, 위와 같이 각 연기된 총회 일자와 목적사항, 위 서면결의서 기재 내용 등에 비추어 볼 때 이 사건 총회의 결의에 서면결의서 재사용으로 인한 하자가 있다고 보기 어렵다고 판시한 사례,[28] ② 이미 제출된 서면결의서를 새로 소집되는 총회에서 사용하는 것에 대하여 제출 조합원한테서 동의를 얻어야 한다고 판시한 사

---

25) 대법원 2008. 8. 21. 선고 2007다83533 판결.
26) 서울중앙지방법원 2019. 9. 27. 자 2019카합21201 결정.
27) 서울고등법원 2019. 2. 13. 선고 2018나2022877 판결.
28) 서울북부지방법원 2017. 8. 7. 자 2017비합1011 결정.

례29)가 있다.

위와 같은 하급심 판결의 취지를 고려하면, 당초 총회와 연기된 총회가 동일한 안건을 목적사항으로 하고, 서면결의서를 제출한 조합원에게 재사용의 동의를 받을 경우에는 재사용이 가능할 것으로 보인다.

라. 관련 쟁점

(1) 비용부담에 관한 재건축결의 내용의 실질적 변경시 의결정족수

대법원은 재건축결의에서 시공사로 선정된 회사의 사업계획을 채택하기로 결의한 후 조합이 시공사와 도급계약을 체결하면서 당초 사업계획상 비용분담에 관한 사항을 통상 예상할 수 있는 범위를 초과하여 변경하는 경우, 이는 비용분담에 관한 재건축결의의 실질적인 변경에 해당하고, 비록 그것이 정관 변경에 대한 절차가 아니라 할지라도 특별다수의 동의요건을 규정하여 조합원들의 이익을 보호하려는 구 도시정비법(2005. 3. 18. 법률 제7392호로 개정되기 전의 것) 제20조 제3항, 제1항 제15호의 규정(정관의 변경)을 유추적용하여 조합원의 3분의 2 이상의 동의를 요한다고 일관되게 판단하고 있다.30)

(2) 정비사업비 100분의 10 이상 증가 여부의 판단기준

정비사업비가 100분의 10 이상 늘어나는 경우에는 조합원 3분의 2 이상의 찬성이 의결정족수인데, 정비사업은 여러 단계를 거치면서 정비사업비가 증가하는 바, 과연 어느 단계의 정비사업비와 서로 비교하여야 하는지 문제된다.

대법원은 정비사업비가 조합원들의 이해관계에 중대한 영향을 미칠 정도로 실질적으로 변경된 경우에 해당하는지 판단하는 방법에 관하여, "구 도시정비법에 따른 정비사업이 조합의 설립, 사업시행계획, 관리처분계획 등의 단계를 거쳐 순

---

29) 서울동부지방법원 2015. 11. 10. 선고 2001가합10174 판결(대법원 2007. 3. 29. 선고 2006다 83918의 심리불속행기각 판결로 확정).

30) 대법원 2009. 1. 30. 선고 2007다31884 판결, 대법원 2012. 8. 23. 선고 2010두13463 판결. 대법원 2014. 8. 20. 선고 2012두5572 판결, 대법원 2016. 5. 12. 선고 2013다49381 판결 등.

차 진행되고, 각 단계에서 조합설립인가, 사업시행인가, 관리처분계획인가 등의 선행 행정처분이 이루어짐에 따라 다음 절차가 진행되는 정비사업의 특성과 사업시행계획의 단계에서 정비사업비에 관하여 동의를 얻도록 한 구 도시정비법의 취지를 종합하여 보면, 조합설립을 할 때에 건축물 철거 및 신축비용 개산액에 관하여 조합원들의 동의를 받았고, 다음 단계인 사업시행계획의 수립 및 이에 대한 인가를 받을 때 조합원들의 동의 절차를 거쳐 정비사업비가 잠정적으로 정해졌으므로, 관리처분계획을 수립할 때에 의결한 정비사업비가 조합원들의 이해관계에 중대한 영향을 미칠 정도로 실질적으로 변경된 경우에 해당하는지를 판단할 경우에는 조합설립에 관한 동의서 기재 건축물 철거 및 신축비용 개산액과 바로 비교할 것이 아니라, 먼저 사업시행계획시에 조합원들의 동의를 거친 정비사업비가 조합설립에 관한 동의서 기재 건축물 철거 및 신축비용 개산액과 비교하여 조합원들의 이해관계에 중대한 영향을 미칠 정도로 실질적으로 변경된 경우에 해당하는지를 판단하고, 다음으로 관리처분계획안에서 의결한 정비사업비가 사업시행계획시에 조합원들의 동의를 거친 정비사업비와 비교하여 조합원들의 이해관계에 중대한 영향을 미칠 정도로 실질적으로 변경된 경우에 해당하는지를 판단해야 한다"고 판시하였다.[31]

(3) 총회 의사록의 증명력

대법원은 ① 법인의 총회 또는 이사회 등의 의사에는 의사록을 작성하여야 하고 의사록에는 의사의 경과, 요령 및 결과 등을 기재하고 이와 같은 의사의 경과, 요령 및 결과 등은 의사록을 작성하지 못하였다든가 또는 이를 분실하였다는 등의 특단의 사정이 없는 한 이 의사록에 의하여서만 증명되고,[32] ② 민법상 사단법인 총회 등의 결의와 관련하여 당사자 사이에 의사정족수나 의결정족수 충족 여부가 다투어져 결의의 성립 여부나 절차상 흠의 유무가 문제되는 경우로서 사단법인측에서 의사의 경과, 요령 및 결과 등을 기재한 의사록을 제출하거나 이러한 의사의 경과 등을 담은 녹음·녹화자료 또는 녹취서 등을 제출한 때에는, 그러한 의사록 등이 사실과 다른 내용으로 작성되었다거나 부당하게 편집, 왜곡되어 증명력

---

31) 대법원 2014. 6. 12. 선고 2012두28520 판결.
32) 대법원 2010. 4. 29. 선고 2008두5568 판결.

을 인정할 수 없다고 볼 만한 특별한 사정이 없는 한 의사정족수 등 절차적 요건의 충족 여부는 의사록 등의 기재에 의하여 판단하여야 하고, 그 의사록 등의 증명력을 부인할 만한 특별한 사정에 관하여는 결의의 효력을 다투는 측에서 구체적으로 주장·증명하여야 한다고 판시하고 있다.[33]

Ⅳ. 총회 결의의 하자와 쟁송방법

1. 하자의 유형

실무상 제기되는 총회 결의의 하자의 내용으로, ① 소집절차상 하자(권한없는 자의 소집, 이사회 결의 없는 소집, 소집통지 기간 미준수, 소집통지서의 회의목적이 미기재 등), ② 총회 진행상 하자(의장이 정관을 위반하여 총회를 진행하고 의결이 이루어진 경우, 회의장소의 부당한 변경, 정당한 의장 아닌 자의 총회 진행, 발언권을 주지 않아 의결권을 박탈하거나 부당하게 퇴장시키고 의결한 경우 등), ③ 총회 의결상 하자(의결권 없는 자의 의결권 행사로 표결에 중대한 영향을 미친 경우, 의사정족수 미달임에도 의결된 경우, 조합원 아닌 자에게 조합원 지위를 부여하는 결의, 총회개최금지가처분 결정을 위반하여 개최된 총회의 결의, 의장이 유회를 선포하거나 회의장 유효한 변경 후 자리에 남은 조합원들이 결의한 경우 등) 등이 있다.[34]

2. 쟁송방법 - 총회결의무효(부존재)확인의 소

총회 결의에 하자가 있는 경우 총회결의무효 또는 부존재확인의 소로서 다툴 수 있고,[35] 현저한 손해를 피하거나 급박한 위험을 막기 위한 경우에는 임시의 지

---

33) 대법원 2011. 10. 27. 선고 2010다88682 판결.

34) 이우재, 전게서(상), 791~794면, 맹신균, 전게서, 452~458면.

35) 실무상 총회결의무효확인의 소로 진행하는 경우가 대부분이다. 또한 대법원은 법인 또는 비법인사단의 총회에 절차상의 하자가 있으면 원칙적으로 총회결의무효 사유가 된다고 할 것이고 따로 총회결의취소의 소를 인정할 근거는 없다고 한다(대법원 1993. 10. 12. 선고 92다50799 판결).

위를 정하는 가처분으로 총회결의효력정지가처분 등을 하는 경우도 있을 수 있다. 총회 결의에 무효사유가 있는 경우에는 조합원은 언제든지 어떤 방법으로든 무효를 주장할 수 있다.[36)]다만, 총회결의무효확인에 관하여 조합원이 아닌 제3자의 경우에는 조합의 내부 결의의 효력에 관한 확인을 구할 이익이 없는 것으로 판단될 수 있다.

또한 대법원은 민법상 법인의 이사회 결의에 하자가 있는 경우에 관하여, 이사회결의무효확인소송이 제기되어 승소확정판결을 받은 경우 그 판결의 효력은 위 소송의 당사자 사이에서만 발생하는 것이지 대세적 효력이 있다고 볼 수는 없다는 입장이므로,[37)] 총회결의무효확인의 소 역시 그 판결의 효력은 소송당사자 사이에만 미친다고 볼 것이다.

3. 하자 있는 종전 결의의 추인결의의 효력

대법원은 소집절차에 하자가 있어 그 효력을 인정할 수 없는 총회의 결의라도 후에 적법하게 소집된 총회에서 이를 추인하면 처음부터 유효한 결의가 된다는 입장이다.[38)]

그러나 대법원은 강행규정을 위반하여 무효인 행위는 그 무효사유가 제거되지 않는 한 추인을 하더라도 유효하게 되지 않는다고 판시하고 있다.[39)]

한편 대법원은 임원 선임결의의 무효와 관련하여, ① 당초 재개발조합 총회에서 임원을 선임한 결의에 대하여 그 후에 다시 개최된 총회에서 위 종전 결의를

---

36) 대법원 2000. 2. 11. 선고 99다30039 판결(민법상 법인의 이사회 결의에 하자가 있는 경우에 관하여는 법률에 별도의 규정이 없으므로 그 결의에 무효사유가 있는 경우에는 이해관계인은 언제든지 또 어떤 방법에 의하든지 그 무효를 주장할 수 있다).

37) 대법원 2000. 2. 11. 선고 99다30039 판결.

38) 대법원 1995. 6. 16. 선고 94다53563 판결, 대법원 1996. 6. 14. 선고 96다2729 판결.

39) 대법원 2017. 5. 30. 선고 2014다61340 판결(강행규정인 구 도시정비법 제11조를 위반하여 무효인 시공자 선정결의를 추인하는 결의를 하는 것만으로 하자가 치유된다고 볼 수 없다고 본 사례).

그대로 재인준하는 결의를 한 경우에는 설사 당초의 임원선임결의가 무효라고 할지라도 새로운 총회결의가 하자로 인하여 부존재 또는 무효임이 인정되거나 그 결의가 취소되는 등의 특별한 사정이 없는 한, 종전 총회결의의 무효에 대한 확인을 구하는 것은 과거의 법률관계 내지 권리관계의 확인을 구하는 것에 불과하여 권리보호의 요건을 결여한 것이라고 판단하였고, ② 당초 총회에서 임원을 선임한 결의에 대하여 그 후에 다시 개최된 총회에서 위 종전 결의를 그대로 재인준하는 결의를 한 경우에는 설사 당초의 임원 선임결의가 부존재 혹은 무효라고 할지라도 새로운 총회가 당초 임원 선임결의에 의하여 선임된 임원에 의하여 소집된 총회이므로 무권리자에 의하여 소집된 총회라는 사유는 이를 독립된 무효사유로 볼 수 없다 할 것인바, 만약 이를 무효사유로 본다면 최초의 임원 선임결의의 무효로 인하여 연쇄적으로 그 후의 결의가 모두 무효로 되는 결과가 되어 법률관계의 혼란을 초래하고 법적 안정성을 현저히 해하게 되기 때문이라고 판단하고 있음을 참고할 필요가 있다.[40]

【판례연구】 재건축정비사업조합 내부의 규범을 변경하고자 하는 총회 결의가 적법하기 위하여 충족하여야 하는 기준(대법원 2018. 3. 13. 선고 2016두3528 판결 관리처분계획취소청구의소)

❑ **판결요지**

재건축정비사업조합의 총회는 조합의 최고의사결정기관이고, 정관 변경이나 관리처분계획의 수립·변경은 총회의 결의사항이므로, 조합의 총회는 새로운 총회 결의로써 종전 총회 결의의 내용을 철회하거나 변경할 수 있는 자율성과 형성의 재량을 가진다. 그러나 이러한 자율성과 재량이 무제한적인 것일 수는 없다. 조합 내부의 규범을 변경하고자 하는 총회 결의가 적법하려면 다음과 같은 기준들을 충족하여야 한다.

첫째, 총회 결의가 상위법령 및 정관에서 정한 절차와 의결정족수를 갖추어야 한다. 총회의 절차 및 의결정족수 등에 관하여는 상위법령에서 특별히 정한 바가

40) 대법원 2003. 9. 26. 선고 2001다64479 판결, 대법원 2007. 3. 30. 선고 2005다45698 판결, 대법원 2010. 10. 28. 선고 2009다63694 판결, 대법원 2012. 1. 27. 선고 2011다69220 판결 등.

없으면 정관으로 정한 바를 따라야 한다[구 도시 및 주거환경정비법(2016. 1. 27. 법률 제13912호로 개정되기 전의 것, 이하 '구 도시정비법') 제24조 제6항]. 그러나 구 도시정비법은 '조합의 비용부담'이 정관에서 정하여야 하는 사항이고(제20조 제1항 제8호) 이를 변경하기 위해서는 조합원 3분의 2 이상의 동의를 받도록 규정하고 있으므로(제20조 제3항), '조합의 비용부담'에 관한 사항이 종전 총회 결의와 비교하여 볼 때 조합원들의 이해관계에 중대한 영향을 미칠 정도로 실질적으로 변경된 경우에는 비록 그것이 정관 변경 절차는 아니더라도 특별다수의 동의요건을 규정하여 조합원들의 이익을 보호하려는 구 도시정비법 제20조 제3항, 제1항 제8호의 규정을 유추적용하여 조합원 3분의 2 이상 동의를 받아야 한다.

<u>둘째, 총회 결의의 내용이 상위법령 및 정관에 위배되지 않아야 한다.</u>

<u>셋째, 일단 내부 규범이 정립되면 조합원들은 특별한 사정이 없는 한 그것이 존속하리라는 신뢰를 가지게 되므로, 내부 규범 변경을 통해 달성하려는 이익이 종전 내부 규범의 존속을 신뢰한 조합원들의 이익보다 우월하여야 한다.</u> 조합 내부 규범을 변경하는 총회 결의가 신뢰보호원칙에 위반되는지를 판단하기 위해서는, 한편으로는 침해받은 이익의 보호가치, 침해의 중한 정도, 신뢰가 손상된 정도, 신뢰침해의 방법 등과 다른 한편으로는 조합 내부 규범의 변경을 통해 실현하고자 하는 공익적 목적을 종합적으로 비교·형량하여야 한다.

❏ **판결의 검토**

(1) 사안의 개요

실무상 재건축조합의 조합원들 중 상가의 구분소유자(상가조합원)와 아파트의 구분소유자(아파트조합원)과 사이의 이해관계 및 주된 관심사항이 크게 다른 상황에서, ① 아파트와 상가를 분리하여 개발이익과 비용을 별도로 정산하고 ② 상가 조합원들로 구성된 별도의 기구(상가협의회)가 상가에 관한 관리처분계획안의 내용을 자율적으로 마련하는 것을 보장한다는 내용으로 조합과 상가협의회 사이에서 '상가 독립정산제 약정'을 합의하는 경우가 있다.

대상판결의 사실관계를 간략히 살펴보면 아래와 같다.

해당 조합은 상가 독립정산제 내용의 조합과 상가협의회의 업무협약에 대하여 총회에서 조합원 80.87%의 동의로 추인하는 결의를 하였고, 상가협의회는 임시총회를 개최하여 상가조합원 동의율 54.03%로 상가관리처분계획안을 의결하였으나, 그 후 조합은 총회에서 상가협의회의 상가관리처분계획안을 반영하지 않은 채 조합의 이사회가 별도로 마련한 관리처분계획안(아파트 및 상가에 관한 관리처분계획 포함)을 승인하는 결의를 하였다.

이에 상가조합원들이 위 업무협약 위반을 이유로 관리처분계획취소소송을 제기하였고, 1심 및 원심은 조합이 상가에 관한 관리처분계획을 수립할 때 업무협약에 따라 상가협의회의 상가관리처분계획안을 반영하여야 할 의무가 있다고 전제하여 이를 따르지 않은 관리처분계획 중 상가관리처분계획안과 배치되는 부분(제7조 제2항 상가분양기준 부분, 제13조 제5항 청산방법 부분, 제13조 제8항 상가의 업종구성, 배정에 관한 이사회의 조정권한 부분)은 위법하다고 판단하여 그 부분을 취소하였다. 그러나 대상판결은 원심판결을 파기환송하는 판결을 선고하였다.

(2) 대상판결의 의미

대상판결은 조합 내부적으로 업무집행기관을 구속하는 규범으로서의 구속력을 가지게 된 상가 독립정산제 약정을 변경하는 관리처분계획을 수립할 경우 그 요건에 관하여 설시한 최초의 대법원 판결이라는 점에서 의미가 있다.

즉 대상판결은 조합의 총회는 새로운 총회결의로써 종전 총회결의의 내용을 철회하거나 변경할 수 있는 자율성과 형성의 재량을 가짐과 동시에 그러한 자율성과 재량이 무제한적인 것일 수는 없음을 전제로, 조합 내부의 규범을 변경하고자 하는 총회 결의가 적법하기 위한 요건을 제시하였다.

구체적으로 ① 총회 결의가 상위법령 및 정관에서 정한 절차와 의결정족수를 갖출 것, ② 총회 결의의 내용이 상위법령 및 정관에 위배되지 않을 것, ③ 내부 규범 변경을 통해 달성하려는 이익이 종전 내부 규범의 존속을 신뢰한 조합원들의 이익보다 우월하여야 하고, 조합 내부 규범을 변경하는 총회 결의가 신뢰보호원칙에 위반되는지를 판단하기 위해서는 침해받은 이익의 보호가치, 침해의 중한 정도, 신뢰가 손상된 정도, 신뢰침해의 방법 등과 조합 내부 규범의 변경을 통해 실현하고자 하는 공익적 목적을 종합적으로 비교·형량하여야 함을 명확히 판시하였다.

대상판결에 따라 향후 정비사업 실무에서 상가 독립정산제 약정이 체결될 경우 그 약정의 내부 규범으로서의 효력발생요건 구비 여부, 그 변경을 위한 총회 결의의 적법요건의 충족 여부 등의 다툼이 있을 것으로 보인다.

> **제46조(대의원회)**
> ① 조합원의 수가 100명 이상인 조합은 대의원회를 두어야 한다.
> ② 대의원회는 조합원의 10분의 1 이상으로 구성한다. 다만, 조합원의 10분의 1이 100명을 넘는 경우에는 조합원의 10분의 1의 범위에서 100명 이상으로 구성할 수 있다.
> ③ 조합장이 아닌 조합임원은 대의원이 될 수 없다.
> ④ 대의원회는 총회의 의결사항 중 대통령령으로 정하는 사항 외에는 총회의 권한을 대행할 수 있다.
> ⑤ 대의원의 수, 선임방법, 선임절차 및 대의원회의 의결방법 등은 대통령령으로 정하는 범위에서 정관으로 정한다.

I. 서설

1. 제도의 취지

조합원의 수가 100명 이상인 조합은 반드시 대의원회를 두어야 하는데, 대의원회를 구성하도록 한 취지는 조합의 모든 의사결정을 총회를 통해 할 경우 발생할 수 있는 시간과 비용의 비효율성을 방지하고, 대의원회로 하여금 조합의 업무집행에 대한 감시 및 견제 기능을 수행하도록 함에 있다.

2. 법적 지위

대의원회는 총회의 의결사항 중 일정한 사항을 총회의 권한을 대행하여 의결하는 기구이므로(법 제46조 제4항), 총회의 권한대행기관이며 조합원 전체의 대의기관의 성격을 가지고 있다.[1]

---

1) 대법원 2010. 5. 27. 선고 2008다53430 판결.

Ⅱ. 대의원회의 구성

1. 대의원의 수

가. 관련 규정

조합원의 수가 100명 이상인 조합은 반드시 대의원회를 두어야 하고, 대의원회는 조합원의 10분의 1 이상으로 구성한다. 다만 조합원의 10분의 1이 100명을 넘는 경우에는 조합원의 10분의 1 범위 안에서 100명 이상으로 구성할 수 있다(법 제46조 제2항). 대의원의 수는 법 제46조 제2항에 따른 범위에서 정관으로 정하는 바에 따른다(법 제46조 제5항, 시행령 제44조 제3항).

조합원 10분의 1이 100명을 넘는(초과) 조합(조합원의 수가 1,000명 초과)의 경우에는 대의원의 수를 기계적으로 10분의 1 이상으로 요구하는 경우 많은 수의 대의원들로 인해 현실적으로 대의원회 개최의 비용과 어려움이 있을 수 있어 대의원의 수를 10분의 1의 범위 내에서 100명 이상으로 구성하도록 한 것이다.

나. 법정 대의원 수와 결의의 효력

법 제46조 제2항은 조합원 중 일정 비율 이상의 대의원 수를 규정하고 있는 바, 이러한 정원요건을 충족하였으나 그 후 대의원의 궐위 등으로 인해 법정 정원수를 미달하게 되었다면 조합은 보궐선임을 하여 법정 정원수를 충족하여야 하고, 그렇지 못한 경우에는 총회를 개최하여 결의할 수 있을 뿐이고, 법정 정원수에 미달하는 대의원회의 결의는 무효라고 할 것이다.[2] 하급심 판결 역시 법률에서 정한 정원에 미달하는 대의원회는 총회의 권한을 대행하여 결의할 수 없고, 그러한 결의는 대의원 구성에 중대한 하자가 있어 무효라고 판시한 바 있다.[3]

---

2) 이우재, 전게서(상), 801면.

3) 대구고등법원 2012. 1. 13. 선고 2011나4224 판결(위 판결은 법 제46조 제2항을 강행규정의 성격으로 전제한 것으로 보인다), 같은 취지의 결정으로 수원지방법원 안양지원 2015. 6. 5. 자 2015카합10040 결정.

2. 대의원의 자격

대의원은 조합원 중에서 선출한다(시행령 제44조 제1항). 조합장이 아닌 조합 임원(이사, 감사)은 대의원이 될 수 없는데(법 제46조 제3항), 이는 대의원회는 총회 나 정관에서 정한 사항에 관한 의결기관이므로 조합의 집행기관을 구성하는 조합 임원이 이를 겸유할 수 없도록 한 것이다.[4]

조합장은 대의원회 의장이 되며, 조합장이 대의원회 의장이 되는 경우 대의원 으로 본다(법 제42조 제1항, 제2항).

3. 대의원의 선임 및 해임

가. 개요

대의원의 선임 및 해임에 관하여는 정관으로 정하는 바에 따르도록 하고 있 고(시행령 제44조 제2항), 대의원의 선임 및 해임에 관한 사항을 총회의 의결사항으 로 규정하고 있다(시행령 제42조 제1항 제2호). 따라서 대의원의 선임 및 해임은 2. 의 의결을 거쳐야 하는데, 구체적인 선임절차, 방법 등은 정관으로 정할 수 있다.

표준정관 제24조 제4항은 대의원의 피선출자격에 관하여 다음과 같이 정하고 있다.

> 1. 피선출일 현재 사업시행구역 안에서 3년 이내 1년 이상 거주하고 있는 자(다 만, 거주의 목적이 아닌 상가 등의 건축물에서 영업 등을 하고 있는 경우 영 업 등은 거주로 본다)
> 2. 피선출일 현재 사업시행구역 안에서 5년 이상 토지 및 건축물을 소유한 자

아울러 대의원 선출시 주택단지의 경우에는 동별로 고루 선출하되, 단독주택 지의 경우에는 가구별로 균형 있게 선출하도록 규정하고 있다(표준정관 제24조 제2

---

4) 이우재, 전게서(상), 801면.

항 주석).

대의원은 총회에서 조합원이 직접 선출하는 것이 원칙이나, 궐위된 대의원의 보선의 경우에는 조합원의 이주 등으로 총회 소집에 어려움이 있는 경우를 대비하여 대의원 5인 이상의 추천을 받아 대의원회가 이를 보궐선임할 수 있도록 하고 있다(표준정관 제24조 제4항 단서).

한편, 대의원 선임방법에 있어 대의원 후보자 별로 찬성, 반대를 묻지 않고 전원에 대한 일괄적인 찬성, 반대만을 하도록 하는 경우에는 무효로 될 수 있다.[5)]

나. 법정 대의원 수 미달되는 대의원회의 대의원의 보궐선임 가부

법정 대의원 수 미달의 대의원회에서 대의원의 보궐선출이 가능한지에 관하여, 하급심은 "총회의 권한대행기관으로서 대표성을 확보하도록 하는 대의원회의 의의 및 취지에 비추어 법정 대의원의 최소인원수를 규정한 도시정비법 제25조 제2항(현 제46조 제2항)은 강행규정이라 할 것이므로, 법정 대의원 수에 미달하는 대의원회에서 대의원으로 보궐선임한 의결은 중대한 하자가 있어 무효이고, 결국 법정대의원의 수에 미달하는 경우 도시정비법 및 정관에 따라 대의원회가 아닌 총회에 대의원을 보궐선임할 권한이 있다"고 판시한 바 있고,[6)] 법제처 역시 동일하게 해석한 바 있다.[7)]

Ⅲ. 대의원회의 권한

대의원회는 총회의 의결사항 중 시행령 제43조에서 정하는 아래 사항을 제외

---

5) 수원지방법원 2013. 2. 15. 자 2013카합40 결정(대의원 선출 결의에는 대의원 후보자별로 찬반투표를 하는 것이 원칙임에도 이와 달리 대의원 후보자 전체에 대하여 일괄적으로 찬반의 의사표시를 하도록 한 하자도 존재한다).

6) 수원지방법원 안양지원 2015. 6. 5. 자 2015카합10040 결정.

7) 법제처 15-0006, 2015. 2. 12.(법정 대의원 수에 미달되는 대의원회는 대의원의 보궐선임을 의결할 수 없음)

하고 총회의 권한을 대행할 수 있다.

> 1. 법 제45조제1항제1호에 따른 정관의 변경에 관한 사항(법 제40조제4항에 따른 경미한 사항의 변경은 법 또는 정관에서 총회 의결사항으로 정한 경우로 한정한다)
> 2. 법 제45조제1항제2호에 따른 자금의 차입과 그 방법·이자율 및 상환방법에 관한 사항
> 3. 법 제45조제1항제4호에 따른 예산으로 정한 사항 외에 조합원에게 부담이 되는 계약에 관한 사항
> 4. 법 제45조제1항제5호에 따른 시공자·설계자 또는 감정평가업자(법 제74조제2항에 따라 시장·군수등이 선정·계약하는 감정평가업자는 제외한다)의 선정 및 변경에 관한 사항
> 5. 법 제45조제1항제6호에 따른 정비사업전문관리업자의 선정 및 변경에 관한 사항
> 6. 법 제45조제1항제7호에 따른 조합임원의 선임 및 해임과 제42조제1항제2호에 따른 대의원의 선임 및 해임에 관한 사항. 다만, 정관으로 정하는 바에 따라 임기중 궐위된 자(조합장은 제외한다)를 보궐선임하는 경우를 제외한다.
> 7. 법 제45조제1항제9호에 따른 사업시행계획서의 작성 및 변경에 관한 사항(법 제50조제1항 본문에 따른 정비사업의 중지 또는 폐지에 관한 사항을 포함하며, 같은 항 단서에 따른 경미한 변경은 제외한다)
> 8. 법 제45조제1항제10호에 따른 관리처분계획의 수립 및 변경에 관한 사항(법 제74조제1항 각 호 외의 부분 단서에 따른 경미한 변경은 제외한다)
> 9. 법 제45조제2항에 따라 총회에 상정하여야 하는 사항
> 10. 영 제42조제1항제1호에 따른 조합의 합병 또는 해산에 관한 사항. 다만, 사업완료로 인한 해산의 경우는 제외한다.
> 11. 영 제42조제1항제3호에 따른 건설되는 건축물의 설계 개요의 변경에 관한 사항
> 12. 영 제42조제1항제4호에 따른 정비사업비의 변경에 관한 사항

아울러 표준정관 제25조 제1항은 다음 각 호의 사항을 의결하도록 하고 있다.

> 1. 궐위된 임원 및 대의원의 보궐선임
> 2. 예산 및 결산의 승인에 관한 방법
> 3. 총회 부의안건의 사전심의 및 총회로부터 위임받은 사항
> 4. 총회 의결로 정한 예산의 범위 내에서의 용역계약 등

위 사항 중 제4호의 용역계약은 정비사업을 추진하면서 사업추진상 불가피하게 발생하는 계약(세무사, 법무사, 회계사, 교통영향평가, 감정평가업체 등)에 대하여 예산의 범위 내에서는 대의원회에서 결정 가능토록 한 것이다(표준정관 제25조 제1항 주석).

Ⅳ. 대의원회의 운영

1. 소집절차

대의원회는 원칙적으로 조합장이 필요하다고 인정하는 때에 소집한다. 다만, 조합장은 정관이 정하는 바에 따라 소집청구가 있는 때,[8] 대의원의 3분의 1 이상(정관으로 달리 정한 경우에는 그에 따른다)이 회의의 목적사항을 제시하여 청구하는 때에는 각 해당일부터 14일 이내에 대의원회를 소집하여야 한다(시행령 제44조 제4항).

시행령 제44조 제4항 각 호의 어느 하나에 따른 소집청구가 있는 경우로서 조합장이 14일 이내에 정당한 이유 없이 대의원회를 소집하지 아니한 때에는 감사가 지체 없이 이를 소집하여야 하며, 감사가 소집하지 아니하는 때에는 제4항 각 호에 따라 소집을 청구한 사람의 대표가 소집한다. 이 경우 미리 시장·군수의 승인을 받아야 한다(시행령 제44조 제5항).

---

8) 표준정관 제24조제5항은 "조합원 10분의 1 이상이 총회의 목적사항을 제시하여 소집을 청구하는 때"를 규정하고 있다.

위 시행령 제44조 제5항에 따라 대의원회를 소집하는 경우에는 소집주체에 따라 감사 또는 제4항 각 호에 따라 소집을 청구한 사람의 대표가 의장의 직무를 대행한다(시행령 제44조 제6항).

대의원회의 소집은 집회 7일 전까지 그 회의의 목적·안건·일시 및 장소를 기재한 서면을 대의원에게 통지하는 방법에 따른다. 이 경우 정관이 정하는 바에 따라 대의원회의 소집내용을 공고하여야 한다(시행령 제44조 제7항). 다만, 사업추진상 시급히 대의원회 의결을 요하는 사안이 발생하는 경우에는 회의 개최 3일 전에 통지하고 대의원회에서 안건상정 여부를 묻고 의결할 수 있다(표준정관 제24조 제7항).

2. 운영 및 의결방법

대의원회는 재적대의원 과반수의 출석과 출석대의원 과반수의 찬성으로 의결한다. 다만, 그 이상의 범위에서 정관이 달리 정하는 경우에는 그에 따른다(시행령 제44조 제8항).

표준정관 제26조 제1항은 표준정관 제22조 제6항에 의하여 대의원회가 총회의 권한을 대행하여 의결하는 경우[9]에는 재적 대의원 3분의 2 이상의 출석과 출석 대의원 3분의 2 이상의 동의를 얻어야 함을 규정하고 있다. 이는 총회의 권한을 대행하는 사항에 대해서는 출석 및 의결정족수를 강화하여 조합운영을 보다 신중하게 하도록 하자는 취지이다(표준정관 제26조 제1항 주석).

대의원회는 사전에 통지한 안건만 의결할 수 있으나, 다만 사전에 통지하지 않은 안건으로서 대의원회 회의에서 정관이 정하는 바에 따라 채택된 안건의 경우에는 그러하지 아니하다(시행령 제44조 제9항). 특정한 대의원의 이해와 관련된 사항에 대하여는 그 대의원은 의결권을 행사할 수 없다(시행령 제44조 제10항).

---

9) ① 부과금의 금액 및 징수방법, ② 정비사업비의 사용계획 등 예산안, ③ 정비사업비의 조합원별 분담내역, ④ 청산금의 징수·지급(분할징수·분할지급을 포함한다)과 조합 해산시의 회계보고

대의원은 대리인을 통한 출석을 할 수 없다. 다만, 서면으로 대의원회에 출석하거나 의결권을 행사할 수 있으며, 이 경우 그 대의원은 출석한 것으로 본다(표준정관 제26조 제2항).

V. 대의원회 결의의 하자

앞서 본 바와 같이 법 제46조 제2항은 조합원 중 일정 비율 이상의 대의원 수를 규정하고 있는바, 이러한 정원요건을 충족하였으나 그 후 대의원의 궐위 등으로 인해 법정 정원수를 미달하게 되었다면 조합은 보궐선임을 하여 법정 정원수를 충족하여야 하고, 그렇지 못한 경우에는 총회를 개최하여 결의할 수 있을 뿐이며, 법정 정원수 미달한 대의원회의 결의는 무효라고 할 것이다. 하급심 판결 역시 법률에서 정한 정원에 미달하는 대의원회는 총회의 권한을 대행하여 결의할 수 없고, 그러한 결의는 대의원 구성에 중대한 하자가 있어 무효라고 판시한 바 있다.[10]

---

10) 대구고등법원 2012. 1. 13. 선고 2011나4224 판결.

제47조(주민대표회의)

① 토지등소유자가 시장·군수등 또는 토지주택공사등의 사업시행을 원하는 경우에는 정비구역 지정·고시 후 주민대표기구(이하 "주민대표회의"라 한다)를 구성하여야 한다.

② 주민대표회의는 위원장을 포함하여 5명 이상 25명 이하로 구성한다.

③ 주민대표회의는 토지등소유자의 과반수의 동의를 받아 구성하며, 국토교통부령으로 정하는 방법 및 절차에 따라 시장·군수등의 승인을 받아야 한다.

④ 제3항에 따라 주민대표회의의 구성에 동의한 자는 제26조제1항제8호 후단에 따른 사업시행자의 지정에 동의한 것으로 본다. 다만, 사업시행자의 지정 요청 전에 시장·군수등 및 주민대표회의에 사업시행자의 지정에 대한 반대의 의사표시를 한 토지등소유자의 경우에는 그러하지 아니하다.

⑤ 주민대표회의 또는 세입자(상가세입자를 포함한다. 이하 같다)는 사업시행자가 다음 각 호의 사항에 관하여 제53조에 따른 시행규정을 정하는 때에 의견을 제시할 수 있다. 이 경우 사업시행자는 주민대표회의 또는 세입자의 의견을 반영하기 위하여 노력하여야 한다.

　　1. 건축물의 철거

　　2. 주민의 이주(세입자의 퇴거에 관한 사항을 포함한다)

　　3. 토지 및 건축물의 보상(세입자에 대한 주거이전비 등 보상에 관한 사항을 포함한다)

　　4. 정비사업비의 부담

　　5. 세입자에 대한 임대주택의 공급 및 입주자격

　　6. 그 밖에 정비사업의 시행을 위하여 필요한 사항으로서 대통령령으로 정하는 사항

⑥ 주민대표회의의 운영, 비용부담, 위원의 선임 방법 및 절차 등에 필요한 사항은 대통령령으로 정한다.

Ⅰ. 제도의 취지

　　정비사업의 시행자가 조합인 경우에는 필요적 회의체 기관으로 조합원의 의견이 반영될 수 있는 회의체 기관인 총회, 대의원회 등이 있으나, 시행자가 시장·군수등 또는 토지주택공사등(공공시행자)인 경우에는 토지등소유자가 의견제시 및 수렴을 위기 위한 별도의 기구가 필요하므로 필수기관으로 주민대표회의를 구성

하도록 규정한 것이다.[1]

Ⅱ. 주민대표회의

1. 구성요건

토지등소유자가 시장·군수등 또는 토지주택공사등의 사업시행(공공시행자)을 원하는 경우, 정비구역 지정·고시 후 토지등소유자의 과반수의 동의를 받아 주민대표회의를 구성하여야 한다(법 제47조 제1항).

주민대표회의는 토지등소유자의 과반수의 동의를 받아 구성하며, 국토교통부령[2]으로 정하는 방법 및 절차에 따라 시장·군수등의 승인을 받아야 한다(법 제47조 제3항). 토지등소유자의 과반수 동의를 요건으로 하는 취지는 주민대표기구의 난립과 주민들 상호간 불신 및 분쟁 등을 방지하기 위함이다.[3]

2. 주민대표회의의 구성 및 운영방법

주민대표회의는 위원장을 포함하여 5명 이상 25명 이하로 구성하고(법 제47조 제2항), 위원장과 부위원장 각 1명과 1명 이상 3명 이하의 감사를 둔다(시행령 제45

---

1) 이우재, 전게서(상), 807면.
2) 시행규칙
    제9조(주민대표회의의 구성승인 신청 등) 법 제47조제1항에 따른 주민대표회의(이하 "주민대표회의"라 한다)를 구성하여 승인을 받으려는 토지등소유자는 별지 제7호서식의 주민대표회의 승인신청서(전자문서로 된 신청서를 포함한다)에 다음 각 호의 서류(전자문서를 포함한다)를 첨부하여 시장·군수등에게 제출하여야 한다.
    1. 영 제45조제4항에 따라 주민대표회의가 정하는 운영규정
    2. 토지등소유자의 주민대표회의 구성 동의서
    3. 주민대표회의 위원장·부위원장 및 감사의 주소 및 성명
    4. 주민대표회의 위원장·부위원장 및 감사의 선임을 증명하는 서류
    5. 토지등소유자의 명부
3) 이우재, 전게서(상), 808면.

조 제1항). 또한 시장·군수등 또는 토지주택공사등은 주민대표회의의 운영에 필요한 경비의 일부를 해당 정비사업비에서 지원할 수 있고(시행령 제45조 제3항), 주민대표회의의 위원의 선출·교체 및 해임, 운영방법, 운영비용의 조달 그 밖에 주민대표회의의 운영에 관하여 필요한 사항은 주민대표회의가 정한다(시행령 제45조 제4항).

3. 주민대표회의의 의견제시

주민대표회의 또는 세입자(상가세입자를 포함)는 사업시행자가 다음 각 호의 사항에 관하여 법 제53조에 따른 시행규정을 정하는 때에 의견을 제시할 수 있다. 이 경우 사업시행자는 주민대표회의 또는 세입자의 의견을 반영하기 위하여 노력하여야 한다(법 제47조 제5항).

1. 건축물의 철거
2. 주민의 이주(세입자의 퇴거에 관한 사항을 포함한다)
3. 토지 및 건축물의 보상(세입자에 대한 주거이전비 등 보상에 관한 사항을 포함한다)
4. 정비사업비의 부담
5. 세입자에 대한 임대주택의 공급 및 입주자격
6. 그 밖에 정비사업의 시행을 위하여 필요한 사항으로서 대통령령으로 정하는 사항

위 법 제47조 제5항 제6호에서 "대통령령이 정하는 사항"이란 다음 각 호의 사항을 말한다(시행령 제45조 제2항).

1. 법 제29조 제4항에 따른 시공자의 추천
2. 다음 각 목의 변경에 관한 사항
  가. 법 제47조 제5항 제1호에 따른 건축물의 철거
  나. 법 제47조 제5항 제2호에 따른 주민의 이주(세입자의 퇴거에 관한 사항을 포함한다)

다. 법 제47조 제5항 제3호에 따른 토지 및 건축물의 보상(세입자에 대한 주
거이전비 등 보상에 관한 사항을 포함한다)

라. 법 제47조 제5항 제4호에 따른 정비사업비의 부담

3. 관리처분계획 및 청산에 관한 사항(법 제23조 제1항 제1호부터 제3호까지의
방법으로 시행하는 주거환경개선사업은 제외한다)

4. 제3호에 따른 사항의 변경에 관한 사항

제48조(토지등소유자 전체회의)

① 제27조제1항제3호에 따라 사업시행자로 지정된 신탁업자는 다음 각 호의 사항에 관하여 해당 정비사업의 토지등소유자(재건축사업의 경우에는 신탁업자를 사업시행자로 지정하는 것에 동의한 토지등소유자를 말한다. 이하 이 조에서 같다) 전원으로 구성되는 회의(이하 "토지등소유자 전체회의"라 한다)의 의결을 거쳐야 한다.

  1. 시행규정의 확정 및 변경

  2. 정비사업비의 사용 및 변경

  3. 정비사업전문관리업자와의 계약 등 토지등소유자의 부담이 될 계약

  4. 시공자의 선정 및 변경

  5. 정비사업비의 토지등소유자별 분담내역

  6. 자금의 차입과 그 방법·이자율 및 상환방법

  7. 제52조에 따른 사업시행계획서의 작성 및 변경(제50조제1항 본문에 따른 정비사업의 중지 또는 폐지에 관한 사항을 포함하며, 같은 항 단서에 따른 경미한 변경은 제외한다)

  8. 제74조에 따른 관리처분계획의 수립 및 변경(제74조제1항 각 호 외의 부분 단서에 따른 경미한 변경은 제외한다)

  9. 제89조에 따른 청산금의 징수·지급(분할징수·분할지급을 포함한다)과 조합 해산 시의 회계보고

  10. 제93조에 따른 비용의 금액 및 징수방법

  11. 그 밖에 토지등소유자에게 부담이 되는 것으로 시행규정으로 정하는 사항

② 토지등소유자 전체회의는 사업시행자가 직권으로 소집하거나 토지등소유자 5분의 1 이상의 요구로 사업시행자가 소집한다.

③ 토지등소유자 전체회의의 소집 절차·시기 및 의결방법 등에 관하여는 제44조제5항, 제45조제3항·제4항·제6항 및 제7항을 준용한다. 이 경우 "총회"는 "토지등소유자 전체회의"로, "정관"은 "시행규정"으로, "조합원"은 "토지등소유자"로 본다.

Ⅰ. 서설

1. 제도의 취지

법 제27조의 재개발·재건축사업의 지정개발자 중 "신탁업자"가 사업시행자

로 지정되면(신탁방식의 정비사업), 조합의 총회와 같이 구성원의 의사결정을 하는 역할의 기구가 필요하다. 이에 토지등소유자 전원으로 구성된 회의체를 구성하게 된 것이다.

2. 토지등소유자 전체회의의 구성

토지등소유자 전체회의는 신탁업자가 사업시행자로 지정된 정비사업을 진행하는 경우에 전체 토지등소유자로 구성되나, 재건축사업의 경우에는 조합 방식의 정비사업과 동일하게 신탁업자를 사업시행자로 지정하는 것에 동의한 토지등소유자만 구성원이 될 수 있다(법 제48조 제1항).

Ⅱ. 토지등소유자 전체회의의 운영

1. 소집절차

토지등소유자 전체회의는 사업시행자가 직권으로 소집하거나 토지등소유자 5분의 1 이상의 요구로 사업시행자가 소집한다(법 제48조 제2항). 그리고 토지등소유자 전체회의의 소집 절차·시기 및 의결방법 등에 필요한 사항은 시행규정으로 정한다(법 제48조 제3항).

2. 의결사항

법 제48조는 토지등소유자 전체회의의 의결사항을 아래와 같이 규정하고 있다.

---

1. 시행규정의 확정 및 변경
2. 정비사업비의 사용 및 변경
3. 정비사업전문관리업자와의 계약 등 토지등소유자의 부담이 될 계약
4. 시공자의 선정 및 변경

---

5. 정비사업비의 토지등소유자별 분담내역
6. 자금의 차입과 그 방법·이자율 및 상환방법
7. 법 제52조에 따른 사업시행계획서의 작성 및 변경(법 제50조 제1항 본문에 따른 정비사업의 중지 또는 폐지에 관한 사항을 포함하며, 같은 항 단서에 따른 경미한 변경은 제외한다)
8. 법 제74조에 따른 관리처분계획의 수립 및 변경(법 제74조 제1항 각 호 외의 부분 단서에 따른 경미한 변경은 제외한다)
9. 법 제89조에 따른 청산금의 징수·지급(분할징수·분할지급을 포함한다)과 조합 해산 시의 회계보고
10. 법 제93조에 따른 비용의 금액 및 징수방법
11. 그 밖에 토지등소유자에게 부담이 되는 것으로 시행규정으로 정하는 사항

3. 운영

토지등소유자 전체회의의 운영에 관하여는 조합 총회에 관한 규정들이 준용된다(법 제48조 제3항, 제44조 제5항, 제45조 제3항·제4항·제6항 및 제7항).

> **제49조(민법의 준용)**
> 조합에 관하여는 이 법에 규정된 사항을 제외하고는 「민법」 중 사단법인에 관한 규정을 준용한다.

Ⅰ. 본조의 이해

도시정비법은 조합을 법인으로 하고 있다(법 제38조 제1항). 아울러 도시정비법상 조합에 대하여는 특별한 사정이 없는 한 도시정비법이 민법에 우선하여 적용되는 특별법이므로 도시정비법에 규정된 사항을 제외하고는 민법 중 사단법인에 관한 규정을 준용하고 있는 것이다.

Ⅱ. 주요 준용 민법 규정

1. 총칙 관련 규정

민법 제34조(법인의 권리능력), 제35조(법인의 불법행위능력), 제38조(법인의 설립허가의 취소) 등이 있다.

2. 설립 관련 규정

민법 제41조(이사의 대표권에 대한 제한), 제42조(사단법인의 정관의 변경), 제49조(법인의 등기사항), 제51조(사무소 이전의 등기), 제52조(변경등기), 제52조의2(직무집행정지 등 가처분의 등기), 제53조(등기기간의 기산), 제54조(설립등기 이외의 등기의 효력과 등기사항의 공고) 등이 있다.

3. 기관(임원등) 관련 규정

민법 제58조(이사의 사무집행), 제59조(이사의 대표권), 제60조(이사의 대표권에 대한 제한의 대항요건), 제60조의2(직무대행자의 권한), 제61조(이사의 주의의무), 제62조(이사의 대리인 선임), 제63조(임시이사의 선임), 제64조(특별대리인의 선임), 제65조(이사의 임무해태), 제66조(감사), 제67조(감사의 직무), 제68조(총회의 권한), 제69조(통상총회), 제70조(임시총회), 제71조(총회의 소집), 제72조(총회의 결의사항), 제73조(사원의 결의권), 제74조(사원이 결의권없는 경우), 제75조(총회의 결의방법) 등이 있다.

4. 해산 관련 규정

민법 제77조(해산사유), 제78조(사단법인의 해산결의), 제79조(파산신청), 제80조(잔여재산의 귀속), 제81조(청산법인), 제82조(청산인), 제83조(법원에 의한 청산인의 선임), 제84조(법원에 의한 청산인의 해임), 제85조(해산등기), 제86조(해산신고), 제87조(청산인의 직무), 제88조(채권신고의 공고), 제89조(채권신고의 최고), 제90조(채권신고기간내의 변제금지), 제91조(채권변제의 특례), 제92조(청산으로부터 제외된 채권), 제93조(청산중의 파산), 제94조(청산종결의 등기와 신고), 제95조(해산, 청산의 검사, 감독), 제96조(준용규정) 등이 있다.

제50조(사업시행계획인가)

① 사업시행자(제25조제1항 및 제2항에 따른 공동시행의 경우를 포함하되, 사업시행자가 시장·군수등인 경우는 제외한다)는 정비사업을 시행하려는 경우에는 제52조에 따른 사업시행계획서(이하 "사업시행계획서"라 한다)에 정관등과 그 밖에 국토교통부령으로 정하는 서류를 첨부하여 시장·군수등에게 제출하고 사업시행계획인가를 받아야 하고, 인가받은 사항을 변경하거나 정비사업을 중지 또는 폐지하려는 경우에도 또한 같다. 다만, 대통령령으로 정하는 경미한 사항을 변경하려는 때에는 시장·군수등에게 신고하여야 한다.

② 시장·군수등은 특별한 사유가 없으면 제1항에 따라 사업시행계획서의 제출이 있은 날부터 60일 이내에 인가 여부를 결정하여 사업시행자에게 통보하여야 한다.

③ 사업시행자(시장·군수등 또는 토지주택공사등은 제외한다)는 사업시행계획인가를 신청하기 전에 미리 총회의 의결을 거쳐야 하며, 인가받은 사항을 변경하거나 정비사업을 중지 또는 폐지하려는 경우에도 또한 같다. 다만, 제1항 단서에 따른 경미한 사항의 변경은 총회의 의결을 필요로 하지 아니한다.

④ 토지등소유자가 제25조제1항제2호에 따라 재개발사업을 시행하려는 경우에는 사업시행계획인가를 신청하기 전에 사업시행계획서에 대하여 토지등소유자의 4분의 3 이상 및 토지면적의 2분의 1 이상의 토지소유자의 동의를 받아야 한다. 다만, 인가받은 사항을 변경하려는 경우에는 규약으로 정하는 바에 따라 토지등소유자의 과반수의 동의를 받아야 하며, 제1항 단서에 따른 경미한 사항의 변경인 경우에는 토지등소유자의 동의를 필요로 하지 아니한다.

⑤ 지정개발자가 정비사업을 시행하려는 경우에는 사업시행계획인가를 신청하기 전에 토지등소유자의 과반수의 동의 및 토지면적의 2분의 1 이상의 토지소유자의 동의를 받아야 한다. 다만, 제1항 단서에 따른 경미한 사항의 변경인 경우에는 토지등소유자의 동의를 필요로 하지 아니한다.

⑥ 제26조제1항제1호 및 제27조제1항제1호에 따른 사업시행자는 제5항에도 불구하고 토지등소유자의 동의를 필요로 하지 아니한다.

⑦ 시장·군수등은 제1항에 따른 사업시행계획인가(시장·군수등이 사업시행계획서를 작성한 경우를 포함한다)를 하거나 정비사업을 변경·중지 또는 폐지하는 경우에는 국토교통부령으로 정하는 방법 및 절차에 따라 그 내용을 해당 지방자치단체의 공보에 고시하여야 한다. 다만, 제1항 단서에 따른 경미한 사항을 변경하려는 경우에는 그러하지 아니하다.

I. 서설

1. 사업시행계획인가의 의의

사업시행계획이란 정비사업시행을 위한 일체의 사업계획을 포괄하고 있는 계획으로서 토지이용계획(건축물배치계획 포함), 정비기반시설 등의 설치계획, 건축계획, 이주대책 등 정비사업을 위한 포괄적이고 구체적인 계획을 말한다. 사업시행자는 이러한 사업시행계획을 작성하여 관할관청의 인가를 받는데, 이것이 사업시행계획인가이다. 사업시행계획인가 중 가장 중요한 의미를 가지는 것은 무엇보다 건축물의 높이, 용적률 등 건축물의 설계를 확정하는 건축계획이라 할 것이다.

2. 대상 정비사업

사업시행계획인가가 필요한 정비사업은 사업시행자가 시장·군수등인 경우를 제외한 정비사업에 있어서는 사업시행계획서인가가 필요하고, 인가받은 사항을 변경하거나 정비사업을 중지 또는 폐지하려는 경우에도 또한 같다(법 제50조 제1항 본문). 다만, 대통령령으로 정하는 경미한 사항을 변경하려는 때에는 시장·군수등에게 신고하여야 한다(법 제50조 제1항 단서). <u>시행령 제46조의 경미한 사항은 아래와 같다.</u>

---

1. 정비사업비를 10퍼센트의 범위에서 변경하거나 관리처분계획의 인가에 따라 변경하는 때. 다만, 「주택법」 제2조제5호에 따른 국민주택을 건설하는 사업인 경우에는 「주택도시기금법」에 따른 주택도시기금의 지원금액이 증가되지 아니하는 경우만 해당한다.
2. 건축물이 아닌 부대시설·복리시설의 설치규모를 확대하는 때(위치가 변경되는 경우는 제외한다)
3. 대지면적을 10퍼센트의 범위에서 변경하는 때
4. 세대수와 세대당 주거전용면적(바닥 면적에 산입되는 면적으로서 사업시행자가 공급하는 주택의 면적을 말한다. 이하 이 호에서 같다)을 변경하지 아니하

고 세대당 주거전용면적의 10퍼센트의 범위에서 세대 내부구조의 위치 또는
면적을 변경하는 때

5. 내장재료 또는 외장재료를 변경하는 때

6. 사업시행계획인가의 조건으로 부과된 사항의 이행에 따라 변경하는 때

7. 건축물의 설계와 용도별 위치를 변경하지 아니하는 범위에서 건축물의 배치
및 주택단지 안의 도로선형을 변경하는 때

8. 「건축법 시행령」제12조제3항 각 호의 어느 하나에 해당하는 사항을 변경하는 때

9. 사업시행자의 명칭 또는 사무소 소재지를 변경하는 때

10. 정비구역 또는 정비계획의 변경에 따라 사업시행계획서를 변경하는 때

11. 법 제35조제5항 본문에 따른 조합설립변경 인가에 따라 사업시행계획서를
변경하는 때

12. 그 밖에 시·도조례로 정하는 사항을 변경하는 때

대법원은 대통령령이 정하는 경미한 사항을 변경하고자 하는 때란, "<u>도시정</u>
<u>비법 시행령 각 호에 규정된 사항들에 한정되는 것이 아니라, 변경대상이 되는 관</u>
<u>리처분계획의 내용을 구체적·개별적으로 살펴보아 조합 총회의 의결을 거치지 아</u>
<u>니하더라도 그 변경내용이 객관적으로 조합원 등 이해관계인의 의사에 충분히 부</u>
<u>합하고 그 권리의무 내지 법적 지위를 침해하지 아니하거나, 분양대상자인지 여부</u>
<u>에 대한 확정판결에 따라 관리처분계획의 내용을 변경하는 때와 같이 조합 총회의</u>
<u>의결을 거친다고 하더라도 그 변경내용과 다르게 의결할 수 있는 여지가 없는 경</u>
<u>우 등도 포함한다</u>"고 판시한 바 있다.[1]

Ⅱ. 사업시행계획인가의 법적 성격과 쟁송방법

1. 행정처분성

사업시행계획인가의 고시가 있게 되면, 사업시행자가 정비사업을 시행할 수
있는 지위 또는 권리를 부여 받게 되고, 토지보상법상 사업인정 및 고시가 있는

---

1) 대법원 2012. 5. 24. 선고 2009두22140 판결.

것으로 의제되고, 주택법상 사업계획승인, 건축법상 건축허가 등 각종 개별법상의 인·허가 등이 의제되는 등 이해관계인에게 직접적이고 구체적인 법적 효과를 발생시키는 것인바, 이는 행정처분으로서 처분성을 갖는다.[2]

2. 법적 성격

가. 문제점

사업시행계획인가의 법적 성격은 보충행위설과 설권행위설로 나뉘는데, 이에 대한 논의의 실익은 법적 성격에 따라 후술하는 바와 같이 사업시행계획의 독립된 행정처분 여부, 쟁송방법상 차이가 있다는 점에 있다.

나. 실무 견해

사업시행계획인가의 법적 성격에 관하여 ① 관리처분계획인가와 동일하게 사업시행계획을 기본행위로 보고, 인가는 기본행위의 법률적 효력을 보충하여 주는 것이라는 보충행위설(강학상 인가),[3] ② 사업시행자에게 철거 및 착공 등 정비사업을 시행할 수 있는 권한을 부여하는 설권행위설(강학상 허가 내지 특허)[4]이 대립된다.

다. 판례의 태도

대법원의 입장은 보충행위설과 설권행위설[5]의 입장으로 나뉘는데, 최근 다수의 판결은 보충행위설[6]에 따른 입장인 것으로 보인다.

보충행위설의 입장인 대법원 판결의 설시 사례를 살펴보면, "도시정비법에

---

2) 이우재, 전게서(상), 831면, 대법원 1993. 3. 9. 선고 92누16287 판결(구 도시재개발법 사안으로, 재개발사업시행인가는 행정처분으로서 독립하여 행정쟁송의 대상이 된다).
3) 맹신균, 전게서, 606면, 부산지방법원, 판사들이 들려주는 재개발·재건축이야기, 2010, 182면.
4) 유삼술·이종만, 전게서, 442면, 서울행정법원, 행정재판실무편람 Ⅲ 자료집, 2002, 528면, 강신은, 도시개발신문, 사업시행인가의 법적성질.
5) 대법원 1998. 8. 21. 선고 97누9949 판결, 대법원 2005. 7. 28. 선고 2003두9312 판결, 대법원 2007. 7. 12. 선고 2007두6663 판결 등.
6) 대법원 2008. 1. 10. 선고 2007두16691 판결, 대법원 2009. 11. 2. 자 2009마596 결정, 대법원 2009. 11. 2. 자 2009마596 결정, 대법원 2010. 12. 9. 선고 2010두1248 판결 등.

기초하여 도시환경정비사업조합이 수립한 '사업시행계획'은 그것이 인가·고시를 통해 확정되면 이해관계인에 대한 구속적 행정계획으로서 '독립된 행정처분'에 해당하므로, 사업시행계획을 인가하는 행정청의 행위는 도시환경정비사업조합의 사업시행계획에 대한 법률상의 효력을 완성시키는 '보충행위'에 해당하고, 기본행위가 적법·유효하고 보충행위인 인가처분 자체에만 하자가 있다면 그 인가처분의 무효나 취소를 주장할 수 있다고 할 것이지만, 인가처분에 하자가 없다면 기본행위에 하자가 있다 하더라도 따로 그 기본행위의 하자를 다투는 것은 별론으로 하고 기본행위의 무효를 내세워 바로 그에 대한 인가처분의 취소 또는 무효확인을 구할 수 없다"고 명확히 판시한 바 있다.[7]

다만, 대법원은 과거 토지등소유자 방식의 도시환경정비사업에서의 사업시행인가처분에 관하여 사업시행인가를 받은 토지등소유자들은 관할 행정청의 감독 아래 정비구역 안에서 도시환경정비사업을 시행하는 목적 범위 내에서 법령이 정하는 바에 따라 일정한 행정작용을 행하는 행정주체로서의 지위를 가지므로, 토지등소유자에 대한 사업시행인가처분은 단순히 사업시행계획에 대한 보충행위로서의 성질을 가지는 것이 아니라 정비사업을 시행할 수 있는 권한을 가지는 행정주체로서의 지위를 부여하는 일종의 설권적 처분의 성격을 가진다고 판시하였는바,[8] 토지등소유자가 사업시행자가 되는 재개발사업의 경우에도 위 대법원 판결과 같이 설권행위의 성격으로 볼 수 있을 것이다.

3. 사업시행계획인가와 쟁송방법

가. 보충행위로 볼 경우

사업시행계획인가의 법적 성격을 보충행위로 본다면, ① 사업시행계획은 인가처분과 독립된 행정처분이 되고, ② 기본행위인 사업시행계획에 존재하는 하자에 대해서는 조합을 상대로 하여 사업시행계획에 대한 취소 또는 무효확인의 항고소송을 제기하여야 하고, ③ 사업시행계획인가처분에 자체에 존재하는 하자에 대

---

7) 대법원 2010. 1. 28. 선고 2009다84646 판결.
8) 대법원 2013. 6. 13. 선고 2011두19994 판결.

해서는 시장·군수등 행정청을 상대로 하여 사업시행계획인가처분에 대한 취소 또는 무효확인의 항고소송을 제기하여야 한다.

그런데 이러한 시행시행계획인가의 구체적인 쟁송방법 관련 몇 가지 유의할 점이 있다. ① 사업시행계획을 결정하는 총회의 결의 자체에 하자가 있을 경우 사업시행계획인가 전까지는 조합을 상대로 당사자소송의 형태로 총회 결의의 효력을 다투는 당사자소송을 제기할 수 있다.9) ② 그런데 총회 결의 자체에 하자가 있더라도 만약 사업시행계획인가가 내려지면 총회 결의의 하자를 이유로 총회 결의에 대한 소송을 제기할 수 없고, 총회 결의의 하자는 사업시행계획의 하자가 되므로 조합을 상대로 사업시행계획에 대한 항고소송을 제기하여야 한다. 대법원도 사업시행계획에 대하여 행정청의 인가·고시가 있게 되면, 사업시행계획은 행정처분으로서 효력이 발생하고, 이 경우에 사업시행계획이라는 행정처분에 이르는 절차적 요건 중 하나로서 해당 총회 결의에 하자가 있다 하더라도, 행정처분인 사업시행계획에 대하여 항고소송의 방법으로 취소 또는 무효확인을 구하여야 하고, 그와 별도로 해당 총회 결의 부분만을 따로 떼어내어 효력 유무를 다투는 확인의 소를 제기하는 것은 특별한 사정이 없는 한 허용되지 아니한다고 판시하였다.10) ③ 만약 조합을 상대로 사업시행계획에 대한 총회 결의의 효력을 당사자소송으로 다투던 중 사업시행계획인가가 있으면 항고소송으로 소변경을 해야 할 것이다. ④ 앞서 본 바와 같이 사업시행계획인가처분 자체에 하자가 있는 경우에는 행정청을 상대로 인가처분 자체에 대한 항고소송을 제기할 수 있다.11)

나. 설권행위로 볼 경우

사업시행계획인가의 법적 성격을 설권행위로 보게 되면, ① 사업시행계획은

---

9) 대법원 2009. 10. 15. 선고 2008다93001 판결(행정주체인 재건축조합을 상대로 관리처분계획안에 대한 조합 총회 결의의 효력 등을 다투는 소송은 행정처분에 이르는 절차적 요건의 존부나 효력 유무에 관한 소송으로서 그 소송결과에 따라 행정처분의 위법 여부에 직접 영향을 미치는 공법상 법률관계에 관한 것이므로, 이는 행정소송법상의 당사자소송에 해당하고, 재건축 조합을 상대로 사업시행계획안에 대한 조합 총회 결의의 효력 등을 다투는 소송 또한 행정소송법상의 당사자소송에 해당한다.)
10) 대법원 2009. 11. 2. 자 2009마596 결정, 대법원 2016. 10. 13. 선고 2012두24481 판결.
11) 이우재, 전게서(상), 835~836면.

행정계획이나, 그 자체가 독립된 행정처분은 아니며, 인가처분이 사업시행계획을 확정하고 일정한 권한을 부여하는 처분이 되고, ② 사업시행계획 및 사업시행계획 인가에 존재하는 하자들에 대해 모두 행정청을 상대로 하여 사업시행계획인가 처분에 대한 항고소송을 제기해야 한다. ③ 사업시행계획인가가 나면 사업시행계획에 대한 총회 결의에 대해 다투는 것은 허용되지 아니하나, 사업시행계획인가처분이 내려지기 전까지는 총회 결의에 대해 무효확인소송을 제기할 수 있고, 쟁송방법은 당사자소송의 범위에 관한 학설에 따라 민사소송(최협의설, 협의설) 또는 당사자소송(광의설, 최광의설)의 대상이 될 수 있다.[12]

Ⅲ. 사업시행계획인가신청과 토지등소유자의 동의

1. 조합방식의 정비사업(재개발·재건축사업)

사업시행자(시장·군수등 또는 토지주택공사등은 제외)는 사업시행계획인가를 신청하기 전에 미리 총회의 의결을 거쳐야 하며, 인가받은 사항을 변경하거나 정비사업을 중지 또는 폐지하려는 경우에도 또한 같다(법 제50조 제3항 본문). 다만, 경미한 사항의 변경은 총회의 의결을 필요로 하지 아니한다(법 제50조 제3항 단서).

조합방식이 아닌 시장·군수등 또는 토지주택공사등이 사업시행자가 되는 주거환경개선사업은 2.가 없으므로 본 규정이 적용되지 않는다.

2. 토지등소유자 방식의 재개발사업

20인 미만의 토지등소유자가 법 제25조 제1항 제2호에 따라 재개발사업을 시행하는 경우에는 사업시행계획인가를 신청하기 전에 사업시행계획서에 대하여 토지등소유자의 4분의 3 이상 및 토지면적의 2분의 1 이상의 토지소유자의 동의를 받아야 한다(법 제50조 제4항 본문).[13] 이는 조합방식의 재개발사업의 조합설립에

---

12) 이우재, 전게서(상), 836면.

대해 토지등소유자의 4분의 3 이상 및 토지면적의 2분의 1 이상의 토지소유자의 동의 정족수와 동일하다(법 제35조 제2항).

다만, 인가받은 사항을 변경하려는 경우에는 규약으로 정하는 바에 따라 토지등소유자의 과반수의 동의를 받아야 하며, 법 제50조 제1항 단서에 따른 경미한 사항의 변경인 경우에는 토지등소유자의 동의를 필요로 하지 아니한다(법 제50조 제4항 단서).

한편, 대법원은 토지등소유자의 동의 관련하여 부동산에 관하여 담보신탁 또는 처분신탁 등이 이루어진 경우에 동의 대상 토지등소유자를 위탁자 또는 수탁자 중 누구로 봐야 하는지에 대해 사업시행자로서 사업시행인가를 신청하는 토지등소유자 및 신청에 필요한 동의를 얻어야 하는 토지등소유자는 모두 수탁자가 아니라 정비사업에 따른 이익과 비용이 최종적으로 귀속되는 위탁자로 해석하는 것이 타당하며, 토지등소유자의 자격 및 동의자 수를 산정할 때에는 위탁자를 기준으로 해야 한다는 태도이다.[14]

3. 지정개발자

지정개발자가 정비사업을 시행하려는 경우에는 사업시행계획인가를 신청하기 전에 토지등소유자의 과반수의 동의 및 토지면적의 2분의 1 이상의 토지소유자의 동의를 받아야 한다(법 제50조 제5항 본문). 다만, 법 제50조 제1항 단서에 따른 경미한 사항의 변경인 경우에는 토지등소유자의 동의를 필요로 하지 아니한다(법 제

---

13) 2017. 2. 8. 법률 제14567호로 전부 개정되기 전, 구법 제28조 제7항은 토지등소유자 방식의 도시환경정비사업에 있어서 사업시행계획서에 대해 토지등소유자의 4분의 3 이상의 동의만 얻으면 되는 것으로 규정하고 있었는데, 토지등소유자나 조합이 사업시행자로 동일한 법적 지위를 누리기 위해서는 동일한 토지등소유자의 동의를 받아야 한다는 비판이 있었고, 이에 전부개정법률은 토지등소유자 방식의 재개발사업을 위한 동의 정족수에 대해 조합설립을 위한 동의 정족수와 동일하게 개정되었다(강신은, 재개발·재건축개정조문해설, 도시개발신문, 2018. 155~156면). 다만, 개정 규정은 전부개정 법의 시행일인 2018. 2. 9. 이후 최초로 사업시행계획인가를 신청하는 경우부터 적용된다(부칙 제10조 제2항).
14) 대법원 2015. 6. 11. 선고 2013두15262 판결.

50조 제5항 단서).

천재지변, 「재난 및 안전관리 기본법」 제27조 또는 「시설물의 안전 및 유지관리에 관한 특별법」 제23조에 따른 사용제한·사용금지, 그 밖의 불가피한 사유로 긴급하게 정비사업을 시행할 필요가 있다고 인정하는 때에 해당하여 지정개발자가 사업을 시행하는 경우에는 토지등소유자의 동의를 필요로 하지 아니한다(법 제50조 제6항, 제26조 제1항 제1호, 제27조 제1항 제1호).

Ⅳ. 사업시행계획서 등의 제출

사업시행자(법 제25조 제1항 및 제2항에 따른 공동시행의 경우를 포함하되, 사업시행자가 시장·군수등인 경우는 제외한다)는 정비사업을 시행하려는 경우에는 법 제52조에 따른 사업시행계획서에 정관등과 그 밖에 국토교통부령으로 정하는 서류를 첨부하여 시장·군수등에게 제출해서 사업시행계획인가를 받아야 한다(법 제50조 제1항 본문 전문).

국토교통부령에 따라 첨부하여 제출하여야 하는 서류는 아래와 같다(시행규칙 제10조 제2항).

> 가. 총회의결서 사본. 다만, 법 제25조제1항제2호에 따라 토지등소유자가 재개발사업을 시행하는 경우 또는 법 제27조에 따라 지정개발자를 사업시행자로 지정한 경우에는 토지등소유자의 동의서 및 토지등소유자의 명부를 첨부한다.
> 나. 법 제52조(사업시행계획서의 작성)에 따른 사업시행계획서
> 다. 법 제57조(인·허가등의 의제 등) 제3항에 따라 제출하여야 하는 서류
> 라. 법 제63조(토지 등의 수용 또는 사용)에 따른 수용 또는 사용할 토지 또는 건축물의 명세 및 소유권 외의 권리의 명세서(재건축사업의 경우에는 법 제26조제1항제1호 및 제27조제1항제1호에 해당하는 사업을 시행하는 경우로 한정한다)

Ⅴ. 사업시행계획인가의 효력

1. 인가의 고시

시장·군수등은 법 제50조 제1항에 따른 사업시행계획인가(시장·군수등이 사업시행계획서를 작성한 경우를 포함)를 하거나 정비사업을 변경·중지 또는 폐지하는 경우에는 국토교통부령으로 정하는 방법 및 절차에 따라 그 내용을 해당 지방자치단체의 공보에 고시하여야 한다. 다만, 법 제50조 제1항 단서에 따른 경미한 사항을 변경하려는 경우에는 그러하지 아니하다(법 제50조 제7항).

시장·군수등은 국토교통부령에 따라 해당 지방자치단체의 공보에 고시해야 할 내용은 아래와 같다(시행규칙 제10조 제3항).

---

1. 사업시행계획인가 : 다음 각 목의 사항
   가. 정비사업의 종류 및 명칭
   나. 정비구역의 위치 및 면적
   다. 사업시행자의 성명 및 주소(법인인 경우에는 법인의 명칭 및 주된 사무소의 소재지와 대표자의 성명 및 주소를 말한다. 이하 같다)
   라. 정비사업의 시행기간
   마. 사업시행계획인가일
   바. 수용 또는 사용할 토지 또는 건축물의 명세 및 소유권 외의 권리의 명세(해당하는 사업을 시행하는 경우로 한정한다)
   사. 건축물의 대지면적·건폐율·용적률·높이·용도 등 건축계획에 관한 사항
   아. 주택의 규모 등 주택건설계획
   자. 법 제97조에 따른 정비기반시설 및 토지 등의 귀속에 관한 사항
2. 변경·중지 또는 폐지인가 : 다음 각 목의 사항
   가. 제1호 가목부터 마목까지의 사항
   나. 변경·중지 또는 폐지의 사유 및 내용

---

2. 사업시행계획인가의 효력

가. 사업시행계획의 확정

사업시행계획인가 및 고시가 있으면 사업시행계획이 확정된다.

나. 공사의 착공

사업시행자는 확정된 사업시행계획에 따라 철거 및 공사를 착공하는 등 정비사업을 시행할 수 있다. 다만, 도시정비법상 관리처분계획인가 이후 기존 건축물을 철거할 수 있으므로(법 제81조 제2항) 사업시행계획인가 후 공사 착공은 사실상 어렵고, 관리처분계획인가 이후 기존 건축물의 철거 및 신축 공사를 착공할 수 있을 것이다.

다. 관계 법률의 인·허가 의제

사업시행계획인가를 받은 때에는 정비사업을 위한 관계 법률에 따른 인·허가 등이 있는 것으로 보고, 사업시행계획인가의 고시가 있은 때에는 인·허가의 고시·공고 등이 있은 것으로 본다(법 제57조).

라. 수용·사용권

사업시행계획인가 및 고시가 있으면 토지보상법 제20조 제1항 및 제22조 제1항의 사업인정 및 고시가 있은 것으로 보고(법 제65조 제2항), 정비사업을 시행하기 위하여 토지·물건 또는 그 밖의 권리를 취득하거나 사용할 수 있다(법 제63조).

마. 분양신청통지 및 공고

사업시행자는 사업시행계획인가의 고시가 있은 날(사업시행계획인가 이후 시공자를 선정한 경우에는 시공자와 계약을 체결한 날)부터 120일 이내에 분양대상자별 분담금의 추산액, 분양신청기간 등을 토지등소유자에게 통지하고, 분양의 대상이 되는 대지 또는 건축물의 내역 등 대통령령으로 정하는 사항을 해당 지역에서 발간되는 일간신문에 공고하여야 한다(법 제72조 제1항).

바. 종전자산 및 국·공유지 평가의 기준일

관리처분계획 수립시 종전자산에 대한 가격의 기준은 사업시행계획인가 고시일을 기준으로 감정평가를 시행하고(법 제74조 제1항 제5호), 또한 정비사업을 목적으로 우선 매각하는 국·공유지 평가의 기준일이 된다(법 제98조 제6항).

3. 철거를 위한 인도의무의 집행

가. 인도의무의 집행

도시정비법상 관리처분계획 인가 이후 기존 건축물을 철거한 다음 공사를 착공할 수 있게 되는데, 이를 위하여 조합원들은 기존 건축물을 조합에게 인도하여야 한다. 표준정관 제10조 제1항 제6호도 조합원의 의무사항으로 사업시행계획에 의한 철거 및 이주 의무를 규정하고 있다.

그런데 사업시행계획인가가 있음에도 조합원이 기존 건축물의 인도를 거부하고 철거에 응하지 않을 경우, 사업시행자는 기존 건축물을 철거의 방법으로 행정대집행을 할 수 있는지, 민사소송에 의해야 하는지 문제된다.

이에 대해 도시정비법 제19조 제4항은 시장·군수등의 원상회복 명령 관련 행정대집행법의 적용을 규정하고 있는 것과 달리 조합의 경우에는 이러한 규정이 없는 점, 조합에 대하여는 민법상 사단법인에 관한 규정이 준용되는 점을 보면 행정대집행을 할 수 없다는 견해가 있다.[15]

대법원도 "조합의 규약이나 정관에, 조합은 사업의 시행으로서 그 구역 내의 건축물을 철거할 수 있다. 조합원은 그 철거에 응할 의무가 있다는 취지의 규정이 있고, 조합원이 재건축조합에 가입하면서 조합원의 권리, 의무 등 조합 정관에 규

---

15) 이우재, 전게서(상), 840면.

정된 모든 내용에 동의한다는 취지의 동의서를 제출하였다고 하더라도, 조합원은 이로써 조합의 건축물 철거를 위한 명도의 의무를 부담하겠다는 의사를 표시한 것일 뿐이므로, 조합원이 그 의무이행을 거절할 경우 조합은 명도청구소송 등 법적 절차를 통하여 그 의무이행을 구하여야 한다"고 하여 민사소송에 의하여야 한다는 취지로 판시한 바 있다.[16)]

나. 이주 거부 조합원의 손해배상책임

대법원은 조합이 사업시행계획 및 관리처분계획인가를 받은 경우 조합원들은 구 도시정비법(2017. 2. 8. 법률 제14567호로 전부개정되기 전의 것) 제49조 제6항(현 제81조 제1항)과 정관규정에 따라 주택재건축정비사업의 시행자인 조합에게 그 부동산을 인도할 의무가 있는데도 인도의무를 지체하여 정비사업 시행이 지연되었을 경우에는 인도의무가 발생하는 관리처분계획인가 고시일부터 부동산의 인도 완료일까지의 손해를 배상할 의무가 있고, 사업시행계획인가와 관리처분계획인가의 무효 확인을 구하는 행정소송을 제기하였더라도 그 행정소송의 경위 등[17)]에 비추어, 그 지체에 정당한 사유가 있었다는 조합원들의 주장을 배척하였다.

아울러, 손해배상의 범위에 관하여 기본이주비와 사업비에 관한 대출금에 대하여 인도의무가 지체된 기간 동안의 이자와, 이주비를 신청하지 않은 조합원에게 같은 기간 동안 조합이 추가로 부담하게 되는 이자를 합한 1일당 금액을 손해라고 보아 그 금액에 조합원별 지체일수를 곱한 액수를 손해액으로 산정한 바 있다.[18)]

---

16) 대법원 2007. 9. 20. 선고 2007도5207 판결.
17) 행정소송의 제1심, 항소심, 상고심은 사업시행계획인가와 관리처분계획인가의 무효확인 등을 구하는 청구를 모두 배척하였다.
18) 대법원 2018. 7. 12. 선고 2014다88093 판결(다만, 여러 사정을 종합하여 책임 비율을 20%로 제한한 사례이다).

VI. 관련 쟁점

1. 사업시행계획인가의 재량행위 여부

대법원은 사업시행의 인가가 상대방에게 권리나 이익을 부여하는 효과를 가진 이른바 수익적 행정처분으로서 법령에 행정처분의 요건에 관하여 일의적으로 규정되어 있지 아니한 이상 행정청의 재량행위에 속한다고 한다.[19]

2. 부관(附款) 부과 가부

대법원은 "재량행위에 속하는 수익적 행정처분에 있어서는 법령에 특별한 근거규정이 없다고 하더라도 관계 법령에 명시적인 금지규정이 없는 한, 행정목적을 달성하기 위하여 부담(負擔) 등 부관을 붙일 수 있고, 그와 같은 부담은 행정청이 행정처분을 하면서 일방적으로 부가할 수도 있지만 부담을 부가하기 이전에 상대방과 협의하여 부담의 내용을 협약의 형식으로 미리 정한 다음 행정처분을 하면서 이를 부가할 수도 있다"고 한다.[20]

다만, 부관은 그 부관의 내용이 이행 가능하고 비례의 원칙 및 평등의 원칙에 적합하며 행정처분의 본질적 효력을 저해하지 아니하는 경우여야 할 것이다.[21]

3. 사업시행계획인가 하자와 사정판결 가부

행정처분이 위법한 경우에도 처분등을 취소하는 것이 현저히 공공복리에 적합하지 아니하다고 인정하는 때에는 법원은 원고의 청구를 기각하는 사정판결을 할 수 있다(행정소송법 제28조). 따라서 정비사업에 관하여도 이러한 사정판결을 할

---

19) 대법원 2007. 7. 12. 선고 2007두6663 판결.
20) 대법원 2004. 3. 25. 선고 2003두12837 판결, 대법원 2007. 7. 12. 선고 2007두6663 판결, 대법원 2009. 2. 12. 선고 2008다56262 판결 등.
21) 대법원 2004. 3. 25. 2003두12837 판결.

필요가 있다고 인정되는 경우에는 사실 및 여러 사정을 기초로 하여 직권으로 사
정판결을 할 수 있을 것이다.[22]

　대법원이 정비사업(재개발사업)에 관하여 사정판결 여부를 판단한 판결을 예시
적으로 살펴보면, ① 재개발조합설립 및 사업시행계획인가 당시 법정 요건의 정족
수를 흠결한 위법이 있으나 그 후 90% 이상의 소유자가 재개발사업의 속행을 바
라고 있는 사안에서 재개발사업의 공익목적에 비추어 그 처분을 취소하는 것은 현
저히 공공복리에 적합하지 아니하다고 하면서 사정판결을 한 바 있는 반면,[23] ②
재개발사업이 시행될 경우 재개발구역 내 토지등소유자의 권리에 미치는 영향의
중대성에 비추어 재개발사업에 동의한 자가 동의하지 아니한 자에 비하여 많다거
나 재개발사업을 시행하지 못하게 됨으로써 사업시행에 동의한 사람들이 생활상
의 고통을 받는다는 사정만으로는 재개발조합설립 및 사업시행계획인가처분을 취
소하는 것이 현저히 공공복리에 적합하지 아니하다고 할 수 없다는 이유로 사정판
결을 부정한 판결도 있다.[24]

---

22) 이우재, 전게서(상), 842면.
23) 대법원 1995. 7. 28. 선고 95누4629 판결(구 도시재개발법 사례), 참고로, 도시정비법 제정
　　이후 사안으로 부산고등법원 2015. 4. 15. 선고 2013누3221 판결은 재개발사업의 진행 단계
　　와 규모, 다수의 조합원들의 의사, 기존의 의결내용이 수정될 가능성, 원고들이 입는 불이익
　　과 나머지 조합원들 및 일반 수분양자들이 입을 수 있는 불이익 등에다가, 관리처분계획의
　　하자에 관한 주된 원인이 조합의 잘못된 것이 명백한 업무집행에 있다기보다는 현행 도시정
　　비법의 불완전 내지 불비에 기인하는 측면이 있는 점까지 참작하여 이 사건 관리처분계획을
　　취소하는 것은 현저히 공공복리에 적합하지 아니하다고 하여 관리처분계획취소에 대한 사정
　　판결을 한 바 있는데, 다만, 위 부산고등법원 판결은 상고심인 대법원 2016. 2. 18. 선고
　　2015두2048 판결에서 관리처분계획이 위법하지 않다는 이유로 파기되면서 대법원은 사정판
　　결에 대한 위법 여부는 직접 판단하지 않았다.
24) 대법원 2001. 6. 15. 선고 99두5566 판결(구 도시재개발법 사안).

> **제51조(기반시설의 기부채납 기준)**
> ① 시장·군수등은 제50조제1항에 따라 사업시행계획을 인가하는 경우 사업시행자가 제출하는 사업시행계획에 해당 정비사업과 직접적으로 관련이 없거나 과도한 정비기반시설의 기부채납을 요구하여서는 아니 된다.
> ② 국토교통부장관은 정비기반시설의 기부채납과 관련하여 다음 각 호의 사항이 포함된 운영기준을 작성하여 고시할 수 있다.
> 1. 정비기반시설의 기부채납 부담의 원칙 및 수준
> 2. 정비기반시설의 설치기준 등
> ③ 시장·군수등은 제2항에 따른 운영기준의 범위에서 지역여건 또는 사업의 특성 등을 고려하여 따로 기준을 정할 수 있으며, 이 경우 사전에 국토교통부장관에게 보고하여야 한다.

Ⅰ. 본조의 이해

본조는 2017. 2. 8. 법률 제14567호의 전부개정시 도입되었고, 개정법률 시행일인 2018. 2. 9. 이후 사업시행계획인가(변경인가를 포함)를 신청하는 경우부터 적용된다(부칙 제11조).

위 조항은 행정청이 사업시행계획인가를 하면서 정비사업과 직접적 관련이 없거나 과도한 정비기반시설의 기부채납을 요구하는 경우 사업시행자의 과도한 부담이 되고, 그 피해는 결국 조합원 및 일반 수분양자도 입게 되는바, 이러한 문제점을 방지하고자 기부채납에 관한 기준을 규정한 것이다.[1]

---

1) 참고로, 주택법 제17조도 주택건설사업계획 승인시의 기부채납 기준에 관하여 본조와 거의 동일한 규정을 두고 있다.

Ⅱ. 기반시설의 기부채납 기준

1. 국토교통부장관의 운영기준

국토교통부장관은 정비기반시설의 기부채납과 관련하여 다음 각 호의 사항이 포함된 운영기준을 작성하여 고시할 수 있다(법 제51조 제2항).

① 정비기반시설의 기부채납 부담의 원칙 및 수준

② 정비기반시설의 설치기준 등

현재 관련 국토교통부 고시는 제정되어 있지 않은 상황인데, 참고로 주택법 제17조에 따른 운영기준으로 「주택건설사업 기반시설 기부채납 운영기준」(국토교통부고시 제2017－543호)[2]이 있다.

2. 시장·군수등의 운영기준

시장·군수등은 법 제51조 제2항에 따른 운영기준의 범위에서 지역여건 또는 사업의 특성 등을 고려하여 따로 기준을 정할 수 있으며, 이 경우 사전에 국토교통부장관에게 보고하여야 한다(법 제51조 제3항).

---

2) 위 고시의 기반시설 기부채납 원칙은 아래와 같다.

1－5－1. 기반시설 기부채납은 주택건설사업을 시행함에 있어 공공성을 확보하고 원활한 주택건설사업을 저해하지 아니하는 적정한 수준에서 이루어지도록 한다.

1－5－2. 기반시설 기부채납 부담수준의 결정시기를 명확히 하여 주택건설사업의 예측가능성을 극대화한다.

1－5－3. 승인권자는 주택건설사업자가 기반시설을 기부채납하는 경우에 그에 대한 보상으로 추가로 부여받을 수 있는 용적률(이하 '완화용적률'이라 한다)을 보장하여 주택건설사업자가 자발적으로 쾌적한 주거환경 조성에 기여할 수 있도록 유도한다.

제52조(사업시행계획서의 작성)

① 사업시행자는 정비계획에 따라 다음 각 호의 사항을 포함하는 사업시행계획서를 작성하여야 한다.

1. 토지이용계획(건축물배치계획을 포함한다)
2. 정비기반시설 및 공동이용시설의 설치계획
3. 임시거주시설을 포함한 주민이주대책
4. 세입자의 주거 및 이주 대책
5. 사업시행기간 동안 정비구역 내 가로등 설치, 폐쇄회로 텔레비전 설치 등 범죄예방대책
6. 제10조에 따른 임대주택의 건설계획(재건축사업의 경우는 제외한다)
7. 제54조제4항에 따른 소형주택의 건설계획(주거환경개선사업의 경우는 제외한다)
8. 공공지원민간임대주택 또는 임대관리 위탁주택의 건설계획(필요한 경우로 한정한다)
9. 건축물의 높이 및 용적률 등에 관한 건축계획
10. 정비사업의 시행과정에서 발생하는 폐기물의 처리계획
11. 교육시설의 교육환경 보호에 관한 계획(정비구역부터 200미터 이내에 교육시설이 설치되어 있는 경우로 한정한다)
12. 정비사업비
13. 그 밖에 사업시행을 위한 사항으로서 대통령령으로 정하는 바에 따라 시·도조례로 정하는 사항

② 사업시행자가 제1항에 따른 사업시행계획서에 「공공주택 특별법」 제2조제1호에 따른 공공주택(이하 "공공주택"이라 한다) 건설계획을 포함하는 경우에는 공공주택의 구조·기능 및 설비에 관한 기준과 부대시설·복리시설의 범위, 설치기준 등에 필요한 사항은 같은 법 제37조에 따른다.

Ⅰ. 사업시행계획서의 의의

사업시행계획서는 사업시행자가 정비계획에 따라 정비사업시행을 위한 토지이용계획(건축물배치계획 포함), 정비기반시설 등의 설치계획, 건축계획, 이주대책

등 정비사업을 위한 포괄적이고 구체적인 계획을 작성하는 것을 말한다.

Ⅱ. 사업시행계획서의 작성

1. 사업시행계획서의 내용

사업시행계획서에 포함되어야 하는 내용은 아래와 같다.

---

1. 토지이용계획(건축물배치계획을 포함한다)
2. 정비기반시설 및 공동이용시설의 설치계획
3. 임시거주시설을 포함한 주민이주대책
4. 세입자의 주거 및 이주대책
5. 사업시행기간 동안 정비구역 내 가로등 설치, 폐쇄회로 텔레비전 설치 등 범죄예방대책
6. 법 제10조에 따른 임대주택의 건설계획(재건축사업의 경우는 제외한다)
7. 법 제54조 제4항에 따른 소형주택의 건설계획(주거환경개선사업의 경우는 제외한다)
8. 공공지원민간임대주택 또는 임대관리 위탁주택의 건설계획(필요한 경우로 한정한다)
9. <u>건축물의 높이 및 용적률 등에 관한 건축계획</u>
10. 정비사업의 시행과정에서 발생하는 폐기물의 처리계획
11. 교육시설의 교육환경 보호에 관한 계획(정비구역부터 200미터 이내에 교육시설이 설치되어 있는 경우로 한정한다)
12. 정비사업비
13. 그 밖에 사업시행을 위한 사항으로서 대통령령으로 정하는 바에 따라 시·도조례로 정하는 사항

위 법 제52조 제1항 제13호에서 "대통령령으로 정하는 바에 따라 시·도조례로 정하는 사항"이란 다음 각 호의 사항 중 시·도조례로 정하는 사항을 말한다(시행령 제47조 제2항).

1. 정비사업의 종류·명칭 및 시행기간
2. 정비구역의 위치 및 면적
3. 사업시행자의 성명 및 주소
4. 설계도서
5. 자금계획
6. 철거할 필요는 없으나 개·보수할 필요가 있다고 인정되는 건축물의 명세 및 개·보수계획
7. 정비사업의 시행에 지장이 있다고 인정되는 정비구역의 건축물 또는 공작물 등의 명세
8. 토지 또는 건축물 등에 관한 권리자 및 그 권리의 명세
9. 공동구의 설치에 관한 사항
10. 정비사업의 시행으로 법 제97조제1항에 따라 용도가 폐지되는 정비기반시설의 조서·도면과 새로 설치할 정비기반시설의 조서·도면(토지주택공사등이 사업시행자인 경우만 해당한다)
11. 정비사업의 시행으로 법 제97조제2항에 따라 용도가 폐지되는 정비기반시설의 조서·도면 및 그 정비기반시설에 대한 둘 이상의 감정평가업자의 감정평가서와 새로 설치할 정비기반시설의 조서·도면 및 그 설치비용 계산서
12. 사업시행자에게 무상으로 양여되는 국·공유지의 조서
13. 「물의 재이용 촉진 및 지원에 관한 법률」에 따른 빗물처리계획
14. 기존주택의 철거계획서(석면을 함유한 건축자재가 사용된 경우에는 그 현황과 해당 자재의 철거 및 처리계획을 포함한다)
15. 정비사업 완료 후 상가세입자에 대한 우선 분양 등에 관한 사항

위 시행령 제47조 제2항 제9호에 따른 공동구의 설치에 관한 사항은 국토계획법 시행령 제36조 및 제37조를 준용한다(시행령 제47조 제3항).

2. 공공주택 건설계획

사업시행자가 사업시행계획서에 「공공주택 특별법」 제2조 제1호에 따른 공공주택 건설계획을 포함하는 경우에는 공공주택의 구조·기능 및 설비에 관한 기준과 부대시설·복리시설의 범위, 설치기준 등에 필요한 사항은 공공주택의 건설기

준을 규정하고 있는 같은 법 제37조에 따른다(법 제52조 제2항).[1] 이는 한국토지주택공사, 지방공사 등과 같이 공공주택사업을 할 수 있는 사업시행자가 정비구역 내에서 공공주택의 건설계획을 포함하여 사업시행계획서를 작성하는 경우에 적용되는 것으로 볼 수 있다. 아울러 사업시행자가 사업시행계획인가를 받은 때에는 「공공주택 특별법」 제35조에 따른 주택건설사업계획의 승인이 있은 것으로 본다(법 제57조 제1항 제2호).

---

1) 이 규정은 2017. 2. 8. 법률 제14567호의 전부개정 법률의 시행일인 2018. 2. 9. 이후 사업시행
   계획인가(변경인가 포함)를 신청하는 경우부터 적용한다(부칙 제12조).

제53조(시행규정의 작성)

시장·군수등, 토지주택공사등 또는 신탁업자가 단독으로 정비사업을 시행하는 경우 다음 각 호의 사항을 포함하는 시행규정을 작성하여야 한다.

1. 정비사업의 종류 및 명칭
2. 정비사업의 시행연도 및 시행방법
3. 비용부담 및 회계
4. 토지등소유자의 권리·의무
5. 정비기반시설 및 공동이용시설의 부담
6. 공고·공람 및 통지의 방법
7. 토지 및 건축물에 관한 권리의 평가방법
8. 관리처분계획 및 청산(분할징수 또는 납입에 관한 사항을 포함한다). 다만, 수용의 방법으로 시행하는 경우는 제외한다.
9. 시행규정의 변경
10. 사업시행계획서의 변경
11. 토지등소유자 전체회의(신탁업자가 사업시행자인 경우로 한정한다)
12. 그 밖에 시·도조례로 정하는 사항

Ⅰ. 시행규정의 작성

1. 작성주체

단독으로 정비사업을 시행하는 시장·군수등, 토지주택공사등 또는 신탁업자는 시행규정을 적성하여야 한다(법 제53조). 시행규정은 사업시행자가 조합인 경우의 정관, 토지등소유자인 경우의 자치적으로 정한 규약과 같은 역할을 하게 된다(법 제2조 제11호).

2. 시행규정의 내용

시행규정에 포함되어야 하는 사항은 다음과 같다(법 제53조).

1. 정비사업의 종류 및 명칭
2. 정비사업의 시행연도 및 시행방법
3. 비용부담 및 회계
4. 토지등소유자의 권리·의무
5. 정비기반시설 및 공동이용시설의 부담
6. 공고·공람 및 통지의 방법
7. 토지 및 건축물에 관한 권리의 평가방법
8. 관리처분계획 및 청산(분할징수 또는 납입에 관한 사항을 포함). 다만, 수용의 방법으로 시행하는 경우는 제외한다.
9. 시행규정의 변경
10. 사업시행계획서의 변경
11. 토지등소유자 전체회의(신탁업자가 사업시행자인 경우로 한정한다)
12. 그 밖에 시·도조례로 정하는 사항

참고로, 위 법 제53조 제12호에서 "그 밖에 시·도 조례로 정하는 사항"에 대해서 서울시 조례(서울시 조례 제6916호) 제29조는 다음의 사항을 규정하고 있다.

1. 건축물의 철거에 관한 사항
2. 주민 이주에 관한 사항
3. 토지 및 건축물의 보상에 관한 사항
4. 주택의 공급에 관한 사항

제54조(재건축사업 등의 용적률 완화 및 소형주택 건설비율)

① 사업시행자는 다음 각 호의 어느 하나에 해당하는 정비사업(「도시재정비 촉진을 위한 특별법」 제2조제1호에 따른 재정비촉진지구에서 시행되는 재개발사업 및 재건축사업은 제외한다. 이하 이 조에서 같다)을 시행하는 경우 정비계획(이 법에 따라 정비계획으로 의제되는 계획을 포함한다. 이하 이 조에서 같다)으로 정하여진 용적률에도 불구하고 지방도시계획위원회의 심의를 거쳐 「국토의 계획 및 이용에 관한 법률」 제78조 및 관계 법률에 따른 용적률의 상한(이하 이 조에서 "법적상한용적률"이라 한다)까지 건축할 수 있다.

1. 「수도권정비계획법」 제6조제1항제1호에 따른 과밀억제권역(이하 "과밀억제권역"이라 한다)에서 시행하는 재개발사업 및 재건축사업(「국토의 계획 및 이용에 관한 법률」 제78조에 따른 주거지역으로 한정한다. 이하 이 조에서 같다)

2. 제1호 외의 경우 시·도조례로 정하는 지역에서 시행하는 재개발사업 및 재건축사업

② 제1항에 따라 사업시행자가 정비계획으로 정하여진 용적률을 초과하여 건축하려는 경우에는 「국토의 계획 및 이용에 관한 법률」 제78조에 따라 특별시·광역시·특별자치시·특별자치도·시 또는 군의 조례로 정한 용적률 제한 및 정비계획으로 정한 허용세대수의 제한을 받지 아니한다.

③ 제1항의 관계 법률에 따른 용적률의 상한은 다음 각 호의 어느 하나에 해당하여 건축행위가 제한되는 경우 건축이 가능한 용적률을 말한다.

1. 「국토의 계획 및 이용에 관한 법률」 제76조에 따른 건축물의 층수제한

2. 「건축법」 제60조에 따른 높이제한

3. 「건축법」 제61조에 따른 일조 등의 확보를 위한 건축물의 높이제한

4. 「공항시설법」 제34조에 따른 장애물 제한표면구역 내 건축물의 높이제한

5. 「군사기지 및 군사시설 보호법」 제10조에 따른 비행안전구역 내 건축물의 높이제한

6. 「문화재보호법」 제12조에 따른 건설공사 시 문화재 보호를 위한 건축제한

7. 그 밖에 시장·군수등이 건축 관계 법률의 건축제한으로 용적률의 완화가 불가능하다고 근거를 제시하고, 지방도시계획위원회 또는 「건축법」 제4조에 따라 시·도에 두는 건축위원회가 심의를 거쳐 용적률 완화가 불가능하다고 인정한 경우

④ 사업시행자는 법적상한용적률에서 정비계획으로 정하여진 용적률을 뺀 용적률(이하 "초과용적률"이라 한다)의 다음 각 호에 따른 비율에 해당하는 면적에 주거전용면적

60제곱미터 이하의 소형주택을 건설하여야 한다. 다만, 제26조제1항제1호 및 제27조제
1항제1호에 따른 정비사업을 시행하는 경우에는 그러하지 아니하다.

1. 과밀억제권역에서 시행하는 재건축사업은 초과용적률의 100분의 30 이상 100
분의 50 이하로서 시·도조례로 정하는 비율

2. 과밀억제권역에서 시행하는 재개발사업은 초과용적률의 100분의 50 이상 100
분의 75 이하로서 시·도조례로 정하는 비율

3. 과밀억제권역 외의 지역에서 시행하는 재건축사업은 초과용적률의 100분의 50
이하로서 시·도조례로 정하는 비율

4. 과밀억제권역 외의 지역에서 시행하는 재개발사업은 초과용적률의 100분의 75
이하로서 시·도조례로 정하는 비율

Ⅰ. 본조의 이해

수도권(서울특별시, 인천광역시 및 경기도) 중 인구와 산업이 지나치게 집중되었
거나 집중될 우려가 있어 이전하거나 정비할 필요가 있는 도심지(과밀억제권역) 등
의 경우 다수의 주택공급이 필요한바, 이러한 지역의 재개발, 재건축사업은 용적
률을 완화하여 주택공급을 늘리되, 용적률 완화의 혜택에 따른 초과용적률에 대해
일정 비율만큼 소형주택을 의무적으로 건설하도록 하는데 있다. 이러한 소형주택
은 시·도지사등 공공이 인수하여 공공임대주택으로 활용하게 된다(법 제55조).

본조의 용적률 완화 및 소형주택 건설의무는 2009. 4. 22. 법률 제9632호의
일부개정시 도입된 제도인데, 도입 당시의 개정이유를 살펴보면, 재건축사업은 도
심지 내 주택공급이라는 순기능에도 불구하고 과거 주택가격 급등기에 마련된 과
도한 규제로 더 이상 추진되지 못하고 있는바, 재건축사업에 대한 임대주택 건설의
무를 폐지하고 용적률을 완화함으로써 장기적인 주택 수급 안정을 통해 도심지 내
재건축 소형주택의 공급기반을 구축하고 경기를 활성화하기 위해 재건축사업의 주
택규모 및 건설비율을 합리적으로 개선·보완하려는 것에 있다. 아울러, 2012. 2.
1. 법률 제11293호로 일부개정에 따라 재개발사업에도 동일하게 적용되었다.

Ⅱ. 용적률의 완화 및 소형주택 건설의무

1. 용적률의 완화

대상 정비사업 및 지역은 수도권정비계획법 제6조 제1항 제1호에 따른 과밀억제권역(국토계획법 제78조에 따른 주거지역으로 한정)에서 시행하는 재개발사업 및 재건축사업과 과밀억제권역이 아니라고 하더라도 시·도조례1)가 정하는 지역에서 시행하는 재개발사업 및 재건축사업을 대상으로 하여 용적률을 완화할 수 있도록 하고 있다(법 제54조 제1항).

용적률 완화의 기준은 정비계획상 정해진 용적률에도 지방도시계획위원회의 심의를 거쳐 국토계획법 제78조 및 관계 법률에 따른 용적률의 상한(법적상한용적률)까지 건축할 수 있도록 허용하고 있다. 아울러 이러한 용적률 완화의 실효성 확보를 위해 법 제54조 제1항에 따라 사업시행자가 정비계획으로 정하여진 용적률을 초과하여 건축하려는 경우에는 국토계획법 제78조에 따라 특별시·광역시·특별자치시·특별자치도·시 또는 군의 조례로 정한 용적률 제한 및 정비계획으로 정한 허용세대수의 제한을 받지 않도록 규정하고 있다(법 제54조 제2항).

2. 소형주택 건설의무

수도권정비계획법상 과밀억제권역 등에서 시행하는 개발사업 및 재건축사업에 있어서 용적률을 완화한 취지는 도심지에 충분한 주택공급을 하는데 있으므로, 용적률의 완화하는 대신 완화된 용적률에 혜택에 따라 일정 규모 이상으로 소형주택을 건설하도록 규정하고 있다(법 제54조 제4항).

즉, 사업시행자는 법적상한용적률에서 정비계획으로 정하여진 용적률을 뺀

---

1) 예를 들어,「경기도 도시 및 주거환경정비 조례」(경기도 조례 제6236호)는 수도권정비계획법 제6조 제1항 제2호에 따른 성장관리권역을 정하고 있다.

용적률(초과용적률)의 다음 각 호에 따른 비율에 해당하는 면적에 주거전용면적 60
제곱미터 이하의 소형주택을 건설하도록 요구하고 있다.

---

1. 과밀억제권역에서 시행하는 재건축사업은 초과용적률의 100분의 30 이상
   100분의 50 이하로서 시·도조례로 정하는 비율
2. 과밀억제권역에서 시행하는 재개발사업은 초과용적률의 100분의 50 이상
   100분의 75 이하로서 시·도조례로 정하는 비율
3. 과밀억제권역 외의 지역에서 시행하는 재건축사업은 초과용적률의 100분의
   50 이하로서 시·도조례로 정하는 비율
4. 과밀억제권역 외의 지역에서 시행하는 재개발사업은 초과용적률의 100분의
   75 이하로서 시·도조례로 정하는 비율

다만, 법 제26조 제1항 제1호(공공시행자) 및 제27조 제1항 제1호(지정개발자)
에 따른 정비사업을 시행하는 경우에는 소형주택 건설의무가 면제된다(법 제54조
제4항 단서).

제55조(소형주택의 공급 및 인수)

① 사업시행자는 제54조제4항에 따라 건설한 소형주택을 국토교통부장관, 시·도지사, 시장, 군수, 구청장 또는 토지주택공사등(이하 이 조에서 "인수자"라 한다)에 공급하여야 한다.

② 제1항에 따른 소형주택의 공급가격은 「공공주택 특별법」 제50조의4에 따라 국토교통부장관이 고시하는 공공건설임대주택의 표준건축비로 하며, 부속 토지는 인수자에게 기부채납한 것으로 본다.

③ 사업시행자는 제54조제1항 및 제2항에 따라 정비계획상 용적률을 초과하여 건축하려는 경우에는 사업시행계획인가를 신청하기 전에 미리 제1항 및 제2항에 따른 소형주택에 관한 사항을 인수자와 협의하여 사업시행계획서에 반영하여야 한다.

④ 제1항 및 제2항에 따른 소형주택의 인수를 위한 절차와 방법 등에 필요한 사항은 대통령령으로 정할 수 있으며, 인수된 소형주택은 대통령령으로 정하는 장기공공임대주택으로 활용하여야 한다. 다만, 토지등소유자의 부담 완화 등 대통령령으로 정하는 요건에 해당하는 경우에는 인수된 소형주택을 장기공공임대주택이 아닌 임대주택으로 활용할 수 있다.

⑤ 제2항에도 불구하고 제4항 단서에 따른 임대주택의 인수자는 임대의무기간에 따라 감정평가액의 100분의 50 이하의 범위에서 대통령령으로 정하는 가격으로 부속 토지를 인수하여야 한다.

I. 본조의 이해

본조는 사업시행자가 앞서 살펴본 법 제54조 제4항에 따라 건설한 소형주택을 시·도지사, 시장, 군수, 구청장 등 공공인수자에게 공급할 의무 및 인수된 소형주택의 공공임대주택의 활용에 관하여 규정하고 있다.

Ⅱ. 소형주택의 공급 및 인수

1. 공급의무

사업시행자는 법 제54조 제4항에 따라 건설한 소형주택을 국토교통부장관, 시·도지사, 시장, 군수, 구청장 또는 토지주택공사등(인수자) 공공에 공급하여야 한다(법 제55조 제1항).

2. 공급가격의 기준

소형주택의 공급가격은 「공공주택 특별법」 제50조의4에 따라 국토교통부장관이 고시하는 공공건설임대주택의 표준건축비로 한다.

부속 토지의 경우에는 대가를 별도로 받지 않고 인수자에게 기부채납한 것으로 본다(법 제55조 제2항). 다만, 법 제54조 제4항 단서에 규정된 토지등소유자의 부담 완화 등 시행령 제48조 제5항1)으로 정하는 요건에 해당하여 인수자가 장기공공임대주택이 아닌 임대주택으로 활용하는 경우에는 임대의무기간에 따라 감정평가액의 100분의 50 이하의 범위에서 대통령령으로 정하는 가격2)으로 부속 토지

---

1) 시행령 제48조 제5항
  법 제55조제4항 단서에서 "토지등소유자의 부담 완화 등 대통령령으로 정하는 요건에 해당하는 경우"란 다음 각 호의 어느 하나에 해당하는 경우를 말한다.
  1. 가목의 가액을 나목의 가액으로 나눈 값이 100분의 80 미만인 경우. 이 경우 가목 및 나목의 가액은 사업시행계획인가 고시일을 기준으로 하여 산정하되 구체적인 산정방법은 국토교통부장관이 정하여 고시한다.
    가. 정비사업 후 대지 및 건축물의 총 가액에서 총사업비를 제외한 가액
    나. 정비사업 전 토지 및 건축물의 총 가액
  2. 시·도지사가 정비구역의 입지, 토지등소유자의 조합설립 동의율, 정비사업비의 증가규모, 사업기간 등을 고려하여 토지등소유자의 부담이 지나치게 높다고 인정하는 경우
2) 시행령 제48조 제6항
  1. 임대의무기간이 10년 이상인 경우: 감정평가액(시장·군수등이 지정하는 둘 이상의 감정평가업자가 평가한 금액을 산술평균한 금액을 말한다. 이하 제2호에서 같다)의 100분의 30에 해당하는 가격

를 인수하여야 한다(법 제54조 제4항, 제5항).

3. 인수자와의 사전 협의

사업시행자는 법 제54조 제1항 및 제2항에 따라 정비계획상 용적률을 초과하여 건축하려는 경우에는 사업시행계획인가를 신청하기 전에 미리 법 제55조 제1항 및 제2항에 따른 소형주택에 관한 사항을 인수자와 협의하여 사업시행계획서에 반영하여야 한다(법 제55조 제3항). 이는 사업시행계획서 작성할 때 인수자의 의견을 반영하도록 함에 있다.

4. 인수된 소형주택의 활용

인수된 소형주택은 대통령령으로 정하는 장기공공임대주택으로 활용하여야 한다(법 제55조 제4항 본문 후단). 대통령령으로 정하는 장기공공임대주택은 공공임대주택으로서 「공공주택 특별법」 제50조의2 제1항에 따른 임대의무기간이 20년 이상인 것을 말한다(시행령 제48조 제4항).

---

2. 임대의무기간이 10년 미만인 경우: 감정평가액의 100분의 50에 해당하는 가격

> **제56조(관계 서류의 공람과 의견청취)**
> ① 시장·군수등은 사업시행계획인가를 하거나 사업시행계획서를 작성하려는 경우에는 대통령령으로 정하는 방법 및 절차에 따라 관계 서류의 사본을 14일 이상 일반인이 공람할 수 있게 하여야 한다. 다만, 제50조제1항 단서에 따른 경미한 사항을 변경하려는 경우에는 그러하지 아니하다.
> ② 토지등소유자 또는 조합원, 그 밖에 정비사업과 관련하여 이해관계를 가지는 자는 제1항의 공람기간 이내에 시장·군수등에게 서면으로 의견을 제출할 수 있다.
> ③ 시장·군수등은 제2항에 따라 제출된 의견을 심사하여 채택할 필요가 있다고 인정하는 때에는 이를 채택하고, 그러하지 아니한 경우에는 의견을 제출한 자에게 그 사유를 알려주어야 한다.

I. 본조의 이해

본조는 사업시행과 관련된 서류를 일반인에게 공람하게 하고, 토지등소유자 또는 조합원, 그 밖에 이해관계자가 의견을 제출할 수 있게 함으로써 정비구역 안의 상황을 충분히 조사하고 주민들의 의견을 충분히 반영함으로써 정비사업의 공정성을 기하고, 사업시행단계에서 일어날 수 있는 분쟁의 요인을 최소화하고자 함에 있다.[1]

II. 관계 서류의 공람과 의견청취

1. 공람

시장·군수등은 사업시행계획인가 또는 사업시행계획서 작성과 관계된 서류를 공람에 있어서는, 그 요지와 공람장소를 해당 지방자치단체의 공보 등에 공고하고, 토지등소유자에게 공고내용을 통지하여야 한다(시행령 제49조).

---

1) 이우재, 조해 도시 및 주거환경정비법(하), 진원사, 2009[이하, 이우재, 전게서(하)], 18면.

2. 의견청취

이해관계자는 서면으로 의견을 제출할 수 있고, 시장·군수등은 제출된 의견을 심사하여 채택할 필요가 인정되는 때에는 이를 채택하고, 그러하지 아니한 경우에는 의견 제출자에게 그 사유를 알려주어야 한다.

제57조(인·허가등의 의제 등)

① 사업시행자가 사업시행계획인가를 받은 때(시장·군수등이 직접 정비사업을 시행하는 경우에는 사업시행계획서를 작성한 때를 말한다. 이하 이 조에서 같다)에는 다음 각 호의 인가·허가·승인·신고·등록·협의·동의·심사·지정 또는 해제(이하 "인·허가등"이라 한다)가 있은 것으로 보며, 제50조제7항에 따른 사업시행계획인가의 고시가 있은 때에는 다음 각 호의 관계 법률에 따른 인·허가등의 고시·공고 등이 있은 것으로 본다.

1. 「주택법」 제15조에 따른 사업계획의 승인
2. 「공공주택 특별법」 제35조에 따른 주택건설사업계획의 승인
3. 「건축법」 제11조에 따른 건축허가, 같은 법 제20조에 따른 가설건축물의 건축허가 또는 축조신고 및 같은 법 제29조에 따른 건축협의
4. 「도로법」 제36조에 따른 도로관리청이 아닌 자에 대한 도로공사 시행의 허가 및 같은 법 제61조에 따른 도로의 점용 허가
5. 「사방사업법」 제20조에 따른 사방지의 지정해제
6. 「농지법」 제34조에 따른 농지전용의 허가·협의 및 같은 법 제35조에 따른 농지전용신고
7. 「산지관리법」 제14조·제15조에 따른 산지전용허가 및 산지전용신고, 같은 법 제15조의2에 따른 산지일시사용허가·신고와 「산림자원의 조성 및 관리에 관한 법률」 제36조제1항·제4항에 따른 입목벌채등의 허가·신고 및 「산림보호법」 제9조제1항 및 같은 조 제2항제1호에 따른 산림보호구역에서의 행위의 허가. 다만, 「산림자원의 조성 및 관리에 관한 법률」에 따른 채종림·시험림과 「산림보호법」에 따른 산림유전자원보호구역의 경우는 제외한다.
8. 「하천법」 제30조에 따른 하천공사 시행의 허가 및 하천공사실시계획의 인가, 같은 법 제33조에 따른 하천의 점용허가 및 같은 법 제50조에 따른 하천수의 사용허가
9. 「수도법」 제17조에 따른 일반수도사업의 인가 및 같은 법 제52조 또는 제54조에 따른 전용상수도 또는 전용공업용수도 설치의 인가
10. 「하수도법」 제16조에 따른 공공하수도 사업의 허가 및 같은 법 제34조제2항에 따른 개인하수처리시설의 설치신고
11. 「공간정보의 구축 및 관리 등에 관한 법률」 제15조제3항에 따른 지도등의 간행심사

12. 「유통산업발전법」 제8조에 따른 대규모점포등의 등록
13. 「국유재산법」 제30조에 따른 사용허가(재개발사업으로 한정한다)
14. 「공유재산 및 물품 관리법」 제20조에 따른 사용·수익허가(재개발사업으로 한정한다)
15. 「공간정보의 구축 및 관리 등에 관한 법률」 제86조제1항에 따른 사업의 착수·변경의 신고
16. 「국토의 계획 및 이용에 관한 법률」 제86조에 따른 도시·군계획시설 사업시행자의 지정 및 같은 법 제88조에 따른 실시계획의 인가
17. 「전기사업법」 제62조에 따른 자가용전기설비의 공사계획의 인가 및 신고
18. 「화재예방, 소방시설 설치·유지 및 안전관리에 관한 법률」 제7조제1항에 따른 건축허가등의 동의, 「위험물안전관리법」 제6조제1항에 따른 제조소등의 설치의 허가(제조소등은 공장건축물 또는 그 부속시설에 관계된 것으로 한정한다)

② 사업시행자가 공장이 포함된 구역에 대하여 재개발사업의 사업시행계획인가를 받은 때에는 제1항에 따른 인·허가등 외에 다음 각 호의 인·허가등이 있은 것으로 보며, 제50조제7항에 따른 사업시행계획인가를 고시한 때에는 다음 각 호의 관계 법률에 따른 인·허가 등의 고시·공고 등이 있은 것으로 본다.

1. 「산업집적활성화 및 공장설립에 관한 법률」 제13조에 따른 공장설립등의 승인 및 같은 법 제15조에 따른 공장설립등의 완료신고
2. 「폐기물관리법」 제29조제2항에 따른 폐기물처리시설의 설치승인 또는 설치신고(변경승인 또는 변경신고를 포함한다)
3. 「대기환경보전법」 제23조, 「물환경보전법」 제33조 및 「소음·진동관리법」 제8조에 따른 배출시설설치의 허가 및 신고
4. 「총포·도검·화약류 등의 안전관리에 관한 법률」 제25조제1항에 따른 화약류저장소 설치의 허가

③ 사업시행자는 정비사업에 대하여 제1항 및 제2항에 따른 인·허가등의 의제를 받으려는 경우에는 제50조제1항에 따른 사업시행계획인가를 신청하는 때에 해당 법률이 정하는 관계 서류를 함께 제출하여야 한다. 다만, 사업시행계획인가를 신청한 때에 시공자가 선정되어 있지 아니하여 관계 서류를 제출할 수 없거나 제6항에 따라 사업시행계획인가를 하는 경우에는 시장·군수등이 정하는 기한까지 제출할 수 있다.

④ 시장·군수등은 사업시행계획인가를 하거나 사업시행계획서를 작성하려는 경우 제1항 각 호 및 제2항 각 호에 따라 의제되는 인·허가등에 해당하는 사항이 있는 때에는 미리 관계 행정기관의 장과 협의하여야 하고, 협의를 요청받은 관계 행정기관의 장은

요청받은 날(제3항 단서의 경우에는 서류가 관계 행정기관의 장에게 도달된 날을 말한다)부터 30일 이내에 의견을 제출하여야 한다. 이 경우 관계 행정기관의 장이 30일 이내에 의견을 제출하지 아니하면 협의된 것으로 본다.

⑤ 시장·군수등은 사업시행계획인가(시장·군수등이 사업시행계획서를 작성한 경우를 포함한다)를 하려는 경우 정비구역부터 200미터 이내에 교육시설이 설치되어 있는 때에는 해당 지방자치단체의 교육감 또는 교육장과 협의하여야 하며, 인가받은 사항을 변경하는 경우에도 또한 같다.

⑥ 시장·군수등은 제4항 및 제5항에도 불구하고 천재지변이나 그 밖의 불가피한 사유로 긴급히 정비사업을 시행할 필요가 있다고 인정하는 때에는 관계 행정기관의 장 및 교육감 또는 교육장과 협의를 마치기 전에 제50조제1항에 따른 사업시행계획인가를 할 수 있다. 이 경우 협의를 마칠 때까지는 제1항 및 제2항에 따른 인·허가등을 받은 것으로 보지 아니한다.

⑦ 제1항이나 제2항에 따라 인·허가등을 받은 것으로 보는 경우에는 관계 법률 또는 시·도조례에 따라 해당 인·허가등의 대가로 부과되는 수수료와 해당 국·공유지의 사용 또는 점용에 따른 사용료 또는 점용료를 면제한다.

I. 본조의 이해

사업시행자가 정비사업을 시행함에 있어 다른 관련 법률에 의한 인·허가 등을 모두 개별적으로 받아야 한다면 상당한 시간과 비용이 소모될 수 있다. 따라서 정비사업의 목적을 효율적으로 달성하기 위하여 도시정비법은 사업시행자가 사업시행계획인가를 받은 때(시장·군수등이 직접 정비사업을 시행하는 경우에는 사업시행계획서를 작성한 때를 말한다)에는 다른 관련 법률에 의하여 받게 되어 있는 인가·허가·승인·신고·등록·협의·동의·심사·지정 또는 해제 등을 받은 것으로 의제하고, 사업시행계획인가의 고시가 있은 때에는 관계 법률에 따른 인·허가등의 고시·공고 등이 있는 것으로 본다.

제58조(사업시행계획인가의 특례)

① 사업시행자는 일부 건축물의 존치 또는 리모델링(「주택법」 제2조제25호 또는 「건축법」 제2조제1항제10호에 따른 리모델링을 말한다. 이하 같다)에 관한 내용이 포함된 사업시행계획서를 작성하여 사업시행계획인가를 신청할 수 있다.

② 시장·군수등은 존치 또는 리모델링하는 건축물 및 건축물이 있는 토지가 「주택법」 및 「건축법」에 따른 다음 각 호의 건축 관련 기준에 적합하지 아니하더라도 대통령령으로 정하는 기준에 따라 사업시행계획인가를 할 수 있다.

　1. 「주택법」 제2조제12호에 따른 주택단지의 범위

　2. 「주택법」 제35조제1항제3호 및 제4호에 따른 부대시설 및 복리시설의 설치기준

　3. 「건축법」 제44조에 따른 대지와 도로의 관계

　4. 「건축법」 제46조에 따른 건축선의 지정

　5. 「건축법」 제61조에 따른 일조 등의 확보를 위한 건축물의 높이 제한

③ 사업시행자가 제1항에 따라 사업시행계획서를 작성하려는 경우에는 존치 또는 리모델링하는 건축물 소유자의 동의(「집합건물의 소유 및 관리에 관한 법률」 제2조제2호에 따른 구분소유자가 있는 경우에는 구분소유자의 3분의 2 이상의 동의와 해당 건축물 연면적의 3분의 2 이상의 구분소유자의 동의로 한다)를 받아야 한다. 다만, 정비계획에서 존치 또는 리모델링하는 것으로 계획된 경우에는 그러하지 아니한다.

Ⅰ. 본조의 이해

　정비사업에 있어 기존에는 주로 전면철거방식에 의한 사업방식으로 진행되었는데, 그러한 전면철거방식으로만 진행시 사업시행에 동의하지 않는 측과의 마찰로 인한 사업지연의 문제점이 있으므로, 본조는 이러한 문제점을 고려하여 기존 건축물의 존치 또는 리모델링을 포함하는 다양한 형태의 사업시행이 가능하도록 하는 취지에서 규정되었다.

Ⅱ. 건축물 소유자의 동의

사업시행자가 일부 건축물의 존치 또는 리모델링에 관한 내용이 포함된 사업
시행계획서를 작성하려는 경우 존치 또는 리모델링되는 건축물 소유자의 동의(집
합건물의소유및관리에관한법률 제2조 제2호에 따른 구분소유자가 있는 경우에는 구분소유자
의 3분의 2 이상의 동의와 해당 건축물 연면적의 3분의 2 이상의 구분소유자의 동의)를 받
아야 한다.

본조의 동의의 시기에 관하여, 존치 또는 리모델링과 재건축사업을 병행하는
경우 존치 또는 리모델링 대상 건축물 소유자는 주택법에 의한 리모델링주택조합
을 설립하고, 재건축의 경우는 도시정비법에 의한 주택재건축정비사업조합을 설립
하거나, 존치 또는 리모델링을 포함하여 재건축정비사업조합의 설립을 신청하여야
하므로, 조합설립인가 전까지라고 해석하는 견해가 있다.[1]

---

1) 이우재, 전게서(하), 30면.

제59조(순환정비방식의 정비사업 등)

① 사업시행자는 정비구역의 안과 밖에 새로 건설한 주택 또는 이미 건설되어 있는 주택의 경우 그 정비사업의 시행으로 철거되는 주택의 소유자 또는 세입자(정비구역에서 실제 거주하는 자로 한정한다. 이하 이 항 및 제61조제1항에서 같다)를 임시로 거주하게 하는 등 그 정비구역을 순차적으로 정비하여 주택의 소유자 또는 세입자의 이주대책을 수립하여야 한다.

② 사업시행자는 제1항에 따른 방식으로 정비사업을 시행하는 경우에는 임시로 거주하는 주택(이하 "순환용주택"이라 한다)을 「주택법」 제54조에도 불구하고 제61조에 따른 임시거주시설로 사용하거나 임대할 수 있으며, 대통령령으로 정하는 방법과 절차에 따라 토지주택공사등이 보유한 공공임대주택을 순환용주택으로 우선 공급할 것을 요청할 수 있다.

③ 사업시행자는 순환용주택에 거주하는 자가 정비사업이 완료된 후에도 순환용주택에 계속 거주하기를 희망하는 때에는 대통령령으로 정하는 바에 따라 분양하거나 계속 임대할 수 있다. 이 경우 사업시행자가 소유하는 순환용주택은 제74조에 따라 인가받은 관리처분계획에 따라 토지등소유자에게 처분된 것으로 본다.

Ⅰ. 본조의 이해

본조는 정비사업의 시행방식 중 순환정비방식을 규정하고 있고, 그 중 소유자 또는 세입자의 이주대책의 수립을 중심으로 하고 있다.

본조는 정비사업에 따른 이주민의 주거 안정을 도모하고, 세입자 등과의 관련 분쟁을 최소화하여 정비사업을 원활하게 추진하고자 함에 있다.[1]

Ⅱ. 순환정비방식의 정비사업

1. 의의

사업시행자가 정비사업의 시행으로 철거되는 주택의 소유자 또는 세입자(정비

---

1) 이우재, 전게서(하), 32~33면.

구역에서 실제 거주하는 자에 한함)의 이주대책 수립을 위하여 소유자 또는 세입자에게 정비사업 완료시까지 해당 정비구역 안과 밖에 새로 건설한 주택 또는 이미 건설되어 있는 주택을 임시거주주택으로 사용하게 하거나 임대하여 주는 등 정비구역을 순차적으로 정비하는 사업방식을 순환정비방식의 정비사업이라고 말한다.

2. 순환용주택의 사용 또는 임대

순환용주택이라 함은 순환정비방식의 정비사업에서 철거되는 주택의 소유자 또는 세입자의 주거안정을 위해 활용하는 위와 같은 임시거주주택을 말한다.

사업시행자는 순환용주택을 주택법 제54조에도 불구하고 법 제61조에 따른 임시거주시설로 사용하거나 임대할 수 있으며, 시행령 제51조에서 정하는 방법과 절차에 따라 토지주택공사등이 보유한 공공임대주택을 순환용주택으로 우선 공급할 것을 요청할 수 있다.

사업시행자는 순환용주택에 거주하는 자가 정비사업이 완료된 후에도 순환용주택에 계속 거주하기를 희망하는 때에는 시행령 제52조[2]에서 정하는 바에 따라 분양하거나 계속 임대할 수 있다. 이 경우 사업시행자가 소유하는 순환용주택은 제74조에 따라 인가받은 관리처분계획에 따라 토지등소유자에게 처분된 것으로 본다.

---

2) 시행령 제52조(순환용주택의 분양 또는 임대)
  법 제59조제3항에 따라 순환용주택에 거주하는 자가 순환용주택에 계속 거주하기를 희망하는 경우 토지주택공사등은 다음 각 호의 기준에 따라 분양을 하거나 계속하여 임대할 수 있다.
  1. 순환용주택에 거주하는 자가 해당 주택을 분양받으려는 경우 토지주택공사등은 「공공주택 특별법」제50조의2에서 정한 매각 요건 및 매각 절차 등에 따라 해당 거주자에게 순환용주택을 매각할 수 있다. 이 경우 「공공주택 특별법 시행령」 제54조제1항 각 호에 따른 임대주택의 구분은 순환용주택으로 공급할 당시의 유형에 따른다.
  2. 순환용주택에 거주하는 자가 계속 거주하기를 희망하고 「공공주택 특별법」 제48조 및 제49조에 따른 임대주택 입주자격을 만족하는 경우 토지주택공사등은 그 자와 우선적으로 임대차계약을 체결할 수 있다

제60조(지정개발자의 정비사업비의 예치 등)
① 시장·군수등은 재개발사업의 사업시행계획인가를 하는 경우 해당 정비사업의 사업시행자가 지정개발자(지정개발자가 토지등소유자인 경우로 한정한다)인 때에는 정비사업비의 100분의 20의 범위에서 시·도조례로 정하는 금액을 예치하게 할 수 있다.
② 제1항에 따른 예치금은 제89조제1항 및 제2항에 따른 청산금의 지급이 완료된 때에 반환한다.
③ 제1항 및 제2항에 따른 예치 및 반환 등에 필요한 사항은 시·도조례로 정한다.

I. 본조의 이해

본조는 토지등소유자가 지정개발자인 재개발사업에서 사업이 부실하게 진행되는 경우를 방지하기 위하여 시장·군수등이 재개발사업의 사업시행계획인가를 하는 경우 정비사업비의 100분의 20의 범위에서 시·도 조례[1]가 정하는 금액을 예치할 수 있도록 한 규정이다.

---

1) 서울시 조례 제31조(지정개발자의 정비사업비의 예치 등)
　① 법 제60조 제1항에 따라 재개발사업의 지정개발자(지정개발자가 토지등소유자인 경우로 한정한다. 이하 이 조에서 같다)가 예치하여야 할 금액은 사업시행계획인가서의 정비사업비 100분의 10으로 한다.
　② 구청장은 제1항에 따른 예치금을 납부하도록 지정개발자에게 통지하여야 한다.
　③ 제2항에 따른 예치금의 납부통지를 받은 지정개발자는 예치금을 해당 자치구의 금고에 현금으로 예치하거나 다음 각 호의 보증서 등으로 제출할 수 있다.
　　1. 「보험업법」에 따른 보험회사가 발행한 보증보험증권
　　2. 국가 또는 지방자치단체가 발행한 국채 또는 지방채
　　3. 「주택도시기금법」 제16조에 따른 주택도시보증공사가 발행한 보증서
　　4. 「건설산업기본법」 제54조에 따른 공제조합이 발행한 보증서

> **제61조(임시거주시설·임시상가의 설치 등)**
> ① 사업시행자는 주거환경개선사업 및 재개발사업의 시행으로 철거되는 주택의 소유
> 자 또는 세입자에게 해당 정비구역 안과 밖에 위치한 임대주택 등의 시설에 임시로 거
> 주하게 하거나 주택자금의 융자를 알선하는 등 임시거주에 상응하는 조치를 하여야
> 한다.
> ② 사업시행자는 제1항에 따라 임시거주시설(이하 "임시거주시설"이라 한다)의 설치
> 등을 위하여 필요한 때에는 국가·지방자치단체, 그 밖의 공공단체 또는 개인의 시설
> 이나 토지를 일시 사용할 수 있다.
> ③ 국가 또는 지방자치단체는 사업시행자로부터 임시거주시설에 필요한 건축물이나
> 토지의 사용신청을 받은 때에는 대통령령으로 정하는 사유가 없으면 이를 거절하지
> 못한다. 이 경우 사용료 또는 대부료는 면제한다.
> ④ 사업시행자는 정비사업의 공사를 완료한 때에는 완료한 날부터 30일 이내에 임시
> 거주시설을 철거하고, 사용한 건축물이나 토지를 원상회복하여야 한다.
> ⑤ 재개발사업의 사업시행자는 사업시행으로 이주하는 상가세입자가 사용할 수 있도
> 록 정비구역 또는 정비구역 인근에 임시상가를 설치할 수 있다.

I. 서설

1. 본조의 이해

주거환경개선사업이나 재개발사업은 정비기반시설이 열악하고 노후·불량건
축물이 밀집된 지역에서 시행하는 공익적 성격이 강한 정비사업인인데, 정비사업
이 진행됨에 따라 철거되는 주택의 영세한 소유자 또는 세입자들에 대한 이주대책
이 필요하므로 본조의 규정을 두어 임대주택 등의 시설에 임시로 거주하게 하거
나, 주택자금의 융자 알선 등 임시거주에 상응하는 조치를 할 공법상 의무를 부과
한 것이다.[1]

---

1) 이우재, 전게서(하), 36면, 대법원은 구 도시재개발법 제34조(가수용시설등의 설치를 위한 토
지등의 사용)에 관한 사례에서, 주택개량조합의 정관에 재개발사업 시행으로 주택이 철거되는
자를 임시수용시설에 수용하지 아니하더라도 사업을 시행할 수 있다는 규정이 있다 하여도
이로써 주택개량조합과 철거되는 자간에 공법상 어떠한 권리의무관계를 설정하는 효력이 있

2. 관련 문제

가. 사업시행계획서상 이주대책과의 관계

법 제52조 제1항 제3호 및 제4호는 사업시행계획서 작성시 임시거주시설을 포함한 주민이주대책과 세입자의 주거 및 이주대책을 포함하도록 규정하고 있는 바, 본조의 임시거주시설의 설치 등과의 관계가 문제된다.

사업시행계획은 정비사업 시행을 위한 일체의 계획으로서 토지이용계획(건축물배치계획 포함), 건축계획, 정비기반시설 등의 설치계획, 이주대책 등 정비사업을 위한 포괄적이고 구체적인 계획의 성격을 가지는 점, 법 제52조 제1항 제3호 및 제4호의 '임시거주시설을 포함한 주민이주대책, 세입자의 거주 및 이주대책'이라는 문언의 규정 등을 볼 때, 본조의 임시거주시설의 설치 등은 사업시행계획의 이주대책의 내용 중 하나를 구성하는 관계에 있다고 볼 수 있다.

참고로, 대법원은 "임시수용시설의 설치에 관한 규정인 구 도시재개발법 제27조 제1항은 재개발사업으로 인하여 주택이 철거되는 주민들을 위하여 재개발사업이 완료되어 입주하기까지 사이의 기간 동안 임시로 거처할 시설 등을 제공하도록 한 것으로, 재개발사업으로 인하여 생활근거를 상실하는 자에 대하여 시행하도록 규정하고 있는 이주대책과는 별개의 내용을 규정한 것이므로, 위 제27조의 규정을 이유로 재개발사업의 경우 이주대책을 세우지 않아도 된다고 할 수는 없다"고 판시한 있다.[2]

나. 순환정비방식의 정비사업과의 관계

순환정비방식의 정비사업에 관한 법 제59조 제1항은 모든 정비사업에 있어서 주택의 소유자 또는 세입자에 대한 이주대책의 한 유형으로서 순환정비방식을 적용하는 경우를 규정한 취지인바, 만일 주거환경개선사업이나 재개발사업의 경우

다 할 수 없으므로 철거되는 자에 대한 임시수용시설의 수용의무가 면제되는 것은 아니다고 판시한 바 있다(대법원 1992. 10. 13. 선고 91누10862 판결).

2) 대법원 2004. 10. 27. 2003두858 판결.

법 제59조 제1항의 순환정비방식을 따른 이주대책을 수립하였다면 본조의 임시거
주시설의 설치 등의 의무는 이행한 것으로 볼 수 있을 것이다.

Ⅱ. 임시거주 등의 조치의 내용

1. 소유자 또는 세입자의 의미

본조는 주거환경개선사업 및 재개발사업의 시행으로 철거되는 주택의 소유자
또는 세입자가 정비구역 안에 건설되는 새로운 주택으로 재입주하기 전까지의 임
시거주시설의 설치 등 의무를 규정하는 취지이므로,[3] 여기서 소유자 및 세입자는
새로이 건설되는 주택에 입주할 자격이 있는 자(신축 주택을 분양받을 수 있는 소유
자, 임대주택을 공급받을 수 있는 세입자)를 말하는 것으로 볼 수 있다.

2. 임시거주시설의 설치

사업시행자는 주거환경개선사업 및 재개발사업의 시행으로 철거되는 주택의
소유자 또는 세입자(정비구역에서 실제 거주하는 자)를 위하여 해당 정비구역 안과
밖에 임시거주시설을 설치할 수 있으나, 실무상 임시거주시설의 설치는 부지확보
의 현실적인 어려움으로 사실상 활용되지 않고 있는 것으로 보인다.

사업시행자는 임시거주시설의 설치 등을 위하여 필요한 때에는 국가·지방자
치단체, 그 밖의 공공단체 또는 개인의 시설이나 토지를 일시 사용할 수 있고(법 제
61조 제2항), 국가 또는 지방자치단체는 사업시행자로부터 임시거주시설에 필요한
건축물이나 토지의 사용신청을 받은 때에는 시행령 제53조의 사유가 없으면 이를
거절하지 못한다.[4] 이 경우 그 사용료 또는 대부료는 면제한다(법 제61조 제3항).

---

3) 대법원 2004. 10. 27. 2003두858 판결.
4) 시행령 제53조(임시거주시설의 설치 등) 법 제61조제3항 전단에서 "대통령령으로 정하는 사
  유"란 다음 각 호의 사유를 말한다.
  1. 법 제61조제1항에 따른 임시거주시설(이하 "임시거주시설"이라 한다)의 설치를 위하여 필

3. 임시거주에 상응하는 조치

사업시행자가 임시거주시설을 설치하는 것에 갈음하여 임시거주에 필요한 주택을 마련하여 임시거주하게 하거나 주택자금의 융자를 알선하는 등의 조치를 말한다.

한편, 대법원은 도시정비법에 따라 사업시행자에게서 임시거주시설을 제공받는 세입자가 토지보상법 및 동법 시행규칙에서 정한 주거이전비를 별도로 청구할 수 있는지 여부에 관하여, "도시정비법과 공익사업법의 문언 내용상 임시거주시설을 제공받은 세입자를 주거이전비 지급대상에서 제외하는 명시적 규정이 없는 점, 도시정비법의 취지는 세입자의 주거안정 도모에 있고, 토지보상법의 취지는 사업추진의 정책적인 목적과 세입자에 대한 사회보장적인 성격에 있는 점 등에 비추어 별도로 청구할 수 있다"고 한다.5)

Ⅲ. 임시상가의 설치

재개발사업의 사업시행자는 사업시행으로 이주하는 상가세입자가 사용할 수 있는 임시상가를 설치할 수 있음을 규정하고 있다. 주택의 소유자 또는 세입자에 대한 임시거주시설의 설치의무와 달리 임시상가의 설치는 '임의규정'으로 되어 있다.

요한 건축물이나 토지에 대하여 제3자와 이미 매매계약을 체결한 경우
  2. 사용신청 이전에 임시거주시설의 설치를 위하여 필요한 건축물이나 토지에 대한 사용계획이 확정된 경우
  3. 제3자에게 이미 임시거주시설의 설치를 위하여 필요한 건축물이나 토지에 대한 사용허가를 한 경우
 5) 대법원 2011. 7. 14. 선고 2011두3685 판결.

> **제62조(임시거주시설·임시상가의 설치 등에 따른 손실보상)**
> ① 사업시행자는 제61조에 따라 공공단체(지방자치단체는 제외한다) 또는 개인의 시설이나 토지를 일시 사용함으로써 손실을 입은 자가 있는 경우에는 손실을 보상하여야 하며, 손실을 보상하는 경우에는 손실을 입은 자와 협의하여야 한다.
> ② 사업시행자 또는 손실을 입은 자는 제1항에 따른 손실보상에 관한 협의가 성립되지 아니하거나 협의할 수 없는 경우에는 「공익사업을 위한 토지 등의 취득 및 보상에 관한 법률」 제49조에 따라 설치되는 관할 토지수용위원회에 재결을 신청할 수 있다.
> ③ 제1항 또는 제2항에 따른 손실보상은 이 법에 규정된 사항을 제외하고는 「공익사업을 위한 토지 등의 취득 및 보상에 관한 법률」을 준용한다.

Ⅰ. 본조의 이해

본조는 앞서 본 바와 같이 법 제61조 제2항 및 제3항에 따라 사업시행자는 임시거주시설의 설치 등을 위하여 필요한 때에는 국가·지방자치단체, 그 밖의 공공단체 또는 개인의 시설이나 토지를 일시 사용할 수 있는데, 일시 사용하려는 시설이나 토지의 소유자가 국가나 지방자치단체가 아닌, '그 밖의 공공단체 또는 개인'인 경우에는 손실보상이 필요하므로 손실보상절차를 규정한 것이다.

손실보상은 도시정비법에 규정된 사항을 제외하고는 토지보상법을 준용한다.

제63조(토지 등의 수용 또는 사용)
사업시행자는 정비구역에서 정비사업(재건축사업의 경우에는 제26조제1항제1호 및 제
27조제1항제1호에 해당하는 사업으로 한정한다)을 시행하기 위하여 「공익사업을 위한
토지 등의 취득 및 보상에 관한 법률」 제3조에 따른 토지·물건 또는 그 밖의 권리를
취득하거나 사용할 수 있다.

Ⅰ. 서설

1. 토지보상법의 준용

본조는 사업시행자가 정비구역에서 정비사업을 하는 경우에 토지보상법 제3
조에 따른 토지·물건 또는 그 밖의 권리를 취득(수용)하거나 사용할 수 있음을 규
정하고 있다. 또한 법 제65조 제1항은 도시정비법에 규정된 사항을 제외하고는 토
지보상법을 준용함을 규정하고 있다.

이에 본조에서는 정비사업의 시행에서 준용되는 토지보상법에 따른 토지 등의
수용 또는 사용(이하, 토지수용)의 일반적인 절차를 간략히 살펴보고, 법 제65조에서
는 토지보상법과 다른 도시정비법의 특례 규정을 중심으로 살펴보기로 한다.

2. 대상 정비사업

토지수용에 관한 본조 및 법 제65조는 재개발사업의 경우 관리처분계획방법
(법 제23조 제2항), 주거환경개선사업에서 현지개량방법 중 정비기반시설 및 공동이
용시설을 새로 설치하거나 확대하는 경우, 수용방법 및 관리처분계획방법(법 제23
조 제1항 제1호, 제2호 및 제4호)으로 시행하는 방법의 경우 주로 적용된다.

재건축사업의 경우에는 토지 등의 소유권확보는 매도청구권의 형태로 이루어
지므로 원칙적으로 토지수용 관련 규정은 적용되지 않고, 다만 천재지변 등의 사

유로 인하여 공공시행자 또는 지정개발자가 시행하는 재건축사업에 한하여 공익
성과 긴급성을 고려하여 토지수용권이 인정된다(법 제63조, 법 제26조 제1항 제1호 및
제27조 제1항 제1호).

Ⅱ. 토지수용의 절차

1. 토지수용의 의의

토지수용은 공용수용(公用收用)이라고도 하는데, 공익사업을 위하여 타인의
토지 등이 필요한 경우 매매계약 등 민사절차에 의하여 취득하는 것이 원칙이나
공익사업의 원활한 실시를 위하여 법률에 의거하여 타인의 토지 등의 재산권을 강
제적으로 취득하는 것을 말한다. 공용수용은 국민의 재산권 보장에 대한 예외적인
조치의 성격인바, 공용수용은 헌법 제23조 제3항에 명시되어 있는 대로 국민의 재
산권을 그 의사에 반하여 강제적으로라도 취득해야 할 공익적 필요성이 있을 것,
법률에 의거할 것, 정당한 보상을 지급할 것의 요건을 모두 갖추어야 한다.[1]

토지수용의 대략적인 절차는 ① 사업준비 → ② 사업인정 → ③ 토지조서 및
물건조서의 작성 → ④ 보상계획 공고, 통지 및 열람 → ⑤ 협의 → ⑥ 토지수용
위원회의 수용재결의 절차로 이루어진다.

2. 사업준비

사업시행자는 공익사업을 준비하기 위하여 시장·군수등의 허가를 받아 타인
이 점유하는 토지에 출입하여 측량하거나 조사할 수 있고, 부득이한 사유가 있는
경우에는 소유자 및 점유자의 동의나 시장·군수등의 허가를 받아 장해물을 제거
하거나 토지를 파는 행위 등을 할 수 있다(토지보상법 제9조, 제12조). 이러한 측량·
조사·장해물제거 등으로 인한 손실은 보상하여야 한다(토지보상법 제9조 제4항, 제

---

1) 헌법재판소 1994. 2. 24. 자 92헌가15 결정 등.

12조 제4항).

3. 사업인정

가. 의의

사업인정(事業認定)이란, 토지보상법이 규정하는 토지수용을 할 수 있는 공익 사업에 해당함을 결정하고, 사업시행자에게 일정한 절차를 거칠 것을 조건으로 하 여 수용권을 설정해 주는 행정처분을 말한다(토지보상법 제20조).[2] 도시정비법상 사 업시행계획인가의 고시가 있은 때에는 토지보상법상 사업인정 및 고시가 있는 것 으로 간주된다(법 제65조 제2항).

나. 법적 성격

사업인정의 법적 성격은 사업시행자에게 수용권을 설정하는 '형성행위'(形成行 爲)로 보는 것이 통설과 대법원의 입장이다.[3] 또한 당해 사업이 외형상 토지를 수 용할 수 있는 사업에 해당된다 하더라도 행정청으로서는 그 사업이 공용수용을 할 만한 공익성이 있는지의 여부를 모든 사정을 참작하여 구체적으로 판단하여야 하 는 것이므로 사업인정의 여부는 행정청의 재량(裁量)에 속한다.[4] 공익성이 있는 경우에도 그 사업의 내용과 방법에 대하여 사업인정처분에 관련된 자들의 이익을 공익과 사익 간에서는 물론, 공익 상호간 및 사익 상호간에도 정당하게 비교·교량 하여야 하고, 그 비교·교량은 비례의 원칙에 적합하도록 하여야 한다.[5]

다. 효과

사업인정은 고시한 날부터 효력을 발생하므로(토지보상법 제22조 제3항), 사업

---

2) 대법원 2019. 2. 28. 선고 2017두71031 판결.
3) 대법원 2005. 4. 29. 선고 2004두14670 판결, 대법원 2019. 2. 28. 선고 2017두71031 판결 등 (사업인정이란 공익사업을 토지 등을 수용 또는 사용할 사업으로 결정하는 것으로서 공익사 업의 시행자에게 그 후 일정한 절차를 거칠 것을 조건으로 일정한 내용의 수용권을 설정하여 주는 형성행위이다).
4) 대법원 1992. 11. 13. 선고 92누596 판결.
5) 대법원 2005. 4. 29. 선고 2004두14670 판결.

시행자는 사업인정 고시를 통해 토지의 세목에 포함된 토지에 대한 수용대상이 확정되고, 그 토지를 수용할 수 있는 일종의 공법상 물권으로서 수용권이 인정된다.[6]

따라서 사업인정고시가 된 후에는 누구든지 고시된 토지에 대하여 사업에 지장을 줄 우려가 있는 형질의 변경이나 수용대상 물건을 손괴하거나 수거하는 행위를 하지 못한다(토지보상법 제25조 제1항).

라. 실효

도시정비법상 사업시행자는 사업시행계획인가(사업시행계획변경인가를 포함)를 할 때 정한 사업시행기간 이내에 수용재결을 신청하여야 하므로(법 제65조 제3항), 위 사업시행기간이 경과할 경우에는 사업시행기간이 경과한 날의 다음 날에 사업인정의 효력을 상실한다.[7]

마. 하자의 승계 여부

사업인정절차상 하자의 승계 여부에 관하여 대법원은 "선행처분인 사업인정의 불가쟁력이 불생한 경우에는 수용재결이나 이의재결 단계에 있어서는 사업인정처분에 명백하고 중대한 하자가 있어 당연무효라고 볼 특단의 사정이 없는 이상 그 위법을 이유로 재결의 취소를 구할 수는 없다"고 보아 하자의 승계를 부정한다.[8]

4. 토지조서 및 물건조서의 작성

도시정비법상 사업시행자는 사업시행계획서 작성시 ① 정비사업의 시행에 지장이 있다고 인정되는 정비구역의 건축물 또는 공작물 등의 명세, ② 토지 또는

---

6) 대법원 1994. 11. 11. 선고 93누19375 판결.

7) 토지보상법 제23조(사업인정의 실효)

① 사업시행자가 제22조제1항에 따른 사업인정의 고시(이하 "사업인정고시"라 한다)가 된 날부터 1년 이내에 제28조제1항에 따른 재결신청을 하지 아니한 경우에는 사업인정고시가 된 날부터 1년이 되는 날의 다음 날에 사업인정은 그 효력을 상실한다

8) 대법원 1993. 6. 29. 선고 91누2342 판결, 대법원 1996. 4. 26. 선고 95누13241 판결.

건축물 등에 관한 권리자 및 그 권리의 명세를 포함하여야 하고(법 제52조 제1항 제13호, 시행령 제47조 제1항 제7호, 제8호), 사업시행계획인가 신청시 수용 또는 사용할 토지 또는 건축물의 명세 및 소유권 외의 권리의 명세서를 첨부하여 제출하여야 한다(시행규칙 제10조 제3항 제1호 바목).

사업시행자는 사업인정의 고시 이후에는 시장·군수등의 허가를 받지 않고, 사업의 준비나 토지조서 및 물건조서를 작성하기 위하여 필요한 경우 해당 토지 또는 물건에 출입하여 측량하거나 조사할 수 있다(토지수용법 제27조 제1항).

사업시행자는 토지조서와 물건조서를 작성하여 서명 또는 날인을 하고, 토지소유자와 관계인의 서명 또는 날인을 받아야 한다(토지수용법 제14조 제1항).

5. 보상계획 공고, 통지 및 열람

사업시행자는 토지조서와 물건조서를 작성하였을 때에는 공익사업의 개요, 토지조서 및 물건조서의 내용과 보상의 시기·방법 및 절차 등이 포함된 보상계획을 전국을 보급지역으로 하는 일간신문에 공고하고, 토지소유자 및 관계인에게 각각 통지하여야 하며, 특별자치도지사, 시장·군수 또는 구청장에게도 통지하여야 한다. 다만, 토지소유자와 관계인이 20인 이하인 경우에는 공고를 생략할 수 있다. 또한 사업시행자는 공고나 통지를 하였을 때에는 그 내용을 14일 이상 일반인이 열람할 수 있도록 하여야 한다(토지보상법 제26조 제1항, 제15조 제1항, 제2항).

6. 협의

사업인정을 받은 사업시행자는 토지보상에 관하여 토지소유자 및 관계인과의 성실하게 협의하는 협의 절차를 거쳐야 한다(토지보상법 제26조 제1항, 제16조 제1항). 사업시행자는 협의가 성립되었을 때에는 토지소유자 및 관계인과 계약을 체결하여야 한다(토지보상법 제17조).

7. 토지수용위원회의 재결

가. 재결의 신청

사업시행자는 협의가 성립되지 아니하거나 협의를 할 수 없을 때에는 사업인정고시가 있은 날부터 1년 이내에 관할 토지수용위원회에 재결을 신청할 수 있다(토지보상법 제28조 제1항). 도시정비법상 사업시행자는 사업시행계획인가(사업시행계획변경인가를 포함)를 할 때 정한 사업시행기간 이내에 수용재결을 신청하여야 한다(법 제65조 제3항).

나. 재결신청의 청구

사업인정고시가 된 후 협의가 성립되지 아니하였을 때에는 토지소유자와 관계인은 서면으로 사업시행자에게 재결을 신청할 것을 청구할 수 있다(토지보상법 제30조 제1항)(이른바, 조속재결신청). 토지소유자 등에게 재결신청의 청구권을 인정한 취지는 토지수용의 법률관계를 조속한 확정을 바라는 토지소유자 및 관계인의 이익을 보호하고 수용당사자 간의 공평을 기하기 위한 것이다.9)

다. 재결의 내용

토지수용위원회의 재결사항은 ① 수용하거나 사용할 토지의 구역 및 사용방법, ② 손실보상, ③ 수용 또는 사용의 개시일과 기간, ④ 그 밖에 토지보상법 및 다른 법률에서 규정한 사항에 대하여 사업시행자, 토지소유자 또는 관계인이 신청한 범위에서 재결하되, 손실보상의 경우에는 증액재결(增額裁決)을 할 수 있다(토지보상법 제50조).

그러나 토지수용위원회는 행정쟁송에 의하여 사업인정이 취소되지 않는 한 그 기능상 사업인정 자체를 무의미하게 하는 것(즉 사업의 시행이 불가능하게 되는 것)과 같은 재결을 행할 수는 없다.10)

---

9) 대법원 1997. 10. 24. 선고 97다31175 판결.
10) 대법원 1994. 11. 11. 선고 93누19375 판결.

라. 재결의 효과

재결이 성립하면, 사업시행자는 수용의 개시일까지 관할 토지수용위원회가 재결한 보상금을 지급하거나 공탁하여 수용의 개시일에 토지에 관한 소유권을 원시취득하며, 그 토지에 관한 다른 모든 권리는 이와 동시에 소멸한다(토지보상법 제45조). 다만, 수용의 개시일까지 관할 토지수용위원회가 재결한 보상금을 지급하거나 공탁하지 아니하였을 때에는 해당 토지수용위원회의 재결은 효력을 상실한다(토지보상법 제42조 제1항).

8. 화해

토지수용위원회는 그 재결이 있기 전에는 그 위원 3명으로 구성되는 소위원회로 하여금 사업시행자, 토지소유자 및 관계인에게 화해를 권고하게 할 수 있고(토지보상법 제33조 제1항), 화해조서에 서명 또는 날인이 된 경우에는 당사자 간에 화해조서와 동일한 내용의 합의가 성립된 것으로 본다(토지보상법 제33조 제3항).

Ⅲ. 재결에 대한 불복과 쟁송방법

1. 이의신청

가. 의의

중앙토지수용위원회의 재결에 이의가 있는 자는 중앙토지수용위원회에 이의를 신청할 수 있고, 지방토지수용위원회의재결에 이의가 있는 자는 해당 지방토지수용위원회를 거쳐 중앙토지수용위원회에 이의를 신청할 수 있고(임의주의), 각 이의의 신청은 재결서의 정본을 받은 날부터 30일 이내에 하여야 한다(토지보상법 제83조).

나. 이의재결의 효력

중앙토지수용위원회는 이의신청을 받은 경우 수용재결이 위법하거나 부당하다고 인정할 때에는 그 재결의 전부 또는 일부를 취소하거나 보상액을 변경할 수 있다. 이러한 이의재결에 따라 보상금이 늘어난 경우 사업시행자는 재결의 취소 또는 변경의 재결서 정본을 받은 날부터 30일 이내에 보상금을 받을 자에게 그 늘어난 보상금을 지급하여야 한다(토지보상법 제84조).

대법원은 "이의신청이 있는 경우에 중앙토지수용위원회가 수용재결의 위법 또는 부당 여부를 심리하도록 규정하고 있을 뿐 이의신청서에 기재된 이의사유에 한하여 심리하도록 제한하고 있지 아니하므로 특별한 사정이 없는 한 이의신청의 효력은 수용재결 전체에 미친다"고 한다.[11]

이의신청에 대한 재결이 확정된 때에는「민사소송법」상의 확정판결이 있은 것으로 보며, 재결서 정본은 집행력 있는 판결의 정본과 동일한 효력을 가진다(토지보상법 제86조 제1항).

2. 행정소송

가. 소제기

사업시행자, 토지소유자 또는 관계인은 수용재결에 불복할 때에는 재결서를 받은 날부터 90일 이내에, 이의신청을 거쳤을 때에는 이의신청에 대한 재결서를 받은 날부터 60일 이내에 각각 행정소송을 제기할 수 있다. 이 경우 사업시행자는 행정소송을 제기하기 전에 이의재결에 따라 늘어난 보상금을 공탁하여야 하며, 보상금을 받을 자는 공탁된 보상금을 소송이 종결될 때까지 수령할 수 없다(토지보상법 제85조 제1항).

---

11) 대법원 1995. 12. 8. 선고 95누5561 판결.

나. 항고소송

관할 토지수용위원회의 수용재결과 중앙토지수용위원회의 이의재결이 위법함을 전제로 그 재결의 취소 등을 청구하는 항고소송을 제기할 수 있다.

이 경우 항고소송의 피고는 원처분주의에 따라 관할 토지수용위원회를 피고로 하고, 이의재결 자체에 고유한 위법이 있는 경우에는 재결청인 중앙토지수용위원회를 피고로 한다.

대법원도 "토지보상법은 중앙토지수용위원회에 대한 이의신청을 임의적 절차로 규정하고 있는 점, 행정소송법 제19조 단서가 행정심판에 대한 재결은 재결 자체에 고유한 위법이 있음을 이유로 하는 경우에 한하여 취소소송의 대상으로 삼을 수 있도록 규정하고 있는 점 등을 종합하여 보면, 수용재결에 불복하여 취소소송을 제기하는 때에는 이의신청을 거친 경우에도 수용재결을 한 중앙토지수용위원회 또는 지방토지수용위원회를 피고로 하여 수용재결의 취소를 구하여야 하고, 다만 이의신청에 대한 재결 자체에 고유한 위법이 있음을 이유로 하는 경우에는 그 이의재결을 한 중앙토지수용위원회를 피고로 하여 이의재결의 취소를 구할 수 있다"고 한다.[12]

이와 같은 수용재결 등에 대한 항고소송의 인용 주문의 예를 들면 아래와 같다.

> ○ 피고가 2019. 00. 00. 원고에 대하여 한 별지 목록 기재 부동산에 관한 수용재결처분을 취소한다.
> ○ 피고가 2019. 00. 00. 원고에 대하여 한 별지 목록 기재 부동산에 관한 이의재결을 취소한다.

나. 보상금 증액소송

수용재결이나 이의재결로 형성된 보상금의 증감(增減)에 관한 소송은 당사자

---

12) 대법원 2010. 1. 28. 선고 2008두1504 판결.

소송의 성격이므로,[13) 그 소송을 제기하는 자가 토지소유자 또는 관계인일 때에는 사업시행자를, 사업시행자일 때에는 토지소유자 또는 관계인을 각각 피고로 한다 (토지보상법 제85조 제2항).

이와 같은 보상금증액소송은 정당한 보상금과 수용재결 등의 보상금의 차액을 구하는 것으로 인용 주문의 예를 들면 아래와 같다.

○ 피고는 원고에게 금 ○○○원 및 이에 대하여 2019. 00. 00.부터 이 사건 소장 부본 송달일까지는 연 5%의, 그 다음날부터 다 갚는 날까지는 연 12%의 각 비율로 계산한 돈을 지급하라.

---

13) 대법원 2000. 11. 28. 선고 99두3416 판결 등

제64조(재건축사업에서의 매도청구)

① 재건축사업의 사업시행자는 사업시행계획인가의 고시가 있은 날부터 30일 이내에 다음 각 호의 자에게 조합설립 또는 사업시행자의 지정에 관한 동의 여부를 회답할 것을 서면으로 촉구하여야 한다.

　　1. 제35조제3항부터 제5항까지에 따른 조합설립에 동의하지 아니한 자
　　2. 제26조제1항 및 제27조제1항에 따라 시장·군수등, 토지주택공사등 또는 신탁업
　　　자의 사업시행자 지정에 동의하지 아니한 자

② 제1항의 촉구를 받은 토지등소유자는 촉구를 받은 날부터 2개월 이내에 회답하여야 한다.

③ 제2항의 기간 내에 회답하지 아니한 경우 그 토지등소유자는 조합설립 또는 사업시행자의 지정에 동의하지 아니하겠다는 뜻을 회답한 것으로 본다.

④ 제2항의 기간이 지나면 사업시행자는 그 기간이 만료된 때부터 2개월 이내에 조합설립 또는 사업시행자 지정에 동의하지 아니하겠다는 뜻을 회답한 토지등소유자와 건축물 또는 토지만 소유한 자에게 건축물 또는 토지의 소유권과 그 밖의 권리를 매도할 것을 청구할 수 있다.

Ⅰ. 서설

1. 의의

　　매도청구권이란, 재건축사업의 사업시행자가 조합설립 또는 사업시행자 지정에 동의하지 않은 토지등소유자, 건축물 또는 토지만 소유한 자에 대해여 그 토지 또는 건축물의 소유권이나 그 밖의 권리의 매도를 청구할 수 있는 권리를 말한다.

2. 제도의 취지

　　정비사업의 원활한 시행을 위해 도시정비법은 사업시행자에게 토지보상법에 따른 수용·사용권을 인정하고 있는데(법 제63조), 예외적으로 재건축사업의 경우에는 수용·사용권 대신 완화된 수단인 매도청구권을 인정하고 있다.[1] 이처럼 임의

가입제를 취하고 있는 재건축사업의 원활한 시행을 위해 정비사업에 반대하는 토지등소유자의 권리를 강제적으로 취득하게 하여 정비사업의 지연을 방지하고, 다수의 이익을 실현할 수 있는 장치라는 점에 도입취지가 있다.[2]

3. 법적 성격

가. 형성권

매도청구권의 법적 성격은 형성권인바, 사업시행자의 매도청구권의 의사표시가 상대방에게 도달하면 상대방의 의사에 관계없이 시가에 의한 매매계약이 체결되는 효력이 발생한다. 다만 목적물의 소유권은 소유권이전등기를 경료한 때 이전된다.[3]

또한 매도청구권은 형성권이고 행사기간을 규정한 취지는 매도청구 상대방의 정당한 법적 이익을 보호하고 아울러 재건축을 둘러싼 법률관계를 조속히 확정하기 위한 것이라고 봄이 상당하므로, 매도청구권 행사기간은 제척기간에 해당하고, 그 기간 내에 사업시행자가 매도청구권을 행사하지 않으면 매도청구권은 효력을 상실함을 유의할 필요가 있다.[4] 만약 매도청구권이 소멸하면 사업시행자로는 매도청구권 행사를 위해 필요한 요건을 다시 갖춘 후에 매도청구권을 행사할 수 있다.

나. 실질적 공용수용

헌법재판소와 대법원은 매도청구권은 재건축사업의 원활한 진행을 위해 법이 재건축 불참자 의사에 반하여 재산권을 박탈할 수 있도록 특별히 규정한 것으로

---

1) 대법원 2014. 7. 24. 선고 2012다62561 판결(도시정비법 제49조 제6항 단서는 도시정비법 제38조에 따라 사업시행자에게 토지보상법상 정비구역 안의 토지 등을 수용 또는 사용할 권한이 부여된 정비사업에 제한적으로 적용되고, 그 권한이 부여되지 아니한 주택재건축사업에는 적용될 수 없다).
2) 이우재, 전게서(하), 57면, 맹신균, 전게서, 852면.
3) 대법원 2000. 6. 27. 선고 2000다11621 판결, 대법원 2002. 9. 24. 선고 2000다22812 판결, 대법원 2008. 2. 29. 선고 2006다56572 판결.
4) 대법원 2002. 9. 24. 선고 2000다22812 판결, 대법원 2008. 2. 29. 선고 2006다56572 판결 등.

서, 그 실질은 헌법 제23조 제3항의 공용수용과 같다고 판단하고 있다.[5]

다만, 헌법재판소는 매도청구권의 실질이 헌법 제23조 제1항, 제2항의 재산권의 제한인지, 제3항의 공용수용인지의 쟁점에 관하여 공용수용의 실질을 가진다고 결정한 것이고, 그 성질이 수용과 같은 처분이라거나 수용과 같이 매도청구의 목적물상의 다른 권리가 소멸되는 등의 창설적 효력을 가지게 되는 것은 아니라고 할 것이므로,[6] 목적물상의 설정된 담보권, 임차권 등은 소멸하지 않고 매수인에게 이전된다.

4. 매도청구 관련 전부개정 법률의 취지

2017. 2. 8. 법률 제14567호로 전부개정되기 전(이하, '구법', 전부개정된 법을 '신법'이라 함)의 법률에서는 아래와 같이 매도청구권을 규정하고 있었다.

제39조(매도청구)

사업시행자는 주택재건축사업 또는 가로주택정비사업을 시행할 때 다음 각 호의 어느 하나에 해당하는 자의 토지 또는 건축물에 대하여는 「집합건물의 소유 및 관리에 관한 법률」 제48조의 규정을 준용하여 매도청구를 할 수 있다. 이 경우 재건축결의는 조합 설립에 대한 동의(제3호의 경우에는 사업시행자 지정에 대한 동의를 말한다)로 보며, 구분소유권 및 대지사용권은 사업시행구역의 매도청구의 대상이 되는 토지 또는 건축물의 소유권과 그 밖의 권리로 본다.

1. 제16조제2항 및 제3항에 따른 조합설립의 동의를 하지 아니한 자
2. 건축물 또는 토지만 소유한 자(주택재건축사업의 경우만 해당한다)
3. 제8조제4항에 따라 시장·군수, 주택공사등 또는 신탁업자의 사업시행자 지정에 동의를 하지 아니한 자

위와 같이 구법은 매도청구권의 구체적인 내용은 집합건물법을 준용하도록 규정되어 있었는데, 도시정비법과 집합건물법은 각각 공법과 사법으로서 법적 성

---

5) 헌법재판소 2006. 7. 27. 자 2003헌바18 결정, 대법원 2008. 7. 10. 선고 2008다12453 판결.
6) 이우재, 전게서(상), 71~73면.

격이 다르고, 구체적인 규율 내용도 다르고, 정비사업의 특성을 반영하여 신법은 집합건물법을 준용하지 않고 필요한 절차를 직접 규정하게 된 것이다.[7] 이러한 신법의 매도청구의 규정은 2018. 2. 8. 이후 최초로 조합설립인가를 신청하거나 사업시행자를 지정하는 경우부터 적용된다(부칙 제16조).

II. 매도청구권의 당사자

1. 매도청구의 주체

재건축사업의 사업시행자만 매도청구의 주체가 된다.

2. 매도청구의 상대방

매도청구의 상대방은 ① 조합설립에 동의하지 아니한 자, ② 시장·군수등, 토지주택공사등 또는 신탁업자의 사업시행자 지정에 동의하지 아니한 자, ③ 정비구역 내 건축물 또는 토지만 소유한 자가 된다.

여기서 위 "조합설립에 동의하지 아니한 자"는 주택단지 내 건축물 및 그 부속토지를 소유한 자(토지등소유자)를 실질적으로 의미한다.

이를 살펴보면, 재건축조합은 주택단지 내 건축물 및 그 부속토지의 소유자(토지등소유자)와 주택단지가 아닌 지역이 정비구역에 포함된 때에는 주택단지가 아닌 지역의 토지 또는 건축물 소유자의 일정 비율의 동의를 받아 설립한다(법 제35조 제3항, 제4항). 그런데 "정비구역 내 주택단지가 아닌 지역의 건축물 또는 토지만 소유한 자"는 조합설립에 관한 동의자는 해당되나, 동의를 하더라도 조합원(토지등소유자) 자체는 될 수 없으므로, 동의에 관계없이 매도청구의 상대방이 되기 때문이다.

---

7) 신법의 개정이유 참조, 강신은, 재개발·재건축 개정조문 해설, 도시개발신문, 2018, 70~71면.

공유자인 경우 일부만이 조합설립에 동의하는 경우, 공유자는 전부가 동의하지 않는 한 조합원이 될 수 없으므로[8] 일부의 동의가 있다고 하더라도, 공유자 전원이 매도청구의 상대방이 된다고 보며, 매도청구 상대방의 소유의 부동산을 승계한 승계인도 매도청구의 상대방이 된다.

Ⅲ. 매도청구권의 행사

1. 최고(동의 여부 회답촉구)

가. 최고의 취지

사업시행자는 사업시행계획인가 고시 후 조합설립 또는 사업시행자 지정에 동의하지 않은 자에 대하여 동의 여부에 관하여 회답할 것을 서면으로 촉구하고, 회답기간(최고를 받은 날부터 2개월 이내)에 동의하지 않을 경우 매도청구권을 행사할 수 있다. 최고절차를 둔 것은 미동의자의 의사를 다시 확인함으로써 재건축에 참가하지 아니한 자에게 숙려의 기회를 부여함으로써 그를 보호하고, 다수의 동의자를 확보하기 위한 것에 있다.[9]

나. 최고의 상대방

(1) 미동의한 동의권자

최고의 상대방은 조합설립 또는 사업시행자 지정에 미동의한 '동의권자'이므로, ① 주택단지 내 건축물 및 그 부속토지의 소유자(토지등소유자), ② 주택단지가 아닌 지역이 정비구역에 포함된 때에는 주택단지가 아닌 지역의 토지 또는 건축물

---

8) 서울고등법원 2011. 1. 12. 선고 2010누9442 판결은 토지의 공유자들의 대표자 선임없이 공유자 1인이 단독으로 동의한 경우 공유자 1인 명의의 동의서는 무효라고 판단한 바 있고(대법원에서 심리불속행 기각으로 확정), 법제처 역시 정비사업구역 내에 1개 필지의 토지를 공유하고 있는 수인 간 조합설립에 대한 동의 여부에 대하여 의견이 일치하지 않아 수인을 대표하는 1인을 정하지 못한 경우, 조합설립에 동의한 자의 지분에 해당하는 동의한 것으로 산정할 수 없다고 유권해석한 바 있다(법제처 11-0666, 2011.12.8.).

9) 대법원 2001. 1. 5. 선고 2000다12099 판결, 이우재, 전게서(하), 74면.

소유자가 해당하고, ③ 주택단지 내 토지 또는 건축물만 소유한 자는 동의권자가 아니므로 최고절차 없이 매도청구를 할 수 있다.

(2) 공동소유자

토지등소유자가 공유자 내지 합유자인 경우에는 매도청구권의 대상이 되는 것은 공유물 또는 합유물의 처분에 해당되는 것으로 볼 수 있어 공유자 또는 합유자 전원을 상대로 최고를 해야 할 것이다. 아울러 총유물인 경우에는 그 처분은 사원총회 결의에 의하므로(민법 제276조), 해당 단체의 대표자에게 최고하면 될 것이다.

만일 각자가 공유지분을 처분할 수 있는 공유물의 공유자 중 일부만이 조합설립에 동의한 경우에도 공유자 전원을 상대로 최고해야 하는지 견해의 다툼이 있는데, 공유자는 전부가 동의하지 않는 한 조합원이 될 수 없으므로 일부의 동의가 있었다고 하더라도, 공유자 전원을 상대로 최고해야 한다고 본다.[10]

(3) 승계인

해당 부동산을 상속 등으로 취득한 포괄승계인이나 매매 등으로 취득한 특정승계인에게 매도청구권을 행사하기 위해서는 최고절차가 거쳐야 함은 당연하다.

그런데 기존 소유자에 대한 최고 후 부동산에 대한 특정승계가 이루어진 경우에 관하여 다시 최고해야 하는지 문제된다.

최근 대법원은 구 도시정비법 제39조, 집합건물법 제48조[11]가 적용되는 사안

---

10) 서울고등법원 1996. 7. 24. 선고 95나32534 판결(피고 A와 B는 부동산의 각 2분의 1 지분의 공유자로서 조합의 규약에 의하여 이들은 1인의 조합원으로 보고, 조합원 1인에게는 1세대 1주택만을 분양하게 되어 있다. 비록 피고 A가 재건축사업에 찬성했다고 하더라도, B가 재건축사업에 찬성하지 아니한 이상 조합으로서는 부동산 전체에 관하여 매도청구권을 행사할 수 있다)

11) 제48조(구분소유권 등의 매도청구 등)
   ① 재건축의 결의가 있으면 집회를 소집한 자는 지체 없이 그 결의에 찬성하지 아니한 구분소유자(그의 승계인을 포함한다)에 대하여 그 결의 내용에 따른 재건축에 참가할 것인지 여부를 회답할 것을 서면으로 촉구하여야 한다.

에서, ① 먼저 "최고 후 매도청구권을 행사하기 전"에 해당 부동산의 특정승계가
이루어진 경우에는 집합건물법의 규정 내용과 취지에 따르면, 사업시행자는 승계
인에게 다시 새로운 최고를 할 필요 없이 곧바로 승계인을 상대로 매도청구권을
행사할 수 있으나,[12] ② "매도청구권의 행사 이후"에 특정승계가 이루어진 경우에
는 관련 규정은 승계인에게 매도할 것을 청구할 수 있다고 정하고 있을 뿐이고 승
계인이 매매계약상의 의무를 승계한다고 정한 것은 아니므로 사업시행자가 매도
청구권을 행사한 이후에 비로소 부동산의 특정승계가 이루어진 경우 이미 성립한
매매계약상의 의무가 그대로 승계인에게 승계된다고 볼 수는 없어 매도청구권 행
사의 효력이 새로운 소유자에게는 미치지 않는다고 판시한 바 있다.[13] 따라서 위
대법원 판결에 의하면 매매계약의 효력은 특정승계인에게 미치지 않으므로 특정
승계인에 대해 다시 최고절차를 거쳐 매도청구권을 행사할 수밖에 없다.

다. 최고의 시기

최고는 사업시행계획인가 고시가 있는 날로부터 30일 이내에 해야 하고, 의
사표시의 효력발생시기에 관한 도달주의 원칙상 위 기간 내에 최고의 서면이 상대
방에게 '도달'하여야 할 것이다.

이와 같이 최고의 시기를 제한한 취지는 매도청구의 상대방으로 하여금 불안
정한 지위에서 빨리 벗어나도록 하고, 사업시행자가 매수대상인 부동산의 시가가

---

② 제1항의 촉구를 받은 구분소유자는 촉구를 받은 날부터 2개월 이내에 회답하여야 한다.
③ 제2항의 기간 내에 회답하지 아니한 경우 그 구분소유자는 재건축에 참가하지 아니하겠
　다는 뜻을 회답한 것으로 본다.
④ 제2항의 기간이 지나면 재건축 결의에 찬성한 각 구분소유자, 재건축 결의 내용에 따른
　재건축에 참가할 뜻을 회답한 각 구분소유자(그의 승계인을 포함한다) 또는 이들 전원의
　합의에 따라 구분소유권과 대지사용권을 매수하도록 지정된 자(이하 "매수지정자"라 한
　다)는 제2항의 기간 만료일부터 2개월 이내에 재건축에 참가하지 아니하겠다는 뜻을 회
　답한 구분소유자(그의 승계인을 포함한다)에게 구분소유권과 대지사용권을 시가로 매도
　할 것을 청구할 수 있다. 재건축 결의가 있은 후에 이 구분소유자로부터 대지사용권만을
　취득한 자의 대지사용권에 대하여도 또한 같다.
12) 포괄승계의 경우에는 최고절차가 필요하지 않음은 물론이다.
13) 대법원 2019. 2. 28. 선고 2016다255613 판결 다만, 특정승계가 아닌 상속이나 합병 등의 포
　괄승계가 이루어진 경우에는 매매계약상 의무도 당연히 승계인에게 승계된다고 할 것이므
　로, 승계인을 상대로 소유권이전등기를 청구하면 된다.

가장 낮아지는 시기를 임의로 정하여 매도청구를 할 수 있게 되어 상대방의 정당한 법적 이익을 보호하고 아울러 재건축을 둘러싼 법률관계를 조속히 확정하기 위한 것이다.[14)]

한편 집합건물법을 준용하던 구법은 "조합설립 동의가 있은 후 지체 없이" 최고를 하여야 하는데, 구법 역시 사업시행자가 매도청구를 할 수 있다고 규정하고 있고, 조합은 등기함으로써 성립하므로 조합설립등기를 마친 때로부터 지체 없이 매도청구를 할 수 있다고 할 것이다.[15)]

또한 대법원은 "지체 없이"의 의미에 대하여 재건축결의가 이루어진 직후는 아니더라도 적어도 재건축사업의 진행 정도에 비추어 적절한 시점에는 이루어져야 한다는 의미라고 보고 있다.[16)]

라. 최고에 대한 회답

(1) 회답기간 및 방식

사업시행자로부터 최고를 받은 토지등소유자는 그 최고의 서면을 받은 날부터 2개월 이내에서 조합설립에 동의하는지 여부에 관하여 회답하여야 한다(법 제64조 제2항). 위 회답기간은 최고의 상대방을 위한 숙려기간의 의미가 있으므로 이를 연장하는 것은 가능하나, 단축하는 것은 불가능하다고 본다.[17)]

대법원은 회답기간과 관련하여 재건축 참여 여부에 대한 최고에 대하여 재건축에 참가하지 아니하는 뜻을 명시적으로 밝히지 아니한 채 재건축 결의의 내용에 대한 해명을 요구하면서 회답을 유보한 경우 집합건물법 제48조 제2항에 정한 회답기간이 연장되는 것은 아니라고 본 사례가 있다.[18)]

---

14) 대법원 2010. 1. 14. 선고 2009다68651 판결.

15) 대법원 2008. 2. 29. 선고 2006다56572 판결.

16) 대법원 2015. 2. 12. 선고 2013다15623 판결(재건축조합이 조합설립등기를 마친 후 2년이 지난 시점에 재건축 참가 여부를 묻는 최고를 한 사안에서, 제반 사정에 비추어 조합의 최고는 지체 없이 이루어진 최고라고 보기 어렵다고 한 사례).

17) 이우재, 전게서(하), 87면.

법 문언상 회답은 반드시 서면으로만 하여야 하는 것은 아니고 구두로도 가능하다고 본다. 아울러 구두로 동의 또는 부동의 회답을 한 경우에는 회답기간 경과 전이라면 이를 철회, 번복할 수 있다고 본다.

만약 서면으로 동의하는 경우에는 법에서 정하는 동의서를 제출하여야 하고 (시행규칙[별지 제6호] 서식 – 조합설립동의서), 동의서 제출 이후에는 조합설립동의의 내용이 변경되지 않는 한 철회할 수 없다(시행령 제33조 제2항 제2호 나목).

(2) 미회답의 효과

최고의 상대방이 회답기간 내에 회답하지 않은 경우에는 동의하지 아니하겠다는 뜻을 회답한 것으로 본다(법 제64조 제3항).

2. 매도청구권의 행사

가. 행사방법

매도청구권 행사방법에 대해서는 법상 아무런 제한이 없으므로 서면이나 구두의 방법 모두 가능하고, 반드시 재판상 청구뿐만 아니라 재판외에서도 행사가능하다. 통상 실무에선 매도청구소송(소유권이전등기청구)을 제기하면서 그 소장 부본을 송달하는 방법으로 행사하는 형태로 많이 진행되고 있다.[19]

나. 행사기간

(1) 행사기간

매도청구권 행사기간은 회답기간이 만료된 때부터 2개월 이내이다.

---

18) 대법원 2002. 9. 24. 선고 2000다22812 판결.
19) 대법원은 매도청구의 소는 행사기간(제척기간)이 도과되기 전에 제기되었으나 폐문부재 등의 사유로 소장 부본이 송달불능되었다가 재송달하는 과정을 거치는 바람에 소장 부본 송달일이 행사기간도과 후로 된 경우, 행사기간을 둔 취지 등에 비추어 볼 때, 우연히 소장 부본의 송달만이 행사기간 도과 후로 되었다고 하여 매도청구권의 행사가 부적법하다고 할 수는 없다고 판시한 바 있다(대법원 2003. 5. 27. 선고 2002다14532, 2002다14549 판결).

(2) 행사기간 내 불행사의 효력

매도청구권은 행사기간은 제척기간의 성격이므로 만일 매도청구권을 행사기간 내에 행사하지 아니하면 매도청구권은 상실된다.[20]

매도청구권의 상실된 경우 사업시행자가 매도청구권을 행사하기 위해서는 다시 매도청구권 요건을 갖추어야 한다.

이에 대해 살펴보면, ① 구법의 경우 대법원은 매도청구권을 상실한 경우에는 재건축조합이 새로이 조합설립인가처분을 받는 것과 동일한 요건과 절차를 거쳐 조합설립변경인가처분을 받음으로써 그 조합설립변경인가처분이 새로운 조합설립인가처분의 요건을 갖춘 경우 조합은 그러한 조합설립변경인가처분에 터잡아 새로이 매도청구권을 행사할 수 있다고 판단하여 왔고,[21] ② 현행 법의 경우에도 위 대법원의 취지에 비추어 사업시행자는 사업시행계획인가를 받는 것과 동일한 요건과 절차를 거쳐 사업시행계획변경인가를 받고 그 변경인가의 고시가 있으면 다시 최고를 거쳐 새로이 매도청구권을 행사할 수 있다고 할 것이다.

Ⅳ. 매도청구권 행사의 효과

1. 매매계약의 성립

매도청구권은 형성권의 성격이므로 사업시행자의 매도청구권을 행사하면 매도청구권 행사의 의사표시가 상대방에게 도달함과 동시에 상대방 의사와 관계없이 목적물에 관하여 시가에 의한 매매계약이 성립한다.[22]

---

20) 대법원 2013. 3. 14. 선고 2012다111531 판결, 대법원 2008. 2. 29. 선고 2006다56572 판결, 대법원 2016. 12. 29. 선고 2015다202162 판결.
21) 대법원 2012. 12. 26. 선고 2012다90047 판결, 대법원 2013. 2. 28. 선고 2012다34146 판결 등.
22) 대법원 2014. 12. 11. 선고 2014다41698 판결.

매매계약이 성립하는 시점은 의사표시가 도달된 시점이므로, 재판상 행사(매도청구소송)을 제기한 경우에는 매도청구권 행사의 의사표시가 포함된 소장 또는 준비서면 부본이 상대방에게 송달된 날이 매매계약 성립일이 된다고 할 것이다.

대법원은 "최고일로부터 2개월의 회답기간 만료 전에 미리 매도청구소송을 제기한 경우에는 회답기간 만료 다음날 매도청구권을 행사한 것과 동일한 효과가 발생하였다고 볼 수 있으므로, 결국 소장 부본 송달 이후 도래한 회답기간 경과일 다음날을 매매계약 성립일이 된다"고 한다.[23)]

2. 매매대금(시가)의 산정

(1) 의의

매도청구권의 행사에 따라 목적물에 관하여 시가에 의한 매매계약이 성립되는데, 시가는 매도청구권 행사 당시의 객관적 거래가격을 말한다.

대법원도 "시가란 매도청구권이 행사된 당시의 목적물의 객관적 거래가격으로서, 노후되어 철거될 상태를 전제로 하거나 주택재건축사업이 시행되지 않은 현재의 현황을 전제로 한 거래가격이 아니라 그 목적물에 관하여 주택재건축사업이 시행된다는 것을 전제로 하여 평가한 가격, 즉 재건축으로 인하여 발생할 것으로 예상되는 '개발이익'이 포함된 가격을 말한다"고 판시하고 있다.[24)]

(2) 산정방법

전술한 바와 같이 시가는 매도청구권이 행사된 당시의 목적물의 객관적 거래가격이므로, ① 일반적으로 부동산중개업소를 통하여 형성된 실제 거래가격은 개발이익이 반영되어 형성된 것으로 봄이 상당하며, 감정인이 감정시 고려한 사항, 감정방법, 거래사례의 수집사례, 수집된 실제 거래사례에 나타난 거래가와 감정가가 비슷한 경우 개발이익을 충분히 고려한 것이라고 볼 수 있고,[25)] ② 재건축사업

---

23) 대법원 2010. 7. 15. 선고 2009다63380 판결.
24) 대법원 2014. 12. 11. 선고 2014다41698 판결 등.

이 시행되는 것을 전제로 하므로 재건축사업이 시행되지 않은 현재의 현황을 전제로 한 거래가격이 아니며,[26] ③ 실무적으로는 원·피고 사이의 합의가 되지 않을 경우 결국 법원의 시가 감정에 따라 시가를 확정하게 되므로 감정인의 감정이 시가 결정에 중요한 역할을 하고 있는데, 감정인의 감정결과는 그 감정방법 등이 경험칙에 반하거나 합리성이 없는 등의 현저한 잘못이 없는 한 이를 존중하여야 한다는 것이 대법원의 태도이다.[27]

(3) 영업보상 포함 여부

대법원은 재건축사업은 사업시행자에게 정비구역 안의 토지 등을 수용 또는 사용할 권한이 부여되지 않는 점, 재개발사업 등에서 수용보상금의 산정이 개발이익을 배제한 수용 당시의 공시지가에 의하는 것과는 달리, 재건축사업의 매도청구권 행사의 기준인 시가는 개발이익이 포함된 가격인 점 등에 비추어, 재건축사업에는 구 도시정비법 제49조 제6항 단서(현 제81조 제1항 제2호)나 토지보상법이 적용되거나 유추적용되지 않는다는 입장인바,[28] 사업시행자는 매도청구권 행사에 따라 개발이익이 반영된 시가만 보상하면 되고, 토지보상법에서 인정하는 영업보상 기타 보상을 할 의무는 부담하지 않는다.

---

25) 대법원 2005. 6. 24. 선고 2003다55455 판결, 대법원 2013. 7. 25. 선고 2013다36293 판결.

26) 대법원 2014. 12. 11. 선고 2014다41698 판결(토지 현황이 인근 주민의 통행에 제공된 도로 등인 사안에서, 시가는 재건축사업이 시행될 것을 전제로 할 경우의 인근 대지 시가와 동일하게 평가하되, 각 토지의 형태, 주요 간선도로와의 접근성 등 개별 요인을 고려하여 감액평가하는 방법으로 산정하는 것이 타당하다고 한 사례).

27) 대법원 2007. 2. 22. 선고 2004다70420 판결, 대법원 2012. 11. 29. 선고 2010다93790 판결 등. 물론, 법원은 반드시 시가감정에 의하여 매매대금을 평가하여야 하는 것은 아니고 적절한 방법으로 매매대금을 평가할 수 있다(대법원 2012. 5. 10. 선고 2010다47469, 47476, 47483 판결).

28) 대법원 2014. 7. 24. 선고 2012다62561 판결, 헌법재판소도 매도청구권에 의한 보상 외에 영업손실, 이사비용, 양도소득세, 대체부동산의 취득세 등의 보상에 관한 별도의 규정을 두지 않았다고 하여 정당한 보상 원칙에 반한다고 볼 수 없다고 결정하였다(헌법재판소 2012. 12. 27. 자 2012헌바27, 334, 384, 385 결정).

【판례연구】재건축사업의 매도청구에서의 토지의 현황과 매매대금 산정 기준(대법
원 2014. 12. 11. 선고 2014다41698 판결 소유권이전등기등)

❏ 판결요지

(1) 도시 및 주거환경정비법에 의한 주택재건축사업의 시행자가 같은 법 제39조
제2호에 따라 토지만 소유한 사람에게 매도청구권을 행사하면 매도청구권 행사의
의사표시가 도달함과 동시에 토지에 관하여 시가에 의한 매매계약이 성립하는데,
이때의 시가는 매도청구권이 행사된 당시의 객관적 거래가격으로서, 주택재건축사
업이 시행되는 것을 전제로 하여 평가한 가격, 즉 재건축으로 인하여 발생할 것으
로 예상되는 개발이익이 포함된 가격을 말한다.

(2) 토지 현황이 인근 주민의 통행에 제공된 도로 등인 사안에서, <u>토지의 현황이
도로일지라도 주택재건축사업이 추진되면 공동주택의 일부가 되는 이상 시가는 재
건축사업이 시행될 것을 전제로 할 경우의 인근 대지 시가와 동일하게 평가하되,
각 토지의 형태, 주요 간선도로와의 접근성, 획지조건 등 개별 요인을 고려하여 감
액 평가하는 방법으로 산정하는 것이 타당한데도, 현황이 도로라는 사정만으로 인
근 대지 가액의 1/3로 감액한 평가액을 기준으로 시가를 산정한 원심판결에 법리
오해의 잘못이 있다.</u>

❏ 판결의 검토

본 사안에서 핵심 쟁점은 토지의 현황이 인근 주민의 통행에 제공되는 도로인
경우에 있어, 일반적으로 도로부지는 인근 대지의 가액보다 낮은 가격에 거래되는
것이 통상이므로, 매도청구권 행사의 경우에도 그 현황대로 인근 대지에 비해 낮
은 평가액을 기준으로 시가를 산정할 수 있는지 여부였다.

대상판결은 먼저 매도청구권의 행사에 따른 시가의 의미에 대하여, 시가는 매도
청구권이 행사된 당시의 객관적 거래가격으로서, 주택재건축사업이 시행되는 것을
전제로 하여 평가한 가격, <u>즉 재건축으로 인하여 발생할 것으로 예상되는 개발이
익이 포함된 가격</u>임을 다시 한번 명확히 확인하였다(대법원 2009. 3. 26. 선고
2008다21549, 21556, 21563 판결). 매도청구권의 행사결과 시가에 의한 매매계약
이 성립되는데, 매매계약상 매도인은 본인의 부동산이 정비사업 시행됨에 따라 가

치가 상승할 것을 전제로 한 가격에 매도할 의사를 가지고 있다고 볼 수 있으므로 위와 같은 대법원의 판단은 타당하다고 본다.

문제는 위와 같은 시가의 의미가 개발이익이 포함된 가격이라면, 매도청구권 행사 당시의 현황이 도로인 토지의 경우에 그 현황을 기준으로 시가를 산정하는 것이 타당한지 여부이다.

대상판결은 토지의 현황이 도로라 하더라도 장래 재건축사업이 추진되면 그 토지도 공동주택 부지의 일부가 되는 것이므로 재건축사업이 시행될 경우를 전제로 한 인근 대지의 시가를 기준으로 평가하되, 토지의 형태, 간선도로와의 접근성, 획지조건 등의 개별 요인을 고려하여 감액 평가해야 한다고 판시하였다.

이는 단순히 토지의 현황대로 시가를 산정하지 않고, 장래의 그 토지가 사용되는 용도를 고려한 것으로 판례가 일관되게 판시한 '재건축사업이 시행되었을 것을 전제로 하여 평가한 가격'이라는 정당한 보상원칙에 부합하는 것이고, 매도청구의 상대방의 이익을 보호하는 타당한 판결이라고 생각된다.

3. 권리제한등기와의 관계

가. 권리제한등기와 동시이행항변

매도청구권의 행사에 따라 목적물에 관한 매매계약이 성립하게 되는데, 대법원은 매매목적물에 저당권, 대항력 있는 임차권, 가압류·가처분등기 등 권리제한등기가 설정되어 있는 경우 공평의 원칙상 토지등소유자는 권리제한등기가 없는 상태로 목적물의 소유권을 사업시행자에게 이전할 의무를 부담하고, 이러한 권리제한등기 없는 소유권이전의무 및 인도의무와 사업시행자의 매매대금지급의무는 동시이행관계로 보고 있다.[29]

한편, 일반적인 부동산매매계약의 법리에 따라 특별한 약정이 없는 한 사업시

---

29) 대법원 2008. 10. 9. 선고 2008다37780 판결, 대법원 2000. 11. 28. 선고 2000다8533 판결, 대법원 2009. 9. 10. 선고 2009다32850 판결.

행자는 그 부동산에 설정된 근저당권설정등기가 있어 완전한 소유권이전을 받지 못할 우려가 있으면 그 근저당권의 말소등기가 될 때까지 말소되지 아니한 근저당권의 "채권최고액(담보한도금액)"에 상당한 대금지급을 거절할 수 있음이 원칙이다.[30]

다만, 대법원은 위와 같이 지급을 거절할 수 있는 매매대금이 어느 경우에나 근저당권의 채권최고액에 상당하는 금액인 것은 아니고, 매수인이 근저당권의 피담보채무액을 확인하여 이를 알고 있는 경우와 같은 특별한 사정이 있는 경우에는 지급을 거절할 수 있는 매매대금은 "확인된 피담보채무액"에 한정된다고 본다.[31]

또한 사업시행자는 사업수행을 위하여 필요한 경우에는 토지등소유자에게 매매대금 중에서 권리제한등기를 말소하는 데 필요한 금액을 공제한 나머지 금액을 먼저 지급할 수 있고, 이러한 경우 신의성실과 공평의 원칙상 토지등소유자는 동시이행항변권을 행사할 수 없다.[32]

이에 따라 매도청구소송의 인용 주문의 예를 들면 아래와 같다.

○ 피고는 원고로부터 ○○원을 지급받음과 동시에 원고에게 별지 목록 기재 부동산에 관하여 2019. 00. 00.(※ 소장 부본 송달일) 매매를 원인으로 한 소유권이전등기절차를 이행하고, 위 부동산을 인도하라
※ 매매대금 ○○원 = (시가 △△원 − 채권최고액 또는 확인된 피담보채무액 □□원)

---

30) 대법원 1988. 9. 27. 선고 87다카1029 판결, 대법원 2015. 11. 19. 선고 2012다114776 전원합의체 판결.
31) 대법원 1996. 5. 10. 선고 96다6554 판결, 대법원 2015. 11. 19. 선고 2012다114776 전원합의체 판결.
32) 대법원 2008. 10. 9. 선고 2008다37780 판결, 서울고등법원 2013. 5. 15. 선고 2012나28457 판결 등.

나. 근저당권 채권최고액이 매매대금 초과한 경우

만일 목적물에 설정된 근저당권이 채권최고액이 매매대금을 초과한 경우에는 사업시행자는 매매대금 전액에 대한 이행거절권을 행사하여 매매대금을 전혀 지급하지 아니한 채 소유권이전등기를 경료받을 수 있다.

이때, 사업시행자가 제3자로서 근저당권의 말소를 구하기 위해 근저당권자에게 지급할 금액의 범위에 관하여, 실무상 ① 채무를 인수하였다는 등의 특별한 사정이 없는 한 근저당권자에게 매매대금 상당액을 지급하고 근저당권의 말소를 구할 수 있다는 취지의 견해,33) ② 근저당권자는 채권최고액을 변제받기 전까지는 근저당권의 말소의무를 부담하지 않으므로 매매대금 상당액만 지급하고 근저당권의 말소를 구하기는 어렵다는 취지의 견해, ③ 입법론적인 해결이 필요하다는 견해 등의 견해가 있다.

생각건대, 사회통념상 통상의 근저당권자가 매매대금을 초과하는 채권최고액을 설정하는 것은 이례적이고, 특히 근저당권자가 개인인 경우 매도청구권 행사에 임박하여 매매대금을 초과하는 근저당권을 설정받은 경우라면, 진정한 채권최고액이 얼마인지 더욱 의심스러운 점, 채권최고액이 매매대금을 초과하더라도 본래 근저당권을 실행할 경우 매매대금을 초과하는 금액은 부동산에 의해 담보될 가능성이 없는 채권인 점, 재건축사업의 시행이라는 우연한 사정으로 근저당권자가 담보가치 이상의 채권을 회수한다면 이는 결국 조합원의 부담으로 되고, 정의관념에도 반하는 점이 있다. 따라서 이러한 여러 사정을 감안할 때, 매매대금 상당액을 지급하고 근저당권의 말소를 구할 수 있다고 생각된다. 다만, 이는 근본적으로는 입법론적 해결이 필요한 문제라고 볼 수 있다.

---

33) 이우재, 전게서(하), 116면.

V. 매도청구권과 보전처분

1. 부동산처분금지 및 점유이전금지 가처분

가. 부동산처분금지가처분

매도청구소송 중 목적물의 처분 등 승계가 이루어지고, 사업시행자가 간과하여 소송이 종결되면 판결의 효력을 승계인에게 주장할 수 없으므로 실무상 사업시행자는 매도청구소송과 동시에 부동산처분금지가처분신청을 하고 있다. 이러한 가처분의 인용 결정의 예를 들면 아래와 같다.

> ○ 채무자는 별지 목록 기재 부동산에 관하여 양도, 증여, 저당권·전세권·임차권의 설정 기타 일체의 처분행위를 하여서는 아니된다.

처분금지가처분이 등기되면 채무자 및 제3자에 대하여 구속력을 가지는바, 이는 가처분등기 후 상대방이 목적물을 양도, 담보권설정 등 처분행위를 하더라도 사업시행자는 매도청구소송이 '확정'되면 그 처분행위의 효력을 부정할 수 있다는 것, 즉 무효로 할 수 있다는 것을 의미한다.[34]

나. 부동산점유이전금지가처분

매도청구권의 행사로 매매계약이 성립하면 목적물의 인도소송을 진행하게 되는데, 소송 중 목적물의 점유가 이전되면 인도소송에서 패소할 수밖에 없으므로, 실무상 사업시행자는 목적물 인도소송과 동시에 부동산점유이전금지가처분도 신청하고 있다. 이러한 가처분의 인용 결정의 예를 들면 아래와 같다.

> 1. 채무자는 별지 목록 기재 부동산에 대하여 점유를 풀고 채권자가 위임하는 집행관에게 인도하여야 한다.
> 2. 집행관은 현상을 변경하지 아니할 것을 조건으로 하여 채무자들에게 이를 사

---

[34] 대법원 1992. 2. 14. 선고 91다12349 판결, 대법원 1996. 3. 22. 선고 95다53768 판결 등.

> 용하게 할 수 있다.
> 3. 채무자는 그 점유를 타인에게 이전하거나 점유 명의를 변경하여서는 아니된다.
> 4. 집행관은 위 명령의 취지를 적당한 방법으로 공시하여야 한다.

한편, 점유이전금지가처분은 목적물의 점유이전을 금지하는 것으로서, 그럼에도 불구하고 점유가 이전되었을 때에는 가처분채무자는 가처분채권자에 대한 관계에 있어서 여전히 그 점유자의 지위에 있다는 의미로서의 당사자항정의 효력이 인정될 뿐이다. 따라서 사업시행자는 가처분 이후에 매매나 임대차 등에 기하여 가처분채무자로부터 점유를 이전받은 제3자에 대하여 가처분 자체의 효력으로 직접 퇴거를 강제할 수는 없고, 본안판결의 집행단계에서 승계집행문을 부여받아서 그 제3자의 점유를 배제할 수 있다.35)

2. 명도등단행가처분

사업시행자가 제기한 매도청구소송은 본안판결확정시까지 상당한 시일이 소요되고, 정비사업의 원활한 추진에 있어 매도청구의 상대방들의 비협조 등으로 장애요인이 될 경우 실무상 명도등(철거, 방해금지 등)단행가처분을 신청하기도 한다.

그러나 이러한 가처분은 본안소송의 승소와 동일한 결과를 초래하는 이른바 만족적 가처분으로서 이러한 가처분의 인용을 위해서는 피보전권리는 물론 보전의 필요성에 대한 고도의 소명이 요구되므로,36) 실무상 인용되는 경우는 드물다.

---

35) 대법원 1999. 3. 23. 선고 98다59118 판결.
36) 대법원 1993. 2. 12. 선고 92다40563 판결, 대법원 1997. 10. 14. 자 97마1473 결정, 대법원 2005. 8. 19. 자 2003마482 결정 등.

제65조(「공익사업을 위한 토지 등의 취득 및 보상에 관한 법률」의 준용)
① 정비구역에서 정비사업의 시행을 위한 토지 또는 건축물의 소유권과 그 밖의 권리에 대한 수용 또는 사용은 이 법에 규정된 사항을 제외하고는 「공익사업을 위한 토지 등의 취득 및 보상에 관한 법률」을 준용한다. 다만, 정비사업의 시행에 따른 손실보상의 기준 및 절차는 대통령령으로 정할 수 있다.
② 제1항에 따라 「공익사업을 위한 토지 등의 취득 및 보상에 관한 법률」을 준용하는 경우 사업시행계획인가 고시(시장·군수등이 직접 정비사업을 시행하는 경우에는 제50조제7항에 따른 사업시행계획서의 고시를 말한다. 이하 이 조에서 같다)가 있은 때에는 같은 법 제20조제1항 및 제22조제1항에 따른 사업인정 및 그 고시가 있은 것으로 본다.
③ 제1항에 따른 수용 또는 사용에 대한 재결의 신청은 「공익사업을 위한 토지 등의 취득 및 보상에 관한 법률」 제23조 및 같은 법 제28조제1항에도 불구하고 사업시행계획인가(사업시행계획변경인가를 포함한다)를 할 때 정한 사업시행기간 이내에 하여야 한다.
④ 대지 또는 건축물을 현물보상하는 경우에는 「공익사업을 위한 토지 등의 취득 및 보상에 관한 법률」 제42조에도 불구하고 제83조에 따른 준공인가 이후에도 할 수 있다.

I. 서설

1. 본조의 이해

본조는 정비사업을 시행을 위한 토지 등의 수용 또는 사용에 있어 도시정비법에 규정된 사항을 제외하고 토지보상에 관한 일반법인 토지보상법을 준용하도록 한 규정이다.

이는 도시정비법상 사업시행자의 정비사업도 공익사업의 성격을 가지므로,[1]

---

1) 토지보상법 제4조(공익사업) 이 법에 따라 토지등을 취득하거나 사용할 수·있는 사업은 다음 각 호의 어느 하나에 해당하는 사업이어야 한다
   8. 그 밖에 별표에 규정된 법률에 따라 토지등을 수용하거나 사용할 수 있는 사업(별표 제36

사업시행자가 사업시행계획인가에 따라 필요한 토지 등을 즉시에 확보하여 원활한 사업시행을 할 수 있도록 하고, 수용 등을 당하는 토지 등의 소유자들에게 적정한 보상을 하도록 함에 있다.[2]

아울러 본조는 수용 또는 사용에 관한 토지보상법과는 다른 도시정비법의 특례 규정도 두고 있다.

2. 토지보상법의 준용

기본적으로 정비사업의 시행을 위한 토지 등의 수용 또는 사용은 도시정비법에 규정된 사항을 제외하고는 토지보상법을 준용한다.

대법원도 "구 도시정비법 제38조(현 제63조), 제40조 제1항 본문(현 제65조 제1항 본문) 및 토지보상법 규정들과 법리 등을 종합하여 도시정비법상 주택재개발사업의 현금청산대상자로서 현금청산에 관한 협의가 성립되어 사업시행자에게 주거용 건축물의 소유권을 이전하는 자에 대하여는, 현금청산에 관한 협의가 성립되지 아니하여 토지보상법에 의하여 주거용 건축물이 수용되는 자와 마찬가지로 토지보상법을 준용하여 사업시행자가 이주정착금, 주거이전비 및 이사비를 지급하여야 한다고 봄이 상당하다"는 취지로 판시한 바 있다.[3]

Ⅱ. 수용 또는 사용에 관한 특례 규정

1. 사업인정 및 고시 관련 특례

사업시행계획인가 고시(시장·군수등이 직접 정비사업을 시행하는 경우에는 제50조 제7항의 사업시행계획서의 고시)가 있은 때에는 토지보상법 제20조 제1항 및 제22조

호 : 도시정비법에 따라 토지등을 수용하거나 사용할 수 있는 사업)
2) 이우재, 전게서(하), 123면.
3) 대법원 2013. 1. 16. 선고 2012두34 판결.

제1항에 따른 사업인정 및 그 고시가 있은 것으로 본다(법 제65조 제2항).

여기서 토지보상법상 사업인정(事業認定)이란, 토지보상법이 규정하는 토지수용을 할 수 있는 공익사업에 해당함을 결정하고, 사업시행자에게 일정한 절차를 거칠 것을 조건으로 하여 수용권을 설정해 주는 행정처분을 말한다(토지보상법 제20조).[4]

2. 재결신청기간 관련 특례

도시정비법에 따른 수용재결의 신청은 토지보상법 제23조 및 제28조 제1항에도 불구하고 사업시행계획인가(사업시행계획변경인가를 포함)를 할 때 정한 사업시행기간 이내에 하여야 한다(법 제65조 제3항). 이에 따라 본조에 따른 수용절차는 크게 ① 사업시행계획인가 고시(사업인정 및 고시 의제) → ② 협의 → ③ 협의 불성립시 수용재결의 절차를 거치게 된다.

즉, 토지보상법 제23조 제1항은 사업시행자가 사업인정 고시가 된 날부터 1년 이내에 재결신청을 하지 아니하는 경우 고시가 된 날부터 1년이 되는 날의 다음 날에 사업인정은 실효되나, 정비사업은 사업시행계획에서 정한 사업시행기간 이내에 수용재결을 신청하면 된다.

3. 손실보상의 기준 및 절차 관련 특례

도시정비법은 장기간에 걸쳐 시행되는 정비사업의 특성을 감안하여 일반적인 공익사업과 달리 손실보상의 기준 및 절차의 일정 사항의 특례를 시행령 제54조에서 인정하고 있다.

① 정비구역 지정을 위한 공람공고일부터 계약체결일 또는 수용재결일까지 계속하여 거주하고 있지 아니한 건축물의 소유자는 토지보상법 시행령 제40조

---

4) 대법원 2019. 2. 28. 선고 2017두71031 판결.

제5항 제2호에 따라 이주대책대상자에서 제외한다. 다만, 같은 호 단서(같은 호 마목은 제외)에 해당하는 경우5)에는 그러하지 아니하다.

② 정비사업으로 인한 영업의 폐지 또는 휴업에 대하여 손실을 평가하는 경우 영업의 휴업기간은 4개월 이내로 한다. 다만, 다음 각 호의 어느 하나에 해당하는 경우에는 실제 휴업기간으로 하되, 그 휴업기간은 2년을 초과할 수 없다.

1. 해당 정비사업을 위한 영업의 금지 또는 제한으로 인하여 4개월 이상의 기간동안 영업을 할 수 없는 경우

2. 영업시설의 규모가 크거나 이전에 고도의 정밀성을 요구하는 등 해당 영업의 고유한 특수성으로 인하여 4개월 이내에 다른 장소로 이전하는 것이 어렵다고 객관적으로 인정되는 경우

③ 제2항에 따라 영업손실을 보상하는 경우 보상대상자의 인정시점은 정비구역의 지정을 위한 공람공고일로 본다.

④ 주거이전비를 보상하는 경우 보상대상자의 인정시점은 정비구역의 지정을 위한 공람공고일로 본다.

위 사항 중 "주거이전비" 보상대상자에 관한 관련 대법원 판결을 살펴보면, ① 도시정비법상 주거용 건축물의 소유자에 대한 주거이전비 보상은 주거용 건축물에 대하여 정비계획에 관한 공람공고일부터 해당 건축물에 대한 보상을 하는 때까지 계속하여 소유 및 거주한 주거용 건축물의 소유자를 대상으로 하고,6) ② 주거용 건축물 소유자 중 협의가 성립되어 그 소유권을 이전하는 자에 대하여도 수용되는 자와 마찬가지로 토지보상법을 준용하여 사업시행자가 이주정착금, 주거이전비 및 이사비를 지급하여야 하고,7) ③ 도시정비법상 주거용 건축물의 세입자에 대한 주거이전비는 관련 법령의 내용, 형식, 체제 및 입법 취지, 주거이전비의 사회보장적 성격 등에 비추어, 정비계획에 관한 공람공고일 당시 당해 정비구역 안에서 3개월 이상 거주한 자를 대상으로 하되,8) 그 보상의 방법 및 금액 등의 보상

---

5) 질병으로 인한 요양, 징집으로 인한 입영, 공무, 취학, 그 밖에 이에 준하는 부득이한 사유.

6) 대법원 2016. 12. 15. 선고 2016두49754 판결.

7) 대법원 2013. 1. 16. 선고 2012두34 판결.

8) 토지보상법 시행규칙 제54조(주거이전비의 보상)

② 공익사업의 시행으로 인하여 이주하게 되는 주거용 건축물의 세입자(법 제78조제1항에 따른 이주대책대상자인 세입자는 제외한다)로서 사업인정고시일등 당시 또는 공익사업을 위한

내용은 정비사업의 종류 및 내용, 사업시행자, 세입자의 주거대책, 비용부담에 관한 사항, 자금계획 등이 구체적으로 정해지는 사업시행인가고시일에 확정된다고 한다.[9]

4. 현물보상 관련 특례

사업시행자가 대지 또는 건축물을 현물보상하는 경우에는 토지보상법 제42조에도 불구하고 준공인가 이후에도 할 수 있다(법 제65조 제4항).

즉, 토지보상법 제42조는 사업시행자가 수용 또는 사용의 개시일까지 관할 토지수용위원회가 재결한 보상금을 지급하거나 공탁하지 아니하였을 때에는 해당 토지수용위원회의 재결은 효력을 상실함을 규정하고 있는데, 정비사업의 사업시행자가 현물보상하는 경우라면, 수용 또는 사용의 개시일까지 보상금을 지급 또는 공탁할 수는 없는 상황이므로 수용재결의 실효에 관한 특례 규정을 두고 있다.

관계법령에 의한 고시 등이 있은 당시 해당 공익사업시행지구안에서 3개월 이상 거주한 자에 대하여는 가구원수에 따라 4개월분의 주거이전비를 보상하여야 한다

9) 대법원 2012. 9. 27. 선고 2010두13890 판결.

제66조(용적률에 관한 특례)

사업시행자가 다음 각 호의 어느 하나에 해당하는 경우에는 「국토의 계획 및 이용에 관한 법률」 제78조제1항에도 불구하고 해당 정비구역에 적용되는 용적률의 100분의 125 이하의 범위에서 대통령령으로 정하는 바에 따라 특별시·광역시·특별자치시·특별자치도·시 또는 군의 조례로 용적률을 완화하여 정할 수 있다.

1. 제65조제1항 단서에 따라 대통령령으로 정하는 손실보상의 기준 이상으로 세입자에게 주거이전비를 지급하거나 영업의 폐지 또는 휴업에 따른 손실을 보상하는 경우
2. 제65조제1항 단서에 따른 손실보상에 더하여 임대주택을 추가로 건설하거나 임대상가를 건설하는 등 추가적인 세입자 손실보상 대책을 수립하여 시행하는 경우

Ⅰ. 본조의 이해

본조는 법 제65조 제1항 단서에 따른 손실보상의 기준 이상으로 세입자 보호대책을 마련한 정비사업의 경우에는 시·도 조례로 용적률을 완화하여 정할 수 있도록 하기 위해 도입된 조항이다.

본조는 2009. 5. 27. 법률 제9729호의 일부개정시 신설된 조항인데, 당시 개정이유를 살펴보면, 세입자보호를 위한 법적 근거를 마련함으로써 재개발·재건축 추진시 사회적 약자에 대한 적절한 보호가 수반되도록 하고, 세입자 문제가 사회적인 문제로 확대되는 것을 예방하는 것이라고 밝히고 있다.

Ⅱ. 용적률의 완화 특례

1. 완화 요건 및 범위

사업시행자가 법 제65조 제1항 단서에 따른 손실보상의 기준 이상으로 세입자에게 주거이전비를 지급하거나 영업의 폐지 또는 휴업에 따른 손실을 보상하는

경우, 법 제65조 제1항 단서에 따른 손실보상에 더하여 임대주택을 추가로 건설하거나 임대상가를 건설하는 등 추가적인 세입자 손실보상 대책을 수립하여 시행하는 경우에 용적률을 완화할 수 있다.

용적률이 완화되는 범위는 국토계획법 제78조 제1항에도 불구하고 해당 정비구역에 적용되는 용적률의 100분의 125 이하의 범위에서 대통령령으로 정하는 바에 따라 특별시·광역시·특별자치시·특별자치도·시 또는 군의 조례로 용적률을 완화하여 정할 수 있다.

2. 완화의 협의절차

사업시행자가 법 제66조에 따라 완화된 용적률을 적용받으려는 경우에는 사업시행계획인가 신청 전에 정비구역 내 세입자 현황과 세입자에 대한 손실보상 계획을 시장·군수등에게 제출하고 사전 협의하여야 한다(시행령 제55조 제1항).

협의를 요청받은 시장·군수등은 의견을 사업시행자에게 통보하여야 하며, 용적률을 완화받을 수 있다는 통보를 받은 사업시행자는 사업시행계획서를 작성할 때 세입자에 대한 손실보상 계획을 포함하여야 한다(시행령 제55조 제2항).

제67조(재건축사업의 범위에 관한 특례)

① 사업시행자 또는 추진위원회는 다음 각 호의 어느 하나에 해당하는 경우에는 그 주택단지 안의 일부 토지에 대하여 「건축법」 제57조에도 불구하고 분할하려는 토지면적이 같은 조에서 정하고 있는 면적에 미달되더라도 토지분할을 청구할 수 있다.

　　1. 「주택법」 제15조제1항에 따라 사업계획승인을 받아 건설한 둘 이상의 건축물이 있는 주택단지에 재건축사업을 하는 경우

　　2. 제35조제3항에 따른 조합설립의 동의요건을 충족시키기 위하여 필요한 경우

② 사업시행자 또는 추진위원회는 제1항에 따라 토지분할 청구를 하는 때에는 토지분할의 대상이 되는 토지 및 그 위의 건축물과 관련된 토지등소유자와 협의하여야 한다.

③ 사업시행자 또는 추진위원회는 제2항에 따른 토지분할의 협의가 성립되지 아니한 경우에는 법원에 토지분할을 청구할 수 있다.

④ 시장·군수등은 제3항에 따라 토지분할이 청구된 경우에 분할되어 나가는 토지 및 그 위의 건축물이 다음 각 호의 요건을 충족하는 때에는 토지분할이 완료되지 아니하여 제1항에 따른 동의요건에 미달되더라도 「건축법」 제4조에 따라 특별자치시·특별자치도·시·군·구(자치구를 말한다)에 설치하는 건축위원회의 심의를 거쳐 조합설립인가와 사업시행계획인가를 할 수 있다.

　　1. 해당 토지 및 건축물과 관련된 토지등소유자의 수가 전체의 10분의 1 이하일 것

　　2. 분할되어 나가는 토지 위의 건축물이 분할선 상에 위치하지 아니할 것

　　3. 그 밖에 사업시행계획인가를 위하여 대통령령으로 정하는 요건에 해당할 것

I. 서설

1. 본조의 이해

　본조는 주택단지 안의 일부 토지 및 그 위의 건축물과 관련된 토지등소유자의 반대 등(실무상으로 특히 상가소유자들이 재건축사업 반대로 상가건물에 대한 동별 동의요건을 충족하지 못하는 경우가 많다)으로 조합설립인가나 사업시행인가를 받지 못하여 다수의 토지등소유자들에게 피해가 발생하는 것을 방지하고, 재건축사업을 원활하게 시행할 수 있도록 하기 위하여 마련된 특별규정이라 할 것이다.[1]

---

1) 대법원 2013. 12. 12. 선고 2011두12900 판결.

2. 분할의 대상 토지

분할이 대상이 되는 토지는 "주택단지 안의 토지로서 주택단지의 토지등소유자들이 공유하는 토지"를 말한다. 즉 본조의 토지분할 청구는 토지등소유자들이 공유하는 토지에 둘 이상의 건축물이 있는 주택단지에서 재건축을 하는 경우에 일부 토지를 분할(예컨대, 아파트부지와 상가부지로 분할)하는 것을 말한다. 하급심 판결도 상가소유자들이 아파트 각 동이 위치한 대지에 대하여는 공유지분이 없고, 상가동의 각 부지만 단독 소유하고 있어 아파트 소유자들과 상가소유자 간에 어떠한 공동소유관계도 존재하지 아니한 토지에 대하여는 도시정비법상 토지분할을 구할 근거가 없다고 판시한 바 있다.[2]

다만, 도시정비법은 "일부 토지"의 개념에 관하여 구체적으로 정하지 아니한바, 하급심 판결에 의하면, 예컨대 복리시설(상가)이 주택단지 안에 산재하여 있거나 개수가 많은 경우에는 특정 복리시설의 토지등소유자들이 공유하는 토지도 일부 토지가 될 수 있고, 반드시 법 제35조의 조합설립인가 동의율 산정의 기준인 주택단지 안에 있는 하나의 동[3]으로서의 복리시설 전체를 의미한다고 볼 수는 없다.[4]

Ⅱ. 토지분할의 요건

1. 주택단지에 재건축사업을 하는 경우

법 제67조 제1항 제1호는 주택법 제15조 제1항에 따라 사업계획승인을 받은

---

2) 전주지방법원 군산지원 2006. 12. 29. 선고 2006가합687 판결.
3) 법 제35조(조합설립인가 등)
  ③ 재건축사업의 추진위원회(제31조제4항에 따라 추진위원회를 구성하지 아니하는 경우에는 토지등소유자를 말한다)가 조합을 설립하려는 때에는 주택단지의 공동주택의 각 동(복리시설의 경우에는 주택단지의 복리시설 전체를 하나의 동으로 본다)별 구분소유자의 과반수 동의(공동주택의 각 동별 구분소유자가 5 이하인 경우는 제외한다)와 주택단지의 전체 구분소유자의 4분의 3 이상 및 토지면적의 4분의 3 이상의 토지소유자의 동의를 받아 제2항 각 호의 사항을 첨부하여 시장·군수등의 인가를 받아야 한다.
4) 서울중앙지방법원 2014. 12. 5. 선고 2013가합509413 판결.

건설한 둘 이상의 건축물이 있는 주택단지에서 재건축을 하는 경우 토지분할 청구를 규정하고 있다. 본호는 주택법에 의한 사업계획승인을 받은 경우를 말하므로5) 건축법 제11조에 따라 건축허가를 받은 주택단지(법 제2조 제7호 마목)는 제2호에 의한 경우는 별론으로 하고, 본호의 토지분할청구는 할 수 없다.

한편, 주택단지에 재건축사업을 하는 경우의 규정취지의 해석상 주택단지가 아닌 지역이 정비구역에 포함된 때에도(법 제35조 제4항), 그 주택단지 내 토지에 대하여는 본호에 따라 토지분할청구를 할 수 있다고 본다.

2. 법 제35조 제3항에 따른 조합설립 동의요건을 충족시키기 위해 필요한 경우

법 제67조 제1항 제2호는 일부 토지등소유자의 미동의로 법 제35조 제3항에 따라 조합설립의 동의요건을 충족하지 못하는 경우에 미동의자의 해당 토지 및 건축물을 제외하고 동의요건이 충족되는 경우에 관한 토지분할 청구사유를 규정하고 있다.

건축법 제11조에 따라 건축허가를 받은 아파트 또는 연립주택을 건설한 일단의 토지(주택단지)(법 제2조 제7호 마목)도 제2호에 따라 토지분할을 청구할 수 있다.

3. 해당 토지 및 건축물과 관련된 토지등소유자의 수가 전체의 10분의 1 이하일 것

분할되어 나가는 해당 토지 및 건축물과 관련된 토지등소유자의 수가 전체 토지등소유자의 10분의 1 이하여야 한다.

---

5) 주택법 시행 전 주택건설촉진법에 의하여 사업계획승인을 받아 조성된 주택단지도 포함된다 [주택법 부칙(제6916호, 2003.5.29.) 제2조(이 법 시행 당시 종전의 규정에 의한 처분·절차 그 밖의 행위는 이 법의 규정에 저촉되지 아니하는 한 이 법의 규정에 의하여 행하여진 것으로 본다)].

4. 분할되어 나가는 토지 위의 건축물이 분할선상에 위치하지 아니할 것

5. 분할되어 나가는 토지가 건축법 제44조[6]에 적합한 경우일 것 (시행령 제56조)

건축법 제44조에 따라 건축물의 대지는 2미터 이상이 도로(자동차만의 통행에 사용되는 도로는 제외)에 접해야 한다.

6. 토지분할과 새로운 조합설립동의 내지 특별결의 등 요부

대법원은 토지분할청구에 따라 조합설립인가를 하는 경우에는 법이 정한 요건이 갖추어지면 되는 것이고, 특별한 사정이 없는 한 토지분할을 전제로 한 새로운 조합설립동의서나 특별결의, 정관변경 등이 요구되는 것은 아니라고 본 바 있다.[7]

다만, 토지분할의 결과 정비구역 면적이 10퍼센트 이상의 범위에서 변경되는 경우에는 총회에서 조합원 3분의 2 이상의 의결에 의한 조합설립변경이 필요하다 (법 제35조 제5항, 시행령 제31조 제8호).

---

6) 건축법 제44조(대지와 도로의 관계)
  ① 건축물의 대지는 2미터 이상이 도로(자동차만의 통행에 사용되는 도로는 제외한다)에 접하여야 한다. 다만, 다음 각 호의 어느 하나에 해당하면 그러하지 아니하다.
    1. 해당 건축물의 출입에 지장이 없다고 인정되는 경우
    2. 건축물의 주변에 대통령령으로 정하는 공지가 있는 경우
    3. 「농지법」 제2조제1호 나목에 따른 농막을 건축하는 경우
  ② 건축물의 대지가 접하는 도로의 너비, 대지가 도로에 접하는 부분의 길이, 그 밖에 대지와 도로의 관계에 관하여 필요한 사항은 대통령령으로 정하는 바에 따른다.
7) 대법원 2013. 12. 12. 선고 2011두12900 판결.

Ⅲ. 토지분할의 청구 및 방법

1. 청구권자

토지분할의 청구권자는 사업시행자와 추진위원회이다(법 제67조 제1항).

2. 협의에 의한 분할

토지분할의 청구권자는 토지분할 청구를 하는 때에는 토지분할 대상이 되는 토지 및 그 위의 건축물과 관련된 토지등소유자와 협의를 하여야 한다(법 제67조 제2항).

협의 상대방인 "토지분할 대상이 되는 토지 및 그 위의 건축물과 관련된 토지등소유자"의 의미에 관하여 논란이 있으나, 법문언의 해석 및 정비사업에 참여할 기회를 주기 위한 협의의 취지를 고려할 때, "분할되어 나가는 토지 및 그 위의 건축물의 토지등소유자"를 의미함이 타당하다고 본다.[8]

3. 재판에 의한 분할(토지분할의 청구)

가. 협의의 불성립

토지분할의 협의가 성립되지 아니한 경우 법원에 토지분할을 청구할 수 있는데, 협의가 성립하지 않은 경우라 함은 사업시행자 등과 협의대상자 사이에 분할방법에 관한 협의가 실제로 진행되었으나 합의가 이루어지지 않은 경우뿐만 아니라 협의대상자 중 일부가 협의에 응할 의사가 없음을 명백히 하거나 행방불명된 경우처럼 처음부터 협의가 불가능한 경우를 포함한다고 본다.[9]

---

8) 동일한 견해의 하급심 판결로, 서울중앙지방법원 2014. 12. 5. 선고 2013가합509413 판결, 수원지방법원 2014. 8. 22. 선고 2013구합21015 판결 등.

9) 서울중앙지방법원 2014. 12. 5. 선고 2013가합509413 판결, 서울서부지방법원 2009. 1. 7. 선고 2006가합5338 판결.

나. 당사자적격

(1) 원고적격

사업시행자나 추진위원회가 원고가 되며 법문언상 토지등소유자는 원고가 될 수 없다고 할 것이다(법 제67조 제3항).

(2) 피고적격

토지분할청구소송을 피고적격에 관하여 ① 분할되어 나가는 토지 및 그 위의 건축물의 토지등소유자만 피고가 된다는 견해,[10] ② 분할되어 나가는 토지 및 그 위의 건축물의 토지등소유자뿐만 아니라, 잔존토지의 토지등소유자 중 조합설립에 동의하지 않는 토지등소유자도 피고가 된다는 견해,[11] ③ 필수적공동소송의 취지에 부합하게 분할되어 나가는 토지의 토지등소유자뿐 아니라 잔존부지의 토지등소유자 전원이 피고가 되어야 한다는 견해 등 피고적격에 관하여는 여러 견해가 나뉘는 것으로 보인다.[12]

생각건대, 본조는 재건축사업을 원활한 시행을 위해 마련된 특별규정의 성격을 가지는 점,[13] 법문언의 해석상 토지분할의 협의의 상대방은 분할되어 나가는 토지 및 그 위의 건축물의 토지등소유자를 의미하므로 토지분할소송의 피고 역시 동일하게 보는 것이 간명한 점 등에 비추어 볼 때, 분할되어 나가는 토지 및 그 위의 건축물의 토지등소유자만 피고가 된다고 보는 것이 타당하다고 생각된다.

다. 주문의 형식

사업시행자나 추진위원회의 토지분할 청구를 인용하는 주문의 예는 다음과 같다.

---

10) 서울서부지방법원 2009. 1. 7. 선고 2006가합5338 판결, 서울고등법원 2016. 3. 17. 선고 2015나2007976 판결.
11) 서울고등법원 2013. 8. 16. 선고 2012나9883 판결, 서울중앙지방법원 2014. 12. 5. 선고 2013가합509413 판결.
12) 이우재, 전게서(하), 149면.
13) 대법원 2013. 12. 12. 선고 2011두12900 판결.

○ 서울시 ○○구 ○○ 및 ○○ 대지 ○○○㎡ 중 별지 도면 표시 A, B, C, D, A의 각 점을 차례로 연결한 선내 ㉮ 부분 ○○㎡를 피고들의 공유로, 위 선내 ㉮ 부분을 제외한 나머지 부분 ○○㎡를 조합설립에 동의한 아파트 구분소유자들 및 복리시설 소유자들의 공유로 분할한다.

※ 피고들 – 조합설립에 부동의 한 특정(일부) 복리시설의 토지등소유자들

Ⅳ. 토지분할의 효과

1. 토지분할 완료 전 조합설립인가 또는 사업시행계획인가

시장·군수등은 법원에 토지분할청구소송이 제기되면 본조 제4항 각 호의 요건을 충족하는 때에는 판결이 확정되지 않아 토지분할이 완료되지 아니하여 제1항에 따른 동의요건을 갖추지 못했더라도, 건축위원회 심의를 거쳐 조합설립인가와 사업시행계획인가를 할 수 있다(법 제67조 제4항). 이 경우 분할되어 나가는 토지 및 그 위의 건축물을 제외하고 나머지만으로 동의요건을 충족해야 한다.

한편 하급심 판결은 "토지분할소송이 제기된 후 시장·군수등이 조합설립인가처분을 한 이후 토지분할소송이 당사자적격의 흠결을 이유로 부적법 각하 판결이 확정된 경우의 인가처분의 효력에 관하여, 법 제67조 제4항은 그 문언상 같은 조 제3항에 의한 토지분할이 청구된 경우 같은 조 제4항 각호의 요건이 갖추어졌다면 조합설립인가처분을 할 수 있다고 규정하고 있을 뿐 위 토지분할 청구가 적법한 것이거나 법원에서 인용될 것을 그 요건으로 하고 있지는 않은 점, 시장·군수등은 법원의 확정판결이 있기 전까지는 위 토지분할 청구가 적법한 것인지 여부를 판단할 수 없는데, 법 제67조 제4항은 법원에 토지분할을 청구한 상태에서 토지분할이 완료되지 아니하였더라도 곧바로 조합설립인가가 가능하도록 규정하고 있는 점 등에 비추어 조합설립인가처분 이후 사후적으로 당사자적격의 흠결을 이유로 하여 부적법 각하되었다는 사정만으로 인가처분이 소급하여 무효라고 볼 수 없다"고 판시한 바 있다.[14]

---

14) 서울고등법원 2016. 4. 5. 선고 2015누64246 판결.

2. 분할되어 나가는 토지의 정비구역 제외

토지분할이 완료되면 분할되어 나가는 토지는 주택단지에서 분리되어 별개의 주택단지가 되고(법 제2조 제7호 라목), 그에 따라 정비구역에서 제외된다.

제68조(건축규제의 완화 등에 관한 특례)

① 주거환경개선사업에 따른 건축허가를 받은 때와 부동산등기(소유권 보존등기 또는 이전등기로 한정한다)를 하는 때에는 「주택도시기금법」 제8조의 국민주택채권의 매입에 관한 규정을 적용하지 아니한다.

② 주거환경개선구역에서 「국토의 계획 및 이용에 관한 법률」 제43조제2항에 따른 도시·군계획시설의 결정·구조 및 설치의 기준 등에 필요한 사항은 국토교통부령으로 정하는 바에 따른다.

③ 사업시행자는 주거환경개선구역에서 다음 각 호의 어느 하나에 해당하는 사항은 시·도조례로 정하는 바에 따라 기준을 따로 정할 수 있다.

    1. 「건축법」 제44조에 따른 대지와 도로의 관계(소방활동에 지장이 없는 경우로 한정한다)

    2. 「건축법」 제60조 및 제61조에 따른 건축물의 높이 제한(사업시행자가 공동주택을 건설·공급하는 경우로 한정한다)

④ 사업시행자는 제26조제1항제1호 및 제27조제1항제1호에 따른 재건축구역(재건축사업을 시행하는 정비구역을 말한다. 이하 같다)에서 다음 각 호의 어느 하나에 해당하는 사항에 대하여 대통령령으로 정하는 범위에서 「건축법」 제72조제2항에 따른 지방건축위원회의 심의를 거쳐 그 기준을 완화받을 수 있다.

    1. 「건축법」 제42조에 따른 대지의 조경기준

    2. 「건축법」 제55조에 따른 건폐율의 산정기준

    3. 「건축법」 제58조에 따른 대지 안의 공지 기준

    4. 「건축법」 제60조 및 제61조에 따른 건축물의 높이 제한

    5. 「주택법」 제35조제1항제3호 및 제4호에 따른 부대시설 및 복리시설의 설치기준

    6. 제1호부터 제5호까지에서 규정한 사항 외에 제26조제1항제1호 및 제27조제1항제1호에 따른 재건축사업의 원활한 시행을 위하여 대통령령으로 정하는 사항

I. 본조의 이해

본조는 정비기반시설이 극히 열악하고, 노후·불량건축물이 과도하게 밀집한 지역의 주거환경을 개선하거나 주거환경을 보전·정비·개량하는 주거환경개선사업의 경우에 원활한 정비사업 추진을 도모하기 위하여 건축허가 및 부동산등기에

따른 국민주택채권의 매입 면제, 도시·군계획시설의 결정·구조 및 설치의 기준 등에 관한 특례 인정, 건축법에 따른 여러 건축 관련 기준을 완화하도록 규정하고 있다.

아울러 천재지변 등 불가피한 사유로 긴급하게 정비사업을 시행할 필요가 있는 재건축사업의 경우 원활한 사업추진을 위해 여러 건축 관련 규제를 완화하고 있다.

Ⅱ. 주거환경개선사업에서의 특례

1. 국민주택채권의 매입면제

주거환경개선사업에 따른 건축허가를 받은 때와 부동산등기(소유권 보존등기 또는 이전등기로 한정)를 하는 때에는 「주택도시기금법」 제8조[1]의 국민주택채권의 매입에 관한 규정은 적용하지 아니한다(법 제68조 제1항).

2. 도시·군계획시설의 결정·구조 및 설치의 기준의 완화

주거환경개선구역에서 국토계획법 제43조 제2항에 따른 도시·군계획시설의 결정·구조 및 설치의 기준 등에 필요한 사항은 국토교통부령으로 정하는 바에 따른다(법 제68조 제2항).

---

1) 제8조(국민주택채권의 매입)
　① 다음 각 호의 어느 하나에 해당하는 자 중 대통령령으로 정하는 자는 국민주택채권을 매입하여야 한다.
　　1. 국가 또는 지방자치단체로부터 면허·허가·인가를 받는 자
　　2. 국가 또는 지방자치단체에 등기·등록을 신청하는 자
　　3. 국가·지방자치단체 또는 「공공기관의 운영에 관한 법률」에 따른 공공기관 중 대통령령으로 정하는 공공기관과 건설공사의 도급계약을 체결하는 자
　　4. 「주택법」에 따라 건설·공급하는 주택을 공급받는 자
　② 제1항에 따라 국민주택채권을 매입하는 자의 매입 금액 및 절차 등에 필요한 사항은 대통령령으로 정한다.

시행규칙 제11조는 법 제68조 제2항에 따라 주거환경개선사업을 위한 정비구역에서의 도시·군계획시설의 결정·구조 및 설치의 기준 등은 「도시·군계획시설의 결정·구조 및 설치기준에 관한 규칙」에 따르고, 시·도지사는 지역여건을 고려할 때 그 기준을 적용하는 것이 곤란하다고 인정하는 경우에는 국토계획법 제113조 제1항에 따른 시·도도시계획위원회의 심의를 거쳐 그 기준을 완화할 수 있다고 규정하고 있다.

3. 건축규제의 완화

주거환경개선사업의 사업시행자는 「건축법」 제44조에 따른 대지와 도로의 관계(소방활동에 지장이 없는 경우로 한정)와 「건축법」 제60조 및 제61조에 따른 건축물의 높이제한(사업시행자가 공동주택을 건설·공급하는 경우로 한정)에 해당하는 사항은 시·도조례로 정하는 바에 따라 기준을 따로 정할 수 있다(법 제68조 제3항).

Ⅲ. 긴급한 재건축사업과 건축규제의 완화

법 제26조 제1항 제1호(공공시행자) 및 제27조 제1항 제1호(지정개발자)에 따른 재건축사업의 사업시행자는 「건축법」 제42조에 따른 대지의 조경기준, 「건축법」 제55조에 따른 건폐율 산정기준, 「건축법」 제58조에 따른 대지 안의 공지 기준, 건축법」 제60조 및 제61조에 따른 건축물의 높이 제한, 「주택법」 제35조 제1항 제3호 및 제4호에 따른 부대시설 및 복리시설의 설치기준 등에 대하여 대통령령으로 정하는 범위2)에서 「건축법」 제72조 제2항에 따른 지방건축위원회의 심의를

---

2) 시행령 제57조(건축규제의 완화 등에 관한 특례) 법 제68조제4항에서 "대통령령으로 정하는 범위"란 다음 각 호를 말한다.
    1. 「건축법」제55조에 따른 건폐율 산정 시 주차장 부분의 면적은 건축면적에서 제외할 수 있다.
    2. 「건축법」제58조에 따른 대지 안의 공지 기준은 2분의 1 범위에서 완화할 수 있다.
    3. 「건축법」제60조에 따른 건축물의 높이 제한 기준은 2분의 1 범위에서 완화할 수 있다.
    4. 「건축법」제61조제2항제1호에 따른 건축물(7층 이하의 건축물에 한정한다)의 높이 제한 기준은 2분의 1 범위에서 완화할 수 있다.

거쳐 그 기준을 완화 받을 수 있다(법 제68조 제4항, 시행령 제57조).

---

5. 「주택법」제35조제1항제3호 및 제4호에 따른 부대시설 및 복리시설의 설치기준은 다음
   각 목의 범위에서 완화할 수 있다.
   가. 「주택법」제2조제14호가목에 따른 어린이놀이터를 설치하는 경우에는 「주택건설기
       준 등에 관한 규정」제55조의2 제7항제2호다목을 적용하지 아니할 수 있다.
   나. 「주택법」제2조제14호에 따른 복리시설을 설치하는 경우에는 「주택법」제35조제1항
       제4호에 따른 복리시설별 설치기준에도 불구하고 설치대상 복리시설(어린이놀이터
       는 제외한다)의 면적의 합계 범위에서 필요한 복리시설을 설치할 수 있다.

> **제69조(다른 법령의 적용 및 배제)**
> ① 주거환경개선구역은 해당 정비구역의 지정·고시가 있은 날부터 「국토의 계획 및
> 이용에 관한 법률」 제36조제1항제1호가목 및 같은 조 제2항에 따라 주거지역을 세분하
> 여 정하는 지역 중 대통령령으로 정하는 지역으로 결정·고시된 것으로 본다. 다만, 다
> 음 각 호의 어느 하나에 해당하는 경우에는 그러하지 아니하다.
>   1. 해당 정비구역이 「개발제한구역의 지정 및 관리에 관한 특별조치법」 제3조제1
>   항에 따라 결정된 개발제한구역인 경우
>   2. 시장·군수등이 주거환경개선사업을 위하여 필요하다고 인정하여 해당 정비구
>   역의 일부분을 종전 용도지역으로 그대로 유지하거나 동일면적의 범위에서 위
>   치를 변경하는 내용으로 정비계획을 수립한 경우
>   3. 시장·군수등이 제9조제1항제10호다목의 사항을 포함하는 정비계획을 수립한
>   경우
> ② 정비사업과 관련된 환지에 관하여는 「도시개발법」 제28조부터 제49조까지의 규정
> 을 준용한다. 이 경우 같은 법 제41조제2항 본문에 따른 "환지처분을 하는 때"는 "사
> 업시행계획인가를 하는 때"로 본다.
> ③ 주거환경개선사업의 경우에는 「공익사업을 위한 토지 등의 취득 및 보상에 관한 법
> 률」 제78조제4항을 적용하지 아니하며, 「주택법」을 적용할 때에는 이 법에 따른 사업
> 시행자(토지주택공사등이 공동사업시행자인 경우에는 토지주택공사등을 말한다)는 「주
> 택법」에 따른 사업주체로 본다.

I. 주거환경개선사업과 다른 법령의 적용 및 배제

1. 주거지역의 결정·고시 의제

가. 본항의 이해

주거환경개선사업의 경우 국토계획법상 주거지역의 세분하여 정하는 지역 중
제2종 또는 제3조 일반주거지역으로 변경된 것으로 간주하여 원활한 사업추진을
도모함에 있다.

나. 주거지역의 세분 지정

주거환경개선구역은 해당 정비구역의 지정·고시가 있은 날부터 국토계획법 제36조 제1항 제1호 가목 및 같은 조 제2항에 따라 주거지역[1]을 세분하여 정하는 지역 중 대통령령으로 정하는 지역으로 결정·고시된 것으로 본다(법 제69조 제1항 본문).

대통령령으로 정하는 지역은 아래와 같이 구분된 용도지역을 말한다(시행령 제58조).

---

1. 주거환경개선사업이 법 제23조제1항제1호(보전·정비·개량방식) 또는 제3호 (환지방식)의 방법으로 시행되는 경우 : 국토계획법 시행령 제30조제1호나목 (2)에 따른 [제2종일반주거지역]
2. 주거환경개선사업이 법 제23조제1항제2호(수용방식) 또는 제4호(관리처분계획방식)의 방법으로 시행되는 경우 : 국토계획법 시행령 제30조제1호나목(3)에 따른 [제3종일반주거지역]. 다만, 공공지원민간임대주택 또는 「공공주택특별법」 제2조제1호의2에 따른 공공건설임대주택을 200세대 이상 공급하려는 경우로서 해당 임대주택의 건설지역을 포함하여 정비계획에서 따로 정하는 구역은 국토계획법 시행 제30조제1호다목에 따른 [준주거지역]

---

[1] 국토계획법 시행령 제30조(용도지역의 세분)
1. 주거지역
   가. 전용주거지역 : 양호한 주거환경을 보호하기 위하여 필요한 지역
   (1) 제1종전용주거지역 : 단독주택 중심의 양호한 주거환경을 보호하기 위하여 필요한 지역
   (2) 제2종전용주거지역 : 공동주택 중심의 양호한 주거환경을 보호하기 위하여 필요한 지역
   나. 일반주거지역 : 편리한 주거환경을 조성하기 위하여 필요한 지역
   (1) 제1종일반주거지역 : 저층주택을 중심으로 편리한 주거환경을 조성하기 위하여 필요한 지역
   (2) 제2종일반주거지역 : 중층주택을 중심으로 편리한 주거환경을 조성하기 위하여 필요한 지역
   (3) 제3종일반주거지역 : 중고층주택을 중심으로 편리한 주거환경을 조성하기 위하여 필요한 지역
   다. 준주거지역 : 주거기능을 위주로 이를 지원하는 일부 상업기능 및 업무기능을 보완하기 위하여 필요한 지역

다만, ① 해당 정비구역이 「개발제한구역의 지정 및 관리에 관한 특별조치법」 제3조 제1항에 따라 결정된 개발제한구역인 경우, ② 시장·군수등이 주거환경개선사업을 위하여 필요하다고 인정하여 해당 정비구역 일부분을 종전 용도지역으로 그대로 유지하거나 동일 면적의 범위에서 위치를 변경하는 내용으로 정비계획을 수립한 경우, ③ 시장·군수등이 법 제9조 제1항 제10호 다목²⁾의 사항을 포함하는 정비계획을 수립한 경우에는 그러하지 아니하다(법 제69조 제1항 단서).

2. 토지보상법 제78조 제4항의 적용 배제

주거환경개선사업의 경우에는 토지보상법 제78조 제4항³⁾을 적용하지 아니한다(법 제69조 제3항). 즉, 주거환경개선사업에는 공익사업의 시행으로 주거용 건축물을 제공함에 따라 생활의 근거를 상실하게 되는 자를 위하여 수립하는 이주대책의 내용 중 생활기본시설 설치비용 부담에 관한 조항이 적용되지 않는다. 이 역시 주거환경개선사업의 원활한 추진을 위한 것이다.

Ⅱ. 정비사업과 도시개발법에 의한 환지규정의 적용

정비사업과 관련된 환지에 관하여는 「도시개발법」 제28조부터 제49조까지의 규정을 준용한다. 이 경우 같은 법 제41조 제2항 본문에 따른 "환지처분을 하는 때"는 이를 "사업시행계획인가를 하는 때"로 본다(법 제69조 제2항).

---

2) 「국토의 계획 및 이용에 관한 법률」 제36조제1항제1호가목에 따른 주거지역을 세분 또는 변경하는 계획과 용적률에 관한 사항
3) 토지보상법 제78조(이주대책의 수립 등)
　① 사업시행자는 공익사업의 시행으로 인하여 주거용 건축물을 제공함에 따라 생활의 근거를 상실하게 되는 자(이하 "이주대책대상자"라 한다)를 위하여 대통령령으로 정하는 바에 따라 이주대책을 수립·실시하거나 이주정착금을 지급하여야 한다.
　④ 이주대책의 내용에는 이주정착지(이주대책의 실시로 건설하는 주택단지를 포함한다)에 대한 도로, 급수시설, 배수시설, 그 밖의 공공시설 등 통상적인 수준의 생활기본시설이 포함되어야 하며, 이에 필요한 비용은 사업시행자가 부담한다. 다만, 행정청이 아닌 사업시행자가 이주대책을 수립·실시하는 경우에 지방자치단체는 비용의 일부를 보조할 수 있다.

　이 규정은 환지방식의 재개발사업과 관련된 사항이라 할 수 있는데, 정비사업의 실무상으로는 통상 재개발사업은 관리처분계획방식으로 시행되고 있으므로 현실적인 의미는 크지 않다고 할 것이다.

제70조(지상권 등 계약의 해지)

① 정비사업의 시행으로 지상권·전세권 또는 임차권의 설정 목적을 달성할 수 없는 때에는 그 권리자는 계약을 해지할 수 있다.

② 제1항에 따라 계약을 해지할 수 있는 자가 가지는 전세금·보증금, 그 밖의 계약상의 금전의 반환청구권은 사업시행자에게 행사할 수 있다.

③ 제2항에 따른 금전의 반환청구권의 행사로 해당 금전을 지급한 사업시행자는 해당 토지등소유자에게 구상할 수 있다.

④ 사업시행자는 제3항에 따른 구상이 되지 아니하는 때에는 해당 토지등소유자에게 귀속될 대지 또는 건축물을 압류할 수 있다. 이 경우 압류한 권리는 저당권과 동일한 효력을 가진다.

⑤ 제74조에 따라 관리처분계획의 인가를 받은 경우 지상권·전세권설정계약 또는 임대차계약의 계약기간은 「민법」 제280조·제281조 및 제312조제2항, 「주택임대차보호법」 제4조제1항, 「상가건물 임대차보호법」 제9조제1항을 적용하지 아니한다.

I. 본조의 이해

본조는 정비구역 내 지상권자 등 권리자에게 계약해지권의 부여하고, 계약상의 금전반환청구권을 사업시행자에게도 행사하게 하여 권리자를 보호함과 아울러 지상권·전세권설정계약 등 관련 법률의 계약기간 규정의 적용을 배제하여 존속기간을 단축할 수 있게 하여 해당 부동산에 대한 사용수익 법률관계를 합리적으로 종료시킴으로써 원활한 정비사업의 추진을 위함에 있다.[1]

II. 지상권 등 계약의 해지와 금전반환청구권

1. 지상권 등 계약의 해지

가. 해지권자 및 상대방

계약의 해지권자는 본조 제1항 및 제2항의 문언적 해석상 정비사업의 시행으

---

[1] 대법원 2014. 7. 24. 선고 2012다62561 판결, 이우재, 전게서(하), 165~166면.

로 설정목적을 달성할 수 없는 지상권자·전세권자 및 임차권자를 말한다. 이에 대해 본 규정의 입법목적 달성을 위해 설정자에게도 해지권을 부여하여야 할 필요가 있다고 해석하는 견해가 있다.[2]

의사표시의 상대방은 계약당사자에게 하여야 하므로 계약의 해지 의사표시의 상대방은 지상권·전세권의 설정자 및 임대인이고 사업시행자는 아니다. 한편 의사표시의 상대방에 조합설립에 동의하지 않거나 분양신청을 하지 않은 토지등소유자도 포함되는지에 견해가 나뉜다.

나. 해지권 행사의 시기

본조의 해지권 행사의 시기는 결국 "정비사업의 시행으로 지상권·전세권 등의 설정목적을 달성할 수 없는 때"의 의미와 관련되어 있는데, 이에 관해 정비사업계획에 맞춰 해석하여야 하고 주변의 공동화 진행정도를 기준으로 해석할 수는 없을 것이다.[3]

이에 관해 실무상 ① 사회통념상 당초의 주거 또는 상업 기능이 정비사업으로 인해 변질되고, 정상적 이용이 불가능하다고 판단되는 경우 사업단계를 따지지 않고 이를 인정하는 견해, ② 통상 이주시한의 통고가 이루어지면 해지권을 행사할 수 있는 것으로 해석함이 상당하다는 견해, ③ 기존 건축물의 철거가 이루어질 수 있는 관리처분계획 인가·고시 이후라는 견해 등 견해가 나뉜다.

생각건대, 위 법문언의 내용 및 일반적으로 해당 부동산의 철거가 있으면 지상권 등의 설정목적에 따른 사용수익을 할 수 없게 된다는 점, 도시정비법상 관리처분계획에 기존 건축물의 철거예정시기를 포함하여 인가·고시하도록 하고 있고 (법 제74조 제1항 제9호, 시행령 제62조 제5호, 시행규칙 제13조 제5호 라목), 관리처분계획인가 이후 기존 건축물을 철거할 수 있도록 하고 있으며(법 제81조 제2항), 관리처분계획인가의 고시가 있은 때에는 이전고시가 있는 날까지 부동산의 소유자, 지

---

2) 이우재, 전계서(하), 167면.
3) 이우재, 전계서(하), 169면.

상권자 등은 종전의 부동산을 사용수익할 수 없는 점(법 제81조 제1항) 등을 보면, 본조의 계약의 해지권 행사의 시기는 관리처분계획의 인가·고시가 있은 이후라고 보는 견해가 명확한 기준이 되는 점에서 타당하다고 본다.

다. 해지의 효력 발생시기

해지의 효력 발생시기에 관하여 이주시한의 통고를 해지권 행사의 시기로 보면서 이주시한의 마지막 날에 해지효력이 발생하는 것으로 통고한 경우가 아니면 효력 발생시기는 합리적으로 해석할 필요가 있다는 견해[4]가 있으나, 그렇게 볼 경우 해지의 효력 발생 시점이 불명확해지는 점이 있으므로 해지의 의사표시가 상대방에게 도달한 때에 해지의 효력이 발생한다고 볼 것이다.

해지의 효력이 발생하면 해지권자의 부동산 인도의무와 토지등소유자의 금전반환의무는 동시이행의 관계에 있다고 할 것이다.[5]

2. 사업시행자에 대한 금전반환청구권

계약의 해지권자가 가지는 전세금·보증금 등의 계약상의 금전반환청구권은 계약의 당사자인 설정자에게 행사해야 하는 것이 당연한 것이나, 법은 설정자가 금전반환 지체를 경우에는 해지권자의 동시이행항변에 따른 해당 부동산의 인도거부로 인한 사업추진의 지장과 해지권자를 보호하기 위하여 계약의 당사자가 아닌 사업시행자에게도 계약상의 금전반환청구권을 행사할 수 있도록 규정하고 있다(법 제70조 제2항).

또한 입법취지 및 법문언의 해석상 사업시행자에 대한 계약상의 금전반환청구권은 설정자에 대한 청구권 행사 후 보충적으로 행사해야 하는 것은 아니고, 사업시행자를 상대로 바로 청구할 수 있다고 본다.[6]

4) 이우재, 전게서(하), 169면.
5) 대법원 2014. 7. 24. 선고 2012다62561 판결.
6) 이우재, 전게서(하), 170면(본조의 사업시행자의 반환의무는 설정자의 의무와 연대보증관계에 있다고 한다).

대법원은 사업시행자에게 금전반환청구권을 행사할 수 있는 "임차권자의 범위"에 관하여, "본조의 입법취지, 법 제70조 제3항 및 제4항은 토지등소유자의 임차권자에 대한 보증금반환채무 존재를 전제로 하는 점, 토지등소유자에게 대항할 수 없는 무단 전차인 등의 경우까지 사업시행자를 상대로 보증금 등 반환을 구할 수 있다고 본다면, 다른 법률관계에서는 임대차계약상 그 임대인을 상대로 한 보증금반환채권을 갖는 데 불과한 무단 전차인 등이 정비사업의 시행이라는 우연한 사정에 기하여 임대인의 자력과 무관하게 보증금을 반환받게 되는 점 등에 비추어 사업시행자에게 금전반환을 구할 수 있는 임차권자는 토지등소유자에 대하여 보증금반환채권을 가지는 경우라야 한다"고 판시하였다.[7]

3. 사업시행자의 구상권 및 압류

가. 구상권

계약의 해지권자에게 금전을 지급한 사업시행자는 해당 토지등소유자에게 구상할 수 있다(법 제70조 제3항).

나. 귀속될 대지 또는 건축물의 압류

사업시행자가 토지등소유자에게 구상권을 행사하였으나, 구상이 되지 아니한 경우에는 사업시행자는 관리처분계획에 따라 해당 토지등소유자에게 귀속될 대지 또는 건축물을 압류할 수 있고, 이 경우 압류한 권리는 저당권과 동일한 효력을 가진다(법 제70조 제4항).

한편 위 압류의 성격 및 절차의 의미에 관하여 실무상 논의가 있는데, 정비사업의 원활한 추진이라는 입법목적과 저당권과 동일한 효력을 부여된 점에 비추어 보면, 사업시행자에게 직접 압류권한을 부여하되, 환가를 비롯한 변제절차는 저당권과 동일하게 민사집행법에 의하는 것으로 해석하는 것이 타당하다고 본다.[8]

---

7) 대법원 2014. 7. 24. 선고 2012다62561 판결(신탁계약상 부동산 소유자인 신탁회사의 사전승낙이 없는 임대차이므로 임차인은 토지등소유자인 신탁회사에 대항할 수 없다고 판단한 사례).
8) 이우재, 전게서(하), 171~175면.

Ⅲ. 계약기간 관련 규정 배제

관리처분계획의 인가를 받은 경우 지상권·전세권설정계약 또는 임대차계약의 계약기간 「민법」 제280조·제281조 및 제312조 제2항, 「주택임대차보호법」 제4조 제1항, 「상가건물 임대차보호법」 제9조 제1항을 적용하지 아니한다(법 제70조 제5항).

이 조항의 취지는 관리처분계획의 인가 후에는 관련 법률에서 규정된 최소 계약기간에 관한 규정의 적용을 배제하여 그 존속기간 중이라도 존속기간을 단축할 수 있게 하여 해당 부동산에 대한 사용수익 법률관계를 합리적으로 종료시킴으로써 정비사업을 원활하게 추진하기 위한 것에 있다.

제71조(소유자의 확인이 곤란한 건축물 등에 대한 처분)

① 사업시행자는 다음 각 호에서 정하는 날 현재 건축물 또는 토지의 소유자의 소재확인이 현저히 곤란한 때에는 전국적으로 배포되는 둘 이상의 일간신문에 2회 이상 공고하고, 공고한 날부터 30일 이상이 지난 때에는 그 소유자의 해당 건축물 또는 토지의 감정평가액에 해당하는 금액을 법원에 공탁하고 정비사업을 시행할 수 있다.

   1. 제25조에 따라 조합이 사업시행자가 되는 경우에는 제35조에 따른 조합설립인가일

   2. 제25조제1항제2호에 따라 토지등소유자가 시행하는 재개발사업의 경우에는 제50조에 따른 사업시행계획인가일

   3. 제26조제1항에 따라 시장·군수등, 토지주택공사등이 정비사업을 시행하는 경우에는 같은 조 제2항에 따른 고시일

   4. 제27조제1항에 따라 지정개발자를 사업시행자로 지정하는 경우에는 같은 조 제2항에 따른 고시일

② 재건축사업을 시행하는 경우 조합설립인가일 현재 조합원 전체의 공동소유인 토지 또는 건축물은 조합 소유의 토지 또는 건축물로 본다.

③ 제2항에 따라 조합 소유로 보는 토지 또는 건축물의 처분에 관한 사항은 제74조제1항에 따른 관리처분계획에 명시하여야 한다.

④ 제1항에 따른 토지 또는 건축물의 감정평가는 제74조제2항제1호를 준용한다.

Ⅰ. 서설

1. 본조의 이해

본조는 소유자의 소재확인이 현저히 곤란한 건축물 또는 토지에 대하여 일정한 절차를 거쳐 정비사업을 시행하도록 규정하고 있는바, 이는 정비사업의 원활한 수행을 위해 마련한 특례규정이다.

다만, 본조에 대하여 실무상 소유자의 소재확인이 현저히 곤란한 건축물 등도 본조의 규정만으로는 소유권을 취득할 수 없고 재건축사업의 경우 매도청구소송,

재개발사업이나 주거환경개선사업의 경우 수용절차를 통해 취득해야 하므로 실효성이 없다고 보는 논의가 있다.

2. 소유자 확인 곤란 건축물 등의 처리절차

사업시행자는 조합설립인가일(조합이 사업시행자인 경우) 등 현재 건축물 또는 토지의 소유자의 소재 확인이 현저히 곤란한 때에는 전국적으로 배포되는 둘 이상의 일간신문에 2회 이상 공고하고, 공고한 날부터 30일 이상이 지난 때에는 그 소유자의 해당 건축물 또는 토지의 감정평가액에 해당하는 금액을 법원에 공탁하고 정비사업을 시행할 수 있다(법 제71조 제1항).[1]

Ⅱ. 조합원 공동소유토지 등의 특례

본조는 재건축사업에 있어서 구분소유자 전체 명의의 토지 또는 건축물이 존재할 경우를 대비하여 규정된 것이다.

재건축사업을 시행하는 경우 조합설립인가일 현재 조합원 전체의 공동소유인 토지 또는 건축물은 조합 소유의 토지 또는 건축물로 본다(법 제71조 제2항). 조합 소유로 보는 토지 또는 건축물의 처분에 관한 사항은 법 제74조 제1항에 따른 관리처분계획에 명시하여야 한다(법 제71조 제3항).

따라서 공유물의 처분에 관한 공유자 전원의 동의 없이 관리처분계획만으로 처분이 가능하다고 할 것이다.

---

1) 이우재, 전게서(하), 180면은 본조는 감정평가액을 공탁하여야 사업을 시행할 수 있다고 규정하고 있으므로, 감정평가액의 공탁은 사업시행의 요건이고, 감정평가액을 공탁하여야 사업을 시행할 수 있다고 한다(예컨대, 재건축사업의 경우 매도청구소송의 판결 주문으로 "원고는 피고를 위하여 000원을 공탁하는 것을 조건으로, 피고는 원고에게 ○○○에 대한 2000.00.00.자 매매를 원인으로 한 소유권이전등기절차를 이행하라"는 형식을 예로 들고 있다).

제72조(분양공고 및 분양신청)

① 사업시행자는 제50조제7항에 따른 사업시행계획인가의 고시가 있은 날(사업시행계획인가 이후 시공자를 선정한 경우에는 시공자와 계약을 체결한 날)부터 120일 이내에 다음 각 호의 사항을 토지등소유자에게 통지하고, 분양의 대상이 되는 대지 또는 건축물의 내역 등 대통령령으로 정하는 사항을 해당 지역에서 발간되는 일간신문에 공고하여야 한다. 다만, 토지등소유자 1인이 시행하는 재개발사업의 경우에는 그러하지 아니하다.

    1. 분양대상자별 종전의 토지 또는 건축물의 명세 및 사업시행계획인가의 고시가 있은 날을 기준으로 한 가격(사업시행계획인가 전에 제81조제3항에 따라 철거된 건축물은 시장·군수등에게 허가를 받은 날을 기준으로 한 가격)

    2. 분양대상자별 분담금의 추산액

    3. 분양신청기간

    4. 그 밖에 대통령령으로 정하는 사항

② 제1항제3호에 따른 분양신청기간은 통지한 날부터 30일 이상 60일 이내로 하여야 한다. 다만, 사업시행자는 제74조제1항에 따른 관리처분계획의 수립에 지장이 없다고 판단하는 경우에는 분양신청기간을 20일의 범위에서 한 차례만 연장할 수 있다.

③ 대지 또는 건축물에 대한 분양을 받으려는 토지등소유자는 제2항에 따른 분양신청기간에 대통령령으로 정하는 방법 및 절차에 따라 사업시행자에게 대지 또는 건축물에 대한 분양신청을 하여야 한다.

④ 사업시행자는 제2항에 따른 분양신청기간 종료 후 제50조제1항에 따른 사업시행계획인가의 변경(경미한 사항의 변경은 제외한다)으로 세대수 또는 주택규모가 달라지는 경우 제1항부터 제3항까지의 규정에 따라 분양공고 등의 절차를 다시 거칠 수 있다.

⑤ 사업시행자는 정관등으로 정하고 있거나 총회의 의결을 거친 경우 제4항에 따라 제73조제1항제1호 및 제2호에 해당하는 토지등소유자에게 분양신청을 다시 하게 할 수 있다

⑥ 제3항부터 제5항까지의 규정에도 불구하고 투기과열지구의 정비사업에서 제74조에 따른 관리처분계획에 따라 같은 조 제1항제2호 또는 제1항제4호가목의 분양대상자 및 그 세대에 속한 자는 분양대상자 선정일(조합원 분양분의 분양대상자는 최초 관리처분계획 인가일을 말한다)부터 5년 이내에는 투기과열지구에서 제3항부터 제5항까지의 규정에 따른 분양신청을 할 수 없다. 다만, 상속, 결혼, 이혼으로 조합원 자격을 취득한 경우에는 분양신청을 할 수 있다.

Ⅰ. 본조의 이해

관리처분계획을 수립하기 위해서는 우선 분양공고 및 분양신청을 통해 분양 대상자를 확정해야 하고, 토지등소유자 역시 대지 또는 건축물을 분양받을 것인 지, 분양신청을 하지 않을 경우 현금청산대상자가 되므로 현금으로 청산받을 것인 지를 결정하는 기준이 되는바, 분양공고 및 분양신청은 매우 중요한 절차라고 할 것이다.

Ⅱ. 분양신청 통지 및 공고

1. 분양신청 통지 및 공고 의무

사업시행자는 사업시행계획인가의 고시가 있은 날(사업시행계획인가 이후 시공 자를 선정한 경우에는 시공자와 계약을 체결한 날)부터 120일 이내에 분양대상자별 종 전의 토지 또는 건축물의 명세 및 사업시행계획인가 고시가 있은 날 기준의 종전 자산가격, 분양대상자별 분담금의 추산액, 분양신청기간 그 밖에 대통령령이 정하 는 사항을 토지등소유자에게 통지하고, 분양의 대상이 되는 대지 또는 건축물의 내역 등 대통령령이 정하는 사항을 해당 지역에서 발간되는 일간신문에 공고하여 야 한다(법 제72조 제2항).

2. 분양신청 통지 및 공고의 내용

사업시행자가 분양신청의 통지 및 공고를 함에 있어 포함되어야 할 사항은 아래와 같다(법 제72조 제1항, 시행령 제59조 제1항, 제2항)

> 1. 분양대상자별 종전의 토지 또는 건축물의 명세 및 사업시행계획인가의 고시 가 있은 날을 기준으로 한 가격(사업시행계획인가 전에 제81조제3항에 따라

철거된 건축물은 시장·군수등에게 허가를 받은 날을 기준으로 한 가격) (※ 공고 미포함)

2. 분양대상자별 분담금의 추산액[1] (※ 공고 미포함)
3. 분양신청기간 및 장소
4. 사업시행인가의 내용
5. 정비사업의 종류·명칭 및 정비구역의 위치·면적
6. 분양대상 대지 또는 건축물의 내역
7. 분양신청자격
8. 분양신청방법
9. 토지등소유자 외의 권리자의 권리신고방법 (※ 통지 미포함)
10. 분양을 신청하지 아니한 자에 대한 조치
11. 분양신청서 (※ 공고 미포함)
12. 그 밖에 시·도조례로 정하는 사항[2]

3. 분양신청 통지 관련 쟁점

가. 통지와 후속절차의 적법성

대법원은 "분양신청을 안내하는 통지절차는 토지등소유자에게 분양신청 기회를 보장해 주기 위한 것이고, 관리처분계획을 수립하기 위해 반드시 거쳐야 할 필요적 절차이므로, 사업시행자가 분양신청 통지를 함에 있어서는 도시정비법 및 그 위임에 의하여 정해진 조합의 정관 규정에 따라 통지 등 절차가 이루어져야 할 것이므로, 이러한 통지 등 절차를 제대로 거치지 않고 이루어진 관리처분계획은 위법하다"고 보고 있다.[3]

---

1) 분양대상자별 분담금 추산액은 "종후자산가격 - 권리가액"으로 계산하고, 권리가액은 "종전자산가액 × 비례율"로 계산하며, 비례율은 "종후자산총액(총수입) - 총사업비용 / 종전자산총액"으로 계산한다.
2) 서울시 조례 제32조 제2항은 1. 분양신청 안내문, 2. 철거 및 이주 예정일을 규정하고 있다.
3) 대법원 2011. 1. 27. 선고 2008두14340 판결(조합이 원고 1 앞으로 발송한 각 통지서는 수령권한 없는 자가 수령한 것으로 보이고, 원고 2는 소외 1의 조합원 지위를 승계하였는데 소외 1 앞으로 발송된 각 통지서가 소외 1의 주거지가 아닌 곳으로 발송되었거나 수령권한 없는 자가 수령한 것으로 보이므로, 조합이 원고 1과 원고 2에게는 도시정비법 관련 규정이나 조합의 정관에 따른 분양신청 통지 등 절차를 제대로 이행하지 않았다는 이유로 관리처분계획 중

또한 대법원은 구 도시재개발법 사안에서, "구 도시재개발법(2002. 2. 4. 법률 제6655호로 개정되기 전의 것) 제33조 제1항에서 정한 분양신청기간의 통지 등 절차는 재개발구역 내의 토지등소유자에게 분양신청의 기회를 보장해 주기 위한 것으로서 같은 법 제31조 제2항에 의한 토지수용을 하기 위하여 반드시 거쳐야 할 필요적 절차이고, 또한 그 통지를 함에 있어서는 분양신청기간과 그 기간 내에 분양신청을 할 수 있다는 취지를 명백히 표시하여야 하므로, 이러한 통지 등의 절차를 제대로 거치지 않고 이루어진 수용재결은 위법하다"고 본 바 있다.[4)

나. 통지의 대상자

통지의 대상자인 '토지등소유자'에 조합원 외에 조합설립에 동의하지 아니한 자들도 통지대상자가 되는지 여부에 대하여, ① 재건축사업은 분양신청기한까지는 조합원이 될 수 있으므로 미동의자도 통지의 대상이 된다는 견해,[5)] ② 적법성의 문제가 아닌 타당성의 문제로 보고 정관 등에 특별한 규정이 없는 한 분양신청 시까지는 조합에 가입하는 것이 허용된다고 할 것이므로 구체적인 타당성을 고려하면, 조합설립에 동의하지 아니한 토지등소유자들에게도 통지를 하는 것이 바람직하다는 견해,[6)] ③ 재건축사업은 조합설립에 동의한 자만을 조합원으로 인정하는 등 조합원 자격과 요건이 법정화되어 있고, 조합설립미동의자에 대하여 지체없이 매도청구권을 행사하도록 하고 있고, 미동의자에게 분양신청을 허용하면 그와 무관한 조합에서의 절차에 따르도록 하게 되어 모순이 발생한다는 점 등을 이유로 통지의 대상자는 조합원에 한한다는 견해[7)] 등이 있다.

생각건대, 재건축사업은 조합설립당시 재건축에 동의하지는 않았으나 여건변동 등으로 참여를 원할 경우 분양신청기간 종료 전까지는 조합설립동의서를 제출하여 조합원이 될 수 있도록 하여 기존 건축물의 소유자의 권익을 가급적 보호하도록 하고 있는 점을 고려하면,[8)] 매도청구소송의 확정으로 소유권을 상실한 경우

위 원고들을 현금청산대상자로 정한 부분은 위법하다고 판단한 사례).

4) 대법원 2007. 3. 29. 선고 2004두6235 판결.

5) 맹신균, 전게서, 767면.

6) 이우재, 전게서(하), 185면.

7) 송현진·유동규, 전게서, 734면.

가 아닌 한 미동의자도 포함되어야 할 것으로 생각된다.

다. 통지방법

조합은 조합원의 권리·의무에 관한 사항을 조합원에게 성실히 고지·공고하여야 하고, 그 고지·공고방법은 정관에서 따로 정하는 경우를 제외하고는 관련 조합원에게 등기우편으로 개별 고지하여야 하며, 등기우편이 주소불명, 수취거절 등의 사유로 반송되는 경우에는 1회에 한하여 일반우편으로 추가 발송해야 한다(표준정관 제7조 제1항, 제2항).

이와 관련하여 ① 대법원은 "조합이 원고 1 앞으로 발송한 각 통지서는 수령권한 없는 자가 수령한 것으로 보이고, 원고 2는 소외 1의 조합원 지위를 승계하였는데 소외 1 앞으로 발송된 각 통지서가 소외 1의 주거지가 아닌 곳으로 발송되었거나 수령권한 없는 자가 수령한 것으로 보이므로, 조합이 원고 1과 원고 2에게는 도시정비법 관련 규정이나 조합의 정관에 따른 분양신청 통지 등 절차를 제대로 이행하지 않았다는 이유로 관리처분계획 중 위 원고들을 현금청산대상자로 정한 부분은 위법하다"고 판단한 바 있고,[9] ② 하급심은 "조합원들에게 분양신청통지를 하면서, 주민등록표상 또는 등기부상 주소지가 아닌 이 사건 주택 소재지로 발송하였다가 반송되자, 주민등록표 또는 등기부상 주소지를 확인하지도 아니하고, 정관에서 정한 일반우편에 의한 1회의 추가발송 등의 절차도 거치지 아니한 경우에는 적법한 분양신청통지가 있었다고 할 수 없다"고 판단한 바 있다.[10]

즉, 조합은 토지등소유자가 주소의 변경신고를 하지 않았다고 하여 곧바로 토지등소유자에게 주소변경의 미신고 책임을 물어 분양권 미부여라는 불이익을 부담시켜서는 안되고, 토지등소유자가 가지는 재산권의 중요한 요소라는 점을 유의

---

8) 표준정관 제9조 제1항 참조.

9) 대법원 2011. 1. 27. 선고 2008두14340 판결.

10) 서울행정법원 2008. 10. 28. 선고 2008구합26398 판결(수분양자확인)(원고가 적법한 분양신청통지를 받았다고 할 수 없으므로, 분양신청기간 내에 분양신청을 하지 않았음을 이유로 한 관리처분은 위법하여 조합이 인가받은 관리처분계획 중 원고를 현금청산대상자로 정한 부분이 취소된 사례).

하여 토지등소유자가 이를 적절하게 행사할 수 있도록 주의의무를 다하여 성실하게 노력해야 한다.[11]

Ⅲ. 분양신청

1. 의의

분양신청은 권리변환의 객체인 종전 토지등소유자가 권리변환 및 배분의 주체인 사업시행자에게 향후 사업시행에 따른 권리변환 및 배분에 대비하여 분양예정 대지 및 건축물을 분양받고자 하는 의사를 표시하면서 소유하고 있는 권리를 신고하는 것을 말한다.[12]

2. 분양신청기간

가. 개요

분양신청기간은 통지한 날부터 30일 이상 60일 이내로 하여야 한다. 다만, 사업시행자는 법 제74조 제1항의 규정에 의한 관리처분계획의 수립에 지장이 없다고 판단하는 경우에는 분양신청기간을 20일의 범위에서 한 차례만 연장할 수 있다(법 제72조 제2항). 따라서 이에 위반된 분양신청기간의 연장은 효력이 없다고 할 것이다.

나. 분양신청기간 연장의 기산점

도시정비법은 분양신청기간을 20일의 범위에서 한 차례만 연장할 수 있다고 규정하고 있을 뿐 분양신청연장기간의 기산점에 대하여 명문의 규정이 없어 당초의 분양신청기간에 이어서만 분양신청기간을 연장할 수 있는지, 당초의 분양신청기간과 이어지지 않는 기간을 별도로 정하여 분양신청기간을 연장할 수 있는지 여

---

11) 서울고등법원 2010. 12. 24. 선고 2010누15683 판결.
12) 이우재, 전게서(하), 186면.

부가 문제된다.

법제처는 ① 연장의 사전적 의미는 "시간이나 거리 따위를 본래보다 길게 늘림"을 의미하는 점, ② 분양신청기간을 정한 취지는 도시정비사업의 법률관계를 조속히 확정하여 법적 안정성을 확보하기 위한 것인 점, ③ 사업시행자가 제한 없이 당초 분양신청 통지 및 공고 이후에 처음의 분양신청기간과 이어지지 않는 기간을 별도로 정하여 연장할 수 있다고 해석한다면 사업시행자의 청산금 지급의무 시기가 사업시행자의 자의에 따라서 무제한으로 지연될 수 있어 분양을 신청하지 아니하는 자 등의 재산권을 침해할 우려가 있다는 점 등을 이유로, <u>사업시행자는 당초의 분양신청기간에 이어서 분양신청기간을 연장할 수 있다고 해석한 바 있다.</u>[13]

다. 분양신청기간 종료 후 분양신청의 효력

대법원은 구 도시재개발법 사안에서, "입법목적과 관련 규정의 취지 및 분양대상 조합원에 해당하는지 여부 판정의 기준일을 '분양신청기간 만료일'이 아니라 '관리처분계획이 수립되는 날'로 늦추는 변경을 할 경우 재개발사업의 진행에 현저한 지장을 초래하고 재개발조합원들의 권리관계에도 큰 혼란을 초래할 우려가 있는 점 등 사정을 감안하면, 위와 같은 내용의 2.의 결의는 관련 법령의 취지에 배치될 뿐만 아니라 공익에 현저히 반하는 것으로서 그 효력이 없다"고 판시한 바있다.[14]

살펴보면, 분양신청기간 종료 후 분양신청의 효력을 인정할 경우 관리처분계획 수립 등 정비사업의 진행에 지장이 될 수 있고, 조합원들의 권리관계에도 큰

---

13) 법제처 2011. 10. 12. 11-0548, 이러한 법제처의 해석에 대하여 정비사업실무상 분양신청기간 연장 여부를 결정하기 위해서는 관리처분계획 수립에 지장이 없도록 남은 분양물량과 현금청산 비율, 분양신청 상황 등을 종합적으로 고려해야 하는데, 분양신청기간 말미에 조합원들이 분양신청을 하는 경우가 많기 때문에 분양신청기간 중에 분양결과를 예측하는 것은 사실상 불가능하므로, 최초 분양신청기간에 이어서 분양신청기간을 연장하는 것이 현실적으로 불가능하다는 반론이 있다(하우징헤럴드, 2011. 11. 09. 자 기사 참조).

14) 대법원 2002. 1. 22. 선고 2000두604 판결.

혼란을 초래할 우려가 있는 점, 법 제76조 제1항 제5호는 분양설계에 관한 계획은 본조에 따른 분양신청기간이 만료하는 날을 기준으로 하여 수립하고 있는 점 등을 볼 때, 분양신청기간 만료 후의 분양신청은 효력이 없다고 본다.

3. 분양신청의 방법

대지 또는 건축물에 대한 분양을 받으려는 토지등소유자는 분양신청기간에 사업시행자에게 대지 또는 건축물에 대한 분양신청을 하여야 한다(법 제72조 제3항). 분양신청을 하려는 자는 분양신청서에 소유권의 내역을 분명하게 적고, 그 소유의 토지 및 건축물에 관한 등기부등본 또는 환지예정지증명원을 첨부하여 사업시행자에게 제출하여야 한다. 이 경우 우편의 방법으로 분양신청을 하는 때에는 분양신청기간 내에 발송된 것임을 증명할 수 있는 우편으로 하여야 한다(발신주의)(시행령 제59조 제3항).

서울시의 경우 분양신청을 하고자 하는 자는 분양신청서에 다음 각 호의 서류를 첨부하여야 한다(서울시 조례 제32조 제3항).

---

① 종전의 토지 또는 건축물에 관한 소유권의 내역
② 분양신청권리를 증명할 수 있는 서류
③ 법 제2조제11호 또는 이 조례에 따른 정관 등에서 분양신청자격을 특별히 정한 경우 그 자격을 증명할 수 있는 서류
④ 분양예정 대지 또는 건축물 중 관리처분계획 기준의 범위에서 희망하는 대상·규모에 관한 의견서

분양신청서를 받은 사업시행자는 「전자정부법」 제36조 제1항에 따른 행정정보의 공동이용을 통하여 첨부서류를 확인할 수 있는 경우에는 그 확인으로 첨부서류를 갈음하여야 한다(시행령 제59조 제5항).

4. 현금청산대상자에 대한 재분양신청

가. 현행 도시정비법의 해석

도시정비법 제72조 제4항 및 제5항은 2017. 2. 8. 전면개정시 도입되었는데, ① 분양신청기간 종료 후 사업시행계획 인가의 변경(경미한 변경 제외)으로 세대수 또는 주택규모가 달라지는 경우 분양신청 통지 및 공고, 분양신청 등의 절차를 다시 거칠 수 있고, ② 그 경우 정관으로 정하고 있거나 총회의 의결을 거친 경우에는 현금청산대상자(분양신청을 하지 아니한 자, 분양신청기간 종료 이전에 분양신청을 철회한 자)에게도 분양신청을 다시 하게 할 수 있음을 규정하고 있다.

즉, 본 조항에 의하면 세대수 또는 주택규모가 달라지는 사업시행계획인가의 변경이 있는 경우에는 사업시행자는 재분양신청절차를 거칠 것인지 여부를 재량으로 정할 수 있고, 사업시행자가 재분양신청절차를 거칠 경우 정관이나 총회의 의결을 거친 경우에는 현금청산자에 대하여도 예외적으로 재분양절차를 거칠 수 있다.[15]

나. 구 도시정비법의 해석

한편, 위 전면개정 전의 구법이 적용되는 경우와 관련하여 사업시행계획의 내용이 실질적으로 변경된 경우 새로운 분양공고 및 분양신청절차를 거쳐야 하는지 등 논의가 있었다.

이에 관하여 ① 하급심은 "사업시행계획 등의 주요 부분에 변동이 생겨 조합원들의 이해관계에 중대한 영향을 미치는 조합의 비용부담 등에 관하여 그것이 당초 사업시행계획의 내용을 실질적으로 변경하는 정도에 이르렀음에도, 새로운 분양신청 없이 종전의 사업시행계획이나 정비사업의 현황을 기초로 분양신청을 하

---

15) 다만, 실무상 도시정비법 제72조 제4항의 해석과 관련하여 ① 사업시행계획인가의 변경으로 세대수 또는 주택규모 외의 다른 내용의 실질적 변경이 있을 경우에도 재분양절차가 가능한지, ② 재분양신청절차는 재량으로 규정되어 있으므로, 구 도시정비법상 하급심 판결 등에 비추어 사업시행계획 내용의 실질적 변경에도 불구하고 재분양신청을 거치지 않는 것이 적법한 것인지 등의 논란은 여전히 있다.

거나 분양신청을 하지 아니한 토지등소유자의 선택을 여전히 유효한 것으로 강제한다면, 조합원들의 이익을 보호하려는 여러 도시정비법 관계 규정의 취지와도 어긋나는 결과를 가져오게 되므로, 조합원들의 이해관계에 중대한 영향을 미치는 조합의 비용부담 등에 관하여 그것이 당초 사업시행계획의 내용을 실질적으로 변경하는 정도에 이르렀다면 사업시행자로서는 토지등소유자들을 대상으로 새로운 분양공고 및 분양신청절차를 거쳐야 하고, 그러한 절차를 거치지 않은 관리처분계획은 위법하다"고 판단한 바 있고,[16] ② 법제처도 재개발조합이 도시정비법」 제28조제1항에 따라 전체 세대수 및 주택공급면적을 변경하고 조합원들이 종전에 분양신청을 한 주택에 대해서는 변경 후 가장 근접한 공급면적의 주택으로 배분하는 내용으로 사업시행변경인가를 받아 같은 조 제4항에 따라 해당 변경인가 내용이 고시되었는데, 변경된 공급면적의 주택으로 배분받는 것을 원하지 않는 조합원들이 있는 경우, 조합은 같은 법 제46조에 따른 분양공고 및 분양신청 절차를 다시 이행하여 관리처분계획을 변경해야 할 것이라고 해석한 바 있다.[17]

다만, 위와 같이 사업시행계획의 내용이 실질적으로 변경되어 새로운 분양공고 및 분양신청절차를 거쳐야 하는 경우 당초 분양신청기간에 분양신청을 하지 아니한 현금청산대상자에게도 다시 분양신청기회를 부여해야 하는지에 관하여, 하급심은 사업시행변경계획인가로 당초 사업시행계획이 실질적으로 변경되어 당초 사업시행계획 및 그 인가에 따라 진행한 분양신청절차의 효력이 상실되었고 그 때문에 실질적으로 새로운 사업시행인가에 해당하는 사업시행변경인가에 따라 새로운 분양신청절차를 진행하여야 하는 경우를 상정하더라도, 이미 조합원의 지위를 상실한 원고들에게 다시 분양신청기회를 부여하여야 한다거나 원고들의 조합원 지위가 소급적으로 회복된다고 보기 어렵다고 판시한 바 있다.[18]

---

16) 서울행정법원 2014. 9. 19. 선고 2013구합19400 판결[조합원들의 분양신청의 기초가 된 당초 사업시행계획과 비교할 경우 정비사업비가 10% 이상 증가(약 89.39%), 건축물 세대수 변경, 건축물의 전용면적이 달라지거나 신설되고, 전용면적별 세대수도 변경된 사례], 같은 취지로, 서울행정법원 2015. 7. 3. 선고 2014구합11731 판결.

17) 법제처 2014. 3. 13. 13-0652.

18) 서울행정법원 2015. 11. 13. 선고 2015구합69164 판결(위 판결은 그 이유로, ① 당초 사업시행계획 내지 인가 자체에 무효 또는 취소사유가 존재하지 않는 한, 이를 전제로 한 분양신청기간 종료에 따른 현금청산대상자 확정과 매매계약의 의제 및 조합원 지위 상실의 효력을

5. 투기과열지구의 분양신청 제한

투기과열지구 내에서의 5년간 분양신청 제한 규정은 투기방지 목적으로 2017년 8·2 부동산대책에 따라 2017. 10. 24. 법률 제14943호로 일부개정시 도입된 조항이다.

이에 투기과열지구의 정비사업에서 관리처분계획에 따라 조합원 분양대상자와 일반분양 대상자로 선정이 된 자(각 그 세대에 속한 자 포함)는 분양대상자 선정일(조합원 분양대상자는 최초 관리처분계획 인가일)로부터 5년 이내에는 투기과열지구에서 분양신청을 할 수 없다. 다만, 상속, 결혼, 이혼으로 조합원 자격을 취득한 경우에는 분양신청을 할 수 있다(법 제72조 제6항).

6. 분양신청 관련 쟁점

가. 권리자 변동과 분양신청 요부

종전 토지등소유자가 분양신청을 한 후 새로운 권리자가 종전 토지등소유자의 권리를 취득한 경우 새로운 권리자가 다시 분양신청을 해야 하는지에 관하여, 대법원은 구 도시재개발법 사안에서, "재개발구역 안에 있는 토지의 전 소유자가 이미 분양신청을 하였고, 그 후 현 소유자가 전 소유자로부터 위 토지의 소유권을 취득하였다면, 전 소유자의 조합원으로서의 지위는 현 소유자에게 승계·이전되고, 전 소유자가 한 분양신청의 효력도 현 소유자에게 미치고, 재개발조합이 전 소유자에 대하여 아파트를 분양하지 아니하고 현금청산을 하기로 하는 관리처분계획

부정하기 어렵고, 달리 소급적으로 조합원 지위를 회복한다고 볼 분명한 근거가 없는 점, ② 만일 조합원의 지위가 소급적으로 회복된다고 보게 되면, 재건축사업에 더는 관여하지 아니하겠다는 의사로 분양신청을 하지 아니한 현금청산대상자들의 의사에 반하여 그들을 강제로 다시 조합의 법률관계에 편입되도록 하는 부당한 결과를 가져올 뿐 아니라 법적 안정성을 저해할 우려가 있는 점, ③ 조합원의 지위가 소급적으로 회복한다고 보게 되면, 분양을 신청하지 않았던 사람들은 이미 조합원 지위를 상실하여 그 후의 사업시행계획 변경을 위한 2.에 관여할 수 없었는데도 사업시행변경인가가 있음으로써 자신들이 관여할 수 없었던 총회 결의에 따른 규율을 받게 되는 부당한 결과가 초래될 우려가 있다는 점을 들고 있다).

을 정하여 인가를 받은 것의 효력도 현 소유자에게 미친다 할 것이고, 전 소유자가 분양신청을 한 것과 별도로 현 소유자가 다시 분양신청을 하여야만 분양받을 수 있게 되는 것은 아니다"고 판시한 바 있다.[19]

도시정비법 제129조(사업시행자 등의 권리·의무의 승계)는 사업시행자와 정비사업과 관련하여 권리를 갖는 자(권리자)의 변동이 있는 때에는 종전의 사업시행자와 권리자의 권리·의무는 새로 사업시행자와 권리자로 된 자가 승계한다고 규정하고 있는 점에서도 새로운 권리자가 다시 분양신청을 해야 하는 것은 아니라고 본다.

나. 사업시행계획의 하자와 재분양신청

대법원은 사업시행계획에 당연무효인 하자가 있는 경우에는 조합은 사업시행계획을 새로이 수립하여 인가를 받은 후 다시 분양신청을 받아 관리처분계획을 수립하여야 하고, 분양신청기간 내에 분양신청을 하지 않거나 분양신청을 철회함으로 인해 조합원의 지위를 상실한 토지등소유자도 그때 분양신청을 함으로써 건축물 등을 분양받을 수 있으므로 사업시행계획 또는 관리처분계획의 무효확인 또는 취소를 구할 법률상 이익을 인정하고 있다.[20] 이는 분양신청절차 및 관리처분계획은 적법한 사업시행계획을 전제로 하기 때문이다.

다. 평형변경 신청의 분양신청 여부

실무상 각 평형별 분양신청자가 평형별 세대수에 미달할 경우, 분양신청기간 종료 후 분양받을 건축물의 "평형변경" 신청을 받는 경우가 많은데, 평형변경 신청에 관하여 도시정비법상 규정은 없다. 이러한 평형변경절차는 기존의 분양신청을 전제로 분양받기를 희망하는 건축물의 평형을 변경 신청하는 절차이고 분양신청을 할 것인지 여부를 결정하는 분양신청절차와는 다르므로 본조의 분양신청으로 볼 수는 없다.[21] 조합은 평형변경신청 내용을 반영하여 변경된 평형에 따른 관

19) 대법원 1995. 6. 30. 선고 95다10570 판결, 대법원 1999. 4. 13. 선고 98두19230 판결.
20) 대법원 2011. 12. 8. 선고 2008두18342 판결, 대법원 2014. 2. 27. 선고 2011두25173 판결.
21) 서울행정법원 2014. 9. 19. 선고 2013구합19400 판결, 서울행정법원 2017. 9. 1. 선고 2017구합1063 판결.

리처분계획을 수립할 수 있을 것이다.

대법원도 "분양신청기간 내 분양신청자를 대상으로 분양신청 내용의 변경신청을 받은 결과 각 평형별 분양신청자 수가 조합원 공급대상인 평형별 세대수에 미달하는 경우에 있어서, 조합이 분양대상 조합원 자격을 갖추고 분양신청기간 내에 분양신청을 함으로써 분양대상 조합원이 된 사람들에 대하여 관리처분계획 수립을 위한 조합 총회결의 전에 그 분양신청 내용을 변경할 기회를 부여하였다고 하여 구 도시정비법 제48조 제2항 제5호(현 제76조 제1항 제5호)를 위반하였다고 볼수 없다"고 판시한 바 있다.[22]

---

22) 대법원 2014. 8. 20. 선고 2012두5572 판결.

제73조(분양신청을 하지 아니한 자 등에 대한 조치)

① 사업시행자는 관리처분계획이 인가·고시된 다음 날부터 90일 이내에 다음 각 호에서 정하는 자와 토지, 건축물 또는 그 밖의 권리의 손실보상에 관한 협의를 하여야 한다. 다만, 사업시행자는 분양신청기간 종료일의 다음 날부터 협의를 시작할 수 있다.

　1. 분양신청을 하지 아니한 자

　2. 분양신청기간 종료 이전에 분양신청을 철회한 자

　3. 제72조제6항 본문에 따라 분양신청을 할 수 없는 자

　4. 제74조에 따라 인가된 관리처분계획에 따라 분양대상에서 제외된 자

② 사업시행자는 제1항에 따른 협의가 성립되지 아니하면 그 기간의 만료일 다음 날부터 60일 이내에 수용재결을 신청하거나 매도청구소송을 제기하여야 한다.

③ 사업시행자는 제2항에 따른 기간을 넘겨서 수용재결을 신청하거나 매도청구소송을 제기한 경우에는 해당 토지등소유자에게 지연일수(遲延日數)에 따른 이자를 지급하여야 한다. 이 경우 이자는 100분의 15 이하의 범위에서 대통령령으로 정하는 이율을 적용하여 산정한다.

Ⅰ. 본조의 이해

　본조는 현금청산대상자와 현금청산대상자에 대한 조치로써 현금청산의 관련 절차를 규정하고 있다. 즉, 본조는 조합원이 분양신청을 하지 아니하는 등 분양받기를 원하지 않거나 분양대상에서 제외된 경우 그 조합원의 토지 등에 대하여 현금청산을 가능하게 하여 정비사업의 원활한 사업추진의 차질을 대비한 것이고,[1] 아울러 현금청산의 절차를 규정하여 현금청산대상자의 권리도 보호하고 있다고 할 것이다.

---

1) 이우재, 전게서(하), 191면

Ⅱ. 현금청산대상자

1. 도시정비법상 현금청산대상자

가. 분양신청을 하지 아니한 자

사업시행자가 통지, 공고한 분양신청기간 내에 분양신청을 하지 아니한 조합원을 말한다. 다만, 대법원은 "분양신청기간을 전후하여 재건축조합과 조합원 사이에 분쟁이 있어서 조합원이 분양신청을 할 수 없었던 경우에는 그 후 추가로 분양신청을 할 수 있게 된 조합원이 최종적으로 분양신청을 하지 않는 등의 사유로 인하여 분양대상자의 지위를 상실하는 때에 현금청산대상자가 되고, 현금청산에 따른 토지 등 권리의 가액을 평가하는 기준시점과 현금청산대상자에 대한 매도청구권의 행사로 매매계약의 성립이 의제되는 날도 같은 날로 보아야 한다"고 판시한 바 있다.[2]

나. 분양신청기간 종료 이전에 분양신청을 철회한 자

분양신청을 하였다가 분양신청기간 종료 이전에 이를 철회한 자를 말한다.

분양신청의 철회시기에 대하여 실무상 논란이 있는데, 표준정관 제44조 제5항이 분양신청을 하고도 분양계약체결을 하지 아니하는 경우에도 현금청산을 하도록 규정하고 있는 것을 근거로 분양신청기간 이후에도 분양계약체결시까지 철회가 가능하다는 견해가 있다.[3]

생각건대, 본조의 문언상 분양신청기간 종료 이전에 분양신청을 철회한 자를 현금청산대상자로 규정한 점, 관리처분계획의 수립은 분양신청기간 만료일을 기준으로 하고 있는 점(법 제76조 제1항 제5호), 분양신청기간 종료 이후에도 철회가 가능하다면 그 구체적인 철회의 종기를 정하기도 어렵고, 관리처분계획의 수립 기준

---

2) 대법원 2013. 9. 26. 선고 2011다16127 판결.
3) 이우재, 전게서(하), 193~194면.

도 불투명해질 수 있는 점 등에 비추어 분양신청의 철회는 분양신청기간 종료 이전에 가능하다고 생각된다.

대법원도 "분양신청을 한 토지등소유자가 분양신청기간이 종료된 후에 임의로 분양신청을 철회하는 것까지 분양신청을 철회한 자에 해당하게 된다고 볼 수 없다"고 판시하였다.[4)]

다. 투기과열지구의 정비사업에서 분양신청을 할 수 없는 자

법 제72조 제6항 본문에서는 투기과열지구의 정비사업에서 관리처분계획에 따라 조합원 분양대상자 또는 일반분양대상자로 선정이 된 자(각 그 세대원 속한 자 포함)는 분양대상자 선정일(조합원분양분 분양대상자는 최초 관리처분계획 인가일)로부터 5년 이내에는 원칙적으로 투기과열지구에서 분양신청을 할 수 없는데, 이러한 자도 현금청산대상자가 된다.

라. 인가된 관리처분계획에 의하여 분양대상에서 제외된 자

법 제76조 제1항 제3호는 "너무 좁은 토지 또는 건축물이나 정비구역 지정 후 분할된 토지를 취득한 자에게는 현금으로 청산할 수 있다"고 규정하고 있다. 따라서 너무 좁은 토지 또는 건축물이나 정비구역이 지정된 후에 분필된 토지를 취득한 자에 대하여는 관리처분계획으로 현금청산을 할 수 있다.

이에 해당하는 자는 일단 조합원으로서 분양신청을 하였으나 관리처분계획에 의하여 분양대상에서 제외된 자들로서 스스로 분양신청을 하지 아니하거나 철회한 경우와 다른 경우이다.

2. 정관상 현금청산대상자 - 분양계약을 체결하지 아니한 자

표준정관 제44조 제5항은 '조합원은 관리처분계획인가 후 ○일 이내에 분양계약체결을 하여야 하며 분양계약체결을 하지 않는 경우 제4항(현금청산)의 규정을

---

4) 대법원 2011. 12. 22. 선고 2011두17936 판결.

준용한다'고 규정하고 있다.

대법원은 이러한 정관의 취지 및 의미에 관련하여, 이는 사업시행자가 조합원 이었던 토지 등소유자에게 해당 기간에 분양계약의 체결을 거절하는 방법으로 사 업에서 이탈할 수 있는 기회를 추가로 부여한 취지이고, 위와 같은 내용을 정한 정관이나 관리처분계획은 조합이 조합원들에게 분양계약체결을 요구하는데도 분 양계약체결 의무를 위반하여 분양계약을 체결하지 않은 조합원을 현금청산대상자 로 한다는 의미라고 판시하여 그 유효성을 인정하고 있다.[5]

아울러 대법원은 "분양신청을 한 토지등소유자가 분양계약체결기간 내에 분 양계약을 체결하지 않은 경우뿐만 아니라, 사업시행자에게 분양신청 기간이 종료 된 이후 분양신청을 철회하는 등으로 분양계약의 체결의사가 없음을 명백히 표시 하고 사업시행자가 이에 동의한 경우도 현금청산대상자가 된다"고 본 바 있다.[6]

Ⅲ. 현금청산의 절차

1. 현금청산 협의

사업시행자는 현금청산대상자로 된 토지등소유자의 토지 등에 대하여 관리처 분계획이 인가·고시된 다음 날부터 90일 이내에 손실보상에 관한 협의를 하여야 한다. 다만, 사업시행자는 분양신청기간 종료일의 다음 날부터 협의를 시작할 수 있다(법 제73조 제1항). 이 경우 청산금액은 사업시행자와 토지등소유자가 협의하여 산정한다(시행령 제60조 제1항).

재개발사업의 경우 손실보상액의 산정을 위한 감정평가업자 선정에 관하여는 토지보상법 제68조 제1항[7]에 따르고(시행령 제60조 제1항), 재건축사업의 경우 손

---

5) 대법원 2011. 7. 28. 선고 2008다91364 판결, 대법원 2011. 12. 22. 선고 2011두17936 판결, 대법원 2016. 12. 15. 선고 2015두51309 판결 등.
6) 대법원 2014. 8. 26. 선고 2013두4293 판결.

실보상액의 산정방법에 대하여는 별도의 규정을 두고 있지 아니한바, 사업시행자가 객관적·합리적으로 산정한 금액을 기준으로 협의를 해야 할 것이다.

대법원은 구 주택법상 매도청구권 행사요건으로서 "협의"의 의미에 관하여, "매도청구권과 실질이 유사한 공용수용에서의 협의절차에 관한 구 토지보상법령의 규정의 취지를 고려하여 협의는 사업주체와 대지 소유자 사이에서의 구체적이고 실질적인 협의를 뜻하고, 특별한 사정이 없는 한 그와 같은 협의의 요건을 갖추었는지를 판단할 때에는, 사업주체가 매매가격 또는 그 산정을 위한 상당한 근거를 제시하였는지, 사업주체가 협의 진행을 위하여 노력하였는지, 대지 소유자가 협의에 어떠한 태도를 보였는지 등의 여러 사정을 종합적으로 고려하여야 하며, 요건 충족에 대한 증명책임은 사업주체가 부담한다"고 판시한바, 본조의 협의의 의미에 관하여도 동일한 기준이 될 수 있을 것이다.[8]

그런데 사업시행자와 현금청산대상자와 사이에 협의가 성립되지 아니하면 그 협의기간 만료일 다음 날부터 60일 이내에 수용절차(재개발사업)을 신청하거나 매도청구소송(재건축사업)을 제기하여야 한다(법 제73조 제2항).

2. 사업시행자의 소유권 확보

가. 수용절차(재개발사업)

(1) 개요

재개발사업의 경우 사업시행자는 협의가 성립되지 아니하면 협의기간 만료일 다음 날부터 60일 이내에 수용재결을 신청해야 한다(법 제73조 제2항).

---

7) 재개발사업의 현금청산금을 산정하려는 경우에는 감정평가업자 3인(시·도지사와 토지소유자가 모두 감정평가업자를 추천하지 아니하거나 시·도지사 또는 토지소유자 어느 한쪽이 감정평가업자를 추천하지 아니하는 경우에는 2인)을 선정하여 토지등의 평가를 의뢰하여야 한다.

8) 대법원 2013. 5. 9. 선고 2011다101315, 101322 판결, 대법원 2014. 8. 26. 선고 2013다99256 판결.

대법원은 2017. 2. 8. 전부개정으로 현금청산자에 대한 수용재결에 관한 법 제73조 제2항이 규정되기 전에도, 구 도시정비법 제38조, 제40조 제1항, 제47조, 동법 시행령 제48조, 토지수용법 제67조 제1항에 의하면, 도시정비법의 주택재개발사업에서 현금청산대상자들에 대한 청산금은 조합과 현금청산대상자가 협의에 의해 금액을 정하되, 협의가 성립하지 않을 때에는 조합은 토지보상법에 따라 토지수용위원회의 재결에 의하여 현금청산대상자들의 토지 등의 소유권을 취득할 수 있다고 보았다.[9]

한편, 대법원은 도시정비법상 현금청산대상자에 대하여 토지보상법상 손실보상의 협의는 사업시행자와 토지등소유자 사이의 사법상 계약의 실질을 갖는다는 점에서 도시정비법상 협의와 그 성격상 구별된다고 보기 어려운 점, 도시정비법은 협의의 기준이 되는 감정평가액의 산정에 관하여 별도의 규정을 두고 있는 점 등을 이유로, 토지보상법상 감정평가업자를 통한 보상액의 산정이나 이를 기초로 한 사업시행자와의 협의절차를 따로 거칠 필요도 없다고 판단하였는바,[10] 현금청산대상자는 토지보상법상 협의 및 그 사전절차를 거치지 않더라도, 도시정비법상 청산금에 관한 협의가 이루어지지 않았을 때 조합에게 곧바로 재결신청청구(토지보상법 제30조)를 할 수 있다고 할 것이다.

(3) 수용보상금의 가격산정기준일(=수용재결일)

대법원은 "도시정비법령은 수용보상금의 가격산정기준일에 관한 규정을 두고 있지 않으므로 현금청산대상자들의 토지 등에 대한 수용보상금은 토지보상법 제67조 제1항에 따라 토지 등의 수용재결일 가격을 기준으로 산정하여야 한다"고 한다.[11]

(4) 청산금 지급의무와 토지 등의 인도청구의 동시이행관계 여부

대법원은 "① 주택재개발사업의 사업시행자가 공사에 착수하기 위하여 조합

---

9) 대법원 2016. 12. 15. 선고 2015두51309 판결.
10) 대법원 2015. 11. 27. 선고 2015두48877 판결.
11) 대법원 2016. 12. 15. 선고 2015두51309 판결.

원이 아닌 현금청산대상자에게서 그 소유의 토지 또는 건축물을 인도받기 위해서
는 관리처분계획이 인가·고시된 것만으로는 부족하고 나아가 구 도시정비법(2009.
5. 27. 법률 제9729호로 개정되기 전의 것)이 정하는 데 따라 협의 또는 수용절차를 거
쳐야 하고, ② 조합과 현금청산대상자 사이에 청산금에 관한 협의가 성립된다면
조합의 청산금 지급의무와 현금청산대상자의 토지 등 부동산 인도의무는 특별한
사정이 없는 한 동시이행 관계에 있고, ③ 수용절차에 의할 때에는 부동산 인도에
앞서 청산금 등의 선지급절차가 이루어져야 한다"고 한다.[12]

도시정비법 제81조 제1항에 의하면, 재개발사업의 종전 토지등소유자는 관리
처분계획인가의 고시가 있는 때에도 토지보상법상 손실보상이 완료될 때까지 종
전 토지 등을 사용·수익을 할 수 있다.

나. 매도청구소송(재건축사업)

(1) 개요

재건축사업의 경우 사업시행자는 협의가 성립되지 아니하면 협의기간 만료일
다음 날부터 60일 이내에 매도청구소송을 제기해야 한다(법 제73조 제2항).

대법원은 2017. 2. 8. 전부개정으로 현금청산자에 대한 매도청구에 관한 위
법 제73조 제2항이 규정되기 전에도, 구 도시정비법 제47조(분양신청을 하지 아니한
자 등에 대한 조치)는 사업시행자인 재건축조합이 분양신청을 하지 아니한 토지등소
유자 등에 대하여 부담하는 현금청산의무를 규정하는 것에 불과하므로, 재건축조
합이 위 조항을 근거로 하여 곧바로 현금청산대상자를 상대로 부동산에 관한 소유
권이전등기를 청구할 수는 없고, 현금청산대상자는 분양신청을 하지 않는 등의 사
유로 인하여 분양대상자의 지위를 상실함에 따라 조합원 지위도 상실하게 되어 조
합탈퇴자에 준하는 신분을 가지므로, 매도청구에 관한 동법 제39조를 준용하여 재
건축조합은 현금청산대상자를 상대로 부동산에 관한 소유권이전등기를 청구할 수
있다고 보았다.[13]

---

12) 대법원 2011. 7. 28. 선고 2008다91364 판결.
13) 대법원 2010. 12. 23. 선고 2010다73215 판결, 대법원 2013. 9. 26. 선고 2011다16127 판결.

(2) 청산금 지급의무 발생시기, 매매대금 평가의 기준시점 및 매매계약체결 의제일(=분양신청기간의 종료일 다음날)

대법원은 "분양신청을 하지 않거나 분양신청기간 종료 이전에 분양신청을 철회한 현금청산대상자에 대한 <u>청산금 지급의무가 발생하는 시기</u>는 구 도시정비법 제46조(현 제72조)의 규정에 따라 사업시행자가 정한 <u>분양신청기간의 종료일 다음날</u>이라고 하여야 하고, 현금청산의 목적물인 토지 등의 <u>권리의 가액을 평가하는 기준시점</u>도 같은 날이고, 현금청산대상자에 대한 매도청구권의 행사로 <u>매매계약의 성립이 의제되는 날</u>도 같은 날로 보아야 한다"고 한다.[14]

(3) 매도청구소송과 최고절차 및 행사기간 적용 여부(소극)

대법원은 "현금청산대상자에 대한 매도청구권의 행사로 매매계약의 성립이 의제되는 날을 분양신청기간의 종료일 다음날로 보는 이상 위 매도청구권의 행사에 관하여는 그 최고절차 및 행사기간에 대하여 구 도시정비법 제39조(현 제64조)에서 준용하는 집합건물법 제48조의 규정은 적용되지 않는다"고 판시하였다.[15] 도시정비법 제64조의 조합설립 미동의자에 대한 매도청구소송과 달리 현금청산자에 대한 매도청구은 매도청구권의 행사에 의해 분양신청기간 종료일 다음날 매매계약의 성립이 의제되고, 현금청산에 그 본질이 있으므로 타당한 판시라고 본다.

(4) 청산금 지급의무와 소유권 이전의무의 동시이행관계

대법원은 "사업시행자(재건축조합)가 분양신청을 하지 아니하거나 분양신청을 철회한 현금청산대상자에게 청산금 지급의무를 부담하는 경우에, 공평의 원칙상 현금청산대상자는 권리제한등기가 없는 상태로 토지 등의 소유권을 사업시행자에게 이전할 의무를 부담하고, 이러한 권리제한등기 없는 소유권 이전의무와 사업시행자의 청산금 지급의무는 동시이행관계에 있는 것이 원칙이다"고 한다.[16]

---

14) 대법원 2009. 9. 10. 선고 2009다32850, 32867 판결, 대법원 2010. 12. 23. 선고 2010다73215 판결, 대법원 2013. 9. 26. 선고 2011다16127 판결.
15) 대법원 2010. 12. 23. 선고 2010다73215 판결, 대법원 2013. 9. 26. 선고 2011다16127 판결.
16) 대법원 2008. 10. 9. 선고 2008다37780 판결, 대법원 2009. 9. 10. 선고 2009다32850, 32867 판결.

다만, 대법원은 "현금청산대상자가 재건축조합에 대하여 토지 등에 관한 소유권이전등기 및 인도를 마쳤으나 근저당권설정등기를 말소하지 아니한 경우, 재건축조합이 현금청산에서 근저당권설정등기말소와의 동시이행을 주장하여 지급을 거절할 수 있는 청산금의 범위는 <u>말소되지 아니한 근저당권의 채권최고액 또는 채권최고액의 범위 내에서 확정된 피담보채무액에 해당하는 청산금</u>에 대하여만 동시이행의 항변권에 기초하여 지급을 거절할 수 있다고 보는 것이 공평의 관념과 신의칙에 부합한다"고 한다.[17]

다. 현금청산 지연과 지연이자 지급의무

사업시행자는 현금청산대상자와 사이에 협의가 성립되지 아니하면 그 협의기간 만료일 다음 날부터 60일 이내에 수용재결을 신청하거나 매도청구소송을 제기하여야 하는바, 그 기간을 넘겨서 수용재결을 신청하거나 매도청구소송을 제기한 경우에는 100분의 15 이하의 범위에서 대통령령으로 정하는 이율을 적용하여 해당 토지등소유자에게 지연일수에 따른 이자를 지급하여야 함을 유의해야 한다(법 제73조 제3항).

이 경우 지연이자는 ① 6개월 이내의 지연일수에 따른 이율은 100분의 5, ② 6개월 초과 12개월 이내의 지연일수에 따른 이율은 100분의 10, ③ 12개월 초과의 지연일수에 따른 이율은 100분의 15를 적용한다(시행령 제60조 제2항).

Ⅳ. 현금청산 관련 주요 쟁점

가. 조합원 지위 상실 및 시기

조합원이 분양신청을 하지 않거나 분양신청기간 종료 전 분양신청을 철회하는 등 법 제73조 및 정관에 정한 요건에 따라 현금청산대상자가 된 경우 조합원은 조합원의 지위를 상실한다.

---

17) 대법원 2015. 11. 19. 선고 2012다114776 전원합의체 판결.

대법원도 ① 재건축조합의 사안에서 "재건축조합원이 분양신청을 하지 않는 등의 사유로 현금청산대상자가 된 경우, 도시정비법 및 조합 정관에서 현금청산조항을 규정한 것은 분양신청을 하지 않은 조합원 등에 대하여는 현금청산이 가능하게 함으로써 재건축사업을 신속하고도 차질없이 추진할 수 있도록 하려는데 그 취지가 있는 점, 현금청산대상자는 조합에 대하여 조합원의 가장 주된 권리인 분양청구권을 행사하지 못하게 되므로 형평의 원칙상 그에 대응하는 조합원으로서의 의무(사업비·청산금 등의 비용납부의무, 철거·이주 및 신탁등기 의무 등)도 면하게 된다고 보는 것이 타당한 점, 조합의 입장에서도 현금청산을 통해 법률관계를 간명하게 마무리할 수 있을 뿐만 아니라 향후 관리처분계획을 수립·의결함에 있어 현금청산대상자를 의사정족수에서 제외함으로써 재건축사업을 보다 원활히 추진할 수 있는 점 등을 근거로, 현금청산대상자가 된 조합원은 조합원으로서 지위를 상실한다고 봄이 상당하고, 조합원의 지위를 상실하는 시점은 재건축사업에서 현금청산 관계가 성립되어 조합의 청산금 지급의무가 발생하는 시기이자 현금청산에 따른 토지 등 권리의 가액을 평가하는 기준시점과 마찬가지로 <u>분양신청기간 종료일 다음날 조합원의 지위를 상실한다</u>"고 판단하였고,[18] ② 재개발조합의 사안에서도 마찬가지로 분양신청을 하지 않거나 철회하는 등 도시정비법의 요건에 해당하여 현금청산대상자가 된 조합원은 조합원으로서 지위를 상실한다고 판단하고 있다.[19]

정관에 의한 현금청산대상자인 분양신청기간의 종료 후에 분양계약을 체결하지 아니한 자의 조합원의 지위 상실시기에 대하여는 분양계약체결기간의 종료일 다음날을 청산금 지급의무가 발생하는 시기를 보고 있는 대법원의 태도에 비추어 볼 때, 조합원의 지위 상실시기 역시 동일하게 <u>분양계약체결기간의 종료일 다음날</u>로 볼 수 있을 것이다.[20]

---

18) 대법원 2010. 8. 19. 선고 2009다81203 판결.
19) 대법원 2011. 7. 28. 선고 2008다91364 판결.
20) 대법원 2008. 10. 9. 선고 2008다37780 판결, 대법원 2013. 7. 11. 선고 2013다13023 판결.

나. 청산금 지급의무 발생 시기

대법원은 ① 분양신청을 하지 않거나 분양신청기간 종료 이전에 분양신청을 철회한 현금청산대상자에 대한 청산금 지급의무가 발생하는 시기는 구 도시정비법 제46조(현 제72조)의 규정에 따라 사업시행자가 정한 <u>분양신청기간의 종료일 다음날</u>이라고 하고,[21] ② 정관에 의한 현금청산대상자인 분양신청기간의 종료 후에 분양계약을 체결하지 아니한 자에 대하여 청산금 지급의무가 발생하는 시기는 <u>분양계약체결기간의 종료일 다음날</u>이라고 한다.[22]

아울러 ③ 법 제72조 제6항 본문에 따라 투기과열지구의 정비사업에서 분양신청을 할 수 없는 자에 대한 청산금 지급의무 발생시기 역시 <u>분양신청기간의 종료일 다음날</u>이라 볼 것이고, ④ 인가된 관리처분계획에 의하여 분양대상에서 제외된 자는 관리처분계획의 효력이 확정되는 <u>관리처분계획인가를 받은 날</u>로 볼 수 있을 것이다.

다. 청산금 관련 쟁송방법

사업시행자와 현금청산대상자 사이의 청산금청구소송, 소유권이전등기소송 등 관련 쟁송의 형태에 대하여 공법상 당사자소송으로 볼 것인지,[23] 민사소송으로 볼 것인지 논의가 있다.

생각건대, 법 제73조의 현금청산대상자를 상대로 한 현금청산과 법 제89조의 조합원을 상대로 한 청산금은 성격이 동일하다고 볼 수 없는 점을 고려하면, 우선 재건축사업의 경우에는 사업시행자는 법 제73조 제2항에 따라 현금청산대상자를 상대로 매도청구소송을 제기해야 하므로, 이에 관한 소유권이전등기소송은 민사소송으로 볼 것이고,[24] 그에 대한 현금청산자의 사업시행자를 상대로 한 청산금청구

---

21) 대법원 2009. 9. 10. 선고 2009다32850,32867 판결, 대법원 2010. 12. 23. 선고 2010다73215 판결, 대법원 2013. 9. 26. 선고 2011다16127 판결.
22) 대법원 2008. 10. 9. 선고 2008다37780 판결, 대법원 2013. 7. 11. 선고 2013다13023 판결.
23) 이우재, 전게서(하), 235~253면.
24) 대법원 2010. 12. 23. 선고 2010다73215 판결(소유권이전등기절차이행), 대법원 2013. 9. 26.

소송도 민사소송으로 봐야 할 것이다.[25]

또한, 재개발사업의 경우에는 사업시행자는 법 제73조 제2항은 수용재결을 신청해야 하므로 결국 현금청산대상자의 청산금 관련 쟁송은 행정소송(수용재결이나 이의재결의 취소 등을 청구하는 항고소송이나 보상금증액을 청구하는 당사자소송)으로 볼 것이다.

【판례연구】 현금청산대상자가 조합원 지위를 상실하기 전에 발생한 정비사업비를 부담할 의무가 있는지 여부(대법원 2014. 12. 24. 선고 2013두19486 주거이전비등)

□ 판결요지

(1) 분양신청을 하지 않거나 철회하는 등으로 구 도시정비법 제47조 및 조합 정관이 정한 요건에 해당하여 현금청산대상자가 된 조합원은 조합원의 지위를 상실한다(대법원 2010. 8. 19. 선고 2009다81203 판결 등 참조).

(2) 구 도시정비법상 조합과 그 조합원 사이의 법률관계는 그 근거법령이나 정관의 규정, 조합원총회의 결의 또는 조합과 조합원 사이의 약정에 따라 규율되는 것으로서 그 규정이나 결의 또는 약정으로 특별히 정한 바가 없는 이상, 조합원이 조합원의 지위를 상실하였다고 하더라도 그 조합원이 조합원의 지위에서 얻은 이익을 당연히 소급하여 반환할 의무가 있는 것은 아니다(대법원 2009. 9. 10. 선고 2009다32850, 32867 판결 등 참조).

(3) 이러한 구 도시정비법과 같은 법 시행령의 내용, 형식 및 체계 등에 의하면, 주택재개발사업에서 사업시행자인 조합은 토지등소유자인 조합원에게 구 도시정비법 제61조 제1항에 따라 정비사업비와 정비사업의 시행과정에서 발생한 수입과의 차액을 부과금으로 부과, 징수할 수 있으나, 조합원이 구 도시정비법 제47조나 조합 정관이 정한 요건을 충족하여 현금청산대상자가 된 경우에는 조합원의 지위를

선고 2011다16127 판결(소유권이전등기) 등.

25) 대법원 2008. 10. 9. 선고 2008다37780 판결(청산금), 대법원 2015. 11. 19. 선고 2012다114776 전원합의체 판결(청산금) 등.

상실하여 더 이상 조합원의 지위에 있지 아니하므로 조합은 현금청산대상자에게 구 도시정비법 제61조 제1항에 따른 부과금을 부과, 징수할 수 없고, <u>현금청산대상자가 조합원의 지위를 상실하기 전까지 발생한 조합의 정비사업비 중 일정 부분을 분담하여야 한다는 취지를 조합 정관이나 조합원총회의 결의 또는 조합과 조합원 사이의 약정 등으로 미리 정한 경우 등에 한하여, 조합은 구 도시정비법 제47조에 규정된 청산절차 등에서 이를 청산하거나 별도로 그 반환을 구할 수 있다고 보는 것이 타당하다.</u>

❑ 판결의 검토

(1) 대상판결 전 대법원 2009. 9. 10. 선고 2009다32850 판결은 현금청산자가 조합원의 지위에서 취득한 '이주비 대출금 이자' 상당의 이익은 정관 규정이나 총회 결의 조합과 조합원의 약정 등이 없는 이상 조합에게 당연히 반환하여야 할 의무가 있다고는 할 수 없고 판시한 바 있는데,[26] 대상판결은 나아가 현금청산대상자가 조합원 지위를 상실하기 전까지 발생한 '정비사업비'를 분담할 의무가 있는지에 관한 명확한 원칙을 판단한 대법원 판결로서 의미가 있다.

(2) 대상판결은 먼저 분양신청을 하지 않거나 철회하는 등으로 현금청산대상자가 된 조합원은 조합원의 지위를 상실한다는 점을 다시 확인하였다. 그리고 대상판결 이전에는 현금청산대상자가 조합원 지위를 상실하기 전까지 발생한 정비사업비를 분담할 의무가 있는지 여부에 관하여 논란이 있었는데, 대상판결은 조합이 현금청산대상자에게 정비사업비를 분담시킬 수 있는 요건은 '현금청산대상자가 조

---

26) 위 판결은 확정지분제 시행방식에서 조합원의 이주비 대출금 이자를 시공자가 부담하기로 한 사안인데, 원고는 조합의 사업시행을 위하여 그 소유 부동산을 제공하고 이주하는 등 조합원으로서의 의무를 이행한 반면 조합원의 지위를 상실함으로써 조합의 사업에 따른 이익을 얻을 수는 없게 된 점에 비추어 보면, <u>원고가 조합원의 지위에서 얻은 이주비 대출금의 이자 상당의 이익을 그대로 보유한다고 하여 형평의 원칙에 반한다거나 나머지 조합원들에게 그 대출금 이자 상당의 손실을 전가하는 것이라고 할 수 없고,</u> 확정지분제 방식으로서 조합원은 조합원의 지분을 초과하는 면적에 대한 추가부담금 및 조합이 사업추진을 위하여 시공사로부터 차용한 차용금에 대한 조합원 부담금을 시공사에게 지급할 의무만 있을 뿐, 그 이외의 비용에 대해서는 부담할 의무가 없고, 시공사는 조합이 제공하는 토지에 아파트를 건축하여 일정 지분의 토지와 건물을 피고의 조합원에게 분양하고 잔여세대 분양, 조합원 초과부담금 등의 수입을 전부 시공사의 공사비 및 사업제비용에 충당하기로 한 사실을 알 수 있으므로, <u>조합원 지위를 상실한 이후에 시공사가 지급한 이주비 대출금 이자로 인한 손실은 시공자의 부담으로 돌아갈 뿐, 조합 또는 그 조합원의 부담으로 돌아가는 것은 아닌 점에서</u>도 조합이 원고에 대하여 그 이자 상당 금액의 반환을 구할 수는 없다는 점도 판시하였다.

합원의 지위를 상실하기 전까지 발생한 조합의 정비사업비 중 일정 부분을 분담하여야 한다는 취지를 조합 정관이나 조합원총회의 결의 또는 조합과 조합원 사이의 약정 등으로 미리 정한 경우'라고 하여 그 요건을 구체적으로 판시하였다.

(3) 특히 대상판결의 조합 정관 제10호 제1항 제6호는 조합원이 사업비 등 비용 납부의무를 부담한다고 규정하고 있으나, 현금청산대상자들이 조합원의 지위를 상실하기 이전에 발생한 사업비를 부담한다고 규정한 조항은 없었던바, 대상판결은 정비사업비의 지급을 구할 수 없다고 보아 조합의 상계항변을 배척하였다.

따라서 현금청산대상자에게 정비사업비를 분담시키기 위해서는 정관에 단순히 정비사업비 부담의무를 규정함에 그치지 않고, 현금청산대상자에 대한 구체적인 부담의무를 규정해야 할 것이다. 예를 들어 "분양미신청자 등 현금청산대상자에 대하여는 청산금 지급시 조합의 사업비 부담분, 이사비용, 이주비 대출금 금융비용, 기타 실비 등 기존에 발생한 비용을 공제한 후 청산금을 지급한다" 등의 구체적인 기재가 필요하다고 할 것이다.

아울러 대상판결은 재개발사업에 관한 판결인데, 대상판결 이후 대법원은 재건축사업의 경우에도 동일하게 조합 정관이나 조합원총회의 결의 또는 조합과 조합원 사이의 약정 등으로 미리 정한 경우 등에 한하여 청산절차 등에서 이를 청산하거나 별도로 반환을 구할 수 있다고 계속하여 판단하고 있다(대법원 2016. 8. 30. 선고 2015다207785 판결, 대법원 2016. 12. 29. 선고 2013다217412 판결, 대법원 2016. 12. 27. 선고 2014다203212 판결, 대법원 2018. 7. 12. 선고 2014다88093 판결).

제74조(관리처분계획의 인가 등)

① 사업시행자는 제72조에 따른 분양신청기간이 종료된 때에는 분양신청의 현황을 기초로 다음 각 호의 사항이 포함된 관리처분계획을 수립하여 시장·군수등의 인가를 받아야 하며, 관리처분계획을 변경·중지 또는 폐지하려는 경우에도 또한 같다. 다만, 대통령령으로 정하는 경미한 사항을 변경하려는 경우에는 시장·군수등에게 신고하여야 한다.

1. 분양설계
2. 분양대상자의 주소 및 성명
3. 분양대상자별 분양예정인 대지 또는 건축물의 추산액(임대관리 위탁주택에 관한 내용을 포함한다)
4. 다음 각 목에 해당하는 보류지 등의 명세와 추산액 및 처분방법. 다만, 나목의 경우에는 제30조제1항에 따라 선정된 임대사업자의 성명 및 주소(법인인 경우에는 법인의 명칭 및 소재지와 대표자의 성명 및 주소)를 포함한다.
   가. 일반 분양분
   나. 공공지원민간임대주택
   다. 임대주택
   라. 그 밖에 부대시설·복리시설 등
5. 분양대상자별 종전의 토지 또는 건축물 명세 및 사업시행계획인가 고시가 있은 날을 기준으로 한 가격(사업시행계획인가 전에 제81조제3항에 따라 철거된 건축물은 시장·군수등에게 허가를 받은 날을 기준으로 한 가격)
6. 정비사업비의 추산액(재건축사업의 경우에는 「재건축초과이익 환수에 관한 법률」에 따른 재건축부담금에 관한 사항을 포함한다) 및 그에 따른 조합원 분담규모 및 분담시기
7. 분양대상자의 종전 토지 또는 건축물에 관한 소유권 외의 권리명세
8. 세입자별 손실보상을 위한 권리명세 및 그 평가액
9. 그 밖에 정비사업과 관련한 권리 등에 관하여 대통령령으로 정하는 사항

② 정비사업에서 제1항제3호·제5호 및 제8호에 따라 재산 또는 권리를 평가할 때에는 다음 각 호의 방법에 따른다.

1. 「감정평가 및 감정평가사에 관한 법률」에 따른 감정평가업자 중 다음 각 목의 구분에 따른 감정평가업자가 평가한 금액을 산술평균하여 산정한다. 다만, 관리처분계획을 변경·중지 또는 폐지하려는 경우 분양예정 대상인 대지 또는 건축

물의 추산액과 종전의 토지 또는 건축물의 가격은 사업시행자 및 토지등소유자 전원이 합의하여 산정할 수 있다.

　　가. 주거환경개선사업 또는 재개발사업: 시장·군수등이 선정·계약한 2인 이상 의 감정평가업자

　　나. 재건축사업: 시장·군수등이 선정·계약한 1인 이상의 감정평가업자와 조합 총회의 의결로 선정·계약한 1인 이상의 감정평가업자

　2. 시장·군수등은 제1호에 따라 감정평가업자를 선정·계약하는 경우 감정평가업 자의 업무수행능력, 소속 감정평가사의 수, 감정평가 실적, 법규 준수 여부, 평 가계획의 적정성 등을 고려하여 객관적이고 투명한 절차에 따라 선정하여야 한 다. 이 경우 감정평가업자의 선정·절차 및 방법 등에 필요한 사항은 시·도조례 로 정한다.

　3. 사업시행자는 제1호에 따라 감정평가를 하려는 경우 시장·군수등에게 감정평가 업자의 선정·계약을 요청하고 감정평가에 필요한 비용을 미리 예치하여야 한 다. 시장·군수등은 감정평가가 끝난 경우 예치된 금액에서 감정평가 비용을 직 접 지불한 후 나머지 비용을 사업시행자와 정산하여야 한다.

③ 조합은 제45조제1항제10호의 사항을 의결하기 위한 총회의 개최일부터 1개월 전에 제1항제3호부터 제6호까지의 규정에 해당하는 사항을 각 조합원에게 문서로 통지하여 야 한다.

④ 제1항에 따른 관리처분계획의 내용, 관리처분의 방법 등에 필요한 사항은 대통령령 으로 정한다.

⑤ 제1항 각 호의 관리처분계획의 내용과 제2항부터 제4항까지의 규정은 시장·군수등 이 직접 수립하는 관리처분계획에 준용한다.

Ⅰ. 관리처분계획의 일반론

1. 서설

가. 의의

관리처분계획의 정의에 대하여, 대법원은 "주택재개발사업 등에서 사업시행 자가 작성하는 포괄적 행정계획으로서 사업시행의 결과 설치되는 대지를 포함한

각종 시설물의 권리귀속에 관한 사항과 그 비용분담에 관한 사항 등을 정하는 행정처분"[1]으로 정의한 바 있는데, 정비사업이 완료된 후에 행할 환권처분을 미리 정하는 계획으로서 곧 정비사업의 시행으로 조성되는 대지 및 설치되는 건축시설 등에 대한 사업완료 후의 이전고시의 내용을 미리 정하는 계획으로 볼 수 있다.[2]

관리처분계획은 토지등소유자의 종전자산의 평가 및 분양예정인 대지 또는 건축물의 배분기준을 정하며, 종전자산의 가치와 비교한 조합원의 분담금(납부 또는 정산받을 금액)규모를 확정하는 것으로 조합원의 권리의무에 큰 이해관계를 가짐과 동시에 정비사업의 사업성의 성패가 결정되는 중요한 처분이라고 할 수 있다.

나. 법적 성격

(1) 독립된 행정처분

대법원은 "조합이 행정주체의 지위에서 도시정비법에 따라 수립하는 관리처분계획은 정비사업의 시행결과 조성되는 대지 또는 건축물의 권리귀속에 관한 사항과 조합원의 비용분담에 관한 사항 등을 정함으로써 조합원의 재산상 권리, 의무 등에 구체적이고 직접적인 영향을 미치게 되는 구속적 행정계획으로서 조합이 행하는 독립된 행정처분에 해당한다"고 보고 있다.[3]

(2) 공용환권

대법원은 재건축조합이 구 도시재개발법에 정한 관리처분계획 인가 및 이에 따른 분양처분의 고시 등의 절차를 거치거나 도시정비법상의 관리처분계획 인가 및 이에 따른 이전고시 등의 절차를 거쳐 신 주택이나 대지를 조합원에게 분양한 경우에는 구 주택이나 대지에 관한 권리가 권리자의 의사에 관계없이 신 주택이나 대지에 관한 권리로 강제적으로 교환·변경되어 공용환권된 것으로 보고 있다.[4]

---

1) 대법원 2007. 9. 6. 선고 2005두11951 판결, 대법원 2009. 9. 17. 선고 2007다2428 전원합의체 판결.
2) 이우재, 전게서(하), 260면.
3) 대법원 2009. 9. 17. 선고 2007다2428 전원합의체 판결, 대법원 2016. 10. 13. 선고 2012두24481 판결 등.
4) 대법원 2009. 6. 23. 선고 2008다1132 판결, 대법원 2011. 4. 14. 선고 2010다96072 판결.

(3) 대물처분

또한 도시개발법상의 환지처분이 대인처분이 아니라 대물처분인 것과 같은 법리로, 관리처분계획에 의한 공용환권의 효력 역시 대물처분으로 볼 수 있다.5)

대법원도 구 도시재개발법의 분양처분(이전고시)의 법적 성질 및 효력과 관련된 사안에서, "구 도시재개발법에 의한 재개발사업에 있어서의 분양처분은 재개발구역 안의 종전의 토지 또는 건축물에 대하여 재개발사업에 의하여 조성되거나 축조되는 대지 또는 건축시설의 위치 및 범위 등을 정하고 그 가격의 차액에 상당하는 금액을 청산하거나, 대지 또는 건축시설을 정하지 않고 금전으로 청산하는 공법상 처분으로서, 그 처분으로 종전의 토지 또는 건축물에 관한 소유권 등의 권리를 강제적으로 변환시키는 이른바 공용환권에 해당하나, 분양처분 그 자체로는 권리의 귀속에 관하여 아무런 득상·변동을 생기게 하는 것이 아니고, 한편 종전의 토지 또는 건축물에 대신하여 대지 또는 건축시설이 정하여진 경우에는 분양처분의 고시가 있은 다음날에 종전의 토지 또는 건축물에 관하여 존재하던 권리관계는 분양받는 대지 또는 건축시설에 그 동일성을 유지하면서 이행되는바, 이와 같은 경우의 분양처분은 대인적 처분이 아닌 대물적 처분이라 할 것이므로, 재개발사업 시행자가 소유자를 오인하여 종전의 토지 또는 건축물의 소유자가 아닌 다른 사람에게 분양처분을 한 경우 그러한 분양처분이 있었다고 하여 그 다른 사람이 권리를 취득하게 되는 것은 아니며, 종전의 토지 또는 건축물의 진정한 소유자가 분양된 대지 또는 건축시설의 소유권을 취득하고 이를 행사할 수 있다"고 판시한 바 있다.6)

(4) 행정계획 및 재량행위 여부

앞서 본 바와 같이 관리처분계획은 정비사업의 사업시행자가 작성하는 포괄적 행정계획으로서의 법적 성격을 가진다.

---

5) 이우재, 전게서(하), 268면.

6) 대법원 1995. 6. 30. 선고 95다10570 판결.

그런데 관리처분계획이 행정계획의 성격을 가진다고 하더라도 재량행위 여부는 일반적인 행정계획과 구분하여 봐야 하는데, 대법원은 "① 조합의 <u>조합원 지위나 그 구체적인 권리의무는</u> 도시정비법 및 조합 정관에 의하여 정하여지고 이에 기하여 이루어진 조합의 관리처분계획은 소위 <u>기속행위</u>에 속하는 것이므로, 조합원의 구체적인 권리, 의무를 확정함에 조합의 재량이 개입될 여지는 없고, ② 다만, 그 <u>구체적인 내용의 수립에 관하여는 이른바 계획재량행위에 해당하여 상당한 재량이 인정되므로</u>, 적법하게 인가된 관리처분계획이 종전의 토지 또는 건축물의 면적·이용상황·환경 그 밖의 사항을 종합적으로 고려하여 대지 또는 건축물이 균형 있게 분양신청자에게 배분되고 합리적으로 이용되도록 하는 것인 이상, 그로 인하여 토지등소유자들 사이에 다소 불균형이 초래된다고 하더라도 그것이 특정 토지등소유자의 재산권을 본질적으로 침해하는 것이 아닌 한, 이에 따른 손익관계는 종전자산과 종후자산의 적정한 평가 등을 통하여 청산금을 가감함으로써 조정될 것이므로, 그러한 사정만으로 그 관리처분계획을 위법하다고 볼 수는 없다"고 판시한 바 있다.[7]

2. 관리처분계획과 쟁송방법

가. 쟁송방법 – 당사자소송과 항고소송

관리처분계획에 관한 쟁송방법에 관하여, 대법원은 "① <u>관리처분계획인가 이전의 경우</u>, 관리처분계획은 재건축조합이 조합원의 분양신청 현황을 기초로 관리처분계획안을 마련하여 그에 대한 조합 총회결의와 토지 등 소유자의 공람절차를 거친 후 관할 행정청의 인가·고시를 통해 비로소 그 효력이 발생하게 되므로, 관리처분계획안에 대한 조합 총회결의는 관리처분계획이라는 행정처분에 이르는 절차적 요건 중 하나로, 그것이 위법하여 효력이 없다면 관리처분계획은 하자가 있는 것으로 된다. 따라서 행정주체인 재건축조합을 상대로 관리처분계획안에 대한 조합 총회결의의 효력 등을 다투는 소송은 행정처분에 이르는 절차적 요건의 존부나 효력 유무에 관한 소송으로서 그 소송결과에 따라 행정처분의 위법 여부에 직

---

7) 대법원 1998. 11. 27. 선고 98두12796 판결, 대법원 2014. 3. 27. 선고 2011두24057 판결.

접 영향을 미치는 공법상 법률관계에 관한 것이므로, 이는 행정소송법상의 당사자
소송에 해당하고, ② 그러나 관리처분계획인가 이후에는 관리처분계획은 행정처
분으로서 효력이 발생하게 되므로, 총회결의의 하자를 이유로 하여 행정처분의 효
력을 다투는 항고소송의 방법으로 관리처분계획의 취소 또는 무효확인을 구하여
야 하고, 그와 별도로 행정처분에 이르는 절차적 요건 중 하나에 불과한 총회결의
부분만을 따로 떼어내어 효력 유무를 다투는 확인의 소를 제기하는 것은 특별한
사정이 없는 한 허용되지 않는다"고 판시한 바 있다.[8]

　　요컨대, 관리처분계획인가 전에는 조합을 상대로 당사자소송의 방법으로 총
회결의무효확인을 구하여야 하고, 관리처분계획인가 후에는 조합을 상대로 항고소
송의 방법으로 관리처분계획의 취소나 무효확인을 구하여야 한다. 만일 관리처분
계획에 대한 총회결의무효확인 소송으로 당사자소송이 계속되는 중 관리처분계획
인가·고시가 있으면, 관리처분계획에 대한 항고소송으로 소의 변경을 해야 할 것
이다.

나. 원고적격

(1) 조합원

　　조합원은 관리처분계획에 따라 자신의 권리의무에 구체적이고 직접적인 영향
을 받으므로 관리처분계획의 적법 여부를 다툴 수 있는 법률상 이익이 있어 원고
적격을 가짐은 의문이 없다. 또한 소송을 제기할 당시 조합원이면 원고적격이 있
다고 볼 것이다.

(2) 현금청산대상자(법 제73조)

　　법 제73조에 따라 분양신청을 하지 아니하거나 분양신청을 철회하는 등으로
현금청산대상자가 관리처분계획의 적법 여부를 다툴 원고적격이 있는지 실무상
견해가 나뉘는데, 대법원은 현금청산대상자는 분양신청기간 종료일 다음날에 조합
원의 지위를 상실한다는 입장인바,[9] 조합원의 지위를 상실한 현금청산대상자의 경

---

8) 대법원 2009. 9. 17. 선고 2007다2428 전원합의체 판결, 대법원 2012. 3. 29. 선고 2010두7765
판결.

우 조합원이 아니므로 원고적격이 없다고 보는 것이 일관적인 해석이라 할 수 있다.

대법원도 "재개발사업에서 수용재결이 확정된 결과 토지 및 건물에 관한 소유권을 상실되어 조합원 지위를 상실한 자는 관리처분계획상의 권리관계에 관하여 어떠한 영향을 받을 개연성이 없어졌다고 할 것이므로, 관리처분계획의 취소를 구할 법률상 이익이 없다"고 판단한 바 있다.[10]

다만, 대법원은 "사업시행계획에 당연무효인 하자가 있는 경우에는 조합은 사업시행계획을 새로이 수립하여 관할관청에게서 인가를 받은 후 다시 분양신청을 받아 관리처분계획을 수립하여야 하므로 분양신청기간 내에 분양신청을 하지 않거나 분양신청을 철회함으로 인해 조합원의 지위를 상실한 토지 등 소유자도 그때 분양신청을 함으로써 건축물 등을 분양받을 수 있으므로 관리처분계획의 무효확인 또는 취소를 구할 법률상 이익이 있다"고 판시한바,[11] 현금청산대상자도 사업시행계획에 당연무효의 사유가 있는 경우에는 관리처분계획의 효력을 다툴 법률상의 이익이 있다.

(3) 재건축사업에서의 매도청구대상자(법 제64조)

재건축사업에서 조합설립에 동의하지 아니한 자, 건축물 또는 토지만 소유한 자는 법 제64조에 따라 매도청구대상자가 되는데, 이러한 매도청구대상자들은 결국 현금청산의 대상이 되므로 법 제73조의 현금청산대상자들과 마찬가지로 관리처분계획을 다툴 법률상 이익은 없다고 할 것이다.

---

9) 대법원 2010. 8. 19. 선고 2009다81203 판결 등.
10) 대법원 2011. 1. 27. 선고 2008두14340 판결(조합원 지위를 상실한 원고로서는 더 이상 관리처분계획상의 권리관계에 관하여 어떠한 영향을 받을 개연성이 없어졌다고 할 것이므로, 관리처분계획의 취소를 구할 법률상 이익이 없다), 대법원 2013. 10. 31 선고 2012두19007 판결(분양신청기간 내에 분양신청을 하지 아니하였으며, 토지 등도 수용되고 그 수용재결까지 확정되어 다툴 수 없게 되었다는 등 사정을 들어 원고들은 관리처분계획에 대하여 그 취소를 구할 소의 이익이 없다는 원심의 판단을 수긍한 사례).
11) 대법원 2011. 12. 8. 선고 2008두18342 판결.

다. 피고적격

관리처분계획은 조합이 행정주체의 지위에서 도시정비법에 따라 수립하는 구속적 행정계획으로서 조합이 행하는 독립된 행정처분이므로, 관리처분계획의 취소나 무효확인 등 항고소송의 피고는 사업시행자인 조합이다.

라. 제소기간

관리처분계획취소소송에서 제소기간의 기산점이 문제되는데, 관리처분계획은 행정청의 인가·고시를 통하여 효력이 발생하고, 통상 고시 또는 공고에 의하여 행정처분을 하는 경우에는 그 처분의 상대방이 불특정 다수인이고, 그 처분의 효력이 불특정 다수인에게 일률적으로 적용되는 것이므로 그 행정처분에 이해관계를 갖는 자는 고시 또는 공고가 효력을 발생하는 날에 그 행정처분이 있음을 알았다고 보아야 한다는 점[12]을 고려하면, 관리처분계획의 인가·고시가 있은 후 5일이 경과한 날(행정 효율과 협업 촉진에 관한 규정 제6조 제3항)에 그 처분이 있음을 알았다고 할 것이므로, 취소를 구하는 소송의 제소기간은 그 때부터 기산된다.[13]

마. 취소의 범위

(1) 일부 취소 가부

관리처분계획의 적법성이 문제될 경우에 관리처분계획은 하나의 포괄적이고 종합적인 행정계획임에도 이미 인가된 관리처분계획의 일부만을 취소할 수 있을지 문제된다.

대법원은 "① 재개발사업이 완료되어 분양처분(현 이전고시)이 이루어지기 전에는 관리처분계획의 일부 변경 등이 가능한 것이므로 관리처분계획의 인가처분에 대하여는 분양처분의 경우와는 달리 그 일부의 취소 청구도 허용되나,[14] ② 관리처분계획 이후 이전고시가 효력을 발생하게 된 이후에는 그 전체의 절차를 처음

---

12) 대법원 2001. 7. 27. 선고 99두9490 판결, 대법원 2007. 6. 14. 선고 2004두619 판결 등.
13) 대법원 2010. 12. 9. 선고 2009두4913 판결(사업시행인가처분 사례).
14) 대법원 1995. 7. 14. 선고 93누9118 판결.

부터 다시 밟지 아니하는 한 그 일부만을 따로 떼어 이전고시를 변경할 길이 없고 이전고시의 일부 변경을 위한 관리처분계획의 변경도 이전고시가 이루어지기 전에만 가능하므로, 이전고시가 효력을 발생한 이후에는 조합원은 관리처분계획의 변경 또는 분양거부처분의 취소를 구할 수 없고 조합으로서도 이전고시의 내용을 일부 변경하는 취지로 관리처분계획을 변경할 수 없다"는 태도이다.15)

또한 "이전고시의 효력발생으로 이미 대다수 조합원 등에 대하여 획일적·일률적으로 처리된 권리귀속 관계를 모두 무효화하고 다시 처음부터 관리처분계획을 수립하여 이전고시 절차를 거치도록 하는 것은 정비사업의 공익적·단체법적 성격에 배치되므로, 이전고시가 효력을 발생하게 된 이후에는 조합원 등이 관리처분계획의 취소 또는 무효확인을 구할 법률상 이익이 없다"고 판시한 바 있다.16)

한편, 실무상 재건축사업에서 아파트 조합원과 상가 조합원의 이해관계의 다툼이 많은데, 대법원은 관리처분계획의 일부 하자로 관리처분계획이 전부 무효로 되는 경우의 사례로, 관리처분계획 중 상가 부분에 관하여 구 도시정비법 제48조 제1항 소정의 내용들이 포함되어 있지 않아 제대로 관리처분계획이 수립되지 않았고, 이러한 하자는 중대하고 위 관리처분계획 내용 자체로 객관적으로 명백하며, 새로이 상가와 관련된 관리처분계획을 수립할 경우 아파트 조합원에 대한 권리가액비율 및 분담금액도 일부 변경되어야 할 것이고, 위와 같은 하자는 관리처분계획 전체에 영향을 미친다고 할 것이므로, 관리처분계획 전부가 무효라고 판단한 바 있다.17)

(2) 주문의 형식

관리처분계획이 전부 취소되는 경우의 인용 주문의 예는 아래와 같다.

○ 피고가 2019. 00. 00. 서울특별시 ○○구청장으로부터 인가받은 관리처분계획을 취소한다.

---

15) 대법원 1999. 10. 8. 선고 97누12105 판결.
16) 대법원 2012. 3. 22. 선고 2011두6400 전원합의체 판결.
17) 대법원 2010. 12. 9. 선고 2010두4407 판결.

관리처분계획이 일부 취소되는 경우의 인용 주문의 예는 아래와 같다.

○ 피고가 2019. 00. 00. 서울특별시 ○○구청장으로부터 인가받은 관리처분계획 중 △△△ 부분을 취소한다.

○ 피고가 2019. 00. 00. 서울특별시 ○○구청장으로부터 인가받은 관리처분계획 중 원고를 현금청산대상자로 정한 부분을 취소한다.

○ 피고가 2019. 00. 00. 서울특별시 ○○구청장으로부터 인가받은 관리처분계획 중 원고에 대한 조합원 권리가액 산출표의 조합원 권리가액 부분을 취소한다.

바. 관리처분계획과 사정판결 가부

대법원은 관리처분계획의 수정을 위한 조합원총회의 재결의를 위하여 시간과 비용이 많이 소요된다는 등의 사정만으로는 재결의를 거치지 않음으로써 위법한 관리처분계획을 취소하는 것이 현저히 공공복리에 적합하지 아니하다고 볼 수 없다는 이유로 사정판결의 필요성을 부정한 바 있다.[18]

【판례연구】이전고시의 효력 발생 이후 관리처분계획의 취소 또는 무효확인을 구할 법률상 이익이 있는지 여부(대법원 2012. 3. 22. 선고 2011두6400 전원합의체 판결 관리처분계획무효확인)

☐ 판결요지(다수의견)

(1) 구 도시정비법 제54조 제1항, 제2항에 의하면, 사업시행자는 준공인가와 공사의 완료에 관한 고시가 있은 때에는 지체 없이 대지확정측량과 토지의 분할절차를 거쳐 관리처분계획에 정한 사항을 분양받을 자에게 통지하고 대지 또는 건축물의 소유권을 이전하여야 하고, 그 내용을 당해 지방자치단체의 공보에 고시한 후 이를 시장·군수에게 보고하여야 하며, 제57조 제1항에 의하면, 대지 또는 건축물을 분양받은 자가 종전에 소유하고 있던 토지 또는 건축물의 가격과 분양받은 대지 또는 건축물의 가격 사이에 차이가 있는 경우 사업시행자는 이전고시가 있은 후에 그 차액에 상당하는 금액(이하 '청산금')을 분양받은 자로부터 징수하거나 분

---

18) 대법원 2001. 10. 12. 선고 2000두4279 판결.

양받은 자에게 지급하여야 하되, 다만 정관 등에서 분할징수 및 분할지급에 대하여 정하고 있거나 총회의 의결을 거쳐 따로 정한 경우에는 관리처분계획인가 후부터 이전고시일까지 일정기간별로 분할징수하거나 분할지급할 수 있다.

(2) 또한 도시정비법은 제55조 제1항에서 "대지 또는 건축물을 분양받을 자에게 제54조 제2항의 규정에 의하여 소유권을 이전한 경우 종전의 토지 또는 건축물에 설정된 지상권·전세권·저당권·임차권·가등기담보권·가압류 등 등기된 권리 및 주택임대차보호법 제3조 제1항의 요건을 갖춘 임차권은 소유권을 이전받은 대지 또는 건축물에 설정된 것으로 본다."고 규정하고, 제55조 제2항에서 "제1항의 규정에 의하여 취득하는 대지 또는 건축물 중 토지등소유자에게 분양하는 대지 또는 건축물은 도시개발법 제40조의 규정에 의하여 행하여진 환지로 보며, 제48조 제3항의 규정에 의한 보류지와 일반에게 분양하는 대지 또는 건축물은 도시개발법 제34조의 규정에 의한 보류지 또는 체비지로 본다."고 규정하고 있다.

그리고 도시개발법 제40조 제4항에 의하면, 시행자는 지정권자에 의한 준공검사를 받은 경우 대통령령으로 정하는 기간에 환지처분을 하여야 한다. 우선 환지처분은 사업시행자가 환지계획구역의 전부에 대하여 공사를 완료한 후 환지계획에 따라 환지교부 등을 하는 처분으로서 일단 공고되어 효력을 발생하게 된 후에는 일부 토지에 관한 환지지정에 위법이 있더라도 그 사유만으로는 다른 부분에 대한 환지확정처분까지 당연히 무효가 되는 것이 아니므로 환지전체의 절차를 처음부터 다시 밟지 않는 한 그 일부만을 따로 떼어 환지처분을 변경할 길이 없으며, 다만 그 환지처분에 위법이 있다면 이를 이유로 하여 민사상의 절차에 따라 권리관계의 존부를 확정하거나 손해배상을 구하는 길이 있을 뿐이므로 그 환지확정처분의 일부에 대하여 취소 또는 무효확인을 구할 법률상의 이익이 없다(대법원 1985. 4. 23. 선고 84누446 판결, 대법원 1990. 9. 25. 선고 88누2557 판결, 대법원 1992. 6. 26. 선고 91누11728 판결, 대법원 1993. 5. 27. 선고 92다14878 판결, 대법원 1998. 2. 13. 선고 97다49459 판결 등 참조).

그리고 도시정비법에 통합되면서 폐지된 구 도시재개발법에 규정된 분양처분 역시 재개발구역 안의 종전의 토지 또는 건축물에 대하여 재개발사업에 의하여 조성되거나 축조되는 대지 또는 건축시설의 위치 및 범위 등을 정하고 그 가격의 차액에 상당하는 금액을 청산하거나 대지 또는 건축시설을 정하지 않고 금전으로 청산하는 공법상 처분으로서(대법원 1995. 6. 30. 선고 95다10570 판결 참조), 일단 공고되어 효력을 발생하게 된 이후에는 그 전체의 절차를 처음부터 다시 밟지 않는한 그 일부만을 따로 떼어 분양처분을 변경할 길이 없으며 설령 그 분양처분에 위법이 있다 하여 취소 또는 무효확인을 하더라도 다른 토지에 대한 분양처분까지무효라고는 할 수 없고, 다만 그 위법을 이유로 하여 민사상의 절차에 따라 권리관계의 존부를 확정하거나 손해의 배상을 구하는 길이 있을 뿐이므로 그 분양처분의일부에 대하여 취소 또는 무효확인을 구할 법률상의 이익이 없다(대법원 1991. 10. 8. 선고 90누10032 판결 참조).

나아가 분양처분의 일부 변경을 위한 관리처분계획의 변경은 분양처분이 이루어지기 전에만 가능하므로 분양처분이 효력을 발생한 이후에는 조합원은 관리처분계획의 변경을 구할 수 없고, 재개발조합으로서도 분양처분의 내용을 일부 변경하는취지로 관리처분계획을 변경할 수 없다(대법원 1999. 10. 8. 선고 97누12105 판결,대법원 2001. 12. 11. 선고 2000두8073 판결 등 참조).

환지처분이나 분양처분에 관하여 이와 같이 해석하는 것은 이러한 처분이 서로의 이해관계가 맞물려 얽혀 있는 다수의 권리관계를 규율하는 단체법적인 성격을가지고 있어서 획일적으로 그 권리관계를 확정할 필요가 있는데다가 환지사업이나도시재개발사업의 공익적 측면을 감안한 데 이유가 있는 것으로 보인다.

앞서 본 도시정비법 및 도시개발법 관련 규정의 내용과 취지, 환지처분 및 구도시재개발법상 분양처분의 성격과 그 효력 등을 종합하면, 도시정비법상의 이전고시 또한 준공인가의 고시로 사업시행이 완료된 이후에 관리처분계획에서 정한바에 따라 종전의 토지 또는 건축물에 대하여 정비사업으로 조성된 대지 또는 건축물의 위치 및 범위 등을 정하여 그 소유권을 분양받을 자에게 이전하고 그 가격의 차액에 상당하는 금액을 청산하거나 대지 또는 건축물을 정하지 않고 금전적으로 청산하는 공법상 처분으로서 그 법적 성격은 구 도시재개발법상의 분양처분과본질적으로 다르지 않다. 또한 청산금부과처분은 원칙적으로 이전고시가 효력을발생한 후에 관리처분계획의 내용 중 일부가 집행되는 것이므로, 정관이나 총회의의결을 거쳐 따로 정한 경우에는 관리처분계획 후부터 이전고시일까지 청산금을분할징수 또는 분할지급할 수 있다는 예외적인 사정을 들어 위와 같은 이전고시의법적 성격을 달리 볼 것은 아니다.

그렇다면 이전고시의 효력 및 그 효력 발생 후 관리처분계획의 취소 또는 무효확인을 구할 법률상 이익이 있는지 여부 등에 관하여도 도시정비법 관련 규정에 의하여 준용되는 도시개발법에 따른 환지처분과 궤를 같이하여 새겨야 할 것이다.

(3) 관리처분계획의 내용을 집행하는 이전고시의 효력이 발생하면 조합원 등이 관리처분계획에 따라 분양받을 대지 또는 건축물에 관한 권리귀속이 확정되고 조합원 등은 이를 토대로 다시 새로운 법률관계를 형성하게 된다. 그리하여 이전고시의 효력이 발생한 후에는 관리처분계획이 무효로 확인되어 새로운 관리처분계획을 수립하기 위한 총회의 결의가 필요하게 되더라도 특히 이 사건과 같은 대단위 아파트 단지의 경우에는 그 총회의 소집통지가 용이하지 아니하고 조합원 등의 적극적인 참여를 기대하기도 어려워 새로운 관리처분계획을 의결하는 것 자체가 현저히 곤란해지고, 또한 이전고시의 효력 발생 후에 관리처분계획이 무효로 확인되어 새로운 관리처분계획이 의결된다면 이전고시의 효력 발생 후 형성된 새로운 법률관계에 터잡은 다수의 이해관계인들에게는 예측하지 못한 피해를 가져오게 된다. 뿐만 아니라 관리처분계획은 조합원 등이 공람·의견청취절차를 거쳐 그 내용을 숙지한 상태에서 총회의 의결을 통하여 조합원 등의 권리관계를 정하는 것이고, 행정청도 관리처분계획에 대한 인가·고시를 통하여 이를 관리·감독하고 있다. 따라서 이와 같이 다수의 조합원 등이 관여하고 관련 법령에 정해진 여러 절차를 거쳐 수립된 관리처분계획에 따라 이전고시까지 행해졌음에도, 관리처분계획의 하자를 이유로 다시 처음부터 관리처분계획을 작성하여 이전고시를 거치는 절차를 반복하여야 한다면, 이는 대다수 조합원의 단체법적인 의사와 정비사업의 공익적 성격에도 어긋나는 것이라고 볼 수밖에 없다.

(4) 한편 관리처분계획에 대한 인가·고시가 있은 후에 이전고시가 행해지기까지 상당한 기간이 소요되므로 관리처분계획의 하자로 인하여 자신의 권리를 침해당한 조합원 등으로서는 이전고시가 행해지기 전에 얼마든지 그 관리처분계획의 효력을 다툴 수 있는 여지가 있고, 특히 조합원 등이 관리처분계획의 취소 또는 무효확인소송을 제기하여 계속 중인 경우에는 그 관리처분계획에 대하여 행정소송법에 규정된 집행정지결정을 받아 후속절차인 이전고시까지 나아가지 않도록 할 수도 있다. 또한 조합원 등으로서는 보류지에 관한 권리관계를 다투는 소송이나 청산금부과처분에 관한 항고소송, 무효인 관리처분계획으로 인한 손해배상소송 등과 같은 다른 권리구제수단을 통하여 그 권리를 회복할 수 있다.

(5) <u>위와 같은 여러 사정들을 종합하면, 이전고시의 효력 발생으로 이미 대다수 조합원 등에 대하여 획일적·일률적으로 처리된 권리귀속 관계를 모두 무효화시키고 다시 처음부터 관리처분계획을 수립하여 이전고시 절차를 거치도록 하는 것은 정비사업의 공익적·단체법적 성격에 배치된다고 할 것이므로, 이전고시가 그 효력을 발생하게 된 이후에는 조합원 등이 관리처분계획의 취소 또는 무효확인을 구할 법률상 이익이 없다고 봄이 타당하다.</u>

❏ **판결의 검토**

정비사업에서 이전고시의 효력이 발생한 이후에도 조합원이 관리처분계획의 무효확인 등을 구할 법률상 이익이 있는지 여부가 대상판결의 쟁점이다.

이 쟁점은 결국 정비사업의 공익적·단체법적 성격과 관리처분계획이 이후 준공인가 고시를 거쳐 이루어진 이전고시에 따른 법률관계의 법적 안정성을 더 중요하게 볼지, 조합원의 개별적 이해관계에서 가지는 절차적·실체적 권리구제의 기회의 보장을 더 중요하게 고려할지에 관한 관점의 차이의 문제라고 할 것이다.[19]

대상판결은 이전고시의 효력 발생으로 이미 대다수 조합원 등에 대하여 획일적·일률적으로 처리된 권리귀속 관계를 모두 무효화시키고 다시 처음부터 관리처분계획을 수립하여 이전고시 절차를 거치도록 하는 것은 정비사업의 공익적·단체법적 성격에 배치된다고 할 것이므로, 이전고시가 그 효력을 발생하게 된 이후에는 조합원 등이 관리처분계획의 무효확인을 구할 법률상 이익이 없다고 판시함으로써 개별 조합원의 절차적·실체적 권리구제보다 정비사업이 가지는 공익적·단체법적 성격을 더 중요하게 보았다고 할 것이다.

대상판결은 이전고시의 효력 발생 이후 관리처분계획인가처분의 무효확인을 구할 법률상 이익이 없다는 점을 명확히 밝힌 선도적인 판결인 점에서 의미가 있는데, 대상판결 이후 대법원은 동일한 판단을 하고 있는바, 이 쟁점에 관한 대법원의 태도는 확고하다 할 것이다.

즉, 대법원 2014. 9. 25. 선고 2011두20680 판결, 대법원 2017. 3. 30. 선고

---

19) 허성욱, 재건축정비사업 이전고시 효력발생과 관리처분계획 무효확인청구소송의 소익, 행정판례연구회 18-2(2013), 한국행정판례연구회, 260면.

2013두840 판결 등을 통해 소유권 이전에 관한 고시의 효력이 발생하면 조합원 등이 관리처분계획에 따라 분양받을 대지 또는 건축물에 관한 권리의 귀속이 확정되고 조합원 등은 이를 토대로 다시 새로운 법률관계를 형성하게 되는데, 이전고시의 효력 발생으로 대다수 조합원 등에 대하여 권리귀속 관계가 획일적·일률적으로 처리되는 이상 그 후 일부 내용만을 분리하여 변경할 수 없고, 그렇다고 하여 전체 이전고시를 모두 무효화시켜 처음부터 다시 관리처분계획을 수립하여 이전고시 절차를 거치도록 하는 것도 정비사업의 공익적·단체법적 성격에 배치되어 허용될 수 없다는 점을 계속하여 판시하고 있다.

Ⅱ. 관리처분계획의 수립

1. 관리처분계획의 수립 및 인가권자

관리처분계획은 사업시행자가 분양신청의 현황을 기초로 수립한 뒤 시장·군수등의 인가를 받아야 한다.

즉, 사업시행자는 ① 분양신청 통지 및 분양공고 → ② 분양신청 수령 → ③ 관리처분계획 작성 → ④ 총회 의결 → ⑤ 관리처분계획 공람 및 의견청취 → ⑥ 관리처분계획 인가신청 절차를 진행하고, 시장·군수등은 관리처분계획에 대한 인가 및 고시의 절차를 진행한다.

2. 관리처분계획의 내용

가. 개요

관리처분계획은 앞서 본 바와 같이 토지등소유자의 이해관계에 중요하고 큰 영향을 미치는 내용이 되는 것이므로, 토지등소유자들 사이의 공평과 합리적인 권리변환의 배분계획이 필요하다. 이러한 점을 고려하여 도시정비법령은 관리처분계획 작성시 포함되어야 할 내용을 구체적으로 정하고 있다(법 제74조 제1항, 시행령 제62조).

나. 관리처분계획의 내용

(1) 분양설계

분양설계는 분양대상자별로 분양기준에 따른 분양예정대상을 정하고 적정 분양가격을 산정하는 등 분양에 관한 구체적인 기준과 계획을 정하는 설계를 말한다. 법령 및 정관의 규정에서 정한 기준의 범위 내에서 관리처분계획의 수립에 필요한 항목별 세부 설계기준을 포함한다.[20]

참고로, 서울시 조례에 의하면, 분양설계에는 ① 관리처분계획대상물건 조서 및 도면, ② 임대주택의 부지명세와 부지가액·처분방법 및 임대주택 입주대상 세입자 명부(임대주택을 건설하는 정비구역에 한한다), ③ 환지예정지 도면, ④ 종전 토지의 지적 또는 임야도면을 포함된다(조례 제33조 제1호).

(2) 분양대상자의 주소 및 성명

(3) 분양대상자별 분양예정인 대지 또는 건축물의 추산액(임대관리 위탁 주택에 관한 내용을 포함한다)

법령 및 정관의 규정에 의하여 분양대상자에게 배정될 예정인 건축물 등의 면적별 분양가격을 정하는 것으로서, 감정평가업자 2인 이상이 평가한 감정평가금액의 산술평균한 금액을 기준으로 추산액을 산정한다.

(4) 보류지 등의 명세와 추산액 및 처분방법

보류지 등에는 ① 일반 분양분, ② 공공지원민간임대주택, ③ 임대주택, ④ 그 밖에 부대시설·복리시설 등이 있고, ②의 경우에는 법 제30조 제1항에 따라 선정된 임대사업자의 성명 및 주소(법인인 경우에는 법인의 명칭 및 소재지와 대표자의 성명 및 주소)를 포함한다.

---

20) 이우재, 전게서(하), 287면, 맹신균, 전게서, 804면

(5) 분양대상자별 종전의 토지 또는 건축물의 명세 및 사업시행인가의 고시가 있은 날을 기준으로 한 가격(사업시행인가 전에 법 제81조 제3항에 따라 철거된 건축물의 경우에는 시장·군수에게 허가받은 날을 기준으로 한 가격)

분양대상자별 종전의 토지 또는 건축물의 내역과 사업시행인가의 고시가 있은 날을 기준으로 한 가격(종전가액)을 정하는 것이다. 종전가액은 감정평가업자 2인 이상이 평가한 감정평가금액을 산술 평균하여 산정한다.

(6) 정비사업비의 추산액(재건축사업의 경우에는 「재건축 초과이익 환수에 관한 법률」에 따른 재건축부담금에 관한 사항을 포함한다) 및 그에 따른 조합원 분담규모 및 분담시기

정비사업비의 추산액은 향후 정비사업비용으로 지출될 각종 항목을 추산하는 것으로, 정비사업비의 내역으로는 조사측량비, 설계비, 감리비, 정비사업전문관리업비, 공사비, 보상비, 부대경비, 재건축부담금 등의 내역이 있고,[21] 조합원 분담규모 및 분담시기를 명시해야 한다.

(7) 분양대상자의 종전의 토지 또는 건축물에 관한 소유권 외의 권리명세

법 제87조 제1항[22]을 고려하여 분양대상자의 종전의 토지 또는 건축물에 관한 소유권 외의 권리명세를 명시하도록 한 것이다.

(8) 세입자별 손실보상을 위한 권리명세 및 그 평가액

주거세입자와 상가세입자로 구분하여 주거이전비, 영업손실 보상액, 임대주택 공급대상 세입자 명부 등을 작성한다.

---

21) 서울시 조례 시행규칙[별지 제24호 서식] 정비사업비의 추산액 및 그에 따른 조합원 분담규모 및 부담시기 참조.

22) 법 제87조 제1항
대지 또는 건축물을 분양받을 자에게 법 제86조 제2항의 규정에 의하여 소유권을 이전한 경우 종전의 토지 또는 건축물에 설정된 지상권·전세권·저당권·임차권·가등기담보권·가압류 등 등기된 권리 및 주택임대차보호법 제3조 제1항의 요건을 갖춘 임차권은 소유권을 이전받은 대지 또는 건축물에 설정된 것으로 본다.

법제처는 세입자별 손실보상을 위한 권리명세 및 그 평가액을 포함된 관리처분계획을 수립해야하는 사업시행자의 범위에 관하여, 공공성이 강한 정비사업인 주거환경정비사업 및 재개발사업과 도시정비법 제26조 제1항 제1호 및 제27조 제1항 제1호에 해당하는 재건축사업(법 제63조)의 사업시행자에 한정되고, 공공성이 약한 그 밖의 재건축사업의 시행자는 제외된다고 보는 것이 도시정비법의 규정 체계와 재건축사업의 성격에 부합한다고 해석한 바 있다.[23]

(9) 그 밖에 정비사업과 관련한 권리 등에 관하여 대통령령으로 정하는 사항

이에 관한 시행령 제62조의 내용은 아래와 같다.

---

1. 법 제73조에 따라 현금으로 청산하여야 하는 토지등소유자별 기존의 토지·건축물 또는 그 밖의 권리의 명세와 이에 대한 청산방법
2. 법 제79조 제4항 전단에 따른 보류지 등의 명세와 추산가액 및 처분방법
3. 제63조 제1항 제4호에 따른 비용의 부담비율에 따른 대지 및 건축물의 분양계획과 그 비용부담의 한도·방법 및 시기. 이 경우 비용부담으로 분양받을 수 있는 한도는 정관 등에서 따로 정하는 경우를 제외하고는 기존의 토지 또는 건축물의 가격의 비율에 따라 부담할 수 있는 비용의 50퍼센트를 기준으로 정한다.
4. 정비사업의 시행으로 인하여 새롭게 설치되는 정비기반시설의 명세와 용도가 폐지되는 정비기반시설의 명세
5. 기존 건축물의 철거 예정시기
6. 그 밖에 시·도조례로 정하는 사항

---

3. 관리처분계획에 대한 총회

가. 총회 전 조합원에 대한 통지

조합은 관리처분계획 수립을 위한 총회를 개최일부터 1개월 전에 ① 분양대상자별 분양예정인 대지 또는 건축물의 추산액, ② 보류지 등의 명세와 추산액 및

---

23) 법제처 18-0411, 2018. 10. 25.

처분방법, ③ 분양대상자별 종전의 토지 또는 건축물의 명세 및 사업시행인가의 고시가 있은 날을 기준으로 한 가격, ④ 정비사업비의 추산액(재건축사업의 경우에는 「재건축 초과이익 환수에 관한 법률」에 따른 재건축부담금에 관한 사항을 포함한다) 및 그에 따른 조합원 분담규모 및 분담시기의 사항을 각 조합원에게 문서로 통지하여야 한다(법 제74조 제3항).

이러한 사항들을 조합원에게 통지하는 취지는 조합원들이 관리처분계획 수립에 관한 총회에서 종전자산의 가격 등 조합원의 이해관계에 관한 주요 사항에 대한 이해를 바탕으로 의견을 제시하고, 의결권을 행사하도록 함에 있다.

나. 총회의 소집통지

총회의 소집통지는 조합원에게 하면 되는 것인데, 조합원들 중 분양신청을 하지 않거나 분양기간 종료 전에 철회하여 현금청산대상자가 된 조합원은 조합원으로서의 지위를 상실한다고 봄이 상당하고, 이때 조합원의 지위를 상실하는 시점은 분양신청기간 종료일 다음날로 보아야 하므로,[24] 위와 같은 현금청산대상자는 분양신청기간이 종료한 후 개최되는 2.의 의사정족수 산정을 위한 총 조합원 수에서 제외되어야 할 것이다.[25]

다만, 인가된 관리처분계획에 의하여 분양대상에서 제외된 자는 관리처분계획의 인가일에 조합원 자격을 상실하므로 관리처분계획의 인가 이전까지는 총회의 의사정족수에 포함되고, 분양계약을 체결하지 아니하여 조합원 자격이 상실된 자는 분양계약체결 종료 이전까지는 조합원 자격이 있으므로 그 기간 종료 이전까지는 총회의 의사정족수에 포함된다.

다. 총회결의 없는 관리처분계획의 효력

도시정비법상 관리처분계획에 대한 총회의 결의는 반드시 거쳐야 할 절차이므로 이를 위반한 관리처분계획은 무효에 해당한다. 대법원도 "관리처분계획은 총

---

24) 대법원 2010. 8. 19. 선고 2009다81203 판결 등.
25) 대법원 2012. 3. 29. 선고 2010두7765 판결.

회의 결의를 거쳐야 한다고 규정하고 있는바, 재개발조합이 조합원총회의 결의를 거친 관리처분계획에 의하지 아니하고 대지나 건축시설을 처분하거나 관리하는 행위를 한 경우에는 그 효력이 없다"고 판시하였다.[26]

라. 총회의 정족수

관리처분계획은 조합원 100분의 20 이상이 직접 출석하고, 조합원 과반수의 찬성으로 의결하며, 정비사업비가 100분의 10 이상 증가하는 경우에는 조합원 3분의 2 이상의 찬성으로 의결하여야 한다(법 제45조 제4항, 제6항).

한편, 정비사업비가 100분의 10 이상 증가하는 경우에 조합원 3분의 2 이상의 찬성으로 의결하여야 한다는 규정은 2012. 2. 1. 법률 제11293호의 일부개정시 신설된 조항인데, 위 조항의 신설 전에 대법원은 정비사업비, 조합의 비용부담, 시공자·설계자의 선정 및 계약서에 포함될 내용 등이 <u>조합원들의 이해관계에 중대한 영향을 미칠 정도로 실질적으로 변경된 경우에는 정관변경에 관한 규정을 유추적용하여 조합원 3분의 2 이상의 동의</u>가 필요하다고 판시해 왔다.[27]

그런데 대법원은 "정비사업비의 증가 여부 비교 대상"에 관하여, "조합설립을 할 때에 건축물 철거 및 신축비용 개산액에 관하여 조합원들의 동의를 받았고, 다음 단계인 사업시행계획의 수립 및 이에 대한 인가를 받을 때 조합원들의 동의 절차를 거쳐 정비사업비가 잠정적으로 정해졌으므로, 관리처분계획을 수립할 때에 의결한 정비사업비가 조합원들의 이해관계에 중대한 영향을 미칠 정도로 실질적으로 변경된 경우에 해당하는지를 판단할 경우에는 조합설립에 관한 동의서 기재 건축물 철거 및 신축비용 개산액과 바로 비교할 것이 아니라, ① 먼저 사업시행계획시에 조합원들의 동의를 거친 정비사업비가 조합설립에 관한 동의서 기재 건축물 철거 및 신축비용 개산액과 비교하여 조합원들의 이해관계에 중대한 영향을 미칠 정도로 실질적으로 변경된 경우에 해당하는지를 판단하고, ② 다음으로 관리처분계획안에서 의결한 정비사업비가 사업시행계획시에 조합원들의 동의를 거친 정

---

26) 대법원 1995. 2. 24. 선고 94다31242 판결, 대법원 1996. 11. 15. 선고 95다27158 판결.
27) 대법원 2009. 1. 30. 선고 2007다31884 판결, 대법원 2012. 8. 23. 선고 2010두13463 판결 등.

비사업비와 비교하여 조합원들의 이해관계에 중대한 영향을 미칠 정도로 실질적으로 변경된 경우에 해당하는지를 판단해야한다"고 판시한 바 있다.[28]

마. 관리처분계획변경과 총회결의

관리처분계획을 변경할 경우에도 대통령령으로 정하는 경미한 변경에 해당되지 않는 한, 총회에서 조합원 과반수의 찬성으로 의결을 거쳐야 한다(법 제45조 제1항 제10호, 제4항).

또한 총회에서 관리처분계획에 관하여 결의를 거쳐야 한다고 규정하고 있는 것은 관리처분계획의 내용에 대하여 조합원의 의사를 반영하고 그들 상호간의 이익을 합리적으로 조정하는 데 그 취지가 있는 것이므로, 총회에서 결의된 관리처분계획을 수정하여 인가신청을 하고자 할 경우에는 그 전에 다시 수정된 내용에 대하여 총회의 결의를 거쳐야 한다.[29]

---

28) 대법원 2014. 6. 12. 선고 2012두28520 판결(위 판결은 ① 조합설립에 관한 동의시의 정비사업비가 약 6개월 후 사업시행계획 시에 약 26.1% 증가되어 조합원들의 이해관계에 중대한 영향을 미칠 정도로 실질적으로 변경된 경우에 해당하여 사업시행계획에 관하여 조합원 3분의 2 이상의 동의를 얻어야 함에도 동의를 얻지 못한 하자가 있으나 정비사업비 증액으로 인한 사업시행계획에 대한 동의요건이 분명하지 아니한 상황이었던 이상 사업시행계획의 수립에 관한 하자는 무효사유가 아니라 취소사유에 불과한 점, ② 사업시행계획과 관리처분계획은 서로 독립하여 별개의 법적 효과를 발생시키는 것으로서 사업시행계획의 수립에 관한 취소사유인 하자가 관리처분계획에 승계되지 아니하므로(대법원 2012. 8. 23. 선고 2010두13463 판결 참조), 위 취소사유를 들어 관리처분계획의 적법 여부를 다툴 수는 없다는 점, ③ 관리처분계획안에서 의결한 정비사업비를 사업시행계획시 동의를 거친 정비사업비와 사업시행계획시 기준으로 약 3년 후인 관리처분계획안 결의시에 정비사업비가 13.8% 증가되었는바, 건축비의 증가, 물가상승 등을 고려할 때 조합원들의 이해관계에 중대한 영향을 미칠 정도로 실질적으로 변경된 경우에 해당한다고 보기는 어렵다고 판단한 사례임)

29) 대법원 2001. 10. 12. 선고 2000두4279 판결(관리처분계획의 수정을 위한 조합원총회의 재결의를 위하여 시간과 비용이 많이 소요된다는 등의 사정만으로는 재결의를 거치지 않음으로써 위법한 관리처분계획을 취소하는 것이 현저히 공공복리에 적합하지 아니하다고 볼 수 없다는 이유로 사정판결의 필요성도 부정한 사례).

바. 기타 관련 쟁점

(1) 시공자 선정결의 무효와 관리처분계획의 효력

시공자 선정결의가 무효로 확정될 경우 그 후 이루어진 정비사업의 절차인 관리처분계획의 효력에 영향을 미치는지 실무상 논의가 있다.

관련 하급심을 살펴보면, ① "도시정비법상 주택재개발정비사업의 경우 사업시행자는 도시정비법 제46조에 따른 분양신청기간이 종료된 때에는 제46조에 따른 분양신청의 현황을 기초로 분양설계, 분양대상자의 주소 및 성명 등이 포함된 관리처분계획을 수립하여 시장·군수의 인가를 받아야 하고(도시정비법 제48조 제1항), 조합은 도시정비법 제16조에 따른 조합설립인가를 받은 후 조합총회에서 국토해양부장관이 정하는 경쟁입찰의 방법으로 건설업자 또는 등록사업자를 시공자로 선정하여야 한다(도시정비법 제11조 제1항 본문). 위 각 규정에 의하면, 관리처분계획의 작성 주체는 사업시행자이고 시공사를 관리처분계획의 작성 주체라고 볼 수 없다. 이 사건 사업시행계획이 조합이 시공사와 체결한 도급계약을 기초로 수립되었다고 볼 만한 아무런 증거가 없을 뿐만 아니라, 사실상 그 선정이 무효인 시공사와 체결한 도급계약을 기초로 하여 사업시행계획이 수립되고 이를 기초로 하여 이 사건 관리처분계획이 수립되었다 하더라도, 관리처분계획의 작성 주체는 사업시행자이므로, 시공사 선정결의의 하자가 이 사건 관리처분계획에 어떠한 영향을 준다고 볼 수도 없다"고 한 판결이 있는 반면,[30] ② 적법한 시공사 선정 및 공사도급계약 체결 이전에 분양통지 및 분양공고를 하고 이를 기초로 분양신청을 받아 관리처분계획을 수립하였다면 그 관리처분계획은 위법하고,[31] ③ 관리처분계획(안)과 시공사 공사도급계약 안건이 동일한 총회에서 상정된 후, 그 안건들의 결의가 무효라면, 이를 기초로 수립된 관리처분계획 역시 위법하다는 판결이 있다.[32]

---

30) 서울고등법원 2011. 7. 15. 선고 2010누5921 판결.
31) 서울행정법원 2011. 9. 2. 선고 2011구합3401 판결.
32) 서울행정법원 2010. 12. 2. 선고 2010구합337 판결.

이에 관한 대법원의 명확한 판단은 없으나 현재까지의 하급심 판결의 취지를 살펴보면, 시공자 선정 전에 관리처분계획을 수립하거나, 관리처분계획과 시공자 공사도급계약이 동일한 총회에서 상정되었으나 결의가 무효인 경우 등의 경우에는 관리처분계획의 효력에 영향을 미치고, 시공자 선정과 관리처분계획이 적법하게 수립된 후, 후발적으로 시공자 선정결의가 무효인 경우에는 필연적으로 적법한 행정처분인 관리처분계획에 영향을 미치지는 않는다는 것으로 볼 수 있다.

(2) 관리처분계획의 실질적 변경과 당초 관리처분계획의 효력

대법원은 "관리처분계획의 주요 부분을 실질적으로 변경하는 내용으로 새로운 관리처분계획을 수립하여 시장·군수의 인가를 받아 고시한 경우에는 당초 관리처분계획은 효력을 상실하고, 기존 관리처분계획의 무효확인을 구하는 청구는 존재하지 않는 행정처분을 대상으로 한 것으로서 소의 이익이 없어 부적법하다"고 한다.[33]

Ⅲ. 관리처분계획과 인가

1. 관리처분계획과 인가의 관계

가. 기본행위와 보충행위

관리처분계획과 인가의 관계에 대하여 관리처분계획을 독립적 처분으로 보고 그에 대한 행정청의 인가를 기본행위에 대하여 그 법률상 효력을 완성시키는 보충행위로 보는 것이 통설의 입장이다.[34]

대법원도 "도시정비법에 기초하여 재개발정비사업조합이 수립한 관리처분계획은 그것이 인가·고시를 통해 확정되면 이해관계인에 대한 구속적 행정계획으로서 독립적인 행정처분에 해당하고, 이러한 관리처분계획을 인가하는 행정청의 행

---

33) 대법원 2012. 3. 29. 선고 2010두7765 판결.
34) 이우재, 전게서(하), 262면~264면.

위는 조합의 관리처분계획에 대한 법률상의 효력을 완성시키는 보충행위이다. 따라서 기본행위가 적법·유효하고 보충행위인 인가처분 자체에 흠이 있다면 그 인가처분의 무효나 취소를 주장할 수 있다. 그러나 인가처분에 흠이 없다면 기본행위에 흠이 있다고 하더라도 따로 기본행위의 흠을 다투는 것은 별론으로 하고 기본행위의 흠을 내세워 바로 그에 대한 인가처분의 무효확인 또는 취소를 구할 수는 없으므로, 그 당부에 관하여 판단할 필요 없이 해당 부분 청구를 기각하여야 한다"고 판시한 바 있다.[35]

나. 기속행위

대법원은 행정청이 관리처분계획에 대한 인가처분을 하면서 기부채납과 같은 조건을 붙일 수 있는지에 관하여, "관리처분계획 인가처분의 의의와 성질, 그 근거가 되는 도시정비법과 그 시행령상 규정들에 비추어 보면, 행정청이 관리처분계획에 대한 인가 여부를 결정할 때에는 그 관리처분계획에 도시정비법에 규정된 사항이 포함되어 있는지, 그 계획의 내용이 도시정비법 기준에 부합하는지 여부 등을 심사·확인하여 그 인가 여부를 결정할 수 있을 뿐 기부채납과 같은 다른 조건을 붙일 수는 없고, 그 인가조건은 무효"라고 판단한바,[36] 관리처분계획인가를 기속행위 내지 기속적 재량행위의 성격으로 보고 있다.

2. 관리처분계획인가의 효력

가. 권리의 변환(공용환권)

관리처분계획인가를 통하여 종전의 주택이나 대지에 대한 조합원의 소유권 등 권리가 상실되고, 새로운 주택이나 대지에 대한 분양권 및 청산금에 대한 권리로 강제적으로 변환되는 이른바 공용환권의 효력이 발생한다.

---

35) 대법원 2016. 12. 15. 선고 2015두51347 판결, 대법원 2001. 12. 11. 선고 2001두7541 판결 (구 도시재개발법 사례).

36) 대법원 2012. 8. 30. 선고 2010두24951 판결.

나. 종전 토지 등의 사용·수익 금지

종전의 토지 또는 건축물의 소유자·지상권자·전세권자·임차권자 등 권리자는 관리처분계획인가의 고시가 있은 때에는 법 제86조에 따른 이전고시가 있는 날까지 종전의 토지 또는 건축물을 사용하거나 수익할 수 없다(법 제81조 제1항). 반면 사업시행자는 종전의 토지 또는 건축물을 사용·수익할 수 있게 된다.[37] 다만, 다음의 어느 하나에 해당하는 경우에는 종전 소유자 등이 사용·수익할 수 있다(법 제81조 제1항 단서).

① 사업시행자의 동의를 받은 경우
②「공익사업을 위한 토지 등의 취득 및 보상에 관한 법률」에 따른 손실보상이 완료되지 아니한 경우

다. 철거의 개시 및 착공

사업시행자는 관리처분계획인가를 받은 후 기존 건축물을 철거하여야 하므로(법 제81조 제2항), 건축물 철거의 개시 및 착공은 관리처분계획인가 이후에 가능하다 할 것이다.

라. 일반 분양 개시

사업시행자는 일반 분양분이 포함된 관리처분계획을 수립하여 인가를 받아야 하고(법 제74조 제1항 제4호 가목), 법 제72조에 따른 분양신청을 받은 후 잔여분이 있는 경우 이를 보류지로 정하거나 이를 조합원 또는 토지등소유자 이외의 자에게 분양할 수 있는바(법 제79조 제4항), 이러한 일반 분양은 관리처분계획인가 이후에 가능하다.

---

37) 대법원 2010. 5. 27. 선고 2009다53635 판결, 대법원 2014. 7. 24. 선고 2012다62561 판결.

제75조(사업시행계획인가 및 관리처분계획인가의 시기 조정)

① 특별시장·광역시장 또는 도지사는 정비사업의 시행으로 정비구역 주변 지역에 주택이 현저하게 부족하거나 주택시장이 불안정하게 되는 등 특별시·광역시 또는 도의 조례로 정하는 사유가 발생하는 경우에는 「주거기본법」 제9조에 따른 시·도 주거정책심의위원회의 심의를 거쳐 사업시행계획인가 또는 제74조에 따른 관리처분계획인가의 시기를 조정하도록 해당 시장, 군수 또는 구청장에게 요청할 수 있다. 이 경우 요청을 받은 시장, 군수 또는 구청장은 특별한 사유가 없으면 그 요청에 따라야 하며, 사업시행계획인가 또는 관리처분계획인가의 조정 시기는 인가를 신청한 날부터 1년을 넘을 수 없다.

② 특별자치시장 및 특별자치도지사는 정비사업의 시행으로 정비구역 주변 지역에 주택이 현저하게 부족하거나 주택시장이 불안정하게 되는 등 특별자치시 및 특별자치도의 조례로 정하는 사유가 발생하는 경우에는 「주거기본법」 제9조에 따른 시·도 주거정책심의위원회의 심의를 거쳐 사업시행계획인가 또는 제74조에 따른 관리처분계획인가의 시기를 조정할 수 있다. 이 경우 사업시행계획인가 또는 관리처분계획인가의 조정 시기는 인가를 신청한 날부터 1년을 넘을 수 없다.

③ 제1항 및 제2항에 따른 사업시행계획인가 또는 관리처분계획인가의 시기 조정의 방법 및 절차 등에 필요한 사항은 특별시·광역시·특별자치시·도 또는 특별자치도의 조례로 정한다.

Ⅰ. 본조의 이해

본조는 정비사업의 시행으로 정비구역 주변 지역에 현저한 주택부족이나 주택시장 불안정 등 일정한 사유가 발생하는 경우, 그러한 문제를 방지하기 위해 1년의 범위에서 정비사업의 사업시행계획인가 및 관리처분계획인가의 시기를 조정할 수 있도록 하는 규정이다.

Ⅱ. 사업시행계획인가 및 관리처분계획인가의 시기 조정

1. 조정권자가 시장·군수등인 경우

시·도지사는 정비사업의 시행으로 인하여 정비구역 주변 지역에 현저한 주택 부족이나 주택시장의 불안정이 발생하는 등 <u>특별시·광역시 또는 도의 조례로 정하는 사유</u>가 발생하는 경우에는 시·도 주택정책심의위원회의 심의를 거쳐 사업시행인가 또는 관리처분계획인가의 시기를 조정하도록 해당 시장·군수등에게 요청할 수 있으며, 요청을 받은 시장·군수등는 특별한 사유가 없으면 그 요청에 따라야 한다(법 제75조 제1항). 이 경우 사업시행인가 또는 관리처분계획인가의 조정 시기는 그 인가 신청일로부터 1년을 넘을 수 없다.

참고로, 서울시 조례 제49조는 시기 조정의 사유 등에 관하여 아래와 같이 규정하고 있다.

---

① 법 제75조제1항에서 "특별시·광역시 또는 도의 조례로 정하는 사유"란 다음 각 호의 어느 하나에 해당하는 경우(이하 "심의대상구역"이라 한다)를 말한다.
 1. 정비구역의 기존 주택 수가 자치구 주택 재고 수의 1퍼센트를 초과하는 경우
 2. 정비구역의 기존 주택 수가 2,000호를 초과하는 경우
 3. 정비구역의 기존 주택 수가 500호를 초과하고, 같은 법정동에 있는 1개 이상의 다른 정비구역(해당 구역의 인가 신청일을 기준으로 최근 6개월 이내 관리처분계획인가를 신청하였거나, 완료된 구역으로 한정한다)의 기존 주택 수를 더한 합계가 2,000호를 초과하는 경우
② 심의대상구역 중 다음 각 호의 어느 하나에 해당하는 경우 조정대상구역으로 정할 수 있다.
 1. 주변 지역의 주택 멸실량이 공급량을 30퍼센트를 초과하는 경우
 2. 주변 지역의 주택 멸실량이 공급량을 2,000호를 초과하는 경우
 3. 그 밖에 주택시장 불안정 등을 고려하여 주거정책심의회에서 인가 시기의 조정이 필요하다고 인정하는 경우

---

2. 조정권자가 특별자치시·도지사인 경우

정비사업의 시행으로 정비구역 주변 지역에 주택이 현저하게 부족하거나 주택시장이 불안정하게 되는 등 특별자치시 및 특별자치도의 조례로 정하는 사유가 발생하면, 특별자치시장 및 특별자치도지사는 시·도 주거정책심의위원회의 심의를 거쳐 직접 사업시행계획인가 또는 관리처분계획인가의 시기를 조정할 수 있다 (법 제75조 제2항).

3. 조정의 방법 및 절차

사업시행계획인가 또는 관리처분계획인가의 시기 조정에 관한 방법 및 절차 등에 관하여 필요한 사항은 조례로 정하도록 규정하고 있다(법 제75조 제3항). 참고로, 서울시 조례 제51조는 시기 조정의 절차 및 방법에 관하여 아래와 같이 규정하고 있다.

---

① 구청장은 심의대상구역의 사업시행자가 사업시행계획인가 또는 관리처분계획인가를 신청하는 경우에는 시기조정자료와 검토의견을 작성하여 시장에게 심의를 신청하여야 한다.

② 시장은 심의대상구역의 사업시행계획인가 또는 관리처분계획인가 시기에 대하여 주거정책심의회의 심의를 거쳐 조정 여부 및 조정기간 등을 결정한다.

③ 시장은 제2항에 따른 결정사항을 심의신청일로부터 60일 이내 구청장에게 서면으로 통보하며, 구청장은 특별한 사유가 없으면 결정사항에 따라야 한다.

④ 구청장은 제2항에 따라 결정된 조정기간이 경과되면 인가를 할 수 있다.

⑤ 조정대상구역의 사업시행자는 사업시행계획인가 조정기간 중이라도 공공지원자와 협의하여 시공자를 선정할 수 있다.

제76조(관리처분계획의 수립기준)

① 제74조제1항에 따른 관리처분계획의 내용은 다음 각 호의 기준에 따른다.

1. 종전의 토지 또는 건축물의 면적·이용 상황·환경, 그 밖의 사항을 종합적으로 고려하여 대지 또는 건축물이 균형 있게 분양신청자에게 배분되고 합리적으로 이용되도록 한다.

2. 지나치게 좁거나 넓은 토지 또는 건축물은 넓히거나 좁혀 대지 또는 건축물이 적정 규모가 되도록 한다.

3. 너무 좁은 토지 또는 건축물이나 정비구역 지정 후 분할된 토지를 취득한 자에게는 현금으로 청산할 수 있다.

4. 재해 또는 위생상의 위해를 방지하기 위하여 토지의 규모를 조정할 특별한 필요가 있는 때에는 너무 좁은 토지를 넓혀 토지를 갈음하여 보상을 하거나 건축물의 일부와 그 건축물이 있는 대지의 공유지분을 교부할 수 있다.

5. 분양설계에 관한 계획은 제72조에 따른 분양신청기간이 만료하는 날을 기준으로 하여 수립한다.

6. 1세대 또는 1명이 하나 이상의 주택 또는 토지를 소유한 경우 1주택을 공급하고, 같은 세대에 속하지 아니하는 2명 이상이 1주택 또는 1토지를 공유한 경우에는 1주택만 공급한다.

7. 제6호에도 불구하고 다음 각 목의 경우에는 각 목의 방법에 따라 주택을 공급할 수 있다.

　　가. 2명 이상이 1토지를 공유한 경우로서 시·도조례로 주택공급을 따로 정하고 있는 경우에는 시·도조례로 정하는 바에 따라 주택을 공급할 수 있다.

　　나. 다음 어느 하나에 해당하는 토지등소유자에게는 소유한 주택 수만큼 공급할 수 있다.

　　　　1) 과밀억제권역에 위치하지 아니한 재건축사업의 토지등소유자. 다만, 투기과열지구 또는 「주택법」 제63조의2제1항제1호에 따라 지정된 조정대상지역에서 사업시행계획인가(최초 사업시행계획인가를 말한다)를 신청하는 재건축사업의 토지등소유자는 제외한다.

　　　　2) 근로자(공무원인 근로자를 포함한다) 숙소, 기숙사 용도로 주택을 소유하고 있는 토지등소유자

　　　　3) 국가, 지방자치단체 및 토지주택공사등

　　다. 제74조제1항제5호에 따른 가격의 범위 또는 종전 주택의 주거전용면적의

범위에서 2주택을 공급할 수 있고, 이 중 1주택은 주거전용면적을 60제곱미터 이하로 한다. 다만, 60제곱미터 이하로 공급받은 1주택은 제86조제2항에 따른 이전고시일 다음 날부터 3년이 지나기 전에는 주택을 전매(매매·증여나 그 밖에 권리의 변동을 수반하는 모든 행위를 포함하되 상속의 경우는 제외한다)하거나 전매를 알선할 수 없다.

　라. 과밀억제권역에 위치한 재건축사업의 경우에는 토지등소유자가 소유한 주택수의 범위에서 3주택까지 공급할 수 있다. 다만, 투기과열지구 또는 「주택법」 제63조의2제1항제1호에 따라 지정된 조정대상지역에서 사업시행계획인가(최초 사업시행계획인가를 말한다)를 신청하는 재건축사업의 경우에는 그러하지 아니하다.

② 제1항에 따른 관리처분계획의 수립기준 등에 필요한 사항은 대통령령으로 정한다.

Ⅰ. 서설

본조는 관리처분계획의 수립기준을 정하고 있는데, 편의상 정비사업에 공통으로 적용되는 일반기준과 재개발사업의 기준, 재건축사업의 기준으로 구분하여 살펴보기로 한다.

Ⅱ. 관리처분계획의 수립기준

1. 일반기준

법 제74조 제1항에 따른 관리처분계획의 내용은 다음의 기준에 따른다(법 제76조 제1항).

① 종전의 토지 또는 건축물의 면적·이용상황·환경 그 밖의 사항을 종합적으로 고려하여 대지 또는 건축물이 균형있게 분양신청자에게 배분되고 합리적으로 이용되도록 한다.

② 지나치게 좁거나 넓은 토지 또는 건축물에 대하여 필요한 경우에는 이를

증가하거나 감소시켜 대지 또는 건축물이 적정 규모가 되도록 한다.

③ 너무 좁은 토지 또는 건축물이나 정비구역 지정 후 분할된 토지를 취득한 자에 대하여는 현금으로 청산할 수 있다.

④ 재해 또는 위생상의 위해를 방지하기 위하여 토지의 규모를 조정할 특별한 필요가 있는 때에는 너무 좁은 토지를 넓혀 토지를 갈음하여 보상을 하거나 건축물의 일부와 그 건축물이 있는 대지의 공유지분을 교부할 수 있다.

⑤ 분양설계에 관한 계획은 법 제72조의 규정에 의한 <u>분양신청기간이 만료되는 날</u>을 기준으로 하여 수립한다.

위 ⑤와 관련하여, 대법원은 "분양대상 조합원에 해당하는지 여부 판정의 기준일을 분양신청기간 만료일이 아니라 관리처분계획이 수립되는 날로 늦추는 변경을 할 경우 재개발사업의 진행에 현저한 지장을 초래하고 재개발조합원들의 권리관계에도 큰 혼란을 초래할 우려가 있는 점 등 사정을 감안하면, 위와 같은 내용의 2.의 결의는 관련 법령의 취지에 배치될 뿐만 아니라 공익에 현저히 반하는 것으로서 그 효력이 없다"고 판시하였다.[1]

다만, ㉮ 1필지의 토지가 여러 개의 필지로 분할되는 경우, ㉯ 단독주택 또는 다가구주택이 다세대주택으로의 전환되는 경우, ㉰ 하나의 대지 범위에 속하는 동일인 소유의 토지와 주택 등 건축물을 토지와 주택 등 건축물로 각각 분리하여 소유하는 경우, ㉱ 나대지에 새로운 건축물을 새로 건축하거나 기존 건축물을 철거하고 다세대주택, 그 밖의 공동주택을 건축하여 토지등소유자의 수가 증가하는 경우에는 "정비구역지정 고시가 있은 날 또는 시·도지사가 투기억제를 위하여 기본계획 수립 후 정비구역 지정 고시 전에 따로 정하는 날의 다음날"을 기준으로 건축물의 분양받을 권리를 산정한다(법 제77조).

⑥ 1세대 또는 1명이 하나 이상의 주택 또는 토지를 소유한 경우 1주택을 공급하고, 같은 세대에 속하지 아니하는 2명 이상이 1주택 또는 1토지를 공유한 경우에는 1주택만 공급한다.

---

1) 대법원 2002. 1. 22. 선고 2000두604 판결.

다만, 아래에 해당하는 경우에는 그러하지 아니하다.

㉮ 2명 이상이 1토지를 공유한 경우로서 시·도 조례로 주택공급에 관하여 따로 정하고 있는 경우에는 시·도 조례로 정하는 바에 따라 주택을 공급할 수 있다.

㉯ 다음 어느 하나에 해당하는 토지등소유자에 대하여는 소유한 주택 수만큼 공급할 수 있다.

(i) 과밀억제권역에 위치하지 아니하는 주택재건축사업의 토지등소유자. 다만, 투기과열지구 또는 주택법 제63조의2 제1항 제1호에 따라 지정된 조정대상지역에서 사업시행인가(최초 사업시행계획인가를 말한다)를 신청하는 재건축사업의 토지등소유자는 제외한다.

(ii) 근로자(공무원인 근로자를 포함한다)숙소, 기숙사 용도로 주택을 소유하고 있는 토지등소유자

(iii) 국가, 지방자치단체 및 토지주택공사등

㉰ 토지등소유자의 종전자산가격의 범위 또는 종전 주택의 주거전용면적의 범위에서 2주택을 공급할 수 있고, 이 중 1주택은 주거전용면적을 60제곱미터 이하로 한다. 다만, 60제곱미터 이하로 공급받은 1주택은 법 제86조 제2항에 따른 이전고시일 다음 날부터 3년이 지나기 전에는 주택을 전매(매매·증여나 그 밖에 권리의 변동을 수반하는 모든 행위를 포함하되 상속의 경우는 제외)하거나 전매를 알선할 수 없다(법 제76조 제1항 제7호 제다목).

㉱ 과밀억제권역2)에 위치한 재건축사업의 경우에는 토지등소유자가 소유한

---

2) 수도권정비계획법 시행령 [별표 1]

1. 서울특별시
2. 인천광역시[강화군, 옹진군, 서구 대곡동·불로동·마전동·금곡동·오류동·왕길동·당하동·원당동, 인천경제자유구역(경제자유구역에서 해제된 지역을 포함한다) 및 남동 국가산업단지는 제외한다]
3. 의정부시, 4. 구리시, 5. 남양주시(호평동, 평내동, 금곡동, 일패동, 이패동, 삼패동, 가운동, 수석동, 지금동 및 도농동만 해당한다), 6. 하남시, 7. 고양시, 8. 수원시, 9. 성남시, 10. 안양시, 11. 부천시, 12. 광명시, 13. 과천시, 14. 의왕시, 15. 군포시, 16. 시흥시[반월특수지역(반월특수지역에서 해제된 지역을 포함한다)은 제외한다]

주택수의 범위에서 3주택까지 공급할 수 있다. 다만, 투기과열지구 또는 「주택법」 제63조의2 제1항 제1호에 따라 지정된 조정대상지역에서 사업시행계획인가(최초 사업시행계획인가를 말한다)를 신청하는 재건축사업의 경우에는 그러하지 아니하다(법 제76조 제1항 제7호 제라목).

2. 재개발사업의 기준

재개발사업(및 관리처분계획 방식의 주거환경개선사업)의 경우 관리처분은 다음의 기준에 따른다(시행령 제63조 제1항).

① 시·도 조례로 분양주택의 규모를 제한하는 경우에는 그 규모 이하로 주택을 공급할 것

② 1개의 건축물의 대지는 1필지의 토지가 되도록 정할 것. 다만, 주택단지의 경우에는 그러하지 아니하다.

③ 정비구역의 토지등소유자(지상권자는 제외한다. 이하 이 항에서 같다)에게 분양할 것. 다만, 공동주택을 분양하는 경우 시·도 조례로 정하는 금액·규모·취득 시기 또는 유형에 대한 기준에 부합하지 아니하는 토지등소유자는 시·도 조례로 정하는 바에 따라 분양대상에서 제외할 수 있다.

④ 1필지의 대지 및 그 대지에 건축된 건축물(법 제79조제4항 전단에 따라 보류지로 정하거나 조합원 외의 자에게 분양하는 부분은 제외한다)을 2인 이상에게 분양하는 때에는 기존의 토지 및 건축물의 가격(제93조에 따라 사업시행 방식이 전환된 경우에는 환지예정지의 권리가액을 말한다. 이하 제7호에서 같다)과 제59조제4항 및 제62조제3호에 따라 토지등소유자가 부담하는 비용(재개발사업의 경우에만 해당한다)의 비율에 따라 분양할 것

⑤ 분양대상자가 공동으로 취득하게 되는 건축물의 공용부분은 각 권리자의 공유로 하되, 해당 공용부분에 대한 각 권리자의 지분비율은 그가 취득하게 되는 부분의 위치 및 바닥면적 등의 사항을 고려하여 정할 것

⑥ 1필지의 대지 위에 2인 이상에게 분양될 건축물이 설치된 경우에는 건축물의 분양면적의 비율에 따라 그 대지소유권이 주어지도록 할 것(주택과 그 밖의 용도의 건축물이 함께 설치된 경우에는 건축물의 용도 및 규모 등을 고려하여 대지지분이 합리적으로 배분될 수 있도록 한다). 이 경우 토지의 소유관

계는 공유로 한다.

⑦ 주택 및 부대시설·복리시설의 공급순위는 기존의 토지 또는 건축물의 가격을 고려하여 정할 것. 이 경우 그 구체적인 기준은 시·도조례로 정할 수 있다.

3. 재건축사업의 기준

재건축사업의 경우 관리처분은 다음의 기준에 따른다. 다만, 조합이 조합원 전원의 동의를 받아 그 기준을 따로 정하는 경우에는 그에 따른다(시행령 제63조 제2항).

① 위 제1항의 제⑤ 및 제⑥을 적용할 것

② 부대시설·복리시설(부속토지를 포함한다. 이하 이 호에서 같다)의 소유자에게는 부대시설·복리시설을 공급할 것. 다만, 다음 각 목의 어느 하나에 해당하는 경우에는 1주택을 공급할 수 있다.

㉮ 새로운 부대시설·복리시설을 건설하지 아니하는 경우로서 기존 부대시설·복리시설의 가액이 분양주택 중 최소분양단위규모의 추산액에 정관 등으로 정하는 비율(정관등으로 정하지 아니하는 경우에는 1로 한다. 이하 나목에서 같다)을 곱한 가액보다 클 것

㉯ 기존 부대시설·복리시설의 가액에서 새로 공급받는 부대시설·복리시설의 추산액을 뺀 금액이 분양주택 중 최소분양단위규모의 추산액에 정관 등으로 정하는 비율을 곱한 가액보다 클 것

㉰ 새로 건설한 부대시설·복리시설 중 최소분양단위규모의 추산액이 분양주택 중 최소 분양단위규모의 추산액보다 클 것

제77조(주택 등 건축물을 분양받을 권리의 산정 기준일)
① 정비사업을 통하여 분양받을 건축물이 다음 각 호의 어느 하나에 해당하는 경우에는 제16조제2항 전단에 따른 고시가 있은 날 또는 시·도지사가 투기를 억제하기 위하여 기본계획 수립 후 정비구역 지정·고시 전에 따로 정하는 날(이하 이 조에서 "기준일"이라 한다)의 다음 날을 기준으로 건축물을 분양받을 권리를 산정한다.
　　1. 1필지의 토지가 여러 개의 필지로 분할되는 경우
　　2. 단독주택 또는 다가구주택이 다세대주택으로 전환되는 경우
　　3. 하나의 대지 범위에 속하는 동일인 소유의 토지와 주택 등 건축물을 토지와 주택 등 건축물로 각각 분리하여 소유하는 경우
　　4. 나대지에 건축물을 새로 건축하거나 기존 건축물을 철거하고 다세대주택, 그 밖의 공동주택을 건축하여 토지등소유자의 수가 증가하는 경우
② 시·도지사는 제1항에 따라 기준일을 따로 정하는 경우에는 기준일·지정사유·건축물을 분양받을 권리의 산정 기준 등을 해당 지방자치단체의 공보에 고시하여야 한다.

Ⅰ. 본조의 이해

정비구역이 지정·고시되면 토지등소유자의 일정한 행위제한을 할 수 있는데(법 제19조), 정비사업 실무에선 정비구역이 지정되기 전에 토지등소유자의 소위 지분쪼개기를 하는 경우가 문제되었다. 이러한 투기행위의 발생을 방지하기 위하여 정비구역의 지정에 관한 고시가 있은 날 외에 시·도지사가 투기를 억제하기 위하여 기본계획 수립 후 정비구역 지정·고시 전에 따로 정하는 날(기준일)의 다음 날을 기준으로 건축물을 분양받을 권리를 산정할 수 있도록 한 규정이다.

Ⅱ. 건축물을 분양받을 권리의 산정 기준일

1. 관련 내용

정비사업을 통하여 분양받을 건축물이 다음의 사항에 해당하는 경우에는 법

제16조 제2항 전단에 따른 정비구역 지정·고시가 있은 날 또는 시·도지사가 투기를 억제하기 위하여 기본계획 수립 후 정비구역 지정·고시 전에 따로 정하는 날(기준일)의 다음 날을 기준으로 건축물을 분양받을 권리를 산정한다(법 제77조 제1항).

---

1. 1필지의 토지가 여러 개의 필지로 분할되는 경우
2. 단독주택 또는 다가구주택이 다세대주택으로 전환되는 경우
3. 하나의 대지 범위에 속하는 동일인 소유의 토지와 주택 등 건축물을 토지와 주택 등 건축물로 각각 분리하여 소유하는 경우
4. 나대지에 건축물을 새로 건축하거나 기존 건축물을 철거하고 다세대주택, 그 밖의 공동주택을 건축하여 토지등소유자의 수가 증가하는 경우

시·도지사는 기준일을 따로 정하는 경우에는 기준일·지정사유·건축물을 분양받을 권리의 산정 기준 등을 해당 지방자치단체의 공보에 고시하여야 한다(법 제77조 제2항).

2. 법률 효과

이러한 권리의 산정 기준일 이후에는 토지의 분할 등이 있을 경우에도 건축물을 분양받을 권리는 기준일에 따라 1개의 분양받을 권리만 인정된다고 할 것이다.

제78조(관리처분계획의 공람 및 인가절차 등)

① 사업시행자는 제74조에 따른 관리처분계획인가를 신청하기 전에 관계 서류의 사본을 30일 이상 토지등소유자에게 공람하게 하고 의견을 들어야 한다. 다만, 제74조제1항 각 호 외의 부분 단서에 따라 대통령령으로 정하는 경미한 사항을 변경하려는 경우에는 토지등소유자의 공람 및 의견청취 절차를 거치지 아니할 수 있다.

② 시장·군수등은 사업시행자의 관리처분계획인가의 신청이 있는 날부터 30일 이내에 인가 여부를 결정하여 사업시행자에게 통보하여야 한다. 다만, 시장·군수등은 제3항에 따라 관리처분계획의 타당성 검증을 요청하는 경우에는 관리처분계획인가의 신청을 받은 날부터 60일 이내에 인가 여부를 결정하여 사업시행자에게 통지하여야 한다.

③ 시장·군수등은 다음 각 호의 어느 하나에 해당하는 경우에는 대통령령으로 정하는 공공기관에 관리처분계획의 타당성 검증을 요청하여야 한다. 이 경우 시장·군수등은 타당성 검증 비용을 사업시행자에게 부담하게 할 수 있다.

1. 제74조제1항제6호에 따른 정비사업비가 제52조제1항제12호에 따른 정비사업비 기준으로 100분의 10 이상으로서 대통령령으로 정하는 비율 이상 늘어나는 경우

2. 제74조제1항제6호에 따른 조합원 분담규모가 제72조제1항제2호에 따른 분양대상자별 분담금의 추산액 총액 기준으로 100분의 20 이상으로서 대통령령으로 정하는 비율 이상 늘어나는 경우

3. 조합원 5분의 1 이상이 관리처분계획인가 신청이 있는 날부터 15일 이내에 시장·군수등에게 타당성 검증을 요청한 경우

4. 그 밖에 시장·군수등이 필요하다고 인정하는 경우

④ 시장·군수등이 제2항에 따라 관리처분계획을 인가하는 때에는 그 내용을 해당 지방자치단체의 공보에 고시하여야 한다.

⑤ 사업시행자는 제1항에 따라 공람을 실시하려거나 제4항에 따른 시장·군수등의 고시가 있는 때에는 대통령령으로 정하는 방법과 절차에 따라 토지등소유자에게는 공람계획을 통지하고, 분양신청을 한 자에게는 관리처분계획인가의 내용 등을 통지하여야 한다.

⑥ 제1항, 제4항 및 제5항은 시장·군수등이 직접 관리처분계획을 수립하는 경우에 준용한다.

Ⅰ. 본조의 이해

사업시행자는 관리처분계획을 수립한 후 여러 절차를 거쳐 관리처분계획의 인가를 받게 되는데, 이러한 관리처분계획의 인가·고시 절차를 살펴보면, ① 사업시행자의 관리처분계획 수립 → ② 총회의 의결 → ③ 사업시행자의 공람 및 의견청취 → ④ 사업시행자의 인가 신청 → ⑤ 시장·군수등의 인가 → ⑥ 시장·군수등의 사업시행자에 대한 통보 → ⑦ 시장·군수등의 인가 고시 → ⑧ 사업시행자의 분양신청자에 대한 통지의 절차를 거치게 된다. 본조는 이러한 절차를 규정하고 있다.

Ⅱ. 관리처분계획의 인가절차

1. 총회의 의결

관리처분계획의 수립은 총회의 의결사항이므로 관리처분계획인가를 신청하기 전에는 총회의 결의를 반드시 거쳐야 한다(법 제45조 제1항 제10호).

2. 공람 및 의견청취

사업시행자는 관리처분계획인가를 신청하기 전에 관계 서류의 사본을 30일 이상 토지등소유자에게 공람하게 하고 의견을 들어야 한다.[1] 다만, 법 제74조 제1

---

1) 서울행정법원 1998. 6. 26. 선고 98구4091 판결(구 도시재개발법 사례에서 관리처분계획인가를 하기 위한 절차로서의 관계서류의 공람과 이해관계인의 의견제출은, 행정청이 관리처분계획인가라고 하는 종국적인 처분을 하기 위한 선행적 절차로서 단순히 이해관계인으로 하여금 관계서류를 열람시켜 의견을 제출할 수 있는 기회를 제공함으로써 행정청 자신이 위 관리처분계획인가에 관한 의사결정을 함에 있어서 참작하려는 것에 지나지 않고, 그로 인하여 재개발구역 안의 토지 등의 소유자 등 이해관계인에게 어떠한 구체적인 공법상의 권리의무관계나 법률상의 이익에 직접적인 변동을 생기게 하는 것은 아니라고 할 것이므로, 공람기간 내에 제출된 의견을 채택하지 않았음을 통지한 의견서처리통지는 독립하여 행정소송의 대상이 되는

항 각 호 외의 부분 단서에 따라 대통령령으로 정하는 경미한 사항을 변경하려는 경우에는 토지등소유자의 공람 및 의견청취 절차를 거치지 아니할 수 있다(법 제78조 제1항).

또한 사업시행자는 공람을 실시하려는 때에는 대통령령으로 정하는 방법과 절차에 따라 토지등소유자에게 공람계획을 통지하여야 하는데(법 제78조 제5항), 공람기간·장소 등 공람계획에 관한 사항과 개략적인 공람사항을 미리 토지등소유자에게 통지하여야 한다(시행령 제65조 제1항).

3. 인가신청

사업시행자는 공람 및 의견청취 절차를 거쳐 시장·군수등에게 관리처분계획의 인가를 신청한다(법 제78조 제1항).

한편, 대법원은 행정청의 인가의 심사권한과 관련하여, "① 관리처분계획에 대한 인가 여부를 결정할 때에는 관리처분계획인가 신청서와 첨부서류를 기준으로 관리처분계획에 도시정비법령에 규정된 사항이 포함되어 있는지, 계획의 내용이 도시정비법의 기준에 부합하는지 등을 심사·확인하여 인가 여부를 결정하면 되고, 그 과정에서 행정청은 구 도시정비법 제75조 제2항(현 제111조), 제77조(현 제113조) 제1항에서 정한 조치를 통하여 관리처분계획을 실질적으로 심사할 권한이 있으나, ② 더 나아가 행정청이 정비계획수립 과정에서 미리 조사하거나 재개발조합으로부터 이미 제출받아 보유하고 있는 토지등소유자의 명단과 관리처분계획상 분양대상자, 현금청산대상자 명단을 하나하나 대조하여 현금청산대상자 중 누락된 사람이 있는지를 확인할 의무까지 부담한다고 볼 수 없으며, ③ 설령 현금청산대상자를 누락하는 등의 하자가 있는 관리처분계획을 그대로 인가하였다고 하더라도 그 하자의 존재를 관리처분계획인가 신청서와 첨부서류에 대한 심사만으로 발견할 수 없는 경우라면 누락된 현금청산대상자에 대하여 불법행위로 인한 손해배상책임을 진다고 볼 수 없다"고 판시한 바 있다.[2)]

행정처분이라고 할 수 없다고 한 사례).

4. 관리처분계획의 타당성 검증

아래와 같은 사유가 있을 경우 시장·군수등은 대통령령으로 정하는 공공기관3)에 관리처분계획의 타당성 검증을 요청하여야 한다(법 제78조 제3항). 즉, 임의절차가 아닌 필수절차이므로 이러한 절차를 거치지 않고 인가를 할 경우 위법한 인가가 된다.4) 이 경우 시장·군수등은 타당성 검증 비용을 사업시행자에게 부담하게 할 수 있다.

---

1. 법 제74조 제1항 제6호에 따른 정비사업비가 법 제52조 제1항 제12호에 따른 정비사업비 기준으로 100분의 10 이상으로서 대통령령으로 정하는 비율(100분의 10 – 시행령 제64조 제2항) 이상 늘어나는 경우
2. 법 제74조 제1항 제6호에 따른 조합원 분담규모가 법 제72조 제1항 제2호에 따른 분양대상자별 분담금의 추산액 총액 기준으로 100분의 20 이상으로서 대통령령으로 정하는 비율(100분의 20 – 시행령 제64조 제3항) 이상 늘어나는 경우
3. 조합원 5분의 1 이상이 관리처분계획인가 신청이 있은 날부터 15일 이내에 시장·군수등에게 타당성 검증을 요청한 경우
4. 그 밖에 시장·군수등이 필요하다고 인정하는 경우

---

5. 사업시행자에 대한 통보

시장·군수등은 사업시행자의 관리처분계획인가의 신청이 있은 날부터 30일 이내에 인가 여부를 결정하여 사업시행자에게 통보하여야 한다. 다만, 법 제78조 제3항에 따라 관리처분계획의 타당성 검증을 요청하는 경우에는 관리처분계획인가의 신청을 받은 날부터 60일 이내에 인가 여부를 결정하여 사업시행자에게 통지하여야 한다(법 제78조 제2항).

---

2) 대법원 2014. 3. 13. 선고 2013다27220 판결.
3) 시행령 제64조 제1항 1. 토지주택공사등, 2. 한국감정원.
4) 관리처분계획의 타당성 검증 절차는 임의절차였다가 2017. 8. 9. 법률 제14857호 일부개정시 필수절차로 되었었는데, 위 개정규정은 일부개정법률의 시행일인 2018. 2. 9. 이후 최초로 관리처분계획인가를 신청하는 경우부터 적용된다(부칙 제3조).

Ⅲ. 관리처분계획인가의 고시

1. 인가 고시

시장·군수등은 법 제78조 제2항에 따라 관리처분계획을 인가하는 때에는 그 내용을 해당 지방자치단체의 공보에 고시하여야 한다(법 제78조 제4항). 시장·군수 등이 관리처분계획의 인가내용을 고시하는 경우에는 아래 사항을 포함하여야 한다(시행규칙 제13조).

---

1. 정비사업의 종류 및 명칭
2. 정비구역의 위치 및 면적
3. 사업시행자의 성명 및 주소
4. 관리처분계획인가일
5. 다음 각 목의 사항을 포함한 관리처분계획인가의 요지
   가. 대지 및 건축물의 규모 등 건축계획
   나. 분양 또는 보류지의 규모 등 분양계획
   다. 신설 또는 폐지하는 정비기반시설의 명세
   라. 기존 건축물의 철거 예정시기 등

이와 같이 시장·군수등이 인가된 관리처분계획을 고시하면 관리처분계획은 그 효력이 발생하게 된다.

2. 분양신청자에 대한 통지

사업시행자는 시장·군수등의 고시가 있은 때에는 대통령령으로 정하는 방법과 절차에 따라 분양신청을 한 자에게 관리처분계획인가의 내용 등을 통지하여야 한다(법 제78조 제5항).

사업시행자가 통지할 사항은 아래와 같고, 관리처분계획 변경의 고시가 있는 때에는 변경내용을 통지하여야 한다(시행령 제65조 제2항).

1. 정비사업의 종류 및 명칭
2. 정비사업 시행구역의 면적
3. 사업시행자의 성명 및 주소
4. 관리처분계획의 인가일
5. 분양대상자별 기존의 토지 또는 건축물의 명세 및 가격과 분양예정인 대지 또는 건축물의 명세 및 추산가액

Ⅳ. 관리처분계획인가의 효력

관리처분계획인가의 효력은 권리의 변환, 종전 토지 등의 사용·수익 금지, 철거의 개시 및 착공, 일반 분양 개시 등이 있는데, 이 부분은 법 제74조 해당 부분에서 설명한 바 있다.

제79조(관리처분계획에 따른 처분 등)

① 정비사업의 시행으로 조성된 대지 및 건축물은 관리처분계획에 따라 처분 또는 관리하여야 한다.

② 사업시행자는 정비사업의 시행으로 건설된 건축물을 제74조에 따라 인가받은 관리처분계획에 따라 토지등소유자에게 공급하여야 한다.

③ 사업시행자(제23조제1항제2호에 따라 대지를 공급받아 주택을 건설하는 자를 포함한다. 이하 이 항, 제6항 및 제7항에서 같다)는 정비구역에 주택을 건설하는 경우에는 입주자 모집 조건·방법·절차, 입주금(계약금·중도금 및 잔금을 말한다)의 납부 방법·시기·절차, 주택공급 방법·절차 등에 관하여 「주택법」 제54조에도 불구하고 대통령령으로 정하는 범위에서 시장·군수등의 승인을 받아 따로 정할 수 있다.

④ 사업시행자는 제72조에 따른 분양신청을 받은 후 잔여분이 있는 경우에는 정관등 또는 사업시행계획으로 정하는 목적을 위하여 그 잔여분을 보류지(건축물을 포함한다)로 정하거나 조합원 또는 토지등소유자 이외의 자에게 분양할 수 있다. 이 경우 분양공고와 분양신청절차 등에 필요한 사항은 대통령령으로 정한다.

⑤ 국토교통부장관, 시·도지사, 시장, 군수, 구청장 또는 토지주택공사등은 조합이 요청하는 경우 재개발사업의 시행으로 건설된 임대주택을 인수하여야 한다. 이 경우 재개발임대주택의 인수 절차 및 방법, 인수 가격 등에 필요한 사항은 대통령령으로 정한다.

⑥ 사업시행자는 정비사업의 시행으로 임대주택을 건설하는 경우에는 임차인의 자격·선정방법·임대보증금·임대료 등 임대조건에 관한 기준 및 무주택 세대주에게 우선 매각하도록 하는 기준 등에 관하여 「민간임대주택에 관한 특별법」 제42조 및 제44조, 「공공주택 특별법」 제48조, 제49조 및 제50조의3에도 불구하고 대통령령으로 정하는 범위에서 시장·군수등의 승인을 받아 따로 정할 수 있다. 다만, 재개발임대주택으로서 최초의 임차인 선정이 아닌 경우에는 대통령령으로 정하는 범위에서 인수자가 따로 정한다.

⑦ 사업시행자는 제2항부터 제6항까지의 규정에 따른 공급대상자에게 주택을 공급하고 남은 주택을 제2항부터 제6항까지의 규정에 따른 공급대상자 외의 자에게 공급할 수 있다.

⑧ 제7항에 따른 주택의 공급 방법·절차 등은 「주택법」 제54조를 준용한다. 다만, 사업시행자가 제64조에 따른 매도청구소송을 통하여 법원의 승소판결을 받은 후 입주예정자에게 피해가 없도록 손실보상금을 공탁하고 분양예정인 건축물을 담보한 경우에

는 법원의 승소판결이 확정되기 전이라도 「주택법」 제54조에도 불구하고 입주자를 모집할 수 있으나, 제83조에 따른 준공인가 신청 전까지 해당 주택건설 대지의 소유권을 확보하여야 한다.

Ⅰ. 본조의 이해

본조는 정비사업의 시행으로 조성된 대지 및 건축물의 관리처분계획에 의한 처분 기준, 토지등소유자(조합원)에 대한 공급(법 제79조 제2항) 및 일반 분양(법 제79조 제4항), 재개발 임대주택의 공급(법 제79조 제5항, 제6항) 등에 관하여 규정하고 있다.

Ⅱ. 토지등소유자(조합원)에 대한 공급

1. 관리처분계획에 따른 공급

정비사업의 시행으로 조성된 대지 및 건축물은 관리처분계획에 따라 처분 또는 관리하여야 하고(법 제79조 제1항), 사업시행자는 정비사업의 시행으로 건설된 건축물을 법 제74조에 따라 인가받은 관리처분계획에 따라 토지등소유자에게 공급하여야 한다(법 제79조 제2항).

2. 토지등소유자의 의미

본조에 따라 건축물을 공급받을 수 있는 토지등소유자는 조합원임을 전제로 한다. 왜냐하면 재건축사업의 조합설립에 동의하지 아니한 자는 조합원 자격이 없고, 분양신청을 하지 아니하여 현금청산대상자가 된 자 등은 토지등소유자에 해당하나 조합원 지위를 상실한 자이므로, 토지등소유자와 조합원의 개념은 구별되는 점, 관리처분계획에 따른 건축물의 공급은 현금청산대상자와 구분하여 조합원에 대한 공급을 전제로 규정하고 있기 때문이다(법 제73조, 재74조, 시행령 제62조 제1호).

3. 주거환경개선사업(관리처분계획의 외 시행방법)의 공급

주거환경개선사업 중 관리처분계획을 수립하지 아니한 시행방법의 정비사업(법 제23조 제1항 제1호부터 제3호)은 관리처분계획에 따른 공급규정인 법 제79조 제1항 및 제2항을 적용할 수 없으므로 법 제79조 제3항은 이에 관한 별도의 공급 규정을 두고 있다.

즉, 주거환경개선사업의 사업시행자가 정비구역 안에 주택을 건설하는 경우에는 입주자 모집 조건·방법·절차, 입주금(계약금·중도금 및 잔금을 말한다)의 납부방법·시기·절차, 주택공급 방법·절차 등에 관하여는 주택법 제54조에도 불구하고 대통령령이 정하는 범위 안에서 시장·군수등의 승인을 받아 따로 정할 수 있다(법 제79조 제3항).

이에 따라 법 제23조 제1항 제1호부터 제3호까지의 방법으로 시행하는 주거환경개선사업의 사업시행자 및 같은 항 제2호에 따라 대지를 공급받아 주택을 건설하는 자가 법 제79조 제3항에 따라 정비구역에 주택을 건설하는 경우 주택의 공급에 관하여는 시행령[별표 2 주거환경개선사업의 주택공급조건][1])에 규정된

---

1) 1. 주택의 공급기준: 1세대 1주택을 기준으로 공급한다.
    2. 주택의 공급대상: 다음 각 목의 어느 하나에 해당하는 자에게 공급한다. 다만, 주거환경개선사업을 위한 정비구역에 「건축법」 제57조에 따른 대지분할제한면적 이하의 과소토지만을 소유하고 있는 자 등에 대한 주택공급기준은 시·도 조례로 따로 정할 수 있다.
      가. 제13조제1항에 따른 정비계획의 공람공고일 또는 시장·군수등이 해당 구역의 특성에 따라 필요하다고 인정하여 시·도지사의 승인을 받아 따로 정하는 날(이하 "기준일"이라 한다) 현재 해당 주거환경개선사업을 위한 정비구역 또는 다른 주거환경개선사업을 위한 정비구역에 주택이 건설될 토지 또는 철거예정인 건축물을 소유한 자
      나. 「국토의 계획 및 이용에 관한 법률」 제2조제11호에 따른 도시·군계획사업으로 주거지를 상실하여 이주 하게 되는 자로서 해당 시장·군수등이 인정하는 자
    3. 주택의 공급순위
      가. 1순위: 기준일 현재 해당 정비구역에 주택이 건설될 토지 또는 철거예정인 건축물을 소유하고 있는 자로서 해당 정비구역에 거주하고 있는 자
      나. 2순위: 기준일 현재 해당 정비구역에 주택이 건설될 토지 또는 철거예정인 건축물을 소

범위에서 시장·군수등의 승인을 받아 사업시행자가 따로 정할 수 있다(시행령 제66조).

4. 조합원 분양계약 관련 쟁점

가. 법적 성격과 쟁송방법

표준정관 제44조 제5항에 의하면, "조합원은 관리처분계획인가 후 ○일 이내에 분양계약체결을 하여야 하며 분양계약체결을 하지 않는 경우 제4항의 규정을 준용한다."라고 하여 분양계약을 체결을 강제하고, 분양계약을 체결하지 않은 조합원은 현금청산하도록 하고 있는바, 실무상 조합과 조합원 사이에 체결하는 분양계약의 법적 성격이 공법상계약인지, 사법상계약인지 논의된다. 이는 법적 성격에 따라 쟁송방법이 공법상 당사자소송인지, 민사소송인지 달라진다는 점에서 논의의 실익이 있다.[2]

대법원은 구 도시재개발법 사안에 관한 것이나, "재개발조합과 조합원이 도시재개발사업 시행과정에서 시공사에 대한 공사비 지급, 신축건물에 대한 조합원의 입주 및 분양대금 납부 등을 둘러싼 권리·의무관계를 원활하게 조정하고 이를 구체화하기 위하여 사법상 계약의 형태로 개별적인 약정을 체결하는 것은 그것이 재개발조합과 조합원의 자유로운 의사의 합치에 기하여 이루어진 것인 이상 총회 결의 절차를 반드시 거쳐야 한다고 볼 수 없으며, 공사비 등의 지급을 위한 조합원의 급부의무의 부담 및 그 내용이 구 도시재개발법을 포함한 전체 법질서에 비추어 허용될 수 있고 그 사법상 계약의 체결에 이르게 된 동기, 경위 및 목적 등에

유하고 있는 자(법인인 경우에는 사회복지를 목적으로 하는 법인만 해당한다)로서 해당 정비구역에 거주하고 있지 아니하는 자
  다. 3순위: 기준일 현재 다른 주거환경개선사업을 위한 정비구역에 토지 또는 건축물을 소유하고 있는 자로서 해당 정비구역에 거주하고 있는 자
  라. 4순위: 제2호나목에 해당하는 자
2) 이우재, 전게서(하), 327면은 분양계약은 관리처분을 전제로 하는 공법관계를 구체화하는 계약으로서 통상은 당사자들이 명백히 사법상계약을 체결할 의사였다고 볼 만한 사정이 없는 한 공법상 계약으로 봐야한다고 한다.

비추어 필요성과 상당성이 있다고 인정되는 때에는, 사법상 계약에서 조합원에게 정관이나 관리처분계획 등에서 예정하지 아니한 급부의무에 관하여 정하고 있다는 사정만으로 위 사법상 계약이 무효로 되는 것이 아니다"고 판시한 바 있다.3) 따라서 위 대법원의 태도에 의하면 조합과 조합원 사이에 분양계약은 사법상 계약이고, 다툼이 있을 경우 쟁송방법은 민사소송에 의하여야 한다.

나. 동·호수 추첨과 쟁송방법

실무상 신축 건축물은 동·호수 추첨을 통해 조합원들에 대한 배정이 확정되는데, 만약 이러한 추첨에 하자가 있을 경우 그 쟁송방법이 문제된다.

대법원은 "조합이 조합원들에게 '조합원 동·호수 추첨결과 통보 및 분양계약 체결 안내'라는 내용의 통지를 한 경우, 위 통지는 조합원들에 대하여 관리처분계획에서 정한 바에 따라 위 기한까지 분양계약에 응하여 분양대금을 납부해 줄 것을 안내하는 것에 불과하고, 조합원들에게 분양계약의 체결 또는 분양금의 납부를 명하거나 기타 법률상 효과를 새로이 발생하게 하는 등 조합원들의 구체적인 권리의무에 직접적 변동을 초래하는 행정처분에 해당한다고 볼 수 없고,4) 조합이 신축 아파트 배정에서 우선배정권이 있는 조합원을 배제하고 동·호수 추첨을 마친 후 남은 세대를 위 조합원에게 배정한 경우, 그 동·호수 추첨 절차는 중대한 하자가 있어 무효이고, 위 조합원은 그 무효확인을 구할 이익이 있다"고 판시한바,5) 조합원은 동·호수 추첨에 하자가 있을 경우, 동·호수 추첨 및 배정, 그에 따라 이루어진 분양계약의 무효확인을 다투는 민사소송의 쟁송방법에 의하여야 할 것이다.

한편 대법원은 "구 주택건설촉진법상 재건축주택조합의 총회에서 재건축사업에 반대한 조합원들에게 아파트 추첨권을 주지 않기로 하는 결의와 아파트 배정에 있어 위 조합원들을 제외한 나머지 조합원들에 대하여 공개추첨에 의하지 않고

---

3) 대법원 2008. 12. 24. 선고 2006다73096 판결, 대법원 2009. 12. 10. 선고 2006다25066 판결 등.
4) 대법원 2002. 12. 10. 선고 2001두6333 판결, 대법원 2002. 12. 27. 선고 2001두2799 판결.
5) 대법원 2008. 2. 15. 선고 2006다77272 판결[분양계약체결금지].

동, 층, 호수를 임의 선택하여 지정하도록 하는 총회결의는 강행법규인 구 주택건설
촉진법과 주택공급에 관한 규칙 및 조합 정관에 위배하여 무효"라고 본 바 있다.[6]

Ⅲ. 잔여분의 공급

1. 보류지 지정 등

사업시행자는 법 제72조에 따른 분양신청을 받은 후 잔여분이 있는 경우에는
정관등 또는 사업시행계획으로 정하는 목적을 위하여 그 잔여분을 보류지(건축물을
포함한다)로 정하거나 "조합원 또는 토지등소유자 이외의 자"(일반)에게 분양할 수
있다(법 제79조 제4항 제1문). 이 경우 분양공고와 분양신청절차 등에 필요한 사항은
대통령령으로 정하는데(법 제79조 제4항 제2문), 시행령 제67조는 법 제79조 제4항
에 따라 조합원 외의 자에게 분양하는 경우의 공고·신청절차·공급조건·방법 및
절차 등은 「주택법」 제54조를 준용한다.

여기서 보류지와 일반에게 분양하는 대지 또는 건축물을 「도시개발법」 제34
조에 따른 보류지 또는 체비지로 본다(법 제87조 제3항).

다만, 본조의 보류지는 통상 관리처분계획 수립시 분양대상에서 누락·착오
및 소송 등에 대비하기 위하여 남겨두는 것을 의미한다.[7]

---

6) 대법원 1999. 3. 9. 선고 98다60118 판결[조합원정기총회결의부존재확인].
7) 서울시 조례 제44조(보류지 등)
 ① 사업시행자는 제38조에 따라 주택 등을 공급하는 경우 분양대상자의 누락·착오 및 소송
  등에 대비하기 위하여 법 제79조제4항에 따른 보류지(건축물을 포함한다. 이하 같다)를
  다음 각 호의 기준에 따라 확보하여야 한다.
  1. 법 제74조 및 제79조에 따른 토지등소유자에게 분양하는 공동주택 총 건립세대수의 1
   퍼센트 범위의 공동주택과 상가 등 부대·복리시설의 일부를 보류지로 정할 수 있다.
  2. 사업시행자가 제1호에 따른 1퍼센트의 범위를 초과하여 보류지를 정하려면 구청장에게
   그 사유 및 증명 서류를 제출하여 인가를 받아야 한다.
 ② 제1항에 따른 보류지는 다음의 기준에 따라 처분하여야 한다.
  1. 분양대상의 누락·착오 및 소송 등에 따른 대상자 또는 제27조제2항제3호에 따른 적격

2. 일반분양

사업시행자는 법 제79조 제2항부터 제6항까지의 규정에 따른 공급대상자에게 주택을 공급하고 남은 주택을 제2항부터 제6항까지의 규정에 따른 공급대상자 외의 자(일반)에게 공급할 수 있다(법 제79조 제7항). 일반분양 주택의 공급 방법·절차 등은 「주택법」 제54조를 준용한다(법 제79조 제8항 본문).

한편 법 제79조 제8항 단서는 매도청구소송과 일반분양에 관한 특례를 규정하여 사업시행자가 법 제64조에 따른 매도청구소송을 통하여 법원의 승소판결을 받은 후 입주예정자에게 피해가 없도록 손실보상금을 공탁하고 분양예정인 건축물을 담보한 경우에는 법원의 승소판결이 확정되기 전이라도 「주택법」 제54조에도 불구하고 입주자를 모집할 수 있도록 하고 있다. 다만, 법 제83조에 따른 준공인가 신청 전까지 해당 주택건설 대지의 소유권을 확보하여야 한다.

Ⅳ. 임대주택의 공급

국토교통부장관, 시·도지사, 시장, 군수, 구청장 또는 토지주택공사등은 조합이 요청하는 경우 재개발사업의 시행으로 건설된 임대주택을 인수하여야 한다. 이 경우 재개발임대주택의 인수 절차 및 방법, 인수 가격 등에 필요한 사항은 대통령령으로 정한다(법 제79조 제5항).

조합이 재개발임대주택의 인수를 요청하는 경우 시·도지사 또는 시장, 군수, 구청장이 우선하여 인수하여야 하며, 시·도지사 또는 시장, 군수, 구청장이 예산·관리인력의 부족 등 부득이한 사정으로 인수하기 어려운 경우에는 국토교통부장관에게 토지주택공사등을 인수자로 지정할 것을 요청할 수 있고(시행령 제68조 제1

세입자에게 우선 처분한다.
2. 보류지의 분양가격은 법 제74조제1항제3호를 준용한다.
3. 제1호에 따라 보류지를 처분한 후 잔여분이 있는 경우에는 제40조에 따라 분양하여야 한다.

항), 인수 가격은 「공공주택 특별법 시행령」 제54조 제5항에 따라 정해진 분양전환가격의 산정기준 중 건축비에 부속토지의 가격을 합한 금액으로 하며, 부속토지의 가격은 사업시행계획인가 고시가 있는 날을 기준으로 감정평가업자 둘 이상이 평가한 금액을 산술평균한 금액으로 하며, 이 경우 건축비 및 부속토지의 가격에 가산할 항목은 인수자가 조합과 협의하여 정할 수 있다(시행령 제68조 제2항).

사업시행자는 정비사업의 시행으로 임대주택을 건설하는 경우에는 임차인의 자격·선정방법·임대보증금·임대료 등 임대조건에 관한 기준 및 무주택 세대주에게 우선 매각하도록 하는 기준 등에 관하여 「민간임대주택에 관한 특별법」 제42조 및 제44조, 「공공주택 특별법」 제48조, 제49조 및 제50조의3에도 불구하고 대통령령으로 정하는 범위에서 시장·군수등의 승인을 받아 따로 정할 수 있다. 다만, 재개발임대주택으로서 최초의 임차인 선정이 아닌 경우에는 대통령령으로 정하는 범위에서 인수자가 따로 정한다(법 제79조 제6항).

제80조(지분형주택 등의 공급)

① 사업시행자가 토지주택공사등인 경우에는 분양대상자와 사업시행자가 공동 소유하는 방식으로 주택(이하 "지분형주택"이라 한다)을 공급할 수 있다. 이 경우 공급되는 지분형주택의 규모, 공동 소유기간 및 분양대상자 등 필요한 사항은 대통령령으로 정한다.

② 국토교통부장관, 시·도지사, 시장, 군수, 구청장 또는 토지주택공사등은 정비구역에 세입자와 대통령령으로 정하는 면적 이하의 토지 또는 주택을 소유한 자의 요청이 있는 경우에는 제79조제5항에 따라 인수한 임대주택의 일부를 「주택법」에 따른 토지임대부 분양주택으로 전환하여 공급하여야 한다.

I. 본조의 이해

본조는 지분형주택과 토지임대부 분양주택의 공급에 관한 사항을 규정하고 있는데, 이러한 제도는 정비구역의 저소득 원주민들의 주택에 대한 분양비용을 줄여줌으로써 주거안정을 도모하기 위한 제도라고 할 수 있다.

II. 지분형주택의 공급

지분형주택은 주택을 사업시행자와 분양대상자가 공동으로 소유하는 방식의 주택분양 형태를 말하는데, 사업시행자가 토지주택공사등인 경우에 인정된다. 이 경우 공급되는 지분형주택의 규모, 공동 소유기간, 분양대상자 등 지분형주택의 공급에 필요한 사항은 대통령령으로 정하도록 하고 있다(법 제80조 제1항).

지분형주택의 규모, 공동 소유기간 및 분양대상자에 대하여 다음과 같이 규정하고 있다(시행령 제70조 제1항).

> 1. 지분형주택의 규모는 주거전용면적 60제곱미터 이하인 주택으로 한정한다.
> 2. 지분형주택의 공동 소유기간은 법 제86조제2항에 따라 소유권을 취득한 날부터 10년의 범위에서 사업시행자가 정하는 기간으로 한다.
> 3. 지분형주택의 분양대상자는 다음 각 목의 요건을 모두 충족하는 자로 한다.
>   가. 법 제74조제1항제5호에 따라 산정한 종전에 소유하였던 토지 또는 건축물의 가격이 제1호에 따른 주택의 분양가격 이하에 해당하는 사람
>   나. 세대주로서 제13조제1항에 따른 정비계획의 공람공고일 당시 해당 정비구역에 2년 이상 실제 거주한 사람
>   다. 정비사업의 시행으로 철거되는 주택 외 다른 주택을 소유하지 아니한 사람

지분형주택의 공급방법·절차, 지분 취득비율, 지분 사용료 및 지분 취득가격 등에 관하여 필요한 사항은 사업시행자가 따로 정한다(시행령 제70조 제2항).

Ⅲ. 토지임대부 분양주택의 공급

세입자 및 소규모 지분을 가진 토지등소유자를 위하여 국토부장관 등이 인수한 임대주택의 일부를 주택법상의 토지임대부 분양주택[1]으로 전환해서 공급하도록 한 제도이다.

국토교통부장관, 시·도지사, 시장, 군수, 구청장 또는 토지주택공사등은 정비구역에 세입자와 대통령령으로 정하는 면적 이하의 토지 또는 주택을 소유한 자의 요청이 있는 경우에는 법 제79조 제5항에 따라 인수한 임대주택의 일부를 주택법에 따른 토지임대부 분양주택으로 전환하여 공급하여야 한다(법 제80조 제2항).

---

1) 주택법 제2조 제9호
"토지임대부 분양주택"이란 토지의 소유권은 제15조에 따른 사업계획의 승인을 받아 토지임대부 분양주택 건설사업을 시행하는 자가 가지고, 건축물 및 복리시설(福利施設) 등에 대한 소유권[건축물의 전유부분(專有部分)에 대한 구분소유권은 이를 분양받은 자가 가지고, 건축물의 공용부분·부속건물 및 복리시설은 분양받은 자들이 공유한다]은 주택을 분양받은 자가 가지는 주택을 말한다.

위의 "대통령령으로 정하는 면적 이하의 토지 또는 주택을 소유한 자"란 다음 각 호의 어느 하나에 해당하는 자를 말한다(시행령 제71조 제1항).

---

1. 면적이 90제곱미터 미만의 토지를 소유한 자로서 건축물을 소유하지 아니한 자
2. 바닥면적이 40제곱미터 미만의 사실상 주거를 위하여 사용하는 건축물을 소유한 자로서 토지를 소유하지 아니한 자

위 제1항에도 불구하고 토지 또는 주택의 면적은 제1항 각 호에서 정한 면적의 2분의 1 범위에서 시·도조례로 달리 정할 수 있다(시행령 제71조 제2항).

제81조(건축물 등의 사용·수익의 중지 및 철거 등)

① 종전의 토지 또는 건축물의 소유자·지상권자·전세권자·임차권자 등 권리자는 제78조제4항에 따른 관리처분계획인가의 고시가 있은 때에는 제86조에 따른 이전고시가 있는 날까지 종전의 토지 또는 건축물을 사용하거나 수익할 수 없다. 다만, 다음 각 호의 어느 하나에 해당하는 경우에는 그러하지 아니하다.

    1. 사업시행자의 동의를 받은 경우

    2. 「공익사업을 위한 토지 등의 취득 및 보상에 관한 법률」에 따른 손실보상이 완료되지 아니한 경우

② 사업시행자는 제74조제1항에 따른 관리처분계획인가를 받은 후 기존의 건축물을 철거하여야 한다.

③ 사업시행자는 다음 각 호의 어느 하나에 해당하는 경우에는 제2항에도 불구하고 기존 건축물 소유자의 동의 및 시장·군수등의 허가를 받아 해당 건축물을 철거할 수 있다. 이 경우 건축물의 철거는 토지등소유자로서의 권리·의무에 영향을 주지 아니한다.

    1. 「재난 및 안전관리 기본법」·「주택법」·「건축법」 등 관계 법령에서 정하는 기존 건축물의 붕괴 등 안전사고의 우려가 있는 경우

    2. 폐공가(廢空家)의 밀집으로 범죄발생의 우려가 있는 경우

④ 시장·군수등은 사업시행자가 제2항에 따라 기존의 건축물을 철거하는 경우 다음 각 호의 어느 하나에 해당하는 시기에는 건축물의 철거를 제한할 수 있다.

    1. 일출 전과 일몰 후

    2. 호우, 대설, 폭풍해일, 지진해일, 태풍, 강풍, 풍랑, 한파 등으로 해당 지역에 중대한 재해발생이 예상되어 기상청장이 「기상법」 제13조에 따라 특보를 발표한 때

    3. 「재난 및 안전관리 기본법」 제3조에 따른 재난이 발생한 때

    4. 제1호부터 제3호까지의 규정에 준하는 시기로 시장·군수등이 인정하는 시기

I. 본조의 이해

본조는 관리처분계획인가·고시의 효과로서 ① 종전의 토지 또는 건축물의 소유자·지상권자·전세권자·임차권자 등 권리자의 사용·수익권은 이전고시가 있는 날까지 중지되고, ② 기존 건축물의 철거 개시시기를 명확히 규정하되, 다만, 붕괴 등의 안전사고의 우려 등이 있는 경우에 관리처분계획인가 전에도 미리 철거

할 수 있음을 규정하고 있다.

Ⅱ. 종전 건축물 등의 사용·수익의 중지

1. 개요

종전의 토지 또는 건축물의 소유자·지상권자·전세권자·임차권자 등 권리자는 법 제78조 제4항에 따른 관리처분계획인가의 고시가 있은 때에는 법 제86조에 따른 이전고시가 있는 날까지 종전의 토지 또는 건축물을 사용하거나 수익할 수 없다(법 제81조 제1항 본문).

관리처분계획인가 고시가 있으면 건축물 등의 사용·수익권이 사업시행자에게 이전하게 되는바, 이에 의해 사업시행자는 "인도청구"를 할 수 있는데, 실무상 빈번하게 제기되는 인도(명도)[1]소송의 근거가 된다.

토지 등의 "인도"를 구하는 것은 민사소송인 인도(명도)소송에 의하여야 하고, 행정대집행법에 의한 대집행을 할 수 없다. 대법원도 "피수용자 등이 기업자에 대하여 부담하는 수용대상 토지의 인도의무에 관한 구 토지수용법(2002. 2. 4. 법률 제6656호 공익사업을 위한 토지 등의 취득 및 보상에 관한 법률 부칙 제2조로 폐지) 제63조, 제64조, 제77조 규정에서의 인도에는 명도도 포함되는 것으로 보아야 하고, 이러한 명도의무는 그것을 강제적으로 실현하면서 직접적인 실력행사가 필요한 것이지 대체적 작위의무라고 볼 수 없으므로 특별한 사정이 없는 한 행정대집행법에 의한 대집행의 대상이 될 수 있는 것이 아니다."고 판시한 바 있다.[2]

---

1) 구 민사소송법에는 '부동산등의 인도청구의 집행'(제690조)이라는 제목으로 '채무자가 부동산이나 선박을 인도 또는 명도할 때'라면서 점유를 현상 그대로 이전시키는 '인도'와 부동산 안에 있는 점유자의 물품 등을 부동산 밖으로 반출시키고 점유를 이전하는 '명도'를 구분해 사용하고 있었다. 그러나 구 민사소송법의 집행에 관한 규정을 대체해 2002. 1. 26. 법률 제6627호로 제정된 민사집행법은 명도와 인도를 포괄하는 의미로 '인도'를 사용하고 있다. 따라서 건물에 물품 등을 그대로 놓아둔 것은 인도의무를 이행했다고 볼 수 없다.

2) 대법원 2005. 8. 19. 선고 2004다2809 판결, 한편 위 판결은 구 토지수용법(2002. 2. 4. 법률

다만, ① 사업시행자의 동의를 받은 경우, ②「공익사업을 위한 토지 등의 취득 및 보상에 관한 법률」에 따른 손실보상이 완료되지 아니한 경우에는 사용·수익할 수 있다(법 제81조 제1항 단서).

2. 인도의무 관련 쟁점

가. 인도의무와 손실보상의 관계

재개발사업의 경우 법 제81조 제1항 단서에 따라 먼저 손실보상을 완료해야만 인도청구를 할 수 있다.[3] 그런데 위 손실보상 완료 관련 단서 조항은 2009. 5. 27. 법률 제9729호의 일부개정시 도입되었는데, 위 단서 조항이 도입되기 전에도 대법원은 "주택재개발사업의 사업시행자가 공사에 착수하기 위하여 조합원이 아닌 현금청산대상자에게서 그 소유의 정비구역 내 토지 또는 건축물을 인도받기 위해서는 관리 처분계획이 인가·고시된 것만으로는 부족하고 나아가 구 도시정비법 (2009. 5. 27. 법률 제9729호로 개정되기 전의 것)이 정하는 데 따라 협의 또는 수용절차를 거쳐야 하며, 협의 또는 수용절차를 거치지 아니한 때에는 구 도시정비법 제49조 제6항(현 제81조 제1항 본문)의 규정에도 불구하고 현금청산대상자를 상대로 토지 또는 건축물의 인도를 구할 수 없다고 보는 것이 국민의 재산권을 보장하는 헌법합치적 해석이라고 할 것이다. 만일 조합과 현금청산대상자 사이에 청산금에 관한 협의가 성립된다면 조합의 청산금 지급의무와 현금청산대상자의 토지 등 부동산 인도의무는 특별한 사정이 없는 한 동시이행관계에 있게 되고, 수용절차에

제6656호 공익사업을 위한 토지 등의 취득 및 보상에 관한 법률 부칙 제2조로 폐지) 제63조의 규정에 따라 피수용자 등이 기업자에 대하여 부담하는 수용대상 토지의 인도 또는 그 지장물의 명도의무 등이 비록 공법상의 법률관계라고 하더라도, 그 권리를 피보전권리로 하는 명도단행가처분은 그 권리에 끼칠 현저한 손해를 피하거나 급박한 위험을 방지하기 위하여 또는 그 밖의 필요한 이유가 있을 경우에는 허용될 수 있다고 판시하였다.
3) 인천지방법원 2018. 9. 5. 선고 2018가단205062 판결(재개발정비사업조합이 관리처분계획인가를 받아 그 내용이 고시된 후 사업시행구역 내 부동산의 조합원의 세입자를 상대로 부동산 인도를 구하였는데, 세입자가 주거이전비, 이사비를 지급받을 때까지 인도를 거절한다는 취지의 선이행 항변을 한 사안에서, 찬성 조합원의 세입자가 주거이전비, 이사비 보상금의 지급을 받지 못한 경우에는 종전대로 사용하거나 수익할 수 있으므로 명도요구에 대해서 정당하게 거절할 수 있고, 이사비를 지급받을 때까지 인도를 거절한다는 항변은 본질적으로 선이행 항변이며, 이는 민사재판에서도 주장할 수 있다).

의할 때에는 부동산 인도에 앞서 청산금 등의 지급절차가 이루어져야 한다.”고 판시한 바 있다.[4]

한편, 재건축사업의 경우 위 단서 조항(손실보상 완료)이 적용 또는 유추적용되는지 여부가 문제될 수 있는데, 대법원은 이를 부정하고 있다.

즉, 대법원은 “구 도시정비법(2012. 2. 1. 법률 제11293호로 개정되기 전의 것) 제38조, 제40조 제1항, 제49조 제6항의 문언과 취지를 종합하면, 도시정비법 제49조 제6항 단서는 도시정비법 제38조에 따라 사업시행자에게 토지보상법상 정비구역 안의 토지 등을 수용 또는 사용할 권한이 부여된 정비사업에 제한적으로 적용되고, 그 권한이 부여되지 아니한 주택재건축사업에는 적용될 수 없다. 나아가 도시정비법의 입법 목적 및 취지, 도시정비법상 주택재건축사업의 특성 등과 아울러 ① 도시정비법은 다양한 유형의 정비사업에 대하여 각 사업의 공공성 및 공익성의 정도에 따라 구체적 규율의 내용을 달리하고 있는 점, ② 도시정비법상 주택재건축사업은 정비기반시설은 양호하나 노후·불량건축물이 밀집한 지역에서 주거환경을 개선할 목적으로 시행하는 것으로서 정비기반시설이 열악한 지역에서 정비기반시설 설치를 통한 도시기능의 회복 등을 목적으로 하는 주택재개발사업 등에 비하여 공공성 및 공익성이 상대적으로 미약한 점, ③ 그에 따라 도시정비법은 주택재건축사업 시행자와 토지등소유자 등의 협의가 성립하지 않을 경우의 해결방법으로, 수용·사용 등의 공적 수단에 의하지 않고 매도청구권의 행사를 통한 사적 자치에 의해 해결하도록 규정하고 있는데, 이는 도시정비법의 기본적 틀로서 입법자가 결단한 것이라고 볼 수 있는 점, ④ 주택재개발사업 등에서 수용보상금의 산정이 개발이익을 배제한 수용 당시의 공시지가에 의하는 것과는 달리, 주택재건축사업의 매도청구권 행사의 기준인 시가는 재건축으로 인하여 발생할 것으로 예상되는 개발이익이 포함된 가격을 말하는데, 이러한 차이는 주택재건축사업의 토지등소유자로 하여금 임차권자 등에 대한 보상을 임대차계약 등에 따라 스스로 해결하게 할 것을 전제로 한 것으로 보이는 점 등에 비추어 보면, 주택재건축사업에 대하여 도시정비법 제49조 제6항 단서나 토지보상법 규정이 유추적용된다고 보기

4) 대법원 2011. 7. 28. 선고 2008다91364 판결.

도 어렵다."고 판시하였다.5)

나. 인도지연과 손해배상책임

대법원은 "① 조합원들이 조합설립인가처분무효확인소송 등의 소송을 제기하면서 부동산 인도의무를 불이행한 경우에 조합원들이 잘못된 법률적 판단으로 부동산의 인도의무가 없다고 믿고 그 의무의 이행을 거부한 것이라 하더라도 조합원들이 인도의무가 없다고 믿은 데 정당한 사유가 있다고 할 수 없으므로, 부동산의 인도의무 불이행에 관하여 조합원들에게 고의나 과실이 없다고 할 수 없다"고 판단하였고,6) ② 또한 "원심이 조합원들이 부동산을 인도하는 것을 지체하여 주택재건축정비사업 시행이 지연되었다는 이유로 조합이 구하는 바에 따라 관리처분계획인가 고시일 이후의 일자부터 부동산의 인도 완료일까지의 손해를 배상할 의무가 있다고 판단하면서 그 판단의 근거로 조합이 사업시행계획과 관리처분계획에 대하여 인가처분을 받았으므로, 조합원들은 구 도시정비법 제49조 제6항과 정관규정에 따라 주택재건축정비사업의 시행자인 조합에게 부동산을 인도할 의무가 있는데도 인도의무를 지체하였다는 것을 들고, 반대로 조합원들이 인도의무를 지체하지 않았고 설령 인도의무를 지체하였다 하더라도 행정소송의 경위 등에 비추어 보면 그 지체에 정당한 사유가 있었다는 주장에 대하여 배척하였고, 손해배상의 범위에 관하여 기본이주비와 사업비에 관한 대출금에 대하여 인도의무가 지체된 기간 동안의 이자와, 이주비를 신청하지 않은 조합원에게 같은 기간 동안 조합이 추가로 부담하게 되는 이자를 합한 1일당 금원을 손해라고 보고, 위 금액에 조합원별 지체일수를 곱한 액수를 손해액으로 산정(책임비율은 20%로 제한)한 것과 관련하여, 정당한 사유 없이 부동산의 인도를 거부하여 인도의무를 지체하였다고 판단한 것은 원심이 인용한 대법원 2013. 12. 26. 선고 2011다85352 판결의 법리에 따른 것이어서 정당하고, 자유심증주의의 한계를 벗어나거나 인도의무의 발생 시점과 범위, 인도의무 지체에 관한 정당한 사유, 신의칙, 인도의무 지체와 손해발생의 인과관계, 손해배상의 범위와 손해액 산정에 관한 법리를 오해하고 법령에 위반하는 등으로 판결에 영향을 미치거나 이유 모순의 잘못이 없다"고

---

5) 대법원 2014. 7. 24. 선고 2012다62561 판결.

6) 대법원 2013. 12. 26. 선고 2011다85352 판결.

판단한 바 있다.[7)]

이와 같은 대법원의 태도에 비추어 조합은 정당한 이유 없이 정비사업을 반대하면서 각종 행정소송의 제기를 이유로 부동산 인도의무를 불이행하는 조합원에 대하여는 손해배상을 청구할 수 있을 것이다.

Ⅲ. 건축물의 철거

1. 건축물 철거의 개시

가. 의의

사업시행자는 관리처분계획의 인가를 받은 후 기존의 건축물을 철거하여야 한다(법 제81조 제2항). 따라서 사업시행자가 관리처분계획의 인가 전에 기존 건축물을 철거하는 것은 법 위반이 된다.

나. 철거 관련 쟁송방법

만약 기존 건축물의 철거에 동의하지 않는 토지등소유자가 있는 경우에 사업시행자가 토지등소유자를 상대로 민사소송에 의한 건물철거청구를 할 수 있는지 문제된다.

① 재건축조합의 경우, 조합정관상 조합원은 이주의무를 부담하고(표준정관 제37조), 조합은 관리처분계획인가 후 사업시행구역안의 건축물을 철거할 수 있으며, 조합원의 이주 후 건축법에 의한 철거 및 멸실신고는 조합이 일괄 위임받아 처리하도록 되어 있고(표준정관 제38조), 아울러 재건축사업의 성격상으로도 정비구역 내에 있는 주택의 철거를 전제로 하는 것이어서 조합원은 주택 부분의 철거를 포함한 일체의 처분권을 조합에 일임하였다고 보아야 하므로, 조합원이 이주 등의 의무이행을 거절할 경우에는 재건축조합은 명도청구소송 등의 <u>민사소송절차</u>를 통

---

7) 대법원 2018. 7. 12. 선고 2014다88093 판결.

하여 그 의무이행을 구한 뒤 건물철거를 할 수 있다 할 것이다.[8]

② 재개발조합의 경우, 재개발조합의 법률관계는 기본적으로 공법상 법률관계에 해당하고, 본조의 철거 관련 조항은 기존 건축물의 철거의 개시시기를 규정한 것일 뿐, 철거를 구할 민사상 권리를 부여한 것은 아니라고 해석되므로, 재개발조합은 민사소송의 방법으로 건물의 철거를 구할 수 없고, <u>행정대집행법</u>에 의하여야 할 것이다. 재개발표준정관 제36조 제5항도 철거기간 중 철거하지 아니한 자는 행정대집행관련 법령에 따라 강제 철거할 수 있음을 규정하고 있다.

다. 철거의 시기 제한

한편, 시장·군수등은 사업시행자가 기존의 건축물을 철거하는 경우 다음 각 호의 어느 하나에 해당하는 시기에는 건축물의 철거를 제한할 수 있다(법 제81조 제4항).

---

1. 일출 전과 일몰 후
2. 호우, 대설, 폭풍해일, 지진해일, 태풍, 강풍, 풍랑, 한파 등으로 해당 지역에 중대한 재해발생이 예상되어 기상청장이 「기상법」 제13조에 따라 특보를 발표한 때
3. 「재난 및 안전관리 기본법」 제3조에 따른 재난이 발생한 때
4. 제1호부터 제3호까지의 규정에 준하는 시기로 시장·군수등이 인정하는 시기

---

2. 관리처분계획의 인가 전 철거할 수 있는 경우

사업시행자는 ① 재난 및 안전 관리기본법·주택법·건축법 등 관계 법령에 따라 기존 건축물의 붕괴 등 안전사고의 우려가 있는 경우, ② 폐공가(廢空家)의 밀집으로 범죄발생의 우려가 있는 경우에는 기존 건축물의 소유자의 동의 및 시장·군수등의 허가를 얻어 해당 건축물을 관리처분계획의 인가 전이라도 철거할 수 있다. 이 경우 건축물의 철거에도 불구하고 토지등소유자로서의 권리·의무에 영향

---

8) 대법원 2007. 9. 20. 선고 2007도5207 판결, 대법원 1997. 5. 30. 선고 96다23887 판결 참조.

을 주지 아니한다(법 제81조 제3항).

　사업시행자는 관리처분계획 인가 전 건축물을 철거하는 경우에는 건축물을 철거하기 전에 관리처분계획의 수립을 위하여 기존 건축물에 대한 물건조서와 사진 또는 영상자료를 만들어 이를 착공 전까지 보관하여야 하며, 물건조서를 작성할 때에는 법 제74조 제1항 제5호에 따른 종전 건축물의 가격산정을 위하여 건축물의 연면적, 그 실측평면도, 주요 마감재료 등을 첨부하여야 한다. 다만, 실측한 면적이 건축물대장에 첨부된 건축물현황도와 일치하는 경우에는 건축물현황도로 실측평면도를 갈음할 수 있다(시행령 제72조).

> **제82조(시공보증)**
> ① 조합이 정비사업의 시행을 위하여 시장·군수등 또는 토지주택공사등이 아닌 자를 시공자로 선정(제25조에 따른 공동사업시행자가 시공하는 경우를 포함한다)한 경우 그 시공자는 공사의 시공보증(시공자가 공사의 계약상 의무를 이행하지 못하거나 의무이행을 하지 아니할 경우 보증기관에서 시공자를 대신하여 계약이행의무를 부담하거나 총 공사금액의 100분의 50 이하 대통령령으로 정하는 비율 이상의 범위에서 사업시행자가 정하는 금액을 납부할 것을 보증하는 것을 말한다)을 위하여 국토교통부령으로 정하는 기관의 시공보증서를 조합에 제출하여야 한다.
> ② 시장·군수등은 「건축법」 제21조에 따른 착공신고를 받는 경우에는 제1항에 따른 시공보증서의 제출 여부를 확인하여야 한다.

Ⅰ. 본조의 이해

시공보증이란 시공자가 공사의 계약상 의무를 이행하지 못하거나 의무이행을 아니할 경우를 대비하여 보증기관에서 시공자를 대신하여 계약이행의무를 부담하거나 총 공사금액 중 일정 금액을 납부할 것을 보증하는 것을 말한다.

도시정비법 제정 전에는 정비사업을 통한 일반 분양분은 주택분양보증[1]으로 보호되는 반면 조합원 분양분에 대한 보호장치가 없었으므로 도시정비법이 제정되면서 시공보증이 의무화되었다. 이렇듯 시공보증을 도시정비법에서 의무화한 취지는 일부 조합에서 고의, 과실 또는 무지로 인한 시공보증의 미요구로 인한 문제를 방지하고, 종국적으로 시공자의 부도 등으로 인한 의무불이행시 조합원의 피해를 최소화하고 정비사업을 계속하도록 함에 있다.[2]

---

[1] 주택도시기금법 시행령 제21조제1항제1호.
[2] 이우재, 전게서(하), 342~343면.

Ⅱ. 시공보증

1. 시공보증서의 제출

조합이 정비사업의 시행을 위하여 시장·군수등 또는 토지주택공사등이 아닌 자를 시공자로 선정(법 제25조에 따른 공동사업시행자가 시공하는 경우를 포함)한 경우 그 시공자는 공사의 시공보증을 위하여 국토교통부령으로 정하는 기관의 시공보증서3)를 조합에 제출하여야 한다(법 제82조 제1항).

2. 시공보증의 주요 내용

시공보증의 내용은 ① 시공자가 공사의 계약상 의무를 이행하지 못하거나 의무이행을 하지 아니할 경우 보증기관에서 시공자를 대신하여 계약이행의무를 부담하거나(계약이행보증), ② 총 공사금액의 100분의 50 이하 대통령령으로 정하는 비율 이상의 범위에서 사업시행자가 정하는 금액을 납부할 것을 보증하는 것(금전보증)을 내용으로 한다.

위의 대통령령으로 정하는 비율은 총 공사금액의 100분의 30을 말한다(시행령 제73조). 즉 시공보증의 범위는 총 공사금액의 100분의 30 이상 100분의 50 이하가 되는 것이라 할 것이다.

---

3) 시행규칙 제14조(시공보증) 법 제82조제1항에서 "국토교통부령으로 정하는 기관의 시공보증서"란 조합원에게 공급되는 주택에 대한 다음 각 호의 어느 하나에 해당하는 보증서를 말한다.
   1. 「건설산업기본법」에 따른 공제조합이 발행한 보증서
   2. 「주택도시기금법」에 따른 주택도시보증공사가 발행한 보증서
   3. 「은행법」 제2조제1항제2호에 따른 금융기관, 「한국산업은행법」에 따른 한국산업은행, 「한국수출입은행법」에 따른 한국수출입은행 또는 「중소기업은행법」에 따른 중소기업은행이 발행한 지급보증서
   4. 「보험업법」에 따른 보험사업자가 발행한 보증보험증권

3. 착공신고와 시공보증서의 제출

시장·군수등은 「건축법」 제21조에 따른 착공신고를 받는 경우에는 시공보증서의 제출 여부를 확인하여야 한다(법 제82조 제2항). 이는 시공보증서 제출을 담보하기 위한 취지의 규정이다.

제83조(정비사업의 준공인가)

① 시장·군수등이 아닌 사업시행자가 정비사업 공사를 완료한 때에는 대통령령으로 정하는 방법 및 절차에 따라 시장·군수등의 준공인가를 받아야 한다.

② 제1항에 따라 준공인가신청을 받은 시장·군수등은 지체 없이 준공검사를 실시하여야 한다. 이 경우 시장·군수등은 효율적인 준공검사를 위하여 필요한 때에는 관계 행정기관·공공기관·연구기관, 그 밖의 전문기관 또는 단체에게 준공검사의 실시를 의뢰할 수 있다.

③ 시장·군수등은 제2항 전단 또는 후단에 따른 준공검사를 실시한 결과 정비사업이 인가받은 사업시행계획대로 완료되었다고 인정되는 때에는 준공인가를 하고 공사의 완료를 해당 지방자치단체의 공보에 고시하여야 한다.

④ 시장·군수등은 직접 시행하는 정비사업에 관한 공사가 완료된 때에는 그 완료를 해당 지방자치단체의 공보에 고시하여야 한다.

⑤ 시장·군수등은 제1항에 따른 준공인가를 하기 전이라도 완공된 건축물이 사용에 지장이 없는 등 대통령령으로 정하는 기준에 적합한 경우에는 입주예정자가 완공된 건축물을 사용할 수 있도록 사업시행자에게 허가할 수 있다. 다만, 시장·군수등이 사업시행자인 경우에는 허가를 받지 아니하고 입주예정자가 완공된 건축물을 사용하게 할 수 있다.

Ⅰ. 서설

1. 준공인가의 의의

준공인가란 사업시행계획인가를 받아 건축된 건물이 사업시행계획인가의 내용대로 완료되어 건축행정목적에 적합한가 여부를 확인하고 준공인가증을 교부하여 줌으로써 허가받은 자로 하여금 건축한 건물을 사용·수익할 수 있게 하는 법률효과를 발생시키는 행정처분이다.[1](법 제83조 제1항)

정비사업에서 준공인가의 고시가 있은 때에는 이전고시의 절차가 개시된다는

---

1) 대법원 1992. 4. 10. 선고 91누5358 판결, 대법원 1999. 1. 26. 선고 98두15283 판결.

점에서 준공인가는 중요한 의미를 갖는다(법 제86조 제1항).

2. 준공인가의 법적 성격

가. 확인행위

준공인가는 건축된 건물이 사업시행계획인가의 내용대로 완료되어 건축행정 목적에 적합한지 여부를 확인하는 행정처분이므로, 준법률행위적 행정행위의 일종 인 확인행위[2]에 해당한다고 보고 있다.[3]

나. 기속행위

준공인가는 성질상 사업시행계획에 종속되는 행정처분이며, 사업시행계획대 로 완료되었는지를 확인하는 것이므로 재량행위가 아닌 기속행위로 볼 것이다. 따 라서 행정청은 정비사업 이 사업시행계획대로 이행되었다면 준공인가를 거부할 수 없다고 할 것이다.

Ⅱ. 준공인가의 절차

1. 준공인가 필요 정비사업

준공인가는 시장·군수등이 아닌 사업시행자가 정비사업 공사를 완료한 경우 에 받아야 하는바, ① 시장·군수등이 직접 시행하는 정비사업(법 제83조 제4항)과 ② 사업시행자(공동시행자인 경우를 포함)가 토지주택공사일 때에는 한국토지주택공

---

2) 준법률행위적 행정행위란 행정청의 판단이나 인식의 표시에 대해 법률에서 일정한 법적 효과 를 부여하는 결과 행정행위가 되는 행위를 말한다. 의사표시를 내용으로 하고 있는 법률행위 적 행정행위에 대응한 개념이다. 일반적으로 (1) 확인행위 : 특정한 사실 또는 법률관계에 의 문이나 분쟁이 있을 때, 공적 권위를 가지고 그 존부 또는 정부를 확정하는 행위, (2) 공증행 위 : 특정한 사실 또는 법률관계의 존부를 공적으로 증명하는 행위, (3) 통지행위 : 특정인 또 는 불특정다수인에게 특정한 사항을 알리는 행위, (4) 수리행위 : 타인의 행위를 유효한 행위 로서 수령하는 행위가 있다.

3) 이우재, 전게서(상), 357면, 맹신균, 전게서, 1062면.

사법 제19조 제3항 제6호 및 동법 시행령 제41조 제2항에 따라 자체적으로 준공인가를 처리하여 처리결과를 시장·군수등에게 통보한 경우에는 도시정비법상의 준공인가는 필요하지 않다(시행령 제74조 제1항).

2. 준공인가 신청

사업시행자가 준공인가를 받으려는 때에는 국토교통부령이 정하는 준공인가 신청서를 시장·군수등에게 제출하여야 한다(시행령 제74조 제1항). 준공인가신청서에는 다음과 같은 서류가 첨부되어야 한다(시행규칙 제15조 제1항).

① 건축물·정비기반시설(시행령 제3조제9호에 해당하는 것을 제외한다) 및 공동이용시설등의 설치내역서
② 공사감리자의 의견서
③ 시행령 제14조제5항[4]에 따른 현금납부액의 납부증명 서류(법 제17조제4항[5]에 따라 현금을 납부한 경우로 한정한다)

3. 준공검사의 실시

준공인가 신청을 받은 시장·군수등은 지체 없이 준공검사를 실시하여야 한다. 이 경우 시장·군수등은 효율적인 준공검사를 위하여 필요한 때에는 관계 행정기관·공공기관·연구기관 그 밖의 전문기관 또는 단체에 준공검사의 실시를 의뢰할 수 있다(법 제83조 제2항).

---

4) 시행령 제14조(용적률 완화를 위한 현금납부 방법 등)
　⑤ 사업시행자는 착공일부터 준공검사일까지 제3항에 따라 산정된 현금납부액을 특별시장, 광역시장, 특별자치시장, 특별자치도지사, 시장 또는 군수(광역시의 군수는 제외한다)에게 납부하여야 한다
5) 법 제17조(정비구역 지정·고시의 효력 등)
　④ 제3항에도 불구하고 용적률이 완화되는 경우로서 사업시행자가 정비구역에 있는 대지의 가액 일부에 해당하는 금액을 현금으로 납부한 경우에는 대통령령으로 정하는 공공시설 또는 기반시설(이하 이 항에서 "공공시설등"이라 한다)의 부지를 제공하거나 공공시설등을 설치하여 제공한 것으로 본다.

4. 준공인가 및 공사완료 고시, 분양대상자에 대한 통지

준공검사 실시결과 정비사업이 인가받은 사업시행계획대로 완료되었다고 인정되는 때에는 시장·군수등은 준공인가를 하고, 국토교통부령이 정하는 준공인가증에 아래와 같은 사항을 기재하여 사업시행자에게 교부하여야 한다(법 제83조 제3항, 시행령 제74조 제2항).

---

① 정비사업의 종류 및 명칭
② 정비사업 시행구역의 위치 및 명칭
③ 사업시행자의 성명 및 주소
④ 준공인가의 내역

아울러, 시장·군수등은 준공인가를 한 때 또는 직접 시행하는 정비사업에 관한 공사를 완료한 때 그 공사의 완료를 해당 지방자치단체의 공보에 고시하여야 하며, 공사완료의 고시를 하는 때에는 위 준공인가증의 기재 사항을 포함하여야 한다(법 제83조 제3항, 제4항, 시행령 제74조 제4항).

사업시행자가 시장·군수등으로부터 준공인가증을 교부받거나 토지주택공사가 자체적으로 처리한 준공인가결과를 시장·군수에게 통보한 때에는 그 사실을 분양대상자에게 지체 없이 통지하여야 한다(시행령 제74조 제3항).

Ⅲ. 준공인가의 효과

1. 건축물 등의 사용·수익 가능

준공인가의 본질적 기능은 건축한 건물을 사용·수익하도록 함에 있으므로 입주예정자는 해당 건축물에 입주하는 등 사용·수익을 할 수 있다.[6]

---

6) 준공인가를 받지 아니하고 건축물 등을 사용하게 되면 1년 이하의 징역 또는 1천만 원 이하의 벌금에 처한다(법 제138조 제1항 제3호).

2. 정비구역의 해제

정비구역의 지정은 준공인가의 고시가 있은 날(관리처분계획을 수립하는 경우에는 이전고시가 있은 때를 말한다)의 다음 날에 해제된 것으로 본다(법 제84조 제1항). 이 경우 지방자치단체는 해당 지역을 국토계획법에 따른 지구단위계획으로 관리하여야 한다. 정비구역의 해제는 조합의 존속에 영향을 주지 아니한다(법 제84조 제2항).

3. 관련 인·허가 등의 의제

준공인가를 하거나 공사완료를 고시하는 경우 시장·군수등이 법 제57조에 따라 의제되는 인·허가등에 따른 준공검사·준공인가·사용검사·사용승인 등(준공검사·인가등)에 관하여 관계 행정기관의 장과 협의한 사항은 해당 준공검사·인가등을 받은 것으로 본다(법 제85조 제1항).

시장·군수등이 아닌 사업시행자가 준공검사·인가등의 의제를 받으려는 경우에는 준공인가를 신청하는 때에 해당 법률이 정하는 관계 서류를 함께 제출하여야 한다(법 제85조 제2항).

시장·군수등은 준공인가를 하거나 공사완료를 고시하는 경우 그 내용에 법 제57조에 따라 의제되는 인·허가등에 따른 준공검사·인가등에 해당하는 사항이 있은 때에는 미리 관계 행정기관의 장과 협의하여야 하고(법 제85조 제3항), 이 경우 협의를 마칠 때까지는 준공검사·인가등을 받은 것으로 보지 아니한다(법 제85조 제4항, 법 제57조 제6항).

4. 이전고시의 개시

사업시행자는 준공인가의 고시가 있은 때에는 지체 없이 대지확정측량을 하고 토지의 분할절차를 거쳐 관리처분계획에서 정한 사항을 분양받을 자에게 통지하고 대지 또는 건축물의 소유권을 이전하여야 한다(법 제86조 제1항 본문).

Ⅳ. 준공인가 전 사용허가 및 부분 준공인가

1. 준공인가 전 사용허가

　　실무상 건축물은 완공되었으나 일부 공사진행이 지연되어 준공인가를 받지 못하여 입주예정자들이 사용할 수 없는 일이 있을 수 있는바, 이러한 문제를 고려하여 시장·군수등은 준공인가를 하기 전이라도 완공된 건축물이 사용에 지장이 없는 등 대통령령이 정하는 기준에 적합한 경우에는 입주예정자가 완공된 건축물을 사용할 것을 사업시행자에 대하여 허가할 수 있도록 하고 있다. 아울러 시장·군수등이 사업시행자인 경우에는 그러한 허가절차 없이 입주예정자로 하여금 완공된 건축물을 사용하게 할 수 있다(법 제83조 제5항).

　　위 "대통령령이 정하는 기준"과 관련하여 아래와 같은 요건을 갖춰야 한다(시행령 제75조 제1항).

> 1. 완공된 건축물에 전기·수도·난방 및 상·하수도 시설 등이 갖추어져 있어 해당 건축물을 사용하는 데 지장이 없을 것
> 2. 완공된 건축물이 관리처분계획에 적합할 것
> 3. 입주자가 공사에 따른 차량통행·소음·분진 등의 위해로부터 안전할 것

　　시장·군수등은 사용허가를 하는 때에는 동별·세대별 또는 구획별로 사용허가를 할 수 있다(시행령 제75조 제3항).[7]

---

7) 다만, 준공인가 전 사용허가는 준공인가 전에 임시로 사용할 수 있도록 하는 것에 불과하므로, 입주예정자 앞으로 소유권등기를 할 수는 없다 할 것이다.

2. 부분 준공인가

정비사업의 효율적인 추진을 위하여 필요한 경우에는 해당 정비사업에 관한 공사가 전부 완료되기 전이라도 완공된 부분은 준공인가를 받아 대지 또는 건축물 별로 분양받을 자에게 소유권을 이전할 수 있다(법 제86조 제1항 단서).

Ⅴ. 준공인가 관련 쟁점

1. 사업시행계획의 하자와 준공인가 거부

준공인가는 사업시행계획에 종속되는 확인행위에 속하는 행정처분인 것과 관련하여, 만일 사업시행계획에 관련 법령에 위반되는 중대한 하자가 있는 경우 준공인가를 거부할 수 있을지 문제된다.

대법원은 건축허가 자체가 건축관계 법령에 위반되는 하자가 있는 경우에는 건축허가내용대로 완공된 건축물이라 하더라도 그 준공을 거부할 수 있는지에 관하여, "허가관청은 특단의 사정이 없는 한 건축허가내용대로 완공된 건축물의 준공을 거부할 수 없다고 하겠으나, 만약 건축허가 자체가 건축관계 법령에 위반되는 하자가 있는 경우에는 비록 건축허가내용대로 완공된 건축물이라 하더라도 위법한 건축물이 되는 것으로서 그 하자의 정도에 따라 건축허가를 취소할 수 있음은 물론 그 준공도 거부할 수 있다"고 판시한 바 있다.[8]

따라서 대법원의 태도에 의하면 만일 사업시행계획대로 완공된 건축물이라도 사업시행계획이 관련법령에 위반되는 중대한 하자가 있는 경우에는 준공인가가 거부될 수도 있다.

다만, 위 대법원 판결은 "건축허가를 받게 되면 그 허가를 기초로 하여 일정

---

8) 대법원 1992. 4. 10. 선고 91누5358 판결, 대법원 1996. 9. 10. 선고 96누1399 판결.

한 사실관계와 법률관계를 형성하게 되므로 그 허가를 취소함에 있어서는 수허가자가 입게 될 불이익과 건축행정상의 공익 및 제3자의 이익과 허가조건 위반의 정도를 비교교량하여 개인적 이익을 희생시켜도 부득이하다고 인정되는 경우가 아니면 함부로 그 허가를 취소할 수 없는 것이므로, 건축주가 건축허가내용대로 완공하였으나 건축허가 자체에 하자가 있어서 위법한 건축물이라는 이유로 허가관청이 준공을 거부하려면 건축허가의 취소에 있어서와 같은 조리상의 제약이 따른다고 할 것이고, 만약 당해 건축허가를 취소할 수 없는 특별한 사정이 있는 경우라면 그 준공도 거부할 수 없다"고 판시하고 있다.

결국 이러한 대법원의 판단기준에 비추어 보면, 정비사업은 공익적 성격을 가지고 있고, 준공인가 거부시 다수의 입주예정자들이 받을 불이익이 상당한 사정이 있으므로 특별한 사정이 없는 한 쉽게 준공인가를 거부할 수 없다고 봐야 할 것이다.[9]

2. 준공인가 불복과 원고적격

가. 건축물의 입주예정자 – 불인정

대법원은 주택법상 사용검사 관련 사안에서, "입주예정자들은 사용검사처분을 취소하지 않고서도 민사소송 등을 통하여 분양계약에 따른 법률관계 및 하자 등을 주장·증명함으로써 사업주체 등으로부터 하자 제거·보완 등에 관한 권리구제를 받을 수 있으므로, 사용검사처분의 취소 여부에 의하여 법률적인 지위가 달라진다고 할 수 없으며, 오히려 주택에 대한 사용검사처분이 있으면, 그에 따라 입주예정자들이 주택에 입주하여 이를 사용할 수 있게 되므로 일반적으로 입주예정자들에게 이익이 되고, 다수의 입주자들이 사용검사권자의 사용검사처분을 신뢰하여 입주를 마치고 제3자에게 주택을 매매하거나 임대하고 담보로 제공하는 등 사용검사처분을 기초로 다수의 법률관계가 형성되는데, 일부 입주자나 입주예정자가 사업주체와 사이에 생긴 개별적 분쟁 등을 이유로 사용검사처분의 취소를 구하게

---

9) 이우재, 전게서(상), 362면.

되면, 처분을 신뢰한 다수의 이익에 반하므로, 입주자나 입주예정자가 사용검사처분의 취소를 구할 법률상 이익이 없다"고 판시하였다.[10]

나. 인접주택 소유자 등 – 불인정

대법원은 건축법상 사용검사 관련 사안에서, "건축한 건물이 인접주택 소유자의 권리를 침해하는 경우 사용검사처분이 그러한 침해까지 정당화하는 것은 아닐 뿐만 아니라, 당해 건축물을 건축하는 과정에서 인접주택 소유자가 자신의 주택에 대하여 손해를 입었다 하더라도 그러한 손해는 금전적인 배상으로 회복될 수 있고, 일조권의 침해 등 생활환경상 이익침해는 실제로 그 건물의 전부 또는 일부가 철거됨으로써 회복되거나 보호받을 수 있는 것인데, 건물에 대한 사용검사처분의 취소를 받는다 하더라도 그로 인하여 건축주는 건물을 적법하게 사용할 수 없게 되어 사용검사 이전의 상태로 돌아가게 되는 것에 그칠 뿐이고, 위반건물에 대한 시정명령을 할 것인지 여부, 그 시기 및 명령의 내용 등은 행정청의 합리적 판단에 의하여 결정되는 것이므로, 건물이 이격거리를 유지하지 못하고 있고 건축과정에서 인접주택 소유자에게 피해를 입혔다 하더라도, 인접주택의 소유자로서는 건물에 대한 사용검사처분의 취소를 구할 법률상 이익이 없다"고 판시하였다.[11]

3. 적법한 건축물 간주 여부

대법원은 주택법상 사용검사 관련 사안에서, "사용검사처분은 건축물을 사용·수익할 수 있게 하는 데에 그치므로 건축물에 대하여 사용검사처분이 이루어졌다고 하더라도 그 사정만으로는 건축물에 있는 하자나 건축법 등 관계 법령에 위반되는 사실이 정당화되지는 않고, 건축물에 대한 사용검사처분이 취소된다고 하더라도 사용검사 이전의 상태로 돌아가 건축물을 사용할 수 없게 되는 것에 그칠 뿐 곧바로 건축물의 하자 상태 등이 제거되거나 보완되는 것도 아니다"고 판시한 바 있다.[12]

---

10) 대법원 2014. 7. 24. 선고 2011두30465 판결, 대법원 2015. 1. 29. 선고 2013두24976 판결.
11) 대법원 1996. 11. 29. 선고 96누9768 판결, 대법원 2007. 4. 26. 선고 2006두18409 판결.
12) 대법원 2007. 4. 26. 선고 2006두18409 판결, 대법원 2014. 7. 24. 선고 2011두30465 판결.

　　따라서 준공인가가 있다고 하더라도 건축물이 관계 법령에 위반됨에도 불구하고 적법한 건축물로 간주되는 것은 아니라 할 것이다.

> **제84조(준공인가 등에 따른 정비구역의 해제)**
> ① 정비구역의 지정은 제83조에 따른 준공인가의 고시가 있는 날(관리처분계획을 수립하는 경우에는 이전고시가 있은 때를 말한다)의 다음 날에 해제된 것으로 본다. 이 경우 지방자치단체는 해당 지역을 「국토의 계획 및 이용에 관한 법률」에 따른 지구단위계획으로 관리하여야 한다.
> ② 제1항에 따른 정비구역의 해제는 조합의 존속에 영향을 주지 아니한다.

Ⅰ. 본조의 이해

본조는 2017. 2. 8. 법률 제14567호의 전부개정시에 신설된 규정이다. 정비사업이 준공인가·이전고시까지 완료된 경우 성격상 정비구역으로 볼 수 없다고 할 것이나 이에 관한 명확한 규정이 없었는데, 도시개발법과 택지개발촉진법[1]을 참조하여 준공인가·이전고시까지 완료되면 이전고시가 있은 다음 날에 정비구역이 해제되고, 지방자치단체는 해당 정비구역을 지구단위계획구역으로서 지구단위계획에 따라 관리하여야 한다는 내용과 아울러 조합은 이전고시 후에도 잔존사무의 처리를 위해 존속하는 경우가 일반적이므로, 해당 정비구역의 해제되더라도 조합은 계속 존속한다는 내용을 신설하였다.[2][3]

---

1) 도시개발법 10조(도시개발구역 지정의 해제)
　　① 도시개발구역의 지정은 다음 각 호의 어느 하나에 규정된 날의 다음 날에 해제된 것으로 본다.
　　2. 도시개발사업의 공사 완료(환지 방식에 따른 사업인 경우에는 그 환지처분)의 공고일
　　　택지개발촉진법 제16조(준공검사)
　　③ 특별시장·광역시장·특별자치도지사·시장 또는 군수는 택지개발사업이 준공된 지구에 대하여 제9조제3항에 따라 이미 고시된 실시계획에 포함된 지구단위계획으로 관리하여야 한다.
　택지개발촉진법 제16조(준공검사)
　　① 시행자는 택지개발사업을 완료하였을 때에는 지체 없이 대통령령으로 정하는 바에 따라 지정권자로부터 준공검사를 받아야 한다.
　　③ 특별시장·광역시장·특별자치도지사·시장 또는 군수는 택지개발사업이 준공된 지구에 대하여 제9조제3항에 따라 이미 고시된 실시계획에 포함된 지구단위계획으로 관리하여야 한다.
2) 강신은, 재개발·재건축 개정조문 해설, 도시개발신문, 2018. 171~173면.

II. 정비구역의 해제 시기

정비구역이 해제되는 시기는 법 제83조에 따른 준공인가 고시가 있은 날 다음 날(관리처분계획을 수립하는 경우에는 법 제86조의 이전고시가 있은 때의 다음 날)이다(법 제84조 제1항 전문).

III. 정비구역의 해제 효과

1. 지구단위계획에 따른 관리

정비구역이 해제되면 지방자치단체는 해당 지역을 국토계획법에 따른 지구단위계획[4]으로 관리하여야 한다(법 제84조 제1항 후문).

2. 조합의 존속

준공인가·이전고시가 있어 정비구역이 해제되더라도 조합은 청산 등 잔존사무를 처리하여야 하고, 잔존사무가 종료될 때까지는 존속되어야 하므로 정비구역 해제는 조합의 존속에는 영향을 주지 아니한다(법 제84조 제2항).

---

3) 2018. 2. 9. 전부개정법 시행 당시 이미 준공인가의 고시(관리처분계획을 수립하는 정비사업의 경우에는 이전고시를 말한다)가 있은 때에는 해당 정비구역은 시행일인 2018. 2. 9. 해제된 것으로 본다(부칙 제29조).

4) 국토계획법 제2조 제5호 : "지구단위계획"이란 도시·군계획 수립 대상지역의 일부에 대하여 토지 이용을 합리화하고 그 기능을 증진시키며 미관을 개선하고 양호한 환경을 확보하며, 그 지역을 체계적·계획적으로 관리하기 위하여 수립하는 도시·군관리계획을 말한다.

제85조(공사완료에 따른 관련 인·허가등의 의제)
① 제83조제1항부터 제4항까지의 규정에 따라 준공인가를 하거나 공사완료를 고시하는 경우 시장·군수등이 제57조에 따라 의제되는 인·허가등에 따른 준공검사·준공인가·사용검사·사용승인 등(이하 "준공검사·인가등"이라 한다)에 관하여 제3항에 따라 관계 행정기관의 장과 협의한 사항은 해당 준공검사·인가등을 받은 것으로 본다.
② 시장·군수등이 아닌 사업시행자는 제1항에 따른 준공검사·인가등의 의제를 받으려는 경우에는 제83조제1항에 따른 준공인가를 신청하는 때에 해당 법률이 정하는 관계 서류를 함께 제출하여야 한다.
③ 시장·군수등은 제83조제1항부터 제4항까지의 규정에 따른 준공인가를 하거나 공사완료를 고시하는 경우 그 내용에 제57조에 따라 의제되는 인·허가등에 따른 준공검사·인가등에 해당하는 사항이 있은 때에는 미리 관계 행정기관의 장과 협의하여야 한다.
④ 제57조제6항은 제1항에 따른 준공검사·인가등의 의제에 준용한다.

I. 본조의 이해

본조에 따라 시장·군수등이 준공인가를 하거나 공사완료의 고시를 할 때 법 제57조에 따라 의제되는 인·허가 등에 따른 준공검사·준공인가·사용검사·사용승인 등(이하, '준공검사·인가등')에 관하여 관계 행정기관의 장과 협의한 사항에 대하여는 당해 준공검사·인가 등을 받은 것으로 보는데(법 제85조 제1항), 이러한 제도를 둔 취지는 준공검사·인가등 의제사항과 관련하여 준공인가의 행정청으로 창구를 단일화하고 절차를 간소화하며 비용과 시간을 절감함으로써 사업시행자의 권익을 보호하고자 함에 있다.[1]

---

1) 대법원 2011. 1. 20. 선고 2010두14954 전원합의체 판결.

Ⅱ. 준공검사 · 인가등의 의제

1. 관련 서류의 제출

시장·군수등이 아닌 사업시행자가 준공검사·인가등의 의제를 받고자 하는 경우에는 준공인가를 신청할 때 의제되는 준공검사·인가등의 해당 법률이 정하는 관계 서류를 함께 제출하여야 한다(법 제85조 제2항).

2. 관계 행정기관장과 협의

시장·군수등이 준공인가를 하거나 공사완료 고시를 하면서 그 내용에 따라 법 제57조에 따라 의제되는 준공검사·인가등이 있을 때에는 그에 관하여 미리 관계 행정기관의 장과 협의하여야 한다(법 제85조 제3항). 여기서 협의는 도시정비법의 준공인가와 관련 법률의 준공검사·인가등은 각각 별도의 제도적 의미가 있으므로 단순한 의견청취의 의미 정도로만 볼 수는 없고, 동의를 의미한다고 볼 수 있다.[2]

다만, 천재지변이나 그 밖의 불가피한 사유로 긴급히 정비사업을 시행할 필요가 있다고 시장·군수등이 인정하는 때에는 관계 행정기관의 장과 협의를 마치기 전에 준공인가를 할 수 있으나, 이 경우 협의를 마칠 때까지는 의제된 것으로 보지 않는다(법 제85조 제4항, 제57조 제6항).

---

2) 대법원 2011. 1. 20. 선고 2010두14954 전원합의체 판결(인·허가의제사항 관련 법률에 따른 각각의 인·허가 요건에 관한 일체의 심사를 배제하려는 것으로 보기는 어렵다. 왜냐하면 건축법과 인·허가의제사항 관련 법률은 각기 고유한 목적이 있고, 건축신고와 인·허가의제사항도 각각 별개의 제도적 취지가 있으며 그 요건 또한 달리하기 때문이다. 나아가 인·허가의제사항 관련 법률에 규정된 요건 중 상당수는 공익에 관한 것으로서 행정청의 전문적이고 종합적인 심사가 요구되는데, 만약 건축신고만으로 인·허가의제사항에 관한 일체의 요건 심사가 배제된다고 한다면, 중대한 공익상의 침해나 이해관계인의 피해를 야기하고 관련 법률에서 인·허가 제도를 통하여 사인의 행위를 사전에 감독하고자 하는 규율체계 전반을 무너뜨릴 우려가 있다).

제86조(이전고시 등)

① 사업시행자는 제83조제3항 및 제4항에 따른 고시가 있은 때에는 지체 없이 대지확정측량을 하고 토지의 분할절차를 거쳐 관리처분계획에서 정한 사항을 분양받을 자에게 통지하고 대지 또는 건축물의 소유권을 이전하여야 한다. 다만, 정비사업의 효율적인 추진을 위하여 필요한 경우에는 해당 정비사업에 관한 공사가 전부 완료되기 전이라도 완공된 부분은 준공인가를 받아 대지 또는 건축물별로 분양받을 자에게 소유권을 이전할 수 있다.

② 사업시행자는 제1항에 따라 대지 및 건축물의 소유권을 이전하려는 때에는 그 내용을 해당 지방자치단체의 공보에 고시한 후 시장·군수등에게 보고하여야 한다. 이 경우 대지 또는 건축물을 분양받을 자는 고시가 있은 날의 다음 날에 그 대지 또는 건축물의 소유권을 취득한다.

Ⅰ. 서설

1. 의의

이전고시는 준공인가의 고시로 사업시행이 완료된 이후에 관리처분계획에서 정한 바에 따라 정비사업으로 조성된 대지 또는 건축물 등의 소유권을 분양받을 자에게 이전하고, 그 내용을 지방자치단체의 공보에 고시하는 것을 말한다. 구 도시재개발법에서는 분양처분의 용어를 사용하였다.

대법원은 이전고시를 준공인가의 고시로 사업시행이 완료된 이후에 관리처분계획에서 정한 바에 따라 종전의 토지 또는 건축물에 대하여 정비사업으로 조성된 대지 또는 건축물의 위치 및 범위 등을 정하여 그 소유권을 분양받을 자에게 이전하고 그 가격의 차액에 상당하는 금액을 청산하거나 대지 또는 건축물을 정하지 않고 금전적으로 청산하는 공법상 처분이라고 정의하고 있다.[1]

---

1) 대법원 2012. 3. 22. 선고 2011두6400 전원합의체 판결, 대법원 2016. 12. 29. 선고 2013다 73551 판결.

2. 법적 성격

가. 공법상 처분

이전고시는 관리처분계획의 집행행위로서 관리처분계획이 정한 바에 따라 정비사업으로 조성된 대지 또는 건축물의 소유권을 분양받을 자에게 이전하는 공법상 처분이다.

나. 공용환권

이전고시는 종전 토지 또는 건축물에 대한 소유권 등의 권리를 정비사업으로 조성된 대지 또는 건축물에 대한 권리로 강제적으로 변환시킨다는 점에서 이른바 공용환권에 해당되나, 다만, 이전고시 그 자체로 권리의 귀속에 관하여 어떠한 변동이 생기는 것은 아니다.[2]

대법원은 "도시정비법상 이전고시는 종전 부동산과 새로운 부동산 사이에 형태상 일치가 존재하지 않는 점, 새로 취득하는 부동산이 건물과 부지의 지분이라는 점, 그리고 그것이 토지등소유자의 신청에 기초한다는 점에서 도시개발법상 입체환지[3]와 유사하므로, 도시정비법상 토지등소유자가 분양받은 대지 또는 건축물에 관하여는 도시정비법에서 특별히 규정하는 내용을 제외하고는 원칙적으로 도시개발법상 환지에 관한 법리, 그중에서도 특히 입체환지에 관한 규정이 준용될 수 있다"고 판시하였다.[4]

---

2) 대법원 1995. 6. 30. 선고 95다10570 판결(도시재개발법에 의한 재개발사업에 있어서의 분양처분은 재개발구역 안의 종전의 토지 또는 건축물에 대하여 재개발사업에 의하여 조성되거나 축조되는 대지 또는 건축시설의 위치 및 범위 등을 정하고 그 가격의 차액에 상당하는 금액을 청산하거나, 대지 또는 건축시설을 정하지 않고 금전으로 청산하는 공법상 처분으로서, 그 처분으로 종전의 토지 또는 건축물에 관한 소유권 등의 권리를 강제적으로 변환시키는 이른바 공용환권에 해당하나, 분양처분 그 자체로는 권리의 귀속에 관하여 아무런 득상·변동을 생기게 하는 것이 아니다).
3) 도시개발법 제32조에서 규정하는 입체환지는 시행자가 도시개발사업을 원활히 시행하기 위하여 환지의 목적인 토지에 갈음하여 토지 또는 건축물 소유자의 신청을 받아 건축물의 일부와 건축물이 있는 토지의 공유지분을 부여하는 것을 말한다.
4) 대법원 2016. 12. 29. 선고 2013다73551 판결.

도시정비법은 이전고시로 토지등소유자에게 분양하는 대지나 건축물은 도시개발법 제40조에 따라 행하여진 환지로 본다고 규정하고 있다(법 제87조 제2항).

다. 대물적 처분

대법원은 구 도시재개발법상 분양처분에 관한 사안에서, "종전의 토지 또는 건축물에 대신하여 대지 또는 건축물이 정하여진 경우에는 분양처분이 있은 날의 다음날에 종전의 토지 또는 건축물에 관하여 존재하던 권리관계는 분양받는 대지 또는 건축물에 그 동일성을 유지하면서 이행되는바, 이와 같은 경우의 분양처분은 대인적 처분이 아닌 대물적 처분이라 할 것이고, 사업시행자가 소유자를 오인하여 종전의 토지 또는 건축물의 소유자가 아닌 다른 사람에게 분양처분을 한 경우 그러한 분양처분이 있었다고 하여 그 다른 사람이 권리를 취득하게 되는 것은 아니며, 종전의 진정한 소유자가 분양된 대지 또는 건축물의 소유권을 취득하고 이를 행사할 수 있다"고 판시하였다.[5]

Ⅱ. 이전고시의 요건

1. 준공인가 고시

사업시행자는 법 제83조 제3항에 따른 준공인가 및 공사완료 고시 또는 제4항에 따른 공사완료 고시가 있은 때에 이전고시를 할 수 있다(법 제86조 제1항 본문). 다만, 정비사업의 효율적인 추진을 위하여 필요한 경우에는 해당 정비사업에 관한 공사가 전부 완료되기 전이라도 완공된 부분만 준공인가를 받아 대지 또는 건축물별로 분양받을 자에게 소유권을 이전할 수 있으므로(법 제86조 제1항 단서), 부분 준공인가가 있는 경우에도 그 부분에 한하여 이전고시의 요건을 갖춘 것이 된다. 따라서 만일 준공인가가 당연무효라면 이전고시도 요건을 갖추지 못하여 위법한 이전고시가 된다.

---

5) 대법원 1995. 6. 30. 선고 95다10570 판결.

2. 관리처분계획의 유효성

이전고시는 관리처분계획에서 정한 구체적 사항을 집행하는 집행행위인바,[6] 유효한 관리처분계획이 존재함을 전제로 한다. 만일 관리처분계획이 당연무효이거나 행정청에 의하여 취소된 경우 등에는 이전고시도 진행할 수 없다.

Ⅲ. 이전고시의 절차

1. 대지확정측량 및 토지의 분할절차

사업시행자는 공사완료 고시가 있은 때에는 지체 없이 대지확정측량을 하고 토지의 분할절차를 거쳐 관리처분계획에 정한 사항을 분양받을 자에게 통지하여야 한다(법 제86조 제1항). 정비사업이 완료되어 새롭게 조성된 대지 또는 건축물이 있으므로 그 소유관계를 정리 및 공시하기 위해 토지대장의 정리, 부동산등기부의 편성이 필요하다.

2. 소유권이전의 고시 및 보고

사업시행자는 관리처분계획 내용대로 완성된 대지 및 건축물의 소유권을 분양받을 자에게 이전하려는 내용을 해당 지방자치단체의 공보에 고시하고, 이를 시장·군수등에게 보고하여야 한다. 이 경우 대지 또는 건축물을 분양받을 자는 고시가 있은 날의 다음 날에 그 대지 또는 건축물의 소유권을 취득한다(법 제86조 제2항).

3. 사업시행자의 등기신청

사업시행자는 본조에 따라 이전고시가 있은 때에는 지체 없이 대지 및 건축

---

6) 이우재, 전게서(하), 367면.

물에 관한 등기를 지방법원지원 또는 등기소에 촉탁 또는 신청하여야 한다(법 제88
조 제1항). 이러한 등기에 필요한 사항은 「도시 및 주거환경정비 등기규칙」[7]으로
정한다(법 제88조 제2항).

대법원은 "사업시행자가 별다른 이유 없이 등기의 신청을 장기간 지체하는
경우, 분양받을 자는 사업시행자에 대하여 등기의 신청을 신청할 수 있는 조리상
의 권리가 있고, 사업시행자가 등기의 신청을 거부하였다면 위법한 처분이 되어
취소소송의 대상이 된다"고 판시하였다.[8]

Ⅳ. 이전고시의 효과

1. 소유권 취득

대지 또는 건축물을 분양받을 자는 이전고시가 있은 날의 다음 날에 그 대지
또는 건축물의 소유권을 취득한다(법 제86조 제2항 단서). 본조에 따른 (조합원 및 사
업시행자의)소유권 취득은 도시정비법이라는 법률에 의한 물권변동으로 해석되는
바,[9] 분양받을 자는 등기가 경료되지 않더라도 대지 또는 건축물에 대한 소유권을
취득한다고 할 것이다.

이전고시에 따라 분양받을 자 중 ① 조합원에게 분양되는 대지 등은 조합원
앞으로 보존등기를 하고, ② 보류지는 사업시행자 앞으로 보존등기가 되며, ③ 일
반에게 분양되는 대지 등은 사업시행자 앞으로 보존등기 후 일반수분양자에게 이
전등기를 하게 된다

---

7) 도시 및 주거환경정비 등기규칙 제5조(이전고시에 따른 등기신청)
　① 시행자는 법 제86조 제2항의 규정에 의한 이전고시를 한 때에는 지체없이 그 사실을 관할
　　등기소에 통지하고 다음의 등기를 신청하여야 한다.
8) 대법원 2000. 12. 22. 선고 99두11349 판결[등기촉탁거부처분취소등].
9) 민법 제187조(등기를 요하지 아니하는 부동산물권취득) 상속, 공용징수, 판결, 경매 기타 법률
　의 규정에 의한 부동산에 관한 물권의 취득은 등기를 요하지 아니한다. 그러나 등기를 하지
　아니하면 이를 처분하지 못한다.

한편, 대법원은 구 도시재개발법 사안에서, 이전고시 관련 건축물의 소유권 취득시기에 관하여 "조합의 조합원이 조합에 종전의 토지 및 건축물을 제공함으로써 관리처분계획에 따라 취득하게 되는 권리는, 재개발사업이 시행됨에 따라 장차 분양처분의 고시가 있은 다음 날에 그 대지 또는 건축시설에 대한 소유권을 취득하기까지는 부동산을 취득할 수 있는 권리만이 취득의 대상이 될 수 있을 뿐 건축물 자체는 그 취득의 대상이 될 수 없다."고 판시한 바 있다.10)

2. 대지 및 건축물에 대한 권리의 이전

이전고시에 의하여 소유권을 이전한 경우 종전 토지 또는 건축물에 설정된 지상권·전세권·저당권·임차권·가등기담보권·가압류 등 등기된 권리 및 주택임대차보호법 제3조 제1항의 요건을 갖춘 임차권은 소유권을 이전받은 대지 또는 건축물에 설정된 것으로 본다(법 제87조 제1항).

법 제87조 제2항은 토지등소유자에게 분양하는 대지 또는 건축물은 「도시개발법」 제40조에 따라 행하여진 환지로 보고 있으므로, 환지 관련 법리상 법 제87조 제1항의 지상권 등은 예시적 규정으로 봐야 할 것이다.

3. 환지 또는 보류지 등 간주

토지등소유자에게 분양하는 대지 또는 건축물은 「도시개발법」 제40조의 규정에 의하여 행하여진 환지로 보며(법 제87조 제2항), 법 제79조 제4항의 규정에 의한 보류지와 일반에게 분양하는 대지 또는 건축물은 「도시개발법」 제34조의 규정에 따른 보류지 또는 체비지로 본다(법 제87조 제3항).

---

10) 대법원 2003. 8. 22. 선고 2002두12762 판결, 대법원 2004. 4. 28. 선고 2003두4515 판결[취득세등부과처분취소].

4. 권리변동의 제한

이전고시가 있은 날부터 법 제88조 제1항에 따른 사업시행자의 등기의 신청 또는 촉탁에 따른 등기가 있을 때까지는 저당권 등 다른 등기를 하지 못한다(법 제88조 제3항).

5. 청산금 징수 또는 지급

대지 또는 건축물을 분양받은 자가 종전에 소유하고 있던 토지 또는 건축물의 가격과 분양받은 대지 또는 건축물의 가격 사이에 차이가 있는 경우 사업시행자는 이전고시가 있은 후에 그 차액에 해당하는 금액(청산금)을 분양받은 자로부터 징수하거나 분양받은 자에게 지급하여야 한다(법 제89조).

V. 이전고시와 쟁송방법

1. 쟁송방법 - 항고소송

이전고시의 법적 성격은 공법상 처분인바, 이전고시에 하자가 있을 경우에는 행정소송 중 항고소송에 의하여 다툴 수 있다.

2. 쟁송방법 관련 쟁점

가. 일부 취소 가부

대법원은 도시정비법상의 이전고시의 법적 성격은 구 도시재개발법상의 분양처분과 본질적으로 다르지 않다는 전제하에, "도정법상 이전고시의 효력이 발생하면 조합원 등이 관리처분계획에 따라 분양받을 대지 또는 건축물에 관한 권리의 귀속이 확정되고 조합원 등은 이를 토대로 다시 새로운 법률관계를 형성하게 되는데, 이전고시의 효력 발생으로 대다수 조합원등에 대하여 권리귀속 관계가 획일적·

일률적으로 처리되는 이상 그 후 일부 내용만을 분리하여 변경할 수 없고, 그렇다고 하여 전체 이전고시를 모두 무효화시켜 처음부터 다시 관리처분계획을 수립하여 이전고시 절차를 거치도록 하는 것도 정비사업의 공익적·단체법적 성격에 배치되어 허용될 수 없고, 이전고시의 일부 위법이 있을 경우에는 그 위법을 이유로 하여 민사상의 절차에 따라 권리관계의 존부를 확정하거나 손해의 배상을 구하는 방법에 의하여야 할 것"임을 판시하고 있다.11)

나. 선행처분(조합설립인가, 관리처분계획 등) 에 대한 쟁송 가부

대법원은 이전고시의 효력이 발생한 경우 수용재결이나 이의재결, 이전고시의 전제가 되는 관리처분계획에 대하여 다툴 법률상 이익이 있는지에 관하여, "이전고시의 효력 발생으로 이미 대다수 조합원 등에 대하여 획일적·일률적으로 처리된 권리귀속 관계를 모두 무효화하고 다시 처음부터 관리처분계획을 수립하여 이전고시 절차를 거치도록 하는 것은 정비사업의 공익적·단체법적 성격, 이전고시에 따라 이미 형성된 법률관계를 유지하여 법적 안정성을 보호할 필요성이 현저한 점 등을 고려하여, 이전고시가 효력을 발생하게 된 이후에는 조합원 등이 조합설립인가처분, 수용재결, 관리처분계획 등 선행처분의 취소 또는 무효확인을 구할 법률상 이익이 없다"고 판시하였다.12)

---

11) 대법원 2012. 3. 22. 선고 2011두6400 전원합의체 판결, 대법원 2014. 9. 25. 선고 2011두20680 판결, 대법원 2017. 3. 16. 선고 2013두11536 판결, 대법원 2017. 3. 30. 선고 2013두840 판결 등.

12) 대법원 2012. 3. 22. 선고 2011두6400 전원합의체 판결[관리처분계획무효확인], 대법원 2015. 2. 16. 선고 2013두10366 판결[조합설립변경인가취소], 대법원 2017. 3. 16. 선고 2013두11536 판결[손실보상금등], 대법원 2017. 3. 30. 선고 2013두840 판결[토지수용재결무효] 등.

□ 판례색인 □

저자약력

전재우

변호사 / 정비사업전문관리사
(현) 주식회사 대우건설 국내법무1팀장
　　　사법연수원 32기 수료(2003)
　　　대한법률구조공단 공익법무관
　　　법무법인 홍윤
　　　주식회사 대우건설(2009~)

[조문해설] 도시 및 주거환경정비법

초판 발행   2020년 3월 30일
중판 발행   2020년 8월 10일

지은이   전재우
펴낸이   안종만 · 안상준

편 집   우석진
기획/마케팅   이영조
표지디자인   박현정
제 작   우인도 · 고철민

펴낸곳   (주) 박영사
             서울특별시 종로구 새문안로3길 36, 1601
             등록 1959. 3. 11. 제300-1959-1호(倫)
전 화   02)733-6771
f a x   02)736-4818
e-mail   pys@pybook.co.kr
homepage   www.pybook.co.kr
ISBN   979-11-303-3605-3   93360

정 가   35,000원